Kerstin Pohl (Hrsg.)

Positionen der politischen Bildung 2

Interviews zur Politikdidaktik

Bibliografische Information der Deutschen Nationalbibliothek
Die Deutsche Nationalbibliothek verzeichnet diese Publikation in der Deutschen Nationalbibliografie; detaillierte bibliografische Daten sind im Internet über http://dnb.d-nb.de abrufbar.

© WOCHENSCHAU Verlag
   Dr. Kurt Debus GmbH
   Schwalbach/Ts. 2016

www.wochenschau-verlag.de

Alle Rechte vorbehalten. Kein Teil dieses Buches darf in irgendeiner Form (Druck, Fotokopie oder einem anderen Verfahren) ohne schriftliche Genehmigung des Verlages reproduziert oder unter Verwendung elektronischer Systeme verarbeitet werden.

Gesamtherstellung: Wochenschau Verlag
Titelbild: jameschipper – fotolia.com
Gedruckt auf chlorfreiem Papier
ISBN 978-3-7344-0158-9 (Buch)
ISBN 978-3-7344-0159-6 (E-Book)

Inhalt

Kerstin Pohl
Einleitung und Fragen 9

Sibylle Reinhardt
„Genuine Fachdidaktik zeigt konkrete Konsequenzen für Lehr- und
Lernprozesse." 18

Gerhard Himmelmann
„Es galt, den Demokratiebegriff in der Politischen Bildung stärker
hervorzuheben." 34

Günter C. Behrmann
„Das Engagement für die politische Bildung ist für mich gleichbedeutend mit
dem Engagement für die Demokratie des Grundgesetzes." 50

Gerd Steffens
„Gerade die Aufmerksamkeit aufs Subjekt fordert – so ist heute zu betonen –
eine *an der Welt* interessierte politische Bildung." 68

Carl Deichmann
„Die politikdidaktischen Ansätze können als Pfade verstanden werden,
auf denen sich die Lernenden die politische Welt erschließen." 86

Peter Massing
„Die Bedeutung eines reflektierten Politikbegriffs für den Politikunterricht lässt
sich kaum überschätzen." 104

Joachim Detjen
„Mit der Demokratie verbinde ich in erster Linie den demokratischen
Verfassungsstaat, den ich für die bedeutendste politische Erfindung der
Menschheit halte." 122

Georg Weißeno
„Politikkompetenz ist ein theoretisches Konstrukt. Zur Erfassung bedarf es
einer ganzen Reihe von Einzelbeobachtungen in unterschiedlichen Situationen,
die systematisch zu erheben und auszuwerten sind." 140

Hans-Werner Kuhn
„Der Schwerpunkt meiner politikdidaktischen Arbeiten liegt auf der Frage, wie politische Bildung um Ansätze politisch-kulturellen Lernens erweitert werden kann." 160

Wolfgang Sander
„Die Bezeichnung ‚Politische Bildung' steht aus meiner Sicht für die *Bildungsperspektive* eines sozialwissenschaftlichen Integrationsfaches." 178

Bernd Overwien
„Im Mittelpunkt meiner Forschungsarbeiten steht das globale Lernen innerhalb einer Bildung für nachhaltige Entwicklung." 196

Peter Henkenborg
„Meine *Philosophie der politischen Bildung* heißt: Demokratie-Lernen als Kultur der Anerkennung." 212

Andreas Brunold
„Die bedeutenden existentiellen Fragen und ökologischen Problemlagen erfordern einen Perspektivenwechsel hin zu einer Bildung für nachhaltige Entwicklung." 230

Tilman Grammes
„Gesellschaftswissenschaftliche Curricula müssen systematisch neu anhand der Prinzipien globalen Lernens und trans-kultureller Didaktik für den World Classroom durchdacht werden!" 248

Dagmar Richter
„Theoriebildung und empirische Forschung sind aufeinander verwiesen und können nur gemeinsam Konzeptionen der Politikdidaktik fundieren. Hier hat die Politikdidaktik einen großen Nachholbedarf." 266

Karl-Heinz Breier
„Gute politische Bildung macht Geschmack auf eine Lebensweise der Freiheit." 282

Ingo Juchler
„Politische Bildung hat zur Aufgabe, bei Schülerinnen und Schülern die Fähigkeit zu entwickeln, die Ambivalenzen und Widersprüche des demokratischen Betriebs zu ertragen, ohne gleich das gesamte System in Frage zu stellen." 300

Thomas Goll
„Da Politik immer medial vermittelt ist, sehe ich meine besondere Schwerpunktsetzung darin, eine medienbezogene Politikdidaktik zu denken und auszuarbeiten." 318

Dirk Lange
„Das Bürgerbewusstsein wandelt sich in Lernprozessen und ist durch Politische Bildung zu aktivieren." 336

Kerstin Pohl
„Politikdidaktik bedarf einer demokratietheoretischen Legitimation sowie eines Rekurses auf die Theoriebildung und die Gegenwartsdiagnosen in den sozialwissenschaftlichen Bezugsdisziplinen." 354

Andreas Petrik
„Wenn wir kontroverse Werthaltungen Jugendlicher nicht ins Unterrichtszentrum rücken, dann vertiefen wir die Gräben zwischen ihnen und dem Phänomen des Politischen." 372

Volker Reinhardt
„Damit bei Politikstudierenden eine forschende, reflexive Haltung gefördert werden kann, sollten sie immer mehr selbstgesteuert und selbstbestimmt lernen." 390

Andreas Eis
„Politische Bildung untersucht, wie Macht- und Herrschaftsansprüche in den Subjekten und in den gesellschaftlichen Verhältnissen wirksam werden." 406

Anja Besand
„Dass also Lehrerinnen und Lehrer Experten für ihr Fach sind, halte ich nicht für schädlich. Für wesentlich wichtiger erachte ich allerdings, dass sie Experten für die Gestaltung und Reflexion von Lernprozessen in der politischen Bildung sind." 424

Sabine Manzel
„Besonders wichtig finde ich eine Verzahnung von theoretischen Modellen und empirisch überprüften Erkenntnissen mit der konkreten Unterrichtspraxis, um Politikunterricht stetig zu verbessern." 442

Michael May
„Die Kompetenzorientierung fordert uns dazu auf, das Unterrichtsgeschehen nicht entlang enzyklopädischen Wissens, sondern entlang von fachspezifischen Anforderungssituationen zu konzipieren." 460

Monika Oberle
„Wirkungen politischer Bildung sichtbar zu machen und Gelingensbedingungen für politische Bildungsprozesse offen zu legen, sehe ich als eine zentrale Aufgabe der wissenschaftlichen Politikdidaktik." 478

Tim Engartner
„Da mit der zunehmenden Verlagerung politischer Verantwortlichkeiten auf die europäische und globale Ebene eine schleichende ‚Entdemokratisierung' stattfindet, muss das Interesse an Demokratie (wieder)belebt werden." 496

Kerstin Pohl
Politikdidaktik im Jahr 2015. Ein Resümee. 514

Leseempfehlungen für (angehende) Politiklehrerinnen und -lehrer 556

Kerstin Pohl

Einleitung und Fragen

2004 erschien die erste Ausgabe des Interviewbuches zur politischen Bildung in der Schule. Meine primäre Intention war damals, ein Übersichtswerk für Sozialkundestudierende sowie Referendarinnen und Referendare zu veröffentlichen, das ihnen den Einstieg in eine wissenschaftliche Disziplin „im Aufbruch" erleichtert, die angesichts zahlreicher neuer Professorinnen und Professoren, neuer Zeitschriften und neuer Forschungsschwerpunkte nicht leicht zu überblicken war. Gerade weil es nur vereinzelt neue politikdidaktische Konzeptionen gab und Publikationen meist die Form von Aufsätzen in Zeitschriften und Sammelbänden hatten, war das Profil der „neuen" Politikdidaktikerinnen und Politikdidaktiker nicht so leicht zu erkennen, wie das der ersten Generation von Politikdidaktikern, die in den 1960er und 1970er Jahren ihre Konzeptionen publiziert hatten.

Vor diesem Hintergrund war die Idee entstanden, ein Buch mit schriftlichen Interviews zu veröffentlichen, in denen Politikdidaktikerinnen und -didaktiker ihre Vorstellungen zu Theorie und Praxis des Unterrichtsfaches Politische Bildung sowie der politischen Bildung als übergreifender Aufgabe in der Schule so darstellen, dass sie für ein breites Publikum leichter zugänglich und miteinander vergleichbar werden. Nach der Veröffentlichung wurde der Band nicht nur in der Lehre eingesetzt, sondern leistete auch einen Beitrag zur Selbstvergewisserung über den Stand der eigenen Disziplin innerhalb der wissenschaftlichen Community.

In den letzten Jahren häuften sich die Anfragen nach einer Neuausgabe – sowohl von den Kolleginnen und Kollegen aus der Wissenschaft als auch von den Ausbilderinnen und Ausbildern der zweiten Phase. Zahlreiche inhaltliche Neuerungen sowie etliche Neuberufungen in den letzten zehn Jahren machten diese Neuausgabe notwendig.

Inhaltlich dominierte in der Zeit nach der ersten Ausgabe des Interviewbuches die Kompetenzorientierung die Diskussion in der Politikdidaktik, die 2004 noch kaum angesprochen worden war. Die Gesellschaft für Politikdidaktik und politische Jugend- und Erwachsenenbildung (GPJE) hat 2004 ein Kompetenzmodell vorgelegt, weitere Modelle zu Kompetenzen sowie zu den zentralen Konzepten der politischen Bildung folgten und wurden kritisch diskutiert. Weiterhin ist eine deutliche Zunahme der empirischen Forschung – sowohl der qualitativen wie auch der quantitativen – zu verzeichnen; die Methodenvielfalt hat erheblich zugenommen. Schülervorstellungen, das Professionswissen von Lehrerinnen und Lehrern sowie die Lernprozesse selbst stehen dabei im Zentrum der Aufmerksamkeit. Neue Kontroversen drehen sich um die Frage, welchen Stellenwert die ökonomische Bildung im Rahmen der politischen Bildung haben sollte und wie die drei sozialwissenschaftlichen Disziplinen Politikwissenschaft, Ökonomie und Soziologie in einem gemeinsamen Fach „Sozialwissenschaft" sowie dem entsprechenden Lehramtsstudiengang integriert werden können. Einige Autorinnen und Autoren, die oft unter dem Label „kritische politische Bildung" zusammengefasst werden, rufen die wichtige Forderung in Erinnerung, dass eine politische Bildung, die sich dem Ziel eines mündigen Subjekts verschrieben hat, auch die gesellschaftlichen Bedingungen für diese Mündigkeit in den Blick nehmen und ggf. ihre Veränderung anstreben muss. Allen diesen inhaltlichen Entwicklungen trägt die Änderung der Fragen für das neue Interviewbuch Rechnung (vgl. zur Entwicklung der Politikdidaktik auch Pohl 2015).

Da es aufgrund der Vielzahl der Wissenschaftlerinnen und Wissenschaftler, die zu politikdidaktischen Fragen publizieren, unmöglich ist, alle zu berücksichtigen, habe ich für die Neuausgabe die Auswahl formalisiert – nicht zuletzt nachdem an dem Kreis der Autorinnen und Autoren für die erste Auflage Kritik geäußert wurde, weil nach Meinung einiger Leserinnen und Leser nicht alle Strömungen der Politikdidaktik berücksichtigt waren. Für die Neuausgabe wurden alle Kolleginnen und Kollegen, die im Jahr 2013 eine ordentliche Professur oder Juniorprofessur für politische Bildung an einer deutschen Hochschule bekleideten oder vor Kurzem in den Ruhestand gegangen waren, eingeladen, die Fragen zu beantworten. Davon ausgenommen waren nur die Didaktikerinnen und Didaktiker, deren Schwerpunkt eindeutig in der ökonomischen Bildung liegt, sowie die wenigen Fachwissenschaftlerinnen und Fachwissenschaftler, die Professuren für Politikdidaktik – teilweise kombiniert mit anderen Schwerpunkten – innehaben, die die Politikdidaktik aber nur „nebenbei" mitverantworten, während ihr Forschungsschwerpunkt in der Fachwissenschaft liegt. Die vor 1935 geborenen Didaktiker der ältesten Generation in der ersten Ausgabe haben sich in den letzten zehn Jahren nicht mehr mit eigenständigen Beiträgen zur Politikdidaktik zu Wort gemeldet und wurden daher für diese Neuauflage nicht erneut interviewt; ihre Positionen lassen sich in der ersten Ausgabe des Interviewbuches nachlesen.

Von den 34 eingeladenen Autorinnen und Autoren haben sechs abgesagt. 13 der 28 nun vertretenen Kolleginnen und Kollegen wurden nach 2004 berufen. In der nun ältesten Generation der Didaktikerinnen und Didaktiker, die in den 1940er Jahren geboren wurden, sind Gerhard Himmelmann, Günter Behrmann und Gerd Steffens neu dazugekommen; in der zweiten, in den 1950er Jahren geborenen Generation kamen mit Bernd Overwien, Andreas Brunold und Karl-Heinz Breier drei Didaktiker dazu, die alle erst nach 2004 berufen wurden. Alle zwölf Autorinnen und Autoren, die zwischen 1962 und 1976 geboren wurden, wurden seit 2005 neu berufen.

Jedem Interview ist eine Übersicht über die wichtigsten Daten zum beruflichen Werdegang, zum wissenschafts- und verbandspolitischen Engagement sowie zu den zentralen Veröffentlichungen der Autorinnen und Autoren vorangestellt. Sie soll den Leserinnen und Lesern einen ersten Eindruck über Tätigkeiten und Arbeitsschwerpunkte vermitteln und das Weiterlesen durch die Literaturauswahl erleichtern.

Auch die Leseempfehlungen für Studierende und Lehrerinnen und Lehrer, um die alle Autorinnen und Autoren gebeten wurden, sind an dieser Stelle dokumentiert. Sie können zum einen als Lektürehinweise v. a. für Einsteigerinnen und Einsteiger in die neuere Politikdidaktik dienen, zum anderen geben sie erste Hinweise auf inhaltliche Prioritäten und Vorlieben der jeweiligen Autorinnen und Autoren.

Die Leseempfehlungen bilden zudem die Grundlage für die zusammengefassten Literaturempfehlungen am Ende des Buches, in der alle mehrfach genannten Empfehlungen nochmals aufgelistet sind. Hier wird deutlich, welche Bücher in der Politikdidaktik heute als „Standardliteratur" betrachtet werden können.

Die Interviewfragen selbst sind in zwölf Blöcke aufgeteilt, die zum Teil aus mehreren Unterfragen bestehen. Alle Autorinnen und Autoren haben hier jenseits ihrer individuellen Arbeitsfelder die gleichen Fragen beantwortet, so dass die Gesamtheit der Antworten dazu beitragen kann, die zentralen Fragen und Diskussionen der Politikdidaktik systematisch aufzuschließen. Zwei Zugangsweisen bieten sich an: Die Lektüre eines kompletten Interviews vermittelt einen Einblick in die spezifische Denkweise und die Position einer Autorin bzw. eines Autors, die Lektüre aller Antworten zu einer bestimmten Frage kann aufzeigen, welches Spektrum an unterschiedlichen Positionen zu einem Thema existiert.

Die Interviews beginnen mit meist essayistisch verfassten Ausführungen zur eigenen Biografie und zum wissenschaftlichen Werdegang *(Block 1)*. Hier ermöglichen die Autorinnen und Autoren den Leserinnen und Lesern einen kleinen Einblick in persönliche und berufliche Erfahrungen und Erlebnisse, die ihre wissenschaftlichen Standpunkte mitgeprägt haben.

Mit *Block 2* wird dann das Spektrum der fachlichen Fragen eröffnet. Die Autorinnen und Autoren schildern die wichtigsten Herausforderungen für die heutige politische Bildung in der Schule sowie ihre Befürchtungen und Hoffnungen für deren Zukunft. In ihren Antworten wird deutlich, wie sehr politikdidaktische Diskussionen auch durch bildungspolitische Vorstellungen beeinflusst sind.

Die neue Frage nach dem Demokratielernen *(Block 3)* ist die erste einer Reihe politikdidaktischer Grundsatzfragen. Hier geht es um den eigenen Demokratiebegriff sowie um die Rolle des Demokratielernens im Rahmen der politischen Bildung und um die Bedeutung des Unterrichtsfaches Politische Bildung für die Demokratie.

Die Ausführungen zum Politikbegriff *(Block 4)* offenbaren grundlegende Prämissen für die Vorstellungen der Politikdidaktikerinnen und -didaktiker zum Spektrum möglicher Unterrichtsthemen, zu den Schwerpunkten und der Zielrichtung der politischen Bildung.

Der folgende *Block 5* zu den Kompetenzen, Inhalten und Konzepten der politischen Bildung trägt der aktuellen Diskussion um die Kompetenzorientierung Rechnung. Dabei geht es zunächst um eine prinzipielle Bewertung der Kompetenzorientierung und um die konkreten Kompetenzen, die durch die politische Bildung gefördert werden sollen. Danach folgen die Fragen nach dem Grundwissen und den Konzepten, die für die politische Bildung zentral sind.

Didaktische Prinzipien, nach denen in *Block 6* gefragt wird, sind zahlreich – die interviewten Fachdidaktikerinnen und -didaktiker erläutern hier, welche Prinzipien sie für zentral halten und welche Funktion diese in der Unterrichtspraxis übernehmen können.

Im Folgenden werden dann wichtige Methoden und Medien der Politischen Bildung benannt *(Block 7)*, unter besonderer Berücksichtigung von elektronischen Medien und Schulbüchern.

Die weiteren Frageblöcke betrachten die Politikdidaktik als forschende und lehrende Wissenschaft:

In *Block 8* geht es um die Bedeutung psychologischer und pädagogischer Erkenntnisse zu Lernprozessen für die Politikdidaktik sowie um die empirische politikdidaktische Forschung zu Lernprozessen und Schüler- sowie Lehrervorstellungen über Politik und Gesellschaft.

Block 9 fragt nach Schwerpunkten und Desideraten in der politikdidaktischen Forschung sowie nach den eigenen Forschungsschwerpunkten.

Im folgenden *Block 10* werden politikdidaktische Kontroversen benannt und die Autorinnen und Autoren beziehen dazu Position.

Block 11 schließlich widmet sich der Lehrerbildung und dem Verhältnis der Politikdidaktik zur Unterrichtspraxis. Die Politikdidaktikerinnen und -didaktiker erläutern hier, welche Inhalte für die Lehrerbildung zentral sind und worin der Beitrag der Politikdidaktik zu einer gelingenden Praxis liegen könnte.

Als kleines Resümee dieser Antworten, das man am besten zum Einstieg in die jeweiligen Interviews gleich am Anfang liest, formulieren die Autorinnen und Autoren im abschließenden *Block 12* ihre eigene, prägnante Definition von guter politischer Bildung.

Die 28 Interviews sind chronologisch nach dem Geburtsjahr der Autorinnen und Autoren sortiert. Wenn man sie in dieser Reihenfolge liest, offenbaren sie charakteristische Unterschiede zwischen verschiedenen Wissenschaftlergenerationen – vor allem hinsichtlich der Biografien und Werdegänge, zum Teil auch in Bezug auf unterschiedliche Arbeitsschwerpunkte.

In einem Resümee der Herausgeberin werden die wichtigsten Gedanken aus den Interviews abschließend dann nochmals zusammengefasst; Gemeinsamkeiten und Unterschiede der verschiedenen Positionen werden entlang der Frageblöcke verdeutlicht.

Alle Fragen sind im Folgenden im Wortlaut dokumentiert. In den Interviewtexten selbst sind die Unterfragen herausgenommen und durch kurze Stichworte in Form von Marginalien ersetzt, so wie sie auch neben dem Fragenkatalog stehen. In dieser Form lassen sich die Blöcke als Ganzes lesen – bei Bedarf ist aber nach wie vor die genaue Zuordnung der Abschnitte zu den konkreten Unterfragen möglich.

Fragenkatalog

Block 1: Werdegang (2000 Zeichen)
Bitte schildern Sie zunächst Ihren Werdegang: Wie und warum sind Sie zur Politikdidaktik gekommen? Welche politikwissenschaftlichen Schulen und politikdidaktischen Konzeptionen haben Sie beeinflusst? Hatten Sie Vorbilder?

Block 2: Situation und Perspektiven (2500 Zeichen)

Gegenwärtige Situation und Herausforderungen
(a) Wie beurteilen Sie die gegenwärtige Situation der politischen Bildung in der Schule? Worin sehen Sie die größten Herausforderungen, mit denen sie zurzeit konfrontiert wird?

Zukünftige Rolle der politischen Bildung
(b) Welche Rolle wird die politische Bildung Ihres Erachtens in Zukunft spielen und welche Rolle halten Sie für wünschenswert?

Block 3: Demokratie und politische Bildung (2000 Zeichen)

Was ist Demokratie?
(a) Was ist für Sie Demokratie?

Demokratielernen als Aufgabe der pol. Bildung?
(b) Was bedeutet für Sie Demokratielernen und inwieweit betrachten Sie Demokratielernen als Aufgabe der politischen Bildung?

Rolle der Politischen Bildung in der Demokratie
(c) Ist das Unterrichtsfach Politische Bildung Ihres Erachtens mittlerweile ein „normales" Fach neben vielen oder spielt es eine besondere Rolle in der Demokratie?

Block 4: Politikbegriff und Breite des Unterrichtsfaches (3000 Zeichen)

Was ist Politik?
(a) Was ist für Sie Politik?

Politik als Kern?
(b) Sollte die Politik den Kern des Unterrichtsfaches Politische Bildung darstellen, oder sollten andere Inhalte aus Gesellschaft, Wirtschaft und Recht *gleichberechtigt* neben der Politik stehen?

Lernfeld Gesellschaftswissenschaften
(c) Welche Fächer im Lernfeld Gesellschaftswissenschaften (Geschichte, Geografie, Politik/Sozialkunde, Wirtschaft etc.) sind in Ihrem Bundesland zusammengefasst, welche sollten Ihres Erachtens zusammengefasst werden und welche sollten in der Schule separate Fächer bleiben?

Block 5: Kompetenzen, Inhalte und Konzepte (5000 Zeichen)
(a) Sehen Sie in der Kompetenzorientierung einen Paradigmenwechsel in der politischen Bildung und wie bewerten Sie die Kompetenzorientierung?   *Kompetenzorientierung*
(b) Welche Kompetenzen sollten Schülerinnen und Schüler in der politischen Bildung heute erwerben?   *Kompetenzen*
(c) Sind Sie der Meinung, die politische Bildung sollte ein bestimmtes inhaltliches Grundwissen vermitteln? Wenn ja, welches?   *Grundwissen*
(d) Wie verhalten sich Konzepte zu Inhalten und Kompetenzen der politischen Bildung? Wie definieren Sie Konzepte? Wie lassen sich Konzepte (Basiskonzepte, Fachkonzepte) für die politische Bildung festlegen?   *Konzepte*

Block 6: Politikdidaktische Prinzipien (2500 Zeichen)
In der aktuellen politikdidaktischen Diskussion werden eine Vielzahl didaktischer Prinzipien genannt – von A wie Alltagsorientierung bis Z wie Zukunftsorientierung. Welche dieser Prinzipien halten Sie für besonders wichtig und welche Funktion erfüllen diese didaktischen Prinzipien für Theorie und Praxis des Unterrichtsfaches Politische Bildung?

Block 7: Methoden und Medien (2500 Zeichen)
(a) Welche Methoden können Sie für die Politische Bildung empfehlen?   *Methoden*
(b) Welche Medien können Sie für die Politische Bildung empfehlen? Welche Chancen und Gefahren sehen Sie insbesondere bei elektronischen Medien?   *Medien*
(c) Welche Rolle spielt das Schulbuch in der Politischen Bildung und welche sollte es spielen?   *Rolle des Schulbuchs*

Block 8: Lernprozesse und Schülervorstellungen (3000 Zeichen)
Die Politikdidaktik hat in den letzten Jahren zunehmend auch die Lernprozesse in den Blick genommen.
(a) Welche Erkenntnisse zum Lernprozess – beispielsweise aus der Psychologie und der Pädagogik – betrachten Sie für die Politikdidaktik als zentral? An welcher Stelle wurden Ihre eigenen Arbeiten durch diese Erkenntnisse beeinflusst?   *Bedeutung lerntheoretischer Erkenntnisse*

Empirische Forschung & Schüler- und Lehrervorstellungen	(b) Die Politikdidaktik hat auch verstärkt Vorstellungen, Einstellungen und Kenntnisse von Schülerinnen und Schülern sowie Lehrerinnen und Lehrern qualitativ und quantitativ erforscht. Wie bewerten Sie die bisherigen Ergebnisse, welche Erwartungen haben Sie hinsichtlich künftiger Forschungen auf diesem Gebiet und in wie fern sind Sie selbst an diesen Forschungen beteiligt?

Block 9: Politikdidaktik als Wissenschaft (2000 Zeichen)

Forschungsfragen für die Zukunft	(a) Mit welchen wissenschaftlichen Fragen sollte sich die Politikdidaktik in den nächsten Jahren vorrangig beschäftigen? Welche Rolle sollte die empirische Forschung und welche Rolle sollte die konzeptionelle Begründung der Politikdidaktik spielen?
Eigene Forschungsschwerpunkte	(b) Auf welchen Gebieten der Politikdidaktik liegt der Schwerpunkt Ihrer wissenschaftlichen Arbeit? Wozu werden Sie zukünftig forschen?

Block 10: Fachdidaktische Kontroversen (4000 Zeichen)
Welche Kontroversen halten Sie in der aktuellen fachdidaktischen Diskussion für zentral? Welche Position haben Sie selbst in diesen Kontroversen?

	Block 11: Politikdidaktik und Lehramtsausbildung (3000 Zeichen)
Wissen und Können von Politiklehrern	(a) Was sollten Politiklehrerinnen und -lehrer wissen und können?
Politikdidaktik in der Lehramtsausbildung	(b) Welche Bedeutung sollte die Politikdidaktik im Rahmen der Lehramtsausbildung haben? Wie sollte das Politikdidaktikstudium innerhalb des Lehramtsstudiums organisiert sein?
Verhältnis von Theorie und Praxis	(c) Das Verhältnis von Theorie und Praxis ist in der politischen Bildung nicht reibungslos und (angehende) Politiklehrerinnen und -lehrer erwarten oft „Rezepte" von der Politikdidaktik. Wie reagieren Sie auf diese Erwartung?
Schwerpunkte der eigenen Lehre	(d) Welche Schwerpunkte setzen Sie selbst in Ihrer universitären Lehre?

Block 12: „Gute" politische Bildung (500 Zeichen)
Zum Abschluss: Können Sie in einem Absatz formulieren, was für Sie „gute" politische Bildung ist?

Ohne die Mithilfe vieler Kolleginnen und Kollegen hätte ich dieses Buch nicht herausgeben können: Intensiv diskutiert habe ich das Konzept mit Sara Alfia Greco, Peter Massing, Tessa Debus und Bernward Debus, denen daher mein ganz besonderer Dank gilt. Dirk Lange und Wolfgang Sander haben mir vorab Rückmeldungen zum Fragenkatalog gegeben. Bei der redaktionellen Bearbeitung und durch wertvolle Hinweise zu meinen eigenen Beiträgen hat mich mein Mainzer Team mit Mathias Lotz, Anika Wagner, Laura Lay, Anna Krekeler, Lea Gaedigk und Margit Hartung unterstützt. Anika Wagner danke ich zusätzlich für die Unterstützung mit dem Programm MAXQDA, Mathias Lotz für zahlreiche inhaltliche Anregungen zu meinen Beiträgen. Die Teilnehmerinnen und Teilnehmer meines Kolloquiums sowie Markus Soldner, Jeannette Ennigkeit und Hubertus Buchstein haben Teile des Buches mit mir diskutiert und mir hilfreiche Rückmeldungen gegeben. Edith Beralli hat kompetent und geduldig den Satz des Buches organisiert.

Bei allen Autorinnen und Autoren bedanke ich mich für die Kooperationsbereitschaft – vor allem bei meinem pedantischen Beharren auf die Einhaltung der Zeichenzahl – sowie für ihre Geduld und Bereitschaft, sich erstmals oder bereits zum zweiten Mal auf dieses Buchkonzept einzulassen.

Vor der Veröffentlichung des Bandes verstarb plötzlich und unerwartet unser geschätzter Kollege Peter Henkenborg. Seine streitbare Stimme werden wir im Kanon der Positionen politischer Bildung künftig vermissen.

Literatur

Pohl, Kerstin (Hrsg.) 2004: Positionen der politischen Bildung 1. Ein Interviewbuch zur Politikdidaktik, Schwalbach/Ts.
Pohl, Kerstin 2015: Politikdidaktik – eine interdisziplinäre Sozialwissenschaft, in: Bieling, Hans-Jürgen u .a. (Hrsg.): Kursbuch Politikwissenschaft. Einführung – Orientierung – Trends, Schwalbach/Ts., S. 165-184.

Sibylle Reinhardt

Dr. Sibylle Reinhardt, geb. 1941 in Reichenberg (Liberec).

Professorin für Didaktik der Sozialkunde im Institut für Politikwissenschaft der Martin-Luther-Universität Halle/Wittenberg von 1994 bis 2006.

Politikdidaktikerin und Diplom-Soziologin, langjährige Praxiserfahrung als Lehrerin und Fachleiterin am Gymnasium, Mitherausgeberin der Zeitschrift „Gesellschaft – Wirtschaft – Politik".

Frühere Tätigkeiten

- Lehrerin für Politik/Sozialwissenschaften am Gymnasium in Wuppertal-Vohwinkel von 1970 bis 1994
- Fachleiterin in der Referendarausbildung für Politik/Sozialwissenschaften von 1974 bis 1994
- Fachberaterin für die Aufsichtsbehörde in Düsseldorf von 1972 bis 1994
- Lehrbeauftragte von 1975 bis 1984 und Privatdozentin von 1985 bis 1994 an der Bergischen Universität Wuppertal

Verbandstätigkeiten

- Gründungsmitglied der Gesellschaft für Politikdidaktik und politische Jugend- und Erwachsenenbildung (GPJE)
- Mitglied der Deutschen Vereinigung für Politische Bildung (DVPB), zweite Bundesvorsitzende, Beisitzerin im Vorstand des Landesverbandes Sachsen-Anhalt
- Mitgliedschaft in verschiedenen weiteren wissenschaftlichen Gesellschaften bzw. Vereinigungen: Deutsche Gesellschaft für Soziologie, Deutsche Vereinigung für Politikwissenschaft, Deutsche Gesellschaft für Erziehungswissenschaft

Beratungs- und Kommissionstätigkeiten

- Mitwirkung in zahlreichen Richtlinien- und Lehrplan-Kommissionen in Nordrhein-Westfalen, Brandenburg und Sachsen-Anhalt.
- Beteiligung an zahlreichen Berufungs-, Akkreditierungs- und Evaluationsverfahren.

Veröffentlichungen – Auswahl

Seit 1998 Mitherausgeberin der Zeitschrift „Gesellschaft – Wirtschaft – Politik" (vormals „Gegenwartskunde")

2014	Politik-Didaktik. Berlin (5. Auflage).
2014	„Ich freue mich, dass Sie Spaß am Politik-Unterricht haben". Ein Streifzug durch das Werk. Hrsg.: Tilman Grammes/Andreas Petrik. Opladen, Berlin, Toronto.
2013	Politische Bildung durch Empörung? Werte und Institutionen gehören zusammen! Das Dilemma der Beschneidung von Jungen als Beispiel. In: Syring, Marcus/Flügge, Erik (Hrsg.): Die Erstbegegnung mit dem Politischen. Immenhausen, S. 55-70.
2011	zusammen mit Dagmar Richter (Hrsg.): Politik-Methodik. Berlin (2. Auflage).
2002	zusammen mit Heinz-Hermann Krüger u. a.: Jugend und Demokratie – Politische Bildung auf dem Prüfstand. Eine quantitative und qualitative Studie aus Sachsen-Anhalt. Opladen.
1999	Werte-Bildung und politische Bildung. Zur Reflexivität von Lernprozessen. Opladen.
1997	Didaktik der Sozialwissenschaften. Gymnasiale Oberstufe. Sinn, Struktur, Lernprozesse. Opladen.

Leseempfehlungen für (angehende) Politiklehrerinnen und -lehrer

May, Michael/Schattschneider, Jessica (Hrsg.) (2011): Klassiker der Politikdidaktik neu gelesen. Originale und Kommentare. Schwalbach/Ts.

Petrik, Andreas (2013): Von den Schwierigkeiten, ein politischer Mensch zu werden. Konzept und Praxis einer genetischen Politikdidaktik. Opladen, Berlin und Toronto (2., erw. und aktualis. Aufl.).

Reinhardt, Sibylle (2014): Politik-Didaktik. Berlin (5. Aufl.).

Reinhardt, Sibylle/Richter, Dagmar (Hrsg.) (2011): Politik-Methodik. Berlin (2. Aufl.).

Sander, Wolfgang (Hrsg.) (2014): Handbuch politische Bildung. Schwalbach/Ts. (4. Aufl.).

Sibylle Reinhardt

„Genuine Fachdidaktik zeigt konkrete Konsequenzen für Lehr- und Lernprozesse."

1. Werdegang

Ich habe zwei Studiengänge parallel studiert: Diplomstudiengang in Soziologie und Lehramt für das Gymnasium für die Fächer Politik und Deutsch. Nach Diplom und Staatsexamen habe ich – schwankend, ob ich in die Schule oder in die Hochschule wollte – die Referendarzeit gemacht. Nach einjähriger Pause (USA-Aufenthalt, Schreiben der Dissertation) fing ich als Lehrerin am Gymnasium Wuppertal-Vohwinkel zu unterrichten an – nach vier Wochen war das Schwanken beendet: ich war begeistert, voll engagiert, wollte Lehrerin sein. Also ergab sich die Beschäftigung mit der Fachdidaktik von selbst.

Studiert habe ich die meiste Zeit zwischen 1961 und 1967 in Frankfurt am Main am Institut für Sozialforschung bei berühmten Lehrern (Adorno, Horkheimer und Habermas, bei dem ich 1972 meine Promotion abgeschlossen habe). Sicherlich hat mich die Kritische Theorie in meiner Art zu denken und zu argumentieren beeinflusst – und ich wiederum fand dort eigene Interessen aufgehoben. Aber Vorbilder hatte ich nicht – ich finde die Frage etwas altertümlich.

2. Situation und Perspektiven der politischen Bildung

Gegenwärtige Situation und Herausforderungen

Der Politikunterricht hat zurzeit keinen Rückenwind in der öffentlichen Diskussion. Er leidet vermutlich unter der verbreiteten Verdrossenheit an Politik und Weltgeschehen. Auch scheint in der Öffentlichkeit angenommen zu werden, Demokratie lerne sich von selbst durch bloßes Aufwachsen in dieser Gesellschaft. Verdruss und Weggucken der anderen machen es den Lernenden und Lehrenden schwerer, das eigene Tun für wichtig zu halten. Dazu passt, dass es selten die Nachricht einer Erhöhung der Zahl der Stunden für Politische Bildung gibt.

Zukünftige Rolle der politischen Bildung

Die Zersplitterung der sozialwissenschaftlichen politischen Bildung in kleine Einzelfächer (Politik, Recht, Wirtschaft, Soziologie u. a. m.) ist eine Gefahr, die auch durch das System der Interessenvertretung entsteht.

Die Verbände der Wirtschaft fordern das Fach Wirtschaft – niemand fordert das Fach Politische Bildung (weil es keinem Partikularinteresse zugeordnet werden kann). Das Fach Politische Bildung in einer sozialwissenschaftlich integrierten Spielart könnte das Leitfach für die sozialwissenschaftlichen Fächer werden, die dann entweder ein Teil von „Politische Bildung" wären oder die – falls sie z. B. in Wahlpflichtbereichen auch getrennt auftauchen – auf „Politische Bildung" curricular bezogen werden könnten. Politische Bildung ist als Leitfach geeignet, weil das Fach nicht nur die Belange eines einzigen gesellschaftlichen Teilsystems betrifft, sondern notwendigerweise auch die Frage nach dem gemeinsamen Ganzen behandelt. Probleme, Prozesse und die „Logiken" unterschiedlicher Bereiche machen den anspruchs- und spannungsvollen Objektbereich aus. Die verbindende Perspektive ist die Aufgabe demokratischer Politik, zur humanen Gestaltung der Welt beizutragen.

3. Demokratie und politische Bildung

Demokratie ist das moralisch überzeugende Prinzip politischer Willensbildung, weil jeder Mensch mit gleicher Würde anerkannt wird (was sich im gleichen Wahlrecht materialisiert). Diese formale Gleichheit gibt den Einzelnen Chancen und Verantwortung. Politische Bildung will ihre Mündigkeit fördern und sie als Subjekte zur realen Teilnahme in Gesellschaft und Staat befähigen.

Was ist Demokratie? & Demokratielernen als Aufgabe der politischen Bildung?

Demokratie kann außer als Staatsform auch als Leitbild für das Leben im Nahraum des Alltags und für das Leben in Organisationen begriffen werden. In Schule und Unterricht sind die Verkehrsformen bedeutsam für den Erwerb von Handlungskompetenzen. Achtung und Respekt, die Möglichkeit zur Mitwirkung im Unterricht, die Existenz einer produktiven Schülervertretung und der Versuch zur tätigen Mitarbeit in Schulleben und Gemeinde sind wichtige Ziele für den Schulalltag. Dieses Demokratie-Lernen ist aber kein funktionales Äquivalent für den Fachunterricht. Die Gefahr, dass in den alltäglichen Lernprozessen nicht Politikkompetenz erworben wird, sondern dass der Bereich der Öffentlichkeit lediglich mit Kategorien des privaten Lebens bearbeitet (also assimiliert) wird, ist umso größer, je allgemein menschlicher die Definition von „politischer Bildung" gerät. Im Extremfall wird daraus ein „Seid nett zueinander und meidet Konflikte", was sogar Politikverdrossenheit fördern könnte (vgl. Reinhardt 2013).

Rolle der Politischen Bildung in der Demokratie	Das Unterrichtsfach Politische Bildung ist ein normales Fach geworden, weil es – anders als noch in den 70er Jahren des letzten Jahrhunderts – keine Ängste vor einer Indoktrination der Lernenden mehr weckt. Der Beutelsbacher Konsens ist hierfür ein Meilenstein gewesen (Reinhardt 2014, S. 29-32). Für Demokratie ist das Fach unersetzlich, weil es die kognitiven, affektiven, habituellen und evaluativen Kompetenzen fördert, deren demokratische Bürger(innen) bedürfen – und Demokratie braucht diese Bürger und Bürgerinnen, denn sie ist keine Naturtatsache, sondern sie wurde von Menschen errungen und wird von ihnen weiter entwickelt oder auch verspielt (wie in der Weimarer Republik).

4. Politikbegriff und Breite des Unterrichtsfaches

Was ist Politik?	Für mich ist Politik die gemeinsame Regelung gemeinsamer Angelegenheiten – für alle und durch alle. Wichtig ist die Unterscheidung zwischen einem normativen Begriff (z. B. Demokratie als Diskurs) und der Beschreibung und Bewertung tatsächlicher Vorgänge. Die notwendigen Diskrepanzen bedeuten weder die Negation der Idee noch der vorgefundenen Realität. Sie können Neukonstruktionen anstoßen, sie können auch Anlass für Suchprozesse bleiben. Diese Trennung von normativen und empirischen Aussagen ist wichtiger als die Einigung auf einen bestimmten Politikbegriff.
Politik als Kern?	Politische Bildung bezieht ihre Schwerpunkte aus gesellschaftlichen Problemen, nicht aus wissenschaftlichen Definitionen. Wenn zum Beispiel wirtschaftliche Vorgänge den Zusammenhalt von Gesellschaften gefährden, werden sie notwendig zum politischen Problem und provozieren integrierte sozialwissenschaftliche Bildungsbemühungen. Die Integration muss im Unterricht geleistet werden, denn Inter-Disziplinarität ist viel schwieriger als disziplinäres Arbeiten. Diese Aufgabe darf nicht auf die Lernenden abgeschoben werden.
Lernfeld Gesellschaftswissenschaften	Je nach Schulform sind in Sachsen-Anhalt unterschiedliche Konstruktionen gegeben. Sinnvoll ist meines Erachtens die Integration von Fächern, die das Handeln und die Strukturen in gesellschaftlichen Teilsystemen analysieren und reflektieren (Soziologie, Ökonomie, Politikwissenschaft, Jura). Nicht sinnvoll ist die Zusammenfassung von Politik und Geschichte, weil die Betrachtung auf der Zeitschiene nicht zugleich auf Strukturen von Gegenwart und Zukunft fokussieren kann.

5. Kompetenzen, Inhalte und Konzepte der politischen Bildung

Noch in den 60er Jahren des vergangenen Jahrhunderts enthielten Richtlinien Stoffkataloge für den Unterricht, die vermutlich einen Sinn implizieren sollten, ihn aber nicht explizit formulierten. Eine paradigmatische Wende war die Orientierung hin zu Qualifikationen, die in Lernzielen ausgefaltet wurden und Mündigkeit als Richtwert verfolgten (z. B. die Richtlinien für den Politikunterricht in NRW). Solche Ziele gaben den Gegenständen des Unterrichts die didaktische Perspektive, also die das Lernen leitenden Interessen oder Fragehaltungen.

Kompetenzorientierung

Kompetenzen fügen dieser Ziel- und Rechtfertigungsdimension von Qualifikationen (input) zweierlei hinzu, nämlich die Forderung nach Graduierung bzw. Stufung der Kompetenzen und die Forderung nach Messbarkeit ihres Erreichens bzw. Nicht-Erreichens (output). Kompetenzen sind also:
- für die Bewältigung domänenspezifischer Aufgaben nötig,
- an Personen gebunden und müssen gelernt werden,
- komplex, d. h. sie enthalten u. a. kognitive und emotionale Komponenten,
- in ihrer gestuften Ausprägung messbar.

Die Fortführung der Qualifikations- in die Kompetenzorientierung ist sinnvoll, solange sie nicht das alte Problem reproduziert, aus der Sinnfrage eine Technikfrage zu machen (überbordende Listen operationalisierter Lernziele früher und jetzt kleinkarierte Messverfahren und Rechenprozeduren).

Demokratie-Lernen bedeutet den Erwerb dieser fünf Kompetenzen:

Kompetenzen

1) Perspektiven-/Rollenübernahme,
2) Konfliktfähigkeit,
3) Sozialwissenschaftliches Analysieren,
4) Politisch-moralische Urteilsfähigkeit,
5) Partizipation/politische Handlungsfähigkeit.

„Politische Bildung stellt an Lernende die Anforderung, gesellschaftlich relevante Probleme und politische Konflikte wahrnehmen (Perspektivenübernahme), verstehen (Analysefähigkeit), diskutieren (Konfliktfähigkeit) und bewerten zu lernen (Urteilskompetenz), um als mündige BürgerIn den demokratischen Prozess mitgestalten zu können (Partizipation)" (Petrik 2013b, S. 33).

Diese fünf Kompetenzen erfassen zwei Desiderate besser als andere gängige Zusammenstellungen: Sie kennzeichnen die Domäne demokratiespezifisch („Konfliktfähigkeit" darf nicht fehlen) und sie sind in Teilen empirisch beforscht worden, und zwar in ganz unterschiedlichen Disziplinen (Soziologie, Sozial- und Entwicklungspsychologie, Politikwissenschaft, Politische Sozialisation u. a. m.). Diese Forschungstraditionen könnten genutzt werden (Petrik 2010, Reinhardt 2010).

Die Kompetenzen entfalten sich über (mindestens) drei Stufen: Zuerst steht das Subjekt mit seinen Bedürfnissen und seinem Nahraum im Zentrum. Das mittlere Niveau erfasst die Bedeutung personenübergreifender Regeln und Institutionen. Schließlich wird systemisches und generalisierendes Denken, Fühlen, Wollen und Urteilen möglich. Abstraktion und Universalisierung sind also die Linien der Entwicklung (Reinhardt 2014, Kap. 12), in denen Konkretionen und Kontextualisierungen aufgehoben und aktualisierbar sind.

Grundwissen Ein inhaltliches Kerncurriculum wäre hilfreich: Das Fach wäre klar definiert, leichter repräsentierbar (gegenüber den Lernenden und der Öffentlichkeit) und in fachdidaktischer Theorie und unterrichtlicher Praxis besser handhabbar. Dafür müsste aber erstens der Zuschnitt des Faches (vgl. Block 4) einheitlich sein. Zweitens müsste unser Gegenstand sich dafür überhaupt eignen, was fraglich ist: Auf einer sehr konkreten Ebene ändern sich alle Daten schnell (z. B. die Namen von Amtsträgern, auch von Institutionen), so dass hier ohnehin nicht von Grundwissen gesprochen werden kann. Drittens müsste die Zahl wichtiger Wissensbestände immerhin so begrenzt sein, dass eine Auswahl einen Sinn machen könnte. Auch dies dürfte schwierig sein.

Es kann also nur um eine unkonkrete Ebene von Wissen gehen, um Prozesswissen. Der Umgang mit aktuellen Konflikten ist ein solcher Gegenstand politischen Lernens. Der Konflikt selbst ist im nächsten Jahr womöglich schon überholt, die rechtlichen Regelungen sind in Grenzen kontingent, die Möglichkeiten der Mitbestimmung variieren von Fall zu Fall.

Häufig auftauchende Inhalte dürften sein: Staatliches Gewaltmonopol und Recht, Mechanismen des Marktes und ihre Steuerung, Individuum und Gesellschaft, Sozialstruktur und Ungleichheit, politische Partizipation und demokratische Willensbildung, Internationalität und Globalisierung. Die empirische Auswertung von Richtlinien und Lehrplänen wäre hier angesagt.

Konzepte sind der Versuch, Zusammenhänge zu formulieren, also keine Einzeldaten und Einzelbegriffe (in deren Flut wir nur ertrinken könnten). Subjekte haben immer schon Konzepte (z. B. eine Vorstellung von oder ein Gefühl für „Gerechtigkeit"), mit denen sie die Welt erfassen. Die Unzulänglichkeit solcher Konzepte bei ihrer Anwendung auf Vorgänge in der Wirklichkeit kann die Subjekte zur Modifikation, Erweiterung oder zum Wechsel motivieren. Der Begriff von „Gerechtigkeit" kann z. B. seine Perspektive auf andere Personen oder Gesellschaften weiten oder seine Anwendung nach Kontexten spezifizieren.

Konzepte

Die Sozialwissenschaften haben eine riesige Fülle fruchtbarer Konzepte entwickelt. Eine zwingende Auswahl lässt sich kaum angeben. Nur ein Beispiel: Wieso fehlt in allen Konzepte-Listen eigentlich Max Webers Unterscheidung von „Macht" und „Herrschaft" mit ihren drei Typen legitimer Herrschaft? Nach meiner Erfahrung ist das ein sehr fruchtbares Konzept. Kurzum: die Suche nach lexikalischer Festlegung ist vergeblich und im schlechten Falle sogar gefährlich für subjekt-orientierten Unterricht, der zugleich offen für den Reichtum der Sozialwissenschaften ist.

6. Politikdidaktische Prinzipien

Fachdidaktische Prinzipien zeichnen sich dadurch aus, dass sie den normativen Bezug zur Demokratie herstellen, dem Gegenstand einen fach(wissenschaft)lichen Kern geben, die Lernenden und ihre Vorstellungen und Motivationen einbeziehen und schließlich mindestens eine Unterrichtsmethode als dynamische Auseinandersetzung mit dem jeweiligen Gegenstand angeben. Die Prinzipien sind nach meinem jetzigen Wissen (vgl. Reinhardt 2014):
1) Konfliktorientierung (Konfliktanalyse),
2) Problemorientierung (Problemstudie),
3) Handlungsorientierung (Projekt, Bürgeraktion),
4) Fallprinzip (Fallanalyse, Fallstudie),
5) Zukunftsorientierung (Planspiel, Zukunftswerkstatt, Szenario-Technik),
6) Moralisch-politische Urteilsbildung (Politisches Entscheidungsdenken, Dilemma-Methode),
7) Genetisches Prinzip (Gründung),

8) Wissenschaftspropädeutik für die gymnasiale Oberstufe (Lektüre einer wissenschaftlichen Originalschrift, Instrumente und Verfahren reflexiv einsetzen, Lehrforschung).

Am Beispiel der Konfliktorientierung sei das Zusammenspiel der vier Wissensformen kurz demonstriert:

a) Normative Aussagen über den Sinn des Lernens (Demokratie als pluralistisches Herrschaftssystem, Streitkultur als zivile Voraussetzung).

b) Fach(wissenschaft)liche Aussagen über den Gegenstand (Beiträge der Wissenschaften zur Analyse eines aktuellen Konflikts, die politics-Dimension von Politik).

c) Alltagswissen der Lernenden und der Gesellschaft (Konflikte interessieren und involvieren).

d) Berufswissen von der Inszenierung des Lehrens (Konfliktanalyse als Unterrichtsmethode).

Die Verwirklichung der Konfliktorientierung durch die Methode der „Konfliktanalyse" hat zweckmäßigerweise fünf Phasen:

I) Konfrontation mit dem Konflikt (einschließlich spontaner Stellungnahmen),

II) Analyse des Konflikts (Nutzung von Kategorien bzw. Leitfragen),

III) Stellungnahmen der Lernenden,

IV) Kontrovers-Verfahren (z. B. Pro- Kontra-Streitgespräch),

V) Generalisierung (z. B.: wofür steht der Konflikt?).

In diesem Ablauf wechseln subjektbestimmter und objektivierender Zugang, alle Verfahrenselemente bringen den Konflikt zum Vorschein und in die streitige Diskussion. Der Lerngegenstand ist die Art des Umgangs mit Konflikten, variabel ist das benutzte bzw. erworbene Sachwissen (je nach aktuellem Konflikt).

Diese fachdidaktischen Prinzipien kennzeichnen das Lernen für die Demokratie sehr genau. Kein autoritäres oder gar totalitäres System würde auch nur eines dieser Prinzipien für sein Erziehungssystem vorsehen! Denn das Gebot der Kontroverse und das Verbot der Indoktrination sowie die Achtung vor dem Subjekt des Lernens (Beutelsbacher Konsens) werden in allen Prinzipien und ihren Methoden in konkrete Interaktionen im Unterricht umgesetzt.

Die Prinzipien sind geeignet, die Tradition des Faches zu versammeln (Grammes 2011), sie geben Leitlinien für die Unterrichtsplanung und die Reflexion und können die Lehrerausbildung inhaltlich organisieren helfen. Als Professionswissen stellen sie das theoretisch fundierte Handlungswissen von Lehrern dar, die ihr Tun der Reflexion zugänglich machen und nicht nur Rezepte befolgen wollen. Ohne fachdidaktische Prinzipien würden berufliche Routinen und Intuitionen, aber keine Profession mit ihrem Wechsel von Theorie und Praxis ausgeübt.

In der fachdidaktischen Literatur werden viele Dimensionen, Ansätze und Zugänge zu den Zielen und Gegenständen unseres Faches diskutiert. Sie können teilweise den genannten fachdidaktischen Prinzipien unmittelbar zugeordnet werden (wie z. B. die Werte- oder die Zukunftsorientierung), sie heben übergreifende Postulate hervor (wie z. B. die Alltags-, Erfahrungs- und Subjektorientierung) besonders hervor, sie betonen Theoriebezüge (wie z. B. der pragmatistische Ansatz) oder heben einzelne Weisen der Näherung an politische Gegenstände hervor (Bilder, Narrationen, Person und Biografie, Geschichte, Symbole) und schließlich nehmen sie Aspekte der Inhalte in den Blick (z. B. Europapolitik, Institutionenkunde). Diese Diskussionen bereichern die Auseinandersetzungen um Politische Bildung als Fach und als Demokratie-Lernen in vielen gesellschaftlichen Bereichen.

7. Methoden und Medien der Politischen Bildung

Methoden als Makrostrukturen des Unterrichts artikulieren in ihren Phasen die innere Dynamik einer Unterrichtsreihe (vgl. oben in Block 6 das Beispiel der Konfliktanalyse). Innerhalb dieser Phasen können sehr unterschiedliche Verfahren, Sozialformen und Medien genutzt werden.

Methoden

Methoden vermitteln die Bewegung der Sache und die Bewegung des Lernens, sie bauen Brücken, über die die Lernenden gehen können. Methoden können den fachdidaktischen Prinzipien (Block 6) zu geordnet werden und konstituieren diese mit.

Besonders hervorzuheben sind:

Konfliktanalyse – Problemstudie – Projekt und Bürgeraktion – Fallanalyse – Fallstudie – Planspiel – Zukunftswerkstatt – Szenario-Technik – Politisches Entscheidungsdenken – Dilemma-Methode – Gründung – Lehrforschung (Erläuterungen und Beispiele in Reinhardt 2014, Teil II).

Für die Unterrichtsplanung empfehle ich zu prüfen, ob die Dynamiken von Sache und lernender Auseinandersetzung möglicherweise zum Beispiel in einer Fallstudie oder in einem Gründungsszenario (oder einer anderen Methode) besser artikuliert sind als in einem sogenannten systematischen Lehrgang (dessen mehrfache Erarbeitungsphasen womöglich in jeweils aktueller methodischer und modischer Benennung, zur Zeit beispielsweise dem Stationen-Lernen, kaschiert werden).

Medien Die Möglichkeit elektronischer Recherche ist eine große Hilfe für Politische Bildung. Gesetzestexte und aktuelle politische Positionen können leicht und zuverlässig ermittelt werden. Den Lernenden muss u. U. durch die Angabe geeigneter Adressen geholfen werden (ein Beispiel: Verbände-Darstellungen müssen nicht die gültige Fassung eines Gesetzes bieten).

Die Wahl geeigneter Medien hängt auch von ihrer objektiven und subjektiven Zugänglichkeit ab. Nicht jede(r) Lehrende kann eine Unterrichtsreihe zu „Kindheit in der globalisierten Welt" mit Gitarre und Stimme einleiten (eine Referendarin sang ein peruanisches Kinderlied – es war hinreißend).

Rolle des Schulbuchs Zu Schulbüchern habe ich wenig zu sagen. Als Lehrerin habe ich eigene Konstruktionen (z. B. Fallstudien) und Zusammenstellungen von Materialien im Unterricht verwendet (z. B. Planspiele oder wissenschaftliche Texte, auch aus Schulbüchern, die dann Sammlungen von Materialien darstellten).

8. Lernprozesse und Schülervorstellungen

Bedeutung lerntheoretischer Erkenntnisse Für Politikdidaktik ist der Konflikt in doppelter Hinsicht zentral: Zum einen ist Demokratie ein Konfliktsystem (im Unterschied zu autoritären und totalitären Systemen), zum anderen sind Konflikte vorzügliche Motoren und Motivatoren für das Lernen, das ja eine Änderung der Person bedeutet. Festingers Theorie der kognitiven Dissonanzen, Piagets Konzepte von Assimilation und Akkommodation durch Störungen und Kohlbergs Arbeit mit moralischen Dilemmata sind wegweisend für das Begreifen von Lernprozessen und für die Konstruktion von Unterricht (vgl. Block 6: Fachdidaktische Prinzipien).

Ein konstruktivistisches Verständnis von Lernen und Unterricht ist selbstverständlich. Ein Fortschritt dieses Ansatzes besteht für mich in der Betonung der positiven Bedeutung von Fehlern. Die naturwissenschaftliche Fachdidaktik machte mich darauf aufmerksam und ich habe dann Unterrichtserfahrungen in acht „Illusionen", denen ich immer wieder begegnet war, gefasst (Reinhardt 2012, 46-52). Solches Fehlverstehen, z. B. die Illusion der Autonomie, ist offensichtlich eine Bedingung politischen Lernens (vgl. auch Petrik 2013a, 224-233).

Aus der Forschung zur politischen Sozialisation (Krüger/Reinhardt u. a. 2002) habe ich gelernt, dass soziales Lernen nicht automatisch auch politisches Lernen ist (Reinhardt 2013 für empirische Belege). Eines der Lernprobleme für Politische Bildung und Demokratie ist die ganz andere „Logik" sozialen Lernens, das pro-soziale Werte und Überzeugungen leicht auf harmonische und gemeinschaftliche Kontexte des Nahraums begrenzt und die Welt von Institutionen und Konflikten als feindlich und entfremdend sieht, statt beides – soziales Lernen und politisches Lernen – als different und füreinander notwendig zu begreifen.

Empirische Forschung & Schüler- und Lehrervorstellungen

Die Erforschung von Schüler- und Lehrervorstellungen bleibt irrelevant, wenn die Ergebnisse keine konstruktiven Folgerungen für Unterricht haben können. Diese Konsequenzen für den Unterricht müssten in der Fachdidaktik konkretisiert und evaluiert werden. Andernfalls würde die schwierigste Aufgabe (wieder) auf die Praxis abgeschoben.

9. Politikdidaktik als Wissenschaft

Die Politikdidaktik sollte sich theoretisch, empirisch und konstruktiv den Lehr- und Lernprozessen in Schule und außerschulischer politischer Bildung widmen. Die allgemeinen theoretischen Diagnosen unserer Zeit erfolgen in den Fachwissenschaften, unsere Aufgabe ist die didaktische Reflexion (vgl. Punkt 10, Kontroverse 3).

Forschungsfragen für die Zukunft

Die empirische Forschung hat sowohl quantitative Survey- als auch qualitative Fallforschung sowie auch die Erfahrungssicherung in und durch die Praxis zum Inhalt (vgl. Punkt 10, Kontroverse 2).

Meine eigenen Schwerpunkte sind:
1. Werte-Bildung und politische Bildung (mit dem Resultat des fachdidaktischen Prinzips der moralisch-politischen Urteilsbildung)
2. Wissenschaftspropädeutik im Unterricht der Sozialwissenschaften in der gymnasialen Oberstufe
3. Jugend und Demokratie (Prozesse politischer Sozialisation und didaktische Konsequenzen).

Eigene Forschungsschwerpunkte

Diese Schwerpunkte bringe ich in meine Gesamtdarstellung der „Politik-Didaktik" (2014) ein. Diese Didaktik verkörpert mein Verständnis von Politikdidaktik als Professionswissenschaft, die dem Wechsel und dem Bezug von Theorie und Praxis verpflichtet ist.

10. Fachdidaktische Kontroversen

Mir sind drei mehr oder weniger (noch) latente Kontroversen wichtig:
1.) Welche Vorstellung von Unterricht haben wir? Ich wende mich gegen einen begriffsgesteuerten Unterricht, der ein reduziertes Politik-Lexikon zum Lerngegenstand macht und die Lernsubjekte und die Dynamik von Demokratie-Lernen ausblendet (vgl. die Auseinandersetzung der Arbeitsgruppe Fachdidaktik: „Konzepte der politischen Bildung" 2011 gegen die „Konzepte der Politik" von Weißeno u. a. 2010).
2.) Was ist fachdidaktische empirische Forschung? Ich wende mich gegen zählende Reduktion der sozialen Ordnung des Unterrichts in die Aggregation von Einzeldaten (vgl. die eben genannte Kontroverse). Quantitative Survey-Forschung und qualitatives Fallverstehen müssen und können trianguliert werden, damit Lehren und Lernen als sinnhaftes Geschehen gefasst und gedeutet werden können. Lehrer-Forschungen (z. B. in Qualifikationsarbeiten nach der 1. und 2. Phase der Lehrerausbildung) sollten als systematisierte Erfahrungssicherung für die Forschung und Entwicklung in der Fachdidaktik anerkannt werden.
3.) Was ist die Aufgabe von Fachdidaktik? Genuine Fachdidaktik zeigt – egal, ob sie normativ-theoretisch oder empirisch-alltagsbezogen arbeitet – konkrete Konsequenzen für Lehr- und Lernprozesse. Es reicht nicht, die schwierigste Aufgabe, nämlich die Umsetzung in Praxis und deren Evaluation, den politischen Bildnern in Schule und anderen Institutionen aufzubürden.

Weitere Kontroversen sind in den Blöcken 3, 4 und 5 erwähnt.

11. Politikdidaktik und Lehramtsausbildung

Wissen und Können von Politiklehrern

Ein Politiklehrer kann niemals fachlich überqualifiziert sein, jedenfalls nicht für den Unterricht in der gymnasialen Oberstufe. Ich habe selbst auch nach Promotion und Habilitation nie den Eindruck gehabt, eine „überschüssig" gute Sozialwissenschaftlerin zu sein. Das hängt nicht nur mit den Anforderungen durch mehrere wissenschaftliche Bezugsdisziplinen und mit dem raschen Wandel unseres Gegenstands, sondern im Kern mit einem didaktischen Grund zusammen: Fachliche Souveränität lässt die Lehrenden eher sehen, welche spannenden Konstrukte sich aus den vielleicht krausen und wenig raffinierten Zugriffen ihrer Schülerinnen und Schüler entwickeln ließen. Ein Beispiel: Irgendwann in einem Oberstufenkurs entwickelten die Schüler einen halben Gedankengang, den ich weiter „schubsen" konnte zu der Grundvorstellung des „Schleiers des Nichtwissens" – das ging aber natürlich nur, weil ich die Theorie der Gerechtigkeit von John Rawls gelesen hatte und faszinierend fand. Übrigens haben die Schülerinnen und Schüler gestrahlt, als ich ihnen sagte, dass die Denkfigur, mit der sie da eben gearbeitet hatten, in der Rechtsphilosophie des Amerikaners Rawls „Schleier des Nichtwissens" genannt werde. Für die Klausur habe ich dann einen Auszug aus dem Buch gewählt. Es geht mir nicht um einen Kanon zu lesender Bücher (ich sehe keine Kriterien für diese Auswahl), sondern es geht um das intellektuelle Interesse der Lehrenden.

Ein Politiklehrer muss unterrichten können. Das klingt banal, ist aber viel schwerer als die Kumulation wissenschaftlichen Wissens. Alles fachliche, pädagogische und fachdidaktische Wissen nützt wenig, wenn das unterrichtliche Handeln dem nicht entspricht. Wer hat nicht schon hoch interessierte Studenten erlebt, die eloquent über emanzipatorische Prinzipien für den Unterricht dozieren – und dann stehen sie vor der Klasse und flattern oder gängeln die Schüler. Wissen und Wollen und Können gehen im günstigen Falle eine Koalition ein, aber dieser günstige Fall sollte durch eine angemessene Ausbildung auch schon in der Universität begünstigt werden. Dazu gehört natürlich, dass die universitären Lehrerinnen und Lehrer selbst ausgebildet und in der Lage sein müssen zu unterrichten.

Die Fachdidaktik hat in der Politiklehrerausbildung eine zentrale Bedeutung. Sie sollte früh im Studium wichtig werden, damit die Studierenden sich die Fachwissenschaften auch unter der fachdidaktischen Perspektive aneignen können. Das bedeutet nicht etwa Klein-Klein wie Reduktion von irgendwas für irgendwas, sondern es meint die Anforderung des integrierenden Unterrichtsfaches (mehrere Bezugsdisziplinen), die Anforderung der Vermittlung unterschiedlicher Wissenstypen (vgl. oben Block 6: Professionswissen) und die Anforderung intellektuell fördernden Lehrens. Diese Anforderungen gehen über das normale fachdisziplinäre Studium hinaus.

Politikdidaktik in der Lehramtsausbildung

Im Grundstudium sollten die fachdidaktischen Prinzipien in Übung und Theoretisierung erfahren worden sein, bevor in schulpraktischen Übungen der Handlungsdruck der Praxis sie auf den Prüfstand stellt. Im Hauptstudium kann man eher spezialisieren. Auf jeden Fall müssen auch hier Schulpraktika für die tätige Verklammerung zur Praxis stattfinden, und zwar in Verantwortung der Universität und in Kooperation mit den Schulen.

Verhältnis von Theorie und Praxis

Ich kann es gut verstehen, wenn Lehrerinnen und Lehrer in Fortbildungsveranstaltungen Rezepte als Hilfen erwarten, die sie möglichst direkt in Unterricht übersetzen können – jedes Handeln unter Zeit- und Situationsdruck macht diese Rezeptorientierung zeitweise notwendig.

Deshalb integriere ich in Fortbildungsveranstaltungen praktische Teile (z. B. führe ich eine Fallstudie durch und teile die Materialien für den Unterricht aus) und versuche dann, durch die fachdidaktische Reflexion (z. B. zur Fallstudie und zum Fallprinzip sowie z. B. zur Rechtsdidaktik oder Wirtschaftsdidaktik – und diese wiederum als Politikdidaktik verstanden) den Sinn und die Generalisierungsmöglichkeit zu zeigen.

Die Reaktionen der Teilnehmer hängen nach meinem Eindruck davon ab, wie schnell sie eine Beziehung zu der Methode finden: Wenn sie sich sofort auf die Fallstudie einlassen können, können sie die theoretischeren Ausführungen viel eher als willkommene Hilfen zur Reflexion ihrer eigenen Praxis nutzen. Ohne die Durchführung einer zum fachdidaktischen Prinzip (hier das Fallprinzip) gehörenden Methode (hier die Fallstudie) würde das Theoretisieren fremd bleiben, weil es nicht aus sich heraus auf die konkrete Verwendung im Unterricht hinweist. Die fachdidaktischen Prinzipien sind so wichtig, weil sie die unterschiedlichen Wissensformen verknüpfen können. Deshalb sind sie meine Antwort auf die Frage nach dem Verhältnis von Theorie und Praxis.

Schwerpunkte der eigenen Lehre

Der hochschuldidaktische Punkt meiner Lehre der Fachdidaktik war die Überzeugung, dass das Verhältnis von Theorie und Praxis im Lernen so aussieht, dass zuerst eine Praxis ermöglicht werden muss (z. B. eine Zukunftswerkstatt durchzuführen, mindestens in Teilen) und erst dann das fachdidaktische Prinzip der Zukunftsorientierung theoretisch erläutert werden kann. Andernfalls bleibt die fachdidaktische Theorie Schall und Rauch und erreicht die Studierenden nicht (ebenso wenig wie die Lehrer in der Fortbildung). Konkret bedeutet das, dass ich häufig Übungen durchführte, die in der folgenden Vorlesung von mir theoretisiert wurden. Besonderen Wert legte ich auf die Fachdidaktik im Grundstudium, weil sie die Perspektive auf das ganze Studium beeinflussen sollte. Auch bietet das den Studierenden die Möglichkeit, ihr eigenes Spiralcurriculum zu konstruieren, indem sie im Hauptstudium Elemente aus dem Grundstudium neu verarbeiten.

12. „Gute" politische Bildung

Guter Politikunterricht ist sehr kommunikativ – eine Lerngruppe und ein(e) Lehrer(in) kooperieren bei der Suche nach Erkenntnis und Stellungnahmen. Dieser Unterricht ist sehr intellektuell, wobei sich die konkrete Lesart von „intellektuell" je nach Lerngruppe sehr unterschiedlich darstellen kann. Der Unterricht kann durchaus emotional sein: Betroffenheiten und Voreinstellungen gehören auf den Tisch des Hauses – als Selbstzweck und weil sie sonst die Arbeit unerkannt beeinflussen und unbegreifbar stören. Der Unterricht ist ertragreich – alle haben den Eindruck, etwas gelernt zu haben (also anders aus dem Unterricht hinauszugehen, als sie reingegangen sind). Der Unterricht macht Spaß – die Erweiterung der eigenen Fähigkeiten ist ein Vergnügen. Dieses Vergnügen darf auch ruhig durch's Verfahren (z. B. ein Rollenspiel) verursacht sein, denn das hilft auch anderen Zugängen zum Gegenstand.

Literatur

Autorengruppe Fachdidaktik (2011): Konzepte der politischen Bildung. Eine Streitschrift. Schwalbach/Ts. und Bonn.

Grammes, Tilman (2011): Konzeptionen der politischen Bildung – bildungstheoretische Lesarten aus ihrer Geschichte. In: Autorengruppe Fachdidaktik, S. 27-50.

Krüger, Heinz-Hermann/Reinhardt Sibylle u. a. (2002): vgl. Veröffentlichungen Sibylle Reinhardt.

Kultusminister des Landes Nordrhein-Westfalen (Hrsg.): Richtlinien für den Politikunterricht. 1. Auflage 1973 (Düsseldorf und Stuttgart).

Petrik, Andreas (2010): Ein politikdidaktisches Kompetenz-Strukturmodell. Ein Vorschlag zur Aufhebung falscher Polarisierungen unter besonderer Berücksichtigung der Urteilskompetenz. In: Juchler, Ingo (Hrsg.): Kompetenzen in der politischen Bildung. Schwalbach/Ts., S. 143-158.

Petrik, Andreas (2013a): vgl. Leseempfehlungen Sibylle Reinhardt.

Petrik, Andreas (2013b): „Manche nehmen das Dorf viel zu ernst". Die Fehlkonzeption „Illusion der Autonomie" als Hürde …. In: Sÿring/Flügge, S. 33-54. Vgl. Veröffentlichungen Sibylle Reinhardt

Reinhardt, Sibylle (2010): Die domänenspezifische Kompetenz „Konfliktfähigkeit" – Begründungen und Operationalisierungen. In: Juchler, Ingo (Hrsg.): Kompetenzen in der politischen Bildung. Schwalbach/Ts., S. 128-141.

Reinhardt, Sibylle (2014): vgl. Leseempfehlungen Sibylle Reinhardt.

Reinhardt, Sibylle (2013): Soziales und politisches Lernen – gegensätzliche oder sich ergänzende Konzepte? In: Bremer, Helmut u. a. (Hrsg.): Politische Bildung zwischen Politisierung, Partizipation und politischem Lernen. Weinheim und Basel, S. 239-252.

Weißeno, Georg/Detjen, Joachim/Juchler, Ingo/Massing, Peter/Richter, Dagmar (2010): Konzepte der Politik – ein Kompetenzmodell. Schwalbach/Ts.

Gerhard Himmelmann

Dr. Gerhard Himmelmann, geb. 1941 in Hannover

Professor für Politische Wissenschaft und Politische Bildung an der Technischen Universität Braunschweig von 1973 bis 2006.

Mitglied zahlreicher wissenschaftlicher Vereinigungen, politischer Gremien bzw. Kommissionen, Autor zahlreicher Beiträge zur Theorie und Empirie der Politischen Wissenschaft, der Politischen Bildung sowie der Demokratiepädagogik/Demokratiedidaktik, schließlich Beiträge zur Arbeitslehre, zur ökonomischen Bildung sowie zur Regional- und Heimatgeschichte.

Frühere Tätigkeiten

- Mitarbeiter einer großen Frankfurter Bank von 1970 bis 1972
- Referent am Wirtschafts- und Sozialwissenschaftlichen Institut (WSI) des DGB in Düsseldorf von 1972 bis 1973
- Lehrbeauftragter an der Gesamthochschule Essen 1972
- Lehrstuhlvertretung an der Universität Osnabrück von 1981 bis 1982

Verbandstätigkeiten

- Vorsitzender der Gesellschaft für Arbeit, Wirtschaft, Technik im Unterricht von 1980 bis 1992
- Vorsitzender einer örtlichen Bürgerinitiative und Kreisvorsitzender des Bundes für Umwelt und Naturschutz von 198 bis 1992
- Vertrauensdozent der Hans-Böckler-Stiftung von 1985 bis 2006
- Mitglied des Rates der Gemeinde Edemissen von 1985 bis 2011, des Kreistages des Landkreises Peine von 2001 bis 2006 und Mitglied des Rates der Ortschaften Alvesse – Rietze – Voigtholz seit 1986
- Dekan des Erziehungswissenschaftlichen Fachbereichs der Technischen Universität Braunschweig von 1993 bis 1995 sowie von 1997 bis 1999
- Mitglied der Deutschen Vereinigung für Politische Wissenschaft (DVPW) von 1986 bis 2006

- Mitglied der Deutschen Vereinigung für Politische Bildung (DVPB) seit 1978, zeitweilig Vorsitzender des Landesverbandes der DVPB Niedersachsen von 2006 bis 2009
- Mitglied der Gesellschaft für Politikdidaktik und Politischen Jugend- und Erwachsenenbildung (GPJE) seit 1999
- Mitglied der Deutschen Gesellschaft für Demokratiepädagogik seit 2005

Veröffentlichungen – Auswahl

2010   zusammen mit Dirk Lange (Hrsg.): Demokratiedidaktik. Wiesbaden.

2009   Demokratie-Lernen. Eine Aufgabe moderner Bildung. In: Oberreuter, Heinrich (Hrsg.): Standortbestimmung Politische Bildung. Schwalbach/Ts., S. 73-92.

2007   zusammen mit Dirk Lange (Hrsg.): Demokratiebewusstsein. Wiesbaden.

2007   Change of Times: Towards Teaching Democracy – International Perspectives. In: Biedermann, Horst/Oser, Fritz/Quesel, Karsten (Hrsg.): Vom Gelingen und Scheitern Politischer Bildung. Zürich, S. 59-74.

2006   Was ist Demokratiekompetenz? In: Himmelmann, Gerhard: Leitbild Demokratieerziehung. Schwalbach/Ts., S. 120-187.

2005   mit Dirk Lange (Hrsg.): Demokratiekompetenz. Wiesbaden.

2001   Demokratie-Lernen als Lebens-, Gesellschafts- und Herrschaftsform. Schwalbach/Ts. (3. Auflage 2007).

Leseempfehlungen für (angehende) Politiklehrerinnen und -lehrer

Beutel, Wolfgang/Fauser, Peter/Rademacher, Helmolt (Hrsg.) (2011): Jahrbuch Demokratiepädagogik, Bd. 1. Schwalbach/Ts.

Georgi, Viola B. (2008): The Making of Citizens in Europe. New Perspectives on Citizenship Education. Bonn.

Oberreuter, Heinrich (Hrsg.) (2009): Standortbestimmung Politische Bildung. Schwalbach/Ts.

Oelkers, Jürgen (Hrsg.) (2000): John Dewey. Demokratie und Erziehung. Eine Einleitung in die philosophische Pädagogik. Weinheim und Basel.

Sliwka, Anne/Dietrich, Martina/Hofer, Manfred (Eds.) (2006): Citizenship Education. Theory – Research – Practice. Münster.

Gerhard Himmelmann

„Es galt, den Demokratiebegriff in der Politischen Bildung stärker hervorzuheben."

1. Werdegang

Ich habe von 1963 bis 1967 in Berlin am Otto-Suhr-Institut der Freien Universität das Fach Politische Wissenschaft und ab 1974 ergänzend das Fach Volkswirtschaftslehre an der Wirtschafts- und Sozialwissenschaftlichen Fakultät der FU Berlin studiert. Nach dem Erwerb des Diploms in Politikwissenschaft (1967) promovierte ich 1970 zum Dr. rer. pol. an der Wirtschafts- und Sozialwissenschaftlichen Fakultät der FU Berlin. Die Dissertation befasste sich mit dem fachübergreifenden Thema: „Lohnbildung durch Kollektivverhandlungen". Darin konnte ich zeigen, dass einseitig ökonomische Lohntheorien zur Erklärung des Lohn- und Tarifgeschehens auf dem Arbeitsmarkt zu kurz greifen und um eine politologisch-soziologische Dimension erweitert werden müssen. Im ökonomisch-soziologisch-politologischen Überschneidungsbereich zog auch das Thema Gemeinwirtschaft mein Interesse auf sich.

Ab 1970 war ich Mitarbeiter in der Werbe- und Marketingabteilung einer Frankfurter Großbank. 1972 wechselte ich zu einem wirtschafts- und sozialwissenschaftlichen Institut in Düsseldorf. Dort konnte ich meine fächerübergreifenden Forschungsinteressen besser verfolgen. Ich befasste mich intensiv mit der Marx'schen Arbeitswerttheorie, mit dem Ansatz einer Arbeitsorientierten Einzelwirtschaftslehre sowie mit dem Entwurf einer Arbeitsorientierten Arbeitslehre.

1973 wurde ich von der Pädagogischen Hochschule Braunschweig zum Assistenten im Fach Politische Wissenschaft und 1974 zum Hochschuldozenten im gleichen Fach ernannt. Die Habilitation im Fachgebiet Politische Wissenschaft folgte im Jahre 1979 am Otto-Suhr-Institut in Berlin. 1987 schloss sich die Ernennung zum Professor für das Fachgebiet Politische Wissenschaft an der Technischen Universität Braunschweig an. Hier war ich mit der Ausbildung der Studierenden für die Lehrämter an Grund-, Haupt- und Realschulen im Fach Politische Wissenschaft beauftragt. Ein enger Bezug zur Politischen Bildung war stets gegeben und hat sich in zahlreichen Publikationen niedergeschlagen.

Die Hinwendung zur Politischen Bildung intensivierte sich, als ich zusätzlich mit der Wahrnehmung der Lehre im Fach „Politik als Bezugsfach für den Sachunterricht" in der Grundschule beauftragt wurde. Gerade aus der Perspektive der Grundschule und des Sachunterrichts entwickelten sich mehrere grundlegende Reformperspektiven für die Politische Bildung. Zunächst wurde mir deutlich, dass eine auf Staat/Politik und auf komplexe Institutionen ausgerichtete und auch eine theoretisch angeleitete Unterrichtskonzeption ein zu enges und zu abstraktes Konzept für einen lebendigen sozialkundlichen Unterricht in den Grund-, Haupt- und Realschulen darstellen. Desto mehr gewannen für mich praktische Erfahrungs-, Alltags- und Handlungsorientierungen in der Politischen Bildung an Bedeutung. In zweiter Linie wurde mir bewusst, dass neben der wissenschaftlichen Politikorientierung die eher sozialkundlich-praktische Demokratieorientierung stärkere Betonung im Unterricht für Grund-, Haupt- und Realschulen beanspruchen müsste. Es galt, den Demokratiebegriff in der Politischen Bildung stärker hervorzuheben. In dritter Dimension gewann ich über John Dewey einen neuen pädagogisch-philosophischen Zugang zum Kombinationsthema „Demokratie und Erziehung". Dieser Ansatz hob die lebensweltliche Relevanz neben der etatistischen Bedeutung von Demokratie hervor. In einem vierten Entwicklungsschritt wurde mir bewusst, dass zwischen dem Ansatz der Demokratie als sozial-normative Lebensform (John Dewey) und dem Ansatz der Demokratie als staatliche Herrschaftsform eine enge Verbindung bestand und darüber hinaus eine Brücke gefunden werden musste, um die Alltags- und Lebenswelt enger mit der Systemwelt zu verknüpfen. Diese Brücke erschloss sich schließlich mit der soziologischen Theorie der Demokratie als Gesellschaftsform (R. Dahrendorf, E. Fraenkel) In dieser Kombination habe ich das komplexe Phänomen der Demokratie in die drei ineinandergreifenden Interpretationen ausformuliert: als Lebensform, als Gesellschaftsform und als Herrschaftsform. Ich habe diese dreifache Demokratieinterpretation fachlich ausdifferenziert, didaktisch-pädagogisch begründet und schließlich in angemessener Form mit dem Unterricht in den verschiedenen Schulstufen in Verbindung gebracht.

Das Thema Demokratie als Lebensform sollte schwerpunktmäßig in der Grundschule, das Thema Demokratie als Gesellschaftsform schwerpunktmäßig an Haupt- und Realschulen und das Thema Demokratie als Herrschaftsform schwerpunktmäßig in der Sekundarstufe II behandelt werden. Trotz dieser Schwerpunktsetzung sollen alle drei Demokratieansätze in differenzierter Form in allen Schulstufen Beachtung finden. Parallel zur Ergänzung der Politischen Bildung um den breiter definierten Ansatz des Demokratie-Lernens habe ich engen Kontakt mit neueren demokratiepädagogischen Initiativen und Konzepten zivilgesellschaftlicher Akteure aufgenommen und die Entwicklung einer eigenen Demokratiepädagogik zur Flankierung der Politischen Bildung unterstützt. Diese Themenverknüpfung hat weite Anerkennung bei politischen Parteien und in der Kultusministerkonferenz gefunden. Dort werden seit einiger Zeit verstärkte Anstrengungen in Richtung einer dezidierten „Demokratieerziehung" gefordert.

2. Situationen und Perspektiven der politischen Bildung

Gegenwärtige Situation und Herausforderungen

Die in der Bundesrepublik anerkannte politische Allgemeinbildung im schulischen und außerschulischen Bereich hat gewiss eine größere Reichweite als es die Politische Bildung in Gestalt der wissenschaftlich-theoretischen Politikdidaktik sichtbar werden lässt. In großer Vielfalt wirken die unterschiedlichen didaktischen Schulen sowie zahlreiche Akteure der Erwachsenenbildung, der Ministerien, der Landeszentralen sowie über 70 Institutionen der Zivilgesellschaft (Stiftung etc.) mit. Die Lage der politischen Bildung an Schulen differiert wiederum zum Teil erheblich nach Schulstufen und Schulformen. Das Schulfach kennt in der Bundesrepublik schließlich ca. 23 verschiedene Fachbezeichnungen und bezieht sich neben Politik und Philosophie auch auf Gesellschaft, Wirtschaft und Recht. Es steht außerdem in zum Teil sehr komplexen Fächerverbindungen mit Geschichte, Geografie und Ethik. Fest etabliert ist das Fach an Schulen in aller Regel lediglich in der Stundentafel der Sek. II. Meist ist es aber auch dort auf einen sehr engen Stundenanteil (ab Kl. 9) begrenzt und wird oft fremd unterrichtet.

Gleichwohl hat sich die Politikdidaktik als wissenschaftliche Disziplin an Hochschulen – bei allen Schwierigkeiten und Gefährdungen – in einer erstaunlich breiten Form etablieren können. Neben der Formulierung einer allgemeinen Programmatik im Sinne einer breiten demokratisch-politischen Aufklärung erscheint aber eine fachverengte „Ableitungsdidaktik" oder eine national begrenzte „Einheitsdidaktik" weder möglich noch sinnvoll. Hier sollte vielmehr eine fruchtbare Pluralität von fachlichen bzw. didaktisch-methodischen Ansätzen sichtbar bleiben.

Und dennoch: Vor kurzer Zeit konstatierte Joachim Detjen[1] „ein gewaltiges Dilemma der politischen Bildung", da die unteren sozialen Schichten, die einer gründlichen politischen Bildung am meisten bedürften, sich den Bemühungen der etablierten politischen Bildung weitestgehend entzögen. Sprach Joachim Detjen noch von einem „gewaltigen Dilemma der politischen Bildung" hinsichtlich ihrer sozialen Wirksamkeit, konstatierte Siegfried Schiele[2] eine gewaltige didaktische Herausforderung. Er hob das „riesige Vermittlungsproblem" der politischen Bildung hervor, da sie bei weitem zu einseitig kognitivistisch ausgerichtet sei und damit an breite Volksschichten vorbeigehe. Anja Besand[3] schließlich prangerte die „bestürzende Wirkungslosigkeit" der politischen Bildung an. Rezeptionschancen habe die etablierte politische Bildung allenfalls bei Personen mit höherer Bildung, sofern sie denn tatsächlich das Fach in der Schule gewählt haben.

Die erwähnten gewichtigen Mahnungen sollten Anlass genug sein, dass sich die etablierte, universitär-akademische Politikdidaktik den neuen, eher niederschwelligen demokratiepädagogischen Bemühungen stärker öffnet.

Zukünftige Rolle der politischen Bildung

3. Demokratie und politische Bildung

Die neuere Demokratiedebatte hat in vielen Varianten gezeigt, dass Demokratie nicht auf eine formale Herrschaftsorganisation reduziert werden kann. Gleiche Relevanz können die demokratische Substanz von Alltagsprozessen, können das soziale Zusammenleben und das Verhältnis von unterschiedlichen Ethnien, Religionen und Klassen untereinander, können aber auch die Kultur, das Rechtswesen und die sozial differenzierte Verfasstheit von Wirtschaft und Gesellschaft beanspruchen.

Diese breite Auffassung von Demokratie habe ich in meinen Arbeiten mit den ineinander verflochtenen Ebenen von Demokratie als Lebensform, als Gesellschaftsform und als Herrschaftsform aufzufangen versucht. Eine simplifizierende Parallelisierung dieser Ebenen ist damit nicht beabsichtigt, vielmehr muss auf den besonderen Beitrag jeder dieser Ebenen zum Gelingen des Gesamtprojekts Demokratie verwiesen werden. Damit muss die Dreiteilung des Demokratiebegriffs auch in der Demokratieerziehung wirksam werden.

Was ist Demokratie?

Demokratielernen als Aufgabe der politischen Bildung?	Meines Erachtens sollte die akademisch-universitäre Didaktik des sozialwissenschaftlichen Unterrichts das mehrfach aufgefächerte Demokratieanliegen stärker ins Blickfeld rücken und dabei den etatistischen Blickwinkel und die politikorientierte Engführung vermeiden. Nicht von ungefähr heißt dieses Anliegen im englischen Sprachraum „Education for Democratic Citizenship (EDC)" (Europarat, EU, OECD). Der Begriff „political education" wird dort in aller Regel als „zu eng" angesehen und als „suspekt" betrachtet (Bernhard Crick). Hier sollte die deutsche Debatte schließlich einen intensiveren Anschluss an die internationale Diskussion suchen und finden.

4. Politikbegriff und die Breite des Unterrichtsfaches

Was ist Politik? & Politik als Kern?	Aus dem bisher Gesagten wird deutlich, dass ich selbst einen breiten Politikbegriff bevorzuge und überdies den Politikansatz mit einem dreifach entwickelten Demokratieansatz verknüpfe. Politik befasst sich – ganz allgemein – mit der Regelung des gesellschaftlichen Zusammenlebens, während Demokratie die spezifische, moderne, wertorientierte und mehrfach geschichtete Form dieses Zusammenlebens bezeichnet. Diese Ausweitung der Begriffe von Politik und Demokratie ermöglicht eine wünschenswerte Pluralität von unterrichtlichen Sichtweisen, Themen und Problemstellungen. Sie erlaubt zugleich eine angemessene Variation des Unterrichts in den verschiedenen Schulstufen. Sie kann ohne dogmatische Verengung die vielfältigen Bezüge zu Gesellschaft, Wirtschaft, Ethik und Recht aufnehmen und auch das soziale und moralische Lernen mit Alltags- und Lebensweltbezug in eine moderne demokratiebezogene Bürgerschaftsbildung integrieren.

Die Offenheit der Zugänge muss zugleich als Vorteil für die Lehrkräfte erhalten werden, da sie ihnen erlaubt, im Spiegel verschiedener didaktischer Theorievarianten auch eigene Vorstellungen und Erfahrungen in den Unterricht einzubringen. Diese Pluralität ermöglicht es den Lehrkräften, ein breites Spektrum an Themen, Problemen und didaktischen Ansätzen auszuloten und – als mündige Lehrkräfte – eine eigenständige Wahl zwischen verschiedenen Optionen zu treffen. Eine einzige „Wahrheit" kann in der bildungspolitischen Debatte von keinem didaktischen Konzept behauptet werden – würde im Übrigen auch gegen das Kontroversitätsgebot bzw. Überwältigungsverbot verstoßen.

5. Kompetenzen, Inhalte und Konzepte der politischen Bildung

Die Überschrift sollte um den Begriff Demokratielernen ergänzt werden. Nach den verschiedenen Studien zu Schülerleistungsvergleichen in Europa (PISA) hat eine Expertise zur „Entwicklung nationaler Bildungsstandards" aus dem Jahre 2003 außerordentliches Aufsehen erregt. Die Ergebnisse der PISA-Studien waren für Deutschland nicht sehr schmeichelhaft. Mit der Entwicklung von Bildungsstandards sollte versucht werden, die fachlichen Defizite deutscher Schülerinnen und Schüler im internationalen Vergleich auszugleichen. Vorrangig musste die konkrete Fachlichkeit des jeweiligen Lernbereichs (Domäne des Faches) genauer definiert werden. Darauf aufbauend sollten die Ziele des Fachunterrichts in Form von Kompetenzanforderungen konkret dargelegt werden.

Kompetenzorientierung & Kompetenzen & Konzepte

Im Bereich der politischen Bildung hat die Fachgesellschaft für Politikdidaktik (GPJE) ziemlich rasch (und wohl auch etwas übereilt) einen ersten Entwurf für nationale Bildungsstandards in der politischen Bildung vorgeschlagen. Daraus entwickelte sich eine breite Diskussion mit ganz unterschiedlichen Kompetenzmodellen. In fachlicher Perspektive wurden sog. „Basiskonzepte" (grundlegende Sammelbegriffe für das Fach) vorgeschlagen und mit ergänzenden „Fachkonzepten" (detailliertere Fachbegriffe) aufgefüllt, um das eigene Fachgebiet deutlicher zu umreißen. Zugleich wurden die eingeforderten Kompetenzen (Fähigkeiten und Fertigkeiten) in verschiedene „Dimensionen" oder „Kompetenzfacetten" ausdifferenziert.

Trotz dieser vertieften Bemühungen um das Fach dürfen jedoch die kritischen Punkte der neueren Diskussion nicht übergangen werden. So sind bisher weder die meist dreifach definierten Basiskonzepte (Basisbegriffe) noch die meist ebenfalls mehrfach angeführten Fachkonzepte oder die differenziert entwickelten Kompetenzdimensionen durch ein schlüssiges pädagogisches Gesamtkonzept untermauert worden. Es erstaunt, dass oft einseitig Bezug auf die Kognitionspsychologie als pädagogische Basisdisziplin genommen wird. Die lange pädagogisch-politikdidaktische Tradition des Faches von Heinrich Roth über Wolfgang Klafki bis hin zu Walter Gagel wird zuweilen mit leichter Hand über Bord geworfen. Mit Erstaunen muss man auch den Verlust einer historisch-kritischen Dimension zur Kenntnis nehmen. Eine fundierte Integration der verschiedenen fachlichen Bezugswissenschaften (Geschichte, Geografie, Politik, Ökonomie, Gesellschaft, Philosophie und Recht) steht immer noch aus. Zudem sollte an einer intensiven Annäherung zwischen der Politischen Bildung und der Demokratiepädagogik gearbeitet werden. Schließlich überlagern in der Praxis oft die formalen „Operatoren" (Prüfkriterien zur Feststellung des Erreichens der Kompetenzziele) das Prüfungsgeschehen.

Grundwissen

In den neueren Kerncurricula vermisst man außerdem konkrete Anhaltspunkte für das geforderte fachliche Grundwissen im Sinne von Inhalten und Themenschwerpunkten. Schließlich sollte für die Zukunft Anschluss an die neuere europaweite Forschung zur „Education for Democratic Citizenship (EDC)" gesucht werden.

In einer Gesamtschau stellt die Diskussion über Standards und Kompetenzen in der politischen Bildung bzw. im Demokratie-Lernen allerdings eine wichtige und fruchtbare Herausforderung für eine breitere demokratisch-sozialwissenschaftliche Bildung in der Bundesrepublik dar.

6. Politikdidaktische Prinzipien

Ich werde in meiner Antwort auf didaktische Prinzipien allgemein eingehen, nicht nur auf politkdididaktische Prinzipien. In der bisherigen politikdidaktischen Diskussion wurden die üblichen allgemeindidaktischen Prinzipien nur teilweise adaptiert und fachspezifisch ausgeführt. Schmerzlich vermisst man Erläuterungen und Erweiterungen zum Komplex der Handlungsorientierung. Nachdem die Handlungsorientierung lange Zeit fast ganz vernachlässigt wurde, wird in neueren Veröffentlichungen argumentiert, dass „politisches" Handeln der Schülerinnen und Schüler in der Schule ohnehin nicht möglich sei. Dann wird „Handeln" in der Schule und im Unterricht auf Artikulieren, Argumentieren, Verhandeln und Entscheiden verengt. Projektorientierter Unterricht und praktisches Lernen haben in der etablierten Politikdidaktik – im Gegensatz zur Demokratiedidaktik/Demokratiepädagogik – bisher einen zu geringen Stellenwert, obwohl diese Ansätze weiterhin im Prinzipienschrank stehen und immer mal wieder demonstrativ aus dem Methodenkoffer hervorgeholt werden.

Auf dem Feld der Handlungsorientierung können in der Tat der Ansatz von „Demokratie leben & lernen", dann das Förderprogramm „Demokratisch Handeln" sowie darüber hinaus die vielen zivilgesellschaftlichen Initiativen des Demokratie-Lernens ihre besonderen Vorteile ausspielen, da sie vor allem auf projektorientiertes, schulübergreifendes und fächerverbindendes Lernen abstellen. Es käme in Zukunft also darauf an, dass die Politische Bildung näher an die Alltags- und Lebensnähe der Schülerinnen und Schüler heranrückt, die praktische Problembearbeitung deutlicher in den Vordergrund rückt und die demokratische Beteiligung der Schülerinnen und Schüler am Unterricht und in der Schule sorgsamer pflegt. Auf diese Weise könnte das Mündigwerden der Schülerinnen und Schüler durch eigenes Tun ganz praktisch gefördert werden.

7. Methoden und Medien der Politischen Bildung

Ich werde hier nicht nur Methoden und Medien der politischen Bildung, sondern auch Methoden und Medien der Demokratiedidaktik berücksichtigen. Handlungsorientierung im Unterricht soll den Stoff unmittelbarer und nachhaltiger an die Schüler herantragen als es mit einem Lehrgang oder einem Lehrervortrag allein möglich wäre. Aktivität, Kooperation, Organisation, Selbstständigkeit, Selbstverantwortung und auch Spaß sollen das Lernen erleichtern und Erfahrungen in Selbstwirksamkeit befördern. Freilich dürfen dabei Wissensvermittlung und Reflexion nicht zu kurz kommen, sondern müssen in den Prozess des praktischen Lernens eingebettet sein. Bei John Dewey wird diese Kombination mit dem Terminus „learning by thinking about what we are doing" umrissen. Insgesamt muss der Implikationszusammenhang von Inhalt, Ziel, Methode und Medien beachtet werden.

Methoden & Medien

Einseitig wird der sozialwissenschaftliche Unterricht wiederum, wenn er auf Instruktion, d. h. auf „Wissensmast" oder auf eine einseitig theoretische „Anleitung zum Denken" verengt wird und kein Raum für praktische Erprobung, für Experiment, Rollenspiel, Erkundung oder Expertenbefragung bleibt. Der Lehrgang und der Lehrervortrag bleiben natürlich auch beim projektorientierten Unterricht präsent. Sie müssen jedoch zunehmend durch Eigenrecherchen der Schülerinnen und Schüler sowie durch deren themenbezogene Kommunikation angereichert werden. Kooperativ-reproduzierende Lehrformen einschließlich des eigenständigen Planens, Organisierens und Koordinierens stärken die Selbstständigkeit und das Verantwortungsbewusstsein als wichtige Kompetenzen im Demokratie-Lernen.

8. Lernprozesse und Schülervorstellungen

Bedeutung lerntheoretischer Erkenntnisse & Empirische Forschung & Schüler- und Lehrervorstellungen

Bedauerlicherweise liegen über konkrete Lernprozesse bei Schülerinnen und Schülern nur wenig empirische Forschungen vor, zumal man in den verschiedenen Schulstufen von ganz unterschiedlichen Modi des Lernens ausgehen muss. Gleichwohl scheinen Ich-Bezug, Wir-Erfahrung und Praxisrelevanz wichtige Komponenten erfolgreichen Lernens zu sein. Gerade für das Demokratie-Lernen hat eine variationsreiche Vielfalt von praktischen Lernarrangements mit entsprechenden Phasen der Selbst- und Sachreflexion einen hohen Stellenwert. Handlungsorientierung kann wiederum den lehrergesteuerten Lehrgang, die selbstständige Textanalyse und das Lehrer-Schüler-Gespräch auch nicht ersetzen. Hier müssen die Lehrkräfte eine angemessene Balance in ihrem Unterrichtsstil finden. Auch Problem- und Konfliktanalysen bedürfen stets einer systematisch-fachlichen Einordnung. Gleichzeitig ist Demokratie-Lernen aber eben auch auf eine der Demokratie selbst entgegenkommende Lernkultur im Unterricht und in der Schule angewiesen.

Bei der Entwicklung eines Forschungsrahmens für die Analyse von Lernprozessen aus dem Kontext der jeweiligen Schülervorstellungen zeigt das Modell der „Didaktischen Rekonstruktion" (Dirk Lange) eine vielversprechende Perspektive. Dabei verknüpfen sich vier Aufgaben. Eine erste Stufe befasst sich mit der „Analyse der vorgängigen Lernerperspektive". Sie werden durch problemzentrierte Interviews oder Gesprächsrunden gewonnen. Dabei darf nicht vorschnell von „Fehlverständnissen" bei den Schülerinnen und Schülern ausgegangen werden. Vielmehr sollten die Schülervorstellungen als Ausgangspunkte und Lernanlässe ernst genommen werden. Nach der Erfassung der Lernerperspektive folgt im Rahmen der Didaktischen Rekonstruktion die „Fachliche Klärung", wobei die Schülerinnen und Schüler sich selbst um wissenschaftliche Aussagen zum Thema bemühen. Dabei kommen Fachtermini ins Spiel. In der dritten Stufe erfolgt die „Zielklärung", bei der reflektiert wird, in welche Richtung sich das Lernen und das Bürgerbewusstsein der Schülerinnen und Schüler entwickeln sollten. Die normativen Referenzpunkte stellen dabei die Grundrechte und die subjektive Mündigkeit der Schülerinnen und Schüler dar. In vierter Position sollen „Leitlinien" für die Gestaltung des Problem- oder Konfliktfeldes zum Reflexionsgegenstand gemacht werden.

Diese Form der Didaktischen Rekonstruktion von Lernprozessen auf der Grundlage der gegebenen Schülervorstellungen reflektiert die verschiedenen Anregungen und Impulse, wie das Bürgerbewusstsein der Schülerinnen und Schüler in einer legitimierten und praktisch-relevanten Richtung entwickelt werden kann.

9. Politikdidaktik als Wissenschaft

Ich verbinde mit dem Thema „Politikdidaktik als Wissenschaft" zugleich die Entwicklung der Demokratiedidaktik als wichtigen neuen Zweig einer breiteren sozialwissenschaftlichen Bildung. Dabei kann die politische Bildung ihre frühe Verankerung in der politischen Pädagogik immer weniger verleugnen. Schon in der unmittelbaren Nachkriegszeit standen sich die Konzeption der staatsorientierten/staatsbürgerlichen Bildung (Theodor Litt) und die oft missverstandene Konzeption der gemeinschaftskundlichen Pädagogik (Friedrich Oetinger) gegenüber. Diese Polarisierung hatte äußerst unerfreuliche Gegnerschaften zur Folge, wobei die einen einer typisch deutschen Staatsfixierung des Denkens folgten („Staats"-Bürgerkunde), während die anderen lange Zeit auf das Modell des sozialen Lernens als Ziel der neuen Bildung abzielten („Sozialkunde"). Der gegenseitige Kampf um Vorherrschaft dieser beiden Konzepte sollte der Vergangenheit angehören. Wir brauchen beide Ansätze.

Die didaktische Wende der 1960/1970er Jahre öffnete schließlich den Weg in Richtung einer größeren Fachlichkeit in der Analyse von Lehr-Lern-Prozessen. Stets war auch diese Diskussion mit erheblichen Kontroversen, Abgrenzungen und Verdrängungen verbunden. Sie entwickelten sich in den 1970er Jahren vor allem entlang politisch-ideologischer Konfliktlinien. Es folgte die Dominanz des Konzepts „Politik als Kern der politischen Bildung". Nach einer langen Zeit des theoretischen Stillstands öffnete ab dem Jahre 2000 die Kontroverse „Demokratiepädagogik versus Politikdidaktik" erneut eine Grundsatzdebatte. Seit 2003/2004 hat die Diskussion um Standards, Kompetenzen, Basiskonzepte und Fachkonzepte ihrerseits viel Aufmerksamkeit auf sich gezogen. Die Besinnung auf das, was den „Kern" der politischen Bildung ausmacht bzw. auf die Frage, wie man der Beliebigkeit von Zugängen und Fachthemen entgehen könnte, führte nur vorübergehend zu Klarheit. Eine stärkere Herausforderung stellt neuerdings der Verlust der normativen und der historisch-kritischen Dimension der politischen Bildung dar. Schließlich sollte das Defizit an internationaler Anbindung der

Forschungsfragen für die Zukunft

bisher recht national- und staatszentrierten Sichtweise in der deutschen Politikdidaktik in Richtung auf eine breitere „Civic Education" bzw. „Education for Democratic Citizenship (EDC)" aufgearbeitet werden. International vergleichende Studien und Anstöße fristen in der akademisch-universitären Politikdidaktik heute noch eher ein Nischendasein in Online-Zeitschriften.

10. Fachdidaktische Kontroversen

Mit den bisher genannten Defiziten, Herausforderungen und Kontroversen sind die bis in die Gegenwart reichenden vielfältigen Unterschiede und Variationen in den politischen, didaktischen und vor allem sozialwissenschaftlichen Zugängen zum Themenfeld der „Civic Education" hinlänglich angedeutet. Es mag deutlich geworden sein, dass ich die Entwicklung hin zu einer kognitionspsychologisch und lehrerzentrierten „Instruktionsdidaktik" mit großem Unbehagen beobachte. Weiterhin argumentiere ich nachdrücklich in Richtung einer demokratiepädagogischen Erweiterung der bisher üblichen Politikdidaktik.

11. Politikdidaktik und Lehramtsausbildung

Eine der wichtigsten Zukunftsaufgaben in der Lehramtsausbildung liegt in der Integration der verschiedenen fachlichen Bezüge einer breiteren sozialwissenschaftlichen Bildung. Bisher haben die Studierenden der Politikwissenschaft/Politikdidaktik in aller Regel Fachleistungskurse im Schulfach Sozialkunde/Politik durchlaufen. An den Universitäten studieren sie in aller Regel wiederum das Fach Politikwissenschaft mit geringen Anteilen der Politikdidaktik. Die große Mehrzahl der Studierenden wählt dann wiederum das Lehramt an Gymnasien und findet anschließend auch eine Anstellung an Gymnasien, da das Fach Sozialkunde/ Politik dort ab Klasse 9 in aller Regel am nachhaltigsten verankert ist. Der wissenschaftliche Nachwuchs in der Fachdidaktik rekrutiert sich aus diesem Absolventenpool, da die Studienabschlüsse für die anderen Lehrämter (Grund- und Hauptschule) nicht als „akademische" Abschlüsse gelten, also nicht die Voraussetzung für eine Promotion und für das Einschlagen einer akademischen Hochschullaufbahn erfüllen. Damit reproduziert sich die auf das Fach Politikwissenschaft/Politikdidaktik ausgerichtete Lehre stets neu.

Neben der Dominanz der Politikwissenschaft/Politikdidaktik in der Lehramtsausbildung hat in neuester Zeit die Ökonomik/Ökonomische Bildung nachhaltig Ansprüche auf Berücksichtigung angemeldet. Sie konkurriert mit der Politikwissenschaft/Politikdidaktik um Ausbildungsanteile in Schulen und Hochschulen. Legitimiert wird die ökonomische Schwerpunktsetzung unter anderem durch die Umbenennung des Schulfaches von „Sozialkunde/Gemeinschaftskunde/Politik" in „Politik-Wirtschaft". Damit wurde der Politikanteil im schulischen Unterricht und im Studium formal um 50 % verringert. Ein eingängiges Modell der Integration von Politik und Wirtschaft ist allerdings bisher noch nicht intensiver bearbeitet worden. Vielfach wird der Wirtschaftsanteil noch durch die Dominanz politikwissenschaftlicher/politikdidaktischer Ausbildungsanteile und Ausbildungstraditionen unterlaufen.

Eine andere Integrationsaufgabe der Lehramtsausbildung steht in Gestalt gewichtiger Bestrebungen in Richtung auf eine offenere sozialwissenschaftliche bzw. demokratiedidaktische Öffnung auf der Tagesordnung. Hier hat sich – neben der Demokratiepädagogik/Demokratiedidaktik – eine neu konzipierte „Didaktik der Gesellschaftswissenschaften" (Geschichte, Politik, Wirtschaft, Geografie) zu Wort gemeldet (Wolfgang Sander). Sie beansprucht bzw. verspricht eine Integration auf einer breiteren sozialwissenschaftlichen Grundlage, muss sich jedoch ebenso wie die Ökonomik/Ökonomische Bildung der bisher noch bestehenden politikwissenschaftlichen/politikdidaktischen Dominanz erwehren.

12. „Gute" politische Bildung

Was „gute" politische Bildung sein kann, lässt sich nicht für alle Schulformen, Schulstufen und Gelegenheiten einheitlich festlegen – allenfalls in Wunschformulierungen andeuten. Pädagogisch-didaktische Kategorien bilden zwar den Rahmen und können an Hochschulen gelehrt werden. Ausgefüllt und realisiert werden sie jedoch immer an konkreten Schulen, im konkreten Unterricht und durch konkrete Lehrkräfte. Fragt man Studierende, welcher Unterricht durch welche Lehrkräfte sie in ihrer Schulzeit besonders beeindruckt hat, aktualisieren Studierende in aller Regel sehr konkrete Erinnerungen und Erfahrungen. Meist wird das Beispiel einzelner Lehrkräfte hervorgehoben. Deren Lehrgeschick und Methodenkompetenz, deren Schüleransprache, deren Fachkompetenz und deren Sozialkompetenz treten dabei in den Vordergrund. In der Politikdidaktik kommt die personale Dimension des Lehrens in aller Regel kaum zur Sprache. Ein methodisch flexibler Unterrichtsstil, der bei den Schülerinnen und Schülern Emotionen weckt, dieses mit Interesse an der Sache verknüpft und sich an sozialen und demokratischen Wertvorstellungen orientiert, kann dagegen auf hohe Akzeptanz- und Erfolgswerte zählen. Die Schule selbst soll möglichst ein breites Spektrum an Lern- und Gestaltungsgelegenheiten bieten, wobei schon früh eingeübte Projektarbeit die größten Chancen hat, das Kompetenzspektrum der Schülerinnen und Schüler in demokratiepädagogischer Richtung schrittweise zu erweitern. Demokratie braucht entgegenkommende Gelegenheitsstrukturen und sachdienliche Übungsfelder in den Schulen.

Gute Politische Bildung, das versteht sich eigentlich von selbst, muss immer eine normativ gehaltvolle, empirisch gestützte und verhaltensorientierte Demokratiebildung sein. Das ist ihre Legitimationsgrundlage, wenn sie die geschichtlichen Erfahrungen mit der Demokratie in Deutschland nicht vernachlässigen will. Sie zielt damit auf die Förderung von demokratischen Haltungen, demokratischer Urteils- und Handlungskompetenz sowie auf die kritische Loyalität der Bürger. Sie wendet sich gegen Gewalt, Intoleranz, Rechtsextremismus, Rassismus, Frauenfeindlichkeit und Antisemitismus sowie gegen jeden anderen Fundamentalismus. Politische Bildung im Sinne der Demokratiebildung bedarf, wenn sie wirksam werden soll, einer haltungs- und wertprägenden Erfahrungsebene, einer demokratischen Kultur und eines entsprechenden Engagements in der Schule. Als bedeutende gesamtgesellschaftliche Aufgabe verwirklicht sie die zentrale Aufgabe moderner Bildung insgesamt. Demokratiebildung beschränkt sich nicht auf ein eigenes Fach, sondern entwickelt zugleich ein eigenes Entwicklungskonzept der Schule insgesamt. Schulen befähigen die Schülerinnen und Schüler schließlich beispielhaft zur verantwortlichen Teilhabe an der Gestaltung demokratischer Lebens-, Gesellschafts- und Herrschaftsformen. Sie greifen auch auf externe Kooperationspartner zur Erweiterung der Lern- und Erfahrungsan-gebote für Schülerinnen und Schüler zurück. Sie eröffnen vielgestaltige Gelegenheiten zur Mitsprache, Mitbestimmung und Mitgestaltung und verstehen sich selbst als offene, je altersspezifische Übungsräume für Demokratie.

Anmerkungen

1 Detjen, Joachim: Bildungsferne Milieus als Herausforderung der politischen Bildung. In: Oberreuther, Heinrich (Hrsg.): Standortbestimmung Politische Bildung. Schwalbach/Ts. 2009, S. 335-348.
2 Schiele, Siegfried: Elementarisierung politischer Bildung. Überlegungen für ein Konzept. In: Oberreuther, Heinrich (Hrsg.): Standortbestimmung politische Bildung. Schwalbach/Ts. 2009, S. 349-363.
3 Besand, Anja: Politik – Nein danke. Probleme der Sichtbarkeit der Politik. In: Oberreuther, Heinrich (Hrsg.): Standortbestimmung Politische Bildung. Schwalbach/Ts. 2009, S. 253-266.

Günter C. Behrmann

Dr. Günter C. Behrmann, geb. 1941 in Hamburg

Professor für Didaktik der politischen Bildung/Sozialwissenschaften an der Wirtschafts- und Sozialwissenschaftlichen Fakultät der Universität Potsdam von 1993 bis 2009.

Autor, Koautor und Herausgeber von Büchern zur politischen Sozialisation und politischen Bildung. Forschungsprojekte zur Bildungs- und Wissenschaftsgeschichte. Zahlreiche Artikel in sozialwissenschaftlichen Handbüchern, Lexika, Sammelbänden und Zeitschriften. Vorsitzender Studienhaus Wiesneck, Institut für politische Bildung Baden-Württemberg e. V.

Frühere Tätigkeiten

- Langjährige Tätigkeiten in der freien Jugendbildung. Mitgründer des Jugendhofs im Bessunger Forst bei Darmstadt
- Wissenschaftlicher Assistent am Soziologischen Seminar der Universität Tübingen von 1971 bis 1975.
- Lehraufträge an der Bundeswehrhochschule Hamburg, der PH-Esslingen, der Universität Freiburg und der Internatsschule LEH Schondorf/Ammersee
- Professor für Politikwissenschaft und Didaktik der politischen Bildung an der Universität Osnabrück, Abteilung Vechta von 1975 bis 1993

Verbandstätigkeiten

- Langjähriges Mitglied des Vorstandes und seit 2013 Vorsitzender Studienhaus Wiesneck, Institut für politische Bildung Baden-Württemberg e. V.

Beratungs- und Kommissionstätigkeiten

- Fachgutachten insbesondere zu Publikationen und Lehrplänen: Bundeszentrale und Landeszentralen für politische Bildung, Landesministerien, KMK und Lehrerverbände, KMK Bildung für nachhaltige Entwicklung, KMK Kerncurriculum, KMK/HRK Rahmenordnung Politikwissenschaft Diplom- und Magisterstudiengänge; Rahmenlehrplan Politische Bildung Land Brandenburg;
- ZEvA/Wissenschaftliche Kommission Niedersachsen: Evaluation der Lehrerbildung (Grundwissenschaften) an den Landesuniversitäten
- Wissenschaftlicher Ausschuss des Georg-Eckert-Instituts für Internationale Schulbuchforschung

Veröffentlichungen – Auswahl

Mitherausgeber der Reihen: „Geschichte Politik": Studien zur Didaktik; Materialien und Forschungen; Unterrichtseinheiten für ein Curriculum mit Material-, Arbeits- und Lehrerheften. Paderborn. (1978 ff.)

2010 Politikwissenschaft und politische Bildung. In: Gerlach, Irene/Jesse, Eckhard/ Kneuer, Marianne/Werz, Nikolaus (Hrsg.): Politikwissenschaft in Deutschland, Baden-Baden, S. 73-95.

2009 Skepsis und Engagement. Arbeiten zur Bildungsgeschichte und Lehrerbildung. Potsdam.

2000 zusammen mit Clemens Albrecht u. a.: Die intellektuelle Gründung der Bundesrepublik. Eine Wirkungsgeschichte der Frankfurter Schule. Studienausgabe: Frankfurt/M.

1993 zusammen mit Siegfried Schiele (Hrsg.): Verfassungspatriotismus als Ziel politischer Bildung? Schwalbach/Ts.

1979 zusammen mit Dieter Schmidt-Sinns (Hrsg.): Politische Sozialisation in entwickelten Industriegesellschaften. Bonn.

1978 zusammen mit Karl Ernst Jeismann und Hans Süssmuth: Geschichte und Politik. Didaktische Grundlegung eines kooperativen Unterrichts. Paderborn.

1972 Soziales System und politische Sozialisation. Eine Kritik der neueren politischen Pädagogik. Stuttgart (2. erweiterte Auflage 1975).

Leseempfehlungen für (angehende) Politiklehrerinnen und -lehrer

Behrmann, Günter C./Grammes, Tilman/Reinhardt, Sybille; unter Mitarbeit von Peter Hampe (2004): Politik. Kerncurriculum Sozialwissenschaften in der gymnasialen Oberstufe. In: Tenorth, Heinz-Elmar (Hrsg.): Kerncurriculum Oberstufe II. Weinheim.

Detjen, Joachim (2007): Politische Bildung. Geschichte und Gegenwart in Deutschland. München.

Massing, Peter (2011): Politikdidaktik als Wissenschaft. Schwalbach/Ts.

Reinhardt, Sybille/Richter, Dagmar (Hrsg.) (2007): Politik-Methodik. Handbuch für die Sekundarstufe I und II. Berlin.

Sander, Wolfgang (2010): Politik in der Schule. Kleine Geschichte der politischen Bildung in Deutschland. Marburg.

Günter C. Behrmann

„Das Engagement für die politische Bildung ist für mich gleichbedeutend mit dem Engagement für die Demokratie des Grundgesetzes."

1. Werdegang

Gegen Ende der fünfziger Jahre kamen mit dem damals beginnenden Generationswechsel junge Lehrer an meine Schule, ein Düsseldorfer Vorortgymnasium. Sie lösten ehemalige Wehrmachtsoffiziere unter den Studien- und Oberstudienräten ab, die dort bis dahin den Ton angegeben hatten. Nun lasen wir im Deutschunterricht „moderne Lyrik", zeitgenössische Erzählungen, Brechts Stücke. In einer Geschichts-AG wurden Texte in Walter Hofers „Der Nationalsozialismus" und Iring Fetschers „Von Marx zur Sowjetideologie" erarbeitet. Mein Englischlehrer, der sich für meine Aktivitäten in einer Pfadfindergruppe interessierte, wies mich auf Helmut Schelskys „Die skeptische Generation" hin. Vor allem diese Lehrer und diese Lektüre gaben den Ausschlag für die Entscheidung, Politikwissenschaft, Soziologie, Geschichte und Germanistik zu studieren.

Unter Mitschülern, deren Eltern und unter Verwandten erregte meine Fächerwahl Verwunderung. Was Soziologie sei und wie man Politik „studiere", vor allem, „was man damit werden" könne, wurde ich nun ständig gefragt. So recht wusste ich das auch nicht. Denn noch waren die Politikwissenschaft und die Soziologie auf ihrem Weg in die fachliche Selbständigkeit nicht weit fortgeschritten. An den meisten Universitäten, so an meinem ersten Studienort Freiburg, gab es keine gesonderten Studiengänge, mithin auch keine Studienordnungen und -abschlüsse, nur einen freilich personell sehr gut ausgestatteten ‚Lehrstuhl' für „Wissenschaftliche Politik und Soziologie".

Für Freiburg hatte ich mich entschieden, weil sich dort ein Kreis von

Studenten gebildet hatte, die ähnlich wie die jugendbewegten ‚Freistudenten' vor dem Ersten Weltkrieg das Studium mit vielfältigen gemeinschaftlichen Aktivitäten und einem fortbestehenden Engagement in ihren Jugendbünden verbanden. Das Studium der Politikwissenschaft und der Soziologie gewann dabei eine unmittelbare praktische Bedeutung. Beide Disziplinen vertrat in Freiburg Arnold Bergstraesser, der sich früher und stärker als die meisten ‚Gründungsväter' der Politikwissenschaft mit seiner ‚Freiburger Schule' für eine sozialwissenschaftlich fundierte politische Bildung in den allgemeinbildenden Schulen und in der außerschulischen Jugend- und Erwachsenenbildung eingesetzt hatte.

Zu den jungen Politikwissenschaftlern am Seminar für Wissenschaftliche Politik und Soziologie – bleibende Verbindungen entstanden zu Manfred Hättich, Dieter Oberndörfer und Alexander Schwan – kam nach mehrjähriger Lehrtätigkeit in den USA Friedrich H. Tenbruck, einer der kreativsten und ambitioniertesten jüngeren deutschen Soziologen, hinzu. In einem Seminar zur Jugendsoziologie machte er mich auf Fred Greensteins „Children and Politics", die erste amerikanische Studie zur politischen Sozialisation von Kindern im Grundschulalter aufmerksam. Durch Tenbruck lernte ich Friedrich Minssen, den Leiter des von Max Horkheimer gegründeten „Studienbüros für politische Bildung", und über Minssen Wolfgang Hilligen kennen. 1966 konnte ich in einer bunt gemischten Gruppe an einem der von Horkheimer initiierten „study trips" in die USA teilnehmen und mich dort über nahezu alle laufenden Forschungsprojekte zur politischen Sozialisation sowie über die Curriculumreformen in den „Social Studies" informieren.

Das ist mittlerweile Gegenstand der Geschichtsschreibung, eigener in einer Studie zur Wirkungsgeschichte der Frankfurter Schule wie anderer, so in Thomas Koinzers Habilitationsschrift „Auf der Suche nach der demokratischen Schule". Wenngleich mit der nach der Rückkehr aus den USA begonnenen Arbeit an einer Dissertation über gesellschafts- und demokratietheoretische Ansätze der politischen Sozialisationsforschung und der deutschen politischen Pädagogik der weitere akademische ‚Werdegang' noch keineswegs vorgezeichnet war, verlief dieser dann trotz der Wirren von ‚1968' auf üblichen Bahnen über die Promotion in Freiburg (1971), Assistentenjahre am Soziologischen Seminar der Universität Tübingen zur ersten Professur an der Abteilung Vechta der neu gegründeten Universität Osnabrück.

2. Situation und Perspektiven der politischen Bildung

Gegenwärtige Situation und Herausforderungen

An den Universitätsneugründungen im Westen Niedersachsens wurde die mit zahlreichen Unterrichtshospitationen verbundene einphasige Lehrerbildung erprobt. Hier schienen jene Reformen des Bildungswesens Gestalt anzunehmen, deren „Strukturplan" der Deutsche Bildungsrat entworfen hatte. Zu ihren Gewinnern zählten in der gesamten Bundesrepublik der Politikunterricht, die an der Ausbildung der Lehrerinnen und Lehrer beteiligten Sozialwissenschaften sowie die Fachdidaktik. Wenigen fetten Jahren folgten indes bald viele magere Jahre mit massenhafter Lehrerarbeitslosigkeit, wieder zunehmend fachfremdem Unterricht, der Umwidmung von fachdidaktischen Professoren (u. a. für „Abfallwirtschaft"). Einiges hat sich mittlerweile gebessert.

Dass das Fach in der Schule diskontinuierlich, einstündig und fachfremd unterrichtet wird, ist heute zwar nicht die Regel, aber leider kein Sonderfall. Das hat mehrere Gründe: Die demokratische Verfassung der Bundesrepublik gilt nicht mehr als intern und extern gefährdet. Mit dem Politikunterricht verbindet sich auch nicht mehr das zeitweise stark überhöhte Ziel einer Fundamentaldemokratisierung. Geschichts- und Politikunterricht machen sich zwar nicht mehr wechselseitig ihre ‚Domänen' streitig. Aber dem Geschichtsunterricht sind ohne besonderes Zutun historisch gewordene frühere Kernbereiche des Politikunterrichts wie das gesamte Themenfeld DDR zugefallen. Und die Konkurrenz um das knappe Gut Unterrichtszeit besteht fort, ja sie hat sich verschärft, seitdem eine starke Lobby für ein eigenständiges Fach Wirtschaft wirbt.

Zukünftige Rolle der politischen Bildung

Trotz der kurzen Sonderkonjunktur in den ‚neuen' Bundesländern ist der Politikunterricht so teilweise in eine prekäre Randstellung geraten. Versuche, die Öffentlichkeit durch die Dramatisierung von immer neuen „Herausforderungen" zu alarmieren und dem Fach auf diese Weise aufzuhelfen, verpuffen zumeist. Deshalb wird verschiedentlich nach einer neuen Basis der schulischen politischen Bildung gesucht. Meine Zweifel an solchen Suchbewegungen sind systemisch und schulgeschichtlich begründet: Wenn der Schulunterricht in so hohem Maße wie in Deutschland über Fächer organisiert ist, steht und fällt die schulische politische Bildung mit ihrer fachlichen Verankerung. Das Lernumfeld der Schüler/innen bilden im Schulalltag die eigene Klasse, der Fächerkanon, die Fachlehrerinnen und -lehrer sowie das ‚Klassenzimmer'. Nicht nur aller fächerverbindende Unterricht, auch alle anderen Unterrichtsgrenzen überschreitenden Aktivitäten – Projekttage und -wochen, Exkursionen, die Teilnahme an Schülerwettbewerben etc. – brauchen das Fach als Basis. Das wird sich wahrscheinlich auch bei der Vermehrung von Ganztagsschulen kaum ändern, setzt sich doch offensichtlich als Normalform der Ganztagsschule die Kombination von herkömmlichem Halbtagsunterricht mit einem Nachmittagsangebot anderer Träger durch.

3. Demokratie und politische Bildung

Demokratie wird zumeist mit „Volksherrschaft" übersetzt. Wonach sich das Volk und die Zugehörigkeit zum Volk bestimmen, in welchen Verfahren und nach welchen Entscheidungsregeln die Herrschaft ausgeübt wird, worauf sie sich erstreckt, ob sie sachlich, sozial und zeitlich begrenzt ist, geht aus dem Begriff selbst nicht hervor. So sind schon vor der Französischen Revolution unterschiedliche, in Teilen sogar gegensätzliche Vorstellungen von der demokratischen Verfassung moderner Staaten entstanden und wirksam geworden. Für die politische Erziehung und Bildung im geteilten Deutschland wurden sie in der Bundesrepublik als freiheitlich-demokratischem Verfassungsstaat und der DDR als ‚volksdemokratischer' sozialistischer Parteidiktatur richtungsweisend. Meine eigene Familiengeschichte, der Schulunterricht in der Oberstufe, das Studium der Politikwissenschaft und Soziologie in Freiburg und Tübingen, von den letzten Schuljahren an regelmäßige Reisen in westliche Länder *und* in sozialistische Staaten haben dazu beigetragen, dass das Engagement für die politische Bildung für mich mit dem Engagement für die Demokratie des Grundgesetzes gleichbedoutend ist.

Was ist Demokratie?

Freiheitliche Demokratien bedürfen des Rückhalts in der politischen Kultur. Zivilgesellschaftliche Verhaltensweisen wie etwa die Akzeptanz des Gleichheitsgrundsatzes sowie divergierender Glaubensüberzeugungen, Meinungen und Interessen (Art. 3-5 GG) oder die Fähigkeit und Bereitschaft zu bürgerschaftlichem Engagement bilden sich innerhalb der Gruppen und Organisationen aus, in denen wir aufwachsen. Wie und weshalb die Staatsgewalt „vom Volke in Wahlen und Abstimmungen und durch besondere Organe der Gesetzgebung, der vollziehenden Gewalt und der Rechtsprechung ausgeübt wird" (Art. 20.2 GG), erschließt sich hingegen nicht aus unmittelbaren Erfahrungen im sozialen

Demokratielernen als Aufgabe der politischen Bildung?

Handeln und aus dessen Regeln. Es muss gesondert gelehrt und begriffen werden. Deshalb macht es wenig Sinn, dem Fachunterricht das „Demokratielernen" in der Schulkultur oder einem demokratieaffinen „sozialen Lernen" im Klassen- und Schulverband den Politikunterricht entgegenzusetzen. Vielmehr ist zu fragen, ob sich – und wie sich – die Lernchancen in beiden Feldern verbessern lassen. Das ist zu einem nicht geringen Teil eine der Schul- und Unterrichtsforschung zu überantwortende, weil nicht theoretisch zu entscheidende Frage.

Rolle der Politischen Bildung in der Demokratie

Selbst in den ‚neuen' Bundesländern zählt das Fach nun schon seit mehreren Schülergenerationen zu den sich in der Sekundarstufe I mehrenden ‚kleinen' Fächern, mithin zum Schulalltag. Seine Bedeutung lässt sich allerdings nicht allein an der Wahrnehmung des Fachs im Schulbetrieb messen. Mit dem Leitbild des „mündigen Bürgers" wurde es zum Träger einer normativen Um- und Neuorientierung der Schulerziehung und -bildung. Innerhalb der Institutionen politischer Bildung nimmt es aus mehreren Gründen die Schlüsselstellung ein: Der Fachunterricht erreicht alle Angehörigen der nachwachsenden Generation. Er erfordert prinzipiell eine sozialwissenschaftliche Ausbildung und didaktische Professionalisierung der Lehrkräfte, zudem in beträchtlichem Umfang spezifische Bildungsmedien. Das Fach bindet Politik und Bildungsverwaltung, sichert öffentliches Interesse und wissenschaftliche Dauerbeobachtung.

4. Politikbegriff und Breite des Unterrichtsfachs

Was ist Politik?

Wie in der Politikwissenschaft hat sich in der Didaktik der politischen Bildung weithin ein Politikbegriff durchgesetzt, wonach es in der Politik um die Regelung der Angelegenheiten eines Gemeinwesens durch allgemein verbindliche Entscheidungen geht. Ich habe schon in frühen Arbeiten für diesen Begriff plädiert: Zum einen bezeichnet er das zentrale Problem der Politik, nämlich die Frage nach den Bedingungen der Möglichkeit von Entscheidungen, welche die Mitglieder eines politischen Verbands, insbesondere die Bürger/innen eines Staates kollektiv binden. Damit wird der fundamentale Unterschied zwischen Demokratie als „Herrschaftsform" und als „Gesellschafts- und Lebensform" wie auch zwischen „Staat" und „Markt", Staats- und Wirtschaftsbürgern markiert. Zum anderen ist der Begriff offen für die verschiedenen ‚Lösungen' dieses Problems, d.h. für die hohe Variabilität der formellen und informellen Strukturierungen politischer Prozesse.

Die übliche Verwendung des Begriffs erscheint mir allerdings teils zu weich, teils zu weit. Der zu weichen Verwendung kann insbesondere Max Webers berühmte Definition des politischen Verbands im § 17 seiner „Soziologischen Grundbegriffe" entgegengesetzt werden, die auf die „Anwendung und Androhung physischen Zwangs" und das „Monopol legitimen physischen Zwangs für die Durchführung der Ordnungen" im „Staat" abstellt. Die Thematisierung der Staatsgewalt, ihrer Notwendigkeit, ihres Gebrauchs und Missbrauchs und der Möglichkeiten ihrer Kontrolle gehören für mich ins Kerncurriculum. Die Überdehnung des Politikbegriffs lässt sich vermeiden, wenn man ihn mit der von Karl Rohe und Walter Gagel produktiv aufgegriffenen Trias „polity, policies, politics" kombiniert. Für wesentlich halte ich die Einsicht, dass die Möglichkeit eines friedlichen Austrags politischer Konflikte einen Konsens über die politische Grundordnung, d. h. über die „polity", voraussetzt. Von nicht geringerer Bedeutung ist die Unterscheidung von „policies" und „politics". Denn in der Politik wird unvermeidlich nicht nur über Sachfragen und -interessen gestritten. Es geht unter den politischen Akteuren – Individuen wie Gruppen, Verbänden, Parteien etc. – immer auch um Machtfragen.

Jedwedes Wissen wird erst durch dessen Ordnung verfügbar und vermittelbar. Bei der Einführung des Sozialkunde- und Politikunterrichts konnte es noch so scheinen, als ließen sich Grundkenntnisse zu Politik, Wirtschaft, Recht und Gesellschaft über die Fachwissenschaften bestimmen, unter dem Primat der politischen Bildung aufeinander beziehen und curricular integrieren. Unterdessen sind aus diesen Wissenschaften global vernetzte Großunternehmen mit weit ausdifferenzierten theoretischen und methodischen Ansätzen geworden. Da die für den Schulunterricht verfügbare Zeit, die Lernfähigkeit der Schüler/innen und die Sachkompetenzen der Lehrer/innen selbst unter idealen Bedingungen begrenzt sind, kann nur ein sehr geringer Teil des vorhandenen und en masse ständig neu erzeugten Wissens Inhalt des Unterrichts werden. Die Frage nach dessen Auswahl stellt sich also in allen Varianten fachlicher Organisation. Eine nicht auf die ‚polity' sowie die ‚policies' fokussierte und nicht politikwissenschaftlich fundierte politische Bildung halte ich aus zwei Gründen für verfehlt: Die politische Ordnung unseres Zusammenlebens lässt sich zweifelsohne nicht aus ihren gesellschaftlichen, zumal sozialökonomischen Zusammenhängen herauslösen. Sie geht aber nicht daraus hervor und auch nicht darin auf. Gesellschaftli-

Politik als Kern?

che, insbesondere wirtschaftliche Probleme werden fast immer auch zu Problemen der Sozial- und Wirtschaftspolitik oder mehr noch: der Wirtschafts- und Sozialordnung.

Lernfeld Gesellschaftswissenschaften

Die Trennung der genannten Fächer, die in Brandenburg weitgehend beibehalten wurde, ist nach meiner Erfahrung ihrer Zusammenfassung selbst dann vorzuziehen, wenn die Fächer nicht kontinuierlich zweistündig unterrichtet werden. Denn bei einer Zusammenfassung ist damit zu rechnen, dass historische oder geographische oder ökonomische Sichtweisen und Themen dominant werden. Bei einem kooperativen Unterricht, wie er einmal in dem von mir mitentworfenen Projekt „Geschichte Politik" konzipiert war, wäre dies kaum zu befürchten. Ihm stehen, dies zählt zu meinen misslichen Erfahrungen, jedoch Routinen und Zwänge des Schulalltags entgegen.

5. Kompetenzen, Inhalte und Konzepte der politischen Bildung

Kompetenzorientierung & Kompetenzen

Erziehungs- und Bildungsziele werden gesetzt. In einem Rechtsstaat bedürfen sie der (verfassungs-)rechtlichen Legitimierung. Die in der Nachkriegszeit entstandenen westdeutschen Landesverfassungen haben zumeist die Zielformel aus Artikel 148 der Weimarer Reichsverfassung übernommen. Ungleich informativer sind Landesverfassungen der neuen Bundesländer, insbesondere Brandenburg (Art. 28) und Thüringen (Art. 22.1) sowie neuere Schulgesetze (z. B. Mecklenburg-Vorpommern). Hiervon sind die in der Erziehungswissenschaft und der Fachdidaktik formulierten Ziele, so z. B. die derzeit gehandelten „Kompetenzen", zu unterscheiden. Mit ihnen verbindet sich der Anspruch auf eine systematische Begründung der Ziele schulisch-fachlichen Lehrens und Lernens, einer daraus ableitbaren Inhalts- und Methodenwahl und einer Steigerung der Ziel-Mittel-Rationalität, mithin der Effizienz des Unterrichts.

Ob die Kompetenzorientierung mehr erbringen wird als ältere gleichgerichtete Ansätze, etwa die „Einsichten" von Kurt Gerhard Fischer u. a., die „Optionen" Wolfgang Hilligens, die „Schlüsselkompetenzen" Heinrich Roths, die „Qualifikationen" im NRW-Curriculum Politik oder die „Schlüsselprobleme" Wolfgang Klafkis, bleibt abzuwarten. Die Pluralität der möglichen Ziele und Zielsysteme sowie ihrer Begründungen wird dadurch jedenfalls nicht aufgehoben. Es kommt hinzu, dass Kompetenzen wie alle übergeordneten Ziele notwendig allgemein gehalten, also unterschiedlich ausdeutbar sind. Daran scheitern, wie sich bei der Hochkonjunktur der Lernzielorientierung gezeigt hat, alle Versuche einer logischen Ableitung bis hin zu konkreten ‚operationalen' Unterrichtszielen. Selbst wenn es sich nicht so verhielte, müsste zwischen den durch Richtlinien vorgegebenen Zielen, den im Unterricht von den Lehrenden verfolgten Zielen und dem Lernverhalten der Schüler/innen unterschieden werden. Dass die neuerdings so genannten Lerner/innen lernen wollen – und dann tatsächlich auch lernen –, was sie lernen sollen, kann man immer nur zu befördern versuchen und dann hoffnungsvoll erwarten. Weder die Lernbereitschaft noch die Lernergebnisse lassen sich auf eine quasi-technische Weise erzeugen. Unterricht ist deshalb nicht durch Konditionalprogramme, d.h. durch Programme steuerbar, die angeben, was wann wie zu tun ist, damit Zielvorgaben erreicht werden.

Nach traditionellen Vorstellungen soll die Schulbildung die jeweils fachspezifischen Grundkenntnisse vermitteln. Wir haben es im Politikunterricht jedoch nicht wie im Sprach- oder Mathematikunterricht mit einem abgrenzbaren basalen Symbol- und Regelsystem zu tun. Politisches Lernen im engeren Sinne setzt relativ spät ein, folgt ansonsten aber wohl keiner mit Altersphasen korrelierenden Entwicklungslogik. Die Schule ist auf diesem Felde nur ein Lernort unter anderen. Was als Politik sichtbar wird, nehmen wir alle, auch Kinder und Jugendliche, primär über Massenmedien als ein Geschehen mit häufig wechselnden Schauplätzen, Akteuren und Aktionen wahr.

Grundwissen

All dies spricht gegen herkömmliche Stoffpläne. Unterricht lässt sich freilich nicht mit Qualifikationen und Lernzielen, Kategorien und/oder Kompetenzen bestreiten. Gelernt wird an Inhalten, sprich: an Stoffen. Lehrer/innen, die an fünf Wochentagen wechselnde Klassen in zwei und mehr Fächern unterrichten, benötigen ein eingespieltes inhaltliches Repertoire. Gegenüber Eltern und der weiteren interessierten Öffentlichkeit müssen Unterrichtsziele *und* -inhalte ausweisbar sein. Man kann der Frage nach den konkreten Unterrichtsinhalten daher wohl im didaktischen Diskurs, nicht aber praktisch ausweichen.

Man braucht also einerseits inhaltliche Festlegungen, zumindest ein Themengerüst. Andererseits müssen alle Versuche scheitern, auf systematischem Wege zu einer konsensfähigen Festlegung der konkreten inhaltlichen ‚basics' zu gelangen. Mit den dabei in Betracht kommenden Kriterien differiert auch deren Auswahl. Alle sachlichen und pädagogischen Bestimmungen des Grundwissens stoßen zudem an die schematisch vorgegebenen Zeitgrenzen des Unterrichts. Gleichwohl kann durch Konventionsbildung ein flexibler Kanon entstehen. Wie er beschaffen ist und wie er sich wandelt, zeigen Lehrpläne und Schulbücher. Die didaktischen Fragen nach der Funktion und Konstruktion eines Kerncurriculums werden damit keineswegs obsolet. Tilman Grammes, Sybille Reinhardt und ich sind ihnen in unserem KMK-Gutachten mit den dort nachlesbaren Ergebnissen nachgegangen.

Konzepte Ich überlasse die Frage nach der Rolle der Konzepte jenen jüngeren Didaktikerinnen und Didaktikern, die sich darüber auf produktive Weise den Kopf zerbrechen.

6. Politikdidaktische Prinzipien

Der Unterricht muss schülerorientiert sein, um seine Adressaten zu erreichen. Er soll schülerorientiert sein, weil die politische Bildung in einer freiheitlichen Demokratie den (heranwachsenden) einzelnen Bürgerinnen und Bürgern, nicht einem ideologisch bestimmten Kollektiv, der Nation, der Volksgemeinschaft, der Arbeiterklasse etc., auch nicht *dem* Staat, seiner Obrigkeit, einer staatstragenden Partei etc. dient. So verstanden schließt politische Bildung das Recht zur eigenen Urteilsbildung und somit die Selbsttätigkeit im Bildungsprozess ein.

Handlungsorientierung ist in einem doppelten Sinn gefordert: Politik wird von Menschen gemacht. Eine handlungsorientierte Sicht auf Politik hat deshalb nicht nur aus pädagogischen Gründen Vorrang vor anderen Sichtweisen. Dazu gehört im funktional vielfach differenzierten komplexen System moderner Demokratien, dass die heranwachsenden Bürger/innen ihre eigenen Handlungsmöglichkeiten kennenlernen und zur Mitsprache befähigt werden.

Die Glaubens- und Meinungsfreiheit werden missachtet, wenn im Unterricht nicht zwischen Meinen, Glauben und Wissen unterschieden wird und wenn der geforderte, insbesondere der benotete Wissenserwerb nicht auf objektivierbares, logisch wie empirisch überprüfbares Sachwissen begrenzt wird. Hieraus folgt, dass das vermittelte Wissen sachlich korrekt, also auch nach wissenschaftlichen Standards sachlich nachprüfbar sein sollte. Den Lehrenden müssen die Pluralität und Variabilität von Wertungen und interessengeleiteten Deutungen politisch relevanter Sachverhalte bewusst sein, den Schülern und Schülerinnen sollten sie bewusst werden. Hieraus folgt weiterhin, dass für den Unterricht nur fachwissenschaftlich ausgebildete Lehrer/innen vollauf qualifiziert sind.

Arnold Bergstraesser hat die Formel geprägt, es gehe in der politischen Bildung um die „res gerendae", nicht um die „res gestae". Politikunterricht hat mithin einen anderen Focus als der Geschichtsunterricht. Überall dort, wo aktuelle politische Probleme und Prozesse thematisiert werden, wird der Blick auf unsere Zukunft gerichtet. Das ist scheinbar trivial. Weil die Zukunft offen und gestaltbar ist, können die Vorstellungen darüber aber weit auseinandergehen. Der Unterricht muss daher die Basis gesicherten Wissens verlassen und sich Fragen öffnen, die sich unterschiedlich und selten mit Sicherheit beantworten lassen.

Die so verstandene Schüler-, Handlungs-, Wissenschafts- und Zukunftsorientierung halte ich in theoretischer wie praktischer Hinsicht für essentiell. Alle anderen ‚Orientierungen' sind nachrangig.

7. Methoden und Medien der politischen Bildung

Bei der Evaluation des erziehungswissenschaftlichen Grundstudiums innerhalb der Lehrerbildung habe ich die daran beteiligten Hochschullehrer/innen einer großen westdeutschen Universität einmal gefragt, weshalb sich unter ihren zahlreichen Lehrveranstaltungen keine Vorlesung finden lasse. Unisono wurde mir daraufhin erklärt, „Frontalunterricht" sei doch generell und vollends in der Lehrerbildung verfehlt. Im Gespräch mit den Studierenden ergab sich dann, dass der Seminarbetrieb in Pflichtveranstaltungen mit oft dreistelliger Teilnehmerzahl nicht nur vereinzelt durch das Verlesen von Referaten und daran anschließender, von den Lehrenden dominierter kurzer ‚Diskussion' gekennzeichnet war.

Hier wurde überdeutlich, dass auf dem Feld der Methodik in Deutschland-West zwar nicht wie ehedem in der DDR strikte Reglementierungen, aber doch Klischees und Tabus existieren. Hingegen zeigt alle unvoreingenommene Unterrichtsbeobachtung, dass es in erster Linie nicht auf Methoden an und für sich, sondern auf deren Gebrauch – und deren Brauchbarkeit im Schulalltag – ankommt. Anstelle von Typisierungen, aus denen Schlagworte werden, benötigen wir mehrdimensionale

Methoden

Ansätze zur Beschreibung, Analyse und Bewertung der Organisation unterrichtlicher Kommunikation und Interaktion sowie der dabei eingesetzten Lehr- und Lernmittel, dazu sehr viel mehr ‚best practise' Beispiele mit dokumentierter didaktischer Diskussion. Es wäre sehr hilfreich, wenn dabei eine differenzierte und dennoch handliche Begrifflichkeit entwickelt werden könnte. Denn daran mangelt es. Die umgangssprachliche Rede von didaktischen Methoden, der auch ich hier gefolgt bin, bezieht sich zumeist auf die soziale Organisation, die sachliche und zeitliche Strukturierung von Lehrveranstaltungen sowie auf die Medien der Kommunikation und die Formen der Interaktion im Unterricht, kurz: auf jene Mittel, die allgemein genutzt werden, um Lernprozesse in Gang und voranzubringen. In der Fachdidaktik kommt es darüber hinaus aber auch oder sogar in erster Linie auf jene Mittel an, die sach- und problemadäquat, also ‚domänenspezifisch' sind, und auf die Frage, auf welche Weise sich die Schüler/innen selbst ein Verständnis von Politik erschließen.

Medien
Politik wird leider weiterhin auch mit Waffen, dort, wo Frieden herrscht, indes fast ausschließlich mit Worten gemacht. Wie nahezu jede Nachrichtensendung des Fernsehens zeigt, besitzen die Bilder der Orte, an denen dies geschieht, keinerlei Informationswert, wenn man nicht weiß – und versteht! – was dort von wem in welcher Funktion und mit welcher Intention gesagt wird. Trotz aller Wandlungen in der medialen Präsentation von Politik kommt es deshalb nach wie vor auf das gesprochene und das geschriebene Wort an. Wenn dies bedacht wird, kann ich beim Gebrauch der heutigen elektronischen Medien keine Gefahren erkennen. Technisch ist vieles einfacher geworden. Die rasche Verfügbarkeit von Informationen und Unterrichtsmaterialien aller Art eröffnet Möglichkeiten, von denen man früher nur träumen konnte.

Rolle des Schulbuchs
Das Schulbuch, so meinte man schon in den 1970er Jahren, habe keine Zukunft. Noch nie war das Schulbuchangebot jedoch so reichhaltig und vielfältig, die Aufmachung der Schulbücher so ansprechend und die Papierqualität so gut wie heute. Schon deshalb halte ich wenig von Spekulationen über deren Zukunft. Das Schulbuch besitzt immer noch die Funktion des curricularen Leitmediums. Ein solches Medium wird weiterhin, wenngleich nicht notwendig als Printmedium, benötigt. Auch e-Books sind Books.

8. Lernprozesse und Schülervorstellungen

In engerem und weiterem Sinne politische Vorstellungen, Einstellungen und Kenntnisse von Jugendlichen sind durch Umfragen in beachtlichem Umfang erforscht worden, als es in den meisten Bundesländern noch keinen Politikunterricht und keine Didaktik gab. Man denke an die Shell-Studien (ab 1953), Helmut Schelskys schon erwähnten Bestseller „Die skeptische Generation" (1957), die Forschungen von Walter Jaide und Ludwig von Friedeburg. In den sechziger Jahren wurden in den USA Forschungsdesigns entwickelt, mit denen als Sozialisationsprozesse analysierte Lernprozesse über die Kindheit und Jugend hinweg erfasst werden sollten. Wie zuvor schon die heimische Jugendforschung ist diese Forschung in der deutschen Politikdidaktik breit rezipiert worden. Dazu hat das spätere Ehepaar Günter und Gisela Behrmann (Gisela Schmitt) einiges beigetragen. Wir sind dabei zu Anhängern der Piaget folgenden entwicklungspsychologischen Ansätze geworden. Denn die Survey-Forschung und die neueren Massentests in den IEA- und OECD-Studien (PISA etc.) liefern zwar eine Fülle beachtenswerter Informationen über zum Zeitpunkt der Studien vorhandene Kenntnisse, Einstellungen und Kompetenzen. Zur Frage, wo, wie und wann sich politische Denk- und Verhaltensweisen ausbilden, ist daraus aber nur wenig zu entnehmen.

Dass die Didaktik in neuerer Zeit aktiv an der empirischen Forschung partizipiert, ist zu begrüßen. Schon die verfügbaren Ressourcen, mehr noch ihre Problemstellungen legen eine unterrichtsnahe, mithin mehr prozess- als outputorientierte Lehr- und Lernforschung nahe.

Bedeutung lerntheoretischer Erkenntnisse & Empirische Forschung & Schüler- und Lehrervorstellungen

9. Politikdidaktik als Wissenschaft

Statt voraus blicke ich zurück: Der Politikdidaktik habe ich mich in einer Zeit genähert, in der
- in den Sozialwissenschaften ‚große Theorien' (*der* Gesellschaft, *der* Politik, *der* Modernisierung) en vogue waren,
- der ‚Positivismusstreit' (Kritische Theorie vs. kritischer Rationalismus) die Sozial- und Kulturwissenschaften in sich bekämpfende Lager spaltete,
- sich der Glaube verbreitete, durch wissenschaftlich angeleitete Planung ließe sich der gesellschaftliche Wandel steuern, insbesondere

Forschungsfragen für die Zukunft

das Bildungssystem könne durch umfassende Struktur- und Curriculumreformen ("Bildungsgesamtplan') vollkommen umgestaltet werden. All das war in den 1980er Jahren passé. Die mit einem hohen finanziellen und personellen Aufwand erstellten Curricula, so die in der Bundesrepublik heiß umstrittenen Hessischen Rahmenrichtlinien Gesellschaftslehre und die NRW-Rahmenrichtlinien Politik, sind im Altpapier verschwunden. Nach amerikanischen Studien gingen die dort durch den Sputnik-Schock ausgelösten Curriculumreformen an zwei Dritteln der Schulen vorbei. Deutsche Untersuchungen haben gleichfalls ergeben, dass nicht wenige Lehrer/innen auch dann mehrheitlich an ihren Routinen festhalten, wenn diese nicht mehr mit neuen Richtlinien vereinbar sind.

Eigene Forschungsschwerpunkte

Vor (vermeintlichen) Aufbrüchen zu (scheinbar) neuen Ufern sind deshalb ideen-, theorie-, forschungs-, schul- und unterrichtsgeschichtliche Rückblicke angebracht. Dazu versuche ich, gelegentlich etwas beizutragen.

10. Fachdidaktische Kontroversen

Die Geschichte der Fachdidaktik ist auch und nicht zuletzt eine Geschichte von Kontroversen. „Pragmatismus und philosophische Demokratietheorie. Die Kontroverse um die Partnerschaftspädagogik zwischen Oetinger und Litt 1951-1955" überschrieb Walter Gagel das dritte Kapitel seiner „Geschichte der politischen Bildung in der Bundesrepublik Deutschland 1945-1989" (Opladen 1994), die vor allem von deren Didaktik und ihren Kontroversen handelt. Die erste dieser Kontroversen hat sich an der bis in die frühen sechziger Jahre einflussreichsten pädagogischen Programmschrift, Theodor Wilhelms „Wendepunkt der politischen Erziehung. Partnerschaft als pädagogische Aufgabe" entzündet, die erstmals 1951 unter dem Pseudonym Friedrich Oetinger erschienen ist.

Mit dem sie leitenden Politik- und Demokratieverständnis stand damals die gesamte Methodik der „politischen Erziehung" – der Bildungsbegriff setzte sich erst später durch – in Frage. Auf Schlagworte verkürzt plädierte Wilhelm für eine partnerschaftlich-kooperativ orientierte Politik in einer genossenschaftlich verstandenen Demokratie, also für die Demokratie als bürgerschaftlicher „Lebensform" und ein darauf orientiertes Erfahrungslernen in partnerschaftlichen Erziehungsverhältnissen. Dem setzte der Philosoph und Pädagoge Theodor Litt eine politische Bewusstseinsbildung entgegen, die auf den demokratischen Verfassungsstaat als Ordnungsmacht in einer pluralistischen Gesellschaft mit konkurrierenden Parteien gerichtet sein sollte. Dies waren, so Gagel, „Grundpositionen, die auch in der Folgezeit immer wieder die Diskussion bestimmt haben, also im Hinblick auf Ziele: Fähigkeiten oder Wissen, politisches Verhalten oder sozialwissenschaftliche Erkenntnis? Oder im Hinblick auf den Ausgangspunkt des Lernens: Erfahrung oder Theorie?", (S. 76), die jedoch „nicht konträr, sondern komplementär zueinander stehen" (S. 75).

Das wurde mehr als zehn Jahre vor der Kontroverse über Begründungen des an und für sich unstrittigen Modellprojekts „Demokratie lernen & leben" geschrieben, in der ähnliche ‚Grundpositionen' aufeinandertrafen wie in der Kontroverse über die Partnerschaftspädagogik. Allerdings hatten sich die Zeitumstände und damit die konkreten politisch-pädagogischen Problemstellungen in nahezu jeder Hinsicht geändert. Die Kontrahenten argumentierten auch nicht mehr in einem durch philosophische Denktraditionen abgesteckten Rahmen, sondern in fachwissenschaftlichen Bezügen. Das ist kein Sonderfall. In fachdidaktischen und fachdidaktisch relevanten Kontroversen werden häufig fortbestehende oder wiederkehrende Grundprobleme und -positionen im Hinblick auf veränderte Gegebenheiten unter wechselnden theoretischen Perspektiven reflektiert. Dies gilt, um nur ein weiteres Beispiel zu nennen, auch für die Kontroverse über den ‚kategorialen Ansatz'. Dass solche Kontroversen eine Funktion für die Fachdidaktik haben, steht für mich außer Frage. Dass sie auch für die Praxis einen Mehrwert erbringen, erscheint mir hingegen zweifelhaft. Was damit in den Blick genommen wird, ist zumeist keineswegs so ‚substantiell neu' und ‚innovativ', wie die Rhetorik des fachdidaktischen Marketing glauben machen möchte. Bestenfalls ist es mit Reflexions- und Differenzierungsgewinnen im konzeptionell-programmatischen ‚Überbau' der politischen Bildung, damit aber auch oft – gewollt oder ungewollt – mit einer Steigerung der Ansprüche an die Praxis verbunden.

11. Politikdidaktik und Lehramtsausbildung

Wissen und Können von Politiklehrern & Politikdidaktik in der Lehramtsausbildung

Die Fachdidaktiken haben ihren Ort im Lehramtsstudium und dort in systematischen Verbindungen mit den Fachwissenschaften, nicht im Nirwana einer erdachten Wissenschaft von allem Lehren und Lernen. Dieser Ort ist durch die Modularisierung der Studiengänge genauer bestimmt worden. Sieht man von den Absurditäten des hochartifiziellen ECTS-Punktesystems und seines bürokratischen Gebrauchs sowie von der in der Lehrerbildung unsinnigen Trennung von Bachelor- und Masterstudium ab, so war die Modularisierung für die Didaktiken von Vorteil. Ihre Stellung und ihre Funktionen sind nun erkennbarer und besser verhandelbar.

Zukünftige Politiklehrer/innen sollten sich ein Überblickswissen über Ansätze und Ergebnisse der für ihr Fachgebiet relevanten Sozialisations-, Lern- und Unterrichtsforschung aneignen können. Sie sollten weiterhin befähigt werden, die Bestimmung und die Wahl von Unterrichtszielen, -inhalten und -methoden sowie deren Legitimierung unter sachlichen, didaktischen und bildungsgeschichtlichen Perspektiven kritisch zu reflektieren. Zum fachdidaktischen Studium gehören schließlich Praxisstudien, also begleitete Unterrichtspraktika, die Arbeit an Unterrichtsentwürfen und die systematische Analyse von Unterrichtsverläufen (anhand von Videos wie in teilnehmender Beobachtung). Der Primat der wissenschaftlichen Betrachtung, der eine Entlastung von unmittelbaren praktischen Anforderungen voraussetzt, sollte dabei auch deshalb gewahrt werden, weil sich Handlungsroutinen und die notwendige Handlungssicherheit nicht schon im Studium, auch nicht in Praktika und Praxissemestern, sondern erst in der Praxis ausbilden.

Verhältnis von Theorie und Praxis

Der wissenschaftliche Blick auf diese Praxis und die Innenperspektiven von Unterrichtenden differieren unvermeidlich. Um täglich von Unterrichtsstunde zu Unterrichtsstunde wechselnde Klassen auf wechselnden Themenfeldern zum Lernen zu bewegen, brauchen Lehrer/innen rasch und situationsgerecht abrufbare fachliche Sachkenntnisse sowie allgemein-pädagogisches und fachdidaktisch-methodisches Handlungswissen. Auch wenn all dies vorhanden ist, bleiben die pädagogische Interaktion und deren Ergebnisse immer unsicher. Die Bildungswissenschaften, darunter die Fachdidaktiken, können Erziehungs- und Bildungsprozesse über verschiedene theoretische Ansätze einsichtig machen, schulexterne und -interne Rahmenbedingungen ermitteln, welche die unterrichtliche Interaktion und das Lernen im Unterricht begünstigen oder erschweren, Unterrichtsverläufe der systematischen Analyse zugänglich machen, sachliche und methodische Unterrichtshilfen entwickeln, die Unsicherheiten aber nicht aufheben, also keine Rezepte für einen mit Sicherheit gelingenden Unterricht liefern. In der Schulpraxis wird oft mehr erwartet. Dies liegt auch an uns Didaktikern, neigen wir doch dazu, mehr zu versprechen, als Didaktik leisten kann.

12. „Guter" Politikunterricht

Ebenso wie jeder andere Unterricht sollte der Politikunterricht sowohl sachlich als auch zeitlich so strukturiert sein, dass eine große Mehrheit der Schüler/innen aktiv beteiligt wird, kognitive sowie andere für die eigene Lebensführung und Weltorientierung hilfreiche Fähigkeiten auszubilden vermag und Kenntnisse hinzugewinnen kann. In gutem Politikunterricht kommen die didaktischen Prinzipien zur Geltung. Wo konkrete politische Prozesse in den Blick genommen werden, wird erkennbar, was von allgemeiner Bedeutung ist. Und bei der Thematisierung abstrakt erscheinender institutioneller Regelungen wird deren konkrete Bedeutung einsichtig.

Gerd Steffens

Dr. Gerd Steffens, geb.1942 in Alf/Mosel

Professor für Politische Bildung und ihre Didaktik am Fachbereich Gesellschaftswissenschaften der Universität Kassel von 1998 bis 2007.

In seinen jüngsten Arbeiten plädiert er für die Erneuerung einer *an der Welt* interessierten politischen Bildung, die die Welt-Neugier der Heranwachsenden aufgreifen und in politisches Gestaltungsinteresse verwandeln kann. In einer *Welt der Umbrüche und Krisen* ist politische Bildung dabei auf die Deutungsangebote der Sozialwissenschaften und ihre Erschließung als didaktische Anregungspotenziale besonders angewiesen.

Frühere Tätigkeiten

- Lehrer an Gymnasium und Gesamtschule mit den Fächern Geschichte, Politik und Deutsch von 1970 bis 1978
- OStR am Institut für Pädagogik der TH Darmstadt von 1978 bis 1984
- OStR an der Gesamtschule Groß-Bieberau von 1984 bis 1998
- Leitung von hessischen Lehrerfortbildungsveranstaltungen in Gesellschaftslehre/Politische Bildung seit 1972
- Lehraufträge an der TH Darmstadt von 1984 bis 1990
- Lehraufträge an der Gh Kassel von 1996 bis 1998

Verbandstätigkeiten

- Vorsitzender der Deutschen Vereinigung für Politische Bildung, Landesverband Hessen von 2003 bis 2010

Beratungs- und Kommissionstätigkeiten

- Mitglied im Wissenschaftlichen Beirat von Attac seit 2005

Veröffentlichungen – Auswahl

Mitherausgeber Jahrbuch für Pädagogik, Frankfurt/M. (Peter Lang)

2013 Bildungspotenziale der Kritik – Eine notwendige Erinnerung. In: Widmaier, Benedikt/Overwien, Bernd (Hrsg.): Was heißt heute Kritische Politische Bildung? Schwalbach/Ts., S. 256-264.

2011 Politische Bildung in einer Welt der Umbrüche und Krisen. In: Sander, Wolfgang/Scheunpflug, Annette (Hrsg.): Politische Bildung in der Weltgesellschaft. Bonn, S. 385-398.

2010 Autonomie und Identifikation – Zwei Modelle weltbürgerlicher Moral und ihre Bedeutung für politische Bildung. In: Widmaier, Benedikt/Steffens, Gerd (Hrsg.): Weltbürgertum und Kosmopolitisierung. Interdisziplinäre Perspektiven für die Politische Bildung. Schwalbach/Ts., S. 136-149.

2010 Braucht kritisch-emanzipatorische Bildung heute eine Neubegründung? In: Lösch, Bettina/Thimmel, Andreas: Kritische politische Bildung. Ein Handbuch. Schwalbach/Ts., S. 25-36.

2008 zusammen mit Thomas Lange: Der Nationalsozialismus. Bd. 1. 2008; Bd. 2 2011. Schwalbach/Ts.

2007 Politik als Diskurs. In: Lange, Dirk/Reinhardt, Volker (Hrsg.): Basiswissen Politische Bildung. Handbuch für den sozialwissenschaftlichen Unterricht. Bd. 2 Strategien der politischen Bildung. Baltmannsweiler, S. 10-21.

2007 Ist der homo oeconomicus gesellschaftsfähig? – Denksätze der Ökonomie und politische Bildung. In: Steffens, Gerd (Hrsg.): Politische und ökonomische Bildung in Zeiten der Globalisierung. Münster.

Leseempfehlungen für (angehende) Politiklehrerinnen und -lehrer

Hobsbawm, Eric (1995): Das Zeitalter der Extreme. Weltgeschichte des 20. Jahrhunderts. München und Wien.

Lösch, Bettina/Thimmel, Andreas (Hrsg.) (2011): Kritische Politische Bildung. Ein Handbuch. Bonn.

Sander, Wolfgang/Scheunpflug, Anette (Hrsg.) (2011): Politische Bildung in der Weltgesellschaft. Bonn.

Streeck, Wolfgang (2013): Gekaufte Zeit. Die vertagte Krise des demokratischen Kapitalismus. Berlin.

Vogl, Joseph (2010): Das Gespenst des Kapitals. Zürich.

Gerd Steffens

„Gerade die Aufmerksamkeit aufs Subjekt fordert – so ist heute zu betonen – eine *an der Welt* interessierte politische Bildung."

1. Werdegang

Überspitzt geantwortet: Nicht ich bin zur Politikdidaktik gekommen, sondern die Politikdidaktik zu mir. Denn wie für viele PolitiklehrerInnen meiner Generation galt für mich, dass das Interesse an Politik und das Bedürfnis, sie zu verstehen, nicht politikdidaktisch vermittelt worden sind oder der Anlehnung an eine politikdidaktische „Schule" bedurft hätten. Viel eher könnte man von politischer Sozialisation unter ausgeprägt zeitspezifischen Bedingungen sprechen, an die Politikdidaktik gleichsam zwanglos anschließen konnte. Denn es waren die spezifischen soziopolitischen Verhältnisse der fünfziger und sechziger Jahre des letzten Jahrhunderts, denen nicht nur unsere politische Sozialisation, sondern auch die anhebende öffentliche Reflexion über politische Bildung ihre Entstehung und Ausprägung verdankte.

Wer in der Nachkriegszeit aufgewachsen ist, ist in eine merkwürdig verdoppelte Realität hineingewachsen: eine Realität des Wissens – denn selbstverständlich waren spätestens seit den Nürnberger Prozessen 1946 die Dimensionen der Verbrechen des nationalsozialistischen Deutschland allgemein bekannt – und eine Realität des „kommunikativen Beschweigens", wie Hermann Lübbe das in den achtziger Jahren genannt hat. Erst die vielfältigen Bewegungen und öffentlichen Diskurse seit Ende der fünfziger Jahre haben nach und nach eine Gesellschaft entstehen lassen, die Politik als ihren eigenen Handlungsraum begreifen konnte, als die Form, in welcher Gesellschaft über sich und ihre Zukunft in öffentlichen Auseinandersetzungen entschied. Eben dies bot erst einen angemessenen Rahmen, in dem über politische Bildung in der Demokratie nachgedacht und gearbeitet werden konnte. Unsere eigene Praxis als junge PolitiklehrerInnen in Referendariat und Schule bezog sich auf die entstehenden Politikdidaktiken (Giesecke, Schmiederer, Hilligen, K.G. Fischer etc.) eher ergänzend und vergewissernd, weil wir von den gesellschaftlichen Auseinandersetzungen selbst ausgingen, und es als unsere Aufgabe begriffen, den Heranwachsenden Wege zu öffnen, auf denen sie diese Auseinandersetzungen verstehen und als gesellschaftliche Subjekte an ihnen teilnehmen konnten.

Die neu entstehende Politikdidaktik bot dabei Hilfe (man denke z. B. an Gieseckes Zentralbegriff des Konflikts). Unser eigener didaktischer Diskurs bestand in einer ausgeprägt kooperativen Praxis, sei es in den Fachgruppen der Schulen, sei es in der Lehrerfortbildung mit ergiebigen Diskussionen über Unterrichtsideen und -vorhaben, Lernzielen und Arbeitsweisen. Mein fachdidaktisches Arbeitsfeld bestand darüber hinaus für mehr als zwei Jahrzehnte in der Mitarbeit an der Lehrplanentwicklung und in der kooperativen Leitung und Planung der hessischen Lehrerfortbildung im Lernbereich Gesellschaftslehre. Diese mit den Praxisdiskursen an den Schulen rückgekoppelte Arbeit in intensiven Wochenkursen führte jeweils zu didaktisch begründeten Konzepten von thematischen Unterrichtseinheiten, die in Schulen erprobt wurden. Auch im Rückblick bin ich für dieses produktive Laboratorium didaktischer Ideen sehr dankbar. Es hat auch für meine Arbeit als Politikdidaktiker an der Universität einen beträchtlichen Fundus an praktischer Erfahrung bereitgestellt und mich davor bewahrt, didaktische Reflexion als fachdidaktisch selbstbezügliche Theoriebildung misszuverstehen.

2. Situation und Perspektiven der politischen Bildung

Gerade in der Schule lebt Politische Bildung davon, dass sie mit den Heranwachsenden die Neugier auf die Welt teilt, in die sie hineinwachsen. Und wo es gelänge, diese immer vorhandene Welt-Neugier der Kinder und Jugendlichen in ein Interesse an der politischen Gestaltbarkeit und Gestaltung der Welt zu verwandeln, hätte politische Bildung ihre Aufgabe erfüllt. Beides – die Wahrnehmung der Welt-Neugier der Heranwachsenden und deren Transformation in Politikinteresse – setzt eine wache didaktische Aufmerksamkeit der Lehrenden voraus, die sich nach zwei Seiten richtet: auf die spezifische und konkrete Subjektivität der Weltwahrnehmung der Heranwachsenden und auf die Welt der ge-

Gegenwärtige Situation und Herausforderungen

schehenden Geschichte und deren Lern-und Anregungspotentiale. Und nur wer voraussetzt, dass das Weltinteresse der Heranwachsenden – wie diffus es sich auch äußern mag – sich darauf richtet, in der sozialen Welt den eigenen Lebensweg zu entdecken, wird beides – die Subjektivität der Lernenden und den Gegenstandsbereich – produktiv verknüpfen können. Gerade die Aufmerksamkeit auf das Subjekt fordert von den Lehrenden in der politischen Bildung also eine Wendung des Blicks auf ihr Gegenstandsfeld: Politik als geschehende Geschichte, in der Gesellschaften über ihre Zukunft debattieren und entscheiden und an der die nun Heranwachsenden teilhaben werden – in welcher Form auch immer.

Zukünftige Rolle der politischen Bildung

Teilt die heutige Politische Bildung (ihre Unterrichtspraxis und ihre didaktische Theorie) mit den Heranwachsenden die Neugier auf die Welt, in die sie hineinwachsen? Findet sie Wege, auf denen die Lernenden sich eine Welt in krisenhaften Umbrüchen erschließen können? Wie geht sie mit Tiefe und Tempo der Veränderungen um, wie mit den damit einhergehenden Dezentrierungen der Perspektiven, dem Aufbrechen der vertrauten Selbstverständigungshorizonte? So könnten die Fragen lauten, durch die die großen Herausforderungen politischer Bildung heute bezeichnet werden. Eine *an der Welt* interessierte Politische Bildung hätte sich der Welt zu stellen, wie sie ist: einer Welt epochaler Umbrüche (für die sich die Chiffre ‚Globalisierung' eingebürgert hat) und akuter und multipler Krisen. Deren Ausgang ist offen, aber nicht völlig unbestimmt, denn die gesellschaftswissenschaftlichen Diskurse bieten hinreichend Deutungsangebote und zeitdiagnostische Anregungen.

Kurioserweise hat die Politikdidaktik in den letzten beiden Jahrzehnten, statt der Öffnung der Welthorizonte und ihrer Dynamik zu folgen, dem eine Bewegung der Schließung entgegengesetzt, gerade als ob die Veränderungsdynamik der Welt sich in ‚Konzepten', ‚Modellen' und ‚Standards' bannen ließe. Hier dazu nur so viel: Im Hinblick auf einen interessanten Unterricht sind solche geronnenen, standardisierten Konzepte naturgemäß anregungsarm – nicht nur, weil die Neugier der Heranwachsenden auf die Welt und was sich in ihr bewegt, als motivierende Ressource ausgeblendet bleibt, sondern auch, weil die Anleitung der Lehrenden zur Arbeit mit normierten Bauteilen in der Unterrichtsrealität eher als Gebrauchsanweisung zur Erzeugung von Langeweile wirken wird.

3. Demokratie und politische Bildung

Der springende Punkt für das Verständnis von Demokratie besteht auch heute noch in der Unterscheidung von „Demos" und „Ethnos". Bildet die Gesellschaft der Staatsbürger oder die Gemeinschaft der Abstammungsgleichen die Grundgesamtheit der Demokratie? Bekanntlich hat sogar die NS-Volksgemeinschaft von sich behauptet, dass sie die eigentliche Demokratie sei, eben die Demokratie des ethnisch homogenen Volkes, wie es Carl Schmitt am schärfsten begründet hat. Diese auf ethnische Homogenität zielende Vorstellung von Demokratie hat sich heute keineswegs erledigt, und politische Bildung sollte sich dessen bewusst sein. Nicht nur spektakuläre Mobilisierungserfolge (wie sie sich in Roland Kochs Doppelpass-Kampagne von 1999 oder Sarrazins Millionenpublikum zeigten), sondern auch Langzeit-Studien wie die von Decker oder Heitmeyer belegen die nach wie vor hohe Anziehungskraft einer Vorstellung von Demokratie, die ethnokulturelle Identität und deren scharfes Ausschließungsvermögen zur Grundlage des Zusammenlebens machen möchte. Während die republikanische, auf staatsbürgerlicher Gleichheit beruhende Form der Demokratie auf das autonome Urteilsvermögen der Bürger setzt, will die Gemeinschaft der ethnisch oder – in heutiger, milderer Variante – kulturell Gleichen deren identifikatorisches Einverständnis. Autonomie oder Identifikation, so lautet daher eine der Grundfragen, an denen Politische Bildung auch heute sich ihrer selbst vergewissern muss.

 Die Aktualität dieser Problemstellung wird nicht nur durch das Anschwellen völkisch-identitärer Bewegungen im krisenhaften Europa unterstrichen; auch die milderen, wirtschaftsnationalistischen Varianten identitärer Politik wollen von den Zustimmungsprämien mobilisierter Wir-Gefühle zehren. Wie in solchen Entwicklungen sich politisch selbstbewusste und aktive Gesellschaften in ein entpolitisiertes Konsumentenpublikum verwandeln und damit die Räume für ein „Durchregieren" von oben freigeben können, wird derzeit ja unter dem kritischen Stichwort der Postdemokratie diskutiert.

 Sowohl historische Reflexion wie politikwissenschaftliche Zeitdiagnose verweisen also darauf, dass Demokratie immer wieder neu gelernt werden muss. Politische Bildung sollte es daher begrüßen, wenn dies nicht allein in ihrem Fachunterricht geschieht. Denn die Anerkennung der menschenrechtlichen Gleichheit aller und ihres Rechtes auf Ver-

Was ist Demokratie?

Demokratielernen als Aufgabe der politischen Bildung? &

Rolle der
Politischen
Bildung in der
Demokratie

schiedenheit, der Pluralität von Lebensführungen und Perspektiven sowie die Regeln diskursiver Verständigung sollen ja Grundlage aller zwischenmenschlichen Kommunikationsverhältnisse sein, ob sie nun der privaten Alltagspraxis oder dem öffentlichen politischen Diskurs gelten. Statt angebliche Übergriffe auf ihr Terrain zu beklagen, sollte Politische Bildung es als einen Teil ihrer Aufgabe begreifen, selbst im gesellschaftliche Bildungsdiskurs zeitdiagnostisch argumentierende Akzente zu setzen – dazu aber bedürfte es eines Fachverständnisses, welches sich von einer engen disziplinären Fokussierung löst und seine Aufgaben in einem gesellschaftswissenschaftlichen Diskurshorizont bestimmt.

4. Politikbegriff und Breite des Unterrichtsfaches

Was ist Politik?

Wer Politik definieren will, muss m. E. zunächst über Gesellschaft sprechen. Denn in einer Demokratie ist Politik die Form, in der eine Gesellschaft über sich und ihre Zukunft entscheidet. Demnach wäre Gesellschaft das kollektive Subjekt der Politik. Aber behält das GG diese Rolle nicht „dem Volke" vor, welches seine Souveränität in „Wahlen und Abstimmungen" ausübt? Gewiss, doch abgesehen von der Doppeldeutigkeit des Volksbegriffs (s. o. Block 3) spricht für Gesellschaft auch der größere Beziehungsreichtum des Begriffs: Gesellschaft meint eine Welt der Interessen und der Diskurse, der Ökonomie und der Kultur, der materiellen Reproduktion und der sozialen Integration. Die Öffentlichkeit der Gesellschaft ist ein vielfältiger Raum der Artikulation, der Meinungsbildung und Diskurse über das, was der Gesellschaft gut täte oder was sie besser ließe. Dieser Raum der gesellschaftlichen Selbstverständigung – und nicht erst der der institutionellen politischen Entscheidungen – ist m. E. das primäre Bezugsfeld politischer Bildung.

Politik als Kern?

Wenn Politik als Handlungsfeld der Gesellschaft – und eben nicht allein der institutionellen und professionellen Akteure – verstanden wird, ergeben sich weitere produktive Folgerungen für Selbstverständnis und Aufgabenfeld der Politischen Bildung. In ihren Fokus rücken dann ganz unvermeidlich die Lernenden als (künftige) Akteure der Politik und ihre Verständnis-, Beteiligungs- und Handlungsmöglichkeiten. Diese einem partizipatorischen Politikverständnis eigentümliche Form der Subjektorientierung eröffnet eine ungewöhnliche Konstellation didaktischer Chancen: Weil die Zukunftsdimension politischer Entscheidungen unverkennbar die Zukunftsdimension des eigenen Lebens der Lernenden ist, stehen in den gegenwärtigen politischen Auseinandersetzungen die Möglichkeiten eigener Lebensgestaltung zur Debatte. Und weil die Diskurse unter Ansprüchen rationaler Geltung stehen, bilden sie ein reales Übungsfeld kritischer Prüfung von öffentlicher Kommunikation und der Teilnahme an ihr. Welche Form der Beobachtung oder Beteiligung die Lernenden dabei auch entwickeln, es ist die *Möglichkeit* eigenen Handelns, die in dieser didaktischen Perspektive besondere Lernchancen eröffnet.

Wird Politik als *gesellschaftliche* Handlungsform verstanden, erscheinen enggeführte Fachverständnisse – sei es der Fachdidaktik, sei es der Politikwissenschaft – eher als unproduktiv. Wichtiger als die Frage nach Konstellation von Bezugswissenschaften oder Kombination von Fächern scheint mir zu sein, dass die PolitiklehrerInnen an der Universität gelernt haben, politische Entscheidungen und Debatten als Fragen gesellschaftlicher Zukunftsgestaltung zu entziffern und die Angebote der Sozialwissenschaften zu einem aufgeklärten Verständnis von Gesellschaft und Politik zu nutzen.

Lernfeld Gesellschaftswissenschaften

5. Kompetenzen, Inhalte und Konzepte der politischen Bildung

Die in der Frage angesprochenen Kontroversen um die Kompetenzorientierung mögen zwar kennzeichnend für die heutige Verfassung des Fachs sein, aber sie sind, so meine ich, wenig produktiv für seine Selbstverständigung und Weiterentwicklung. Gewiss könnte auch mein Verständnis von politischer Bildung und ihrer Didaktik in einer Architektur von Kompetenzen gefasst werden – und manche Kollegen, die dieses Verständnis mehr oder weniger teilen, entwerfen ja auch solche Kompetenz-Architekturen. Doch gilt meine Kritik einem von außen auferlegten Paradigmenwechsel, der den Hintergrund der „Kompetenzorientierung" bildet. Ihm sind große Teile der Politikdidaktik gefolgt, ohne die Implikationen und Folgekosten zu bedenken. Bekanntlich liegt ja der „Kompetenzorientierung" ein fundamentaler Blickwechsel zugrunde, der üblicherweise als Wechsel von der „Input-Steuerung" zu einer „Output-Steuerung" der Schule beschrieben wird. Wie die Terminologie schon zeigt, geht es um eine grundlegende Änderung des Denkansatzes, aus dem schulisches Lernen betrachtet und bewertet wird. Nicht auf den Entwurf von Lernfeldern mit Wegen und Zielen des Lernens –

Kompetenzorientierung & Kompetenzen

wie dies bis dahin als Vorstellung sowohl der didaktischen Reflexion der Lehrenden wie der Konstruktion von Lehrplänen zugrunde lag – sollte es mehr ankommen, sondern auf die Messbarkeit und Vergleichbarkeit der Ergebnisse. Ganz unverkennbar ist (und die Protagonisten der „neuen Denke" hoben das auch stolz hervor), dass damit auch Schule und Bildung unter das Regime ökonomischer Effizienz gestellt werden sollen.

Ich möchte an dieser Stelle nicht in eine Auseinandersetzung mit der neoliberalen Ökonomisierung aller Lebensbereiche, darunter der Bildung, eintreten, sondern nur andeuten, was der Didaktik der politischen Bildung dabei an Horizont verloren geht. Wer Lernwege von ihren messbaren, quantifizierbaren Ergebnissen her denkt, wird sie kleinschrittiger, enger, geschlossener konstruieren müssen. Eigensinn der Subjekte, deren Beteiligung an Planung und Reflexion des Unterrichts, Widerständigkeit und Komplexität der Gegenstände und ein entsprechender Zeitgebrauch des Lernens können aus Output-Perspektive kaum mehr als produktive Quellen des Lernens wahrgenommen werden, sondern müssen als strukturelle Hemmnisse standardisierten Lernens möglichst ausgeschlossen werden. Damit verändert sich sowohl der Subjekt- wie der Gegenstandsbezug der Lehrenden. Die Perspektive didaktischer Reflexion wird gleichsam um 180° gedreht. Sie richtet sich nicht mehr auf ein offenes Feld von Lerngelegenheiten für die konkreten Subjekte der Lerngruppe, an deren je eigener Entfaltung die Lehrenden interessiert sind. Stattdessen blickt der didaktische Organisator nun vom Ende her auf abgestufte, möglichst eindeutig bestimmte Kompetenzen, an deren Evaluierung er als Effizienzkontrolle – und als administrativem Nachweis eigener Leistung – interessiert ist.

Dieser Verlust an didaktischer Souveränität (mithin an Reflexions- und Entscheidungsgelegenheit) schlägt sich auch in einem grundlegend veränderten Gegenstandsbezug nieder. Denn unter Bedingungen der „Output-Steuerung" drohen das Interesse am Gegenstandsfeld geschehender Politik und gesellschaftlicher Verhältnisse und der Blick auf die von dort ausgehenden Lernchancen ebenso als lästig zu erscheinen wie eine darauf gerichtete Neugier der Lernenden. Dieser Abwendung vom Gegenstandsbereich haben große Teile universitärer Fachdidaktik seit geraumer Zeit Vorschub geleistet, indem sie die schulpolitische Wende zur „Output-Steuerung", zu Kompetenzen und Bildungsstandards, als eine Gelegenheit ergriffen haben, den Politikunterricht möglichst weitgehend an die didaktischen Strukturen der anderen Schulfächer anzugleichen und ihm damit einige seiner Besonderheiten auszutreiben, die doch eigentlich seinen Reiz und seine didaktischen Chancen ausmachen. Wenn Politik das Feld ist, auf dem Gesellschaften über ihre Zukunft debattieren und entscheiden, dann befinden sich Lernende und Lehrende hier in einem anderen, man mag sagen „existenzielleren" Verhältnis zum Gegenstandsfeld als in anderen Schulfächern. Die enorme, oft überwältigende Gegenwärtigkeit, auch mediale Präsens der Inhalte des Fachs sollte wieder stärker als Chance begriffen werden – und nicht als Fluch, der in „Kompetenzen", „Standards" und „Konzepten" gebannt und unter Kontrolle gebracht werden muss.

Aus diesem Zusammenhang kann sich auch die Debatte um „Grundwissen" und „Konzepte" als politikdidaktische Basiskategorien kaum lösen. Denn es ist ja gerade die nach den Erfordernissen der „Output-Steuerung" gedrehte Perspektive, aus der diese Debatte ihre aktuelle Dringlichkeit zieht, weil für die Ergebniskontrolle handliche Kategorien gebraucht werden, die Messbarkeit versprechen. Es versteht sich, dass aus dieser Perspektive Vorstellungen von „Grundwissen" und „(Basis)konzepten" sich anders profilieren, als sie es aus einer Sicht tun würden, die auf offene Lernwege zur Teilhabe an Politik und Gesellschaft blickt. Dieses Terrain politischen Lernens hatten, um ein illustrierendes Gegenbeispiel zu nennen, etwa die hessischen Rahmenpläne Sozialkunde und Gesellschaftslehre von 1995 durch „Erschließungskategorien" (wie „Individuen und Gesellschaft", „Soziale Strukturen", „Institutionen und politisches System", „Kriterien und Möglichkeiten politischen Handelns") vermessen wollen. Auch über diesen – hier nur illustrativ angerissenen – Vergleich zeigt sich: Wie didaktische Kategorien modelliert werden, hängt von der Perspektive ab, aus der von ihnen Gebrauch gemacht werden soll.

Grundwissen & Konzepte

6. Politikdidaktische Prinzipien

Der Versuchung, einen Katalog solcher Prinzipien oder Orientierungen abzuarbeiten und eine Prioritätenliste zu erstellen, möchte ich widerstehen, auch wenn ich in meiner eigenen Praxis als Lehrer und Universitätslehrer einige dieser „Orientierungen" für wichtiger als andere gehalten habe. Stattdessen möchte ich im Sinn meiner bisherigen Darlegung und ihrer Schwerpunktsetzung hervorheben, welches Bezugsfeld didaktischer Alltagsarbeit ich für besonders produktiv, doch in der letzten Zeit oft für vernachlässigt halte. Man könnte die hier vorgeschlagene Haltung „Diskursorientierung" nennen, wenn denn ein unterscheidender Begriff sein soll. Damit ist, wie ich vor einigen Jahren einmal ausgeführt habe, Folgendes gemeint: Wenn Politik als Handlungsfeld *der Gesellschaft* gesehen wird, dann wird der didaktische Blick nicht nur auf Interessenlagen und Konflikte gelenkt, sondern zunächst auf ein Feld vielstimmiger Äußerungen von Meinungen, Informationen, Analysen, Erklärungen, Wünschen, Gefühlen, Forderungen. Sie alle sind Teil eines öffentlichen Diskurses, in welchem die Gesellschaft über sich und ihre Zukunft debattiert, darüber, was ist und wie es besser oder in Zukunft sein sollte. Wie immer unterschieden in Intensität, Gehalt oder Kontroversität solche Debatten sein mögen, so teilen sie doch jene Eigenart öffentlicher Äußerungen, die für Politische Bildung besonders wichtig ist: Weil sie auf Zustimmung und Überzeugung von anderen aus sind, stellen sie sich nolens volens unter Geltungskriterien, an denen ihre Triftigkeit gemessen werden kann. Es liegt auf der Hand, dass hier jene für die Ausbildung politischer Mündigkeit unerlässlichen Fähigkeiten kritischer Prüfung und Aneignung am ehesten erworben werden können. Immer auch stehen, weil Diskurse selbstkritisch sein müssen, Kriterien der Geltung und Wertung mit zur Debatte, und immer auch spiegeln die Beiträge in ihrer Vielstimmigkeit die unterschiedlichen Perspektiven, aus denen sich materielle Interessen, kulturelle Orientierungen, politische Überzeugungen etc. zur Geltung bringen wollen. Genauso wichtig und didaktisch relevant ist, dass die Lernenden hier auf Fragen und Problemstellungen treffen, an denen ihre Neugier auf die Welt, wie sie ist, sich konkretisieren und anreichern kann, auch wenn dies mit Haltungen des Widerspruchs verbunden ist. Für welche Intensität der Teilhabe an Politik die heranwachsenden StaatsbürgerInnen sich schließlich auch entscheiden mögen: Voraussetzung ist, dass sie Wege in jenes Feld der Diskurse gefunden haben, in welchem die Gesellschaft sich über sich und ihre Zukunft verständigt. Ihnen solche Wege zu öffnen, ist – so meine ich – die primäre Aufgabe politischer Bildung.

7. Methoden und Medien der Politischen Bildung

Ich nehme mir die Freiheit, hier nur sehr pauschal zu antworten: Die Wahl der Methode hängt von deren Erschließungskraft im Hinblick auf ein Thema, eine Fragestellung, ein Material, ein Projekt etc. ab – und natürlich von den Lernvoraussetzungen der jeweiligen Gruppe. Nach meiner Erfahrung stellen sich produktive Methodeneinfälle eher dann ein, wenn der Lehrende nicht vom Methodenangebot, sondern von der Lernchance her denkt, die der Gegenstand für die jeweiligen Lernenden bietet.

Methoden

Gerade von einer Sichtweise auf *Politik als Diskurs* oder aus einem partizipatorischen Verständnis von Politik läge eine planmäßige Nutzung der enormen Informations- und Kommunikationsmöglichkeiten nahe, die insbesondere das Internet bietet. Doch mag ich dies nur als Desiderat für die jüngere fachdidaktische Forschung und das forschende Lernen der Praktiker formulieren und mich heute dazu (obwohl ich bereits 2001 einen Aufsatz „Internet – ein neues Medium politischer Bildung? publiziert habe) nicht weiter äußern.

Medien

Die Vorzüge und Besonderheiten des Fachs (s. o.) bringen es mit sich, dass Fachinhalte großer Veränderungsdynamik unterliegen und deswegen weniger als in anderen Fächern kanonisierbar sind. Schulbücher können dennoch hilfreich sein, wenn sie an übergreifenden, strukturierenden Fragestellungen und an archetypischen theoretischen Positionen oder Denkansätzen orientiert und für aktuelle Konkretionen offen sind.

Rolle des Schulbuchs

8. Lernprozesse und Schülervorstellungen

Zunächst möchte ich mich gegen die Legende wenden, dass das Interesse an Lernprozessen und Schülervorstellungen ein Produkt der letzten Jahre sei. Dagegen ist an zweierlei zu erinnern: 1. Ohne die empirischen Forschungen zu Politik-, Gesellschafts- und Geschichtsverständnissen von Jugendlichen und jungen Erwachsenen, wie sie vom Frankfurter Institut für Sozialforschung (kurz: der „Frankfurter Schule") durchgeführt und publiziert wurden, hätten Politische Bildung und ihre Didaktik niemals jenen Antriebsschub aus dem intellektuellen Energiefeld der sechziger Jahre erfahren, dem sie binnen Kurzem die öffentliche Anerkennung als wichtige gesellschaftliche Aufgabe verdankten. Um mich heutigen Ohren vernehmbar zu machen: Das kleine „Start up"

Bedeutung lerntheoretischer Erkenntnisse

Empirische Forschung & Schüler- und Lehrervorstellungen

Politikdidaktik wäre nie so rasch auf die Beine gekommen, wenn ihm nicht das weltweit anerkannte Unternehmen „Frankfurter Schule" in seinem Ideen- und Forschungspark einen Platz eingeräumt und es kräftig „gesponsert" hätte. 2. Es war diese Art qualitativer Sozialforschung (z. B. Friedeburgs Untersuchung über das „Geschichtsbild der Jugend"), die die forschende Praxis der jungen Politik-und GeschichtslehrerInnen anleitete. In der Referendarzeit meiner Generation und in der Unterrichtspraxis der siebziger Jahre war es *Standard*, durch eine eigene, auf die Lerngruppe zugeschnittene Erhebung deren Lernvoraussetzungen und themenbezogenen Vorstellungen zu klären. Das war keine Pflichtübung, sondern ein wichtiges, produktives Mittel, um die eigene didaktische Phantasie in Gang zu setzen.

Aus dieser – notwendigen – Erinnerung möchte ich Folgerungen ziehen, die vielleicht auch heute hilfreich sind. Tragfähig und inspirierend waren die methodischen Anregungen, die die Studien vermittelten, und die Übung in soziologischer Phantasie, die ihre Interpretationen boten. Die blanken quantifizierbaren Ergebnisse hingegen waren bald durch die Wirklichkeit der sechziger Jahre überholt. Was für die Einstellungsforschung der sechziger Jahre gilt, gilt m. E. für alle empirische Forschung, die sich den Wechselwirkungen von Subjektivität und „objektiven" Verhältnissen widmet: Das Versprechen von Sicherheit und Dauer, welches von quantitativ gefassten Ergebnissen ausgeht, täuscht mehr Verallgemeinerbarkeit vor, als die erhobenen Daten halten können. Anders die auf eine konkrete Gruppe bezogenen Erhebungen als Voraussetzung didaktischer Entscheidung, die im Arbeitsprozess reflektiert und verändert werden können und sollen.

Unter den heutigen Arbeiten zu Schülervorstellungen schätze ich diejenigen, die Anlass zum Weiterdenken geben, indem sie die beiden zentralen Arbeits- und Forschungsperspektiven einer Didaktik sozialwissenschaftlichen Lernens miteinander verbinden: die empirische Erkundung von Weltvorstellungen als subjektiven Lernvoraussetzungen *und* die wissenschaftliche Strukturierung der sozialen Welt als Bezugsrahmen ihrer Interpretation.

9. Politikdidaktik als Wissenschaft

Wie sich aus meinen Äußerungen zu Block 8 schon ergibt, schätze ich fachdidaktische Forschung dann, wenn sie auf einem sozialwissenschaftlichen Selbstverständnis beruht. Wer glaubt, ein fachdidaktisch begründetes Erkenntnisinteresse mit bloß fachdidaktischen Methoden und Theorien bearbeiten zu können, irrt und produziert Ergebnisse, die im besten Fall trivial und langweilig, oft ungenießbar und so gut wie nie weiterführend sind. Für die Politikdidaktik gilt dies noch mehr als für andere Fachdidaktiken: Wenn ihre Hauptaufgabe, wie oben (in Block 2-6) entwickelt, darin besteht, den Heranwachsenden Wege zu öffnen, auf denen sie Politik als eigenes, gesellschaftliche Handlungsfeld verstehen und mitgestalten können, dann richtet sich auch die Perspektive fachdidaktischer Reflexion immer auf einen Horizont, der nur im Licht sozialwissenschaftlicher Forschung und Theoriebildung klar und konturiert hervortreten kann. Es ist deshalb ein Irrweg, die Politikdidaktik von diesem Horizont abzukoppeln. Eine Politikdidaktik, die in disziplinärer Selbstbezüglichkeit auf das reiche zeitdiagnostische Anregungspotenzial verzichtet, welches die Sozialwissenschaften bieten, und die es nicht mehr als ihre Aufgabe begreift, diese Anregungspotenziale für die Studierenden in didaktischer Absicht zu öffnen, wird sich im Lauf der Zeit erübrigen. Vorrangig – um die Pointierung der Frage aufzugreifen – wäre deshalb ein Diskurs, in welchem das wissenschaftliche Selbstverständnis der Politikdidaktik zwischen aparter Selbstbezüglichkeit und sozialwissenschaftlicher Öffnung zur Debatte stünde.

Forschungsfragen für die Zukunft

Der Schwerpunkt meiner wissenschaftlichen Arbeit liegt seit einigen Jahren auf der Rekonstruktion eines Fachverständnisses, welches die theoretischen und zeitdiagnostischen Angebote der Sozialwissenschaften für die didaktische Reflexion einer Politischen Bildung erschließen will, die *an der Welt* und deren Umbrüchen und Krisen interessiert ist. Dabei leitet mich der Gedanke, die didaktischen Potenziale zu entziffern und zu erschließen, die wissenschaftlichen Deutungsangeboten der sozialen Welt immer auch eingeschrieben sind. Denn es liegt doch auf der Hand: Wer gesellschaftliche Verhältnisse und politische Problemstellungen analysiert, öffnet und beschreibt damit immer auch Horizonte und Wege gesellschaftlichen und politischen Lernens. Daher habe ich in meinen letzten Arbeiten zeigen wollen, wie herausfordernd gerade für Politikdidaktik eine Erschließung nicht nur der zeitdiagnosti-

Eigene Forschungsschwerpunkte

schen Gehalte, sondern auch der grundlegenden Denkformen sozialwissenschaftlicher und ökonomischer Theorien und Deutungen sein kann – insbesondere in Zeiten der Umbrüche und Krisen.

10. Fachdidaktische Kontroversen

Zu den Kontroversen um Demokratie und Demokratielernen und um Kompetenzen, Inhalte und Konzepte habe ich oben (in Block 3 bzw.5) Stellung genommen. Zudem hoffe ich, auch sonst meine Position so klar profiliert zu haben, dass diskussionswürdige Fragen deutlich werden, wie die nach dem Politikbegriff, seinem Kern und Umfang (4), nach der Bedeutung des Gegenstandsbereichs der Politischen Bildung (2) oder nach dem wissenschaftlichen Selbstverständnis der Politikdidaktik (9).

Mit der zuletzt angesprochenen Kontroverse – apartes Fach oder Teil der Sozialwissenschaften – ist m. E. eine andere verknüpft, die in letzter Zeit Aufsehen erregt hat. „Was heißt heute kritische politische Bildung?" lautet die Frage, unter der sie ausgetragen wird. Über sie wird auf zwei Ebenen gestritten. Auf einer ersten Ebene wird die Legitimität der Frage überhaupt bestritten und – insbesondere von den Vertretern des Kleinfachs Politikdidaktik – auf Nichtzulassung plädiert, weil Politische Bildung per se schon kritisch sei. Dem wird – aus meiner Sicht zu Recht – entgegengehalten: Kritik als prüfende Denkform ist unerlässliches Fundament einer sich über sich selbst aufklärenden Moderne. Ihre Ausübung braucht ein Bewusstsein kritischer Distanz zwischen Sein und Sollen, Denken und Handeln, Vorstellung und Realität, und diese Denkform muss in kritischer Praxis immer neu – und bewusst – gelernt werden. Dazu bedarf es des offenen Blicks in die soziale Welt und die Wissenschaften, die sie mit den Mitteln methodischer *und* diskursiver Kritik erforschen und deuten. Vor allem von dort kann didaktische Reflexion jene profilierten Problemstellungen beziehen, an denen (in wie immer vereinfachter Form) Gesellschaft über ihre Zukunft – und eben die der lernenden Heranwachsenden – debattiert. Ohne ein vom Stachel der Kritik angetriebenes Denken in Alternativen gäbe es keine Hoffnung auf die Gestaltbarkeit gesellschaftlicher Weiterentwicklung – und es ist doch gerade diese Hoffnung, aus der Politik und Politische Bildung leben und sich rechtfertigen.

Auf der zweiten Ebene der Kontroverse geht es sowohl um die gesellschaftstheoretischen Quellen, aus denen Kritik heute schöpfen könnte, als auch um die bildungstheoretische und -praktische Dimension von Kritik. Kann das Denken der „kritischen Theorie" (oder eine ihrer Weiterentwicklungen wie Diskurs- oder Anerkennungstheorie) noch das begründende Fundament bilden oder braucht Kritik heute, um ihre emanzipatorischen Potenziale zu erhalten, eine Theorie prozessierender Selbstkritik? Welche Zugänge zu politischem Lernen vermögen explizite Verständnisse von Kritik als Bildungsdimension zu öffnen? Die Tragfähigkeit und Produktivität solcher Fragen wird durch die Fülle aspektreicher Beiträge im gerade erschienenen Band „Was heißt heute Kritische Politische Bildung?" (Widmaier/Overwien 2013) eindrucksvoll belegt, und es ist besonders ermutigend, dass es vor allem jüngere AutorInnen sind, die – gegen alle Dethematisierungsversuche – Aktualität und Triftigkeit der Frage nach kritischer politischer Bildung begründen.

11. Politikdidaktik und Lehramtsausbildung

Welche Folgerungen ergeben sich aus meiner vorhergehenden Argumentation für die wissenschaftliche Lehrerausbildung? Wenn Politische Bildung den Heranwachsenden Wege öffnen soll, auf denen sie Politik als gesellschaftliches Handlungsfeld verstehen und mitgestalten können, dann arbeitet Politische Bildung in einem Horizont, der nur im Licht sozialwissenschaftlicher Forschung und Theoriebildung klar und konturiert hervortreten kann. Dies gilt umso mehr in Zeiten, die durch rasche Veränderungen und tiefgreifende Umbrüche und Krisen gekennzeichnet sind. PolitiklehrerInnen können diese anspruchsvolle Aufgabe nur erfüllen, wenn sie gelernt haben, die für Lernprozesse aufschlussreichen Analyse- und Deutungsangebote der Sozialwissenschaften sich anzueignen und unter didaktischem Blick zu erschließen. Es ist ein – heute verbreitetes – Missverständnis, dass es im Lehramts*studium* in erster Linie auf die Vermittlung pädagogischer und didaktischer Fähigkeiten ankäme. Aus der didaktischen Perspektive, wenn ihre Herstellung denn gelingt, muss doch auch *auf etwas* geblickt werden, und das können nicht wiederum nur didaktische Modelle oder Lehr- und Lernformen sein. Gerade ein Gegenstandsfeld wie das der Politik als – auf der Kante der Gegenwart – geschehende Geschichte verlangt daher einen Gegenstandsbezug, der in einer gründlichen fachwissenschaftlichen Ausbildung verankert ist. Gegen den seit Jahren vorherrschenden Trend zur Minimierung der fachwissenschaftlichen Anteile muss

Wissen und Können von Politiklehrern & Politikdidaktik in der Lehramtsausbildung

deshalb gerade aus der Perspektive der Fachdidaktik an einem fachwissenschaftlichen Studium – sei es der Politik-, sei es der Sozialwissenschaften – festgehalten werden, dessen Inhalte nicht von vornherein auf modularisiertes Wissen oder vermeintlichen Schulgebrauch eingeengt sind.

Verhältnis von Theorie und Praxis

Gerade weil Politische Bildung ein Fach ist, dessen Gegenstandsfeld einer hohen Veränderungsdynamik unterliegt, wäre es hier ein besonders groteskes Missverständnis, im fachwissenschaftlichen Studium didaktisch abbildungsfähige Unterrichtsinhalte zu erwarten. Stattdessen kommt es darauf an, an exemplarischen fachwissenschaftlichen Themen und Aufgaben eine wissenschaftliche Aneignungsfähigkeit zu erwerben, die für den selbständigen Gebrauch ein Berufsleben lang trägt. Damit eine klar bestimmte Gelegenheit dazu erhalten bleibt, bin ich unbedingt dafür, dass das wissenschaftliche Studium als selbständige erste Phase der Lehrerausbildung erhalten bleibt und eine deutliche fachwissenschaftliche Akzentsetzung haben muss.

Schwerpunkte der eigenen Lehre

Dementsprechend war und ist meine eigene Lehre darauf gerichtet, die didaktische Relevanz der wissenschaftlichen Erschließung des Gegenstandsfeldes aufzuweisen und den Studierenden nahe zu bringen, wie produktiv die Verschränkung von didaktischem, an den Lerngelegenheiten interessiertem Blick *und* (fach-)wissenschaftlicher Analyse der Gegenstandsbereiche ist. Da ich, wie ich schon betont habe, Politik als geschehende Geschichte begreife, haben meine Themen und Fragestellungen in aller Regel eine gewisse zeitliche Tiefe oder historische Dimension. Veränderungsprozesse, Entwicklungen, Umbrüche und Krisen erfordern Herangehensweisen und Denkformen, die die Herkunftsbedingungen gesellschaftlicher Problemstellungen ebenso im Blick halten können wie die Möglichkeitsformen ihrer Entwicklung. Politikdidaktik braucht nach meiner Überzeugung ein ausgeprägt historisches Bewusstsein, sowohl im Blick auf die Themen einer zeitgemäßen politischen Bildung wie auf das Verständnis ihrer gegenwärtigen Aufgaben. „Die Krise als Lerngelegenheit" oder „Politische und ökonomische Bildung in Zeiten der Globalisierung" wären Beispiele von Themenformulierungen, wie ich sie typischerweise wähle, um mit didaktisch interessiertem Blick Zugänge zur Dynamik der Gegenstandsfelder und zu Analyseangeboten der Politik- und Sozialwissenschaften zu öffnen.

12. „Gute" politische Bildung

Hier sei unterstrichen, was ich schon oben betont habe: Wo es gelingt, die immer vorhandene Welt-Neugier der Kinder und Jugendlichen in ein Interesse an der politischen Gestaltbarkeit und Gestaltung der Welt zu verwandeln, hat politische Bildung ihre Aufgabe erfüllt. Beides – die Wahrnehmung der Welt-Neugier der Heranwachsenden und deren Transformation in Politikinteresse – setzt eine wache didaktische Aufmerksamkeit der Lehrenden voraus, die sich nach zwei Seiten richtet: auf die spezifische und konkrete Subjektivität der Weltwahrnehmung der Heranwachsenden *und* auf die Welt der geschehenden Geschichte und deren Lern-und Anregungspotentiale. Gerade die Aufmerksamkeit aufs Subjekt fordert – so ist heute zu betonen – eine *an der Welt* interessierte politische Bildung.

Carl Deichmann

Dr. Carl Deichmann, geb. 1946 in Herschbach/Westerwald

Professor für Didaktik der Politik am Institut für Politikwissenschaft an der Friedrich-Schiller Universität Jena von 1999 bis 2011.

Seit 2011 Betreuung von politikdidaktischen Forschungsprojekten an der FSU Jena. Leitung (zus. mit Marc Partetzke) der Jenaer Forschungs- und Arbeitsgruppe „Hermeneutische Politikdidaktik". Arbeits- und Forschungsschwerpunkte: Politische Kultur und politische Bildung; Hermeneutische Politikdidaktik und qualitative Unterrichtsforschung; Politische Ethik.

Frühere Tätigkeiten

- Gymnasiallehrer in Rheinland-Pfalz ab 1973
- Studiendirektor und Fachleiter für Sozialkunde am Staatlichen Studienseminar für das Lehramt an Gymnasien Koblenz 1980 bis 1985
- Tätigkeit in der Lehrerfortbildung an Lehrerfortbildungsinstitutionen und an Schulen in Rheinland – Pfalz als Fachberater für Sozialkunde ab 1985
- Lehrbeauftragter für Politikwissenschaft und Didaktik der Sozialkunde an den Universitäten Mainz und Trier ab 1978
- Vertretung der Professur für Didaktik der Politik, FSU Jena von 1998 bis 1999

Verbandstätigkeiten

- Gründungsmitglied der Gesellschaft für Politikdidaktik, Jugend- und Erwachsenenbildung
- Leitung (zus. mit Thomas Goll und Ingo Juchler) der AG „Hermeneutische Politikdidaktik" der GPJE
- Mitglied der Deutschen Gesellschaft für Politikwissenschaft
- Mitglied der Deutschen Vereinigung für politische Bildung, Landesverband Thüringen

Beratungs- und Kommissionstätigkeiten

- Gutachten für die Akkreditierungskommissionen ZEvA und AQAS
- Gutachten für die wissenschaftliche Kommission Niedersachsen
- Gutachten im Rahmen von Berufungsverfahren

Veröffentlichungen – Auswahl

Zusammen mit Ingo Juchler Herausgeber der Reihe „Hermeneutische Politikdidaktik" und zusammen mit Klaus Dicke, Michael Dreyer, Manuel Fröhlich, Helmut Hubel und Karl Schmitt Herausgeber der Reihe „Jenaer Beiträge zur Politikwissenschaft"

2015 Der neue Bürger. Politische Ethik, politische Bildung und politische Kultur. Wiesbaden.

2014 zusammen mit Christian K. Tischner (Hrsg.): Handbuch Fächerübergreifender Unterricht in der politischen Bildung. Schwalbach/Ts.

2013 zusammen mit Christian K. Tischner (Hrsg.): Handbuch Dimensionen und Ansätze in der politischen Bildung. Schwalbach/Ts.

2013 Bedeutung von Symbolen im politischen Bewusstseinsbildungsprozess. Konsequenzen für Politikdidaktik, die politische Bildung und die qualitative Forschung. In: Zeitschrift für Didaktik der Gesellschaftswissenschaften, 1/2013, S. 12-39.

2010 zusammen mit Ingo Juchler (Hrsg.): Politik verstehen lernen. Zugänge zum Politikunterricht. Schwalbach/Ts.

2007 Symbolische Politik und politische Symbole. Dimensionen politischer Kultur. Schwalbach/Ts.

2004 Lehrbuch Politikdidaktik. Wien/München.

Leseempfehlungen für (angehende) Politiklehrerinnen und -lehrer

Ackermann, Paul u. a. (2010): Politikdidaktik kurzgefasst: 13 Planungsfragen für den Politikunterricht. Schwalbach/Ts.

Deichmann, Carl/Tischner, Christian K. (Hrsg.) (2013): Handbuch Dimensionen und Ansätze in der politischen Bildung. Schwalbach/To.

Gagel, Walter (2005): Geschichte der politischen Bildung von 1945-1989/90. Wiesbaden.

Gagel, Walter (2005): Einführung in die Didaktik des politischen Unterrichts. Studienbuch politische Didaktik. Wiesbaden.

Sutor, Bernhard (1984): Neue Grundlegung politischer Bildung. Bd. I und II. Paderborn.

Carl Deichmann

„Die politikdidaktischen Ansätze können als Pfade verstanden werden, auf denen sich die Lernenden die politische Welt erschließen."

1. Werdegang

Meine wichtigsten akademischen Lehrer während des Studiums an der Universität Mainz waren die Politikwissenschaftler Manfred Hättich und Hans Buchheim, später an der Universität Augsburg Theo Stammen und der Politikdidaktiker Johannes Hampel.

In den Lehrveranstaltungen von Manfred Hättich (Schüler von Arnold Bergstraesser) beschäftigte ich mich mit Themen der Demokratietheorie, des politischen Systems der Bundesrepublik Deutschland, des Systemvergleichs und der Theorie internationaler Beziehung. Eine sehr fruchtbare Ergänzung zu dem typologisch ausgerichteten wissenschaftlichen Ansatz von Manfred Hättich stellten der eher historische und hermeneutische Zugriff auf politikwissenschaftliche Probleme von Hans Buchheim und dessen sehr stark interaktionstheoretisch ausgerichtete Theorie der Politik dar.

Schon während meines Studiums richtete sich mein Interesse auf politikdidaktische Fragen, da auch entsprechende Übungen mit Unterrichtsbesuchen angeboten wurden. Dieses Interesse schlug sich im Thema meiner Dissertation (Deichmann 1981) nieder, welche ich nach einer entsprechenden beruflichen Einarbeitungszeit als Gymnasiallehrer begann.

Intensive Gespräche mit Manfred Hättich, mit meinem „Dokotorvater" Theo Stammen, wie Hättich Bergstraesser-Schüler und Vertreter der Freiburger Schule, und mit Johannes Hampel, der einen philosophisch und pädagogisch begründeten Ansatz einer praxisbezogenen Politikdidaktik vertrat, führten dazu, dass ich in der Dissertation eine Neubestimmung der Didaktik der politischen Bildung vorgenommen habe. Die wissenschaftstheoretische Basis bildete dabei eine an der Wissenssoziologie und Interaktionstheorie orientierte mehrdimensionale Sicht politisch-sozialer Realität. Meine politikwissenschaftlichen und politikdidaktischen Überlegungen wurden allerdings ebenfalls durch die jahrelange Parallelität zwischen der Tätigkeit als Lehrbeauftragter für Politikwissenschaft und Politikdidaktik an den Universitäten Mainz und Trier sowie der beruflichen Tätigkeit als Studienreferendar, Gymnasiallehrer, Fachleiter für Sozialkunde im Studienseminar Koblenz und als Fachberater für politische Bildung befruchtet. Besonders die Kombination zwischen den Tätigkeiten als Fachleiter/Fachberater und in der universitären Lehre motivierten mich zu Studien in der Lehr-Lernforschung.

2. Situation und Perspektiven der politischen Bildung

Im Fächerkanon der Schule spielt der Politikunterricht wegen des geringen Stundenanteils nur eine geringe Rolle. Andererseits wird in öffentlichen Diskussionen bei gesellschaftlichen Problemen immer wieder die Bedeutung der politischen Bildung beschworen.

Gegenwärtige Situation und Herausforderungen

Die größte Herausforderung für den Politikunterricht besteht darin, dass er berechtigte gesellschaftliche Ansprüche aufnimmt und sich im Kanon der Schulfächer als Kernfach der politischen Bildung im Rahmen des fächerübergreifenden Unterrichts in der politischen Bildung profiliert (Deichmann/Tischner 2014, 9ff.).

Trotz der notwendigen strukturellen sowie der pädagogisch-inhaltlichen Veränderungen in der Schule wird vom prinzipiellen Fortbestehen des Fachunterrichts in der Sekundarstufe I und in der Sekundarstufe II auszugehen sein, weil dieser mit den Funktionen der Schule (Qualifikation, Selektion, Integration, Legitimation) stark verbunden ist.

Zukünftige Rolle der politischen Bildung

Dies gilt auch für den Politikunterricht. Darüber hinaus vertrete ich entschieden die Meinung, dass es spezifische Einsichten und Kompetenzen gibt, welche nur in einem speziell hierfür ausgewiesenen Fach von Lehrern mit politikdidaktischer Ausbildung vermittelt werden können.

Politische Bildung darf sich nicht als Unterrichtsprinzip in anderen Fächern verflüchtigen und sich in einem allgemeinen sozialwissenschaftlichen Unterricht auflösen. Dem widerspricht nicht die Feststellung, dass es in anderen Fächern Lerngegenstände gibt, welche als Beitrag zur politischen Bildung angesehen werden müssen. Im Gegenteil: Diese Lerngegenstände gilt es im Rahmen einer politikdidaktischen Strategie ausfindig zu machen und in praxisorientierte Vorschläge einfließen zu lassen (ebd., 27-253 zu den Vorschlägen für 15 Fächer mit entsprechenden Praxisbeispielen).

Im Rahmen des bedeutender werdenden *demokratischen Lebens in der Schule* sollte der Politikunterricht, der sich auch als der Fachunterricht in der Vermittlung handlungsorientierter Methoden versteht, eine führende Rolle übernehmen.

3. Demokratie und politische Bildung

Was ist Demokratie?

Demokratie ist *erstens* – und grundlegend – eine *politische Ordnungsform im liberalen Sinne* mit der normativen Orientierung an vorstaatlichen Menschenrechten (Art. 1 GG), dem Volk als eigentlichem Souverän, der Übertragung politischer Gewalt auf gewählte Vertreter für allgemein verbindliche Entscheidungen, mit der Notwendigkeit funktionierender Kontrollmechanismen für politische Herrschaft (Exekutive, Legislative und Judikative), konkurrierender Willensbildung und dem Mehrheitsprinzip bei entsprechendem Minderheitenschutz. Insofern ist die Demokratie ein *Institutionensystem und eine Werteordnung*. Die parlamentarische Demokratie in der Bundesrepublik Deutschland ist ab den 1960er Jahren fest in der politischen Kultur verankert (Schmidt 2011, 268) und offen für vielfältige gesellschaftliche Partizipationsformen und Elemente der direkten Demokratie.

Da die *postdemokratische Demokratievorstellung* wegen der einseitigen Überbetonung der direkten Demokratie (Crouch 2008, 8 ff.) bzw. der Überbetonung der subjektiven Dimension der Politik (Rancière, 2002: 105 ff.) oder die *deliberative Demokratieauffassung* wegen der eindimensionalen Fixierung auf die vielfältigen kulturellen Identitäten in den westlichen Gesellschaften den Basiskonsens über das individualistische Menschenbild, das demokratische Institutionensystem und die demokratischen Verfahren der „Mehrheitsgesellschaft" in Frage stellen (Hartmann 2012, 141), halte ich sie als Orientierung für die politische Bildung in einem hohen Maße für ungeeignet. Dies gilt noch mehr für „antagonistische Demokratievorstellungen".

Demokratielernen als Aufgabe der politischen Bildung?

„Demokratielernen" bedeutet im Sinne des Zieles der *„aktiven Wahrnehmung der Bürgerrolle durch Ausbildung eines demokratischen Bewusstseins"* (Deichmann 2004, 22 ff.), das Lernen der Partizipationsmöglichkeiten sowohl in der demokratischen Gesellschaft als auch in der parlamentarischen Demokratie. Denn *zweitens* handelt es sich bei der Demokratie – neben der Demokratie als Ordnungsform – auch um eine Ordnungsvorstellung, nach der gesellschaftliches Leben an der

Menschenwürde und der Toleranz (i. S. des Kant'schen kategorischen Imperativs) organisiert werden sollte, wobei nicht alle Prinzipien – wie etwa das Mehrheitsprinzip – für die Organisation des demokratischen gesellschaftlichen Lebens (in Betrieben, Schulen, der Familie u. a.) aus der politischen Ordnungsform der Demokratie übernommen werden können.

Politische Bildung ist ein normales Fach, zumal die Entwicklung des demokratischen politischen Bewusstseins nicht nur in diesem Fach, nicht nur in der Schule, aber besonders in diesem Fach gefördert werden soll.

Rolle der Politischen Bildung in der Demokratie

4. Politikbegriff und Breite des Unterrichtsfaches

Politik bezieht sich – allgemein – auf die Gestaltung der Grundlagen menschlicher Existenz. Nicht zuletzt wegen des politikdidaktischen Zieles der Überwindung der Distanz zwischen Alltagswelt und Politik ist der Teil der (umfassenderen) sozialen Realität, welcher durch politische Entscheidungen konstituiert wird, als *politische Realität* zu erfassen.

Was ist Politik?

Mit diesem *engeren Politikbegriff* werden die durch Gesetze und Verordnungen festgelegten Handlungsbedingungen und Handlungen der Menschen in Betrieb, Schule, Familie etc. – der Alltagswelt – erfasst, aber auch die Institutionen des politischen Systems.

Im Sinne eines *weiteren Politikbegriffes* sind sowohl alle Handlungen der Bürger, welche die Bedingungen ihres Zusammenlebens in Gruppen konstituieren, als auch die Kommunikationsprozesse und gesellschaftlichen Handlungen der Bürger, welche deren politisches Bewusstsein beeinflussen, wesentliche Elemente der politischen Realität (Dcichmann 2004, 226 f.)

Diese Politikauffassung beruht auf einer wissenssoziologisch und interaktionstheoretisch begründeten mehrdimensionalen Sicht der sozialen/politischen Realität (Berger/Luckmann 2007, 71 ff.; Deichmann 2004, 197 ff.; Mead 1973, 196 ff. u. a.). Es handelt sich um ein komplexeres Politikmodell als dies bei der in der Politikdidaktik üblichen Differenzierung der politischen Realität nach polity (Form), policy (Inhalt) und politics (Prozess) der Fall ist, weil es eine *subjektive Dimension* der subjektiven Einstellungen, des subjektiv gemeinten Sinnes, der individuellen Wertorientierung, der Bedürfnisse und Interessen, welche eine wesentliche Erfahrung der Alltagswelt des Bürgers ausmachen, von einer *zweiten*, der *intersubjektiven Dimension*, abgrenzt. Danach stellt sich die Alltagswelt des Individuums auch als intersubjektive Wirklichkeit dar, welche in ihrer Struktur mit derjenigen anderer Individuen übereinstimmt.

Hiervon ist eine *dritte Dimension der gesellschaftlichen und politischen Objektivationen* im Sinne außerweltlich vorfindbarer und beschreibbarer Strukturen zu unterscheiden: Die Macht- und Herrschaftsbeziehungen, die Interaktionen (auch politischen Prozesse) und Institutionen einer Gesellschaft.

Als *vierte Dimension* der sozialen/politischen Realität erweist sich *diejenige der regulativen Ideen und Werte*, mit deren Hilfe soziales und politisches Handeln sowie die sozialen und politischen Institutionen einerseits legitimiert und andererseits von den Bürgern beurteilt werden. Hierzu gehören z. B. die regulativen Ideen Toleranz, Gemeinwohl, soziale Gerechtigkeit oder Frieden und die Werte Freiheit, Gleichheit und Solidarität, welche sich auch in den Verfassungsprinzipien wiederfinden (Deichmann 2015, 31 ff.).

Politik als Kern?

Die oben beschriebene Politikauffassung und die Sicht der sozialen/ politischen Realität sind der Kern des Unterrichtsfaches Politik. Zur Analyse der Politik sind neben den Kenntnissen, die aus der Politikwissenschaft politikdidaktisch zu entwickeln sind, auch soziologische, ökonomische, historische, rechtliche Wissenselemente und Kategorien, aber auch solche aus der Kommunikationstheorie, der Medienwissenschaft etc. notwendig. Insofern gibt es für die politische Bildung keine „Gleichberechtigung der Fächer", sondern die Entwicklung des politischen Bewusstseins erfordert eine Integration der Analyse- und Beurteilungskriterien, welche in der Politikdidaktik unter Berücksichtigung der wissenschaftlichen Diskussion in den jeweiligen Nachbardisziplinen zu entwickeln sind (Piller 2015 für die Ökonomie z. B.).

Lernfeld Gesellschaftswissenschaften

In Thüringen sind einerseits Politik und Soziologie im Unterrichtsfach Politik zusammengefasst, andererseits gibt es ein eigenes Fach Wirtschaftskunde. Nach meiner Meinung sollten die Fächer Politik, Soziologie, Wirtschaft und andere o. g. Wissens- und Analyseelemente im beschriebenen Sinne zu einem Fach zusammengefasst werden.

5. Kompetenzen, Inhalte und Konzepte der politischen Bildung

In der Kompetenzorientierung sehe ich keinen Paradigmenwechsel, sondern eine Vertiefung und Weiterentwicklung der politikdidaktischen Diskussion, welche die Praxis der politischen Bildung verbessern kann, wenn die politische *Sach- und Analysekompetenz* mit Hilfe der analytischen Kategorien, *die Selbst-, Sozial-, Methoden- und Handlungskompetenz* besonders mit Hilfe der handlungsorientierten Methoden und nicht zuletzt die *Beurteilungskompetenz* mit Hilfe der normativen Kategorien (Deichmann 2004a, 24; Goll 2011) professionell im Unterricht gefördert werden (vgl. auch Block 10).

<small>Kompetenzorientierung & Kompetenzen</small>

Die aktive Wahrnehmung der Bürgerrolle durch Ausbildung eines demokratischen politischen Bewusstseins als Leitziel der politischen Bildung (Deichmann 2004, 22 ff.) erfährt durch die Kompetenzorientierung eine breite Unterstützung und wird dadurch für den Unterricht im Sinne eines *selbstgesteuerten Lernens* operationalisierbar.

Die Entfaltung der Selbstkompetenz der Schüler im Sinne eines reflektierenden, handlungsfähigen politischen Aktivbürgers setzt das Zusammenspiel und die Ausformung aller Kompetenzbereiche voraus, weil die *Selbstkompetenz* darin besteht, den eigenen Entwicklungsstand beurteilen zu können und daraus Konsequenzen für die subjektive Lernstrategie zu ziehen („In welchen Wissensbereichen muss ich weiterarbeiten?" „Welche Arbeitsmethoden beherrsche ich noch nicht?" etc.). Über *Sach- und Analysekompetenz* verfügt der Schüler dann, wenn er die notwendigen Kenntnisse, Erkenntnisse und Einsichten über die mehrdimensionale Struktur des Politischen besitzt und elementare Grundkenntnisse zum politischen System und seinen Teilbereichen sowie zu den internationalen Beziehungen erworben hat.

Unmittelbar mit der *Sach- und Analysekompetenz* verbunden, ohne *Methodenkompetenz* jedoch nicht zu realisieren, ist die Urteilskompetenz, welche darin besteht, sich selbständig mit Hilfe von fachdidaktischen Kategorien (Deichmann 2004, 12 ff.) politische Probleme und Konflikte strukturiert zu erschließen und die Entscheidung zu treffen, welche Informationen nötig sind, um ein begründetes Urteil ausbilden zu können.

Methoden- und Sozialkompetenz sind besonders dadurch zu erwerben, dass die Schüler politische Prozesse in Form von Plan- und Rollenspielen simulieren und anschließend analysieren können. Damit wird neben der Einsicht in die Struktur politischer Prozesse auch die *politische Handlungskompetenz* ausgestaltet.

Grundwissen Die aktive Wahrnehmung der Bürgerrolle ist ohne Kenntnisse über das politische System, die Teilbereiche des Gesellschaftssystems und deren Interdependenz und Wandlungsprozesse, über politische Prozesse u. a. unvorstellbar. Sie setzt ebenfalls Kenntnisse über internationale Beziehungen und über die Interdependenz zwischen internationalen Entwicklungen und der nationalen, regionalen Ebene sowie der Alltagswelt voraus. Dabei müssen die jungen Bürger Inhalte aus den Lernfeldern Gesellschaft, Wirtschaft, politisches System BRD, politische Theorie, Vergleich politischer Systeme, internationale Beziehungen – jeweils auf Fälle bezogen und an kategorialem Wissen ausgerichtet – zur politischen Analyse mit Hilfe der analytischen Kategorien und zur Beurteilung mit Hilfe der normativen Kategorien aktualisieren können. Gerade weil sich die politischen Strukturen und Prozesse, aber auch die politischen Problemperspektiven in einem permanenten Wandlungsprozess befinden, kann und muss ein fester Bestandteil des (kategorial und somit problemorientierten) Wissens ausgemacht und im Politikunterricht vermittelt werden. Nach meiner Meinung bestehen sodann der Kern der Professionalität des Politiklehrers und der besondere Reiz des Politikunterrichts darin, herauszufinden, welche *Kenntnisse, Erkenntnisse und Einsichten* (Kurt Gerhard Fischer) bei dem zu behandelnden Gegenstand zu vermitteln sind, damit die Schüler die *Kompetenzen erwerben* können.

Konzepte Unter Gesichtspunkten des Leitzieles und der normativen sowie analytischen Kategorien der politischen Bildung müssen die oben skizzierten Inhalte zu Konzepten verbunden werden, damit die Schüler im politischen Lernprozess die genannten Kompetenzen erwerben können.

6. Politikdidaktische Prinzipien

Es muss zwischen den verschiedenen *pädagogischen Prinzipien* und den verschiedenen *politikdidaktischen Ansätzen* des Politikunterrichtes unterschieden werden.

An den pädagogischen Prinzipien sollte sich jeder Unterricht, nicht nur der Politikunterricht, orientieren. Zu ihnen gehören die Alltagsorientierung, Biographieorientierung, Erfahrungsorientierung, exemplarisches Lernen, Handlungsorientierung, kategoriales Lernen, Kontroversität, Lebensweltorientierung, Methodenorientierung, Problemorientierung, Schüler-/Teilnehmerorientierung, Situationsorientierung, Subjektorientierung, Wissenschaftsorientierung, Zukunftsorientierung.

Demgegenüber stellt die *Ausdifferenzierung der politikdidaktischen Ansätze ein neueres politikdidaktisches Forschungsfeld* (Deichmann/Tischner 2013, 8ff.) zur Entschlüsselung der komplexen politischen Realität dar.

Die *politikdidaktischen Ansätze* können – aus der Schülerperspektive gesehen – als Pfade verstanden werden, auf denen sich die Lernenden die *politische Welt*, in der sie ihre Bürgerrolle einnehmen, *erschließen und* auf denen sie *die* hierfür *notwendigen Kompetenzen erwerben*.

Orientiert an dem Konzept der mehrdimensionalen politischen und sozialen Realität (vgl. Block 4 „Politikbegriffe") vermitteln verschiedene Ansätze in einer besonders pointierten Weise Kenntnisse, Erkenntnisse und Einsichten in die Politik:
– der subjekt-/schülerorientierte Ansatz, der genetische Ansatz, der handlungsorientierte Ansatz und der pragmatistische Ansatz verstärkt in die *subjektive Dimension* der Politik (ebd. 19-85);
– der institutionenkundliche Ansatz, der Systemvergleich in der politischen Bildung, der europabezogene Ansatz, der konfliktorientierte Ansatz, der historische Ansatz und der zukunftsorientierte Ansatz in die Dimension der Institutionen, Interaktionen und politischen Prozesse (ebd. 86-174).
– der wertorientierte und der politiktheoretische Ansatz in die dritte Dimension der politischen Realität, diejenige der *regulativen Ideen und Werte* (ebd. 175-202).

Hinzu kommen diejenigen Ansätze, die in einer besonderen Weise die *Erscheinungsformen der politischen Kultur* thematisieren: Geschichte als Element der politischen Kultur, der symbolorientierte und der personenorientierte Ansatz, der biographisch-personenbezogene Ansatz, der literarische Ansatz, Zugänge zur Politik über Bilder; nicht zuletzt der Ansatz, der durch die Behandlung verschiedenartiger medialer Erscheinungsformen die politische Kultur erschließen kann (ebd. 203-313).

7. Methoden und Medien der Politischen Bildung

Methoden
Nach den traditionellen Methoden der Textlektüre und der Analyse von Grafiken, Modellen, Statistiken etc. (Deichmann 2010, 23 ff., 40 ff., 104 ff. u. a.) zur Analyse und Beurteilung politischer Zusammenhänge, zeigt sich die *zentrale Bedeutung der handlungsorientierten Methoden* für den Politikunterricht in der unmittelbaren Verknüpfung mit dem Leitziel der politischen Bildung.

Die politische Bildung sollte die für die aktive Wahrnehmung der Bürgerrolle möglichen Situationen simulieren. Dabei kann sie die Teilnehmer am politischen Lernprozess zu der Erfahrung führen, dass man Kommunikationssituationen meistern kann. Es können z. B. die natürlich vorgegebenen Hemmungen für die Teilnahme an öffentlichen Diskussionen abgebaut werden, rationale Argumentationsfähigkeit und Kommunikationsformen zur Verfolgung eines politischen Zieles (vgl. Block 5 zu den Kompetenzen) eingeübt und sodann auch zum Gegenstand der Reflexion gemacht werden (Deichmann 2010, 15 ff., 89 ff., 450 ff. u. a. zu den einzelnen handlungsorientierten Methoden).

Medien
Der Einsatz der Medien ist unmittelbar mit dem jeweiligen Unterrichtsgegenstand verknüpft. Da die aktuelle Politik im Mittelpunkt des Politikunterrichts steht, durch deren Behandlung die Schüler zur Analyse und Beurteilung grundlegender Probleme der politischen Prozesse und Strukturen befähigt werden, sind natürlich Nachrichten und Kommentare in den Massenmedien Rundfunk, Fernsehen, Tages- und Wochenzeitungen sowie des Web 2.0 tragend für den Politikunterricht. Die Chance der social media wiederum besteht in der Motivation und in der Partizipation an der politischen Kommunikation (durch welche politisches Bewusstsein gebildet wird) und muss jeweils unter dem Gesichtspunkt der direkten politischen Einflussnahme (selbst-)kritisch beurteilt werden (Hauk 2015).

Rolle des Schulbuchs
Das Schulbuch ist unverzichtbar, wenn es problemorientiert ist und zum Einsatz verschiedener Medien und Methoden motiviert, z. B. in Form eigener Methodenseiten (vgl. Deichmann 2010, 15 ff.).

8. Lernprozesse und Schülervorstellungen

Zentral für die Politikdidaktik ist die Orientierung des politischen Lernprozesses am politischen *Bewusstseinsbildungsprozess* (Berger/Luckmann 2007, 20ff.; Deichmann 2009; Mead 1973, 195ff.) als einem Interaktionsprozess, der formal *aus vier Elementen* besteht:

Bedeutung lerntheoretischer Erkenntnisse

- *Erstens* der Übernahme der Rolle anderer Personen, die das Individuum typisiert. Das handelnde Subjekt reagiert auf seine Umwelt und bildet seine Persönlichkeit durch die Übernahme der Rolle des Anderen aus (auch Übernahme politischer Einstellungen, von Werten und von politischen Verhaltensweisen).
- *Zweitens* der Ausrichtung des eigenen Denkens und Handelns an der tatsächlichen oder vermuteten Reaktion anderer Personen, die ihm als typisch für „den Anderen" erscheinen (wechselseitige Interpretationen).
- *Drittens* der Bedeutung der Gemeinschaft (der „verallgemeinerte Andere") für die eigene Bewusstseinsbildung (Übernahme gesellschaftlicher Normen und Werte). Indem der Mensch die Haltung der Gemeinschaft oder des „verallgemeinerten Anderen" übernimmt, „[...] wird er sich seiner selbst als Objekt oder Individuum bewusst und entwickelt somit eine Identität oder Persönlichkeit" (Mead 1973, 196). Er entwickelt ein politisches Bewusstsein.
- *Viertens*: Übertragung der wechselseitigen Perspektive auf gesamtgesellschaftliche Interaktionen. Zum Beispiel identifiziert sich der Einzelne mit Parteien, bzw. mit deren Vertretern, und übernimmt deren Haltungen gegenüber den gesellschaftlichen Problemen oder gegenüber anderen Personen in der Makrowelt.

Die eigenen Arbeiten wurden durch die Orientierung an dem aus der Wissenssoziologie und der Interaktionstheorie entwickelten politischen Lern- und Bewusstseinsbildungsprozess insofern beeinflusst, als – hierauf bezogen – u. a. der institutionenkundliche, der personenbezogene, der symbolzentrierte und der wertbezogene politikdidaktische Ansatz entwickelt und begründet werden können (Deichmann 2013a; 2013b; 2013c; 2013d).

Die bisherigen *Ergebnisse der qualitativen politikdidaktischen Forschung* (u. a. Richter/Schelle 2006; Zurstrassen 2011; Partetzke 2015) stellen einen großen wissenschaftlichen Erkenntnisgewinn dar und können bei sinnvoller Umsetzung die Praxis der politischen Bildung positiv

Empirische Forschung & Schüler- und Lehrervorstellungen

im Sinne der Verbesserung der politischen Lernprozesse beeinflussen. Im Zentrum meiner politikdidaktischen Forschung im Rahmen der hermeneutischen Politikdidaktik (Deichmann 2009) betreue ich politikdidaktische Examensarbeiten und Dissertationen, in denen mit qualitativen Methoden gearbeitet wird (vgl. Deichmann 2013d, 34 ff.).

9. Politikdidaktik als Wissenschaft

Forschungsfragen für die Zukunft

Die Politikdidaktik sollte sich in den nächsten Jahren vorrangig mit der Lehr-/Lernforschung beschäftigen. Dies allerdings unter besonderer Berücksichtigung des Zusammenhangs zwischen der Entwicklung der politischen Kultur (Veränderungen der politischen Deutungsmuster) und deren Einfluss auf die politische Bewusstseinsbildung von Lehrern und Schülern. Dieser Zusammenhang wird weiter, auch Bezug nehmend auf die quantitative empirische politische Kulturforschung, mit Hilfe der qualitativen empirischen Lehr-Lernforschung zu untersuchen sein, um daraus Konsequenzen für die Praxis der politischen Bildung zu ziehen (politikdidaktische Modelle, Unterrichtsmodelle und Unterrichtsmedien) (vgl. Deichmann 2013d).

Bei der skizzierten Forschungsperspektive zeigt sich, dass eine Interdependenz zwischen der weiter zu entwickelnden konzeptionellen Begründung der Politikdidaktik und der empirischen Forschung besteht.

Eigene Forschungsschwerpunkte

Der Schwerpunkt meiner wissenschaftlichen Arbeit liegt in der *hermeneutischen Politikdidaktik,* welche, bezogen auf das Forschungsinteresse der hermeneutisch orientierten Sozialwissenschaft auch politische Strukturen und Prozesse, politische Symbole, Riten und andere Erscheinungsformen der politischen Kultur im Fokus des politikdidaktischen Erkenntnisinteresses untersucht (Deichmann/Juchler 2010, 5 ff.).

Dieses Forschungskonzept erlaubt es, den Zusammenhang zwischen der individuellen Bewusstseinsbildung und der kollektiven Ebene näher zu bestimmen (vgl. Block 8). Das Konzept bindet die politikdidaktische Diskussion über das Verhältnis zwischen Mikro- und Makrowelt in das politikdidaktische Konzept der politischen Kulturforschung ein.

Neben der Weiterentwicklung des o. g. Forschungskonzeptes werde ich zu Fragen der *politischen Ethik* und deren *Bedeutung für die politische Bewusstseinsbildung* forschen (Deichmann 2015).

10. Fachdidaktische Kontroversen

Eine der letzten fachdidaktischen Kontroversen ist die Diskussion um die *Kompetenzorientierung*. Die Kontroverse findet ihren Niederschlag in der Streitschrift einer Gruppe von Politikdidaktikern (Anja Besand, Tilman Grammes, Reinhold Hedtke, Peter Henkenborg, Dirk Lange, Andreas Petrik, Sibylle Reinhardt, Wolfgang Sander u. a.; vgl. Autorengruppe 2011). Die Autoren kritisieren die Positionen der Politikdidaktiker Georg Weißeno, Joachim Detjen, Ingo Juchler, Peter Massing und Dagmar Richter u. a. (Weißeno u. a. 2010).

Statt der Basiskonzepte Ordnung, Entscheidung und Gemeinwohl, welche bei Weißeno et al. vorgeschlagen und jeweils in Fachkonzepte ausdifferenziert werden (z. B. Ordnung: Demokratie, Europäische Integration, Gewaltenteilung, Grundrechte, Internationale Beziehungen, Markt, Rechtsstaat, Repräsentation, Sozialstaat, Staat), schlagen sie die nach ihrer Meinung „umfassenderen Basiskonzepte" vor, welche „dazu anregen, diese Begriffe als Orientierungshilfen für die multiplen sozialwissenschaftlichen Bezüge des Politischen zu nutzen" (Autorengruppe 2011, 169).

Ohne auf die Einzelheiten der Diskussion hier eingehen zu können, besteht nach meiner Meinung in dem Kompetenzmodell der „Konzepte der Politik" von Weißeno et al. tatsächlich die Gefahr, dass der dynamische Prozess der Politik in der Praxis der politischen Bildung auf abfragbares Begriffswissen reduziert wird (vgl. bes. Weißeno u. a. 2010, 196 ff.; 205 ff.).

Der unübersehbare Vorteil des Ansatzes der Kritiker Besand, Grammes, Sander etc. besteht darin, dass die alltagsbedingten Deutungsmuster der Lernenden, die immer auch mehr oder weniger klar beschreibbare politische Ordnungsvorstellungen enthalten (deshalb halte ich es für sinnvoll, von Deutungs- und Ordnungswissen zu sprechen) in den politischen Lernprozess einfließen und Berücksichtigung finden. Diese müssen aber, ganz im Sinne der kritisierten Position von Weißeno et al., ergänzt und erweitert werden, damit überprüfbares und vergleichbares politisches Wissen der Bürger generiert wird.

Das Problem der aktuellen, sehr fruchtbaren politikdidaktischen Kontroverse besteht also darin, dass die eine Gruppe von einem eher konstruktivistischen und die andere von einem eher politikwissenschaftlichen, manchmal stark systemtheoretisch geprägten Ansatz ausgeht.

Dabei besteht in einem *wissenssoziologisch-hermeneutischen politikdidaktischen Forschungsansatz*, in dem die Mehrdimensionalität der politisch-sozialen Realität als Zugang gesehen wird, und den ich schon immer für grundlegend und tragfähig gehalten habe, eine *Aufhebung beider Positionen*.

Das heißt, politische Bildung muss nach meiner Meinung bei den subjektiven Deutungen der Lernenden ansetzen, will sie überhaupt etwas im Sinne der demokratischen politischen Bewusstseins- und Urteilsbildung bewirken. Die subjektiven Deutungen beziehen sich aber immer auch auf die politischen und gesellschaftlichen Strukturen („objektive" Dimension der sozialen und politischen Realität), die einerseits also subjektiv gedeutet werden, die aber andererseits einen intersubjektiv überprüfbaren Charakter haben, der mit Hilfe von Modellen und wissenschaftlich intersubjektiv überprüfbaren Methoden beschreibbar ist. Nicht zuletzt handelt es sich dabei auch um die juristische, rechtsstaatliche Dimension der sozialen und politischen Realität (politisches, soziales, kulturelles, ökonomisches System). Diese Dimension nun losgelöst von den subjektiven Einstellungen und Interpretationen (die ja auch, kollektiv gesehen, als politische Kultur bedeutsam werden), vermitteln zu wollen, wäre genauso falsch wie nur die subjektive Dimension berücksichtigen zu wollen, wie dies radikale konstruktivistisch orientierte Didaktiker propagieren (vgl. auch Block 4 zu dem Modell der mehrdimensionalen sozialen und politischen Realität).

11. Politikdidaktik und Lehramtsausbildung

Wissen und Können von Politiklehrern

Gute Politiklehrerinnen und -lehrer sind *erstens* gute Politikwissenschaftler und Politikdidaktiker. Sie müssen ihre sehr guten Kenntnisse in den politikwissenschaftlichen Teilbereichen und ihre soziologischen und volkswirtschaftlichen u. a. Grundkenntnisse in einem politikdidaktischen Erkenntnishorizont integrieren und für den Unterricht mobilisieren können. Ihnen muss es Freude bereiten, ihre Kenntnisse zur Analyse aktueller politischer Probleme anzuwenden – theoretisch in einer politikdidaktischen Analyse und Unterrichtsplanung, praktisch in der Unterrichtskommunikation sowie in der Evaluation des eigenen Unterrichts. Deshalb müssen sie *zweitens* gute Pädagogen sein und zudem eine Experimentierfreude besitzen, die verschiedenen Methoden, die sie beherrschen, einzusetzen.

Die Politikdidaktik muss integraler Bestandteil der politikwissenschaftlichen Ausbildung in der Universität sein, wobei eine fachübergreifende Kooperation mit den anderen Fachdidaktiken und mit den Erziehungswissenschaften in didaktischen Zentren der Universität notwendig ist.

Politikdidaktik in der Lehramtsausbildung

Die Politikdidaktik sollte im Rahmen des Lehramtsstudiums folgende Struktur aufzeigen:

Modul I: Einführung in die Politikdidaktik (Methoden, Medieneinsatzes etc. an erarbeiteten Unterrichtsreihen). In der Vorlesung werden unter Bezugnahme auf die praktischen Übungen unterschiedliche politikdidaktische Themen behandelt, welche die wissenschaftliche Diskussion wiedergeben und von denen anzunehmen ist, dass sie einen Beitrag zur Professionalisierung zukünftiger Sozialkundelehrer liefern.

Modul II: Politikdidaktische Behandlung der Gegenstände (Probleme der internationalen Beziehungen/des politischen Systems der Bundesrepublik Deutschland, wirtschaftspolitische und gesellschaftspolitische Fragestellungen sowie Probleme der politischen Theorie), die im zukünftigen Unterricht der Politiklehrer anstehen.

Hinzu kommen Themen, welche sich auf theoretische Aspekte der Begründung der politischen Bildung (politische Sozialisationsforschung/politische Kulturforschung u. a.) und auf Methoden der Lehr-/Lernforschung beziehen.

Modul III: Vorbereitung, Durchführung und Nachbereitung der Unterrichtspraxis, möglichst Praxissemester: eigene Unterrichtsversuche, deren Evaluierung (Videographierung), Unterrichtsforschung (u. U. Materialien für Modul IV.)

Modul IV: Examens- und Forschungsseminar: Auseinandersetzung mit neueren politikdidaktischen Forschungen in Dissertationsprojekten und in laufenden politikdidaktischen Publikationen. Im Rahmen der qualitativen Forschung sollen Sequenzanalysen von Unterrichtsmitschriften und von Interviews durchgeführt werden: Voraussetzung für eigene Forschungen in Examensarbeiten.

Ich berichte von meinen eigenen Unterrichtserfahrungen im Referendariat und in der ersten Phase als Gymnasiallehrer, also von der Zeit, in der ich meine persönlichen Vorlieben mit der erworbenen politikdidaktischen Kompetenz und mit dem Unterrichtsalltag in Übereinstimmung bringen musste, um einen eigenen Unterrichtsstil zu entwickeln.

Verhältnis von Theorie und Praxis

Schwerpunkte der eigenen Lehre	Mein eigener Schwerpunkt in der Lehre liegt auf den Examens- und Forschungsseminaren und hier insbesondere in der Theorie und Praxis der qualitativen Lehr-/Lernforschung.

12. „Gute" politische Bildung

Gut ist der Politikunterricht, wenn die Schüler im Nachhinein der Meinung sind, dass man zwar intensiv arbeiten musste, sie aber viel über die Politik gelernt haben und es Spaß gemacht hat.

Hohe Zustimmungen der Schüler zu den folgenden Aussagen zeichnen einen guten Politikunterricht aus:
- Seit ich nicht mehr in der Schule bin, vermisse ich die regelmäßige Beschäftigung mit aktuellen Themen und das Nachspielen bestimmter politischer Situationen oder Prozesse in der Gruppe, denn in der anschließenden Besprechung hat man erst den „richtigen Durchblick" bekommen.
- In Gesprächen und Diskussionen mit Vorgesetzten, Kollegen und Freunden sowie bei bestimmten Aktionen in Beruf und in der Gruppe, in der ich mich engagiere, bzw. in der ich meine Freizeit verbringe, hilft mir das sehr, was wir im Politikunterricht gemacht haben.
- Wenn ich Zeitung gelesen habe, würde ich gerne mit meinen ehemaligen Klassenkameraden über bestimmte Fragen diskutieren.

Literatur

Autorengruppe Fachdidaktik (2011): Konzepte der politischen Bildung. Eine Streitschrift. Mit Beiträgen von Anja Besand, Tilman Grammes, Reinhold Hedtke, Peter Henkenborg, Dirk Lange, Andreas Petrik, Sibylle Reinhardt, Wolfgang Sander. Bonn.
Berger, Peter L./Luckmann, Thomas (2007): Die gesellschaftliche Konstruktion der Wirklichkeit. Eine Theorie der Wissenssoziologie. Frankfurt/M.
Crouch, Colin (2008): Postdemokratie. Bonn.
Deichmann, Carl (1981): Das Konzept der politisch/sozialen Realität als didaktisches Problem der politischen Bildung. Augsburg.
Deichmann, Carl (2004): Lehrbuch Politikdidaktik. Wien/München.
Deichmann, Carl (2004a): Politisches Wissen und politisches Handeln – Orientierungen für Bildungsstandards und für ein Kerncurriculum in der politischen Bildung. In: GPJE (Hrsg.): Politische Bildung zwischen individualisiertem Lernen und Bildungsstandards. Schwalbach/Ts., S. 51-68.
Deichmann, Carl (2009): Hermeneutische Politikdidaktik und qualitative Forschung. In: Oberreuter, Heinrich (Hrsg.): Standortbestimmung Politische Bildung. Schwalbach/Ts., S. 175-195.

Deichmann, Carl (2010): Politisch denken – politisch handeln. Gymnasiale Oberstufe. Leipzig.
Deichmann. Carl (2015): Der neue Bürger. Politische Ethik, politische Bildung und politischen Kultur. Wiesbaden.
Deichmann, Carl (2013a): Der institutionenkundliche Ansatz: Mehrdimensionale Institutionenkunde. In: Deichmann/Tischner 2013, S. 86-100.
Deichmann, Carl (2013b): Der personenbezogene Ansatz. In: Deichmann/ Tischner 2013, S. 287-300.
Deichmann, Carl (2013c): Der symbolzentrierte Ansatz. In: Deichmann/ Tischner 2013, S. 240-255.
Deichmann, Carl (2013d): Bedeutung von Symbolen im politischen Bewusstseinsbildungsprozess. Konsequenzen für Politikdidaktik, die politische Bildung und die qualitative Forschung. In: Zeitschrift für Didaktik der Gesellschaftswissenschaften, H. 1, S. 12-39.
Deichmann. Carl/Juchler, Ingo (Hrsg.) (2010): Politik verstehen lernen. Zugänge zum Politikunterricht. Schwalbach/Ts.
Deichmann, Carl/Tischner, Christian K. (Hrsg.) (2013): Handbuch Dimensionen und Ansätze in der politischen Bildung. Schwalbach/Ts.
Deichmann, Carl/Tischner, Christian K. (Hrsg.) (2014): Handbuch Fächerübergreifender Unterricht in der politischen Bildung. Schwalbach/Ts.
Goll, Thomas (Hrsg.) 2011: Politikdidaktische Basis- und Fachkonzepte, Schwalbach/Ts.
Hartmann, Jürgen (2012): Politische Theorie. Eine kritische Einführung für Studierende und Lehrende der Politikwissenschaft. Wiesbaden.
Hauk, Dennis (2015): Politische Bildung in der digitalen Mediengesellschaft. Politikdidaktische und empirische Fundierung einer medienzentrierten Lehr-Lehrmodells. Dissertation, Jena.
Mead, George Herbert (1973): Geist, Identität und Gesellschaft aus der Sicht des Sozialbehaviorismus. Frankfurt/M.
Partetzke, Marc (2015): Biographisch-personenbezogener Ansatz in der politischen Bildung und politikdidaktischen (Auto-)Biographieforschung. Theoretische und empirische Grundlegung, Dissertation, Jena.
Piller, Steffen Markus (2015): Wirtschaft im Politikunterricht. Ökonomie, Ökonomische Bildung und Institutionenökonomik, Wiesbaden.
Rancière, Jacques (2002): Das Unvernehmen. Politik und Philosophie. Frankfurt/M.
Richter, Dagmar/Schelle, Carla (Hrsg.) (2006): Politikunterricht evaluieren. Ein Leitfaden zur fachdidaktischen Unterrichtsanalyse. Baltmannsweiler.
Schmidt, Manfred G. (2011): Das politische System Deutschlands. München.
Weißeno, Georg/Detjen, Joachim/Juchler, Ingo/Massing, Peter/Richter, Dagmar (2010): Konzepte der Politik. Ein Kompetenzmodell. Bonn.
Zurstrassen, Bettina (Hrsg.) (2011): Was passiert im Klassenzimmer? Methoden zur Evaluation, Diagnostik und Erforschung des sozialwissenschaftlichen Unterrichts. Schwalbach/Ts.

Peter Massing

Dr. Peter Massing, geb. 1946 in Dessau

Professor für Sozialkunde und Didaktik der Politik am Otto-Suhr-Institut für Politikwissenschaft des Fachbereichs Politik- und Sozialwissenschaften der Freien Universität Berlin.

Mitherausgeber der Zeitschrift „politikum" und der „Wochenschau", Herausgeber zahlreicher Sammelbände und Autor politikwissenschaftlicher und politikdidaktischer Beiträge insbesondere zur politischen Theorie, zur demokratietheoretischen Begründung der politischen Bildung und zur Kompetenzorientierung.

Frühere Tätigkeiten

- Lehrbeauftragter für Politische Theorie und Forschungsassistent für Bildungspolitik an der Universität Hamburg von 1976 bis 1978
- Wissenschaftlicher Assistent, später Hochschulassistent für Bildungspolitik am Institut für Grundlagen der Politik, Fachbereich politische Wissenschaft der FU Berlin von 1978 bis 1986
- Wissenschaftlicher Redakteur für die Schriften zur politischen Bildung des Fachbereichs Politische Wissenschaft der FU Berlin von 1986 bis 1989
- Akademischer Oberrat und Leiter des Referats für politische Bildungsarbeit am Otto-Suhr-Institut für Politikwissenschaft von 1989 bis 1997
- Vertreter der Professur für Sozialkunde und Didaktik von 1997 bis 2002

Verbandstätigkeiten

- Mitglied der Deutschen Vereinigung für politische Bildung (DVpB)
- Mitglied der Gesellschaft für Politikdidaktik und politische Jugend- und Erwachsenenbildung (GPJE), Mitglied im Sprecherkreis von 1999 bis 2010, Sprecher von 2006-2008
- Mitglied der Deutschen Vereinigung für Politikwissenschaft (DVPW)

Beratungs- und Kommissionstätigkeiten

- Mitglied des Vorstands des Zentrums für Lehrerbildung der Freien Universität Berlin
- Beauftragter des Fachbereichs Politik- und Sozialwissenschaften für die Lehrerbildung
- Leiter (zusammen mit Prof. Dr. Klaus Schroeder) des Weiterbildenden Masterstudiengangs „Politik und deutsche Nachkriegsgeschichte"

Veröffentlichungen – Auswahl

Mitherausgeber der Zeitschrift „politikum" (vormals „Politische Bildung") und Mitherausgeber der „Wochenschau"

2013 zusammen mit Georg Weißeno (Hrsg.): Demokratischer Verfassungsstaat und Politische Bildung, Festschrift für Joachim Detjen zum 65. Geburtstag. Schwalbach/Ts.

2013 zusammen mit Johannes Varwick (Hrsg.): Regierungssysteme im Vergleich. Schwalbach/Ts.

2012 zusammen mit Joachim Detjen, Dagmar Richter und Georg Weißeno: Politikkompetenz – Ein Modell, Wiesbaden.

2012 Politik vermitteln. Schwalbach/Ts.

2011 Politikdidaktik als Wissenschaft. Schwalbach/Ts.

2010 Kompetenzen im Politikunterricht. Wochenschau Sonderausgabe. Schwalbach/Ts.

2010 zusammen mit Georg Weißeno, Joachim Detjen, Ingo Juchler und Dagmar Richter: Konzepte der Politik. Ein Kompetenzmodell, Bonn.

Leseempfehlungen für (angehende) Politiklehrerinnen und -lehrer

Deichmann, Carl/Tischner, Christian K. (Hrsg.) (2013). Handbuch Dimensionen und Ansätze in der politischen Bildung. Schwalbach/Ts.

Detjen, Joachim/Massing, Peter/Richter, Dagmar/Weißeno, Georg (2012): Politikkompetenz – ein Modell. Wiesbaden.

Massing, Peter/Breit, Gotthard/Buchstein, Hubertus (2012): Demokratietheorien. 8. völlig überarb. und erw. Aufl. Schwalbach/Ts.

Sander, Wolfgang (Hrsg.) (2014): Handbuch politische Bildung. 4., völlig überarb. Aufl. Schwalbach/Ts.

Weißeno, Georg/Detjen, Joachim/Juchler, Ingo/Massing, Peter/Richter, Dagmar (2010): Konzepte der Politik – ein Kompetenzmodell. Schwalbach/Ts.

Peter Massing

„Die Bedeutung eines reflektierten Politikbegriffs für den Politikunterricht lässt sich kaum überschätzen."

1. Werdegang

Zu Beginn meines Studiums sprach wenig dafür, dass ich einmal zur Politikdidaktik kommen würde. Ich interessierte mich vor allem für Politikwissenschaft und hier für politische Theorie. Nach meinem politikwissenschaftlichen Diplomstudium in Hamburg promovierte ich dann auch bei Winfried Steffani zur Pluralismustheorie von Ernst Fraenkel. Politikwissenschaftlich prägte mich jedoch vor allem mein erster akademischer Lehrer in Mainz, Manfred Hättich. Nach meiner Promotion erhielt ich in Hamburg die Stelle eines Forschungsassistenten in einem Drittmittelprojekt zur Bildungspolitik. Die zweijährige Tätigkeit in diesem Projekt bestimmte dann die erste Zeit meiner beruflichen Laufbahn. Auf dieser Grundlage erhielt ich am Otto-Suhr-Institut für Politikwissenschaft der FU-Berlin zunächst eine Wissenschaftliche Mitarbeiterstelle, dann eine Hochschulassistentenstelle für Bildungspolitik und Bildungsplanung. Erst danach führte mich mein Weg zur Politikdidaktik und zwar vor allem über die Lehrerfort- und -weiterbildung. Ein großes Vorbild war hier mein Kollege Werner Skuhr, der damalige Leiter des Referats für politische Bildungsarbeit am Otto-Suhr-Institut. Er war ein begnadeter Lehrer und mit ihm entwickelte ich die ersten politikdidaktischen Seminare für die Lehrerfortbildung in Sozialkunde. Einen wichtigen Einschnitt in meinem weiteren Werdegang bedeuteten der Fall der Mauer und die deutsche Wiedervereinigung. In kurzer Zeit wurden wir mit einer großen Nachfrage von Lehrer/-innen aus der ehemaligen DDR nach Fort- und Weiterbildungskursen für Sozialkunde konfrontiert. Werner Skuhr und ich entwickelten dafür neue Kursformen und Curricula, die Politikwissenschaft, Politikdidaktik und Unterrichtspraxis integrierten. Diese Form der universitären Ausbildung von Lehrer/-innen für ein Fach der politischen Bildung und diesen politikwissenschaftlich geprägten Ansatz der Politikdidaktik, vertrete ich bis heute.

2. Situationen und Perspektiven der politischen Bildung

Politische Bildung in der Schule stand von Anfang an mehr oder weniger mit dem Rücken zur Wand. Dennoch hat sich politische Bildung als Schulfach etabliert. Angesichts der zahlreichen Herausforderungen und Schwierigkeiten, die diesen Prozess begleiteten, kann das schon als Erfolg gebucht werden. Nach wie vor leidet das Fach vor allem unter seinen sehr unterschiedlichen länder- und schulformspezifischen Bezeichnungen. Ich sehe darin ein wesentliches Hindernis für die Herausbildung eines klaren und eindeutigen Profils, das auch seine Position in der Konkurrenz mit anderen Schulfächern schwächt. Aktuell scheint dies vor allem gegenüber dem Vordringen des Faches Wirtschaft zu gelten. Viele Länder sind dazu übergegangen, bisherige Stundenanteile des Faches „Politische Bildung" für den Unterrichtsanteil Wirtschaft vorzusehen. Offiziell geht es darum, den ökonomischen Lernbereich unter dem Dach der politischen Bildung zu stärken. Die jeweiligen Rahmenpläne zeigen jedoch, dass eher eine Separierung nach der Logik der spezialisierten Bezugswissenschaften vorgenommen und damit die politische Bildung auf Kosten der ökonomischen Bildung faktisch halbiert wird. Auch die Einführung neuer, sogenannter wertebildender Fächer wie Ethik, LER oder Philosophie geht häufig auf Kosten der politischen Bildung.

Gegenwärtige Situation und Herausforderungen

Dass sich die Situation der politischen Bildung in Zukunft positiv verändern wird, halte ich für wenig wahrscheinlich. Politische Bildung wird im Kanon der Schulfächer immer eine Sonderstellung einnehmen. Auch in Phasen der Konsolidierung wird das Fach mit Unsicherheiten und Gefährdungen leben müssen. Ich sehe darin eine große Gefahr. Politik bestimmt unser Leben. Wer sie nicht versteht, neigt dazu, sich ihr schicksalhaft ausgeliefert zu fühlen und sich nach „Erlösern" zu sehnen. Unkenntnis und Unverständnis gegenüber demokratischer Politik, ihren Möglichkeiten und Grenzen, führt einerseits zu Gleichgültigkeit, andererseits zu utopischen Erwartungen, vor denen die Wirklichkeit demokratischer Politik nur unscheinbar oder abstoßend wirken kann. Beides schwächt die Bereitschaft, die Demokratie als einen verteidigungswürdigen Wert zu begreifen. Daher ist für mich eine politische Bildung, die Komplexität und Kompliziertheit demokratischer Politik durchschaubar macht, indem sie sich analysierend, bewertend und handelnd mit

Zukünftige Rolle der politischen Bildung

ihr auseinandersetzt und auf diesem Weg Verständnis für Politik in der Demokratie anbahnt, unverzichtbar.

3. Demokratie und politische Bildung

Was ist Demokratie?

Demokratie ist für mich ein komplexer Begriff, der zwei Ebenen miteinander verknüpft. Erstens, die Ebene des politischen Systems, die durch demokratische Prinzipien wie unveräußerliche und universelle Menschen- und Bürgerrechte, insbesondere Freiheits- und Gleichheitsrechte sowie das Recht auf gleichberechtigte Teilhabe an den gemeinschaftlichen Angelegenheiten der Gesellschaft und des Staates; Volkssouveränität, Gewaltenteilung, Pluralismus, Repräsentation, das Mehrheitsprinzip sowie Akzeptanz formaler gewaltfreier Spielregeln der politischen Willensbildung und Entscheidung, Verantwortlichkeit und Responsivität der Regierung gekennzeichnet ist. Diese Prinzipien können institutionell höchst unterschiedliche Formen haben. Zweitens, die Ebene der Bürgerinnen und Bürger. Diese benötigen in einer Demokratie neben konzeptuellem politischem Wissen vor allem politische Urteilsfähigkeit, politische Handlungsfähigkeit, Motivation und demokratische Einstellungen, u. a. in Form von Tugenden.

Demokratielernen als Aufgabe der politischen Bildung? & Rolle der Politischen Bildung in der Demokratie

Von diesem Demokratiebegriff ist auch mein Verständnis von Demokratielernen geprägt. Jede Demokratie kann nur existieren und sich entwickeln, wenn sie das aufgrund der praktisch wirksamen Einsicht und Anerkennung ihrer Bürger und Bürgerinnen tut. Insofern ist Demokratielernen Aufgabe von politischer Bildung. Sie soll in freiheitlichen Demokratien einen Beitrag zur Legitimation des demokratischen Systems, zur Weiterentwicklung der Demokratie und zu ihrer Stabilisierung leisten. Darüber hinaus strebt politische Bildung in Demokratien die politische Mündigkeit des Menschen an. Politische Mündigkeit meint die Fähigkeit, selbstständig, eigenverantwortlich und kompetent Verantwortung in Gesellschaft und Politik zu übernehmen. Von politischer Mündigkeit sprechen wir dann, wenn der Mensch zu eigenem Denken gelangt ist, wenn er gelernt hat, Vorgefundenes kritisch zu reflektieren und zu beurteilen und entsprechend politisch zu handeln.

Vor diesem Hintergrund ist das Unterrichtsfach Politische Bildung kein „normales" Fach, sondern es leistet einen wichtigen Beitrag zur Zukunftsfähigkeit der Demokratie.

4. Politikbegriff und Breite des Unterrichtsfaches

Ich verstehe unter Politik in der Demokratie eine situationsbezogene, pragmatisch zu bewältigende Aufgabe, mittels gesamtgesellschaftlich verbindlichen Entscheidungen das Zusammenleben von Menschen angesichts bestehender Wert- und Interessendivergenzen zu regeln und gemeinsame Probleme kommunikativ sowie unter Berücksichtigung von Grundwerten zu lösen.

Was ist Politik?

Die Bedeutung eines reflektierten Politikbegriffs für den Politikunterricht lässt sich kaum überschätzen. Das bedeutet nicht, dass es den „richtigen" Politikbegriff gibt; Politikbegriffe sind immer Arbeitsbegriffe, die für den Politikunterricht bestimmte Leistungen erbringen sollen. Sie müssen hinreichend weit sein, damit nicht wichtige Aspekte des Politischen ausgeblendet werden, und sie müssen hinreichend konkret sein, damit sie in der Lage sind, den Bereich des Politischen von anderen gesellschaftlichen Bereichen zu unterscheiden. Sie sollten die politische Wirklichkeit strukturieren und systematisieren und sich als Analyseinstrumente nutzen lassen, mit denen man politische Probleme oder Sachverhalte kategorial aufschließen kann.

Kern des Unterrichtsfachs Politische Bildung ist die Politik in ihrer gesamten Komplexität. Diese lässt sich nicht einfacher und durchschaubarer machen, in dem man jene Ausschnitte politischer Wirklichkeit, mit denen man sich befassen will, beliebig zurechtschneidet und verkleinert. Man wird sehr rasch zu einseitigen, stark verzerrten und ziemlich irreführenden Aussagen kommen, wenn man z. B. nicht ausreichend die Geschichtlichkeit politischer Wirklichkeit oder ihre Abhängigkeit von der Wirtschaft, der Gesellschaft oder dem Recht berücksichtigt. Das heißt aber nicht, dass diese Inhalte gleichberechtigt oder gar additiv zur Politik dazukommen um auf diese Weise das Unterrichtsfach zu erweitern. Politische Bildung ist ein interdisziplinäres Fach und Politik als Kern der politischen Bildung meint allein Politik als leitende Perspektive und als integrierender Zugriff auf die Gesellschaft. Die zentrale Bezugswissenschaft der Politischen Bildung ist die Politikwissenschaft. Allerdings nicht in einer disziplinären Engführung, sondern als interdisziplinär denkende und interdisziplinär arbeitende Wissenschaft. Bei der Aufklärung des Politischen in seinen vielfältigen Wirklichkeitsdimensionen ist sie darauf angewiesen, Bezüge zur Geschichte, zur Wirtschaftswissenschaft, zur Soziologie und zur Rechtswissenschaft herzustellen.

Politik als Kern?

Lernfeld Gesellschaftswissenschaften	In Berlin hat man in der Sekundarstufe II das Additionsfach Politische Weltkunde, das sich aus Geschichte, Politik und Geographie zusammensetzte, endlich aufgelöst und drei eigenständige Fächer daraus gemacht. Politik heißt jetzt Politikwissenschaft und besitzt einen wissenschaftspropädeutischen Charakter. In der Sekundarstufe I wird das Fach in Zukunft „Politische Bildung" heißen. Unterrichtsleitendes Prinzip ist ein kompetenzorientierter Politikunterricht, der die politische Mündigkeit der Schülerinnen und Schüler fördern soll und der an den didaktischen Prinzipien Problemorientierung, Kontroversität, Multiperspektivität ausgerichtet ist, die mit den Prinzipien Wissenschaftsorientierung und Exemplarischem Lernen zu verknüpfen sind. Fachbezogene Kompetenzen, die vermittelt werden sollen, sind neben politische Handlungsfähigkeit die Fachkompetenzen Analysieren, Urteilen und Methoden anwenden. All diese Fähigkeiten basieren auf Fachwissen im Sinne von Konzeptwissen, das Schülerinnen und Schüler in Form von Basis- und Fachkonzepten erwerben. Fachkonzepte erfordern das Erlernen und Nutzen einer eigenen Fachsprache im Politikunterricht. Das ist die Grundlage für eine sprachsensible politische Bildung. Sie erfordert die bewusste Einführung von Fachkonzepten und die Kommunikation darüber.

Für die Doppeljahrgangsstufen 7/8 sind „Migration und Bevölkerung" sowie „Armut und Reichtum" für die Jahrgangsstufen 9/10 „Konflikte und Konfliktlösung" und „Europa in der Welt" als gemeinsame Themenfelder festgelegt, die im Verbund der Fächer Geographie, Geschichte und Politische Bildung unterrichtet werden sollen. Auch wenn meiner Erfahrung nach Fächerverbindungen eher skeptisch zu sehen sind, scheint die Konstruktion dieses Rahmenplanes einen erheblichen Fortschritt gegenüber dem zuvor geltenden Additionsfach Sozialkunde/Geschichte zu bedeuten. Wie dies in der Schulwirklichkeit realisiert wird, bleibt jedoch abzuwarten zumal noch nicht endgültig geklärt ist, ob Geschichte/Politische Bildung nach wie vor als Unterrichtsfach bestehen bleibt oder ob Politische Bildung endlich als eigenständiges Fach eingeführt wird. |

5. Kompetenzen, Inhalte und Konzepte der politischen Bildung

Die Kompetenzorientierung in der politischen Bildung erscheint mir zurzeit ziemlich unübersichtlich und konfus. Eine Vielzahl von Kompetenzen existieren nebeneinander und konkurrieren miteinander. So findet sich immer noch die auf Heinrich Roth zurückgehende Unterscheidung zwischen Selbst-, Sach- und Sozialkompetenz. Aus dem „Kerncurriculum Politik: Sozialwissenschaft für die gymnasiale Oberstufe" von Behrmann, Grammes und Reinhardt stammen die Kompetenzen: Soziale Perspektivenübernahme, Konfliktfähigkeit, sozialwissenschaftliches Analysieren, politische Urteilsfähigkeit und demokratische Handlungskompetenz. In den Bildungsstandards der GPJE finden sich als Kompetenzen politische Urteilsfähigkeit, politische Handlungsfähigkeit und methodische Fähigkeiten und aus der Politikwissenschaft, in Anlehnung an Hubertus Buchstein, kognitive Kompetenzen, prozedurale Kompetenzen und habituelle Dispositionen. Damit jedoch nicht genug. Die Zahl der Kompetenzen die in der Politikdidaktik und in der politischen Bildung als plausibel angesehen werden, wächst ständig. Da ist von Toleranzkompetenz, ökologischer und ökonomischer Kompetenz, Partizipationskompetenz usw. die Rede und bezogen auf das Ziel „nachhaltige Entwicklung" kommen noch Gestaltungskompetenz, die sich aus Reflexionskompetenz, Verständigungskompetenz, Vernetzungs- und Planungskompetenz sowie aus der Fähigkeit zur Solidarität und Motivationskompetenz zusammensetzt (de Haan, Harenberg) hinzu. Diese Aufzählung ließe sich beliebig fortsetzen, vor allem wenn man noch die außerschulische Bildung dazu nähme.

In dieser Form ist Kompetenzorientierung immer noch inputorientiert und bedeutet keinen Paradigmenwechsel. Dazu ist es erforderlich, sich auf eine gemeinsame Definition wie z. B. auf die von Franz E. Weinert zu einigen: Kompetenzen sind „die bei Individuen verfügbaren oder durch sie erlernbaren kognitiven Fähigkeiten und Fertigkeiten, um bestimmte Probleme zu lösen sowie die damit verbundenen motivationalen, volitionalen und sozialen Bereitschaften und Fähigkeiten, um die Problemlösungen in variablen Situationen erfolgreich und verantwortungsvoll nutzen zu können". Des Weiteren ist es notwendig, dass die Zahl der Kompetenzen auf wenige begrenzt bleibt, dass die Kompetenzen der empirischen systematischen Forschung zugänglich sind,

Kompetenz-orientierung & Kompetenzen

dass sie in der schulischen politischen Bildung eine Überprüfung und Bewertung ermöglichen, zumindest aber Lehrerinnen und Lehrer bei der Lernstandsdiagnose im Unterricht unterstützen. Erst dann ist der Schritt von der Inputorientierung zur Outputorientierung getan und es ließe sich von einem Paradigmenwechsel reden und damit von einer Weiterentwicklung in der politischen Bildung.

Von diesem Anspruch her halte ich den Begriff der Politikkompetenz für brauchbar. Er enthält die Dimensionen politische Urteilsfähigkeit, politische Handlungsfähigkeit, Fachwissen sowie politische Einstellungen und Motivationen, die in der schulischen politischen Bildung gefördert werden müssen.

Politische Urteile können sich auf Aufgaben und Probleme des sozialen Nahraums, des politischen und internationalen Systems sowie auf globale Probleme beziehen. Darüber hinaus können politische Programme, Überzeugungen sowie politische Akteure Gegenstand politischer Urteile sein. Politische Urteile sind normative Urteile, da das Politische zur Bewertung auffordert oder eine Entscheidung, beziehungsweise eine inhaltliche Ausgestaltung verlangt. Die Qualität von politischen Urteilen hängt von ihrer logischen und deskriptiven Stringenz ebenso ab wie von der Plausibilität und Differenziertheit der vorgetragenen Begründung. Ich zähle die Vermittlung von politischer Urteilsfähigkeit mit zu den wichtigsten Aufgaben des Politikunterrichts. Ähnliches gilt für die Kompetenzdimension politische Handlungsfähigkeit. Politisches Handeln lässt sich analytisch trennen in kommunikatives und partizipatives politisches Handeln. Kompetenzfacetten für beide Handlungsformen sind: Artikulieren, Argumentieren, Verhandeln und Entscheiden. Diese lassen sich im Politikunterricht vor allem durch handlungsorientierte Methoden üben und fördern. Politische Einstellungen und Motivation, d.h. Interesse an Politik, politisches Selbstbewusstsein und Kompetenzgefühl sind das Ergebnis von Politikunterricht insgesamt.

Grundwissen   Alle diese Kompetenzdimensionen erfordern allerdings Fachwissen. Ich war schon immer der Meinung, dass es Aufgabe der politischen Bildung ist, ein bestimmtes inhaltliches Grundwissen zu vermitteln. Politische Bildung erhält ihre Rechtfertigung auch daraus, dass es ihr gelingt, „erklärtes" und „gedeutetes" Wissen über Politik zu vermitteln. Vor allem Wissensdefizite großer Bevölkerungsteile über die Funktionsweisen, die Möglichkeiten und Grenzen von Politik in Demokratien führt nach Michael Greven zur Politikverdrossenheit oder wie Werner J. Patzelt formuliert: Politikfern sind die Ahnungslosen. Das inhaltliche Grundwissen wird durch Basiskonzepte wie Ordnung, Entscheidung und Gemeinwohl strukturiert und durch Fachkonzepte, wie u. a. Demokratie, Interessengruppen, Öffentliche Güter inhaltlich definiert.

Fachwissen ist eine Kompetenzdimension der Politikkompetenz. Fachwissen ist eine wichtige Voraussetzung für die Akzeptanz der Demokratie und die Wahrnehmung der Bürgerrechte. Der Kompetenzdimension Fachwissen liegt ein Wissensbegriff zugrunde, in dessen Zentrum Konzepte stehen. Wissenskonzepte unterscheiden sich sowohl von Faktenwissen als auch von fachlichem Einzelwissen. Konzepte sehen von konkreten Erfahrungen ab und kategorisieren stattdessen deren Merkmale und Kennzeichen. Politische Phänomene lassen sich mit Hilfe von Konzepten verstehen.

Konzepte

Während Basiskonzepte die Grundideen des Politischen sind, die sie von Seiten des Wissens her charakterisieren, beschreiben Fachkonzepte in ihrer Gesamtheit das politische Grundlagenwissen und können den Basiskonzepten zugeordnet werden. Was immer politisch geschieht, es lässt sich mit Hilfe von Fachkonzepten im Kern verstehen. Sie haben zwar eine enge Beziehung zur Bezugswissenschaft Politikwissenschaft, sie werden daraus aber nicht deduziert, sondern sind didaktische Entscheidungen. Auch ihre Zuordnung zu Basiskonzepten ist didaktisch begründet und nicht logisch abgeleitet. Fachkonzepte haben eine Struktur, die sich mit Hilfe konstituierender Begriffe weiter entfalten lässt. Ein daran orientierter Wissenserwerb im Unterricht hilft Schüler/-innen beim Erwerb der Fachsprache. Die Verwendung der Fachsprache führt zu einer größeren Chancengleichheit unter den Lernenden und nutzt insbesondere Lernenden aus „bildungsfernen" Schichten.

6. Politikdidaktische Prinzipien

Die Kompetenzorientierung der politischen Bildung beeinflusst auch die Bedeutung politikdidaktischer Prinzipien in der politischen Bildung. In der Praxis haben die Kompetenzen die Funktion der politikdidaktischen Prinzipien, Lehrerinnen und Lehrer bei Entscheidungen der Inhaltsauswahl und der Organisation des Lernprozesses zu helfen, weitgehend übernommen. Kompetenzen sind jetzt die zentralen Entscheidungskriterien für die politische Bildung. So haben Basiskonzepte und Fachkonzepte die gleiche Funktion wie das politikdidaktische Prinzip des exemplarischen Lernens. Sie besteht darin, die Breite der entsprechenden Fachwissenschaft auf einen inhaltlich-fachlichen Kern zu reduzieren, um ein exemplarisches Vorgehen zu ermöglichen. Das konzeptuelle Wissen wird auf der Grundlage von Fachkonzepten und Basiskonzepten erarbeitet, die ein systematisches und multiperspektivisches Denken sowie eine Beschränkung auf das Wesentliche fördern. Sie bilden die Basis eines systematischen Wissensaufbaus unter fachlicher und gleichzeitiger lebensweltlicher Perspektive. D. h. auch, dass die Kompetenzdimension Fachwissen von den Lernenden aus gedacht wird. Ihr bereits vorhandenes Wissen wird kontinuierlich an das fachliche Wissen herangeführt: Welche Begriffe kennen sie schon, mit denen sich Konzepte der Politik konstituieren lassen? Welche Alltagsvorstellungen oder u. U. auch welche Fehlvorstellungen sind möglicherweise vorhanden und zu korrigieren? Wichtig ist daher, vor dem Unterricht die Präkonzepte der Schüler/-innen zu erheben, z. B. im Unterrichtsgespräch. Dieses Anknüpfen an die Erfahrungen der Schüler/-innen entspricht dem politikdidaktischen Prinzip der Schüler(innen)orientierung. Die Folgerungen, die die Lehrkraft aus diesen Gesprächen ziehen kann, d. h. wie sich das Ergebnis konkret auf die Strukturierung und Integration von Wissen im Unterricht auswirkt, ergeben sich aus dem Modell der Fachkonzepte und Basiskonzepte. Dieses Modell ermöglicht es, im Unterricht, im Sinne der *shared cognition* (Lave, 1991) unter Leitung der Lehrkraft ein gemeinsames Wissen zu entwickeln.

Ein weiteres politikdidaktisches Prinzip, das in diesem Kompetenzverständnis aufgehoben ist, ist die Wissenschaftsorientierung. Für die konkrete Gestaltung des Unterrichts halte ich nach wie vor die Konfliktorientierung von herausragender Bedeutung.

Das Gleiche gilt für das Prinzip der Handlungsorientierung. Gerade ein handlungsorientierter Unterricht ist in der Lage, die Kompetenzen politische Urteilsfähigkeit, politische Handlungsfähigkeit sowie politische Einstellungen und Motivationen zu fördern.

7. Methoden und Medien der politischen Bildung

Methoden und Medien in der politischen Bildung haben im kompetenzorientierten Unterricht die Aufgabe, die einzelnen Kompetenzen zu fördern. Dies geschieht unter anderem durch anforderungsbezogene Lernaufgaben, die den Unterrichtsverlauf steuern. Neben der Aufgabenstellung fördern die Gesprächsführung, die Moderation, Diagnose, Rückmeldung und Reflexion, vor allem aber Lernmaterialien und Methoden die jeweiligen Kompetenzen. Im kompetenzorientierten Unterricht haben handlungsorientierte Methoden über ihre Motivationsfunktion hinaus eine besondere Bedeutung erlangt. Insbesondere für die politische Urteilskompetenz, noch mehr für die politische Handlungskompetenz aber auch für politische Einstellungen und Motivation eignen sich neben der Talkshow die Pro-Contra-Debatte, Entscheidungs- und Planspiele, aber auch Fallstudien sowie die Konfrontation der Lernenden mit Gründungssituationen.

Handlungsorientierte Methoden fördern Kompetenzen nur dann, wenn immer wieder der Implikationszusammenhang von Kompetenzen, Konzepten und Methoden neu bestimmt und nicht die Reflexion der Aktion geopfert wird. Sind diese Bedingungen erfüllt, haben handlungsorientierte Methoden für einen kompetenzorientierten Unterricht viele Vorteile.

Neben den Aufgaben und den Methoden fördern auch Medien die Kompetenzen. Insbesondere für den Erwerb von Fachkonzepten und ihren konstituierenden Begriffen ist die Auswahl entsprechender Medien von besonderer Bedeutung. Bei ihrer Auswahl ist es erforderlich, genau darauf zu achten, dass sie sich auf die Basiskonzepte und Fachkonzepte beziehen und deren konstituierende Begriffe enthalten. Dies gilt auch für die drei anderen Kompetenzdimensionen. Deren Facetten müssen möglichst konkret beschrieben sein, um darauf bezogene Medien auswählen zu können. Nach wie vor spielen dabei Zeitungsmaterialien oder strukturierte und systematisierte Materialsammlungen wie die „Wochenschau" – insbesondere wenn diese schon kompetenzorientiert sind – eine besondere Rolle. Die gleichen Anforderungen gelten für elektronische Medien. Auch wenn elektronische Medien, insbesondere das Internet, als Unterrichtsmedien dem Informationsverhalten von Jugendlichen heute stärker entsprechen mögen, bin ich gegenüber ihrer Verwendung in der schulischen Bildung eher skeptisch. Das Internet kann, und hierin unterscheidet es sich nicht von den traditionellen

Medien, der politischen Informationsvermittlung dienen und ist dabei von hoher Aktualität. Neue Medien und das Internet ermöglichen auch interaktive Formen der Kommunikation und fördern dadurch die kommunikative politische Handlungskompetenz. Sie setzen aber bei den Jugendlichen ein hohes Reflexionsvermögen sowie Kritikfähigkeit voraus, um wirklich einen Beitrag zum Kompetenzaufbau zu leisten.

Rolle des Schulbuchs

Das traditionelle Schulbuch unterliegt im Augenblick einem erheblichen Wandel hin zum elektronischen Schulbuch. Soweit es Lerngelegenheiten bietet zum Erwerb und zur Förderung von Kompetenzen und entsprechende Lernaufgaben bereitstellt, wird es seine Bedeutung behalten bzw. wird es in der Zukunft noch wichtiger werden.

8. Lernprozesse und Schülervorstellungen

Bedeutung lerntheoretischer Erkenntnisse

Das Modell zur Politikkompetenz, das ich zusammen mit Joachim Detjen, Dagmar Richter und Georg Weißeno entwickelt habe, integriert Erkenntnisse der Politikwissenschaft, der Kognitionspsychologie, der Erziehungswissenschaft und der Politikdidaktik. Sie bilden den theoretischen Bezugsrahmen für das Kompetenzmodell. Eine besondere Rolle spielte für mich dabei die Kognitionspsychologie. Sie dient vor allem, neben der Politikwissenschaft, zur Begründung der vier Kompetenzdimensionen: Fachwissen, politische Urteilsfähigkeit, politische Handlungsfähigkeit, Einstellungen und Motivation. Darüber hinaus gelangten dadurch andere kognitionspsychologische Dimensionen des Lernens wie etwa Interesse, Überzeugungen, Selbstkonzepte, Einstellungen und Motivation ins Zentrum. Sie sind für die Entwicklung einer Theorie, die den Vermittlungsprozess von politischen Sachverhalten und politikwissenschaftlichen Erkenntnissen beschreibt, von besonderer Bedeutung und in dem Modell der Politikkompetenz in der Kompetenzdimension Einstellung/Motivation besonders berücksichtigt worden. Für mich ist in diesen Modellen besonders wichtig, dass die Bedeutung von Fachwissen deutlich wird, das in Konzepten repräsentiert ist, durch die, neben systematischen Informationen über den Gegenstand Politik, auch Vorstellungen, Ordnungsschemata sowie Frageweisen des Politischen vermittelt werden.

Empirische Forschung & Schüler- und Lehrervorstellungen

Die Frage, wie ich die Ergebnisse der bisherigen qualitativen und quantitativen Studien zu Vorstellungen, Einstellungen und Kenntnissen von Schülerinnen und Schülern sowie von Lehrerinnen und Lehrern bewerte, ist nur schwer zu beantworten. Trotz mittlerweile zahlreicher Einzelstudien muss man immer noch davon ausgehen, dass die Politikdidaktik in Deutschland erst am Anfang einer systematischen empirischen Forschung steht. Insbesondere die Erforschung von Präkonzepten und von Kompetenzen wie politische Urteilsfähigkeit, politische Handlungsfähigkeit sowie Einstellungen und Motivation erscheint eher defizitär. Die Frage nach dem politischen Wissen von Schüler/-innen scheint dagegen stärker erforscht und kann auch auf eine längere Tradition zurückblicken. Auch andere Einflussfaktoren wie der Migrationshintergrund, das kulturelle Kapital sowie der Zusammenhang von motivationalen Faktoren und objektivem Wissen scheinen besser erforscht. Dennoch sind die Studien wenig konsistent, die Ergebnisse nur schwer vergleichbar und der politikdidaktische Forschungsbedarf ist nach wie vor enorm. Da sich mittlerweile eine Schule der quantitativen empirischen Forschung in der Politikdidaktik um Georg Weißeno und Mitarbeiter/-innen herausgebildet hat, ist abzuwarten, ob sich daraus auch eine langfristige Forschungstradition entwickelt. Liegen also bezogen auf Schüler/-innen mittlerweile einige Forschungsergebnisse vor, ist dies bezogen auf die Wirkungen von Unterrichtsmethoden bzw. Lernarrangements sowie den Einfluss der politischen Einstellungen von Lehrerinnen und Lehrern kaum der Fall. Hier scheint sich für die Zukunft ein weiterer Forschungsbedarf quantitativ und qualitativ aufzutun. Mein eigenes Interesse gilt eher theoretischen Überlegungen sowie der Entwicklung von politikdidaktischen Theorien, die natürlich an die empirischen Forschungsergebnisse rückzubinden sind.

9. Politikdidaktik als Wissenschaft

Wenn man die Definition von Werner J. Patzelt zugrunde legt: „Wissenschaft ist jenes menschliche Handeln, das auf die Herstellung solcher Aussagen abzielt, die jenen Aussagen an empirischem (aus Erfahrung) und logischem Wahrheitsgehalt übererlegen sind, welche schon mittels des gesunden Menschenverstandes formuliert werden können", dann kann die Politikdidaktik den Anspruch erheben, eine Wissenschaft zu sein. Ein weiterer Hinweis auf den Wissenschaftscharakter der Politikdidaktik ist die Vielzahl der Handbücher und Lexika, die in der letzten Zeit erschienen sind. Des Weiteren ist die Politikdidaktik wie alle Sozialwissenschaften gekennzeichnet durch die Pluralität ihrer Paradigmen sowie die Vielfalt in den theoretischen und methodischen Zugriffen. Für

Forschungsfragen für die Zukunft & Eigene Forschungsschwerpunkte

sie eignet sich wie für die Politikwissenschaft ein Paradigmenkonzept, das die „Gleichzeitigkeit ungleichzeitiger Perspektiven" (Naschold) aufzeigt und zur Pluralität des politikdidaktischen Diskurses beiträgt, ohne einheitswissenschaftliche Ansprüche zu erheben. Was die Politikdidaktik benötigt, will sie ihren Anspruch, eigenständige Wissenschaft zu sein, weiter aufrechterhalten, ist eine theoretisch-konzeptionelle Grundlegung, die interdisziplinär ausgerichtet ist und normative und empirische Momente mit einander verknüpft. Die Interdisziplinarität kann sich dabei nicht durch Rekurs auf den Sammelbegriff Sozialwissenschaften, der weitgehend beliebig ist, ergeben, sondern durch die Orientierung an einem nicht enggeführten Verständnis von Politikwissenschaft in Verbindung mit erziehungswissenschaftlichen, insbesondere lerntheoretischen und kognitionspsychologischen Erkenntnissen. Was zu dieser Theoriebildung weiterhin erforderlich ist, ist eine breite empirisch-systematische Forschung. Dabei kann es nicht darum gehen, Forschungsergebnisse anderer Disziplinen in politikdidaktisches Denken bloß einzumontieren, sondern darum, eigenständige politikdidaktische Fragestellungen und Hypothesen zu entwickeln und empirisch zu überprüfen und zu beantworten.

Ich selbst werde mich weiterhin der Kompetenzorientierung und der politikwissenschaftlichen, vor allem demokratietheoretischen Grundlegung der Politikdidaktik widmen.

10. Fachdidaktische Kontroversen

Die Politikdidaktik hat sich noch bis vor wenigen Jahren mit Kontroversen schwer getan. Natürlich existierten schon immer unterschiedliche politikdidaktische Positionen, die schlugen sich jedoch weder auf den Jahrestagungen der GPJE noch in wissenschaftlichen Publikationen in offen ausgetragenen Konflikten oder kontroversen Diskussionen nieder. Dies scheint sich jedoch aktuell geändert zu haben. Besonders deutlich wird dies in dem neu erschienen, völlig überarbeiteten und von Wolfgang Sander herausgegebenen „Handbuch politische Bildung". Im Unterschied zur früheren Ausgaben wird in vielen Artikeln auf Kontroversen hingewiesen, es werden Positionen bezogen und Autorinnen und Autoren grenzen sich von anderen Positionen ab. Nach wie vor scheinen sich Ansätze, die Politikdidaktik als empirisch-normative Wissenschaft verstehen, von konstruktivistischen Ansätzen, die die Normativität der Politikdidaktik problematisieren, zu unterscheiden. Verschiedene Einschätzungen finden sich auch zu den Leistungen qualitativer und quantitativer Forschung in der Politikdidaktik und nach wie vor ist die Bedeutung kategorialer politischer Bildung ungeklärt. Der Konflikt zum Demokratielernen zwischen Demokratiepädagogik und Politikdidaktik hat dagegen an Schärfe verloren. Im Zentrum steht jetzt nicht mehr die Frage, ob Politik oder Demokratie der Kern der politischen Bildung sein soll, sondern die Frage nach Gemeinsamkeiten und nach dem angemessenen Demokratiebegriff. Noch immer beharre ich dabei auf einem komplexen, politikwissenschaftlich gesättigten Demokratiebegriff und vertrete die These, dass Demokratielernen nur als Politiklernen möglich ist.

Zum zentralen Konfliktfeld, das zu einer politikdidaktischen Lagerbildung führte sowie zu einer Polarisierung in der Politikdidaktik, hat sich aktuell die Kompetenzorientierung entwickelt. Insbesondere zwei Publikationen, das Buch „Konzepte der Politik – ein Kompetenzmodell" (Weißeno, Detjen, Juchler, Massing, Richter) sowie das Buch „Politikkompetenz – ein Modell" (Detjen, Massing, Richter, Weißeno), lösten eine heftige Diskussion aus, die auf GPJE-Tagungen und in Fachzeitschriften geführt wird und die jetzt auch Eingang in das Handbuch von Wolfgang Sander gefunden hat.

Neben generellen – und über die Politikdidaktik hinausgehenden – Bedenken gegen Kompetenzen, die sich als outputorientiert verstehen und betonen, dass diese so formuliert sein müssen, dass sie gemessen werden können, steht aktuell im Zusammenhang mit den beiden Modellen der Wissensbegriff, Politikwissenschaft als Bezugswissenschaft sowie das Verständnis von Fachunterricht in der Kritik. Da es den Kritikern bisher nicht gelungen ist, ein ähnlich theoretisch begründetes und komplexes Kompetenzmodell vorzulegen, bleibt die Diskussion weitgehend disparat und beruht häufig auf Missverständnissen. Nach wie vor bin ich davon überzeugt, dass ein Wissensmodell aus Basiskonzepten und Fachkonzepten, das politikwissenschaftlich fundiert und politikdidaktisch begründet ist, für die Orientierung von Lehrer/-innen und Schüler/-innen notwendig ist, um Präkonzepte weiterzuentwickeln, Fehlkonzepte zu verändern und einen Aufbau konzeptuellen Wissens zu ermöglichen. Nach wie vor bin ich davon überzeugt, dass die Kognitionspsychologie, vor allem aber die Politikwissenschaft den wissenschaftlichen Rahmen eines Kompetenzmodells für die Politikdidaktik bilden müssen. Schon mehrmals habe ich darauf verwiesen, dass ich dabei nicht eine enggeführte Politikwissenschaft im Blick habe, sondern Politikwissenschaft als transdisziplinäre Wissenschaft verstehe mit engen Bezügen zur Geschichte, zur Soziologie, zur Wirtschaft und zum Recht. Dagegen ist die neuerdings von den Kritikern betonte Sozialwissenschaft lediglich ein Sammel- oder Dachbegriff, der keine Profilierung zulässt und sich auf beliebige Wissenschaftsdisziplinen beziehen kann. Nicht zuletzt halte ich auch einen Politikunterricht, der auf klare Begriffe und auf eine gemeinsame Fachsprache setzt, in einer zunehmend heterogenen Gesellschaft für unabdingbar.

11. Politikdidaktik und Lehramtsausbildung

Wissen und Können von Politiklehrern

Eine an konzeptuellem Fachwissen und an den oben genannten Kompetenzen orientierte politische Bildung verlangt von Lehrerinnen und Lehrern umfassende fachliche Voraussetzungen und fachdidaktischen Fähigkeiten. Sie sind am Ende des Studiums in der Lage, auf Grundlage von Basis- und Fachkonzepten eine strukturierte Orientierung über politische Zusammenhänge zu gewinnen. Sie verfügen auf dieser Grundlage über die Fähigkeit, sich aktuelle Probleme der Politik bewusst zu machen und analytisch zu erschließen. Um dies im Studium zu erreichen, halte ich eine konsequente Orientierung an einer transdisziplinär verstandenen Politikwissenschaft für erforderlich. Eine umfassende Ausbildung in Politikwissenschaft, die auch Ergebnisse anderer Sozialwissenschaften berücksichtigt, ist geeignet, die für einen kompetenzorientierten Unterricht notwendigen metawissenschaftlichen Kompetenzen zu vermitteln. Lehrer/-innen sind dann Experten in wenigstens einer Sozialwissenschaft und sind nicht Laien in mehreren sozialwissenschaftlichen Disziplinen.

Politikdidaktik in der Lehramtsausbildung & Verhältnis von Theorie und Praxis

Fachdidaktisch müssen Lehrerinnen und Lehrer in der Lage sein, einen kompetenzorientierten Unterricht zu planen, durchzuführen, zu begründen, zu reflektieren und zu evaluieren. Sie müssen fähig sein, Präkonzepte oder Fehlkonzepte ihrer Schüler/-innen zu aktivieren und zu diagnostizieren, um daran anknüpfend Lernprozesse zu gestalten, die entweder die Präkonzepte weiter entwickeln oder diese umstrukturieren (Konzeptwechsel) in Richtung wissenschaftlicher Konzepte.

Die Bachelor- und Masterstruktur der Lehrerbildung im Zuge der Bologna-Reform hat auch zu einer Stärkung der Politikdidaktik zumindest im Masterstudium geführt. Das in Zukunft vorgesehene Praxissemester kann zur Ausbildung professioneller Handlungskompetenz zukünftiger Lehrerinnen und Lehrer beitragen. Wenn theoretisch formales Wissen (fachliches, fachdidaktisches, allgemein pädagogisches Wissen) und der erfahrungsbasierte Bereich des praktischen Wissens und Könnens (knowledge in action), das in spezifische Kontexte eingebettet und auf konkrete Problemstellungen bezogen ist, den Kern professioneller Handlungskompetenz ausmachen, dann muss die Integration dieser Komponenten vor allem im Praxissemester geleistet werden, das auf diese Weise bei den Lehramtsstudierenden die Entwicklung praktischer Expertise anbahnt. Es bietet so die Möglichkeit, relevantes wissenschaftliches Theorie- und Reflexionswissen mit berufspraktischen Erfahrungen zu verknüpfen und eröffnet die Chance für forschendes Lernen.

Ein so organisiertes Studium führt dazu, dass die Erwartungen angehender Politiklehrer/-innen, von der Politikdidaktik „Rezepte" für die Praxis zu erhalten, eher zurückgeht. Andererseits finde ich es durchaus verständlich, wenn Studierende dies erwarten.

Tatsächlich ergeben sich aus Unterrichtsbeobachtungen immer wieder auch Erfahrungen, die sich verallgemeinern lassen und die als Rezepte verstanden werden können.

Schon vor der Einführung eines Praxissemesters habe ich in meiner Lehre versucht, Fachwissenschaft, Fachdidaktik und Unterrichtspraxis so zu integrieren, dass sich daraus ein zirkulärer Prozess von Theorie-Praxis-Reflexion ergibt, der einen sukzessiven Kompetenzaufbau ermöglicht.

Schwerpunkte der eigenen Lehre

12. „Gute" politische Bildung

„Gute" politische Bildung ist für mich das Ergebnis eines Unterrichts, dessen Kern immer noch Politik ist und der, exemplarisch an Basis- und Fachkonzepten orientiert, die Dimensionen der Politikkompetenz – konzeptuelles Fachwissen, politische Urteilsfähigkeit, politische Handlungsfähigkeit sowie politische Einstellungen und Motivation einschließlich der jeweiligen Facetten – vermittelt und dazu vor allem handlungsorientierte Methoden nutzt. „Guter" politischer Bildung gelingt es, bei Schülerinnen und Schülern Interesse am Politischen sowie am Fach zu wecken, sie zur politischen Beteiligung zu ermutigen und sie zu veranlassen, sich reflektiert mit den grundlegenden Werten der Demokratie zu identifizieren.

Joachim Detjen

Dr. Joachim Detjen, geb. 1948 in Buxtehude

Professor für Didaktik der Sozialkunde; Inhaber des Lehrstuhls für Politikwissenschaft III mit dem Schwerpunkt Politische Bildung (Didaktik der Sozialkunde) an der Katholischen Universität Eichstätt-Ingolstadt von 1997 bis 2013.

Langjährige Praxiserfahrung als Lehrer am Gymnasium; zahlreiche Veröffentlichungen zur Politikwissenschaft und zur Politikdidaktik.

Frühere Tätigkeiten

- Wissenschaftlicher Assistent am Institut für Politikwissenschaft der Universität Regensburg von 1981 bis 1986
- Studienrat an einem niedersächsischen Gymnasium mit den Fächern Politik, Philosophie, Deutsch und Geschichte von 1986 bis 1995
- Professor für Politikwissenschaft und Didaktik der Gemeinschaftskunde an der Pädagogischen Hochschule Karlsruhe von 1995 bis 1997

Verbandstätigkeiten

- Mitglied der Deutschen Vereinigung für Politische Bildung (DVPB)
- Mitglied der Gesellschaft für Politikdidaktik und politische Jugend- und Erwachsenenbildung (GPJE)

Beratungs- und Kommissionstätigkeiten

- Tätigkeit in mehreren Akkreditierungskommissionen
- Tätigkeit als Fachgutachter mehrerer Forschungsinstitutionen
- Tätigkeit als Fachgutachter des Deutschen Akademischen Austauschdienstes (DAAD)

Veröffentlichungen – Auswahl

Mitglied des review boards der Zeitschrift „Politische Bildung"

2014   Reden können in der Demokratie. Studien- und Übungsbuch zur politischen Rhetorik. Zwei Bände. Schwalbach/Ts.

2013   Politikkompetenz Urteilsfähigkeit. Schwalbach/Ts.

2012   Streitkultur. Konfliktursachen, Konfliktarten und Konfliktbewältigung in der Demokratie. Schwalbach/Ts.

2009   Die Werteordnung des Grundgesetzes. Wiesbaden.

2007   Politische Bildung. Geschichte und Gegenwart in Deutschland. München (2. Auflage 2013).

2000   Demokratie in der Gemeinde. Bürgerbeteiligung an der Kommunalpolitik in der Gemeinde. Hannover.

1988   Neopluralismus und Naturrecht. Zur politischen Philosophie der Pluralismustheorie. Paderborn/München/Wien/Zürich.

Leseempfehlungen für (angehende) Politiklehrerinnen und -lehrer

Detjen, Joachim/Massing, Peter/Richter, Dagmar/Weißeno, Georg (2012): Politikkompetenz – ein Modell. Wiesbaden.

May, Michael/Schattschneider, Jessica (Hrsg.) (2011): Klassiker der Politikdidaktik neu gelesen. Originale und Kommentare. Schwalbach/Ts.

Sander, Wolfgang (Hrsg.) (2014): Handbuch politische Bildung. 4., völlig überarb. Aufl. Schwalbach/Ts.

Weißeno, Georg/Detjen, Joachim/Juchler, Ingo/Massing, Peter/Richter, Dagmar (2010): Konzepte der Politik – ein Kompetenzmodell. Schwalbach/Ts.

Weißeno, Georg/Hufer, Klaus-Peter/Kuhn, Hans-Werner/Massing, Peter/Richter, Dagmar (Hrsg.) (2007): Wörterbuch Politische Bildung. Schwalbach/Ts.

Joachim Detjen

„Mit der Demokratie verbinde ich in erster Linie den demokratischen Verfassungsstaat, den ich für die bedeutendste politische Erfindung der Menschheit halte."

1. Werdegang

Mit Politikdidaktik habe ich mich erstmals *ernsthaft* während meiner Referendarausbildung 1980/81 in Hamburg beschäftigt. Ich hatte einen sehr guten Ausbilder, der sich nicht damit begnügte, Unterrichtsrezepte zu vermitteln, sondern die Referendare zur Auseinandersetzung mit politikdidaktischen Konzeptionen anhielt. In diesem Zusammenhang las ich mit Gewinn Walter Gagels „Politik – Didaktik – Unterricht. Eine Einführung in didaktische Konzeptionen des politischen Unterrichts". Ich befasste mich damals intensiv mit Rolf Schmiederer, Hermann Giesecke und Bernhard Sutor. Sutor fand ich am überzeugendsten. Er argumentierte auf der Basis einer reflektierten Philosophie, die mir gefiel. Ich meine die *philosophia perennis* in der Tradition des Aristoteles. Dieser Philosophie und der ihr verwandten *praktischen Politikwissenschaft* fühle ich mich verbunden. Denn ich habe mich in einem anderen Zusammenhang intensiv mit dem klassischen Naturrecht auseinandergesetzt, das ebenfalls Ausfluss der *philosophia perennis* ist. Zurück zur Politikdidaktik: Giesecke und Schmiederer konnten es an Tiefgang bei Weitem nicht mit Sutor aufnehmen. Dafür schwammen sie beide auf der Welle des damals modischen Marxismus. Bei vielen Zeitgenossen waren sie deshalb äußerst populär. Ich dagegen fand beide sehr ideologisch.

Im Anschluss an das Referendariat erhielt ich eine Assistentenstelle an der Universität Regensburg. Diese Stelle hatte aber nichts mit Politikdidaktik zu tun. Mein Chef war Politikwissenschaftler mit einer starken Neigung zum Verfassungsrecht. Mich haben diese Lehrjahre sehr geprägt. Die Respektierung des Rechts spielt bei mir eine große Rolle. Dies gilt ebenso für eine vernünftige Einschätzung des Politischen. Deshalb gehört es zu meinem politikdidaktischen Selbstverständnis, der Sache *Politik* das *entscheidende* didaktische Gewicht beizumessen. Da ich die Politik normativ auf den demokratischen Verfassungsstaat beziehe, ist sie für mich auch nichts *Fluides* und *kategorial Unbestimmtes*, wie manche Kollegen meinen.

Im Jahre 1993 traf ich auf einer Tagung mit Gotthard Breit zusammen. Ich war zu jener Zeit Lehrer an einem niedersächsischen Gymnasium. Breit empfahl mir, mich auf eine Didaktik-Professur zu bewerben. Dies tat ich nach einigem Zögern. Es klappte dann 1995 mit der Professur an der Pädagogischen Hochschule in Karlsruhe. Zwei Jahre später hatte meine Bewerbung nach Eichstätt Erfolg. Dort blieb ich bis zum Ende meiner Dienstzeit. Denn die Politikdidaktik ist in Eichstätt organisatorisch mit der Politikwissenschaft (und nicht mit der Erziehungswissenschaft) verbunden. Dies entspricht meinen Vorstellungen.

2. Situation und Perspektiven der politischen Bildung

Zur *Situation* der Politischen Bildung in der Gegenwart will ich Folgendes sagen: Die Politische Bildung ist im Kanon der schulischen Fächer unterrepräsentiert. Dem Fach fehlt die gleiche Augenhöhe mit *Geschichte* und *Erdkunde*. Jedenfalls gilt das für mehrere Bundesländer. Am extremsten, gemeint ist: am schlechtesten, ist die Situation im *Freistaat Bayern*, also dort, wo ich beruflich tätig gewesen bin. In Bayern ist die Sozialkunde an den Gymnasien ein völlig marginalisiertes Fach. Es wird in nur zwei Jahrgangsstufen mit wenigen Stunden unterrichtet. Bayern setzt ganz unverhohlen auf den Geschichtsunterricht als Kernfach der politischen Bildung. Für dieses Fach sind reichlich Stunden von der 5. bis zur 12. Jahrgangsstufe vorgesehen. Im Zweifelsfall sind Kenntnisse über die griechische Polis und die mittelalterliche Stadt wichtiger als Kenntnisse über den demokratischen Verfassungsstaat und die Lage der Kommunen in der Gegenwart.

Entspannter sehe ich das in einer Reihe von Bundesländern eingeführten Kooperationsfach *Politik und Wirtschaft*. Grundsätzlich stehe ich einer Integration ökonomischer Themen in der Politischen Bildung positiv gegenüber. Das Ökonomische muss in der Politischen Bildung auftauchen, und zwar deshalb, weil Politik und Wirtschaft in einem Verhältnis der *Interdependenz* zueinander stehen. Es gibt ökonomische Bedingungsfaktoren der Politik. Es gibt ebenso politische Bedingungsfak-

Gegenwärtige Situation und Herausforderungen

toren der Wirtschaft. Die Interdependenz ist so eng, dass weder Politik ohne Ökonomie noch Ökonomie ohne Politik verstanden werden können.

Ich habe allerdings Bedenken, wenn gefordert wird, ökonomische Spezialkenntnisse im Kooperationsfach zu vermitteln. Das betriebliche Rechnungswesen, Kosten- und Leistungsrechnungen, Controlling, Finanzmanagement, Geld-, Kredit- und Kapitalmarktmechanismen, Investitionsmanagement und Personal- und Kundenmanagement haben mit politischer Bildung nichts zu tun. Wollte man für Gegenstände solcher Art ein eigenes Unterrichtsfach einführen, dann ginge das aller Erfahrung nach zu Lasten eines anderen Faches. Dieses andere Fach wäre mit größter Wahrscheinlichkeit die Politische Bildung. Bayern ist ein Beleg für diese These. Dort wurde an den Gymnasien ein eigenes Fach Wirtschaft und Recht eingeführt. Die Sozialkunde hatte das Nachsehen.

Zukünftige Rolle der politischen Bildung

Dass ich die Politische Bildung für ein wichtiges Unterrichtsfach halte, brauche ich wohl nicht eigens zu begründen. Gleichwohl bin ich hinsichtlich der *Perspektiven* der Politischen Bildung durchaus skeptisch. Die Bildungspolitiker stehen andauernd in der Versuchung, andere Fächer, insbesondere die naturwissenschaftlichen, zu stärken. Da die Schüler nicht überfordert werden dürfen, müssen andere Fächer dann zurücktreten. Für Kürzungen bietet sich die politische Bildung geradezu an. Denn es gibt ja den populären Gedanken, politische Bildung sei ein *Unterrichtsprinzip*, das alle Fächer irgendwie verpflichte. Dabei kommt jedoch nur Dilettantismus heraus. Nebenbei gesagt: Der Freistaat Bayern versucht, mit dem Hinweis auf politische Bildung als Unterrichtsprinzip der Sozialkunde die ihr gebührenden Stundenanteile vorzuenthalten. Ich halte dies für Augenwischerei oder, krasser formuliert, für einen üblen Trick.

3. Demokratie und politische Bildung

Was ist Demokratie?

Mit der Demokratie verbinde ich in erster Linie den demokratischen Verfassungsstaat, den ich, nebenbei gesagt, für die bedeutendste politische Erfindung der Menschheit halte. Die grundgesetzliche Ordnung, im Wesentlichen eine Kombination des Rechtsstaatsprinzips mit dem Demokratieprinzip, ist eine Konkretisierung der Idee des *constitutional government*. Für vorbildlich, weil die Verfassungswirklichkeit genau treffend, halte ich die Definition der Demokratie, die der Staatsrechtslehrer und frühere Bundesverfassungsrichter Konrad Hesse einmal formuliert hat: „Im Rahmen der demokratischen Ordnung des Grundgesetzes wird daher Herrschaft von Menschen über Menschen begründet und ausgeübt. Aber es handelt sich nicht um eine Herrschaft aus eigenem Recht. Die politische Herrschaft von Parlament und Regierung ist von der Mehrheit des Volkes anvertraute, verantwortliche, zeitlich und sachlich begrenzte Herrschaft, die der Kritik und Kontrolle unterliegt und die modifiziert und ergänzt wird durch Anteilnahme des Volkes an der politischen Willensbildung" (Grundzüge des Verfassungsrechts der Bundesrepublik Deutschland. Heidelberg 1999 (20. Aufl.), S. 61 f.).

Was hier auf den Punkt gebracht wird, entfaltet sich im Einzelnen als ein überaus komplexes Gebilde von Institutionen und Verfahrensweisen. Der demokratische Verfassungsstaat ist die *komplizierteste* und deshalb am schwersten zu begreifende Regierungsform auf der Welt. Gerade deshalb ist es für mich eine zentrale Aufgabe der Politischen Bildung, die jungen Menschen dahin zu bringen, dass sie den demokratischen Verfassungsstaat *verstehen*. Hiermit weiß ich mich mit prominenten Vertretern der Politikwissenschaft einig. Ob die anderen Politikdidaktiker die Bedeutsamkeit dieser Aufgabe genauso sehen oder ob sie unter Demokratie in erster Linie Partizipationschancen verstehen, lasse ich einmal dahingestellt.

Demokratielernen als Aufgabe der politischen Bildung?

Ich weiß aber, dass die sogenannten Demokratiepädagogen, die vor einigen Jahren das Demokratielernen in den Bildungsdiskurs eingeführt haben, die Gehalte des demokratischen Verfassungsstaates völlig ignorieren. Stattdessen sehen sie in der Durchführung von Projekten im Nahbereich der Schüler einen authentischen und überaus geeigneten Beitrag zum Demokratielernen. Projekte verlangten den Beteiligten nämlich Handlungen ab, die als typisch demokratisch apostrophiert werden könnten, so das Verhandeln, das Kooperieren, das Planen, das Abstimmen und das Entscheiden. Projekte böten auch Gelegenheit zur Wahrnehmung gegenseitiger Anerkennung, was schlechthin konstituierend für die Demokratie sei. Nichts gegen schulische Projekte! Aber ich wehre mich gegen die Vorstellung, dass damit der entscheidende Beitrag zum Verstehen der Demokratie erbracht sei.

Für mich steht fest: Um den demokratischen Verfassungsstaat in den Horizont der nachwachsenden Generation zu bringen, bedarf es des Unterrichts im Fach Politische Bildung. Man macht sich etwas vor, wenn man glaubt, dass sich die Gehalte der Demokratie außerhalb dieses

Rolle der Politischen Bildung in der Demokratie

Faches gewissermaßen nebenbei vermitteln lassen. So wie die Politikwissenschaft nicht zu Unrecht als Demokratiewissenschaft gilt, so ist die Politische Bildung eine Veranstaltung zur Verankerung der Demokratie. Ob der tatsächlich gehaltene Unterricht dieser Vorgabe auch wirklich entspricht, ist natürlich eine andere Frage.

4. Politikbegriff und Breite des Unterrichtsfaches

Was ist Politik? Ich unterscheide einen *weiten* und einen *engen* Politikbegriff. Beide Politikbegriffe gehen auf Aristoteles zurück. Es gibt auch noch die sogenannte *Mikropolitik*. Damit sind Machtkämpfe innerhalb von Organisationen gemeint, bei denen es um das Verfolgen selbstbezogener Interessen geht, wie etwa eine bessere Bezahlung oder eine Beförderung. Im Unterschied zu einigen anderen Didaktikern vermag ich in dieser Politik keine Relevanz für politische Bildungsprozesse zu erkennen.

Ich versuche zunächst, den weiten Politikbegriff herzuleiten. Menschliches Handeln lässt sich ganz allgemein als *Praxis* deuten, d. h. als tätige Lebensführung der Menschen im Umgang miteinander und als Bewältigung der dabei auftretenden Herausforderungen. Diese tätige Lebensführung vollzieht sich vorrangig als *soziales Handeln*. Soziales Handeln setzt sich aus Interaktionen zusammen, die bei näherer Betrachtung ganz wesentlich aus kommunikativen Akten bestehen. Zu *politischem Handeln* wird soziales Handeln in dem Moment, wo das Miteinander als solches zum *Problem* wird. Ein problematisches Miteinander ist üblicherweise durch eine *Konfliktsituation* gekennzeichnet, in der unterschiedliche Interessen und Absichten Beteiligter aufeinander stoßen. Wenn sich nun eine solche konflikthafte Situation nicht von selbst erledigt, sondern zu ihrer Bewältigung *spezifische Anstrengungen* erforderlich sind, dann taucht in einem *weiten Verständnis* Politik auf.

Politik in diesem weiten Sinne kommt *in allen Sozialgebilden* vor, angefangen bei der Familie und dem Freundeskreis über die Schulklasse, die Jugendgruppe, den Verein und die Hochschule bis hin zu Bürgerinitiativen, Interessenverbänden und Parteien. *Immer* reagiert Politik auf eine konflikthafte Situation, für die es nicht eine einfache sachliche Lösung gibt. *Immer* versuchen die Beteiligten, ihre spezifischen Sichtweisen und Interessen in die zu findende Regelung einzubringen. *Immer* spielen hierbei Machtpotentiale und strategische Überlegungen eine erhebliche Rolle.

Die Politik im *weiten Sinne* ist durch einige besondere Merkmale gekennzeichnet. So wissen sich die Beteiligten durch gemeinsame Überzeugungen und Grundanliegen verbunden. Und sie respektieren sich gegenseitig, so dass die Politik selten eine grundsätzliche Schärfe annimmt. Weiterhin gilt, dass die Politik gar nicht den eigentlichen Zweck der betreffenden Sozialgebilde bildet. Politik ist nur sekundär. Politik im *weiten Sinne* ist überall anzutreffen und erfolgt gewissermaßen *nebenbei*.

Ganz anders verhält es sich mit der Politik im *engen Sinne*. Ihr ist die Regelung der gemeinsamen Angelegenheiten einer *Gesamtgesellschaft* übertragen. Es ist wohl keine Überraschung, wenn ich feststelle, dass bei dieser Politik Macht, Konflikt, Interessen und Strategien ebenfalls eine große Rolle spielen. Das Erfordernis dieser Politik ergibt sich aus dem Sachverhalt, dass gesamtgesellschaftlich gesehen das Miteinanderauskommen der vielen Gruppen, Interessen und Überzeugungen ein *ständiges Problem* bildet. Die Bewältigung dieses Problems bedarf daher *ständiger* Organe und *ständiger* Bemühungen. Zu diesem Zweck haben die Menschen eines bestimmten Gebietes sich zu einem politischen Verband, den man in der Neuzeit *Staat* nennt, zusammengeschlossen. Sie haben ihn mit Institutionen, Kompetenzen und Mitteln ausgestattet und ihn mit der Aufgabe betraut, die Regelung der allgemeinen Verhältnisse der in einer Gesellschaft vereinigten Personen vorzunehmen. Die Maxime, nach der dies zu geschehen hat, nennt man *Gemeinwohl*. Dessen normativer Kern ist die *Würde des Menschen*. Bestandteile des Gemeinwohls sind Freiheit, Gerechtigkeit und Frieden. Im Grenzbereich zwischen weitem und engem Politikbegriff ist übrigens die Kommunalpolitik angesiedelt.

Es zeigt sich: Die aus der modernen Politikwissenschaft stammenden Begriffe *Politics, Polity* und *Policy* sind mühelos in meinem aristotelisch bestimmten Politikverständnis unterzubringen. Sie erhalten durch Aristoteles aber eine normative Ausrichtung, die ihnen in einem rein analytischen Politikverständnis fehlt.

Die Politik im *engen* oder *eigentlichen Sinne* ist durch Besonderheiten gekennzeichnet, die ihr ein *ganz anderes* Gewicht verleihen als der Politik im weiten Sinne. Der Zweck dieser Politik ist nämlich *primär* Politik. Sie richtet sich nach *innen* mit dem Zweck, das Zusammenleben einer Gesellschaft zu ermöglichen. Sie richtet sich nach *außen* mit dem Auftrag, das Verhältnis zu anderen staatlich organisierten Gesellschaften zu regeln. Hinzu kommt noch Folgendes: Die Entscheidungen der staatlichen Politik sind *verbindlich*. Alle Gesellschaftsmitglieder werden durch sie *rechtlich* verpflichtet. Die Durchsetzung der Entscheidungen kann der Staat gegebenenfalls mit *Zwangsmitteln* durchsetzen. Der Staat verfügt aber nicht nur über das *Monopol legitimer Gewaltanwendung* im Binnenverhältnis. Er allein hat darüber hinaus auch das *Recht auf Kriegführung* im Verhältnis zur Staatenwelt. Angesichts dieser Sachverhalte kann ich das Gerede mancher Sozialwissenschaftler vom Ende des Staates nicht nachvollziehen.

Politik als Kern? Nach der ausführlichen Darlegung des engen Politikbegriffes dürfte wohl klar sein, dass dieser den Kern der Politischen Bildung zu bilden hat. Ich wiederhole: Dieses Politikverständnis ist *analytisch* und *normativ* zugleich. Es unterscheidet sich deutlich von zwei anderen Politikverständnissen, die eine dauernde Herausforderung der realen Politik wie auch der politischen Bildung bilden. Ich meine das *machiavellistische* und das *eschatologische* Politikverständnis. Hierauf kann ich aber nicht im Einzelnen eingehen. Ich empfehle, sich diesbezüglich bei Dolf Sternberger zu informieren.

Der enge Politikbegriff ist auf die Politik des Staates fokussiert. Gleichwohl wird mit dieser Feststellung keine etatistisch verengte politische Bildung begründet. In einer demokratischen Ordnung agiert der Staat nämlich nicht abgehoben von der Gesellschaft. Er ist, wie Hermann Heller es einmal ausgedrückt hat, vielmehr eine *gesellschaftlich bedingte Handlungs- und Wirkungseinheit*. Das meint: Was in der Politik verhandelt wird, stammt aus Gesellschaft, Wirtschaft und internationaler Umwelt. Insofern gehört die angemessene Thematisierung dieser Bereiche selbstverständlich zur Politischen Bildung.

Lernfeld Gesellschaftswissenschaften Bayern hat für die Hauptschule Sozialkunde, Erdkunde und Geschichte zu einem Fach zusammengefasst. Dabei sind Erdkunde und insbesondere Geschichte vorherrschend. Die Sozialkunde hat das Nachsehen. Im Gymnasium ist die Sozialkunde nicht zuletzt deshalb ein so schwach verankertes Fach, weil es neben dem dominierenden Geschichtsunterricht noch ein eigenes Fach *Wirtschaft und Recht* gibt. Ich bin für ein eigenständiges Fach Politische Bildung, in das neben gesellschaftlichen auch wirtschaftliche und rechtliche Aspekte integriert sind.

5. Kompetenzen, Inhalte und Konzepte der politischen Bildung

Die seit gut zehn Jahren die Diskussion bestimmende Kompetenzorientierung stellt in meinen Augen einen echten Paradigmenwechsel in der Didaktik dar. Das ist nicht nur deshalb so, weil seit dieser Zeit neue Begriffe (z. B. *domänenspezifische Kompetenzen, Basis- und Fachkonzepte, performance standards, outcome*) den Diskurs prägen, sondern auch, weil eine möglichst objektive Überprüfbarkeit des erreichten Kompetenzniveaus in den jeweiligen Schulfächern verlangt wird.

Kompetenzorientierung

Ich war zusammen mit einigen anderen Kollegen (Peter Massing, Dagmar Richter, Georg Weißeno) aktiv an der Entwicklung eines *Modells der Politikkompetenz* beteiligt. Dieses Modell folgt einem kognitionspsychologisch geprägten Verständnis des Lernens und nimmt die Forderung nach einer empirisch zuverlässig erfassbaren Überprüfung von Kompetenzen ernst. Daher beharrt es auf einem fachlichen Wissen, das dem Kriterium der Richtigkeit entspricht, mithin nicht beliebig auslegbar ist. Dieses fachliche Wissen besteht aus einer Mehrzahl sogenannter *Fachkonzepte*, die den wissenschaftlichen Bezugsdisziplinen, vor allem also der Politikwissenschaft, aber auch der Soziologie sowie der Rechts- und der Wirtschaftswissenschaft, entnommen worden sind.

Grundwissen & Konzepte

Wir haben die Fachkonzepte (z. B. *Demokratie, Rechtsstaat, Repräsentation, Sozialstaat, Gewaltenteilung, Grundrechte, Markt*) in einem konsensuellen Verfahren festgelegt. Ich sehe dafür keinen anderen Verfahrensweg.

Schaut man sich die Konzepte an, entdeckt man unschwer, dass die meisten von ihnen mit dem demokratischen Verfassungsstaat verknüpft sind. Damit wird nochmals klar, dass das in der Politischen Bildung zu vermittelnde inhaltliche Grundwissen zum überwiegenden Teil auf diesen politischen Ordnungstyp bezogen ist, und zwar, wie ich meine, mit vollem Recht.

Häufig höre ich die Frage, worin sich denn Konzepte und Kategorien unterscheiden. Letztere haben unter dem Stichwort *kategoriale Bildung* für Jahrzehnte den politikdidaktischen Diskurs dominiert. Meine Antwort lautet: Kategorien (z. B. *Interessen, Macht, Recht, Ideologie, Geschichtlichkeit, Entscheidung*) sind Begriffe, die ihren sachlichen Bezug im politischen Willens- und Entscheidungsprozess haben und eben deshalb diese Prozesse analytisch hervorragend zu erfassen vermögen. Von Konzepten kann man dies nicht sagen. Da der kompetenzorientierte Politikunterricht ebenfalls politische Prozesse analysiert, trägt auch er selbstverständlich zur kategorialen Bildung bei.

Kompetenzen   Das oben genannte Modell der Politikkompetenz enthält vier Kompetenzdimensionen: das politische Fachwissen, die politische Urteilsfähigkeit, die politische Handlungsfähigkeit sowie die politische Einstellung und Motivation.

Das *politische Fachwissen* bezieht sich nicht auf Wissen über konkrete Sachverhalte, also Fakten. Es bezieht sich vielmehr auf die erwähnten Konzepte. Konzeptuelles Wissen ist von konkreten Erfahrungen abstrahiertes Wissen, das wesentliche Merkmale einer Sache bezeichnet. Es ist also dekontextualisiertes Wissen, das aber jederzeit in unterschiedlichen Kontexten angewendet werden kann.

Das Modell widmet der *politischen Urteilsfähigkeit* große Aufmerksamkeit. So bemüht es sich um eine genaue Klärung der mentalen Vorgänge beim Urteilen. Hiernach ist, generell gesehen, ein Urteil nichts anderes als eine Feststellung, die sprachlich durch einen Behauptungssatz ausgedrückt wird. Der Behauptungssatz bewirkt, dass ein Urteil Anspruch auf Gültigkeit erhebt.

Unser Modell der Politikkompetenz unterscheidet fünf Urteilsarten. Diese bilden die Facetten der Kompetenzdimension politische Urteilsfähigkeit. Es handelt sich um Feststellungs-, Erweiterungs-, Wert-, Entscheidungs- und Gestaltungsurteile. Die beiden ersten Urteilsarten sind *Sachurteile*, die drei anderen Urteilsarten sind *normative Urteile*. Die Urteilsarten lassen sich deutlich hinsichtlich der von ihnen verlangten kognitiven Tätigkeiten unterscheiden: *Feststellungsurteile* setzen ein Beschreiben und ein Kategorisieren bzw. Klassifizieren voraus. *Erweiterungsurteile* sind das Resultat vornehmlich dreier kognitiver Tätigkeiten, nämlich des Vergleichens, des Prüfens und des Schließens. *Werturteile* sind das Ergebnis evaluativer Handlungen, konkret: des Bewertens und des Stellungnehmens. *Entscheidungsurteile* basieren auf der Abfolge zweier eng zusammengehöriger kognitiver Tätigkeiten, nämlich des Abwägens und des Sich-Entschließens. *Gestaltungsurteile* schließlich basieren auf Problemlösungsprozessen, in die vielfältige und zum Teil sehr anspruchsvolle kognitive Handlungen eingeflossen sind. Generell gilt, dass politische Urteile in ihren sachlichen Aspekten erläutert oder begründet und in ihren normativen Aspekten gerechtfertigt werden müssen.

Auch die Klärung der Kompetenzdimension *politische Handlungsfähigkeit* spielt in unserem Modell eine große Rolle. Wir haben die Vielzahl möglicher politischer Handlungen auf vier typische Handlungsformen reduziert. Diese bilden die Facetten der Kompetenzdimension politische Handlungsfähigkeit. Es handelt sich um das *Artikulieren*, das *Argumentieren*, das *Verhandeln* und das *Entscheiden*. Die beiden ersten Handlungsformen sind eher kommunikativer Art. Die beiden anderen Formen sind eher partizipatorischer Art. Die Handlungsformen unterscheiden sich hinsichtlich ihrer Komplexität und der jeweils mit ihnen verfolgten Ziele.

Das Modell thematisiert schließlich die Kompetenzdimension *politische Einstellung und Motivation*. Es versteht unter einer Einstellung eine nicht zuletzt von Gefühlen bestimmte Orientierung, die dem Denken oder der Wahrnehmung vorausgeht und deren Qualität entweder verbessert oder verschlechtert. Als Motivation begreift es die Bereitschaft einer Person, sich auf Denken und Tun einzulassen. Eine positive politische Einstellung und eine vorhandene Motivation haben einen günstigen Einfluss auf das politische Urteilen und das Handeln. Die Kompetenzdimension besteht aus vier Facetten. Es handelt sich um das *politische Interesse*, das *politische Selbstbewusstsein*, das *Systemvertrauen* und die *Bürgertugenden*.

Ich will an dieser Stelle die Vorstellung des Modells der Politikkompetenz abbrechen, aber nicht vergessen zu erwähnen, dass unsere Vorstellung von Konzepten den Widerspruch anderer Politikdidaktiker hervorgerufen hat. Kern der Kontroverse ist die erkenntnistheoretische Frage nach der Erkennbarkeit von Sachverhalten. Können Konzepte objektiv erkannt werden und folglich den Anspruch auf Richtigkeit erheben, oder ist dies nicht möglich? Wir bejahen die Frage und verweisen auf allgemein anerkannte wissenschaftliche Erkenntnisse und weithin akzeptierte Definitionen. Die Gegner des Modells weisen demgegenüber auf die Unsicherheit wissenschaftlichen Wissens hin. Letztlich ist die Kontroverse von dem erkenntnistheoretischen Gegensatz zwischen *Realismus* und *Konstruktivismus* bestimmt.

6. Politikdidaktische Prinzipien

Didaktische Prinzipien dienen dazu, die *Sachlogik* der realen Welt und die *Psychologik* der Lernenden so zu vermitteln, dass beides zur Geltung kommt. Die Strukturen und Zusammenhänge einer Sache müssen nämlich mit dem vorhandenen Wissen und den Lernmöglichkeiten der Adressaten der politischen Bildung abgeglichen werden. Didaktische Prinzipien sollen also so etwas wie eine *praktische Konkordanz* herstellen.

Man kann auch sagen: Didaktische Prinzipien sorgen für eine kluge *Auswahl* der Unterrichtsgegenstände, indem sie das *Bedeutsame* aus der unendlichen Fülle des existierenden Wissens herausfiltern. Das Kriterium für das Bedeutsame sind zum einen die *Lernenden*. Sie sollen sich ja mit dem erworbenen Wissen und den angeeigneten Fähigkeiten jetzt und später angemessen im demokratischen Verfassungsstaat bewegen können. Die Bedeutsamkeit misst sich zum anderen aber auch am *Interesse* des demokratischen Verfassungsstaates, von seinen Bürgern als legitim anerkannt zu werden. Nach meiner Einschätzung erfährt dieser Aspekt zuwenig Beachtung in der politikdidaktischen Diskussion.

Die didaktischen Prinzipien sorgen aber nicht nur für eine kluge Auswahl, sondern ebenso für eine kluge *Aufbereitung* der Gegenstände. Sie tun dies, indem sie den *Sachanspruch* ernst nehmen, aber nicht verabsolutieren. Sie konstituieren die Sache nämlich so, dass sie von den Lernenden auch aufgenommen werden kann.

Es gibt sehr viele didaktische Prinzipien. Nur eine Auswahl will ich nennen: die Erfahrungsorientierung, die Schülerorientierung, die Problemorientierung, die Wissenschaftsorientierung, die Handlungsorientierung und die Kompetenzorientierung.

Weil mir die Erhaltung des demokratischen Verfassungsstaates so sehr am Herzen liegt, kann ich den didaktischen Prinzipien *nicht* das gleiche Gewicht beimessen. Wenn beispielsweise *Schülerorientierung* im Grenzfall zu der Situation führen kann, dass die Lerngruppe sich nur mit Problemen ihrer Lebenswelt, nicht aber mit der politischen Ordnung beschäftigen will, dann würde ich dem nicht nachgeben.

Ich halte die didaktischen Prinzipien für Ergebnisse von Erfahrungen. Sie sind *Klugheitsprinzipien*, mehr nicht. Dieser Status ist völlig ausreichend. Sie bedürfen nicht der Einbettung in eine „politikdidaktische Theorie".

Didaktische Prinzipien sollen auf den konkreten Unterricht einwirken. Daher sollte jeder Lehramtsstudent sie im Verlauf seines Studiums kennen lernen. Den Studierenden sollte klar gemacht werden, dass sie für ihre spätere Tätigkeit keineswegs nur ein Methodenrepertoire benötigen. Viele glauben nämlich, dies genüge.

7. Methoden und Medien der Politischen Bildung

Es gehört seit längerer Zeit zum guten Ton in der Didaktik, sich kritisch oder abfällig über einen Unterricht zu äußern, in dem mit Texten gearbeitet und den Schülern die Aneignung und Reflexion abstrakt-prinzipieller und systematischer Sachverhalte abverlangt wird. Dies gilt als *lehrerzentrierter Frontalunterricht*, obwohl der Unterricht weder lehrerzentriert sein noch zwangsläufig als Plenumsunterricht ablaufen muss. Die Bezeichnung drückt aber schon so etwas wie Abscheu aus. Favorisiert werden dagegen *handlungsorientierte* Methoden. In einem handlungsorientierten Unterricht gehe es lebendig zu. Das Gelernte bleibe auch viel besser haften. Die Schüler müssten Selbsttätigkeit praktizieren, also zeigen, wie sie Handlungssituationen bewältigten. Schließlich fänden die Schüler einen solchen Unterricht natürlich viel interessanter als trockenen Buchunterricht.

Methoden & Medien

Das positive Image des handlungsorientierten Unterrichts ist so hoch, dass kaum noch ein Didaktiker wagt, sich für die grundsätzliche Alternative, die ich *denkorientierten* Unterricht nennen möchte, auszusprechen. Leider hat dieser terminologische Vorschlag bislang keine Verbreitung in der Didaktik gefunden. Gleichwohl ist der denkorientierte Unterricht geeignet, die Schwachstelle der Handlungsorientierung auszugleichen. Die Schwachstelle besteht darin, dass handlungsorientierte Methoden fast immer nur punktuelle Erkenntnisse ermöglichen. Die *Systematik* einer Sache oder ihre *Einbettung in größere Zusammenhänge* kommt selten zum Vorschein.

Ich bin also so frei, eine Lanze für die Denkorientierung zu brechen. Das heißt aber nicht, dass ich ein prinzipieller Gegner von Handlungsorientierung bin. Ich weiß jedoch aus meiner eigenen Zeit als Lehrer, dass ein handlungsorientierter Unterricht sehr häufig den 45- bzw. 90-Minuten-Rhythmus der Schule sprengt und einen immensen Vorbereitungsaufwand seitens des Lehrers verlangt. Das allein schränkt seine Anwendbarkeit deutlich ein. Dies nehmen viele Didaktiker in ihrer Begeisterung für die Handlungsorientierung aber schlichtweg nicht zur Kenntnis.

Worauf ich großen Wert lege, ist, dass die Methode zum Gegenstand passen muss. Das bezeichne ich als ein *konstitutives* Methodenverständnis. Gegen diesen Grundsatz verstoßen nach meiner Einschätzung viele Lehrer. Sie setzen Methoden nach dem Zufälligkeitsprinzip ein oder nach der lernpsychologischen Erfahrungsregel, dass Methodenwechsel irgendwie gut ist.

Ich will im Folgenden knapp skizzieren, welche *Methoden* ich unterscheide. Der *Lehrgang* entspricht einem *darbietend-rezeptiven* Lernmodus. Er dient vorzugsweise der Vermittlung *systematischer* Zusammenhänge. Die *Fallanalyse* ist *erarbeitend-problemlösend*. Sie dient dem sachgemäßen *Bewerten* politischer Probleme und Konfliktlagen und der rationalen *Urteilsfindung*. Die *Sozialstudie* ist durch das *forschend-entdeckende* Lernen geprägt. Sie dient neben der Erarbeitung eines Gegenstandes dem Training sozialwissenschaftlicher Methoden. Das *Spiel* entspricht dem *situativ-simulierenden* Lernmodus. Es stellt soziale Interaktions- sowie politische Planungs-, Entscheidungs- und Konfliktregelungsprozesse nach. In der *Produktion* (auch *Projektarbeit* genannt) kommt der *kooperierend-produzierende* Lernmodus zum Tragen. Sie erfordert eine Fülle an Schüleraktivitäten wie Planen, Organisieren, Kommunizieren und Herstellen.

Zu den elektronischen Medien will ich mich nicht im Detail äußern. Dem Internet stehe ich skeptisch gegenüber, weil die Veröffentlichungshürden nirgendwo so niedrig sind wie dort.

Rolle des Schulbuchs

Ganz anders beurteile ich das Schulbuch. Ich bin selbst Autor einer Mehrzahl von Schulbüchern und habe mich auch bereits didaktisch dazu geäußert. Schulbücher stellen im Alltag des Politikunterrichts eine *Großmacht* dar. Sie erleichtern den Lehrern ganz wesentlich die Vorbereitung und Durchführung des Unterrichts. Weil sie ein aufwändiges ministerielles Genehmigungsverfahren durchlaufen haben, genießen sie eine hohe Legitimität und ist ihr Einfluss auf Eltern, Lehrer und Schüler folglich groß. Schulbücher sind Produkte didaktischer Überlegungen der Autoren. Ich behaupte nicht, dass die Überlegungen immer überzeugend sind.

8. Lernprozesse und Schülervorstellungen

Bedeutung lerntheoretischer Erkenntnisse

An der empirischen Erforschung von Lernprozessen und Schülervorstellungen habe ich mich bislang nicht beteiligt und werde dies auch in Zukunft nicht tun. Der Grund für meine Passivität liegt darin, dass konzeptionelle Fragen mich einfach mehr interessieren.

Die Politikdidaktik betreibt im Wesentlichen Lerner-, Professions- und Unterrichtsforschung. Während die *Lernerforschung* das Wissen und das didaktische Selbstverständnis von Schülern in den Blick nimmt, untersucht die *Professionsforschung* die Selbstdeutung und das Handlungswissen von Lehrern. Gegenstand der *Unterrichtsforschung* ist die Mikrostruktur politischer Lehr-Lern-Prozesse.

Empirische Forschung & Schüler- und Lehrervorstellungen

Ich respektiere diejenigen Didaktiker, die empirisch forschen, seien ihre Forschungen nun qualitativ oder quantitativ. Ich muss aber bekennen, dass die mir bekannten Forschungsergebnisse mich hinsichtlich ihres Erkenntniswertes nicht gerade überwältigt haben.

9. Politikdidaktik als Wissenschaft

Womit sich die Politikdidaktik in der nächsten Zeit beschäftigen sollte, weiß ich nicht. Diskussionen werden ja nicht selten von außen angestoßen. Hierauf müssten die Didaktiker dann reagieren.

Forschungsfragen für die Zukunft

Ich habe hauptsächlich Politikwissenschaft studiert. Das hat zur Folge, dass ich die Sache Politik außerordentlich ernst nehme. So möchte ich meine Aufgabe in der Didaktik in der eines *Wächters* der Politik vor pädagogischen „Verflüssigungen" sehen. Solche Verflüssigungen sind etwa im Programm der Demokratiepädagogen unschwer zu identifizieren. Darüber hinaus habe ich eine Vorliebe für prinzipielle Auseinandersetzungen in der Disziplin.

Eigene Forschungsschwerpunkte

Der Schwerpunkt meiner wissenschaftlichen Arbeit liegt in der Disziplingeschichte. Ich forsche über das Selbstverständnis der Gründerväter der Politikwissenschaft nach dem Zweiten Weltkrieg. Mich interessiert, ob sie den politischen Bildungsauftrag, der der Politikwissenschaft damals aufgegeben war, ernst nahmen und, wenn ja, welche konzeptionellen Vorstellungen zur politischen Bildung sie entwickelten.

10. Fachdidaktische Kontroversen

Es gibt meines Erachtens drei Kontroversen. Die erste Kontroverse betrifft die Frage nach der Berechtigung des *Konstruktivismus* in der Politikdidaktik. Dieser Streit geht an die Fundamente der Wissenschaft und tangiert damit auch den Wissenschaftscharakter der Politikdidaktik. Es gibt allerdings die Auffassung, dass der Konstruktivismus lediglich Konsequenzen für die Lerntheorie hat. Das ist für mich aber eine Verharmlosung. Der Konstruktivismus berührt auch die Kompetenzorientierung hinsichtlich des politischen Fachwissens und der politischen Urteilsfähigkeit. Denn aus konstruktivistischer Sicht gibt es nur viables, nicht aber richtiges Wissen. Es ist aus diesem Blickwinkel nicht möglich, von Fehlkonzepten zu sprechen. Dem Modell der Politikkompetenz ist damit die Grundlage entzogen. Es dürfte wohl nicht überraschen, wenn ich sage, dass ich kein Anhänger dieser Sichtweise bin.

Die zweite Kontroverse bezieht sich auf das *inhaltliche Profil* der Politischen Bildung. Ist sie auf Politik oder auf Gesellschaft fokussiert? Im ersten Fall ist die Politikwissenschaft die maßgebliche Bezugsdisziplin, im zweiten Fall sind es alle denkbaren Sozialwissenschaften. Im ersten Fall dominiert ein Politikverständnis, in dem staatliche und internationale Akteure dominieren. Im zweiten Fall geht es um das Politische in einem unbestimmten Sinne. Wie man sich denken kann, neige ich der ersten Auffassung zu.

Die dritte Kontroverse berührt die *unterrichtliche Praxis*. Der Streit kreist um die Frage, ob der Unterricht in erster Linie auf die Vermittlung von Konzepten gerichtet sein soll, oder ob das Aushandeln subjektiver Deutungen über Konzepte die eigentliche Aufgabe ist. Das Nachdenken gehört für mich zu einem guten Unterricht. Reduziert sich Unterricht aber ausschließlich auf ein Aushandeln, dann kann alles nur Denkbare dabei herauskommen. Eine solche Aussicht kann mich nicht befriedigen.

11. Politikdidaktik und Lehramtsausbildung

Wissen und Können von Politiklehrern

Politiklehrer sollten *erstens* fachwissenschaftlich sehr gut ausgebildet sein. Hiervon ist alles andere abhängig. Sie sollten *zweitens* eine politikdidaktische Kompetenz besitzen, die ihnen eine didaktisch reflektierte Unterrichtsplanung und -reflexion ermöglicht.

Politikdidaktik in der Lehramtsausbildung

In keinem Lehramtsstudiengang, der zur Fakultas in Politik befähigt, dürfen fachdidaktische Studienanteile fehlen. Ich plädiere dafür, dass jeder Lehramtsstudent im Laufe seines Studiums auf jeden Fall zwei fachdidaktische Module besuchen muss. Diese Module müssen Gelegenheiten zur Reflexion didaktischer und methodischer Fragen geben. Hinzu kommen sollten noch zwei Praktika im Unterrichtsfach.

Verhältnis von Theorie und Praxis

Unterricht ist ein komplexes Geschehen. In ihm spielen situative Faktoren wie etwa die Raumsituation, die Zusammensetzung der Lerngruppe oder die Unterrichtszeit eine sehr erhebliche Rolle. Diese Faktoren können über Gelingen oder Misslingen des konkreten Unterrichts entscheiden. Und deshalb sind sie für viele Lehrkräfte wichtig. Die Politikdidaktik interessiert sich aber nicht für die besonderen Umstände, sondern für das Allgemeingültige und Prinzipielle. Mit anderen Worten: Sie liefert keine Rezepte für den alltäglichen Unterricht. Nebenbei: Würde sie dies tun, verlöre sie ihre Existenzberechtigung als akademische Disziplin.

Die Kompetenzorientierung bildet naturgemäß einen Schwerpunkt meiner Lehre. Daneben spielen Fragen nach dem Selbstverständnis der Politikdidaktik sowie das Methodenrepertoire der politischen Bildung eine wichtige Rolle.

Schwerpunkte der eigenen Lehre

12. „Gute" politische Bildung

Grundsätzlich gilt: Eine gute politische Bildung muss ihren Kern im Unterrichtsfach Politische Bildung haben.

Inhaltlich gilt: Im Fach muss die Politik im Zentrum stehen. Immer wieder müssen die Fachkonzepte thematisiert werden, um konzeptuelles Wissen aufzubauen. Und immer wieder müssen die Schüler zur Abgabe politischer Urteile aufgefordert werden.

Hinsichtlich der unterrichtlichen Inszenierung gilt: Der Unterricht muss *zielorientiert* und *klar strukturiert* sein sowie zum *Denken* herausfordern und viel Gelegenheit für *Schüleraktivitäten* bieten.

Georg Weißeno

Dr. Georg Weißeno, geb. 1951 in Crailsheim

Professor für Politikwissenschaft und ihre Didaktik am Institut für Politikwissenschaft der Pädagogischen Hochschule Karlsruhe seit 1999.

Arbeitsschwerpunkte: Empirische Lehr-Lern-Forschung in der Domäne Politik, Theorie der Politikdidaktik, Kompetenzmodellierung, fachbezogene Unterrichtsforschung.

Frühere Tätigkeiten

- Privatdozent an der Universität Wuppertal von 1995 bis 1999

Verbandstätigkeiten

- Mitglied der Deutschen Vereinigung für Politische Wissenschaft (DVPW) (Sektion Politische Wissenschaft und politische Bildung), Sprecher der Sektion seit 2012
- Mitglied der Gesellschaft für Politikdidaktik und politische Jugend- und Erwachsenenbildung (GPJE), Mitglied im Sprecherkreis (1999-2012), Schatzmeister von 2000 bis 2002, Sprecher von 2002-2006
- Mitglied der Gesellschaft des Sachunterrichts (GDSU)
- Mitglied der Deutschen Gesellschaft für Erziehungswissenschaft (DGFE)
- Mitglied in der Arbeitsgruppe für Empirische Pädagogische Forschung (AEPF)
- Mitglied der Gesellschaft für Empirische Bildungsforschung (GEBF)
- Mitglied im Südwestdeutschen Lehrerinnen- und Lehrerverband (SWL)

Beratungs- und Kommissionstätigkeiten

- Beratertätigkeit für die Bundeszentrale für politische Bildung
- ACQUIN Akkreditierungs-, Certifizierungs- und Qualitätssicherungs-Institut
- AQAS e.V. Agentur für Qualitätssicherung durch Akkreditierung von Studiengängen

Veröffentlichungen – Auswahl

2015 zusammen mit Carla Schelle: Empirische Forschung in gesellschaftswissenschaftlichen Fachdidaktiken. Wiesbaden.

2013 zusammen mit Valentin Eck: Wissen, Selbstkonzept und Fachinteresse. Ergebnisse einer Interventionsstudie zur Politikkompetenz. Münster/New York.

2012 zusammen mit Joachim Detjen, Peter Massing und Dagmar Richter: Politikkompetenz – ein Modell. Wiesbaden

2012 zusammen mit Hubertus Buchstein (Hrsg.): Politisch Handeln. Modelle, Möglichkeiten, Kompetenzen. Opladen.

2010 zusammen mit Joachim Detjen, Ingo Juchler, Peter Massing und Dagmar Richter: Konzepte der Politik – ein Kompetenzmodell. Bonn.

2009 zusammen mit Valentin Eck: Teaching European Citizens. A Quasi-experimental Study in Six Countries. Muenster/New York.

2007 zusammen mit Klaus-Peter Hufer, Hans-Werner Kuhn, Peter Massing und Dagmar Richter (Hrsg.): Wörterbuch Politische Bildung. Schwalbach/Ts.

Leseempfehlungen für (angehende) Politiklehrerinnen und -lehrer

Detjen, Joachim/Massing, Peter/Richter, Dagmar/Weißeno, Georg (2012): Politikkompetenz – ein Modell. Wiesbaden.

Weißeno, Georg/Detjen, Joachim/Juchler, Ingo/Massing, Peter/Richter, Dagmar (2010): Konzepte der Politik – ein Kompetenzmodell. Bonn.

Weißeno, Georg/Eck, Valentin (2013): Wissen, Selbstkonzept und Fachinteresse. Ergebnisse einer Interventionsstudie zur Politikkompetenz. Münster/New York.

Brunold, Andreas/Ohlmeier, Bernhard (Hrsg.) (2013): School and Community Interactions. Interface for Political and Civic Education. Wiesbaden.

Breit, Gotthard/Weißeno, Georg (2015): Kompetenzorientierter Politikunterricht – in neun Schritten vom Modell zur Unterrichtsplanung. In: Siegfried Frech, Dagmar Richter (Hrsg.): Politikunterricht professionell planen. Schwalbach/Ts., S. 167-187.

Georg Weißeno

„Politikkompetenz ist ein theoretisches Konstrukt. Zur Erfassung bedarf es einer ganzen Reihe von Einzelbeobachtungen in unterschiedlichen Situationen, die systematisch zu erheben und auszuwerten sind."

1. Werdegang

Mit der Politikdidaktik bin ich – wie es damals üblich war – erstmals während der Referendarzeit konfrontiert worden. Da ich sehr schnell merkte, dass man nach den Konzeptionen als normative Propositionen nicht unterrichten konnte, wandte ich mich der Unterrichtsforschung zu. Berufsbegleitend promovierte ich in Hamburg über Lernertypen und Lernerdidaktiken im Politikunterricht (1989). 1995 wurde ich an der Universität Wuppertal in Politikdidaktik habilitiert. 1999 erging der Ruf an die Pädagogische Hochschule Karlsruhe für Politikwissenschaft und ihre Didaktik. Als Lehrer (bis 1999) wurden mir Aufgaben in der curricularen Entwicklung der Oberstufenkoordination, der Lehrerfortbildung und der Ausbildung von Referendar/-innen übertragen.

2. Situation und Perspektiven der politischen Bildung

Gegenwärtige Situation und Herausforderungen

Die Weiterentwicklung des Politikunterrichts ist aus wissenschaftlicher Sicht nicht vorhersehbar. Die Nutzung immer neuer Unterrichtsmethoden allein ist jedenfalls noch kein Fortschritt in der Qualitätsverbesserung. Die Entwicklung neuer Kerncurricula hat inzwischen das Fachvokabular der Bildungsstandards übernommen. Die Begriffe sind aber inhaltlich weiterhin mit dem pädagogischen input-orientierten Kompetenzbegriff von Roth (1971) unterlegt. Dies ist dem Umstand geschuldet, dass es bisher keine Bildungsstandards der KMK für das Fach Politische Bildung gibt. Droht das Fach deshalb in der Schule und im Wissenschaftssystem randständig zu werden? Wie auch immer. Jedenfalls gilt: In der Schule ist keine Anstrengung für das Abschneiden der Schüler/-innen in nationalen Vergleichstests erforderlich. Die Politikdidaktik liefert erst in Ansätzen die erforderlichen Forschungsergebnisse, die rigorose methodische Standards erfüllen. Darauf könnte das Institut für Qualitätsentwicklung in Berlin (IQB) als Testinstitut zurückgreifen, sollte das Fach in den Kanon der Leistungstests aufgenommen werden.

Die Chance zu einem kognitiv aktivierenden Unterricht ist gegeben. Dies ist im Politikunterricht zu wenig sichtbar. Das, was an vielen Stellen über den kompetenzorientierten Politikunterricht geschrieben wird, entspricht oft dem input-orientierten pädagogischen Kompetenzbegriff oder eigenwilligen eigenen Begriffsvorstellungen. Kompetenzen sollten aber nach Klieme u. a. (2013) kognitionspsychologisch definiert werden. Begriffsverwirrung stellt sich bei den Leser/-innen ein. Bisher wissen wir wenig über die Deutungen der Bildungsreform durch die Politiklehrer/-innen. Dies ist bedauerlich, weil sie die Schlüsselpersonen für eine Qualitätsverbesserung des Unterrichts sind.

Kompetenzorientierung

Für den Politikunterricht müssen zukünftig Kompetenzstufen theoretisch und empirisch validiert formuliert, besser noch durch die KMK festgelegt werden. Erst Kompetenzstufen, die es für die Grundschule in Deutsch und Mathematik bereits gibt, können den Politiklehrer/-innen eine hinreichende Orientierung in der Praxis bieten. Die Formulierungen in den Kerncurricula der Länder sind hierfür nicht nutzbar. Eine Ausformulierung der jeweiligen Fähigkeiten für die Klassenstufen fehlt. Insofern ist es den Politiklehrer/-innen bisher nicht möglich, einzelne Schüler/-innen unabhängig von der sozialen Bezugsnorm der Klasse und der Norm des Lehrenden diagnostisch zu verorten. Der Förderbedarf kann bisher nur an diesen beiden Bezugsnormen bestimmt werden. Ein unabhängiges Urteil ist nicht möglich, in der Zukunft aber erforderlich. Es schafft Transparenz für die Politiklehrer/-innen, die Schüler/-innen und Eltern.

Es muss ein Bewusstsein dafür vorhanden sein, dass die zentrale „Frage nicht lautet ‚Was haben wir durchgenommen?', sondern ‚Welche Vorstellungen, Fähigkeiten und Einstellungen sind entwickelt worden?'" (Blum 2006, 32). Wir brauchen Bildungsstandards für das Fach und illustrierende Lernaufgaben, die einen kognitiv aktivierenden Unterricht ermöglichen. Es kommt darauf an, aktive Prozesse des Lernens zu initiieren. Unterrichtsmethoden allein sind hierfür nicht die Lösung. Sie sind erst im Kontext des Klassenmanagements, der Strukturierung, des Anwendungsbezugs der Inhalte, der Motivierung, der Problemsensibilität, der Klarheit, fachlichen Kohärenz usw. hilfreich (Helmke, 2003, S. 50ff.). Denn Lernen ist ein aktiver und konstruktiver Prozess der Informationsverarbeitung, keine extern vermittelte, passive Informationsaufnahme. Alle Unterrichtsformen und -methoden können je nach Lehrer/-in effizient oder ineffizient, exzellent oder dilettantisch sein. Sie lösen keine Probleme. Auf die Lehrer/-innen kommt es an.

Ein Hilfsmittel zur Strukturierung des Unterrichts stellt das Modell der Politikkompetenz von Detjen, Massing, Richter und Weißeno (2012) dar. Es zeigt den Lehrer/-innen, welche fachlichen Zusammenhänge relevant und begründbar sind. Es beschreibt vier Kompetenzdimensionen (Fachwissen, Politische Urteilsfähigkeit, Politische Handlungsfähigkeit, Einstellungen und Motivation) mit den jeweils dazu gehörenden Facetten. Facetten konkretisieren die Kompetenzbeschreibung. Sie lassen

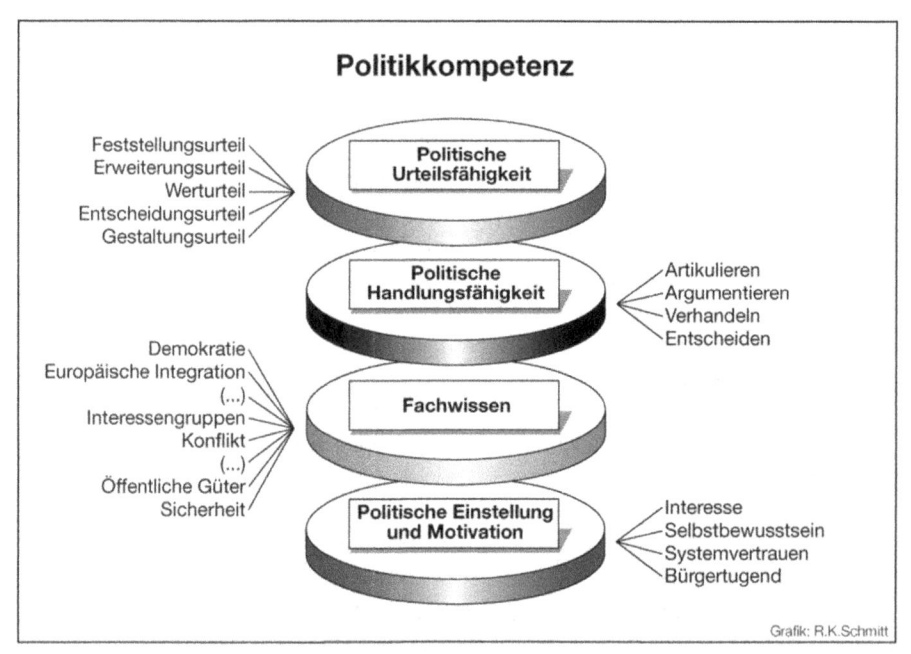

Abb. 1: Modell der Politikkompetenz (Detjen, Massing, Richter & Weißeno, 2012, S. 15)

sich in Lernaufgaben übersetzen. Hierfür haben die Autor/-innen bereits Vorschläge gemacht. Die Lernaufgaben illustrieren die zu erwerbenden Fähigkeiten. Sie zeigen Möglichkeiten auf, kognitiv aktivierende Lernprozesse zu initiieren. Dadurch wird das Modell für Lehrer/-innen handhabbar.

Die Arbeit mit dem Kompetenzmodell bietet eine Chance zur Strukturierung des Unterrichts. Sie kann für klare Inhalte sorgen. Dies leistet die Anlage eines knappen, kontinuierlichen Selbstreports. Der/die Lehrer/-in hält für jede Unterrichtsstunde die angesprochenen Kompetenzfacetten fest. Ein Selbstreport zeigt dem/der Lehrer/-in im Verlaufe eines Schuljahres, welche Kompetenzfacetten bereits für das Lernen angeboten wurden. Die Orientierung erfolgt nicht mehr über die behandelten Themen, sondern über den spiralig aufzubauenden Kompetenzstand. Die Kompetenzfacetten müssen immer wieder bei verschiedensten Themen angesprochen werden. Derartige Wiederholungen sichern das Lernen, das vernetzte Denken und den Wissensaufbau. Einseitigkeiten des Unterrichts werden schnell sichtbar, Lücken im Lernangebot ebenfalls. Der Selbstreport ist eine Hilfe, um sicher zu gehen, dass der Unterricht genügend Anregungen zum Kompetenzaufbau liefert.

Wie bei der Unterrichtsplanung die beiden Dimensionen Fachwissen und Urteilsfähigkeit an einem Beispiel vernetzt werden können, haben Breit und Weißeno (2013) gezeigt. Wie die vier Kompetenzdimensionen beim Thema Europäische Union angesprochen werden können, zeigen Weißeno und Landwehr auf der Homepage eines Jean-Monnet-Projekts (http://www.politikwiss.ph-karlsruhe.de/jmp/). Es gibt also mittlerweile illustrierende Beispiele für den Unterricht. In den Schulbüchern ist diese Arbeit mit Kompetenzen noch nicht angekommen. Dies bestätigt eine empirische Analyse des dort angesprochenen Fachwissens (Weißeno 2013). Die Schüler/-innen erhalten mit dem Schulbuch keine Lerngelegenheiten für die Bewältigung komplexer Problemstellungen. Die Schulbücher schauen nicht auf den Kompetenzaufbau, sondern verfahren in ihren Materialien wie bisher nach dem antiquierten Prinzip ‚Welches Thema behandeln wir?'.

Die Unterrichtsqualität eines kompetenzorientierten Unterrichts zeichnet sich durch drei Momente aus (Blum 2006, S. 29). Wichtig ist erstens eine fachlich gehaltvolle Unterrichtsgestaltung, die den Schüler/-innen vielfältige Tätigkeiten zu allen Kompetenzdimensionen und -facetten bietet. Erst dann können Vernetzungen zwischen den

Kompetenzdimensionen in den gedanklichen Konstruktionen der Schüler/-innen entstehen. Erforderlich ist also ein kognitiv-konstruktivistisches Verständnis vom Lernen. Die kognitive Aktivierung der Schüler gelingt zweitens dann, wenn der Unterricht Konstruktionen stimuliert, ermöglicht und selbstständiges Lernen ermutigt. Dazu gehören die Entwicklung lernstrategischen Verhaltens sowie metakognitive Aktivitäten, wie etwa Strategiewissen, epistemisches Wissen. Drittens gehört zur Qualität eine effektive und schülerorientierte Unterrichtsführung, bei der verschiedene Unterrichtsmethoden flexibel variiert werden.

3. Demokratie und politische Bildung

Demokratielernen als Aufgabe der politischen Bildung?

Die Demokratiepädagogen haben den Begriff des Demokratielernens erfunden. Ihrem politischen Alltagsverständnis folgend werfen sie dem Politikunterricht Versagen vor. Er schaffe es nicht, die Schüler/-innen für Politik zu interessieren. Zu dieser Behauptung von Pädagogen haben sich viele Politikdidaktiker/-innen in den letzten 20 Jahren zutreffend geäußert und die Differenz zwischen beiden Positionen herausgearbeitet. Dem ist hier nichts Neues hinzuzufügen. Die Behauptungen der Demokratiepädagogen vom größeren Lernerfolg sind bereits empirisch widerlegt (Biedermann, 2006, Diedrich, 2008).

4. Politikbegriff und Breite des Unterrichtsfaches

Im Fokus schulischer politischer Bildung steht thematisch stets die Politik, wenngleich dieser Gegenstand auch auf andere Inhaltsfelder ausgreift. Dabei wird von einem umfassenden Politikbegriff ausgegangen, der auch ökonomische Prozesse, geschichtliche Bedingtheiten sowie rechtliche, gesellschaftliche und ökologische Themen mit einbezieht. Unbeschadet des umfassenden Politikverständnisses bildet die Politik den Kern der Politikdidaktik, weshalb bei der Behandlung der bereits angeführten Inhaltsfelder ein explizit politischer Zugang zu wählen ist (vgl. Weißeno u. a. 2010, 24f.). Empirisch lässt sich die normativ gewünschte Integration von Domänen (z. B. Politik und Ökonomie) nicht zeigen. Theoretisch und empirisch sind beide Domänen zu unterscheiden.

5. Kompetenzen, Inhalte und Konzepte der politischen Bildung

Die Beschreibung und Definition der Politikkompetenz – darüber besteht bei allem Dissens im Anspruch und in der theoretischen Begründung der Modelle durchaus noch Konsens – sind heute eine wesentliche Aufgabe der Politikdidaktik. In der inhaltlichen ‚Füllung' der Politikkompetenz gibt es hingegen große Unterschiede. Politikkompetenz setzt aus einer kognitionspsychologischen Perspektive den Willen und die Motivation voraus, Aufgaben, die im Politikunterricht oder im Alltag gestellt werden, zu lösen. Hierzu werden kognitive Fähigkeiten und Fertigkeiten benötigt. Emotionen, Überzeugungen, Interessen können dabei gleichfalls eine Rolle spielen. Insofern ist die Politikkompetenz ein vielschichtiges Konstrukt, das nicht allein auf einer fachlichen Grundlage beruht. Die Entwicklung eines individuellen politischen Wissens ist vielmehr auch von motivationalen und volitionalen Faktoren abhängig (vgl. Weißeno 2012a, S. 161).

Kompetenzen

Gleichwohl lässt sich die Politikkompetenz nicht im Unterricht beobachten. Sie ist ein theoretisches Konstrukt. Zur Erfassung bedarf es einer ganzen Reihe von Einzelbeobachtungen in unterschiedlichen Situationen, die systematisch zu erheben und auszuwerten sind. Ihre Testung ist Aufgabe der Politikdidaktik und Bildungsforschung. Es ist nicht Aufgabe der Lehrer/-innen zu testen.

Die Ausrichtung des Unterrichts auf das Modell der Politikkompetenz gibt den Politiklehrer/-innen die Möglichkeit, dem Unterricht mit kompetenzorientierten Lernaufgaben eine motivierende und klare fachliche Ausrichtung zu geben. Die Lehrer/-innen sind aufgefordert, neue Lernsettings zu erproben und ihre Perspektiven auf Unterricht systematisch zu erweitern. Die anzustrebende Veränderung des Politikunterrichts setzt voraus, dass die Lehrer/-innen das Modell der Politikkompetenz verstanden haben. Erforderlich ist des Weiteren, dass die Lehrer/-innen ihr Handeln als eigene, nicht als von außen vorgegebene Gestaltungsaufgabe wahrnehmen. Hilfestellungen über illustrierende Unterrichtsmaterialien und Lernaufgaben sowie Darstellungen der theoretischen Grundsätze liegen vor. Bisher ist den Politiklehrer/-innen die Nutzung kompetenzorientierter Lernaufgaben noch nicht vertraut.

Mit der Bildungsreform sind Aufgaben an die Politikdidaktik gestellt worden. Ohne Bezugstheorien blieb noch das Kompetenzmodell von

Behrmann, Grammes und Reinhardt. Dieses Modell erfüllt theoretische Ansprüche genauso wenig wie das verbandspolitische Modell der GPJE. Beide Modelle beziehen kontextunspezifische Aspekte ein. Sie entsprechen den normativen Vorstellungen der jeweiligen Autor/-innen. Die Entwicklung ging weiter. Nach einer längeren Diskussion gibt es nunmehr einen Vorschlag, der theoriegeleitet erarbeitet wurde (Detjen, Massing, Richter und Weißeno, 2012).

Konzepte

Das dazu gehörende Modell des Fachwissens war bereits 2010 von Weißeno, Detjen, Juchler, Massing und Richter vorgelegt worden. Es ist unverändert in das Gesamtmodell von 2012 übernommen worden. Insofern gibt es zwei Bücher zur Politikkompetenz. Neu ist nicht nur das Gesamtmodell, sondern auch die Klärung des auf unterschiedlichen Klassenstufen zu vermittelnden Fachwissens in der Form von Fachkonzepten.

Eine Kritikergruppe (Autorengruppe Fachdidaktik 2011) hat das Ausgangsmodell des Fachwissens mit einer Streitschrift bedacht. Die Kritiker/-innen (Besand, Grammes, Henkenborg, Hedtke, Lange, S. Reinhardt, Sander) tragen in der Streitschrift als Einzelpersonen ihre Deutungen mit großer Empörung vor. Das von der Kritikergruppe am Ende des Bandes auf drei Seiten erläuterte eigene ‚Modell' der Basis- und Fachkonzepte ist eher eine Ideenskizze. Damit bleibt die Kritikergruppe in Andeutungen zum Fachwissen stecken. „Eine Wissenschaft aber, die ihre Modelle nur aus nicht überprüften und normativ-deduktiven Prämissen ableitet, stößt schnell an ihre Grenzen" (Manzel 2012, S. 145). In der Streitschrift wurden viele Behauptungen aufgestellt, die sich bei genauem Lesen der Begründungen des Ausgangsmodells als unbegründet erweisen. Dies haben die Autor/-innen des Ausgangsmodells des Fachwissens in ihrer Replik deutlich gemacht (Massing, Detjen, Richter, Weißeno, Juchler 2011). Die Streitschrift war also größtenteils fachpolitisch motiviert. Sie hat aber dazu geführt, dass beide Modelle in der Literatur von manchen Autor/-innen als gleichwertig diskutiert werden. Hier stellt sich das „Äpfel-und-Birnen-Problem": Vergleichbar ist alles, es ist nur nicht alles gleich.

Die Autor/-innen des Ausgangsmodells des Fachwissens sind den Weg der Reform der Politikdidaktik gegangen. Hierzu haben sie zunächst Überlegungen zu den Fachkonzepten angestellt. Fachkonzepte sind erstens kognitionspsychologisch und zweitens politikwissenschaftlich begründet. In Informationsverarbeitungsprozessen wird Neues gelernt und verarbeitet. Die Möglichkeit, sich Wissen über Fachkonzepte im Unterricht anzueignen, ist nach der Theory of Mind gegeben, da Informationen und Erfahrungen von den Menschen in Strukturen behalten werden. Die Informationen aus dem Unterricht werden sowohl wahrnehmungs- als auch bedeutungsbezogen weiter verarbeitet. Es werden mentale Vorstellungen entwickelt, die mit den ursprünglichen Wahrnehmungen der Originalereignisse nicht mehr identisch sind, sogenannte Konzepte.

Die Orientierung an Theorie ist nach Auffassung der Autor/-innen wichtig, um die Lernprozesse von Schüler/-innen verstehbar zu machen. Sie erklärt konkret, wie sich die Schüler/-innen Wissen aneignen und aufbauen. Sie erklärt zugleich die in diesem Prozess möglicherweise entstehenden Misskonzepte. Der Unterricht kann ihnen mit geeigneten Lehrstrategien zu begegnen versuchen. Insofern ist die Berücksichtigung der Theorie aus politikdidaktischer Perspektive erforderlich und

Basis- und Fachkonzepte der Politik

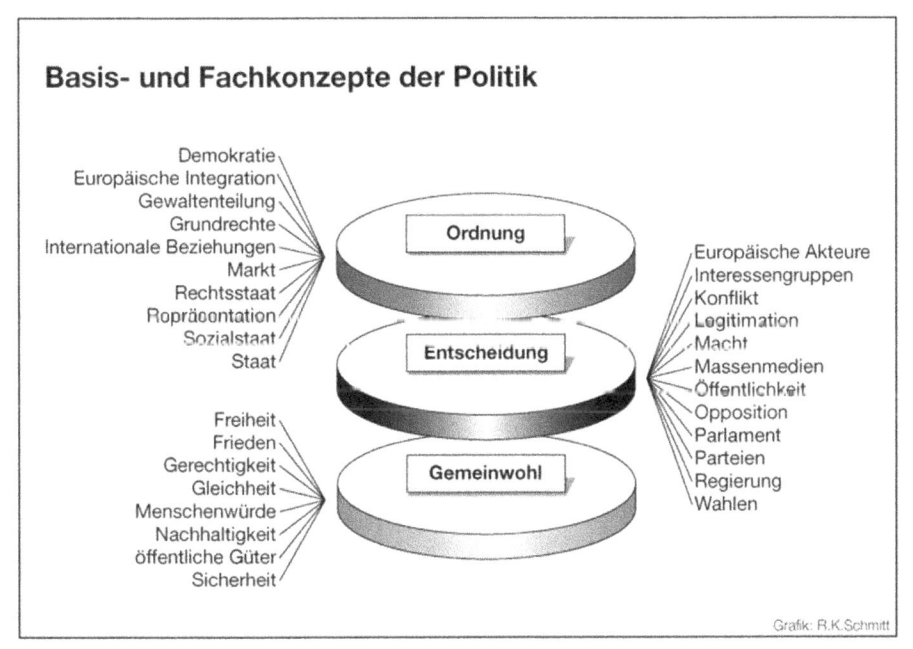

Demokratie
Europäische Integration
Gewaltenteilung
Grundrechte
Internationale Beziehungen
Markt
Rechtsstaat
Repräsentation
Sozialstaat
Staat

→ **Ordnung**

Europäische Akteure
Interessengruppen
Konflikt
Legitimation
Macht
Massenmedien
Öffentlichkeit
Opposition
Parlament
Parteien
Regierung
Wahlen

→ **Entscheidung**

Freiheit
Frieden
Gerechtigkeit
Gleichheit
Menschenwürde
Nachhaltigkeit
öffentliche Güter
Sicherheit

→ **Gemeinwohl**

Grafik: R.K.Schmitt

Abb. 2: Basis- und Fachkonzepte der Politik (Weißeno, Detjen, Juchler, Massing, Richter 2010, S. 12)

nützlich. Sie kann den Lehrer/-innen bei der Reflexion der Schülerantworten, bei der Auswahl der Unterrichtsmaterialien, bei der Förderung helfen.

Die Arbeit mit Fachkonzepten ist ein wesentlicher Bestandteil der Kompetenzorientierung. Eine Form des Konzeptes ist der Begriff, der mit Vorstellungen verbunden wird. Jedoch ist die Existenz eines Konzepts nicht an die sprachliche Bezeichnung gebunden. Im Handeln sind viele Konzepte wirksam, denen ein sprachlicher Ausdruck fehlt. Vernetztes konzeptuelles Wissen ermöglicht die Einschätzung unbekannter politischer Situationen. Auch wenn sich die Tagespolitik ändert, das in der Schule erworbene fachliche Gerüst an Fachkonzepten (Fachsprache) sichert die Einschätzung der jeweiligen Vorgänge. Zudem kann sich das Fachwissen durch ständige Anreicherung mit Fachvokabular sinnvoll erweitern. Neue Wissenselemente passen zu vorhandenen und werden so im Gedächtnis aufgenommen. Konzepte sind als Begriffe sprachlich verbalisierbar. Jeder Fachbegriff umfasst nach Saussure eine Vorstellung vom Inhalt (signifié) und die Wortgestalt selbst (signifiant). Es gibt also kein reines Wörterlernen in einer Fachsprache. Deshalb sind Fachbegriffe in Form von Fachkonzepten und ihren konstituierenden Begriffen das zentrale Element zur Beschreibung des Fachwissens.

Die Fachkonzepte sind inhaltlich zu bestimmen. Hierzu bedarf es politikwissenschaftlicher Theorien. Sie versuchen die Vorgänge in der Politik zu erklären. Es gibt i. d. R. mehrere, konkurrierende Theorien. Ihre unterschiedlichen Erklärungen liefern den Bewertungsraum für noch richtig und schon falsch. Deshalb sind im Unterricht immer mehrere Antworten als richtig zugelassen. Weil die unterschiedlichen Vorstellungen zu den Fachbegriffen mit den politikwissenschaftlichen Theorien erläutert werden, hat das vorliegende Modell einen theoretischen Anspruch. Das Modell vereint Bezüge der Politikwissenschaft und der Kognitionspsychologie unter einer politikdidaktischen Perspektive.

Kompetenzen   Das Gesamtmodell der Politikkompetenz ermöglicht die Binnenstrukturierung des Faches Politische Bildung. Anknüpfend an den normativen Diskurs in der Politikdidaktik wurde die Kompetenzdimension „Politische Urteilsfähigkeit" übernommen und theoriebezogen fachlich konkretisiert. Mit fünf Facetten wurde die Dimension unterrichtspraktisch handhabbar gemacht. Das traditionelle Ziel des Unterrichts „Politische Handlungsfähigkeit" wurde gleichfalls übernommen. Es wird seinerseits inhaltlich definiert und mit vier Facetten für den Unterricht umsetzbar gemacht. Die Autor/-innen wollten keine Wünsche für das Ergebnis politischen Lernens formulieren. Es sollten für Schüler/-innen und Lehrer/-innen nachvollziehbare, erlernbare Arbeitsschritte und Ergebnisse sein. Neu eingebracht in die Kompetenzdiskussion wurde die Kompetenzdimension Einstellung und Motivation. Über die Notwendigkeit, politische Einstellungen zu berücksichtigen und einzubeziehen, bestand bereits in den normativen Zieldiskussionen weitgehend Übereinstimmung. Die positive Einstellung zur Demokratie, das Interesse an Politik, waren immer schon wichtige Ziele des Politikunterrichts. Sie sind zudem einflussreiche Bedingungsfaktoren schulischer Leistung.

In kognitionspsychologischer Hinsicht ist das (politische) Urteilen ein Prozess, in dem eine Person einem bestimmten Urteilsobjekt einen Wert auf einer Urteilsdimension zuordnet. Urteilsobjekte sind Gegenstände, Situationen, Personen, Aussagen, Ideen wie auch innere Zustände. Politische Urteile beziehen sich auf die Aufgaben und Probleme des politischen Systems wie auch der internationalen Beziehungen, des Weiteren auf die Aufgaben und Probleme des sozialen Nahraumes, über politische Programme und Überzeugungen. Oftmals werden Personen, d. h. politische Akteure, zum Gegenstand politischer Urteile.

Beim (politischen) Handeln werden Wahrnehmungen, Gedanken, Emotionen, Fertigkeiten, Aktivitäten in koordinierter Weise eingesetzt, um entweder Ziele zu erreichen oder sich von nicht lohnenden oder unerreichbaren Zielen zurückzuziehen. Bei der Entwicklung einer eigenständigen Handlungsfähigkeit werden konkrete einzelne Handlungskonzepte für spezifische Handlungen erworben, die anschließend zu allgemeinen Handlungsschemata für ähnliche Handlungen generalisiert werden. Politisches Handeln findet immer im Bezugssystem einer politischen Ordnung statt. Es lässt sich analytisch unterscheiden in kommunikatives politisches Handeln und in partizipatives politisches Handeln. Der Politikunterricht kann bestenfalls auf die dazu notwendigen Handlungsfähigkeiten vorbereiten. Kompetenzfacetten des kommunikativen und partizipativen politischen Handelns, die im Politikunterricht gefördert werden können, sind: Artikulieren, Argumentieren, Verhandeln und Entscheiden (vgl. auch Richter 2012; Brunold 2012).

Unter Einstellung wird eine vorbereitende kognitive Aktivität verstanden, die dem Denken oder der Wahrnehmung vorausgeht. Eine Einstellung kann die Qualität der Wahrnehmung verbessern oder hemmen.

Unter Motivation versteht man das erstrebenswerte Ergebnis einer Interaktion von Person und Situation. Zu den personenbezogenen Einflüssen gehören vor allem implizite Motive, die einzelne Individuen von anderen unterscheiden, und explizite Motive, d. h. Zielsetzungen, die eine Person gefasst hat und verfolgt, sowie Bedürfnisse, zum Beispiel das Streben nach Wirksamkeit. Implizite Motive in der Politik sind unter anderem politisches Interesse, politisches Selbstbewusstsein, Systemvertrauen und politische Tugenden. Zu den situationsbezogenen Einflüssen gehören neben möglichen Anreizen vor allem Gelegenheiten. Bezogen auf den politischen Bereich können dies beispielsweise Anreize und Gelegenheiten zum politischen Urteilen und politischen Handeln sein (vgl. Weißeno u. a. 2013).

6. Politikdidaktische Prinzipien

Prinzipien wie z. B. Problemorientierung sind pädagogische Ideen. Über diese für alle Fächer geltenden Prinzipien ist in den letzten 20 Jahren viel philosophiert und geschrieben worden. Gegen Prinzipien ist nichts einzuwenden. Prinzipien haben den Vorteil, dass sie ständig erweitert werden können. Wie Ziele sind sie normative Propositionen. Sie geben Auskunft darüber, was für den Unterricht erwünscht ist.

7. Methoden und Medien der Politischen Bildung

Methoden & Medien

Unterrichtsmethoden und Medien sollten die Inhalte angemessen darstellen und die Möglichkeit zu einem kognitiv aktivierenden Unterricht bieten. Alle Unterrichtsmethoden können genutzt werden. Ein kognitiv aktivierender Unterricht ist deshalb immer zugleich handlungsorientiert. Die Effizienz oder Ineffizienz der Methoden für den Lernprozess hängt nicht zuletzt von der professionellen Kompetenz des/der Lehrer/-in ab. Ein leistungssteigernder Effekt ist deshalb selten auf eine Unterrichtsmethode zurückzuführen (Weißeno & Eck 2013). Nachweisbar kognitiv aktivierend sind z. B. kooperative Lernmethoden, aber nur bei geeigneten Lernmaterialien und professioneller Kompetenz.

8. Lernprozesse und Schülervorstellungen

Im Grunde gab es weder eine quantitative noch eine qualitative Forschungstradition, auf die die heute geforderte systematische Forschung aufbauen konnte. Die Befragungen von Hilligen, Rothe, Harms & Breit, S. Reinhardt, Boeser und Meierhenrich waren sehr verdienstvoll. Ihre quantitativen Ergebnisse waren aber von eingeschränkter Gültigkeit, weil sie keine rigorosen statistischen Standards erfüllen und die Didaktiker/-innen eigenen normativen Vorstellungen, aber keinen Theorien folgten. Seit den 90er-Jahren des vergangenen Jahrhunderts sind zahlreiche qualitative Studien entstanden. Darunter gibt es eine Reihe sehr aufwändiger Studien, die methodisch kontrolliert vorzugehen versuchen. Viele aktuelle Studien haben die Absicht, Schüler- und Lehrerbewusstsein sowie Vorstellungen zu erheben. Die Begriffe Bewusstsein und Vorstellungen werden dabei allerdings nicht präzise definiert, sondern bleiben wegen der untrennbaren Faktoreigenschaften vage. In der Forschung wird inzwischen der Anspruch formuliert, dass gemeinsame Gütekriterien für die qualitative und die quantitative Forschungsrichtung bestehen können. Es ist zu beobachten, dass der Rekurs auf normative Ansätze in der qualitativen Forschung eine fundierte gemeinsame Aufbereitung komplexer Daten noch verhindert. Es gibt aber keine Empirie ohne Theorie. Qualitative politikdidaktische Forschung kann der quantitativen Forschung bisher keine ergänzenden, belastbaren Gütemerkmale und Datenquellen liefern.

Die systematische quantitative Forschung begann in der Politikdidaktik erst spät, etwa ab dem Jahr 2007. Sie musste angesichts der Forschungstradition im Fach einen Neuanfang wagen. Sie geht theoriegeleitet vor und bezieht politikwissenschaftliche Theorien und Theorien aus der Kognitionspsychologie mit ein, um das fachspezifische Lernen zu beschreiben. Sie hat eine Vielzahl erster Ergebnisse hervorgebracht. Der Zwischenstand der Schüler- und Lehrer/-innenforschung ist in aktuellen Publikationen dargestellt (Weißeno 2012b; Weißeno, Weschenfelder, Oberle 2013) und muss hier nicht referiert werden. Eine Reihe von Facetten des theoretischen Modells der Politikkompetenz wurde bereits einer belastbaren empirischen Überprüfung unterzogen. Für die Lehrerforschung wurde ebenfalls ein Kompetenzmodell entwickelt und überprüft.

Empirische Forschung & Schüler- und Lehrervorstellungen

9. Politikdidaktik als Wissenschaft

Während im vergangenen Jahrhundert eine Reihe von Vorstellungen über die Ziele des Faches von einzelnen Politikdidaktikern dargelegt wurden, die auf individueller Augenscheinvalidität beruhen, entstehen in diesem Jahrhundert mit dem Kompetenzkonstrukt Ansätze einer noch weiter auszuformulierenden politikdidaktischen Theorie (Weißeno, 2015). Sie versuchen, konkrete Prozesse politischen Lehrens und Lernens zu beschreiben. In den letzten fünf Jahren hat es einen Professionalisierungsschub hin zu einer eigenständig forschenden Disziplin gegeben. Theorie und Empirie bilden die hierzu erforderliche Einheit. Die daran arbeitenden Politikdidaktiker/-innen versuchen, theoriegeleitet systematisch erhobenes Grundlagenwissen bereitzustellen. Die Aussagen in den großen Erzählungen einzelner Politikdidaktiker wie auch zu Problemen der Praxis mit politikdidaktischen Prinzipien sind nicht in Messmodellen für theoriegeleitete Forschung darstellbar. Heute ist an den Universitäten eine Forschungs-Visibility der Politikdidaktik gefordert. Die Hochschulrektorenkonferenz hatte bereits 1998 die Fachdidaktiken aufgefordert, sich zu einer forschenden Disziplin zu entwickeln. Inzwischen liegen für einzelne Länder Gutachten von Expertengruppen zur Reform der Lehrerbildung vor. In allen diesen Empfehlungen wird der Qualität gerade im Hinblick auf die Entwicklung eines empirischen Forschungsprofils höchste Aufmerksamkeit zuteil.

10. Fachdidaktische Kontroversen

In der Politikdidaktik werden viele philosophische Kontroversen geführt. Eine ist derzeit im Vordergrund. In der Debatte um das Modell der Politikkompetenz und die Richtung der Kompetenzorientierung wird ein angeblich objektivistisch-szientistischer Wissensbegriff behauptet. Ein kritischer Wissensbegriff wird ihm gegenübergestellt. Ein derartiger Streit führt ins Leere, weil er nicht über unterschiedliche Theorieansätze, sondern über subjektive Deutungen Einzelner geführt wird.

Eine theoretische Kontroverse steht möglicherweise unausgesprochen im Raum. Es ist die Kontroverse um den radikalen und den gemäßigten Konstruktivismus. Von der Pädagogik wurde die Position des radikalen Konstruktivismus von einigen wenigen Politikdidaktiker/-innen adaptiert. Begründet wird der radikale Konstruktivismus damit, dass jede Wahrnehmung eines Menschen auf individueller Konstruktion und Interpretation beruhe. Eine Schülerantwort ist deshalb niemals als richtig oder falsch zu bewerten. Verbindlich wird die Wirklichkeit für den Einzelnen nur insofern, als andere mit ihm die gleiche Wirklichkeitsauffassung teilen. Letztlich läuft diese Position darauf hinaus, dass die Lehrkraft verbindlich vermitteln muss, dass alles ungewiss ist und es eine Objektivität oder Wahrheit nicht gibt. Der radikale Konstruktivismus begründet den Wissenstransport des Nichtwissens. Zwar lehnt er die Instruktion ab, gibt seinem Bild des selbstgesteuerten Lernens aber kein verbindliches Ziel, keinen output mit. Dabei wird unter anderer Perspektive über die Frage des ‚Wie' des Lehrens diskutiert. Der Instruktionsdidaktik und dem Wissenstransport (Transmission) werden die Selbststeuerung und eine neue Lernkultur des entdeckenden, problemorientierten Lernens gegenübergestellt.

In der Politikdidaktik steht dem radikalen Konstruktivismus ein theoretisch wie auch empirisch begründeter kognitiver, epistemischer Konstruktivismus gegenüber. Ein epistemisches konstruktivistisches Verständnis sieht Lernen gleichfalls als aktiven Konstruktionsprozess, der über Informationsverarbeitung hinausgeht, der in einem sozialen Kontext eingebettet geprägt ist (Detjen, Massing, Richter & Weißeno, 2012, S. 115). Danach müssen Lernende aktiv konstruieren und forschend entdecken. Eine derart gemäßigte konstruktivistische Position sieht einen Wechsel zwischen vorrangig aktiver und zeitweise rezeptiver Position der Lernenden vor. Der Lehrende unterstützt, bietet dar, erklärt oder berät im Wechsel. Lernen ist ein aktiver, selbstgesteuerter, konstruktiver, emotionaler, situativer und sozialer Prozess. Konstruktion und Instruktion werden nicht als Gegensatzpaar gesehen, sondern in Abhängigkeit von Zielsetzung, Voraussetzungen oder Schwierigkeit als verknüpft angesehen. Die Politiklehrer/-innen folgen dem Forschungsprogramm „Professionelle Kompetenz von Politiklehrer/-innen" (PKP) (Karlsruhe-Göttingen) zufolge in der Praxis diesem Ansatz.

11. Politikdidaktik und Lehramtsausbildung

Den Lehrerberuf und das Unterrichten versteht Shulman (1986) als professionelle Tätigkeit, in der Wissen, Fähigkeiten, Verstehen und Verfahrensweisen, Ethos, Dispositionen und kollektive Verantwortung sowie Mittel, um diese darzustellen und zu kommunizieren, zusammenspielen. Die erfolgreiche Ausübung der Lehrertätigkeit wird als die Fähigkeit beschrieben, Wissen, Fähigkeiten und günstige Überzeugungen im Rahmen des Unterrichts in Handlungen zu transformieren und den Schülerinnen und Schülern verständlich zugänglich zu machen. Im deutschsprachigen Kontext ist die Forschung zum Lehrberuf sowie insbesondere zu den Politiklehrer/-innen bisher nicht sehr weit entwickelt. Die Politikdidaktik hatte sich bisher kaum Gedanken zu einem fachspezifischen Kompetenzmodell für Lehrer/-innen gemacht hat. Dies hatte auch Konsequenzen für Ausbildung. Das Forschungsprogramm „Professionelle Kompetenz von Politiklehrer/-innen" verfolgt einen kompetenztheoretischen Ansatz in Anlehnung an die Expertiseforschung. Auf dieser Basis können die Kompetenzen fachspezifisch ausdifferenziert und begründet werden. Es geht darum, Struktur, Ausprägungen und

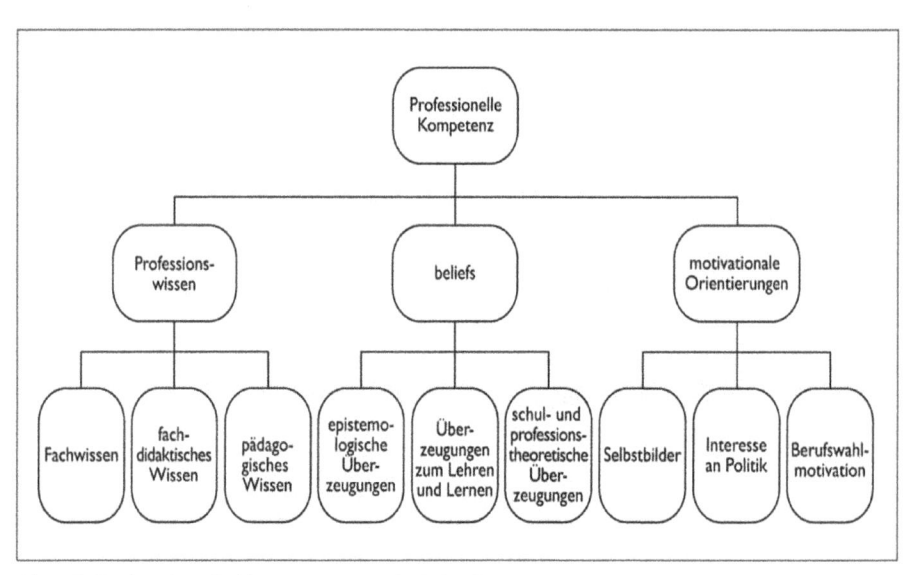

Abb. 3: Professionelle Kompetenz von Lehrkräften

Zusammenhänge professioneller Lehrerkompetenz für das Fach Politik in einem Modell zu beschreiben (Weißeno, Weschenfelder & Oberle 2013).

Zu einzelnen Punkten des Modells liegt bereits eine Reihe von Einzelstudien zu Referendar/-innen und Lehrer/-innen vor. Danach entwickeln sich die Kompetenzen in der Ausbildung und später im Beruf. Um eine praktische und verständliche Basis für die Professionalisierung der Politiklehrkräfte zu schaffen, konkretisieren das Modell und die Studien die dafür erforderliche Wissensbasis. Es ist wichtig, sich mehr mit dem unterrichtsbezogenen fachdidaktischen Wissen zu beschäftigen. Gerade bei Letzterem zeigen sich überraschend positive Ergebnisse. Dem Fachinteresse und dem Interesse für das Unterrichten kommt große Bedeutung zu, da Fachlehrer/-innen über entsprechenden Lehrerenthusiasmus verfügen sollten, um überzeugen zu können und sich dauerhaft in ihrem Beruf zu engagieren. Die Aufklärung der Studierenden über die Vielzahl der genannten Faktoren ist angezeigt.

Die Ausbildung hat sich aber nicht nur mit den Lehrer/-innen zu beschäftigen. Sie hat sich des Weiteren mit politikdidaktischer Theorie und den Ergebnissen der Schülerforschung zu beschäftigen. Die Breite dieser theoretischen und empirischen Kenntnisse markieren die Themen, die in der Ausbildung abzuarbeiten sind. Die Ausbildung kann mittlerweile theorieorientierter erfolgen. In der Politikdidaktik kann zukünftig evidenzbasiert über die Lehrerbildung nachgedacht werden.

12. „Gute" politische Bildung

In dem Buch von Helmke (2003) wird eine Vielzahl von empirisch abgesicherten Qualitätskriterien genannt. Hierzu zählen u. a. das Klassenmanagement, kognitive Aktivierung, solide Wissensbasis, Strukturierung, Klarheit. Es gibt aus theoretischer Perspektive keinen guten, sondern nur qualitätsvollen Politikunterricht (Weißeno/Landwehr 2015)

Literatur

Arbeitsgruppe Fachdidaktik (Hrsg.) (2011): Konzepte der politischen Bildung. Schwalbach/Ts.
Breit, Gotthard/Weißeno, Georg (2013): Entwicklung von Urteilsaufgaben im kompetenzorientierten Politikunterricht. In: Siegfried Frech, Dagmar Richter (Hrsg.): Politische Kompetenzen fördern. Schwalbach/Ts., S. 145-163.
Biedermann, Horst (2006): Junge Menschen an der Schwelle politischer Mündigkeit. Münster.
Blum, Werner (2006): Bildungsstandards Mathematik. In: Werner Blum, Christina Drüke-Noe, Ralph Hartung, Olaf Köller (Hrsg.): Bildungsstandards Mathematik, konkret S. 14-32. Berlin.
Brunold, Andreas (2012): Entscheiden als Dimension der politischen Handlungskompetenz. In: Georg Weißeno, Hubertus Buchstein (Hrsg.): Politisch Handeln. Modelle, Möglichkeiten, Kompetenzen. Bonn und Opladen, S. 210-225.
Detjen, Joachim/Massing, Peter/Richter, Dagmar/Weißeno, Georg (2012): Politikkompetenz – ein Modell. Wiesbaden.
Diedrich, Martina (2008): Demokratische Schulkultur. Messung und Effekte. Münster
Helmke, Andreas (2004): Unterrichtsqualität erfassen, bewerten, verbessern (2. Aufl.). Seelze.
Manzel, Sabine (2012): Anpassung an wissenschaftliche Standards oder Paradigmenwechsel in der Politikdidaktik? In: Zeitschrift für Politikwissenschaft, 22, Heft 1, S. 143-154.
Massing, Peter/Detjen, Joachim/Richter, Dagmar/Weißeno, Georg/Juchler, Ingo (2011): Konzepte der Politik. Eine Antwort auf die Kritikergruppe. Politische Bildung, Heft 3, S. 134-143.
Richter, Dagmar (2012): Politisches Argumentieren im Unterricht – Auf der Suche nach einem Analyseinstrument. In: Georg Weißeno, Hubertus Buchstein (Hrsg.): Politisch Handeln. Bonn und Opladen, S. 178-192.
Shulman, Lee S. (1986): Those who understand: Knowledge growth in teaching. Educational Researcher, 15 (2), p. 4-31.
Weißeno, Georg/Detjen, Joachim/Juchler, Ingo/Massing, Peter/Richter, Dagmar (2010): Konzepte der Politik – ein Kompetenzmodell. Bonn.
Weißeno, Georg (2012a): Dimensionen der Politikkompetenz. In: Georg Weißeno, Hubertus Buchstein (Hrsg.): Politisch Handeln. Opladen, S. 156-177.
Weißeno, Georg (2012b): Zum Stand empirischer politikdidaktischer Forschung. In: Ingo Juchler (Hrsg.): Unterrichtsleitbilder in der politischen Bildung. Schwalbach/Ts., S. 115-126.
Weißeno, Georg (2013): Fachsprache in Schulbüchern für Politik/Sozialkunde – eine empirische Studie. In: Peter Massing, Georg Weißeno (Hrsg.): Demokratischer Verfassungsstaat und Politische Bildung. Schwalbach/Ts., S. 151-170.
Weißeno, Georg/Detjen, Joachim/Massing, Peter/Richter, Dagmar (2013): Politikkompetenz kurzgefasst – zur Arbeit mit dem Kompetenzmodell. In: Siegfried Frech, Dagmar Richter (Hrsg.): Politische Kompetenzen fördern. Schwalbach/Ts., S. 246-276.

Weißeno, Georg/Weschenfelder, Eva/Oberle, Monika (2013): Empirische Ergebnisse zur professionellen Kompetenz von Politiklehrer/-innen. In: Klaus-Peter Hufer, Dagmar Richter (Hrsg.): Politische Bildung als Profession. Bonn, S. 187-202.
Weißeno, Georg/Eck, Valentin (2013): Wissen, Selbstkonzept und Fachinteresse. Ergebnisse einer Interventionsstudie zur Politikkompetenz. Münster/New York.
Weißeno, Georg. (2015): Konstruktion einer politikdidaktischen Theorie. In: Georg Weißeno, Carla Schelle (Hrsg.): Empirische Forschung in gesellschaftswissenschaftlichen Fachdidaktiken – Ergebnisse und Perspektiven. Wiesbaden, S. 3-20.
Weißeno, Georg/Landwehr, Barbara (2015): Effektiver Unterricht über die Europäische Union – Ergebnisse einer Studie zur Schülerperzeption von Politikunterricht. In: Monika Oberle (Hrsg.): Die Europäische Union erfolgreich vermitteln. Wiebaden, S. 99-109.

Hans-Werner Kuhn

Dr. Hans-Werner Kuhn, geb. 1951 in Sohren/Hunsrück

Professor für Politische Bildung mit dem Schwerpunkt Sozialwissenschaftlicher Sachunterricht in der Grundschule am Institut für Politik- und Geschichtswissenschaft der Pädagogischen Hochschule Freiburg seit 2000.

Herausgeber und Autor zahlreicher Veröffentlichungen zur qualitativen Unterrichtsforschung, zur Politikdidaktik und zum sozialwissenschaftlichen Sachunterricht.

Frühere Tätigkeiten

- Referendariat an einem Bonner Gymnasium von 1980 bis 1982
- Wissenschaftlicher Mitarbeiter und Hochschulassistent an der Freien Universität Berlin von 1984 bis 1997
- Vertretungsprofessuren an der Universität Gießen und der TU Dresden von 1997 bis 2000

Verbandstätigkeiten

- Gründungsmitglied der Gesellschaft für Politikdidaktik und politische Jugend- und Erwachsenenbildung (GPJE)
- Mitglied der Gesellschaft für Didaktik des Sachunterrichts (GDSU)

Veröffentlichungen – Auswahl

Mitglied des review-boards der Fachzeitschrift Politische Bildung

2014   zusammen mit Markus Gloe und Tonio Oeftering: Musik und Politik. Politisch-kulturelles Lernen als Zugang Jugendlicher zur Politik?! Reihe: These und Materialien. Bonn.

2010   zusammen mit Markus Gloe, Tonio Oeftering und Alexander Linden: Das Image der Politik und der Politiker. Wahrnehmung und Selbstwahrnehmung politischer Akteure. Reihe: Themen und Materialien, Bonn.

2009	Politikdidaktische Hermeneutik. Potenziale empirischer Unterrichtsforschung. In: Oberreuter, Heinrich (Hrsg.): Standortbestimmung Politische Bildung, Schwalbach/Ts., S. 195-215.
2008	zusammen mit Alexander Linden und Klaus Günther: Baustein 10: Politik in den Medien, In: Richter, Dagmar/Geiss, Harald: Demokratie verstehen lernen – Elf Bausteine zur politischen Bildung in der Grundschule. Bonn.
2007	zusammen mit Georg Weißeno, Klaus-Peter Hufer, Peter Massing und Dagmar Richter (Hrsg.): Wörterbuch politische Bildung. Schwalbach/Ts.
2004	zusammen mit Siegfried Frech und Peter Massing (Hrsg.): Methodentraining für den Politikunterricht, Schwalbach/Ts. (Übersetzung ins Koreanische)
2003	Urteilsbildung im Politikunterricht. Ein multimediales Projekt. Buch – Video – CD. Schwalbach/Ts.

Leseempfehlungen für (angehende) Politiklehrerinnen und -lehrer

Kuhn, Hans-Werner/Gloe, Markus/Oeftering, Tonio (Hrsg.) (2014): Musik und Politik. Politisch-kulturelles Lernen als Zugang Jugendlicher zur Politik?! Reihe: These und Materialien. Bonn.

Dechant, Detlef/Kuhn, Hans-Werner/Gloe, Markus/Linden, Alexander/Oeftering, Tonio (2010): Das Image der Politik und der Politiker. Bonn.

Detjen, Joachim/Massing, Peter/Richter, Dagmar/Weißeno, Georg (2012): Politikkompetenz – ein Modell. Wiesbaden.

Frech, Siegfried/Kuhn, Hans-Werner/Massing, Peter (Hrsg.) (2004): Methodentraining für den Politikunterricht. Schwalbach/Ts.

Oberreuter, Heinrich (Hrsg.) (2009): Standortbestimmung Politische Bildung. Schwalbach/Ts.

Hans-Werner Kuhn

„Der Schwerpunkt meiner politikdidaktischen Arbeiten liegt auf der Frage, wie politische Bildung um Ansätze politischkulturellen Lernens erweitert werden kann."

1. Werdegang

Mein Interesse an Politik hat sich während der Schulzeit entwickelt. Allerdings gab der eigene Gemeinschaftskundeunterricht eher eine Negativfolie ab: aus dem was offen blieb und dem, was als wenig kontrovers dargestellt wurde, entwickelte sich der Impuls, mehr von dem zu erfahren, wie Gesellschaft und Politik funktionieren. Eine Folge davon war die Kriegsdienstverweigerung und die Ableistung des Zivildienstes in einem Krankenhaus. Beim Studium der Sozialwissenschaften, Erziehungswissenschaften und Philosophie an den Universitäten Trier und Bonn lagen Schwerpunkte auf bildungspolitischen und politikdidaktischen Fragen. Aus der Kritik am eigenen unpolitischen Gemeinschaftskundeunterricht am Gymnasium entstand das Bedürfnis, sich stärker mit soziologischen Fragen (politische Sozialisation, Gesellschaftstheorien) auseinanderzusetzen. In den Konzeptionen der Politikdidaktik (Partnerschaftspädagogik, Wirkungsstudien, Konfliktdidaktik) spiegelt sich die Suche nach Erweiterung der Grundlagen wider.

Die politikwissenschaftliche Grundlegung wurde in meiner Tätigkeit als wissenschaftlicher Mitarbeiter/Assistent am Otto-Suhr-Institut der FU Berlin ausgebaut (ab 1984). Eine entscheidende Zäsur stellten der Fall der Mauer und die deutsche Vereinigung 1989/90 dar. In deren Gefolge wurden meine Interessenschwerpunkte in mehrere Richtungen ausgebaut:
- zum einen in der historischen Grundlegung politischer Bildung
- zum zweiten in strukturierten Zugängen zur Politik
- zum dritten in handlungsorientierten Methoden
- zum vierten im Einsatz alter und neuer Medien.

In den 1990er Jahren waren meine unterschiedlichen Tätigkeiten geprägt von den Lehrerfortbildungen in den Neuen Bundesländern und in Ostberlin. Die Erfahrung des Systemwechsels mit seinen gravierenden Auswirkungen auf Schule und Bildung, Lebensentwürfe und Mentalitäten stellen Politik und politische Bildung vor Herausforderungen, die mit „normalen" Aufgaben wenig vergleichbar sind. Dies hat mit zur Überprüfung und Verdichtung eigener politikdidaktischer Vorstellungen beigetragen.

Mit dem Wechsel auf eine Professur an der Pädagogischen Hochschule Freiburg (2000) ergaben sich neue Arbeits- und Interessenschwerpunkte: im Feld des sozialwissenschaftlichen Sachunterrichts in der Grundschule sowie im Feld der politischen Urteilsbildung.

2. Situation und Perspektiven der politischen Bildung

Die Situation des Politikunterrichts erscheint zwiespältig:
- zum einen existiert eine relativ enge Begrenzung des schulischen Unterrichts zur Vermittlung von Politik; der Stellenwert von Politikunterricht/Politischer Bildung scheint in der Sichtweise der Lehrenden und der Schülerinnen und Schüler nicht sehr hoch zu sein, auch wenn er in der Verfassung von Baden-Württemberg verankert ist.
- zum anderen gibt es überzeugende Begründungen für die Notwendigkeit eines qualitativ guten Politikunterricht. Dass die Demokratie eine komplizierte Herrschaftsform darstellt, dürfte mittlerweile auch eine geläufige Feststellung sein.

Gegenwärtige Situation und Herausforderungen

3. Demokratie und politische Bildung

Demokratie ist eine politische Herrschaftsform, die sich über 2000 Jahre entwickelt hat. Demokratie zählt zu den „umstrittenen Begriffen" (Göhler) der Politikwissenschaft. Demokratie benötigt demokratische Tugenden und Verhaltensweisen. Wann aber die Stabilität der Demokratie gefährdet ist, lässt sich nicht pauschal feststellen. Beim heutigen politischen Bewusstsein der Bürgerinnen und Bürger kann der „interventionsfähige" Bürger (Ackermann) dann aktiv werden, wenn er es politisch für notwendig hält. Die Zivilgesellschaft als Unterbau der Demokratie scheint zu funktionieren. Hier werden zwar immer Erosionserscheinungen (Parteimitgliedschaften, Wahlbeteiligung usw.) bei der politischen Partizipation empirisch festgestellt, die fundierte Deutung der Zahlen fehlt aber meist. Hier scheint eine Klärung der Demokratie als normatives Konzept und eine empirische Fundierung notwendig.

Was ist Demokratie?

Demokratielernen als Aufgabe der politischen Bildung?	Demokratie-Lernen ist eine zentrale Aufgabe der Schule geworden, das belegen alle Bildungspläne der Bundesländer. Dennoch erscheint das Konzept vielfach überzogen, insofern soziales Lernen, Kommunikation, Methoden, Sozialformen usw. bruchlos als Demokratie-Lernen bezeichnet werden. Hier gilt es, Demokratie-Lernen als politisches Profil des Faches zu verstehen und deutlich die Potenziale in der Schule sowie die Grenzen der Institution und des Faches zu bestimmen.
Rolle der Politischen Bildung in der Demokratie	Die Frage, ob das Unterrichtsfach Politische Bildung mittlerweile ein „normales" Fach neben vielen darstellt oder in der Demokratie eine besondere Rolle spielt, lässt sich nicht eindeutig beantworten. Beides könnte stimmen: von Lehrer- und Schülerseite stellt der Politikunterricht ein normales Fach dar, das die gleichen Merkmale wie alle anderen Fächer besitzt. Trotzdem hat es Besonderheiten im Hinblick auf die Lehrerrolle, aber auch für die Schülerinnen und Schüler: in der Jugendphase werden zentrale Weichen zum politischen Bewusstsein und gesellschaftlicher Partizipation gestellt. Auch wenn nur Dispositionen angelegt werden und der Einzelne später entscheidet, wie er als Demokrat agiert, so entwickelt das Fach für Gesellschaft und Politik Denk-, Urteils- und Handlungsweisen, die keine andere Institution vermitteln kann.

4. Politikbegriff und Breite des Unterrichtsfaches

Was ist Politik?	Politik lässt sich nicht einfach definieren. In den Sozialwissenschaften halte ich Arbeitsbegriffe für brauchbar und notwendig. Zum Verständnis der Politik lassen sich die beiden Modelle der drei *Dimensionen des Politischen* und des *Politikzyklus* in der Planung, Durchführung und Auswertung von Politikunterricht nutzen, aber auch in der Abfassung von Policy-Analysen im Lehrerstudium oder in Praktika.

Der Politikunterricht benötigt einen Politikbegriff aus mehreren Gründen:
- der Fachlehrer/die Fachlehrerin hat in Studium und Lehrtätigkeit einen Politikbegriff ausgeprägt – dieser sollte nicht nur formulierbar sein, sondern auch transparent gemacht werden; dieser kann ihn/sie vor „unpolitischem Politikunterricht" schützen;
- die Schülerinnen und Schüler eignen sich in ihrer politischen Sozialisation eine Vorstellung von Politik an – wenn sich in der Biographie dieses Bild immer mehr anreichert und verallgemeinert, sollte es auch auf den Begriff gebracht werden.

Politikunterricht hat immer wieder die Aufgabe, die Politikbilder der Beteiligten auszuhandeln, also begriffliche und von konkreten Fällen abgelöste Metakommunikation zu betreiben. Dahinter stehen zwei Überlegungen:
- Zum einen die Beschäftigung mit dem Bildungsbegriff, der seit Hegel dialektisch gefasst wird. Von Hegel als „im Anderen zu sich selbst kommen". Bei Humboldt als dialektische Denkfigur in der Entwicklung von materialer über formale hin zu kategorialer Bildung. Diese Position wird von Klafki, Blankertz, Benner, Meyer u. a. vertreten.
- Zum anderen wird in der Politikwissenschaft der Gegenstand ebenfalls dialektisch konzeptualisiert: als drei Dimensionen des Politischen (Rohe 1994), wobei der Politikbegriff sich auch im Englischen dreifach darstellt: als polity, policy und politics.

Wenn also Bildung und Politik eine dialektische Grundstruktur aufweisen, dann kann für deren Zusammenspiel als „politische Bildung" eine analoge Grundstruktur unterstellt werden. Hier vollzieht sich gleichsam eine Zangenbewegung von zwei Seiten: durch die politische Sozialisation wachsen Kinder und Jugendliche in diese Gesellschaft und in dieses politische System, sie finden zugleich eine demokratische Staatsform vor, die Regeln und Gesetze, Entscheidungsstrukturen und Normen vorgibt. In dieser Auseinandersetzung zwischen dem Hineinwachsen in das politische System und der Konfrontation mit der bestehenden Demokratie entwickelt der Einzelne – idealtypisch gesprochen – seine politische Mündigkeit.

Die Metapher von der „Politik als Kern der politischen Bildung" zielt auf unverzichtbare Bestandteile des Politikunterrichts. Aus meiner Sicht gehören dazu Innenpolitik/politisches System ebenso wie – gerade für Lehramtsstudierende – das Politikfeld der Bildungspolitik.

Politik als Kern?

Allerdings existiert auch ein Kern an Methoden, insofern domainspezifische Makromethoden zum Profil des Faches zählen. Auch bei den Medien (als Gegenstand und Unterrichtsmedien) kann ein Kern ausgemacht werden, der die Vermittlung realer Politik unterstützt. Dies wird gegenwärtig in den fachspezifischen Kompetenzen gefasst. Damit kann dieser Zusammenhang von Inhalten, Methoden/Medien und Kompetenzen als „Kern" bezeichnet werden, nicht allein die Orientierung an Politikwissenschaft als Bezugswissenschaft des Faches.

„Kern" impliziert aber immer auch einen „Rand" (oder den Gegensatz von Zentrum und Peripherie). Hier liegen m. E. produktive Zugänge zur Politik, die ebenfalls in den verschiedenen Feldern (wie im sozialwissenschaftlichen Sachunterricht der Grundschule, politischer Bildung mit sozial benachteiligten Jugendlichen usw.) genutzt werden können.

5. Kompetenzen, Inhalte und Konzepte der politischen Bildung

Kompetenz-
orientierung

Die Kompetenzorientierung bestimmt den Fachdiskurs der letzten 10 Jahre. Mittlerweile gibt es immer mehr Gegenstimmen, die sich stärker am Bildungsbegriff orientieren. Ich stimme dem Perspektivrahmen Sachunterricht (2013) zu: „Kompetenzen sind ... ein erforderliches, nicht jedoch ein hinreichendes Moment von Bildung" (2013, 9). Meine Vermutung: gerade ein Fach wie der Politikunterricht entzieht sich ein Stück weit von der Lernkultur her dieser Tendenz zur Messung und Evaluation. Zwar regt die Kompetenzfrage zur Diskussion didaktischer Probleme an, ob bei realen Fragen – etwa politischer Bildung mit sozial benachteiligten Jugendlichen – tragfähige Konzepte gefunden werden, erscheint m. E. offen.

Kompetenzen

Abgekürzt halte ich für die Lehrerbildung und auch für Bildungspläne und die schulische Praxis das Modell der GPJE für hilfreich, da es domänenspezifische Bildungsstandards formuliert, von der Grundschule bis zur Sekundarstufe II und zur Berufsschule. Die drei entfalteten Bereiche der politischen Urteils-, Handlungs- und Methodenkompetenz sind spezifisch genug, um daran ein Verstehen der Demokratie zu entwickeln.

Die GPJE-interne Diskussion zeigt unterschiedliche Perspektiven auf die Kompetenzfrage, die „Politikkompetenz" (2012) differenziert ein erweitertes Kompetenzmodell aus und dient damit als Grundlage für Politikstudenten. Ähnliches kann zum Perspektivrahmen Sachunterricht (2013) gesagt werden. In der sozialwissenschaftlichen Perspektive wird deutlich, dass die politische Dimension in die Inhalte und Kompetenzen deutlich integriert ist.

Anspruchsvolle Ziele wie Politikbewusstsein und Demokratiekompetenz (Massing) sind in der Politikdidaktik immer wieder genannt worden. Daher würde ich keine anderen Ziele formulieren wollen. Die Begründung erfolgt für mich durch eine Zangenbewegung: von „unten" aufgrund der politischen Sozialisation – latent und/oder manifest, und von „oben" aus der Demokratietheorie.

Ohne Zweifel stellt politische Urteilskompetenz eine zentrale Zielsetzung des Politikunterrichts dar. Gerade im Spannungsverhältnis von Legitimitäts- und Effizienzkriterien wird ein Merkmal von Politik erkennbar. Die drei Grundsätze des Beutelsbacher Konsens halte ich immer noch für grundlegend.

Auch wenn eine Analyse der Bildungspläne ergibt, dass es einen breiten Überschneidungsbereich an Inhalten des Politikunterrichts in den 16 Bundesländern gibt, bin ich skeptisch, ob man bei genauerem Vergleich auf ein „bestimmtes inhaltliches Grundwissen" stoßen würde. „Grundwissen" zielt zu sehr auf abfragbares Prüfungswissen, ist eher statisch.

Grundwissen

Für mich impliziert politisches (bzw. sozialwissenschaftliches) Denken zwar notwendigerweise funktionale Wissensbestände, aber kein kanonisiertes Wissen auf Vorrat. Eine der Vorzüge des Faches besteht m. E. darin, dass auf der politischen Agenda immer wieder neue Fragen stehen.

Im Zentrum des Faches sollte der Bereich Innenpolitik/Politisches System stehen. Später folgen Aspekte der Entwicklungspolitik und der internationalen Politik.

Das Problem liegt m. E. eher darin, dass didaktisch kaum Inhalte als irrelevant ausgeschlossen werden können, dass aber Schwerpunkte gesetzt und Ausgrenzungen vollzogen werden müssen, schon aufgrund des Stundenvolumens. Die Verbindung von Überblickswissen (z. B. zum politischen System) und exemplarischen Fallanalysen kann ein Ansatz zur Lösung des Inhaltsproblems sein. Das könnte auf ein „dynamisches Grundwissen" hinauslaufen.

Inhalte und Konzepte stehen in verschiedenen Referenzsystemen. Während die Inhalte im Zentrum der Bildungstheorie stehen, sind Konzepte der Lernpsychologie zuzuordnen. Sie werden von Politikdidaktiker/ innen, Lehrer/innen und Student/innen unterschiedlich wahrgenommen und in ihrer Bedeutung unterschiedlich eingeschätzt. Es stellt sich die Frage, wie beides verknüpft werden kann. Der Begriff des „konzeptionellen Deutungswissens" (GPJE-Entwurf) versucht dies m. E. zu fassen: weder Wissen noch Konzepte reichen in der Politischen Bildung aus. Was dies für die Unterrichtspraxis bedeutet, darüber fehlen Befunde.

Konzepte

Die vorliegenden Basiskonzepte und Fachkonzepte besitzen alle eine interne Plausibilität. Um solche Modelle bildungspolitisch und curricular wirksam werden zu lassen, erscheint eine offene Diskussion notwendig. Die Verschiedenheit kann allerdings auch als Ausdruck von Pluralität und unterschiedlichen Wissenschafts- und Unterrichtskonzepten verstanden werden.

6. Politikdidaktische Prinzipien

Politikdidaktische Prinzipien können das Profil des Faches markieren. Aus der Liste der Orientierungen halte ich folgende für wichtig, weil sie zugleich Fehlformen oder Verkürzungen von Politikunterricht eindämmen können:
- Problemorientierung (versus Stofforientierung)
- Kategoriales Lernen (versus ad hoc Lernen)
- Exemplarisches Lernen (versus enzyklopädisches Lernen)
- Handlungsorientierung (versus verkopftes Lernen)

Problemorientierung stellt einen hohen Anspruch an Unterricht, sie kann in unterschiedliche Richtungen weisen. Für wen liegt ein Problem vor? Wer definiert etwas als politisches Problem? Sind Verständnisprobleme beim Lernenden (Verkürzungen im Politikbild) impliziert? Wie tragfähig sind Problemlösungen im Unterricht, z. B. bei Bearbeitung von Kinderarbeit in der Dritten Welt?

Kategoriales Lernen arbeitet mit sozialwissenschaftlichen Grundkategorien, die sowohl isoliert eingeführt wie im Zusammenhang vermittelt werden können. Sie lassen sich zugleich in Schlüsselfragen umwandeln und dienen dazu, dass sich Gegenstand und Adressat wechselseitig „aufschließen". Als Grundbegriffe aus den Sozialwissenschaften sind sie hochabstrakt, aber gerade deshalb transferfähig. Im Idealfall bilden sie eine kognitive Landkarte. Gegenwärtig fehlt eine Metatheorie kategorialen Lernens.

Exemplarisches Lernen erfordert das Herauspräparieren von Fällen, die zugleich auf das Gesamtsystem verweisen. Beides stellt anspruchsvolle Aufgaben an Unterricht dar, aber nur exemplarisches Lernen verhindert, sich im unverbindlichen Austausch über Meinungen zu verlieren.

Handlungsorientierung hat eine innere Dimension, die auf Handeln in der Lerngruppe, und eine äußere, die auf potentielles Handeln in sozialen und politischen Situationen abzielt. Damit verbunden ist die pragmatische Vorstellung, dass sich im Handeln Erkenntnisse ausbilden, allerdings nur im engen Verbund mit Reflexion.

Insgesamt besitzen die ausgewählten didaktischen Prinzipien jeweils eine eigene Nähe zum Gegenstand und zum Lernenden; zugleich brechen sie sich wechselseitig: Handlungsorientierung scheint ohne kategoriale Reflexion wenig nachhaltig politisches Lernen zu fördern – und umgekehrt. Außerdem halte ich noch folgende variabel einsetzbaren Prinzipien für hilfreich: Kontroversität (als essential), Methodenorientierung, Lebensweltorientierung (als grundschulspezifisches Prinzip des sozialwissenschaftlichen Sachunterrichts).

Defizite hat die Politikdidaktik bei der Frage, wie politische Bildung für sozial benachteiligte Jugendliche gestaltet werden kann: In der Politikdidaktik existiert keine ausformulierte Stufendidaktik, ebenso kann das „unsichtbare Politikprogramm" (Calmbach/Borgstedt 2012, 43-80) benachteiligter Jugendlicher nicht mit anderen Prinzipien aktiver werden. Vielmehr kann es nur um spezifische Lernwege, Medien, Probleme usw. gehen, die mit innovativen Zugängen (Fallanalysen, Filmen, Musik, Medien, Theater) und verdichteten Themen soziale Betroffenheit mit politischen Konzepten anreichern.

Für die Praxis des Politikunterrichts besitzen die genannten fachdidaktischen Prinzipien mehrere Funktionen:
- sie dienen der Profilbildung des Schulfaches;
- sie ermöglichen Schwerpunktsetzungen bei der Unterrichtsplanung (bei der didaktischen Perspektive);
- sie bilden eine tragfähige Interpretationsfolie zur hermeneutischen Auswertung von Alltagsunterricht.

7. Methoden und Medien der Politischen Bildung

Methode meint von der Wortbedeutung: „Weg nach ...". Damit sind Ziele vorgedacht.

Methoden

Handlungsorientierte Methoden können Kompetenzen „Grund legen", die bei eigenem politischem Engagement notwendig sind. Sie verweisen auf Handlungsdispositionen, die zwar an konkreten Konflikten und Sachverhalten gelernt werden, die aber zugleich auf spätere politische Handlungen transferierbar sind.

Nach meinem Eindruck wird die Methodenkompetenz der Schülerinnen und Schüler nicht systematisch geplant. Die Identifikation mit Akteuren und/oder Betroffenen in einem Planspiel (als Interessenvertreter), als Contra-Anwalt in einer Pro-Contra-Debatte, als Moderator in einer

Talkshow oder die bewusste Perspektivenübernahme in einem kontroversen Rollenspiel vermitteln in der Spielphase zum einen Erlebnisse in offenen Handlungssituationen, zum zweiten in der Vorbereitung politische Sachkenntnisse, zum dritten aus der Dynamik des „Spiels" eine Vorstellung von Entscheidungsprozessen, ansatzweise Eindrücke über die Komplexität von Politik, aber auch über Partizipationschancen. Was hierbei an Erkenntnissen politisch gelernt wird, entscheidet sich allerdings erst in der Auswertungsphase. Hier kann nach Akteuren, nach Kategorien, nach Strategien gefragt werden, auch nach dem Verhältnis von „Spiel" und politischer Realität.

Damit sind konventionelle Methoden nicht abgewertet. Politische Urteilsbildung setzt analytische Fähigkeiten voraus, die eher in einer hermeneutischen Textinterpretation vermittelt werden können. Entscheidend ist jeweils der „fachdidaktische Blick", mit dem das politisch Relevante aus der Methode entwickelt wird.

Beim Aufbau von Methodenkompetenz können ästhetische Zugänge, Symbolisierungen und Modelle hilfreich sein.

Medien

Der Stellenwert von Medien ergibt sich für die politische Bildung aus zwei Perspektiven: zum einen aus der Tatsache, dass Politik Öffentlichkeit als Forum nutzt und über Massenmedien verbreitet wird; zum zweiten können Medien als Unterrichtsmedien fachdidaktisch eingesetzt und auf ihr Lernpotenzial befragt werden. Zugleich bedeutet der Umgang mit Medien immer auch die Frage nach der Konstruktion von Wirklichkeit. Die immer genannte Medienkritik erscheint nur (begrenzt) als Vergleich möglich zu sein. Die Nachrichtenwerttheorie benennt Kriterien der Selektion; für Textanalysen sind Format und Textsorten transparent zu machen. Produktiv erscheint mir, selbst mediale Produkte zu erstellen, um deren Mechanismen anzueignen und zugleich kritisch einzuordnen: sei es einen Radiobeitrag, einen Zeitungsartikel, ein Online-Statement, eine Fotokartei zur Kommunalpolitik, eine eigene Recherche zu einem Konflikt vor Ort usw.

8. Lernprozesse und Schülervorstellungen

Bedeutung lerntheoretischer Erkenntnisse

Nach langjähriger Mitarbeit in Interpretationswerkstätten hat sich mein Arbeits- und Forschungsschwerpunkt auf fachdidaktische Entwicklungsprojekte verschoben („Das Image der Politik und der Politiker", „Musik und Politik" u. a.). Hier fließen die Erfahrungen und Erkenntnisse der qualitativen Unterrichtsforschung mit ein.

Dieser Ansatz besitzt eine Nähe zum Unterricht. Daher scheint mir der Versuch ertragreicher, den Unterricht selbst als Forschungsfeld zu begreifen und im Agieren und Argumentieren der Schülerinnen und Schüler deren Politik- und Gesellschaftsbild zu erkennen. Auch Gruppendiskussion mit Hauptschülern (Renner-Kasper 2012) liefern Grundlagen für Schwerpunkte, Projektprüfungen und Methodenentscheidungen. Dies kann für die Planung von Unterricht genutzt werden, auch zur Auseinandersetzung mit sog. „Fehlkonzepten". Dabei kann darauf hingewiesen werden, dass die beiden Auswahlkriterien „Betroffenheit" und „Bedeutsamkeit" sich wechselseitig bedingen. Der einseitige Hinweis auf „Betroffenheit" übersieht, das „betroffen sein" von etwas durchaus ambivalent erscheint – etwa bei Filmen, die die eigene Situation widerspiegeln (Fish Tank, Knallhart).

Für die fachdidaktische Unterrichtsanalyse wird ein zweidimensionales Modell vorgeschlagen. Das Modell enthält folgende Momente:
- Ausgangspunkt bilden die eigenen, individuellen und im Gruppendiskurs entfalteten „inneren" und „äußeren" Bilder von Unterricht, besonders von Fachunterricht. Diese lassen sich nur reflexiv in Auseinandersetzung mit Material benennen. Die „Macht der inneren Bilder" (Hüther 2006) muss als Potenzial, aber auch als Schwelle für fachdidaktische Analysen beachtet werden.
- Die zweite Ebene bildet die Dokumentation von Unterricht; auch hier wird nicht naiv die „Objektivität der Dokumentation" (vgl. zur Kritik: Wim Wenders) unterstellt, sondern die notwendige Perspektivität der Kamera und des Kameramanns. Die Kamera filmt „gleich-gültig" die Wirklichkeit ab, von einem spezifischen Standort aus, dem ein spezifischer Standpunkt des Filmenden zugrunde liegt. Dennoch bieten Videoaufzeichnungen die einmalige Chance, immer wieder angesehen und ausgewertet zu werden. Dabei haben sich Transkripte bewährt, ebenso Videos, wobei beide als Instrumente bzw. Werkzeuge angesehen werden, die den Gegenstand „bearbeiten" und damit verändern: sie wiederholen ihn, sie verlangsamen ihn, sie zerstückeln ihn, sie „verfremden" ihn, sie distanzieren ihn usw. Immer ist von der Perspektivität der direkten oder indirekten Beobachtung auszugehen.

Diesem Forschungsfeld kann ein interkulturelles Projekt zugeordnet werden, das den Titel „Sachunterricht in Japan und Deutschland" trägt. Im Rahmen der Partnerschaft zwischen der PH Aichi und der PH Freiburg wurde ein Forschungsprojekt entwickelt, bei dem Unterricht im Fach „Sachunterricht" bzw. „Integrated Studies" in Japan und Deutschland verglichen werden. Materialgrundlage bilden jeweils zwei Doppelstunden aus dem sozialwissenschaftlichen Themenfeld. Die Unterrichtsthemen (Klassensprecherwahl, Stromherstellung, Sommerfest, Werbung) decken Kernbereiche ab. Das Projekt ist einzuordnen in internationale Vergleichsstudien, die im Kontext von „Lesson studies" Mikrostrukturen von Unterricht identifizieren und bewerten.

Empirische Forschung & Schüler- und Lehrervorstellungen

Schülervorstellungen sind ein Forschungsthema in allen Fachdidaktiken. Die Suche nach fachdidaktischen Konsequenzen aus lernpsychologischen Studien oder auch aus aktuellen Jugendstudien scheint mir widerständiger als vielfach angenommen.

Aus diesem Grund ziehe ich in den letzten Jahren die Arbeit an fachdidaktischen Entwicklungsprojekten vor, die ich kurz skizziere.

Gegenwärtig bearbeitet ein Team von sieben Mitarbeiterinnen und Mitarbeitern an den Universitäten München, Hannover und der PH Freiburg für die Bundeszentrale für politische Bildung das Projekt „Musik und Politik. Politisch-kulturelles Lernen als Zugang Jugendlicher zur Politik?!", das 2014 publiziert wurde.

Durch die Auseinandersetzung mit der Musik erwarten wir einen nachhaltigen Zugang zu politischen Fragen (Positionen, Konflikten, Abläufen, Akteuren usw.), der mit traditionellen Methoden für Jugendliche vielfach wenig wirksam ist. Dabei soll Musik nicht instrumentalisiert werden, um Interesse an Politik zu wecken. Vielmehr zielt das Konzept auf implizite Politikvorstellungen, es geht ein Stück weit um Selbstaufklärung über jugendkulturelle und lebensweltbezogene Medien und Kulturgüter. In den 20 exemplarisch ausgewählten Liedern aus 7 Stilrichtungen finden sich deutliche Bezüge zu Fragen von Umweltpolitik, Integration, Rassismus, soziale Ungleichheit, Zusammenleben, Vorurteile usw.

Die Publikation umfasst eine Handreichung mit 11 Bausteinen, ebenso eine Auswahl von Musikbeispielen auf DVD sowie Radiobeiträge zu den verschiedenen Musikstilen (Kooperation mit dem PH Radio).

Ein abgeschlossenes Projekt trägt den Titel „Das Image der Politik und der Politiker. Wahrnehmung und Selbstwahrnehmung politischer Akteure" (bpb: Bonn 2010). Hier werden Filmporträts, Schülerdiskussionen mit Politikerinnen und Politikern sowie Handreichungen in einem Multimedia-Produkt vereint.

Alle Politiker aus den Filmporträts sind Oberstufenschülerinnen und -schülern in sechs Schulen in Rheinland-Pfalz „real begegnet". Mehr noch als die Filmporträts scheinen diese realen Begegnungen das „Image" der Politikerinnen und Politiker verändert zu haben. Die kritischen Fragen der Jugendlichen zeigen deutlich, dass sie auf dem Weg zu eigenständigen Urteilen sind, sowohl was politische Sachverhalte als auch was Personen betrifft.

In einem weiteren bpb-Projekt „Demokratie verstehen lernen. 11 Bausteine für politische Bildung in der Grundschule" (Bonn 2008) wurde der Baustein Politik in den Medien (Fernsehen – Zeitung – Internet) didaktisch für Grundschüler aufbereitet.

Hinzu kommen zwei Projekte der Landeszentrale für politische Bildung Baden-Württemberg; zum einen: „Schule Plus. Eltern stärken – Kinder fördern", (Stuttgart 2012), zum zweiten: „I-Punkt. Miteinander Leben", (München 2006). Beide zielen auf lebensweltbezogene politische Bildung von Eltern und Jugendlichen mit Migrationshintergrund.

9. Politikdidaktik als Wissenschaft

Der Schwerpunkt meiner politikdidaktischen Arbeiten liegt auf der Frage, wie politische Bildung um Ansätze politisch-kulturellen Lernens erweitert werden kann. Dabei können bisherige Konzepte – wie die politische Urteilsbildung oder die empirische Fachunterrichtsforschung – weiter gedacht werden. Als Zielgruppen sind nicht nur Grundschülerinnen und Grundschüler im Blick, sondern auch sozial benachteiligte Jugendliche. Zentral für politisch-kulturelle Bildung erscheint der Versuch, lebensweltlich angelegte Zugänge zu nutzen, um politische Interessen zu aktivieren. Dabei geht es nicht um die Instrumentalisierung, auch wenn diese Gefahr gesehen wird, sondern darum, die Zugänge durch Materialien, Methoden und Medien so zu gestalten, dass Gesellschafts- und Politikbilder transparent werden, um immanente politische Probleme zu erkennen und damit Befunde von „Politikferne" und „Politikverdrossenheit" in Frage zu stellen. Im Material bzw. durch den/die Politiklehrer/in sollen politische Momente angereichert werden. Hierbei helfen Verfremdung (Duncker) und Fallarbeit als didaktische Strategien

Eigene Forschungsschwerpunkte

Die in Ansätzen skizzierten Lernwege (induktiv, deduktiv, handlungsorientiert, symbolisch, mehrperspektivisch, genetisch) müssen weiter entfaltet werden. Vermutlich lässt sich damit Politikunterricht ebenso wie

Forschungsfragen für die Zukunft

sozialwissenschaftlicher Sachunterricht beobachten, planen und durchführen. Das methodische Instrumentarium liefert die „politikdidaktische Hermeneutik" als Vernetzung der Dimensionen der Fachdidaktik (Fachwissenschaft(en), Fachdidaktik, Fachmethodik) mit den Stufen der Hermeneutik (Verstehen, Auslegen, Anwenden).

10. Fachdidaktische Kontroversen

Der kritische Vergleich zwischen der Konzeption Hermann Gieseckes und der Konzeption Bernhard Sutors war Thema meiner Klausur im 1. Staatsexamen. Die damaligen Kontroversen auf der Rechts-Links-Achse scheinen heute in der Politikwissenschaft überwunden, obwohl sie im Bewusstsein von Jugendlichen noch eine Rolle spielen. Beides waren „kategoriale" Didaktiken, die bildungstheoretisch fundiert waren, aber sowohl didaktisch als auch gesellschaftspolitisch durchaus unterschiedliche Vorstellungen enthielten. Daraus folgt, dass „kategoriale Bildung" kein einheitliches Konzept darstellt.

Gegenwärtig scheinen Grundsatzkontroversen (oder Scheindebatten?) darin zu bestehen, ob der Politikbegriff (Massing, Breit) oder der Demokratiebegriff (Himmelmann) im Zentrum steht, ob erziehungswissenschaftlich oder politologisch „gedacht" wird, ob „kategoriales" oder „konstruktivistisches" Lernen konzipiert wird.

Kontrovers wird auch die methodische Absicherung qualitativer Unterrichtsforschung und deren Ertrag für die Theoriegenerierung eingeschätzt. M. E. liegt vielfach das Problem darin, dass über weite Strecken immer noch zu sehr programmatisch argumentiert wird, vielfach fehlt das „Kleinarbeiten". Als kontrovers erweist sich auch das Selbstbild der Politikdidaktik und deren Fremdbild in der Öffentlichkeit: sowohl bei den Praktikern als auch bei den Vertretern anderer wissenschaftlicher Disziplinen ist beides durchaus heterogen.

Für bedeutsam halte ich Fragen, die das Verhältnis von sozialem und politischem Lernen thematisieren, ebenso von moralischer und politischer Urteilsbildung.

Dahinter stehen kontroverse Vorstellungen dazu, welchen Beitrag die verschiedenen Bezugsdisziplinen wirklich leisten: Recht, Geschichte, Soziologie, Ökonomie, Politikwissenschaft.

Eine weitere offene Kontroverse sehe ich in der Frage, welche Konsequenzen die Politikdidaktik aus Problemen des politischen Systems zielt: aus den Konjunkturen der Bildungspolitik, aus dem Systemwechsel nach der deutschen Vereinigung, aus neuen Wissenschaftsentwicklungen (Hirnforschung usw.). Wird die Politikdidaktik immer nur eingebunden in solche Kontroversen oder kann sie selbst politisch und didaktisch relevante Kontroversen initiieren?

Ein weiteres Spannungsverhältnis liegt darin, dass die Politikdidaktik auf zwei unterschiedliche Referenzsysteme abzielt: die wissenschaftliche Politikdidaktik sowie die Fachkultur der Politischen Bildung.

Außerdem besteht eine Kontroverse in der Frage, ob *kulturelles Lernen* Teil der politischen Bildung sein soll. Hier wird die Position vertreten, dass *politisch-kulturelles Lernen einen Zugang zur Politik* darstellen kann, der über Motivation hinaus geht und zur Auseinandersetzung mit politisch-gesellschaftlichen Fragen provozieren kann (vgl. Filme, Musik, Theater, Kunst).

11. Politikdidaktik und Lehramtsausbildung

Die Lehrerbildung setzt in beiden Phasen unterschiedliche Schwerpunkte. M. E. wäre eine Bestandsaufnahme bei den Examenslehrproben im 2. Staatsexamen relevant, insofern sich hier die universitäre Ausbildung durch die Referendarausbildung zu einem dichten fachdidaktischen Netz entwickelt hat; da dies kein Befund wäre, der den alltäglichen Politikunterricht dokumentiert, wäre eine Folgestudie zwei Jahre danach eine interessante Kontrastfolie. Wenn sich das politikdidaktische Bewusstsein im Alltagshandeln „abgeschliffen" hat, könnten Aussagen über die Professionalität von Politiklehrern/innen gemacht werden. Dies erscheint mir eine forschungsorientierte Antwort auf die Frage.

Politikdidaktik in der Lehramtsausbildung

Grundsätzlich besteht zwischen Theorie und Praxis ein „dialektisches" Verhältnis. Daher sind künstliche Entgegensetzungen ebenso zu vermeiden wie Kurzschlüsse aus einer Perspektive. Sowohl in der Theorie als auch in der Praxis können neue Fragen entstehen, Konzepte erdacht bzw. ausprobiert werden. „Rezepte" können wirksam sein, aber ohne Beachtung des Kontextes auch kontraproduktiv. Die dreifache Bedeutung von „aufheben" im dialektischen Denken verdeutlicht Potentiale: so können Praxisprobleme in didaktischen Konzepten schon aufgehoben, d. h. längst überwunden sein, so können Praxisbedingungen theoretische Entwürfe aufheben, also in ihrer Bedeutung deutlich machen,

Verhältnis von Theorie und Praxis

so sind z. B. didaktische Prinzipien im Unterricht aufgehoben, also konserviert als Strukturen des Faches. Wechselseitige Erwartungen, auch einseitige, sollten ernst genommen werden, sonst erfolgt tendenziell eine Abkoppelung von Theorie und Praxis, die beiden schädlich wäre. Konkretisieren lässt sich das Theorie-Praxis-Problem in Unterrichtspraktika ebenso wie in der Verknüpfung von 1., 2. und 3. Phase der Lehrerbildung: Aufgrund des generellen empirischen Forschungsdefizits in der Politikdidaktik erscheint es nachvollziehbar, dass die Erwartungen aus der vielfältigen Praxis von der Theorie nicht ausreichend „bedient" werden. Bei der Bundeszentrale für politische Bildung, der Deutschen Vereinigung für politische Bildung (DVpB) und der Gesellschaft für Politikdidaktik, politische Jugend- und Erwachsenenbildung (GPJE) ist der Theorie-Praxis-Diskurs institutionalisiert.

Schwerpunkte der eigenen Lehre

In der Ausbildung zielen meine Kurse auf die Professionalisierung der Studierenden: die Schärfung der Wahrnehmungskompetenz, die Ausbildung der Planungskompetenz und die Einübung der Handlungskompetenz bilden drei miteinander verknüpfte Schwerpunkte.

Dies kann in 2-semestrigen Tandem-Teaching-Kursen (Sachanalysen, fachdidaktische Materialentwicklung und Auswertungen) ebenso realisiert werden wie in Methoden- oder Forschungswerkstätten als Kompaktseminare (Simulationen, Film- und Videoanalysen, Makro- und Mikromethoden zu ausgewählten Politikfeldern). Wichtig erscheint mir, die eigene permanente Arbeit mit hermeneutischen Methoden in der Interpretationswerkstatt, die Material verschiedener Forschungsprojekte aus unterschiedlichen Fächern bearbeitet; dabei entwickelt sich im gemeinsamen Diskurs eine Selbstprofessionalisierung, die in Lehrveranstaltungen eingesetzt wird.

Meine Vorstellung von Politiklehrerausbildung lässt sich knapp mit „vernetzter Denkweise", „fachdidaktischem Blick" und „analytischem Zugriff" (Kategorien) auf Politik und Gesellschaft charakterisieren, die als Kompetenz im Studium vermittelt werden. Der „fachdidaktische Blick" stellt eine Entwicklungsaufgabe dar, er entwickelt sich über Praktikumserfahrungen, reflektierten Methodeneinsatz, Einschätzung fachlicher Konzepte für den Unterricht und die kritische Prüfung von essentials der politikdidaktischen Diskussion. Dadurch kann eine Identifizierung mit dem Fach Politik ebenso erfolgen wie die Profilierung des Faches nach innen und außen. Diese Konzentration schließt kulturelle Zugänge nicht aus.

Hier ist ein hochschuldidaktisches Lehrprojekt mit dem Titel „Tandem Teaching" einzuordnen. In einem interdisziplinären Seminar zum Thema „Politische Bildung mit sozial benachteiligten Jugendlichen" (WS 2012/2013 und SS 2013 an der PH Freiburg) werden mit Lehramtsstudierenden Soziologie und Politikdidaktik über die Dozenten verknüpft. Die Erfahrungen werden in einem E-Portfolio dokumentiert und zielen auf interdisziplinäre Lehrkonzeptionen. Bei diesem Lehrprojekt werden soziologische und politikdidaktische Fragestellungen kontrovers darge stellt, miteinander verbunden und mit den Erfahrungen anderer Lehr-Tandems verglichen.

12. „Gute" politische Bildung

Im „guten" Politikunterricht stehen problemhaltige Fallanalysen im Vordergrund, die mehrperspektivisch bearbeitet werden. Der Zugriff provoziert die Fragehaltung der Schülerinnen und Schüler. Die kontroversen, durch handlungsorientierte Methoden unterstützten Analysen führen zu kriterien-transparenter politischer Urteilsbildung. Mit modernen Methoden und (Neuen) Medien wird ebenso experimentiert wie mit der Verortung der Probleme in Geschichte, politischer Theorie oder Lebenswelt. Damit wird Betroffenheit von Politik und Interesse an Politik (auch im weiteren Sinne an Gesellschaft) ermöglicht, ohne die weder die Selbständigkeit/Mündigkeit von Jugendlichen noch eine zeitgemäße (Allgemein-)Bildung auskommen.

Wolfgang Sander

Dr. Wolfgang Sander, geb. 1953 in Frankfurt am Main

Professor für Didaktik der Gesellschaftswissenschaften am Institut für Schulpädagogik und Didaktik der Sozialwissenschaften an der Justus-Liebig-Universität Gießen seit 1998.

Autor und Herausgeber zahlreicher Werke zur Theorie und Geschichte der schulischen und außerschulischen politischen Bildung, Herausgeber des „Handbuches politische Bildung", bis 2010 Chefredakteur der Zeitschrift „kursiv" und erster Sprecher der GPJE.

Frühere Tätigkeiten

- Langjährige Lehrerfahrungen in außeruniversitären Praxisfeldern
- Vertretungsprofessur für Didaktik der Sozialkunde, Universität Passau im WS 1993/94
- Professur für Didaktik der Politik, Friedrich-Schiller-Universität Jena von 1994 bis 1998
- Professur für Didaktik der politischen Bildung, Universität Wien von 2008 bis 2010

Verbandstätigkeiten

- Initiator und Gründungsmitglied der Interessensgemeinschaft Politische Bildung (IGPB) (Österreich), Vorstandsmitglied von 2009 bis 2015
- Initiator und Gründungsmitglied der Gesellschaft für Politikdidaktik und politische Jugend- und Erwachsenenbildung (GPJE), Sprecher der Gesellschaft von 1999 bis 2002, Mitglied des Sprecherkreises von 2006 bis 2012
- Hessischer Landesvorsitzender von 1985 bis 1995, Zweiter Bundesvorsitzender von 1994 bis 2000 der Deutschen Vereinigung für politische Bildung (DVPB)
- Mitglied des National Council for the Social Studies (NCSS, USA), der Deutschen Gesellschaft für Erziehungswissenschaft (DGfE) und der Deutschen Gesellschaft für Politikwissenschaft (DGfP)

Beratungs- und Kommissionstätigkeiten

- Beratung der Lehrplanentwicklung in Sozialkunde in Thüringen von 1994 bis 1999
- Mitglied der Kommission zur Erarbeitung der „Rahmenvorgabe Politische Bildung" in Nordrhein-Westfalen von 1999 bis 2000
- Mitglied des Wissenschaftlichen Beirats der Bundeszentrale für politische Bildung (Bonn) von 2002 bis 2010

- Mitglied des Wissenschaftlichen Ausschusses des Georg-Eckert-Instituts für Internationale Schulbuchforschung (Braunschweig) von 2002 bis 2010
- Mitglied der Kommission des österreichischen Bundesministeriums für Unterricht, Kunst und Kultur zur Erarbeitung von Kompetenzfeldern für die politische Bildung von 2007 bis 2008

Veröffentlichungen – Auswahl

Seit 2010 Mitherausgeber der „zeitschrift für didaktik der gesellschaftswissenschaften (zdg)", Chefredakteur von „kursiv – Journal für politische Bildung" von 1997 bis 2010 und Mitglied der Redaktionskonferenz von „Hessische Blätter für Volksbildung" von 1990 bis 1997

2014	Handbuch politische Bildung (Hrsg.). 4., völlig überarb. Aufl., Schwalbach/Ts.
2013	Politik entdecken – Freiheit leben. Didaktische Grundlagen politischer Bildung. 4. Aufl., Schwalbach/Ts.
2013	Politik in der Schule. Kleine Geschichte der politischen Bildung in Deutschland. 3., aktual. Aufl., Marburg.
2013	Die Kompetenzblase – Transformationen und Grenzen der Kompetenzorientierung. In: zeitschrift für didaktik der gesellschaftswissenschaften (zdg). 1/2013.
2012	Aufgaben und Probleme politischer Bildung in Österreich. In: Helms, Ludger/Wineroither, David M. (Hrsg.): Die österreichische Demokratie im Vergleich. Baden-Baden.
2011	zusammen mit Annette Scheunpflug (Hrsg.): Politische Bildung in der Weltgesellschaft. Herausforderungen, Positionen, Kontroversen. Bonn.
2010	Soziale Studien 2.0? Politische Bildung im Fächerverbund. In: kursiv – Journal für politische Bildung. 1/2010.

Leseempfehlungen für (angehende) Politiklehrerinnen und -lehrer

Arthur, James/Davies, Ian/Hahn, Carole (Hrsg.)(2008): The Sage Handbook for Citizenship and Democracy. London u. a.

Autorengruppe Fachdidaktik (2015): Was ist gute politische Bildung? Leitfaden für den sozialwissenschaftlichen Unterricht. Schwalbach/Ts.

May, Michael/Schattschneider, Jessica (Hrsg.) (2011): Klassiker der Politikdidaktik neu gelesen. Originale und Kommentare. Schwalbach/Ts.

Sander, Wolfgang (2013): Politik in der Schule. Kleine Geschichte der politischen Bildung in Deutschland. 3., aktual. Aufl., Marburg.

Sander, Wolfgang (Hrsg.) (2014): Handbuch politische Bildung. 4., völlig überarb. Aufl., Schwalbach/Ts.

Wolfgang Sander

„Die Bezeichnung ‚Politische Bildung' steht aus meiner Sicht für die *Bildungsperspektive* eines sozialwissenschaftlichen Integrationsfaches."

1. Werdegang

Vielleicht gab ein Zufall den entscheidenden Anstoß für meine spätere Hinwendung zur Politikdidaktik: Während meines Lehramtsstudiums in Gießen wies mich im Frühjahr 1974 ein Kommilitone darauf hin, dass im Wintersemester in der Sozialkunde für die Leitung einer Übungsgruppe zur Einführungsvorlesung noch ein Tutor gesucht werde. Ich bewarb mich und erhielt die Stelle. Daraus resultierte mein erster intensiverer Arbeitskontakt mit Kurt Gerhard Fischer, der diese Vorlesung hielt.

Dieses Jahr der Tutorentätigkeit hat mein Interesse an politikdidaktischen Fragen sehr gefördert. Aber auch das „normale Studium" bot damals in Gießen in der Politikdidaktik ein außergewöhnlich anregungsreiches Milieu – das Gießener „Institut für Didaktik der Gesellschaftswissenschaften" war in den frühen 1970er Jahren die in der Bundesrepublik führende wissenschaftliche Institution im Fach und während meiner Studienzeit konnte man in Gießen politikdidaktische Lehrveranstaltungen u. a. bei Gertrud Beck, Kurt Gerhard Fischer, Wolfgang Hilligen, Rolf Schmiederer und Klaus Wallraven besuchen.

Die definitive Entscheidung für die Politikdidaktik fiel dann am Ende wohl dadurch, dass Fischer mir nach der Promotion eine Stelle als wissenschaftlicher Mitarbeiter anbot. In dieser Zeit hatte ich u. a. die Gelegenheit, bei der Vorbereitung des Ersten Bundeskongresses für politische Bildung (1982 in Gießen) mitzuwirken, was mir einen recht intensiven Einblick in die damalige Situation des Faches ermöglichte. Ich würde auch rückblickend sagen, dass aus der „Gründergeneration" der Politikdidaktik wohl K. G. Fischer meine Sicht auf das Fach am stärksten beeinflusst hat.

2. Situation und Perspektiven der politischen Bildung

Die Antwort auf die Frage nach der gegenwärtigen Situation der politischen Bildung hängt vom Blickwinkel ab: In der BRD hat sich nach 1945 ein eigenes Unterrichtsfach auf demokratisch-freiheitlicher Grundlage mit eigenem Fachstudium, solider Infrastruktur (Fachverbände, Verlage, Schulbücher, Bundes- und Landeszentralen für politische Bildung ...) und wissenschaftlicher Basis in einer etablierten Fachdidaktik entwickelt. Mit Blick auf die Geschichte politischer Bildung in Deutschland ist dies ein als großer Erfolg zu werten. In Österreich und der Schweiz hingegen gibt es noch erhebliche Defizite, was den Ausbau fachlichen Unterrichts und einer fachlichen Lehrerbildung in der politischen Bildung anbelangt. Aber auch im weiteren internationalen Vergleich wird man nur wenige Länder mit einer ähnlich gut entwickelten Fachkultur wie in Deutschland finden.

Gegenwärtige Situation und Herausforderungen

Auf der anderen Seite gibt es auch Schwächen und seit langem ungelöste Probleme der Politischen Bildung an deutschen Schulen. Hierzu gehört die mit keinem anderen Fach vergleichbare Vielzahl an Fachbezeichnungen, die auf eine Unentschlossenheit der KMK im Jahr 1950 zurückgeht (vgl. Sander 2013a, 113 ff.) und die Profilierung des Faches massiv erschwert. Es wäre dringend notwendig, dies zu ändern; die GPJE hat dazu 2004 den Vorschlag gemacht, das Fach einheitlich „Politische Bildung" zu nennen. Ferner trägt der hohe Anteil fachfremden Unterrichts dazu bei, dass sich in der Öffentlichkeit problematische Images des Faches halten, wie die eines „Laberfachs" (wo es nur um Meinungen geht), dem eines langweiligen Faches (in dem „trockene" Stoffe durchgenommen werden) oder dem der „Political Correctness" (bei der es die „richtige" Überzeugung gibt und ein Klima der Denkfaulheit herrscht).

Die Konzentration auf den Auf- und Ausbau des eigenen Faches und seiner Fachkultur hat hier und da jedoch zu einer recht begrenzten Binnensicht geführt, die fächerübergreifende Bezüge politischer Bildung vernachlässigt. Für die Zukunft politischer Bildung und ihre künftige Rolle in der Schule wird es aber gerade wichtig sein, dass die Fragen und Probleme, mit denen sie sich befasst, nicht auf ein kleines Nebenfach begrenzt sind. Dies engstirnig als Bedrohung und nicht als Chance zu sehen, wäre für das Fach fatal und würde dazu führen, dass es in den derzeitigen Schulreformen mehr und mehr an den Rand gedrängt wird.

Zukünftige Rolle der politischen Bildung

Ein wesentliches Element dieser Reformen ist es, dass Schulen selbstständiger werden und eigene Profile entwickeln. Hier kann und muss die politische Bildung eine aktive und mitgestaltende Rolle spielen, indem sie sich gemeinsam mit den Nachbarfächern offensiv dafür einsetzt, auch solche Schulprofile zu entwickeln, die das gesellschaftliche Zusammenleben ins Zentrum stellen. Bilingualer Unterricht, europäische und globale Orientierung mit intensiven Austauschbeziehungen und internationalen Projekten, ökologisch ausgerichtete Schulen, sozialwissenschaftliche Schwerpunkte in gymnasialen Oberstufen – dies sind Beispiele für solche Entwicklungen, bei denen sich für die politische Bildung neue Aufgaben und Chancen ergeben.

3. Demokratie und politische Bildung

Was ist Demokratie?

„Alle Staatsgewalt geht vom Volke aus." Dieser Satz im deutschen Grundgesetz (Art. 20, Abs. 2) markiert den Kern des Demokratieprinzips. Allerdings sind Formen und Praktiken der Demokratie zwischen Staaten unterschiedlich, innergesellschaftlich oftmals kontrovers sowie in der Wissenschaft ein Feld für gegensätzliche Theorien (vgl. z. B. Massing u. a. 2012). Es gibt, um nur einige zu nennen, liberale, soziale, republikanische, kommunitaristische und partizipatorische Demokratieverständnisse. Als *Fachdidaktiker* kann man sich, anders als in der Rolle des *Bürgers*, nicht nach Gutdünken einen Ansatz aus diesem kontroversen Feld aussuchen und diesen zur Grundlage politischer Bildung machen. Politische Bildung muss sich vielmehr mit geeigneten, altersgemäßen Beispielen auf die Vielfalt kontroverser Positionen beziehen und die Adressaten befähigen und ermutigen, *ihre eigene*, gut begründete Antwort auf die Frage zu finden, was für sie Demokratie ist.

Demokratielernen als Aufgabe der politischen Bildung?

Da demokratische Systeme in der einen oder anderen Weise auf dem Prinzip der Volkssouveränität basieren und die einzelnen Bürger somit Teil des Souveräns sind, müssen sie Gelegenheiten haben, das für die Wahrnehmung dieser Aufgabe Erforderliche zu lernen. Dies betrifft das Verständnis der (Denk-)Voraussetzungen, Abläufe und Funktionslogiken politischer Prozesse und demokratischer Institutionen (konzeptuelles Wissen) ebenso wie die Fähigkeiten, konkrete politische Vorgänge zu beurteilen sowie sich selbst mit Aussicht auf Erfolg an demokratischen politischen Prozessen zu beteiligen. Insofern ist politische Bildung in der Tat auch Demokratielernen. Aber sie ist nicht *nur* Demokratielernen. Denn zum einen beruhen heutige demokratische Systeme auf „gemischten" Verfassungen, die das Demokratieprinzip durch andere Prinzipien begrenzen, etwa durch die Prinzipien des Rechtsstaats und der Gewaltenteilung oder durch die unbedingte Geltung von Grund- und Menschenrechten, die dem demokratischen Mehrheitsprinzip entzogen sind. Zum anderen bezieht sich politische Bildung auf Politik als ein fundamentales Merkmal menschlichen Zusammenlebens, auf den Menschen als „zoon politikon" (Aristoteles), sie lässt sich nicht auf demokratiebezogene Fragestellungen reduzieren.

Die Frage, ob das Unterrichtsfach „Politische Bildung" (unter welcher der vielen Fachbezeichnungen auch immer) mittlerweile ein „normales" Fach neben anderen darstellt oder in der Demokratie eine besondere Rolle spielt, ist keine „Entweder-Oder-Frage", denn beides schließt sich nicht aus. Wenn Politische Bildung Schulfach sein will, kann sie das nur unter Akzeptanz der üblichen Bedingungen für schulische Fächer, also als „normales Fach". Gleichzeitig aber trifft es zu, dass dieses Fach eine besondere Rolle für die Demokratie spielt, weil es – im doppelten Sinn des Wortes – zur „Bildung" des Souveräns beiträgt. Das Interesse an einer politisch gebildeten Bürgerschaft ist für die Demokratie von fundamentaler Bedeutung.

Rolle der Politischen Bildung in der Demokratie

4. Politikbegriff und Breite des Unterrichtsfaches

Unter „Politik" verstehe ich die Regelung gemeinsamer Angelegenheiten menschlicher Gesellschaften (Sander 2013b, 58 ff.). Politik gibt es, weil wir als Menschen nur in Gesellschaften leben, zugleich aber dieses Zusammenleben auf höchst unterschiedliche Weise gestalten können. Was als „regelungsbedürftig" und damit als „politisch" gilt, kann zwischen verschiedenen Interessengruppen innerhalb einer Gesellschaft, zwischen verschiedenen Gesellschaften und zu verschiedenen Zeiten sehr unterschiedlich definiert werden, ja diese Frage kann selbst schon Gegenstand politischer Kontroversen sein. Fast jede soziale und kulturelle Situation kann (muss aber nicht) „politisch" werden, wenn und indem sie als eine regelungsbedürftige, gemeinsame Angelegenheit definiert wird – z. B. Kopftücher in der Schule, eine Unternehmensgründung, der Benzinpreis, die Verteilung der Hausarbeit.

Was ist Politik?

Ich schlage diesen Politikbegriff vor, weil er geeignet ist, den Gegenstandsbereich der politischen Bildung zu umgrenzen, aber nicht darauf zielt, Aussagen über „gute" und „richtige" Politik zu machen. Die Frage nach „guter" Politik ist eine, die im Unterricht selbst kontrovers zu erörtern ist.

Politik als Kern? Die Bezeichnung „Politische Bildung" steht aus meiner Sicht nicht für die exklusive Anbindung des Faches an die Politikwissenschaft, sondern für die *Bildungsperspektive* eines sozialwissenschaftlichen Integrationsfaches. Der Name repräsentiert den Sinn und Zweck, für den Sozialwissenschaften in der allgemeinbildenden Schule notwendig sind. So wird das Profil des Unterrichtsfachs der politischen Bildung in der Bundesrepublik seit jeher überwiegend verstanden (vgl. auch GPJE 2004, 10f.); schon der älteste Fachlehrplan, die hessischen „Richtlinien für den politischen Unterricht" von 1949, sah „Arbeit und Wirtschaft" als eines von vier Themenfeldern vor.

Die Frage nach der „Gleichberechtigung" von Inhalten setzt einerseits deren klare disziplinäre Unterscheidbarkeit und andererseits eine Art Tortenmodell des Faches voraus, aus dem sich verschieden große Stücke schneiden lassen. Beides erscheint mir als problematisch. Es kann schon deshalb keine „rein rechtlichen" Inhalte geben, weil Recht immer politisch gesetzt ist; politische Prozesse sind mit ökonomischen Rahmenbedingungen, ökonomisches Handeln mit politischen Rahmenbedingungen eng verflochten, und alles rechtliche, politische und ökonomische Handeln ist immer auch soziale Interaktion sowie oftmals von gesellschaftlichen Interessen geprägt. Fachgeschichtlich gesehen hat es innerhalb des sozialwissenschaftlichen Spektrums wechselnde Prioritäten gegeben: In den 1970er-Jahren waren vielfach soziologische (gesellschaftstheoretische) Perspektiven dominant, ab den 1980er-Jahren folgte eine Fokussierung der Fachdiskussion auf „Politik als Kern", in jüngerer Zeit rückten, befördert durch den wirtschaftsliberalen Zeitgeist der „Nuller-Jahre" und eine massive Lobbypolitik von Wirtschaftsverbänden, ökonomische Perspektiven stärker in den Vordergrund. Solche Konjunkturen sind erträglich, solange damit verbundene disziplinäre Egoismen nicht dazu führen, dass das ohnehin kleine Nebenfach „Politische Bildung" durch Aufteilung oder Abspaltungen in Mikrofächer nahe der Irrelevanz im Fächerkanon zerlegt wird (Hedtke/Uppenbrock 2011).

Lernfeld Gesellschaftswissenschaften In Hessen gibt es Politische Bildung (seit 2002 unter der Bezeichnung „Politik und Wirtschaft", davor „Sozialkunde" und „Gemeinschaftskunde"), Geschichte und Erdkunde als eigenständige Fächer im „gesellschaftswissenschaftlichen Aufgabenfeld". Die aktuellen Kerncurricula von 2011 für die Sekundarstufe I enthalten für die drei Fächer einen gleichlautenden Abschnitt, in dem auf Verzahnungen zwischen ihnen hingewiesen und Kooperation nahegelegt wird. Mit Ausnahme der Gymnasien können Schulen aller Schulformen sich auch dafür entscheiden, diese Fächer integriert als „Gesellschaftslehre" zu unterrichten.

Mir erscheint es als sinnvoll, von diesen drei Fächern (die es in den meisten deutschen Bundesländern gibt) auszugehen, aber auf deren dichte Vernetzung hinzuarbeiten und in der schulischen Praxis den Lernbereich Gesellschaft als eine Kombination aus einzelfachlichen Kursen und interdisziplinären Projekten zu entwickeln (Sander 2010a).

5. Kompetenzen, Inhalte und Konzepte der politischen Bildung

Die Bezeichnung „Paradigmenwechsel" erscheint mir für die Orientierung der politischen Bildung an der Kompetenzentwicklung als übertrieben. Darunter versteht man die umstürzende Veränderung der grundlegenden Annahmen, auf denen eine Wissenschaft beruht (Kuhn 1996); so gewichtig ist die Kompetenzorientierung bei weitem nicht. Der Kern der Kompetenzorientierung besteht in der Verbindung von Wissen und Können; Kompetenzen beschreiben Dispositionen, die Menschen befähigen, Probleme zu lösen sowie Aufgaben und Handlungsanforderungen zu bewältigen. Kompetenzorientierung war gedacht als Gegenmittel gegen das „träge" schulische Stoffwissen, das seinen Sinn alleine aus den innerschulischen Bewertungs- und Selektionskriterien gewinnt. So gesehen geht es bei der Kompetenzorientierung um eine moderne Fassung der alten Forderung, nicht für die Schule, sondern für das Leben zu lernen.

Kompetenzorientierung

Inzwischen allerdings zeigt sich, dass die Kompetenzorientierung sich im Zuge ihrer Durchsetzung im Schulsystem verwandelt und von einem Mittel zur Befreiung von Stoffzwängen zu einem Instrument der umfassenden Steuerung und Kontrolle zu werden droht, bei dem am Ende die Schüler vielleicht nicht mehr für die klassische stofforientierte Klassenarbeit, dafür aber für den kompetenzorientierten Test lernen. Hierzu trägt vor allem die Vorstellung bei, die Kompetenzorientierung führe zur objektiven Mess- und Testbarkeit aller wichtigen Lernergebnisse und damit zu deren perfekter Plan- und Steuerbarkeit – ein alter technokratischer und szientistischer Traum, der sich aber auch diesmal wieder als Illusion erweisen wird (Sander 2013c).

Kompetenzen Vor welchen grundlegenden Aufgaben und Handlungsanforderungen (darum geht es bei Kompetenzen) stehen Bürgerinnen und Bürger als Teil des Souveräns? Die Antwort ist einfach und passt zu einer langen Tradition im Selbstverständnis politischer Bildung: Sie müssen Politik beurteilen, politisch handeln und sich selbstständig zu politischen Fragen orientieren und informieren können. In der Sprache der Kompetenzorientierung ergeben sich daraus die Kompetenzbereiche „politische Urteilsfähigkeit", „politische Handlungsfähigkeit" und „methodische Fähigkeiten" (GPJE 2004; zum theoretischen Hintergrund vgl. Sander 2013b, 71 ff.).

Grundwissen „Grundwissen" ist ein verführerischer Begriff, weil er scheinbar so plausibel ist: Wer könnte sich politische Bildung vorstellen, ohne dass es dabei auch um Wissen über Politik geht? Auf die Schwierigkeiten dieses Begriffs kommt man, wann man umgekehrt fragt, was man über Politik *nicht* wissen muss. Ein Beispiel: Was muss man aus der Geschichte der politischen Theorie *nicht* kennen – Hobbes? Machiavelli? Marx? Kant? Und was von Kant und was nicht: den kategorischen Imperativ? Die Definition des Begriffs „Aufklärung" (was ist mit den anderen Aufklärern)? Die Kritik der reinen Vernunft? Der Begriff des „Grundwissens" ist u. a. deshalb unbrauchbar, weil er nicht begrenzbar ist; die Menge des für die politische Bildung sinnvollen Wissens ist immer größer als die Lernzeit, die zur Verfügung steht.

Ob und welches konkrete Wissen in der politischen Bildung sinnvollerweise angeboten werden sollte, muss sich letztlich nicht an einer Stoffsystematik, sondern an den Lernprozessen der Adressaten entscheiden: Neues Wissen muss an mitgebrachtes Wissen und mitgebrachtes politisches Denken der Lernenden *anschlussfähig* sein, um ihnen einen Lernzuwachs zu ermöglichen.

Dennoch sind auch in fachlicher Hinsicht nicht alle Themen gleich gut geeignet. Zum einen sollten Themen so entwickelt werden, dass nicht nur aktuelle politische Vorgänge, sondern auch mittel- und längerfristige politische Problemlagen verstehbar werden. Zum anderen sollte Politische Bildung möglichst bei jedem Thema auf Aspekte des dauerhaften Grundproblems von Politik, das menschliche Zusammenleben regeln zu müssen, zu sprechen kommen. Das auf solche Aspekte bezogene Wissen lässt sich *Basiskonzepten* politischer Bildung zuordnen.

„Konzepte" sind ein psychologisches, „Basiskonzepte" hingegen ein fachdidaktisches Konstrukt. Aus psychologischer Sicht repräsentiert ein Konzept unser Verständnis von einem bestimmten Aspekt der Welt. Mit Konzepten ordnen und interpretieren wir unsere Erfahrungen und sinnlichen Eindrücke, entwickeln also beispielsweise Verständnisse von „Kind", „Schule", „Partei", „Demokratie" oder „Gerechtigkeit". Sowohl Alltagswissen als auch wissenschaftliches Wissen setzt sich aus Konzepten zusammen. Menschen nutzen das von ihnen für richtig gehaltene konzeptuelle Wissen für ihre Lebenspraxis. Insofern passt ein Verständnis von Wissen als Konzept auch gut zur Kompetenzorientierung.

Konzepte

Aus der Verknüpfung von Konzepten entsteht das Weltverständnis eines Menschen: „Concepts are the glue that holds our mental world together", so der erste Satz eines Standardwerks zur psychologischen Wissensforschung (Murphy 2004, 1).

„Basiskonzepte" definieren aus fachdidaktischer Sicht grundlegende Vorstellungsbereiche, die den Zugang eines Faches zur Welt kennzeichnen. So nähert sich der Physikunterricht der Welt mit Basiskonzepten wie „Materie" und „Energie", die Politische Bildung hingegen mit Basiskonzepten wie „Macht" und „Gemeinwohl". Neben diesen beiden sind aus meiner Sicht für Politische Bildung „System", „Recht", „Öffentlichkeit" und „Knappheit" relevante Basiskonzepte (Sander 2010b; Sander 2013b, 95 ff.). *Fachdidaktische* Konstrukte sind Basiskonzepte deshalb, weil Schulfächer nicht einfach Wissensdisziplinen abbilden, sondern in Zielen und Inhalten einer bildungsbezogenen Eigenlogik folgen und ihre Gegenstände teils aus weit umfangreicheren Forschungen einer Fachwissenschaft auswählen, teils auch (wie die Politische Bildung) Perspektiven mehrerer Fachwissenschaften integrieren.

Es ist davon auszugehen, dass Schülerinnen und Schüler bereits über Vorstellungen zu diesen Basiskonzepten verfügen, auch wenn sie die entsprechenden Fachbegriffe noch nicht kennen. Sowohl diese Schülervorstellungen als auch die wissenschaftlichen Wissensbestände zu diesen Basiskonzepten aus den Sozialwissenschaften sind in sich vielfältig und kontrovers. Es kann daher nicht einfach darum gehen, im Unterricht „falsche" Schülervorstellungen durch „richtiges" wissenschaftliches Wissen zu ersetzen, sondern darum, die Vorstellungen von Schülern zu Basiskonzepten mit Hilfe jeweils geeigneter Inhalte und wissenschaftlichen Wissens nach und nach zu erweitern, zu differenzieren, komplexer zu gestalten, gewiss auch von Fall zu Fall zu korrigieren.

Aber in der Regel gibt es dabei in den Wissenschaften nicht nur *eine* mögliche „richtige" Vorstellung.

6. Politikdidaktische Prinzipien

Didaktische Prinzipien bündeln das politikdidaktische Wissen über eine angemessene Auswahl und Strukturierung von Lerngegenständen. Sie sind als Instrumente zu verstehen, die es erlauben sollen, Ausschnitte aus der Politik in didaktisch vertretbarer Weise als Lerngegenstände zu konstruieren, sie sollen Politik in Schule und außerschulischer Bildung *lernbar* machen. Sie stellen jedoch keine eigenständigen didaktischen Theorien dar, sondern fassen Resultate von Forschung und Theorienbildung für Zwecke der Planung von Lernangeboten zusammen.

Ich halte sechs didaktische Prinzipien für besonders wichtig (Sander 2013b, 190 ff.; Sander 2014, 241 ff.): Adressatenorientierung (in der Schule als Schülerorientierung, in der außerschulischen Bildung als Teilnehmerorientierung); Exemplarisches Lernen; Problemorientierung; Kontroversität; Handlungsorientierung; Wissenschaftsorientierung. Nach meinem Eindruck lassen sich die meisten der ansonsten noch genannten Prinzipien einem dieser sechs zuordnen, so z. B. das Fallprinzip dem Exemplarischen Lernen, die Konfliktorientierung der Kontroversität oder das Genetische Lernen der Problemorientierung (unter der Frage: aus welchen Problemlagen heraus sind bestimmte politische Lösungen oder Institutionen entstanden?).

7. Methoden und Medien der Politischen Bildung

Methoden

Methoden sind Wege des Lernens, die einer Lernsituation eine Ablaufstruktur geben. Welche Methode geeignet ist, hängt von einer Vielzahl von Faktoren ab (Thema, Lernausgangslagen der Schüler, äußere Bedingungen, Zeit ...), so dass allgemeine Empfehlungen nur mit großer Vorsicht möglich sind. Vielleicht lässt sich so viel sagen: Wenn Politische Bildung politische Urteils- und Handlungsfähigkeit fördern soll, muss der Unterricht vielfältige Gelegenheiten zur Urteilsbildung in kontroversen Angelegenheiten und Anlässe zum aktiven Handeln bieten. Insofern sollten diskursive sowie handlungsbezogene Methoden (z. B. Pro-Contra-Debatten, Simulationsspiele, Fallanalysen, Projekte) eine gewisse Priorität haben.

Hier gilt zunächst Ähnliches wie bei Methoden: Es gibt eine große Vielfalt an Möglichkeiten – ein neueres Medienhandbuch informiert über 57 Medientypen (Besand/Sander 2010) –, aus denen je nach Erfordernissen und Möglichkeiten eines Lernvorhabens ausgewählt werden kann. Darunter befinden sich auch viele elektronische Medien, die schon deshalb im Unterricht nicht fehlen dürfen, weil sie in der politischen Kommunikation wie im Alltag von Jugendlichen eine zentrale Rolle spielen und deshalb für den Zugang von Schülerinnen und Schülern zu Politik wichtig sind. Allerdings sollte die Politische Bildung insofern auch einen gewissen Gegenpol zur alltäglichen Nutzung elektronischer Medien bilden, als die Arbeit mit Sachbüchern, in der gymnasialen Oberstufe auch mit wissenschaftlichen Büchern, zwingend erforderlich ist. Der öffentliche Diskurs über Grundfragen des Politischen fand immer schon und findet auch heute im Medium des gedruckten Buches statt, mit dem umgehen zu lernen für die kompetente Teilnahme an der politischen Öffentlichkeit unabdingbar ist.

Medien

Dagegen ist die Zukunft des klassischen Schulbuchs für die politische Bildung unklar. Das typische fachliche Schulbuch enthält nicht primär Autorentexte, sondern eine nach didaktischen und methodischen Gesichtspunkten zusammengestellte Auswahl an Materialien. Hier könnte es sich durchaus zeigen, dass aus Gründen der Aktualität, der Medienvielfalt (Einbeziehung audiovisuellen Materials) und der potenziellen Interaktivität (z. B. Konstruktion von interaktiven Grafiken) eine elektronische Version, vorzugsweise für leichte Tablett-Computer, sich dem gedruckten Schulbuch als überlegen erweisen wird. Bislang gibt es hier freilich noch viele offene Fragen, von didaktischen Konzepten über das Urheberrecht bis zu einheitlichen technischen Standards und zur Finanzierung leistungsfähiger Geräte.

Rolle des Schulbuchs

8. Lernprozesse und Schülervorstellungen

Die neuere Lernforschung hat sehr klar den Charakter von Lernen als aktiven Prozess der *Konstruktion* von Wissen und Verstehen durch die Lernenden selbst gezeigt: „In the most general sense, the contemporary view of learning is that people construct new knowledge and understanding based on what they already know and believe" (Bransford u. a. 2000, 10). Die Forschung hat ferner sehr deutlich nachgewiesen, dass schon sehr junge Kinder im frühen Grundschulalter politisches Vorwissen und

Bedeutung lerntheoretischer Erkenntnisse

Vorverstehen haben, von dem aus sie politische Phänomene wahrnehmen und interpretieren. Lernprozesse sind im strengen Sinn nicht „von außen" steuerbar, sie können aber durch auf das Vorverstehen angepasste Lernumgebungen und Impulse angeregt und gefördert werden.

Solche Einsichten der Lernforschung und ihr erkenntnistheoretischer Hintergrund im modernen Konstruktivismus haben mein politikdidaktisches Denken intensiv beeinflusst (vgl. z. B. Sander 2013b, 151-167; Sander 2005). Sie bilden einen zentralen Ausgangspunkt meiner didaktischen Theorie zur politischen Bildung, in der Unterricht als eine Angebotsstruktur, als Lernumgebung und Lernbegleitung, gedacht wird.

Empirische Forschung & Schüler- und Lehrervorstellungen

Ich halte diesen Forschungsschwerpunkt für richtig und notwendig. Am ergiebigsten erscheinen mir bislang unterrichtsnahe qualitative Studien, beispielsweise Studien mit der Methode der „didaktischen Rekonstruktion"; die vorliegenden quantitativen Forschungen arbeiten oft mit für diesen methodischen Ansatz zu geringen Fallzahlen, konzentrieren sich alleine auf Wissensabfragen mit geringem Bezug zum Unterricht oder verbleiben auf einer wenig komplexen Ebene des Weltverstehens der Kinder und Jugendlichen. Notwendig sind weitere qualitative Studien zum politischen Weltverstehen von Kindern und Jugendlichen verschiedenen Alters, die auch den Erfahrungen mit schulischer politischer Bildung und deren Wirkungen nachspüren. Wünschenswert, wenngleich von Aufwand und Finanzierung her schwer zu realisieren, wäre eine große qualitative Studie, die die Entwicklung des politischen Denkens einer Schülergruppe spätestens vom Beginn der Sekundarstufe I bis ins junge Erwachsenenalter und die Interventionsmöglichkeiten von politischer Bildung in diesem Zeitraum untersucht.

Daran gemessen sind die Forschungsarbeiten zu diesem Problemfeld an meiner Professur bescheiden. Wir haben einen Forschungsverbund von vier Dissertationen zu Schülervorstellungen in der politischen Bildung (vgl. die Übersicht bei Gessner u. a. 2011), von denen derzeit (2015) zwei abgeschlossen sind.

9. Politikdidaktik als Wissenschaft

Forschungsfragen für die Zukunft

Dass die Kompetenzorientierung den Stellenwert mittelfristig behalten wird, den sie im ersten Jahrzehnt nach PISA inne hatte, erscheint als sehr unwahrscheinlich (Sander 2013c). Ähnliches gilt für die empirische Forschung in den Bildungswissenschaften. Ihr Aufschwung nach PISA

2000, besonders im Bereich der quantitativen Forschung, scheint mir zu einem guten Teil auf einem Missverständnis zu beruhen: auf der politischen Erwartung, auf diesem Weg zu Daten zu gelangen, die „evidenzbasierte", durch objektive Daten abgesicherte pädagogische und politische Entscheidungen ermöglichen. Aber selbst aus den PISA-Studien lassen sich keinerlei zwingende Konsequenzen ableiten. Im Gegenteil haben die teilweise hoch artifiziellen, teilweise auch eher trivialen Ergebnisse der empirischen Bildungsforschung die Distanz zwischen Theorie und Praxis nicht etwa gemildert, sondern verschärft. Hinzu kommt, dass viele zentrale Fragen von Pädagogik und Didaktik mit den Instrumenten der empirischen Forschung überhaupt nicht beantwortet werden können. Es ist daher eher wahrscheinlich, dass – nicht zum ersten Mal in der Geschichte der pädagogischen Wissenschaften – die sich schon abzeichnende Ernüchterung auch zu einem Einbruch in der wissenschaftspolitischen Förderung empirischer Bildungswissenschaft führen wird.

Dies sollte und dürfte auch die Aufmerksamkeit wieder mehr auf ungeklärte theoretische Probleme sowie auf stärker entwicklungsbezogene Forschungen lenken. Drängend ist nach einem Abflauen der Kompetenzorientierung die bildungstheoretische Frage, worin unter den Bedingungen des 21. Jahrhunderts die Bildungsaufgabe der Schule besteht und was die einzelnen Fächer dazu beitragen können. In diesem Zusammenhang werden auch Fragen fächerübergreifenden Lernens neu an Bedeutung gewinnen. Schließlich ist eine stärkere Internationalisierung des Fachdiskurses zur politischen Bildung überfällig. Die im internationalen Vergleich sehr produktive deutsche Politikdidaktik wird im europäischen und globalen Kontext kaum wahrgenommen, weil Deutsch als Wissenschaftssprache in den letzten Jahrzehnten rapide an Bedeutung verloren hat und englische Publikationen deutscher Theorien und Forschungen zur politischen Bildung nur in marginalem Umfang vorliegen.

Ich beabsichtige mich mit den Problemen zu befassen, die ich im vorigen Absatz als drängend bezeichnet habe.   Eigene Forschungsschwerpunkte

10. Fachdidaktische Kontroversen

Derzeit sehe ich vor allem drei Kontroversen:
1. Den Konflikt zwischen erziehungswissenschaftlichen Ansätzen einer „Demokratiepädagogik" und der Mehrheit der Politikdidaktik im ers-

ten Jahrzehnt dieses Jahrhunderts im Anschluss an das (inzwischen ausgelaufene) Förderprogramm „Demokratie lernen & leben" (http://blk-demokratie.de). Der Konflikt entzündete sich an dem zeitweise recht offensiv vorgebrachten Anspruch, mit einer partizipationsorientierten Schulkultur eine effektivere Alternative des Demokratielernens zur vorgeblich bloß kognitiv orientierten politischen Bildung bieten zu können. Inzwischen ist dieser Konflikt deutlich abgeflaut, nicht zuletzt weil eine Reihe von empirischen Studien gezeigt hat, dass Partizipationserfahrungen im sozialen Nahraum und in der Schule zwar positive Effekte auf die Persönlichkeitsentwicklung von Jugendlichen haben, deren Demokratie- und Politikverstehen aber keineswegs fördern (vgl. die Übersicht bei Reinhardt 2009).

2. Den Konflikt um die Forderung nach Wirtschaft als eigenem Fach in allgemeinbildenden Schulen, die seit einiger Zeit in Deutschland von Interessenverbänden aus der Wirtschaft sowie zahlreichen Wirtschaftspädagogen offensiv vertreten wird. Meine Position dazu habe ich oben bereits angedeutet: Sowohl die engen inhaltlichen Verbindungen zwischen Politik und Wirtschaft als auch fachpolitische Erwägungen, die gegen die Zersplitterung eines ohnehin eher kleinen Nebenfachs in Mikrofächer sprechen, lassen eine solche Abspaltung als wenig sinnvoll erscheinen. Die inhaltliche Kritik an einer teilweisen Vernachlässigung ökonomischer Perspektiven und Fragestellungen in der Politischen Bildung war freilich durchaus berechtigt; inzwischen wird man aber angesichts einer umfangreichen Publizistik zu wirtschaftsbezogenen Themen im Unterricht und einer Ausweitung entsprechender Anteile in Lehrplänen von einer solchen Vernachlässigung kaum mehr sprechen können.

3. Den Konflikt um Kompetenzen und Wissen in der politischen Bildung. Er wurde 2010 durch eine kollektive Publikation von fünf Professorinnen und Professoren ausgelöst (Weißeno u. a. 2010), auf die schon ein Jahr später eine Entgegnung von acht Professorinnen und Professoren in Form einer Streitschrift folgte (Autorengruppe Fachdidaktik 2011). Wiederum ein Jahr später folgte ein Buch der nunmehr noch aus vier Autoren bestehenden ersten Gruppe, in dem die Ausführungen zu Wissen in der politischen Bildung, auf die sich die Publikation von 2010 konzentrierte, mit einem umfassenderen Kompetenzmodell gerahmt wurden (Detjen u. a. 2012). Auch diese Publikation ist inzwischen auf starke Kritik gestoßen (vgl. u. a. Sander 2013c, 114 ff.).

Die Debatte kann hier nicht referiert werden. Als Mitglied der Autorengruppe Fachdidaktik bin ich in diesem Konflikt engagiert und halte seine Austragung für notwendig. Ich sehe in dem Ansatz von Weißeno u. a. eine für das Fach hoch problematische Anpassung an ein szientistisches Wissenschaftsverständnis auf Kosten komplexer Bildungsziele, ein der inneren Pluralität der Sozialwissenschaften ebenso wie zeitgenössischer Erkenntnistheorie nicht gerecht werdendes Wissensverständnis sowie (in dem vorgelegten Unterrichtsbeispiel in Weißeno u. a. 2010) einen Rückfall hinter seit langem etablierte Qualitätskriterien für Unterricht in der Politischen Bildung durch ein im Kern instruktionsorientiertes, auf Begriffslernen abzielendes Unterrichtskonzept.

11. Politikdidaktik und Lehramtsausbildung

Lehrerinnen und Lehrer in der Politischen Bildung sind Lernbegleiter (Sander 2013b, 168 ff.). Sie sollten einen Unterricht halten können, der „Lerngelegenheiten gibt wie ein durchdachtes und gut vorbereitetes Reiseangebot. Das gewinnt seine Adressaten für sich, weil es die bereisten Welten erschließt, sie fassbar und lesbar macht, Neugier und Interesse an dem Anderen und Neuen in der bereisten Welt zu wecken versteht und erhält, Gelegenheit gibt, sich in der besuchten Welt zu erfahren und auch zu erproben" (Girmes 2004, 9). Um solche „Reisen" in die Welt der Politik zu ermöglichen, müssen Lehrer wirkliche Fachleute sein, sie müssen sich in Grundlagen und Kontroversen der Sozialwissenschaften wie der Fachdidaktik auskennen und in der Lage sein, einen Gegenstand aus verschiedenen fachwissenschaftlichen und didaktischen Perspektiven zu beleuchten. Darüber hinaus aber „bedarf der politische Unterricht des philosophischen Menschen. [...] Wir müssen uneingeschränkt fordern, daß der Lehrer [...] ‚Wahrheitssucher' sei. Das ist etwas anderes als Sach- und Fachwissenschaft in einem begrenzten Bezirk der Wißbarkeiten unserer Zeit" (Fischer/Herrmann/Mahrenholz 1975, 15 und 31). Mit anderen Worten: Lehrerinnen und Lehrer in der Politischen Bildung sollten selbst *gebildet* sein.

Wissen und Können von Politiklehrern

In Gießen beträgt der Anteil der fachdidaktischen Studien je nach Lehramt etwa zwischen einem Drittel und der Hälfte des Fachstudiums in der Politischen Bildung („Politik und Wirtschaft"). Dieser Anteil ist sehr zufriedenstellend und ermöglicht ein differenziertes fachdidaktisches Studienangebot. Dieses folgt einer dreistufigen Logik: Auf ein verbind-

Politikdidaktik in der Lehramtsausbildung

liches, klar strukturiertes Einführungsmodul folgen im mittleren Teil des Studiums Wahlpflichtmodule mit einer großen Variationsbreite frei wählbarer Seminarthemen sowie ein Fachpraktikum in der Schule. Gegen Ende des Studiums empfehlen wir ein Modul, in dem es um aktuelle Tendenzen und Kontroversen in der Fachdidaktik geht.

Für wünschenswert hielte ich eng mit der Universität verbundene Kooperationsschulen, die sich durch anspruchsvolle und innovative Unterrichtskonzepte auszeichnen und ihre Türen für eine gleichermaßen praxisnahe und forschungsorientierte fachdidaktische Lehre öffnen.

Verhältnis von Theorie und Praxis

Wenn Studierende „Rezepte" erwarten, versuche ich zu verdeutlichen, dass wegen der Unterschiedlichkeit konkreter Situationen einheitliche „Rezepte" nicht funktionieren, dass aber die Fachdidaktik flexibel handhabbare „Werkzeuge" für erfolgreiche Planung und Durchführung von Unterricht anbietet.

Schwerpunkte der eigenen Lehre

Meine eigenen Schwerpunkte in der Lehre liegen einerseits am Studienbeginn mit einer Vorlesung für Erstsemester als Teil des Einführungsmoduls, andererseits in Seminaren für Studierende höherer Semester, die nahe an meinen eigenen Forschungsthemen liegen oder sich mit aktuellen Entwicklungen im Fach befassen.

12. „Gute" politische Bildung

Gute politische Bildung berührt die Schülerinnen und Schüler in ihrem persönlichen Weltverstehen. Sie erschließt ihnen das Politische als ein Feld für eigenständiges Denken, Urteilen und Handeln. In einem guten Politikunterricht sollten möglichst alle Schülerinnen und Schüler bei möglichst jedem Lernvorhaben einen neuen Impuls erhalten – eine interessante Information, eine offene Frage, einen neuen Denkanstoß, eine relevante Erkenntnis, einen nachhaltigen Eindruck –, der ihr persönliches Verständnis von Politik ein kleines Stück weit verbessern kann.

Literatur

Autorengruppe Fachdidaktik (Anja Besand/Tilman Grammes/Reinhold Hedtke/Peter Henkenborg/Dirk Lang/Andreas Petrik/Sibylle Reinhardt/Wolfgang Sander) (2011): Konzepte der politischen Bildung. Eine Streitschrift. Schwalbach/Ts.

Besand, Anja/Sander, Wolfgang (Hrsg.) (2010): Handbuch Medien in der politischen Bildung. Schwalbach/Ts.
Bransford, John/Brown, Ann L./Cocking, Ridney R. (eds.) (2000): How People Learn. Brain, Mind, Experience, and School. Washington D.C.
Detjen, Joachim/Massing, Peter/Richter, Dagmar/Weißeno, Georg (2012): Politikkompetenz – ein Modell. Wiesbaden.
Fischer, Kurt Gerhard/Herrmann, Karl/Mahrenholz, Hans (^{3}1975): Der politische Unterricht. Bad Homburg vor Höhe/Berlin/Zürich.
Gessner, Susann/Mosch, Mirka/Raths, Kathleen/Sander, Wolfgang/Wagner, Anika (2011): Schülervorstellungen in der politischen Bildung – ein Forschungsverbund aus vier Dissertationsvorhaben. In: zeitschrift für didaktik der gesellschaftswissenschaften (zdg) 1/2011, S. 166-169.
Girmes, Renate (2004): (Sich) Aufgaben stellen. Seelze.
GPJE 2004: Nationale Bildungsstandards für den Fachunterricht in der Politischen Bildung an Schulen. Ein Entwurf. Schwalbach/Ts.
Hedtke, Reinhold/Uppenbrock, Carolin (2011): Atomisierung der Stundentafeln? Schulfächer und ihre Bezugsdisziplinen in der Sekundarstufe I. Bielefeld (iböb working paper no. 3).
Kuhn, Thomas S. (^{13}1996): Die Struktur wissenschaftlicher Revolutionen. Frankfurt/M.
Massing, Peter/Breit, Gotthard/Buchstein, Hubertus (Hrsg.) (^{8}2012): Demokratietheorien. Von der Antike bis zur Gegenwart. Schwalbach/Ts.
Murphy, Gregory L. (2004): The Big Book of Concepts. Cambridge and London.
Reinhardt, Sibylle (2009): Ist soziales Lernen auch politisches Lernen? Eine alte Kontroverse scheint entschieden. In: Gesellschaft – Wirtschaft – Politik 2009, Heft 1/2009, S. 119-125.
Sander, Wolfgang 2005: Die Welt im Kopf. Konstruktivistische Perspektiven zur Theorie des Lernens. In: kursiv – Journal für politische Bildung 1/2005.
Sander, Wolfgang (2010a): Soziale Studien 2.0? Politische Bildung im Fächerverbund. In: kursiv – Journal für politische Bildung 1/2010, S. 14-26.
Sander, Wolfgang (2010b): Wissen im kompetenzorientierten Unterricht – Konzepte, Basiskonzepte, Kontroversen in den gesellschaftswissenschaftlichen Fächern. In: zeitschrift für didaktik der gesellschaftswissenschaften (zdg) 1/2010, S. 42-66.
Sander, Wolfgang (^{3}2013a): Politik in der Schule. Kleine Geschichte der politischen Bildung in Deutschland. Marburg.
Sander, Wolfgang (^{4}2013b): Politik entdecken – Freiheit leben. Didaktische Grundlagen politischer Bildung. Schwalbach/Ts.
Sander, Wolfgang (2013c): Die Kompetenzblase – Transformationen und Grenzen der Kompetenzorientierung. In: zeitschrift für didaktik der gesellschaftswissenschaften (zdg) 1/2013, S. 100-124.
Sander, Wolfgang (Hrsg.) (^{4}2014): Handbuch politische Bildung. Schwalbach/Ts.
Weißeno, Georg/Detjen, Joachim/Juchler, Ingo/Massing, Peter/Richter, Dagmar (2010): Konzepte der Politik. Ein Kompetenzmodell. Schwalbach/Ts.

Bernd Overwien

Dr. Bernd Overwien, geb.1953 in Haltern (NRW)

Professor für Didaktik der politischen Bildung (Politik und Wirtschaft), Fachgruppe Politikwissenschaft am Fachbereich Gesellschaftswissenschaften der Universität Kassel seit 2008.

Autor und Herausgeber von Arbeiten zu globalen und Nachhaltigkeitsfragen in der politischen Bildung, zur Kooperation von Lernorten, zum informellen Lernen, zur Kompetenzdiskussion und zu kritischer politischer Bildung. Hessischer Landesvorsitzender der DVPB und Mitglied der Polis-Redaktion.

Frühere Tätigkeiten
- Wissenschaftlicher Mitarbeiter, wissenschaftlicher Assistent und Gastprofessor an der Technischen Universität Berlin von 1994 bis 2007
- Habilitation an der Carl-von-Ossietzky-Universität Oldenburg 2001
- Umhabilitation an die Freie Universität Berlin 2005

Verbandstätigkeiten
- Vorsitzender der hessischen DVPB
- Vorsitzender des Programmbeirats des ASA-Programms (Engagement Global)
- Gewerkschaft Erziehung und Wissenschaft, Vorstand der Hochschulgruppe

Beratungs- und Kommissionstätigkeiten
- Mitglied des Beratungskreises für Entwicklungspolitische Bildung im Bundesministerium für wirtschaftliche Zusammenarbeit und Entwicklung
- Mitglied des Runden Tisches der UN-Dekade Bildung für nachhaltige Entwicklung

Veröffentlichungen – Auswahl

Redaktionsmitglied der „Zeitschrift für internationale Bildungsforschung und Entwicklungspädagogik" (ZEP) und der Zeitschrift „Polis. Report der Deutschen Vereinigung für Politische Bildung" (DVPB)

2013   zusammen mit Klaus-Peter Hufer, Theo W. Länge, Barbara Menke und Laura Schudoma (Hrsg.): Wissen und Können. Wege zum professionellen Handeln in der politischen Bildung. Schwalbach/Ts.

2013   zusammen mit Benedikt Widmaier(Hrsg.) (2013): Was heißt heute kritische politische Bildung? Schwalbach/Ts.

2011   Informelles Lernen in einer sich globalisierenden Welt. In: Sander, Wolfgang/Scheunpflug, Annette: Politische Bildung in der Weltgesellschaft. Bonn, S. 259-277.

2011   zusammen mit Horst Peter und Klaus Moegling: Politische Bildung für nachhaltige Entwicklung. Immenhausen.

2011   zusammen mit Hannah Gritschke und Christiane Metzner (Hrsg.): Erkennen, Bewerten, (Fair-)Handeln. Kompetenzerwerb im globalen Wandel. Kassel.

2010   zusammen mit Christian Geißler (Hrsg.): Elemente einer zeitgemäßen politischen Bildung. Festschrift zum 65. Geburtstag von Hanns-Fred Rathenow. Berlin.

2009   zusammen mit Hanns-Fred Rathenow (Hrsg.): Globalisierung fordert politische Bildung. Politisches Lernen im globalen Kontext. Leverkusen.

Leseempfehlungen für (angehende) Politiklehrerinnen und -lehrer

Hufer, Klaus-Peter/Länge, Theo W./Menke, Barbara/Overwien, Bernd/Schudoma, Laura (Hrsg.) (2013): Wissen und Können. Wege zum professionellen Handeln in der politischen Bildung. Schwalbach/Ts.

Lösch, Bettina/Thimmel, Andreas (Hrsg.) (2011): Kritische politische Bildung. Ein Handbuch. Bonn.

Overwien, Bernd/Rathenow, Hanns-Fred (Hrsg.) (2009): Globalisierung fordert politische Bildung. Politisches Lernen im globalen Kontext. Leverkusen.

Sander, Wolfgang (Hrsg.) (2014): Handbuch politische Bildung. 4., völlig überarb. Aufl., Schwalbach/Ts.

Sander, Wolfgang/Scheunpflug, Annette (2011): Politische Bildung in der Weltgesellschaft. Bonn.

Bernd Overwien

„Im Mittelpunkt meiner Forschungsarbeiten steht das globale Lernen innerhalb einer Bildung für nachhaltige Entwicklung."

1. Werdegang

Die Frage, wie ich zur Politikdidaktik gekommen bin, hängt mit meinem Zugang zur Politik zusammen. Aus einer katholischen Arbeiterfamilie kommend, begann ich mit noch nicht 16 Jahren eine Lehre in der Chemieindustrie und trat einer Industriegewerkschaft bei. In Berlin arbeitete ich als Elektriker und engagierte mich gewerkschaftlich, in Mieterinitiativen, Stadtteilgruppen und der Anti-Atomkraftbewegung. Der Zweite Bildungsweg brachte mir neue Anregungen. Hier waren parallele Aktivitäten in Solidaritätsbewegungen mit Chile und Nicaragua wichtig. Ich entschied mich dann, ein Lehramtsstudium aufzunehmen, mit den Fächern Politik und Technik/Arbeitslehre. Neben dem Studium war ich vier Jahre Kommunalpolitiker für die Grünen in Berlin.

Im Studium lernte ich schnell, dass politische Bildung und politische Praxis zwei durchaus unterschiedliche Felder sind. An der TU Berlin standen in der Ausbildung der Sozialkundedidaktik die Klassiker im Vordergrund. Besonders beeindruckt und geprägt hat mich damals der Ansatz von Hermann Giesecke. Der Konflikt als zentrale Kategorie innerhalb der politischen Bildung, verbunden mit emanzipatorischen Vorstellungen, erschien mir überzeugend. Die Berliner Schule der Didaktik stand nicht im Gegensatz dazu.

Im Rahmen meines politischen Engagements stand dann praktische Solidarität mit Menschen in Nicaragua, verbunden mit diversen Reisen, im Vordergrund. Daraus ergaben sich auch Aktivitäten der „entwicklungspolitischen" Bildung und Zugänge zu dem, was später globales Lernen genannt wurde. Ich war in der außerschulischen Bildung tätig und nach dem Studium in der beruflichen Bildung. Meine erziehungswissenschaftliche Dissertation – als Mitarbeiter der TU Berlin – beinhaltete Fragen zu entwicklungspolitischen Problemen, die ich in Nicaragua untersuchte. Daraus entstand auch mein Habilitationsthema zum informellen

Lernen, das ich später auch auf politikrelevantes Lernen bezog. Meine Tätigkeit innerhalb der Erziehungswissenschaft hatte einen Schwerpunkt bei entwicklungsbezogener Bildung, was dem Wechsel auf eine Oberassistentenstelle, eine Gastprofessur und schließlich eine Professur in der Didaktik der politischen Bildung früh entsprechende Bezüge gab.

2. Situation und Perspektiven der politischen Bildung

Die politische Bildung in der Schule leidet unter alten Widersprüchen und neueren Angriffen. So ist bekanntermaßen politische Bildung eine Aufgabe auch der ganzen Schule, wie es in einschlägigen Präambeln immer wieder nachzulesen ist, sich in der Praxis aber nicht immer auch abbildet. Wäre die Diskussion um Demokratiepädagogik, innerhalb derer das Politische oft unterbelichtet war, weniger konfrontativ verlaufen, wären hier durchaus mehr Bewegungen möglich gewesen.

Gegenwärtige Situation und Herausforderungen

Das Fach selbst, immer noch mit unterschiedlichen Bezeichnungen versehen und teils auch unterschiedlich konzeptioniert, hat – gemessen an den Stundentafeln – immer noch eine relativ geringe Bedeutung, wobei Bayern hier besonders negativ hervorsticht. In mittlerweile fünf Bundesländern heißt das Fach inzwischen „Politik und Wirtschaft". Lobbyverbände, wie etwa der Bankenverband oder die „Initiative neue soziale Marktwirtschaft", versuchen seit Jahren, die politische Bildung hin zu wirtschaftlicher Bildung zu verändern. In Niedersachsen ging dies soweit, dass in den Curricula Kernbestände politischer Bildung zugunsten eng geführter und einseitiger ökonomischer Ansätze zunächst verschwanden. Dabei kann natürlich Politik ohne die Berücksichtigung wirtschaftlicher Fragen nicht unterrichtet werden. Nach wie vor ist die sicherlich nicht kleine Aufgabe der politischen Bildung die Förderung politischer Mündigkeit durch den Erwerb politischer Urteils- und Handlungskompetenz, verbunden natürlich mit angemessenem Fachwissen. Sach- und Werturteile benötigen die Fähigkeit, auf theoretischer Grundlage praktische Politik zumindest in Ansätzen zu analysieren (alle Aussagen betreffen hier das Feld vom Sachunterricht über die Sekundarstufen bis zur beruflichen Bildung). Insofern ist eine Verbindung von Politik und Wirtschaft in einem Schulfach nicht schädlich, es stellt sich nur die Frage nach der Ausgangsperspektive. Ausgangspunkt muss dabei die politikwissenschaftliche Perspektive sein, die um weitere Blickwinkel ergänzt wird, darunter auch den ökonomischen. Weitgehend unbeantwortet ist bisher die Frage, wie eine entsprechende Integration innerhalb der Gesellschaftslehre der Gesamtschulen aussehen kann.

Zukünftige Rolle der politischen Bildung

In Zukunft muss zunächst die Rolle des Faches in der Schule weiter abgesichert werden. Das erfordert seitens der hochschulischen politischen Bildung einschlägige Lobbyarbeit, die zum Teil schon im Gange ist, allerdings noch zu sehr als Abwehr einer „feindlichen Übernahme" durch wirtschaftsbezogene Ansätze. Gleichzeitig wäre es nicht schlecht, Schnittmengen zwischen Demokratiepädagogik und politischer Bildung auszuloten und mehr partizipative Ansätze in die politische Bildung zu integrieren. Es wäre naiv, Schule als Gesellschaft im Kleinen zu sehen, dennoch sind partizipative Ansätze möglich, wie Beispiele aus der Kinder- und Menschenrechtsbildung zeigen. Eine immer notwendige, laufende Reform des Faches sollte auch eine weitere Öffnung hin zu globalen Fragen beinhalten (vgl. Overwien/Rathenow 2009).

3. Demokratie und politische Bildung

Was ist Demokratie?

Bei der Frage eines aktuellen Demokratieverständnisses ist ein Blick in die Ideengeschichte, insbesondere der Aufklärung, sinnvoll. John Locke liefert ja schon früh Vorstellungen von individueller Freiheit und Gleichheit, dem Mehrheitsprinzip, einer Gewaltenteilung und auch eines Widerstandsrechts der Bürger als Grundlagen repräsentativer Demokratie. Auf Rousseau gehen Modelle direkterer Demokratie zurück. Die darin enthaltenen Prinzipien sind heute in verschiedenen Modellen praktizierter Demokratie zu finden, die immer den Bogen zwischen Freiheit und Gleichheit spannen sollten, dies aber nur mehr oder weniger ausgeprägt erreichen, zumeist zuungunsten gerechterer Ausgangsbedingungen der Bürger (vgl. Hufer u. a. 2013). Starke ökonomische Interessen und entsprechende Einflussnahme stehen gegen schwache Interessen und stellen mit ihrer Dominanz immer wieder reale Demokratie in Frage, verstärkt in Zeiten der Globalisierung. Dies weist daraufhin, dass Demokratie kein statischer Zustand ist, sondern als ein dynamischer Prozess gesehen werden muss, dessen Gestaltung nicht voraussetzungslos ist und politischer Bildung bedarf.

Demokratielernen als Aufgabe der politischen Bildung?

Himmelmann (2001) unterscheidet Demokratie als Herrschafts-, Gesellschafts- und Lebensform. Demokratie-Lernen, angelehnt an die Vorstellungen John Deweys, soll stärker an die Interessen des lernenden Subjektes, also der Schüler anschließen. Die mit Demokratie-Lernen verbundenen verschiedenen Ansätze enthalten durchaus Innovationspotential für die politische Bildung, etwa bezüglich der Subjektorientierung, partizipativer Elemente usw. Es ist aber die Frage nach der Reichweite zu stellen. Zum einen ist das hier enthaltene soziale Lernen nicht zwangsläufig auch politisches Lernen, zum anderen geht politische Bildung über den Gegenstandsbereich des Demokratie-Lernens erheblich hinaus, wenn man etwa an Kategorien wie Macht und Interesse oder internationale Fragen etwa auch ökonomischer Art denkt. Mit Recht wird gefordert, eine unpolitische politische Bildung zu überwinden, Demokratie-Pädagogik, teils auch Service-Learning in allzu naiver Form, fördert sie eher.

Real ist Politische Bildung zu einem normalen Schulfach geworden. Dies ist insofern bedauerlich, dass der Zusammenhang mit der politischen Bildungsaufgabe der gesamten Schule vielfach verloren gegangen ist. Die notwendige besondere Rolle der politischen Bildung muss an vielen Stellen neu erarbeitet werden.

Rolle der Politischen Bildung in der Demokratie

4. Politikbegriff und Breite des Unterrichtsfaches

Grundsätzlich lassen sich ein weiterer und ein engerer Politikbegriff unterscheiden. Im engeren Sinne geht es um Politik als Handeln innerhalb politischer Institutionen und Instanzen. Dahinter steht die Vorstellung von Zentralisierung und Hierarchisierung von politischen Entscheidungen (Massing 2013). Im weiteren Sinne betrifft Politik das gemeinsame Handeln angesichts der aus dem Zusammenleben von Menschen entstehenden Problembestände. Ein weiter Politikbegriff hat den Vorteil, gesellschaftliche Entwicklungen in ihrer Breite mit zu erfassen. Die alltägliche Wahrnehmung von Politik muss innerhalb dieses Politikbegriffes ebenso erfasst werden, wie mittel- und langfristige nationale und internationale Problemlagen. Für die politische Bildung wird der Politikbegriff dann im Sinne einer kritischen politischen Bildung produktiv, wenn er mit demokratietheoretisch erarbeiteten normativen Zielen verbunden wird.

Was ist Politik?

Als Lehre aus der deutschen Geschichte kommt der politischen Bildung eine besondere Rolle im Rahmen einer aufklärenden, demokratische Strukturen festigenden Bildung zu. Da bekanntlich Demokratie ein durchaus auch gefährdetes Gebilde ist, müssen relevante Verhaltensweisen erlernt und Analyse-, Urteils- und Handlungskompetenzen erworben werden. Demokratie bedeutet immer auch den Umgang mit Widersprüchen und Kontroversen. Auch deshalb nützt ihr eine rein affir-

Politik als Kern?

mative politische Bildung nicht. Eine kritische politische Bildung zur immer neuen Verfestigung demokratischer Strukturen muss sich mit den politischen und sozialen Rahmenbedingungen des gesellschaftlichen Lebens auseinandersetzen. Die Fähigkeit dazu erfordert ein Verständnis von Kategorien wie Herrschaft, Macht, Interesse, Konflikt und Konsens. Die Politikwissenschaft liefert hier wesentliche Erkenntnisse und sollte leitende Bezugswissenschaft der politischen Bildung sein. Aus dieser Perspektiver heraus werden auch Beiträge der Soziologie benötigt, ohne deren zeitdiagnostische Zustandsbeschreibungen und Analysen sozialer Zusammenhänge die Aufgaben politischer Bildung kaum zu bewältigen sind. Dies gilt auch für wirtschaftswissenschaftliche Erkenntnisse, vor allem aus dem volkswirtschaftlichen Bereich. Lebensnahe (konsum-)politische Fragen, Arbeitskonflikte, wie auch internationale Krisenszenarien lassen sich nur unter Berücksichtigung ökonomischer Kategorien verstehen. Wichtige Hintergründe liefert auch die historische Wissenschaft (vgl. Geißler/Overwien 2010). Im Bildungsprozess sind zudem Erkenntnisse der Erziehungswissenschaft wichtig.

Lernfeld Gesellschaftswissenschaften

In der hessischen Gesellschaftslehre der Gesamtschulen sind Politik (und Wirtschaft), Geschichte und Geographie zusammengefasst. Dies ist eine zwar mit Schwierigkeiten behaftete Kombination, da fachfremde Zugänge der Lehrenden oft hinderlich für die Entfaltung der einzelnen Elemente des Gesamten sind. Im Prinzip aber handelt es sich hier um eine sinnvolle Kombination. Im relativ neuen hessischen Kerncurriculum wird allerdings die Zusammenschau dieser Perspektiven nur allgemein vorgenommen, was bei der Erarbeitung von schulinternen Curricula hinderlich ist.

5. Kompetenzen, Inhalte und Konzepte der politischen Bildung

Kompetenzorientierung

In der Kompetenzdiskussion der letzten Jahre wird zumeist vergessen, dass diese keineswegs völlig neu ist. In seiner pädagogischen Anthropologie entwickelt Roth (1971) einen erziehungswissenschaftlichen Kompetenzbegriff, der an einen aufgeklärten Bildungsbegriff anschließt und er akzentuiert Mündigkeit als wesentliche Kategorie von Bildungsprozessen. Der auch im Deutschen Bildungsrat diskutierte Kompetenzbegriff differenziert nach Sachkompetenz, sozialer Kompetenz und Selbstkompetenz (Roth 1971). Hieraus entstand der bis heute gültige

Kompetenzbegriff der beruflichen Bildung. Die „Klieme Expertise" des BMBF bezieht den Erwerb von Kompetenzen auf eine Domäne, pragmatisch verstanden als schulisches Fach (vgl. Klieme u. a. 2003, S. 22). In einer Fußnote wird der Kompetenzbegriff der Studie von dem der beruflichen Bildung, der ja parallel weiter existiert, abgegrenzt, ohne dass hier eine ausdrückliche Begründung gegeben wird. Der in Abgrenzung entwickelte Kompetenzbegriff stützt sich weitgehend auf das Verständnis des Psychologen Weinert, dessen Kompetenzverständnis dann verkürzt in die Definition einfließt (vgl. Sander 2011a, S. 11f.). Die eher soziale und gesellschaftliche Seite von Kompetenz wird in der verkürzten Rezeption von Weinert kaum thematisiert. Trotz dieses Webfehlers wird auch in der Politikdidaktik mit dieser Definition gearbeitet, die Grundlage des bekannten Kompetenzmodells der GPJE ist. Diese Ausführungen sollen zeigen, dass die Frage nach einem Paradigmenwechsel in der politischen Bildung nur sehr vorsichtig beantwortet werden kann. Ja, die Sicht auf Lernergebnisse kann zur Qualität politischer Bildung beitragen, aber sie sollte nicht zu kleinteilig ausfallen. Die Kompetenzorientierung ist grundsätzlich positiv zu bewerten, weil hier der Weg von Lernzielkatalogen hin zu Wissen und Können gezeichnet wird.

Der Kompetenzbegriff der Politikdidaktik enthält bekanntlich die Kompetenzbereiche der politischen Urteilsfähigkeit, der politischen Handlungsfähigkeit und der methodischen Fähigkeiten. Die Kompetenzbereiche beziehen sich auf den Oberbegriff eines „konzeptionellen Deutungswissens". Hier sind auch wechselseitige Verbindungen der Bereiche angesprochen (vgl. GPJE 2004, S. 14). Das Kompetenzmodell wird ergänzt durch Standards, die anhand von Aufgabenbeispielen operationalisiert werden. Allerdings fehlt dem Modell bis heute eine empirische Fundierung. Dem GPJE-Entwurf mangelt es überdies an einer Konkretisierung des „konzeptionellen Deutungswissens" (Sander 2011b, S. 39).

Kompetenzen

Grundsätzlich sind diese Kompetenzziele nicht in Frage zu stellen. Letztendlich werden hier Traditionslinien der deutschen politischen Bildung aufgenommen, wenn man an den aus den fünfziger Jahren stammenden Dreischritt „Sehen, Beurteilen, Handeln" von Hilligen denkt. Damals ging es um eine Abkehr von der klassischen Staatsbürgerkunde und um methodische Innovation, verbunden mit einer Verstärkung des selbstständigen Handelns von Schülerinnen und Schülern innerhalb ihrer Lernprozesse (vgl. Goll 2005, S. 180ff.).

Die benannten Leerstellen zeigen aber auch, wo noch weiter gearbeitet werden muss, wozu ja in jüngster Zeit eine größere Kontroverse entstanden ist.

Grundwissen   Es ist eine triviale Feststellung, dass Kompetenzen ohne Inhalte nicht vorstellbar sind. Insofern erfordert die Formulierung von Kompetenzzielen auch eine Beziehung zu Inhaltsfeldern. Diese sind aber etwas anderes, als die altbekannten Lernzielkataloge. So werden im hessischen Kerncurriculum „Politik und Wirtschaft" den Basiskonzepten Systeme und Strukturen, Prozesse und Handlungen und Akteure folgende Inhaltsfelder zugeordnet: Demokratie, Wirtschaft, Recht und Rechtsprechung, Individuum und Gesellschaft, Gesellschaft und Natur und Internationale Beziehungen (HKM 2010, S. 19f.). Die Konkretisierung obliegt den schulinternen Curricula.

Konzepte   Basiskonzepte sollen in der Fachdidaktik Felder abstecken, die für das Fach grundlegende Strukturen beinhalten. Basiskonzepte können z. B. Macht, Gemeinwohl, System sein. Sie stehen für konzeptionelles Wissen, das über Faktenwissen weit hinausgeht. Fachkonzepte konkretisieren Basiskonzepte und gliedern fachliche Einheiten, sie stellen einige zentrale und überschaubare Prinzipien dar. Zwar lässt sich mit Henkenborg fragen, was denn eigentlich die jetzt diskutierten Basiskonzepte gegenüber kategorialer Bildung wirklich Neues liefern. Unter Hinweis auf Behrmann warnt er, hier würden Probleme generiert, deren Lösung eigentlich versprochen wird. Kategorien und kategoriale Schlüsselfragen liefern Wissensstrukturen für das Verallgemeinerbare von Politik (vgl. Henkenborg 2008, S. 78). Diese Herangehensweise an fachliche Strukturen ist derzeit allerdings eher verebbt und es wird über Basis- und Fachkonzepte als strukturierende Modelle diskutiert – und zwar durchaus kontrovers. So legen Weißeno u. a. (2010) einen Band vor, der beansprucht, auf der Grundlage von Konzepten der Politik ein neues Kompetenzmodell der politischen Bildung darzustellen. Das Buch löst den im Titel genannten Anspruch aber nicht ein, sondern verengt den Kompetenzbegriff weitgehend auf die Wissensdefinition und hier auch noch auf eine sehr politikwissenschaftszentrierte Perspektive. Es entsteht der Eindruck, politische Bildung lasse sich über dieses Fach und entsprechendes Fachwissen allein konstituieren. Abgesehen davon, dass das Schulfach nirgendwo so eng gefasst ist, wird der Ansatz auch den Phänomenen des Politischen nicht gerecht, die ja (siehe oben) ohne weitere Dimensionen nicht verstanden werden können. Es werden darüber hinaus „Mindeststandards" geliefert, die eher Stoffkatalogen vergangener Epochen ähneln. Kompetenzorientierung in einem Verständnis des Zusammendenkens von Wissen *und* Können lässt hier nicht recht finden. Diese (und andere) Kritik findet sich auch in einer Streitschrift einer Autorengruppe Fachdidaktik (2011), die ein ganz anderes Bild von konzeptionellen Grundlagen der politischen Bildung zeichnet. Hier werden auch Traditionen politikdidaktischen Denkens aufgenommen, die in „Konzepte der Politik" kaum zu identifizieren sind. Der Kritik der Autorengruppe, wonach das beanspruchte Kompetenzmodell einseitig und geschlossen sei und es ihm an einem notwendigen sozialwissenschaftlichen Zugang zur politischen Bildung mangele, ist zuzustimmen. Auch die Kritik, Kompetenzorientierung werde durch ein althergebrachtes Wissensverständnis ersetzt, ist schlüssig. Kennzeichnend dafür ist auch, dass in dem Band von Weißeno u. a. (2010) die politische Handlungskompetenz nicht mehr erwähnt und politische Bildung dadurch amputiert wird.

6. Politikdidaktische Prinzipien

Aus der Vielzahl didaktischer Prinzipen einige prioritär zu bestimmen, ist sicher eine nicht ganz einfache Aufgabe, zumal gesehen werden muss, dass politische Bildung vom Sachunterricht über die Sek. I und II bis zur beruflichen Bildung stattfindet. Ausgehend vom Primat des Subjekts finde ich eine politische Bildung angemessen, die vom Prinzip der Kontroversität ausgeht. Was in Wissenschaft und Gesellschaft kontrovers ist, soll/muss der Diskussion zugeführt werden und anhand von Kontroversen bilden sich Positionen. Deren Unterschiedlichkeit muss in der Demokratie ausgehalten und ausgehandelt werden. Das lernende Subjekt gewinnt daran auch Erkenntnisse über das Wesen des Politischen und eigene Positionen im Feld.

Darüber hinaus ist Handlungsorientierung ein wichtiges Prinzip, sei es nun als simulatives oder als reales Handeln. Bei Letzterem ist mir die darin steckende Brisanz durchaus bewusst und es kann auch nicht um Aktionismus o. ä. gehen, sondern um eine Bewegung hin zur realen Politik, bei deren Gestaltung natürlich keine Überwältigung stattfinden darf.

7. Methoden und Medien der Politischen Bildung

Zuweilen wird kritisiert, dass Methoden innerhalb der politischen Bildung vielfach gegenüber inhaltbezogener und theoretisch analytischer

Methoden

Arbeit priorisiert würden. Mit solchen Behauptungen sollte sehr vorsichtig umgegangen werden, denn die Methodenentscheidung kann ja gerade auch für die inhaltliche Ebene entscheidend sein. Es geht also nicht um ein Methodenfeuerwerk, sondern um den gezielten Einsatz von Methoden (und Medien) zur Verbesserung der Lernprozesse. Der Einsatz bestimmter Methoden hängt also von den Inhalten/Zielen und der zur Verfügung stehenden Zeit ab. So sind Projekte und Planspiele Methoden, die dem selbstständigen Lernen der Schülerinnen und Schüler Raum geben. Nur die sorgfältige Vorbereitung aller Phasen und die aufmerksame Begleitung der Prozesse sichert aber Lernerfolge. Da es sich hier um sehr geeignete, aber zeitaufwändige Methoden handelt, schrecken Lehrkräfte oft vor dem Einsatz zurück. Dabei gibt es durchaus auch kleinere Projekte und auch Planspiele. Auch gibt es sehr gut strukturiertes vorbereitendes Material, beispielsweise zum globalen Lernen (vgl. Landesinstitut 2010). Sehr erfolgreich eingesetzt werden kann auch das Stationenlernen. Auch hier muss sehr sorgfältig vorbereitet und noch sorgfältiger begleitet werden, um der Heterogenität der Lerngruppen gerecht zu werden. Möglichkeiten des Einsatzes von Gruppenarbeit werden wohl mehr in der universitären Ausbildung als in der schulischen Praxis eingesetzt. Das ist schade, ergeben sich doch bei adäquatem Umgang gute Möglichkeiten des Umgangs mit Heterogenität.

Medien   Medien lassen sich bekanntermaßen vielfältig für die Unterrichtsvorbereitung nutzen, aber auch einsetzen. So bietet etwa die Website www.planet-schule.de „Schulfernsehen multimedial". In diesem Kontext wird der Film „Wie entsteht eine Finanzkrise" angeboten, der entlang medialer Gewohnheiten von Jugendlichen, mit vielen anschaulichen Trickanimationen Zusammenhänge aufzeigt. Geliefert wird eine Chronologie der weltweiten Ereignisse und es wird deutlich gezeigt, wie es auf den Finanzmärkten zu einem Dominoeffekt kommen konnte. In nur 15 Minuten wird hier ein sehr guter Überblick gegeben. Ein eingängiger und verständlicher Kommentar ist mit Filmsequenzen in sehr produktiver Weise verbunden. Besonders interessant ist auch ein historischer Rückgriff auf die Tulpenkrise im Holland des frühen siebzehnten Jahrhunderts. Das Beispiel zeigt vereinfacht, mit sehr guten Animationen versehen, wie eine Spekulationskrise entsteht. Die Bezüge zur „Blase" der Jetztzeit sind sehr deutlich gezeichnet. Zwar darf der öffentlich-rechtliche Rundfunk seine Sendungen nur noch begrenzte Zeit ins Internet stellen, die Beiträge von „Planet-Schule.de" sind allerdings auch auf

DVD zu haben und andere Sendungen sind zumindest längere Zeit auch in youtube.com zu finden. Es ließen sich gerade hinsichtlich der Finanzkrise eine ganze Reihe weiterer Beispiele des Einsatzes von Websites und/oder von Videosequenzen nennen (vgl. Overwien 2011).

Gut strukturierte Schulbücher lassen sich begleitend gut in der politischen Bildung verwenden.

Rolle des Schulbuchs

8. Lernprozesse und Schülervorstellungen

Meine Arbeiten zum informellen Lernen, das zunächst im englischsprachigen Kontext thematisiert und diskutiert wurde und eine längere Auseinandersetzung mit den Arbeiten des Brasilianers Paulo Freire, haben meine Haltung hinsichtlich einer möglichst subjektorientierten Gestaltung von Lernprozessen gefestigt. Nach wie vor ist John Dewey mit seinen Werken für mich in vielerlei Hinsicht wegweisend. Sicherlich ist klar, dass eine idealistische Sicht auf das Subjekt nicht angemessen ist, dass es in vielerlei Hinsicht durch objektive Bedingungen in seiner Subjekthaftigkeit begrenzt wird. An diesen Grenzen gilt es zu arbeiten.

Bedeutung lerntheoretischer Erkenntnisse

Zur empirischen Forschung äußere ich mich im folgenden Block.

Empirische Forschung & Schüler- und Lehrervorstellungen

9. Politikdidaktik als Wissenschaft

Es fehlen für die politische Bildung in Deutschland Studien, die sich breit mit deren Wirkungen auseinandersetzen. So ist es sehr bedauerlich, dass die Civic-Education-Studie nicht weitergeführt wurde. Hier ginge es nicht lediglich um legitimatorische Fragen, sondern auch um wichtige Orientierungen für Hochschulen und auch für die Praxis. Bezüglich des Lehrerhandelns wurde in den letzten Jahren eine Reihe von Studien zur politischen Bildung veröffentlicht. Was bisher weitgehend zu fehlen scheint, sind qualitative wie quantitative Arbeiten zu konkreten Unterrichtsformen und ihren Wirkungen.

Forschungsfragen für die Zukunft

Im Mittelpunkt meiner Forschungsarbeiten steht das globale Lernen innerhalb einer Bildung für nachhaltige Entwicklung. Ich begleite eine ganze Reihe von Dissertationsprojekten, etwa zu partizipatorischen Ansätzen in Schulen, zur Kooperation von Schulen und Nichtregierungsorganisationen, zum interkulturellen Lernen, zu Gelingensbedingungen von Nachhaltigkeitsansätzen in der Schulentwicklung, zu Schulen ohne Rassismus oder zu Kinderrechten in der Schule.

Eigene Forschungsschwerpunkte

Ein größeres Projekt ist ein durch die Deutsche Bundesstiftung Umwelt gefördertes Forschungs- und Entwicklungsprojekt „Globales Lernen in Botanischen Gärten". Hier wurden bis 2013 in drei botanischen Gärten (zwei davon mit Tropengewächshaus) aus biologie- und politikdidaktischer Sicht Lernprozesse von Schülerinnen und Schülern wissenschaftlich evaluiert und Verbesserungen der Lernangebote diskutiert und umgesetzt. Schüler lernen hier anhand pflanzenbezogener Lernangebote ökologische, ökonomische und soziale Aspekte beim Anbau und der Verwertung von Pflanzen, wie etwa Kaffee, Kakao, Mais, Palmen, Gehölze etc. Das Projekt (zus. mit den Universitäten Osnabrück und Dresden) wurde innerhalb der UN-Dekade „Biologische Vielfalt" ausgezeichnet (Overwien/Rode 2013; Becker u. a. 2012).

10. Fachdidaktische Kontroversen

Zu den fachdidaktischen Kontroversen habe ich mich bereits in Block 5 geäußert.

11. Politikdidaktik und Lehramtsausbildung

Wissen und Können von Politiklehrern

In der ersten Phase der Lehrerbildung geht es um fachliche und fachdidaktische Kompetenzen, verbunden mit allgemeinen professionellen Kompetenzen aus Erziehungswissenschaft, Psychologie und den Gesellschaftswissenschaften (vgl. Oelkers 2005, S. 7f.). Dabei geht es nicht um unverbundenes Wissen, sondern um die Vorbereitung professioneller Kompetenz, die dann in der zweiten Ausbildungsphase vertieft und erweitert wird. Dies bedeutet, dass Lehrkräfte in hochkomplexen Unterrichtssituationen in der Lage sind, zieladäquates Handeln auf berufsethischer Grundlage zu entwickeln und Schülerinnen und Schüler differenziert zu fördern (Oser 2002, S. 8f.). Ein hoher Grad fachlichen Wissens allein ist in diesem Zusammenhang kein ausreichendes Kriterium für die Gestaltung qualitativ hoch stehender Lernprozesse. Studien zeigen aber auch, dass eine gute fachliche Ausbildung dennoch ein wichtiger Anteil beruflicher Handlungskompetenz ist. Untersuchungen belegen darüber hinaus die hohe Bedeutung fachdidaktischer und auch pädagogischer Kompetenzen der Lehrerinnen und Lehrer beim Leistungszuwachs von Schülern, was auch für wertbezogene Überzeugungen gilt (Lipowski 2006). Dies deutet auf die Notwendigkeit kohärenter Zusammenhänge des Erwerbs von Lehrerkompetenzen hin. Dazu gehören auch professionelle Anteile, die über das „Kerngeschäft" des Unterrichtens hinausgehen. So gilt die Mitverantwortung für Schulentwicklung, Projektarbeit und Kooperation mit außerschulischen Partnern und auch die Fähigkeit der Einbeziehung der Eltern und des Umfeldes als Teil professionellen Handelns (vgl. KMK 2004, Steiner 2011, S. 114ff.).

Für die politische Bildung gilt auf Grundlage fachlicher Kompetenzen, dass fundamentale Begriffe und Konzeptionen bekannt sein sollen. Die Entstehungsgeschichte der politischen Bildung in Deutschland und ihre Bedeutung in der Schule müssen thematisiert werden. Das Verhältnis der Bezugswissenschaften zueinander muss Teil der Ausbildung sein. Nicht zuletzt muss es auch um den bewusst gesteuerten Einsatz von Methoden im Unterricht im Rahmen von Unterrichtsplanung gehen. Die Grundlagenwerke der Didaktik der politischen Bildung müssen in die Gestaltung von Seminaren und Vorlesungen einfließen. Bei 30 Credits ist alles das in Hessen immerhin möglich.

Im Rahmen des oben skizzierten Bedingungsgefüges der Lehrerbildung kommt der Fachdidaktik eine sehr wichtige Rolle zu. Letztlich führt sie entscheidende Fäden zusammen. In eigenen Modulen kann intensiv an professioneller Identität gearbeitet werden.

Politikdidaktik in der Lehramtsausbildung

Die Feststellung, eine gute Praxis brauche eine fundierte Theorie, ist trivial, wird aber von Studierenden oft skeptisch gesehen. Als Folge sollten immer wieder die Verbindungslinien zwischen theorieorientierter Arbeit und schulischer Praxis, etwa in den Schulpraktischen Studien (SPS), gezeichnet werden. Innerhalb eines Projektes werden derzeit in Kassel Studierende in besonderer Form auf die SPS vorbereitet. Sie sollen im Praktikum die Einbeziehung eines außerschulischen Lernortes zum globalen Lernen in den Unterricht vorbereiten, durchführen und nachbereiten. Dies geschieht mit Mentoren an Partnerschulen. Zusätzlich zum Vorbereitungsseminar der SPS besuchen die Studierenden ein theorieorientiertes Blockseminar zum globalen Lernen innerhalb einer Bildung für nachhaltige Entwicklung. Während der Durchführung erhalten sie nachfragegerecht Beratung. Auf solche und andere Weise können neue Verbindungen zwischen Theorie und Praxis erfolgen.

Verhältnis von Theorie und Praxis

Im Rahmen einer Vorlesung erhalten die Studierenden einen Überblick über Grundsätze der Didaktik. In einer vierstündigen Einführung plus Übung erarbeiten sie mit Methoden der politischen Bildung Inhal-

Schwerpunkte der eigenen Lehre

te der politischen Bildung. Hier ist die Ausbildung bewusst breit, eigene Vertiefungsthemen betreffen das globale Lernen (verstärkt in separaten didaktischen Vertiefungsseminaren).

12. „Gute" politische Bildung

Gute politische Bildung folgt insofern dem Beutelsbacher Konsens, als dass junge Menschen ohne Überwältigung in der Lage sind, Kontroversen als solche zu erkennen und auszuhalten. Sie sind lernende Subjekte, die innerhalb lebendiger Lernprozesse auch dialogisch lernen und werden als solche anerkannt. Politische Bildung ist dabei einerseits bescheiden, was ihre durchaus begrenzten Möglichkeiten anbelangt. Gleichzeitig aber ist sie anspruchsvoll, was ihre Durchführung anbelangt. Politische Bildung als Aufklärung auch über Machtverhältnisse und Abhängigkeiten ist gleichzeitig nicht belehrend, sondern hilft bei der Entwicklung eigener Konzepte von Politik entlang der Interessen der jungen Menschen.

Literatur

Autorengruppe Fachdidaktik (Hrsg.) (2011): Konzepte der politischen Bildung. Eine Streitschrift. Schwalbach/Ts.
Becker, Ute/Hethke, Marina/Roscher, Karin/Wöhrmann, Felicitas (Hrsg.) (2012): Flower Power – Energiepflanzen in Botanischen Gärten. Universität Mainz, Universität Kassel.
Geißler, Christian/Overwien, Bernd (Hrsg.) (2010): Elemente einer zeitgemäßen politischen Bildung. Festschrift zum 65. Geburtstag von Hanns-Fred Rathenow. Berlin.
Goll, Thomas (2005): „,Sehen-Beurteilen-Handeln' – ein aktuelles Unterrichtsdesign?" In: Weißeno, Georg (Hrsg.): Politik besser verstehen. Neue Wege der politischen Bildung. Wiesbaden, S. 180-194.
GPJE (2004): Nationale Bildungsstandards für den Fachunterricht in der Politischen Bildung an Schulen. Ein Entwurf. Schwalbach/Ts.
Henkenborg, Peter (2008): Kompetenzorientierter Unterricht und kognitives Lernen. Zum Streit über kategoriale Bildung und Basiskonzepte in der Politikdidaktik. In: Kursiv, Heft 3, S. 77-91.
Himmelmann, Gerhard (2001): Demokratie-Lernen. Ein Lehr- und Arbeitsbuch. Schwalbach/Ts.
HKM (Hessisches Kultusministerium) (2010): Bildungsstandards und Inhaltsfelder. Das neue Kerncurriculum für Hessen. Sekundarstufe I – Hauptschule. Entwurf. Politik und wirtschaft, Wiesbaden.
Hufer, Klaus-Peter/Länge, Theo W./Menke, Barbara/Overwien, Bernd/Schudoma, Laura (Hrsg.) (2013): Wissen und Können: Wege zum professionellen Handeln in der politischen Bildung. Schwalbach/Ts.

Klieme, Eckhard; Avenarius, H. u.a. (2003): Zur Entwicklung nationaler Bildungsstandards. Eine Expertise im Auftrag des BMBF. Berlin.
KMK (2004): Standards für die Lehrerbildung. Bildungswissenschaften. Bonn.
Landesinstitut für Lehrerbildung und Schulentwicklung Hamburg (2010): Globales Lernen, Hamburger Unterrichtsmodelle zum KMK-Orientierungsrahmen Globale Entwicklung. Didaktisches Konzept. Hamburg, siehe auch http://www.li-hamburg.de/fix/files/doc/GlobLern_Nr1_Konzept_final.pdf (1.9.2013).
Lipowski, Frank (2006): Auf den Lehrer kommt es an. Empirische Evidenzen für Zusammenhänge zwischen Lehrerkompetenzen, Lehrerhandeln und dem Lernen der Schüler. Beiheft der Zeitschrift für Pädagogik, 51, 47-70.
Lösch, Bettina (2011): Ein kritisches Demokratieverständnis für die politische Bildung. In: Lösch, Bettina/Thimmel, Andreas (Hrsg.): Kritische politische Bildung. Ein Handbuch. Bonn, S. 115-128.
Massing, Peter (2013): Politik/politisch – Die Inhalte politischer Bildung unter dem Aspekt kritischer politischer Bildung. In: Widmaier, Benedikt; Overwien, Bernd (Hrsg.): Was heißt heute kritische politische Bildung? Schwalbach/Ts., S. 197-205.
Oelkers, Jürgen (2006): Wie lernt man den Beruf? Zum Systemwechsel in der Lehrerbildung. In: Wirtschaft & Wissenschaft, Heft 14, S. 44-45.
Oser, Fritz (2002): Standards in der Lehrerbildung – Entwurf einer Theorie kompetenzbezogener Professionalisierung. In: Journal für LehrerInnenbildung, Heft 1, S. 8-19.
Overwien, Bernd/Rathenow, Hanns-Fred (Hrsg.) (2009): Globalisierung fordert politische Bildung. Politisches Lernen im globalen Kontext. Leverkusen-Opladen.
Overwien, Bernd (2011): Die Wirtschafts- und Finanzkrise im Unterricht. In: Scherrer, Christoph/Dürrmeier, Thomas/Overwien, Bernd (Hrsg.): Perspektiven auf die Finanzkrise. Opladen.
Overwien, Bernd/Rode, Horst (Hrsg.) (2013): Bildung für nachhaltige Entwicklung: Lebenslanges Lernen, Kompetenz und gesellschaftliche Teilhabe. Leverkusen-Opladen.
Roth, Heinrich (1971): Pädagogische Anthropologie. Bd. 2: Entwicklung und Erziehung. Hannover 1971.
Sander, Wolfgang (2011a): Kompetenzorientierung in Schule und politischer Bildung – eine kritische Zwischenbilanz. In: Autorengruppe Fachdidaktik (Hrsg.): Konzepte der politischen Bildung. Eine Streitschrift. Schwalbach/Ts., S. 9-25.
Sander, Wolfgang (2011b): Konzepte und Kategorien in der politischen Bildung.? In: Goll, Thomas (Hrsg.): Politikdidaktische Basis- und Fachkonzepte. Schwalbach/Ts., S. 32-43.
Steiner, Regina (2011): Kompetenzorientierte Lehrer/innenbildung für Bildung für nachhaltige Entwicklung. Kompetenzmodell, Fallstudien und Empfehlungen. Münster.
Weinert, Franz E. (Hrsg.) (2001): Leistungsmessungen in Schulen. Weinheim.
Weißeno, Georg/Detjen, Joachim/Juchler, Ingo/Massing, Peter/Richter, Dagmar (2010): Konzepte der Politik – ein Kompetenzmodell. Bonn.

Peter Henkenborg

Dr. Peter Henkenborg, geb. 1955 in Cloppenburg, † 2015

Professor für Didaktik der politischen Bildung am Institut für Politikwissenschaften der Philipps-Universität Marburg von 2006 bis 2015.

Autor und Herausgeber zahlreicher Beiträge zur gesellschaftstheoretischen Fundierung der politischen Bildung und zur empirischen Unterrichtsforschung.

Frühere Tätigkeiten

- Referendariat von 1982 bis 1984
- Wissenschaftlicher Mitarbeiter, später Studienrat im Hochschuldienst am Institut für Didaktik der Gesellschaftswissenschaften der Justus-Liebig-Universität Gießen von 1986 bis 1999
- Vertretung der Politikdidaktikprofessuren in Kassel, Gießen und Dresden zwischen 1995 bis 1998
- Professor für Didaktik der politischen Bildung/Gemeinschaftskunde am Instituts für Politikwissenschaft der Philosophischen Fakultät der TU Dresden von 1999-2006

Verbandstätigkeiten

- Mitglied in der Gesellschaft für Politikdidaktik und politische Jugend- und Erwachsenenbildung (GPJE), Mitglied im Sprecherkreis von 1999 bis 2002.
- Mitglied in der Deutschen Vereinigung für politische Bildung (DVBP), Mitglied im Bundesvorstand von 2000 bis 2002, Landesvorsitzender des Landesverbands Sachsen von 2000-2006.

Beratungs- und Kommissionstätigkeiten

- zuletzt u. a. für die Bundeszentrale für politische Bildung und das Amt für Lehrerbildung Hessen

Veröffentlichungen – Auswahl

Langjähriges Mitglied der Redaktionen der Zeitschriften „Polis" und „Kursiv"; heute Mitglied im Beirat der Zeitschrift für Didaktik der Gesellschaftswissenschaften".

2014 Kompetenzorientiert Politik unterrichten. Planung, Durchführung und Analyse einer Unterrichtseinheit zum Thema Krieg und Frieden. Eine Einführung. (Herausgegeben zusammen mit Gerrit Mambour und Marie Winkler). Schwalbach/Ts.

2011 Konzepte der politischen Bildung. Eine Streitschrift. (Herausgegeben von der Autorengruppe Fachdidaktik: Besand, Anja/Grammes,Tilman/Hedtke, Reinhold/Lange, Dirk/Petrik, Andreas/Reinhardt, Sibylle und Sander, Wolfgang) Schwalbach/Ts.

2008 zusammen mit Jan Pinseler, Rico Behrens und Anett Krieger: Politische Bildung in Ostdeutschland. Demokratie-Lernen zwischen Anspruch und Wirklichkeit. Wiesbaden.

2005 zusammen mit Anett Krieger: Deutungslernen in der politischen Bildung – Prinzipien didaktischer Inszenierungen. In: Kursiv, H. 1/2005. S. 30-43.

2002 zusammen mit Benno Hafeneger und Albert Scherr (Hrsg.): Pädagogik der Anerkennung, Schwalbach/Ts.

1998 zusammen mit Hans-Werner Kuhn (Hrsg.): Der alltägliche Politikunterricht. Beiträge qualitativer Unterrichtsforschung zur politischen Bildung in der Schule, Opladen.

1992 Die Unvermeidlichkeit der Moral. Über den Beitrag der Ethik zur Politischen Bildung in der Risikogesellschaft, Schwalbach/Ts.

Leseempfehlungen für (angehende) Politiklehrerinnen und -lehrer

Bauer, Joachim (2007): Lob der Schule. Sieben Perspektiven für Schüler, Lehrer und Eltern. Berlin.

Detjen, Joachim (2013): Politische Bildung. Geschichte und Gegenwart in Deutschland. München.

Hattie, John (2013): Lernen sichtbar machen. Baltmansweiler.

Sander, Wolfgang (Hrsg.) (2005): Handbuch politische Bildung. Schwalbach/Ts.

Patzelt, Werner J. (2007): Einführung in die Politikwissenschaft. Passau.

Peter Henkenborg

„Meine *Philosophie der politischen Bildung* heißt: Demokratie-Lernen als Kultur der Anerkennung."

1. Werdegang

Warum ich mich als Hochschullehrer mit politischer Bildung beschäftige? Mein Beruf ist aus einer Mischung aus Leidenschaft und Zufällen entstanden. In meiner Familie hat die Auseinandersetzung mit Politik immer eine Rolle gespielt. Meine erste beindruckende „Politikerfahrung" als Kind war der politische Stammtisch auf Familienfesten. Hier habe ich die Grunderfahrung gemacht, dass Politik lebendig und kontrovers, für Menschen bedeutsam, verbindend, aber auch trennend sein kann. Dadurch bin ich ein politischer Mensch geworden, mal aktiver, mal passiver – aber immer mit Leidenschaft für Politik.

Dass ich Lehrer für Politik und Geschichte werden wollte, war dennoch ein Zufall. Ich gehöre zur ersten Generation meiner Familie, die das Abitur machen konnte und die dadurch Lebenschancen durch Bildung erhielt. Heute kann ich mir vorstellen, dass ich z. B. sehr gerne Fußballjournalist geworden wäre. Damals hatte ich solche Lebensphantasien noch nicht. So war mein Bezug zum Politikstudium sicher durchdachter, als mein Wunsch Lehrer zu werden. Zufall war auch, dass ich Menschen getroffen habe, die mir Chancen gegeben haben. Dazu gehören auch Siegfried George und Kurt Gerhard Fischer, die mir am Institut für Didaktik der Gesellschaftswissenschaften in Gießen nach Studium und Referendariat den Einstieg in meinen Universitätsberuf ermöglicht haben.

Meine *Philosophie der politischen Bildung* heißt: Demokratie-Lernen als Kultur der Anerkennung. Diese Philosophie der politischen Bildung haben die Gießener Politikdidaktiker – bei Fischer, George und Wolfgang Hilligen habe ich studiert – am Nachhaltigsten geprägt. Meine sozialwissenschaftliche Denkweise ist stark durch die kritische Theorie beeinflusst worden, heute besonders durch die Anerkennungstheorie von Axel Honneth. Dass politische Bildung letztlich „nichts als ein Aspekt der Menschenbildung" ist, habe ich zuerst bei Kurt Gerhard Fischer und später in den Schriften von Hartmut von Hentig gelernt.

2. Situation und Perspektiven der politischen Bildung

Die Situation der politischen Bildung ist ambivalent. Unbestreitbar hat die politische Bildung zur Einbürgerung der Demokratie beigetragen. Dennoch ist das Fach in Schule und Öffentlichkeit eher ein Randfach, das zudem oft gegen ein negatives Image kämpft: Ein Fach, das zwar nicht schadet, aber auch nicht viel nützt.

Gegenwärtige Situation und Herausforderungen

Die Antwort auf diese Situation und die damit verbundenen Herausforderungen der politischen Bildung liegt in einer doppelten Professionalisierung der politischen Bildung. Zuerst bedeutet Professionalisierung eine Verbesserung der Unterrichtsqualität. Ein Ansatzpunkt hierfür liegt – neben der Orientierung an didaktischen Prinzipien (vgl. Block 6) – in der Vermeidung von „Lernfallen" (W. Sander). Wenn man die Ergebnisse der empirischen Unterrichtsforschung zur politischen Bildung zusammenfasst, lassen sich acht Lernfallen des alltäglichen Politikunterrichts unterscheiden.

Zukünftige Rolle der politischen Bildung

Lernfallen	Der Politikunterricht ist zu ...
Stofffalle	• stofforientiert und unpolitisch und nimmt zu wenig Bezug auf das Politische. • unstrukturiert und folgt zu wenig politischen Lernwegen (z. B. Problem-, Konflikt- oder Fallanalyse).
Wissensfalle	• faktenorientiert und zu wenig kompetenzorientiert sowie zu wenig kategoriale Bildung.
Moralfalle	• gesinnungsethisch und reflektiert zu wenig die Folgen politischen Handelns.
Vermittlungsfalle	• vermittlungsbezogen und orientiert sich zu wenig an den Aneignungsperspektiven von Schülerinnen und Schülern.
Abstraktionsfalle	• sehr auf abstrakte Vermittlung von Stoff ausgerichtet und zu wenig orientiert an der Erzeugung von Vorstellungsbildern und somit zu wenig verständnisintensiv.
Überwältigungsfalle	• überwältigend und ermöglicht zu wenig Kontroversität und Differenzerfahrungen.
Lernkulturfalle	• ausschließlich Frontalunterricht und lässt zu wenig Raum für schüleraktive Methoden.
Programmfalle	• einseitig auf die Planungsperspektive der Lehrenden gerichtet und ermöglicht deshalb zu wenig kommunikative Aushandlungsprozesse der Lernenden.

Eine zweite Professionalisierungsherausforderung liegt darin, in der Schul- und Unterrichtskultur noch stärker „Gelegenheitsstrukturen" (Edelstein) für Demokratie-Lernen durch eine Kultur der Anerkennung (vgl. Block 3 + 8) zu verankern, z. b. durch Klassenrat, Streitschlichter oder eine demokratische Klassenführung. Diese doppelte Professionalisierung ist eine Voraussetzung dafür, dass politische Bildung ihren Bildungsauftrag erfüllen kann: Schülerinnen und Schüler sollen Chancen für eine „Erziehung zur politischen Mündigkeit" erhalten. Darin liegt die eigentliche Herausforderung der politischen Bildung in der Demokratie.

3. Demokratie und politische Bildung

Was ist Demokratie?

„Die Demokratie ist aktuell wie kaum zuvor – und wirft Fragen auf" – so lautet eine Antwort des Historikers Paul Nolte auf die Frage „Was ist Demokratie?" Zunächst ist die Demokratie eine Form des Politischen, um die Probleme und Konflikte im Zusammenleben von Menschen durch die Herstellung von verbindlichen Entscheidungen zu lösen. Darin liegt die politische Funktion der Demokratie. Der Wert der Demokratie liegt darin, dass sie aller Erfahrung nach die Probleme und Konflikte im Zusammenleben von Menschen besser lösen kann als andere Formen des Politischen, z. B. eine Diktatur. Deshalb ist die Demokratie „aktuell wie kaum zuvor". In der Tradition von minimalen und formal-prozeduralen Demokratietheorien besteht der Inhalt der Demokratie aus einem „demokratischen Minimum" von unverzichtbaren Grundregeln der Demokratie. Dazu gehören

– in der vertikalen Dimension der Demokratie: Volkssouveränität, politische Gleichheit, effektive Regierungsgewalt, freie und faire Wahlen, repräsentative Demokratie, Mehrheitsprinzip;
– in der horizontalen Dimension der Demokratie: die Prinzipien des Verfassungs- und Rechtstaates, also die Persönlichkeits- und Freiheitsrechte, das Rechtsstaats- und Sozialstaatsprinzip sowie das Prinzip der Gewaltenteilung;
– in der diskursiven Dimension der Demokratie: Möglichkeiten für diskursive Öffentlichkeit und effektive Partizipation.

Aber warum wirft die Demokratie „Fragen auf"? Zu unseren Erfahrungen gehört eben auch: Selbst wenn man den Wert der Demokratie anerkennt, gibt es gute Gründe, um mit der realen Demokratie nicht einverstanden zu sein, z. B. die soziale Ungleichheit, die Macht der Wirtschaft und von Interessenverbänden, die fehlende Transparenz der Macht und die reale Ohnmacht der Bürgerinnen und Bürger. Demokratie hat in der politischen Bildung zusammengefasst also zwei Bedeutungen: die normative Auszeichnung der Demokratie einerseits und Kritik der Demokratie andererseits.

Politische Bildung ist Demokratie-Lernen. Diese Philosophie politischer Bildung hat Kurt Gerhard Fischer in einem einfachen Satz begründet: „Politik und Demokratie wollen gelernt sein, um gelebt werden zu können".

> Demokratielernen als Aufgabe der politischen Bildung? & Rolle der Politischen Bildung in der Demokratie

Der inhaltliche Ausgangspunkt für Demokratie-Lernen liegt deshalb in der didaktischen Grundfrage der politischen Bildung, die sich aus dem Grundproblem von Politik ergibt (vgl. Block 4): Wie können Menschen und Gruppen in der Gesellschaft ihr Zusammenleben durch die Herstellung und Durchsetzung von allgemeiner Verbindlichkeit demokratisch gestalten und regeln und welche politischen Probleme und Konflikte müssen sie dabei bewältigen?

Demokratie-Lernen durch politische Bildung ist erstens eine Bedingung der Demokratie. In der Schule liegt der Bildungssinn der Politischen Bildung darin, die Entwicklung der politischen Mündigkeit von Schülerinnen und Schülern durch die Förderung ihrer politischen Analyse-, Urteils-, Handlungs- und Methodenkompetenz zu unterstützen (vgl. Block 5).

Politische Bildung als Demokratie-Lernen ist zweitens Hermeneutik der Demokratie. In der politischen Bildung sollen Lernende Funktion, Inhalt und Wert der Demokratie aus eigener Einsicht und aus eigenem Erleben erkennen und unterstützen.

Politische Bildung als Demokratie-Lernen ist drittens Kritik der Demokratie. Politische Bildung als Kritik der Demokratie muss die kritischen Fragen an die Demokratie, ihre Probleme, Krisen und Widersprüche im Unterricht thematisieren und Fragen nach Alternativen stellen.

4. Politikbegriff und Breite des Unterrichtsfaches

Mein Ausgangspunkt für die Frage nach dem Politikbegriff ist ein Satz von Hermann Giesecke: Einen Sachverhalt „politisch zu analysieren, heißt politische Fragen an ihn zu stellen. Und eine Frage muss, wenn sie sich als politische Frage ausweisen will, zumindest eine politische Kategorie beinhalten." In dieser Tradition kategorialer Bildung heißt meine pragmatische Ausgangsfrage an den Politikbegriff: Welche politi-

> Was ist Politik?

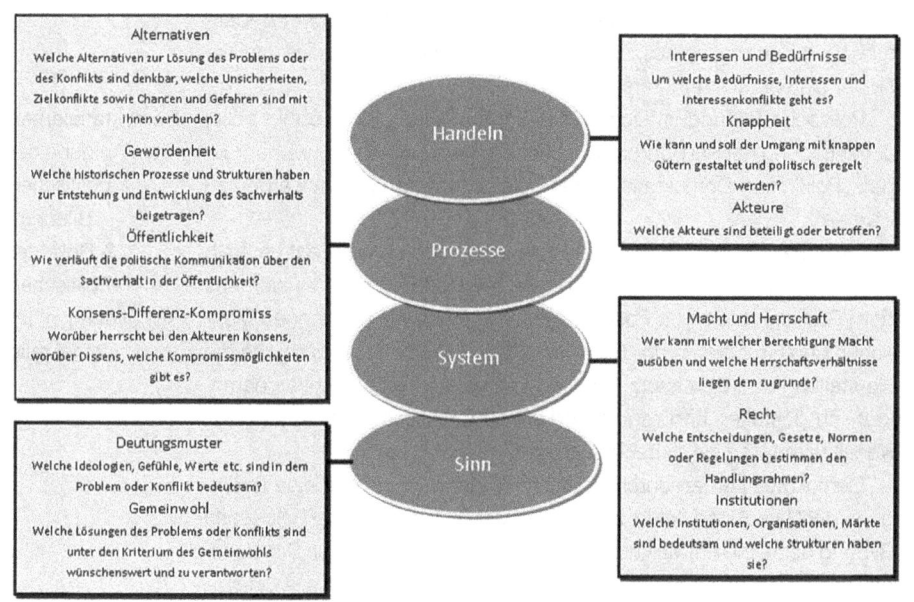

Schaubild: Modell von Dimensionen des Politischen und von kategorialen Schlüsselfragen

Alternativen
Welche Alternativen zur Lösung des Problems oder des Konflikts sind denkbar, welche Unsicherheiten, Zielkonflikte sowie Chancen und Gefahren sind mit ihnen verbunden?

Gewordenheit
Welche historischen Prozesse und Strukturen haben zur Entstehung und Entwicklung des Sachverhalts beigetragen?

Öffentlichkeit
Wie verläuft die politische Kommunikation über den Sachverhalt in der Öffentlichkeit?

Konsens-Differenz-Kompromiss
Worüber herrscht bei den Akteuren Konsens, worüber Dissens, welche Kompromissmöglichkeiten gibt es?

Deutungsmuster
Welche Ideologien, Gefühle, Werte etc. sind in dem Problem oder Konflikt bedeutsam?

Gemeinwohl
Welche Lösungen des Problems oder Konflikts sind unter den Kriterien des Gemeinwohls wünschenswert und zu verantworten?

Handeln — Prozesse — System — Sinn

Interessen und Bedürfnisse
Um welche Bedürfnisse, Interessen und Interessenkonflikte geht es?

Knappheit
Wie kann und soll der Umgang mit knappen Gütern gestaltet und politisch geregelt werden?

Akteure
Welche Akteure sind beteiligt oder betroffen?

Macht und Herrschaft
Wer kann mit welcher Berechtigung Macht ausüben und welche Herrschaftsverhältnisse liegen dem zugrunde?

Recht
Welche Entscheidungen, Gesetze, Normen oder Regelungen bestimmen den Handlungsrahmen?

Institutionen
Welche Institutionen, Organisationen, Märkte sind bedeutsam und welche Strukturen haben sie?

schen Fragen müssen Schülerinnen und Schüler an politische Probleme und Konflikte stellen, um das Politische eines Sachverhaltes analysieren und beurteilen zu können und welche politischen Kategorien beinhalten diese Fragen?

Mein Modell von Dimensionen des Politischen und von kategorialen Schlüsselfragen orientiert sich am komplexen Politikbegriff des Politikwissenschaftlers Werner Patzelt. Politik ist „jenes menschliche Handeln, das auf die Herstellung von allgemeiner Verbindlichkeit in und zwischen Gruppen von Menschen abzielt", um die Konflikte und Probleme im Zusammenleben von Menschen zu regeln. Politik als Herstellung allgemeiner Verbindlichkeit ist allgegenwärtig und überall zu entdecken. Politik lässt sich daher nicht auf das politische Handeln des Staates begrenzen (enger Politikbegriff), sondern ist ebenso in anderen Handlungszusammenhängen wiederzufinden, z. B. in Schule, Familie, Freundschaften oder in der Ökonomie (weiter Politikbegriff). Dieser Politikbegriff liegt auch der vorhin genannten Grundfrage der politischen Bildung zugrunde (vgl. Block 3).

Mein Kategorienmodell des Politischen ist als ein integratives, sozialwissenschaftliches Modell konzipiert (vgl. Block10). Die Dimension „Handeln" bezieht sich in einer akteurstheoretischen Perspektive auf die Akteure der Politik. Die Dimension „System" bezieht sich systemtheoretisch auf das Herrschafts-, Regulierungs-, Institutionen- und Regelsystem einer Gesellschaft. Die Dimension „Prozesse" erschließt die Bedeutung von Offenheit und Kontingenz, von antagonistischen Konflikten und von diskursiven Räumen. Die Dimension „Sinn" zielt in einer kulturtheoretisch-konstruktivistischen Perspektive auf die grundlegende Rolle von Deutungsmustern, Ideologien, Werten oder Gefühlen für die Integration von Gesellschaft. Diese Kategorien des Politischen bilden für mich den Kern des politischen Konzeptwissens (vgl. Block 10).

Politik als Kern & Lernfeld Gesellschaftswissenschaften

5. Kompetenzen, Inhalte und Konzepte der politischen Bildung

Die heutige Kompetenzdiskussion ist ambivalent (ein sozialwissenschaftliches Schlüsselwort für mich). Einerseits ist der Kompetenzbegriff das neue Zauberwort der heutigen Pädagogik und Didaktik. Anderseits darf man aber auch die kritischen Kehrseiten nicht übersehen, z. B. die Tendenzen der Ökonomisierung von Bildung, die Orientierung an einem utilitaristischen Menschenbild des Homo Oeconomicus, den Hype um Messbarkeit und Vergleichstests und die Steuerungshybris der autonomen Schule.

Kompetenzorientierung & Kompetenzen

Dennoch: Wichtige Grundideen der Kompetenzorientierung sind für die politische Bildung nicht neu, sondern schließen an Traditionen unseres Faches an. Die kategoriale Bildung wollte immer schon die Inhalte des Politikunterrichts auf die Leitideen oder Basiskonzepte als den Kern des politischen Wissens fokussieren (vgl. Block 10). Das Prinzip der Schülerorientierung hat schon vor der Kompetenzorientierung die Aneignungsperspektiven der Lernenden in den Mittelpunkt gerückt. Konzepte der Handlungsorientierung schließlich haben stets die Frage nach Anwendungssituationen im Unterricht gestellt.

Auch eine letzte Grundidee ist nicht wirklich neu. Ein kompetenzorientierter Unterricht soll den „Unterricht vom Ende her denken" – von den Kompetenzen her, die Lernende erwerben sollen. „Sehen – Beurteilen – Handeln" – so heißt der Titel eines Schulbuchklassikers, in dem dieser Grundgedanke der Kompetenzorientierung bereits aufgehoben ist. Gleichzeitig ist hier bereits der Kompetenzkern der politischen Bildung beschrieben. Dieser Kompetenzkern liegt im Dreiklang von „Erkennen – Urteilen – Handeln" (von Bredow; Noetzel), also in den Dimensionen des politischen Analysierens, Urteilens und Handelns. Darüber hinaus zähle ich aus theoretischen und pragmatischen Gründen auch die sozialwissenschaftliche Methodenkompetenz zum Kompetenzkern. Dieser Kompetenzkern lässt sich durch theoretisch begründbare Operatoren pragmatisch konkretisieren.

Tab.: Kompetenzdimensionen der politischen Bildung

Kompetenzdimension	Operator Die Fähigkeit, ...
Politische Analysekompetenz	Wahrnehmen und beschreiben • politische Phänomene als solche wahrzunehmen und selbst Fragen an Politik zu stellen.
	Verstehen • unterschiedliche Situationen, Situationsdeutungen, Motive, Handlungen etc. zu verstehen.
	Erkennen und erklären • in Bezug auf politische Probleme und Konflikte Aussagen über Zusammenhänge, Ursachen, Gesetzmäßigkeiten sowie über historische und künftige Entwicklung zu entwickeln.
Politische Urteilskompetenz	Begründet entscheiden • politische Urteile auf der Basis guter Gründe zu fällen und dabei mit Ambivalenz und Unsicherheit umzugehen.
	Prüfen und abwägen • politische Sachverhalte mit empirischen, zweckrationalen, ethischen, ästhetischen und moralischen Rationalitätskriterien zu prüfen und bei politischen Urteilen zwischen diesen Rationalitätskritierien abzuwägen.
	Sich hineinversetzen und bewerten • sich in die Interessen, Motive und Gefühle von Anderen hineinzuversetzen und diese im Sinne einer gemeinwohlorientierten Lösung von politischen Problemen, Handlungs- und Entscheidungskonflikten zu bewerten.
Politische Handlungskompetenz	Argumentieren • die eigenen Urteile durch die Teilnahme an einer Praxis öffentlicher Kommunikation zu entwickeln und zu vertreten.
	Sich beteiligen • selbstbestimmte Bürgerrollen zu wählen und auszufüllen (Aktiv – Reflexion – Intervention). • eigene handlungsleitende Bedürfnisse, Interessen, Haltungen und Werte in Bezug auf Gesellschaft, Ökonomie, Demokratie und Politik zu entwickeln.

Kompetenz-dimension	Operator Die Fähigkeit, ...
	• ein realistisches Selbstbild der eigenen politischen Fähigkeiten zu entwickeln (kompetent – inkompetent). • realistische politische Kontrollüberzeugungen zu entwickeln (Macht – Ohnmacht). • mit medialen Darstellungsformen von Politik umzugehen.
	Sich verhalten • wünschenswerte liberale, dialogische und gemeinschaftliche Verhaltensmuster für politisches Verhalten in der Demokratie zu entwickeln.
Sozialwissenschaftliche Methodenkompetenz	Erforschen und untersuchen • sozialwissenschaftliche Denkweisen und Methoden anzuwenden.
	Erarbeiten und präsentieren • Arbeitstechniken zur selbstständigen Erarbeitung und Präsentation von politischen Sachverhalten anzuwenden.
	Das Lernen lernen • das eigene Lernverhalten zu reflektieren und zu verbessern.

Ist die Kompetenzorientierung also trotz innovativer Ansätze, vor allem in der Diagnostik des Lernens von Schülerinnen und Schülern, also letztlich nur alter Wein in neuen Schläuchen? Vielleicht. Doch selbst dann hätte sie einen kritischen Sinn. Ihre Grundideen eignen sich, schlechte Routinen des alltäglichen Unterrichts – Lernfallen – zu hinterfragen, zu irritieren und zu kritisieren: wenn z. B. Stoff geschüttet wird, statt Kompetenzen zu entwickeln oder wenn die Vermittlungsperspektive der Lehrenden die Aneignungsperspektiven der Lernenden ignoriert (vgl. Block 2).

Die Frage nach dem politischen Grundwissen lässt sich formal im Anschluss an ein Modell „Dimensionen des Wissens" von Anderson, Krathwohl & Bloom beantworten. Damit Schülerinnen und Schüler z. B. einen Zeitungsartikel über einen politischen Konflikt oder ein politisches Problem verstehen können, benötigen sie politisches Wissen auf vier Ebenen:

Grundwissen

– Faktenwissen: d. h. Themen-, Personen- und Systemwissen;
– konzeptuelles Wissen, d. h. ein komplexes, strukturiertes und vernetztes begrifflich-kategoriales Wissen (Fachbegriffe, Kategorien, Theorien, vgl. Blöcke 4 und 10);
– Anwendungswissen, d. h. ein Wissen darüber, wie man etwas tut, z. B. die eigenen Interessen vertreten und durchsetzen;

	– ein metakognitives Wissen, d. h. ein Wissen über die eigenen politischen Wahrnehmungs-, Denk- und Verstehensprozesse.
Konzepte	Zu den Konzepten äußere ich mich in den Blöcken 4 und 10.

6. Politikdidaktische Prinzipien

Didaktische Prinzipien können als Instrumente für die Auswahl von Kompetenzen und Inhalten und für die Gestaltung von Lernumgebungen einen fachdidaktischen Blick auf den Politikunterricht erzeugen. Die „Inflation von didaktischen Prinzipien" (Sutor) lässt sich durch eine Unterscheidung von drei didaktischen Prinzipien sinnvoll systematisieren und zusammenfassen: Kategoriale Bildung, Deutungslernen und Selbsttätigkeit. Diese drei didaktischen Prinzipien können durch die einschlägigen empirischen Studien zur Qualität von Unterricht pragmatisch konkretisiert werden. Diese Forschungen enthalten nämlich Qualitätskriterien für gelingende Lernprozesse in der politischen Bildung – also normative und empirische Kriterien für die Planung, Durchführung und Bewertung eines guten Politikunterrichts. Wichtig ist aber: Didaktische Prinzipien sind immer auch durch Zielkonflikte, eine „gewisse Unerreichbarkeit" sowie durch ein „Zurückbleiben" hinter den normativen Ansprüchen geprägt (Terhart).

7. Methoden und Medien der Politischen Bildung

Methoden	Auch die Vielfalt von Unterrichtsmethoden kann man durch eine Beschreibung von *Grundformen des Lehrens und Lernens* ordnen und strukturieren. Dazu gibt es Ansätze z. B. bei Hans Aebli, bei Fritz Oser u. a. oder bei Wolfgang Sander. Wenn man solche Modelle vergleicht, lassen sich zwölf Grundformen des „Lehrens und Lernens" in der politischen Bildung unterscheiden:

Methodische Professionalität von Lehrerinnen und Lehrern in der politischen Bildung zeichnet sich durch gelungene und angemessene Ergänzungsverhältnisse aus: zwischen „Instruktion" und „Konstruktion", zwischen „Lehren" und „Lernen", zwischen „selbstgesteuertem Lernen" und „lehrergesteuertem Lernen", zwischen Frontalunterricht und schüleraktiven Methoden. Wichtig ist, dass Lehrerinnen und Lehrer über ein breites und professionelles Methodenrepertoire verfügen.

Tab.: Didaktische Prinzipien und Qualitätskriterien der politischen Bildung

Didaktisches Prinzip	Qualitätskriterien
Kategoriale Bildung	• Im Unterricht werden aktuelle und künftige Schlüsselprobleme und -konflikte der Gesellschaft behandelt. • Im Unterricht wird das Politische durch Kategorien und kategoriale Schlüsselfragen in den Dimensionen Handeln, Prozesse, System und Sinn erschlossen. • Im Unterricht werden die Themen durch Lernwege des Politischen z.B. durch Konflikt-, Problem- oder Fallanalyse strukturiert.
Deutungs-lernen	• Der Unterricht geht von herausfordernden Anforderungssituationen aus und erzeugt kognitive Dissonanzen als Ausgangspunkt für Lernprozesse (Problemorientierung). • Der Unterricht berücksichtigt die Aneignungsperspektiven der Lernenden, d.h. er knüpft an deren Fragen, Bedürfnisse, Interessen, Vorwissen, Alltags- und Sozialerfahrungen sowie an kognitive und emotionale Deutungsmuster an (Schülerorientierung). • Der Unterricht ermöglicht Lernen durch Konflikt- und Differenzerfahrungen, Multiperspektivität, Pluralität und pädagogischen Takt (Kontroversität). • Der Unterricht geht vom Besonderen (Fälle von permanenter Aktualität, Subjektivität) aus und entwickelt daraus das Allgemeine (exemplarisches Lernen).
Selbsttätigkeit	• Der Unterricht ist auf die Entwicklung von Urteils-, Analyse- und Handlungs- und Methodenkompetenzen der Lernenden ausgerichtet. • Im Unterricht gibt es eine Transparenz der Kompetenzerwartungen. • Der Unterricht basiert auf diskursiven, aktivierenden und kooperativen Lernumgebungen (Methoden, Materialien, Medien, Aufgabenstellungen und situierte Anwendungssituationen). • Der Unterricht eröffnet einen Raum für sinnhafte und kommunikative Aushandlungsprozesse. • Der Unterricht entwickelt evaluativ-diagnostische Lehr- und Lernhaltungen. • Der Unterricht ermöglicht sinnvolle Formen der Differenzierung und Individualisierung.

Ähnliches gilt für die Medien. Auch hier kommt es auf professionelle Ergänzungsverhältnisse an, z. B. zwischen traditionellen Medien wie Texten und Schulbüchern und moderneren Medien wie dem Internet und ästhetischen Medien (z. B. Bildern und Filmen). Deshalb bleibt auch das Schulbuch *ein* wichtiges Medium der politischen Bildung.

Medien & Rolle des Schulbuchs

Tab.: Grundformen des Lehrens und Lernens in der politischen Bildung

Grundform	Über Politik lernen, indem man ...
Demokratisch sprechen	• Diskussionen und Gespräche führt, Entscheidungen trifft und Urteile fällt.
Wahrnehmen und anschauen	• ästhetische Formen der Politikdarstellung (Bilder, Karikaturen, Filme etc.) wahrnimmt und anschaut.
Informationen erarbeiten	• recherchiert und aus Daten (Texten, Bildern, Filmen etc.) Informationen erarbeitet.
Erzählen, referieren und präsentieren	• Erzählungen und Referaten aktiv zuhört oder indem man selbst über Politik erzählt, referiert und präsentiert.
Einen Handlungsablauf erarbeiten	• reale oder simulativ Handlungen plant und durchführt, Handlungsfolgen abschätzt oder Handlungsschemata entwickelt.
(Fakten-)Wissen aufbauen	• (Fakten-)Wissen aufbaut.
Konzepte aufbauen	• Konzeptwissen (Begriffe, Kategorien, Theorien) aufbaut.
Erforschen und entdecken	• selbst politische Wirklichkeit quantitativ oder qualitativ erforscht oder indem man selbstständig Antworten auf eigene Fragen zu politischen Problemen entdeckt.
Üben, wiederholen und anwenden	• erworbene Kompetenzen und erworbenes Wissen wiederholt, festigt und anwendet.
Kooperatives Lernen	• mit anderen zusammen arbeitet und lernt.
Das Lernen diagnostizieren	• seinen eigenen Lernstand überprüft und reflektiert.
Schöpferisches Tun	• spielt sowie kreativ und ästhetisch tätig ist.

8. Lernprozesse und Schülervorstellungen

Bedeutung lerntheoretischer Erkenntnisse

Dass Demokratie-Lernen (vgl. Block 3) nur in einer Kultur der Anerkennung gelingen kann, ist die pädagogisch-didaktische Grundidee meiner Philosophie der politischen Bildung. In der kritischen Theorie stellt die Idee der Anerkennung die Frage nach den Bedingungen der Möglichkeit gelingender und misslingender Identitätsbildung in den Mittelpunkt: die unverwechselbare Besonderheit der konkreten Person, die auf wechselseitige Anerkennung durch andere angewiesen ist.

Deshalb kommt für mich die wichtigste Entdeckung über Lernprozesse und Schülervorstellungen aus der Neurobiologie. Sie heißt: „Neurobiologisch gesehen kann es ohne Beziehungen keine Motivation geben". In diesem Satz fasst der Mediziner Joachim Bauer die internationalen Forschungen der Neurobiologie zusammen. Deren Forschungen zum „social brain" bestätigen den sozialphilosophischen Ansatz der Anerkennungstheorie. Der Kern aller menschlichen Motivation „ist es, zwischenmenschliche Anerkennung, Wertschätzung und Zuwendung zu finden und zu geben" (Joachim Bauer). Die neurobiologischen Motivationssysteme – die Botenstoffe Dopamin und Oxytozin – werden vor allem durch die Aussicht auf soziale Anerkennung aktiviert.

Auch für Schule und politische Bildung gilt deshalb: „Akzeptanz und Anerkennung, die wir bei anderen finden", ist „der tiefste Grund der Motivation" (J. Bauer). Demokratie-Lernen kann deshalb nur gelingen, wenn Kinder und Jugendliche in Schule und Unterricht die Möglichkeit erhalten, drei Formen der Anerkennung zu entwickeln:
- Selbstvertrauen durch die Erfahrung emotionaler Zuwendung, z. B. durch ein Klima des Vertrauens,
- Selbstachtung durch die Erfahrung kognitiver Achtung, z. B. durch Partizipation und demokratische Kommunikation und Klassenführung,
- Selbstschätzung durch die Erfahrung von sozialer Wertschätzung, z. B. durch die Wertschätzung der je besonderen Leistungen und Eigenschaften von Lernenden.

Umgekehrt wird Demokratie-Lernen dort misslingen, wo Schülerinnen und Schülern diese Formen der Anerkennung verweigert werden und ihnen die Institution und die Personen statt mit emotionaler Zuwendung mit Einschüchterung, Beschämung oder Gleichgültigkeit, statt mit rechtlicher Anerkennung mit Entrechtung und statt mit Solidarität mit Entwürdigung begegnen.

Diese sozialphilosophische und neurobiologische Begründung der Idee einer Kultur der Anerkennung bildet auch einen pädagogischen und didaktischen Rahmen für andere Ergebnisse der heutigen psychologischen und konstruktivistischen Lernforschung. Dass ein guter Unterricht z. B. konstruktivistisch an das Vorwissen und die Vorerfahrungen von Lernenden anknüpfen sollte oder sich durch eine evaluationsorientierte Grundhaltung von Lehrerinnen und Lehrern auszeichnet – immer geht es darum, gelingende Anerkennungserfahrungen zu ermöglichen und Erfahrungen der Missachtung zu vermeiden.

Die Forschungen zu den Denkweisen von Schülerinnen und Schülern helfen, die Bedingungen von Lernprozessen in der politischen Bildung aufzuklären. Deshalb sind sie notwendig und sinnvoll. Eine Forschungshoffnung wäre vielleicht, diese Forschungen noch stärker auf den Unterricht selbst zu beziehen, z.B: Wie lösen Lernende bestimmte

Empirische Forschung & Schüler- und Lehrervorstellungen

Aufgaben, welche Wahrnehmungs- und Denkweisen und welche Lernmuster entwickeln sie dabei?

9. Politikdidaktik als Wissenschaft

Forschungsfragen für die Zukunft

Auch in der politischen Bildung sollte man theoretische und empirische Forschungen nicht gegeneinander ausspielen, ebenso wenig wie quantitative gegen qualitative Forschungen. Die Politikdidaktik ist, wie jede Wissenschaft, auf sinnvolle Ergänzungsverhältnisse von theoretischen, quantitativen und qualitativen Forschungen angewiesen.

Eigene Forschungsschwerpunkte

In der Theorie der politischen Bildung beschäftigt mich besonders der Zusammenhang von Demokratie-Lernen mit einer Kultur der Anerkennung in Schule und Unterricht (vgl. Block 3). Außerdem arbeite ich seit einiger Zeit zu Fragen der Kompetenzorientierung. Hier habe ich mich mit dem Problem von Kompetenzdimensionen beschäftigt, z. B. der politischen Urteilsfähigkeit (vgl. Block 5), sowie mit der Frage nach dem politischen Wissen in der politischen Bildung. Derzeit beschäftige ich mich zusammen mit meinem Marburger Team und einigen Studierenden mit einem Modell kompetenzorientierter Unterrichtsplanung in der politischen Bildung. Mein Ziel für die nächste Zeit ist es, diese Facetten in einer Didaktik der politischen Bildung zu bündeln.

10. Fachdidaktische Kontroversen

Die Diskussion über Bildungsstandards und einen kompetenzorientierten Unterricht hat in unserer Fachdidaktik besonders zwei Kontroversen ausgelöst. Die erste Kontroverse wird zwischen dem Ansatz „Konzepte der Politik" (Weißeno u. a.) und dem Ansatz „Konzepte der politischen Bildung" (Autorengruppe Fachdidaktik) ausgetragen. Die zweite Kontroverse besteht zwischen der Kategorialen Bildung und dem Ansatz der „Basiskonzepte".

Der erste Konflikt geht zunächst um die Frage, „Worin liegt der Bildungssinn der politischen Bildung?" Bei Kurt-Gerhard Fischer findet sich der Satz, „dass die Elemente einer Wissenschaft keineswegs notwendig auch Elemente des auf Menschenbildung abzielenden Unterrichts" sind. Im Mittelpunkt der politischen Bildung soll „alleine der Educandus" stehen. In meiner Philosophie der politischen Bildung geht es deshalb zuallererst um die Entwicklung der politischen Mündigkeit, der politischen Analyse-, Urteils-, Handlungs- und Methodenkompetenz von Schülerinnen und Schülern. Mit diesem Bildungssinn verbinde ich ein Unterrichtsleitbild, das sich an der kommunikativen Auseinandersetzung mit den politischen Deutungsmustern von Schülerinnen und Schülern orientiert. In „Konzepte der Politik" ist dagegen die Tendenz angelegt, diesen Bildungssinn und das Unterrichtsleitbild der politischen Bildung auf die Vermittlung von politikwissenschaftlichem Begriffswissen zu reduzieren, auf das „Abklappern von Begriffen" (Fischer). Politische Bildung als sozialwissenschaftliches Integrationsfach wird außerdem auf die Leitwissenschaft Politikwissenschaft und auf einen engen Politikbegriff reduziert. Dadurch geraten soziologische, historische und ökologische Perspektiven und Themen sowie ein weiter Politikbegriff aus dem Blick (vgl. Block 4).

Bei dem zweiten Konflikt stellt sich die Frage, was an dem scheinbar neuen Zauberwort Basiskonzepte im Vergleich zur Kategorialen Bildung in der politischen Bildung eigentlich neu ist? Aus meiner Sicht nicht viel. Denn bereits die Kategoriale Bildung geht davon aus, dass sich das Politische nur verstehen und erkennen lässt, „wenn es gewissermaßen von einem Netz von Vorstellungen und Begriffen aufgefangen wird" (Bergsträsser). Deshalb soll der Politikunterricht Lernende dabei unterstützen, exemplarische Schlüsselprobleme und Konflikte mit Hilfe von kategorialen Schlüsselfragen zunehmend selbstständig zu analysieren, um zu eigenständigen und begründeten Urteilen und Handlungen zu gelangen. Kategorien sind die kognitiven Wissensstrukturen, die das Verallgemeinerbare von Politik erschließen. Nichts anderes sind Basiskonzepte auch. Wissenschaftstheoretisch handelt es sich bei Basiskonzepten und Kategorien um fundamentale Begriffe, die aus der Systematik der Bezugswissenschaften der politischen Bildung entnommen werden. Kognitionstheoretisch kann man solche Grundbegriffe in der Form von Kategorien oder Basiskonzepten als eine besondere Form von Allgemeinbegriffen bezeichnen. Diese Allgemeinbegriffe bilden neben Fachbegriffen und Theorien den Kern des politischen Konzeptwissens – das zusammen mit dem Faktenwissen, dem Anwendungswissen und dem metakognitiven Wissen das politische Wissen bildet. Fachdidaktisch gesehen sind Kategorien wie Basiskonzepte Instrumente der Ordnung und Reduktion von Komplexität. Basiskonzepte und Kategorien sind „Elemente einer didaktischen Konstruktion" (Grammes), mit der Politikdidaktiker versuchen, die Welt des Politischen didaktisch wahrzunehmen, zu ordnen und zu reduzieren. Der Erkenntnisgewinn der Diskussion liegt darin, dass sie den Blick für ein konstruktivistisches Verständnis von Wissen und Erkenntnis verstärken kann. Ein Modell politischen Lernens sollte im Anschluss an eine Unterscheidung von John Hattie drei Ebenen von Verstehenskonstruktionen bei Schülerinnen und Schülern berücksichtigen: Lernen ist dann erfolgreich, wenn es Schülerinnen und Schülern gelingt, über die Ebene neuer Wissensinformationen (Oberflächenwissen: Faktenwissen) hinauszukommen und ein Verständnis zugrunde liegender Zusammenhänge (tiefes Wissen: Fachbegriffe, Kategorien, Theorien) zu erreichen, das seinerseits in bereits vorhandene subjektive Konzepte (Verstehen) sinnvoll integriert werden kann.

Dennoch hat das neue Zauberwort der Basiskonzepte einen ähnlichen Geburtsfehler wie die Kompetenzdebatte insgesamt: Da ist viel alter Wein in neuen Schläuchen – was leider oft nicht eingestanden wird.

11. Politikdidaktik und Lehramtsausbildung

Wissen und Können von Politiklehrern

Im Bericht der Kultusministerkonferenz zu den „Perspektiven der Lehrerbildung in Deutschland" werden drei Grundlagen der Lehrerprofessionalität unterschieden. Die Hauptaufgabe von Lehrerinnen und Lehrern ist die professionelle Planung, Gestaltung und Analyse von Unterricht. Dafür benötigen sie ein fundiertes Wissen, ein Berufsethos und Routinen.

Politikdidaktik in der Lehramtsausbildung

Die Frage ist, welchen Beitrag zu dieser Professionalisierung die Politikdidaktik leisten kann.

Zunächst ist sie durch einen amivalenten Charakter gekennzeichnet: Wie die Pädagogik ist sie „Wissenschaft und Handlungslehre" (Käte Meyer-Drawe) gleichzeitig. Beide Seiten beinhalten Enttäuschungsrisiken.

Schwerpunkte der eigenen Lehre

Meine Einführungsvorlesung beginne ich deshalb mit einem Hinweis darauf, was die Lehrerausbildung an der Universität nicht kann, was sich die allermeisten Studierenden aber bereits hier vor allem erhoffen: von der Wissenschaft eine fallbezogene Verringerung von Kontingenz und von der Handlungslehre die Vermittlung von Handlungssicherheit durch Routinen. Danach sage ich, was die Universität aus meiner Sicht im deutschen System der Lehrerausbildung leisten kann. Ihre Aufgabe liegt vor allem darin, „wissenschaftliche Augen einzusetzen" (Bommes), die darüber (mit-)entscheiden, was Lehrende in Schule und Unterricht wahrnehmen und sehen – oder wo sie gleichsam blind bleiben. Diese Aufgabe der universitären Lehrerbildung hat Meyer-Drawe „Blickschulung" genannt, z. B. dafür, was gelingenden vom misslingenden Unterricht unterscheidet und welche Kriterien für diese Unterscheidung angemessen sind.

Der unverzichtbare Eigensinn der Fachdidaktik besteht darin, die fachwissenschaftliche und bildungswissenschaftliche „Blickschulung" durch einen fachdidaktischen Blick zu ergänzen. Sie soll die Praxis der politischen Bildung fachdidaktisch reflektieren und Studierende dadurch auf professionelles Handeln im Beruf vorbereiten. Dazu benötigen Studierende, neben fachwissenschaftlichem und pädagogischem auch fachdidaktisches Professionswissen, z. B. über Theorien, Konzepte, Prinzipien und Forschungen der politischen Bildung.

Natürlich wollen und sollen Studierende ihr erworbenes Professionswissen z. B. in den Praktika auch umsetzen, erproben und reflektieren können. Aber: Eine fachdidaktische Blickschulung ist immer auch die kritische Reflexion von Routinen. Als Schülerinnen und Schüler haben Studierende durch ca. 13 000 selbst erlebte Unterrichtsstunden (Hermann Lange) unhinterfragte Routinen erworben. Im alltäglichen Politikunterricht gibt es natürlich exzellente Routinevorbilder, aber eben auch – das zeigt der Blick auf die alltäglichen Lernfallen (vgl. Block 2) – schlechte Unterrichtsroutinen. Eine fachdidaktische Blickschulung darf deshalb solche Unterrichtsroutinen nicht kritiklos verdoppeln, sondern muss sie irritieren und kritisch hinterfragen und Studierenden dadurch Anregungen für Neukonstruktionen geben, z. B. in fallorientierten Seminaren.

Das Verhältnis von Theorie und Praxis

12. „Gute" politische Bildung

Gute politische Bildung ermöglicht Demokratie-Lernen in einer Kultur der Anerkennung. Sie kann, mit einem Wort von Heinrich Roth, das Bildsame ihres Gegenstandes für Lernende erschließen, weil sie „das vitale Interesse" auf sich ziehen, „Gefühl und Gemüt" gefangen nehmen kann, dies aber im „Umgang mit dem Gegenstand" verwandelt, indem sie die politische Mündigkeit von Kindern und Jugendlichen fördert.

Andreas Brunold

Dr. Andreas Brunold, geb. 1955 in Backnang

Professor für Politische Bildung und Politikdidaktik an der Universität Augsburg seit 2005.

Arbeitsschwerpunkte sind u. a. eine politische Bildung für nachhaltige Entwicklung und Globales Lernen, entwicklungspolitische und europabezogene Bildung, Umwelt- und Kommunalpolitik sowie Partizipationsformen von direkter und sachunmittelbarer Demokratie

Frühere Tätigkeiten

- Lehrtätigkeit an verschiedenen Gymnasien in Baden-Württemberg seit 1990
- Ab 1993 Lehrtätigkeit an der Pädagogischen Hochschule Ludwigsburg, Habilitation im Jahr 2002
- Gastdozenturen an der Universidad de San Carlos de Guatemala in 2003 und 2004 und an der Universidad de El Salvador in 2013
- Lehrtätigkeit am Institut für Sozialwissenschaften (Fachbereich Politikwissenschaft) der Universität Stuttgart von 2004 bis 2007

Verbandstätigkeiten

- Mitglied der Deutschen Vereinigung für Politische Bildung (DVPB) und Sprecher des Arbeitskreises Politikdidaktik im Landesverband Bayern.
- Mitglied der Deutschen Vereinigung für Politische Wissenschaft (DVPW).
- Mitglied der Gesellschaft für Politikdidaktik und politische Jugend- und Erwachsenenbildung Bildung (GPJE).
- Mitglied im internationalen Netzwerk ENERCE (European Network For Excellence in Research of Citizenship Education)
- Mitarbeit in der Konferenz der Fachdidaktiken an bayerischen Universitäten (KFBU)

Beratungs- und Kommissionstätigkeiten

- Beratungstätigkeit an der Universidad Pedagógica Nacional Francisco Morazán in Tegucigalpa (Honduras) von 2002 bis 2003. Mitarbeit an der Reform des Bildungswesens in Honduras im Rahmen der staatlichen Entwicklungszusammenarbeit für CIM/GTZ
- Beratertätigkeit in der entwicklungspolitischen Bildungsarbeit

Veröffentlichungen – Auswahl

2015   zusammen mit Kerry J. Kennedy: New Contexts for Citizenship Education in Asia and Europe – National, Regional and Global. Asia-Europe Education Dialogue Series, London.

2015   zusammen mit Bernhard Ohlmeier: Politische Bildung für nachhaltige Entwicklung im Rahmen der Dekade der Vereinten Nationen 2005 bis 2014 – Eine Evaluationsstudie. Wiesbaden.

2013   zusammen mit Bernhard Ohlmeier: School and Community Interactions. Interface for Political and Civic Education. Wiesbaden.

2012   Entscheiden als Dimension der politischen Handlungskompetenz. In: Weißeno, Georg/Buchstein, Hubertus (Hrsg.): Politisch Handeln. Modelle, Möglichkeiten, Kompetenzen, Schriftenreihe der Bundeszentrale für politische Bildung. Band 1191. Bonn, S. 210-225.

2011   Politische Partizipation am Beispiel Stuttgart 21. In: Deutschland & Europa. Politische Partizipation in Europa. Landeszentrale für politische Bildung Baden-Württemberg (Hrsg.): Heft 62/2011, Stuttgart, S. 46-53.

2009   Politische Bildung für nachhaltige Entwicklung und das Konzept des Globalen Lernens. In: Oberreuter, Heinrich (Hrsg.): Standortbestimmung Politische Bildung. Tutzinger Schriften zur politischen Bildung. Schwalbach/Ts., S. 307-333.

2004   Globales Lernen und Lokale Agenda 21 – Aspekte kommunaler Bildungsprozesse in der „Einen Welt". Habilitationsschrift, Pädagogische Hochschule Ludwigsburg. Wiesbaden.

Leseempfehlungen für (angehende) Politiklehrerinnen und -lehrer

Ackermann, Paul/Breit, Gotthard/Cremer, Will/Massing, Peter/Weinbrenner, Peter (2010): Politikdidaktik kurzgefasst. 13 Planungsfragen für den Politikunterricht. Schwalbach/Ts.

Besand, Anja/Grammes, Tilman/Hedtke, Reinhold/Henkenborg, Peter/Lange, Dirk/Petrik, Andreas/Reinhardt, Sibylle/Sander, Wolfgang (2011): Konzepte der politischen Bildung. Eine Streitschrift. Schwalbach/Ts.

Detjen, Joachim (2013): Politische Bildung. Geschichte und Gegenwart in Deutschland. München (2. Auflage).

Oberreuter, Heinrich (2009): Standortbestimmung Politische Bildung. Tutzinger Schriften zur politischen Bildung. Schwalbach/Ts.

Weißeno, Georg/Detjen, Joachim/Juchler, Ingo/Massing, Peter/Richter, Dagmar (2010): Konzepte der Politik. Ein Kompetenzmodell. Schwalbach/Ts.

Andreas Brunold

„Die bedeutenden existentiellen Fragen und ökologischen Problemlagen erfordern einen Perspektivenwechsel hin zu einer Bildung für nachhaltige Entwicklung."

1. Werdegang

Nach einer Ausbildung zum Industriekaufmann bei dem Unternehmen AEG-Telefunken habe ich auf dem zweiten Bildungsweg bzw. auf dem Kolping-Kolleg in Stuttgart das Abitur gemacht und danach zunächst als Rettungssanitäter beim Deutschen Roten Kreuz sowie anschließend bei dem Verein „Kinder- und Jugendhilfe" in Backnang den Zivildienst abgeleistet. Bei letzterer Station beschäftigte ich mich in einem sozialpädagogischen bzw. kommunalen Umfeld v. a. mit sozial stark benachteiligten Jugendlichen in äußerst schwierigen Schul- und Familiensituationen. Hier mag wohl mein Entschluss herrühren, den Lehrberuf ergriffen zu haben.

Während meines Studiums der Fächer Politikwissenschaft, Geschichte, Germanistik und Sportwissenschaft an der Universität Stuttgart standen vor allem fachwissenschaftliche Fragestellungen im Vordergrund. Meine Dissertation hatte dann auch das politik- bzw. verwaltungswissenschaftliche Thema der Verkehrsplanung und Stadtentwicklung der Stadt Stuttgart zum Inhalt. Erst während des Referendariats an berufsbildenden Gymnasien bzw. an einem Wirtschaftsgymnasium in Stuttgart kam ich mit politikdidaktischen Inhalten in Berührung. Nach einigen Jahren der Schulpraxis übernahm ich dann regelmäßig Lehraufträge an der PH in Ludwigsburg. Diese Zeit war geprägt von dem schwierigen Spagat zwischen meiner Lehrtätigkeit an der kaufmännischen Schule in Backnang, dem aufwändigen kommunalpolitischen Engagement als Gemeinderat der Stadt Backnang – und dies v. a. im um-

Existentielle Fragen erfordern Perspektivenwechsel

weltpolitischen Bereich – sowie meiner Lehr- und Forschungstätigkeit an der PH Ludwigsburg, wo ich mich im Jahr 2002 bei Prof. Dr. Paul Ackermann und Prof. Dr. Lothar Ungerer habilitierte. Von beiden Hochschullehrern habe ich sowohl fachlich wie auch menschlich außerordentlich profitiert. Stark beeinflusst wurde ich durch ihre politikdidaktischen Konzeptionen und fachlichen Schwerpunkte, die v. a. in den Bereichen der Kommunalpolitik, der Partizipationsforschung sowie der europapolitischen Bildung lagen.

2. Situation und Perspektiven der politischen Bildung

Die gegenwärtige Situation der politischen Bildung in der Schule muss generell als unbefriedigend, jedoch vor allem in Bayern nahezu als prekär bezeichnet werden. Für das Fach Sozialkunde (so die dortige Fachbezeichnung) stehen nur unzureichend Unterrichtsstunden zur Verfügung – und dies in allen Schularten und Schulstufen, v. a. am allgemeinbildenden Gymnasium. Die Gründe hierfür sind vielschichtig, liegen aber sicherlich auch in der eigenen politischen Kultur des Freistaates begründet, ohne darauf näher eingehen zu wollen.

Gegenwärtige Situation und Herausforderungen

Seitens des Staates wird die Rolle der politischen Bildung leider immer noch viel zu sehr in einer Art von „Feuerwehrfunktion" wahrgenommen. Auch wurde sie aufgrund der bildungspolitisch gewollten Schwerpunktsetzung und Förderung der MINT-Fächer in ihrer Wertigkeit abgestuft, obwohl gerade hierzu ein Korrektiv geschaffen werden müsste, welches auch Fragen des adäquaten und ethisch begründeten Umgangs v. a. mit Technik und Infrastrukturprojekten zum Inhalt haben sollte. Hier hat die politische Bildung noch einen großen Nachholbedarf.

Eine der größten Herausforderungen, mit denen die politische Bildung aktuell konfrontiert wird, ist ihre noch unzureichend erfüllte Aufgabe, globale und zukunftsorientierte Problemfragen aufzugreifen. Nicht zuletzt liegen hier ja bereits erste Ansätze durch den „Orientierungsrahmen für den Lernbereich Globale Entwicklung" des BMZ und der KMK vor. Als wichtige Arbeitsbereiche wären hier v. a. die Umwelt- und Entwicklungspolitik sowie die internationale Wirtschaftspolitik zu nennen.

Die politische Bildung müsste sich auch abseits der Schule stärker für die politische Erwachsenenbildung öffnen, so dass dabei – vom Leitbild des mündigen und zumindest interventionsfähigen Bürgers ausgehend – v. a. Leitbilder einer stärkeren politischen Partizipation in der Bür-

Zukünftige Rolle der politischen Bildung

gergesellschaft zum Tragen kommen. Hierbei könnte der dritte Sektor –
d. h. die zivilgesellschaftliche Wirkung von politischer Bildung – sehr viel
stärker auf die Lehrpläne an Schulen einwirken. Die Rolle der Schule
als kritischer Begleiter von Globalisierungsprozessen müsste sich des
Weiteren stärker an den Problemsyndromen von globalen Gefährdungen ausrichten, deren Bewältigung heute mehr denn je als eine der
größten Herausforderungen weltweit zu gelten hat.

Mit der sukzessiv zu erfolgenden Herabsetzung des Wahlalters auf
16 Jahre – zumindest auf den kommunalen aber dann möglichst auch
auf allen anderen vertikalen politischen Ebenen – würde die Bedeutung
der politischen Bildung auch an den Schulen eine längst überfällige
Aufwertung erfahren.

3. Demokratie und politische Bildung

Was ist Demokratie?

Demokratie bedeutet für mich, die Bevölkerung bzw. das Wahlvolk möglichst umfassend und frühzeitig in alle Entscheidungsprozesse der Regierungen sowie auch der Verwaltungen einzubeziehen. Gleichsam wäre – als Rezept gegen die Gefahr von Korruptionsanfälligkeit – jede Führungsebene staatlicher oder kommunaler Institutionen und Gebietskörperschaften mit Kontrollinstrumenten zu versehen. Als Modell hierfür könnten unmittelbare bzw. direkte demokratische Abstimmungsverfahren gelten, bei denen – ähnlich wie in der Schweiz – das Wahlvolk unmittelbar durch Abstimmungen über Sachfragen an den Entscheidungen des Staates teilnimmt.

Um in der repräsentativen Demokratie eine gute Balance zwischen Input- und Outputleistungen von Staat und Gesellschaft anzustreben und aufrechterhalten zu können, erachte ich es für unabdingbar, funktionierende Regelungsmechanismen für eine Amtshaftung auf allen institutionellen Ebenen zu etablieren. In diesem Sinne halte ich auch die im GG niedergelegten Prinzipien der freiheitlichen demokratischen Grundordnung für essentiell.

Demokratielernen als Aufgabe der politischen Bildung?

Einhergehend mit Gerhard Himmelmanns Differenzierung der Demokratie als Lebens-, Gesellschafts- und Herrschaftsform kann das „Demokratielernen" – v. a. in seiner Ausprägung als Lernen für eine demokratische Lebensform – im Bereich der Sekundarstufen allenfalls als Teilaufgabe der Politischen Bildung betrachtet werden. Insofern stellt das „Politiklernen" für mich auch den Kern der Politischen Bildung dar. Meiner Ansicht nach greift das Demokratielernen auch nur bedingt auf einen politisch adäquaten Demokratiebegriff zurück, so dass hier eine erziehungswissenschaftliche „Spielwiese" der „Demokratiepädagogik" vorliegt. Damit ist für mich die Gefahr verbunden, dass in der öffentlichen Wahrnehmung ein unzureichender Politikbegriff vermittelt wird, der sogar die Möglichkeiten der institutionellen Forschungsförderung für die politische Bildung gefährdet. So besteht mittlerweile die Tendenz, dass z. B. das BMBF und sogar die Landeszentralen für politische Bildung bevorzugt erziehungswissenschaftliche bzw. demokratiepädagogische Projekte fördern.

Der Stellenwert des Fachs Politische Bildung weicht v. a. in Bayern (noch) sehr stark in seiner Wertigkeit gegenüber den anderen Bundesländern ab. Gleiches gilt auch innerhalb Bayerns im Vergleich zu Fächern wie Geschichte, Geographie etc. Abgesehen von dieser bedauerlichen Tatsache ist die Politische Bildung m. E. mittlerweile ein „normales" Fach geworden, d. h. es wird auch nicht mehr nach einem überkommenen demokratiepädagogischen Verständnis als eine v. a. fächerübergreifende Aufgabe für die Schule betrachtet. Die Demokratie als Staatsform, so wie sie in Politik und Medien dargestellt wird, ist viel zu komplex, als dass man ihr nicht in einem eigenen Fach eine zentrale Rolle abseits anderer Fächer zuweisen müsste. Ihr besonderer Stellenwert mit dem Ziel der politischen Mündigkeit kommt z. B. in Art. 21 der Landesverfassung Baden-Württemberg zur Geltung, nach dem das Fach Gemeinschaftskunde in allen Schulen als ordentliches Lehrfach unterrichtet werden muss. Hieran ist die ausgeprägte Bedeutung des Fachs im Südweststaat erkennbar, das für mich bereits als Schüler – in Verbindung mit dem Fach Geschichte – einen hohen Stellenwert eingenommen hat.

Rolle der Politischen Bildung in der Demokratie

4. Politikbegriff und Breite des Unterrichtsfaches

Politik als Begriffsdefinition verstanden, soll die Komplexität der politischen Wirklichkeit einfangen und systematisieren. Hier gehe ich mit der Definition des Politikwissenschaftlers Thomas Meyer einher, nach dem „Politik als die Gesamtheit aller Aktivitäten zur Vorbereitung und Herstellung gesamtgesellschaftlich verbindlicher und/oder am Gemeinwohl orientierter und der ganzen Gesellschaft zugutekommender Entscheidungen ist." (Meyer 2010) Politik beschreibt und analysiert deshalb im Sinne des Politikzyklus auch die Problemlösungsfähigkeit einer Gesell-

Was ist Politik?

schaft, um damit u. a. der Tendenz einer zunehmenden „Parteien- und Politikerverdrossenheit" Einhalt zu gebieten.

Politik als Kern? Die Politik sollte als Domäne den Kern der politischen Bildung darstellen. Daneben sollten jedoch auch andere Inhalte – v. a. aus den Fächern Geschichte und Wirtschaft – die politische Bildung ergänzen, wie dies aber auch bereits heute schon der Fall ist. Insofern kann die politische Bildung im weiteren Sinne auch als „Integrationsfach" bezeichnet werden und muss auch Aspekte von Nachbardisziplinen beinhalten.

Lernfeld Gesellschaftswissenschaften In Bayern werden im Sachunterricht der Grundschule verschiedene sozialwissenschaftliche Perspektiven zusammengefasst. In der Hauptschule existiert ein Fächerverbund des Faches Politik mit den Fächern Geschichte und Geographie (GPG), während in der Realschule das Fach Sozialkunde leider nur in Klassenstufe 10 als eigenes Fach unterrichtet wird und sehr stark berufswahlorientierenden Charakter hat. Am Gymnasium wird das Fach Sozialkunde im Verbund mit dem Fach Geschichte unterrichtet, allerdings erst ab Klasse 10 bis Klasse 12 – und dies leider nur einstündig!

Meines Erachtens sollten in der Hauptschule die wirtschaftspädagogischen Aspekte des in Bayern existierenden Schulfaches Wirtschaft und Recht im Fach Politik vollständig aufgehen. In der Realschule sollte das Fach bereits ab Klasse 8 zusammen mit den wirtschaftskundlichen Inhalten unterrichtet werden, desgleichen im Gymnasium, wo das Fach ab der 8. Jahrgangsstufe zweistündig unterrichtet werden sollte, um im Fächerverbund mit dem Fach Geschichte stärker wirtschafts- und politikwissenschaftliche Anteile miteinander zu verknüpfen.

5. Kompetenzen, Inhalte und Konzepte der politischen Bildung

Grundwissen Das Grundwissen für die politische Bildung wird regelmäßig in den Lehrplänen der jeweiligen Bundesländer festgelegt. Insofern haben diese Lehrpläne eine stark strukturierende und die Inhalte vorgebende Funktion. Über diese staatlichen Vorgaben hinaus sollten allerdings die Politiklehrenden ihre pädagogischen Freiheiten dafür nutzen, ihre eigenen inhaltlichen Schwerpunkte zu setzen. Diese könnten einhergehen mit dem jeweiligen Schulprofil bzw. – und das halte ich nicht für illegitim – mit den jeweiligen Interessensschwerpunkten der Lehrenden selbst. Ist der Lehrende imstande, die in den Lehrplänen festgelegten Themen sachlich zu vertreten, benötigt er an sich kein staatlich vorgegebenes starres Lehrplankonzept mehr, sondern ist fähig, den Unterricht nicht „politikleer" zu gestalten. Demzufolge entscheidet auch die Lehrerpersönlichkeit über den Erfolg eines „guten" Politikunterrichts, der das „Politische" in den Vordergrund stellt.

Ob die Kompetenzorientierung tatsächlich bereits einen Paradigmenwechsel bewirkt, wird sich erst in einigen Jahren zeigen. Ausgehend von dem didaktischen Dreischritt „Erkennen, Beurteilen, Handeln" (Wolfgang Hilligen) sollten Schülerinnen und Schüler in der politischen Bildung – damals wie heute – v. a. Entscheidungs- und Handlungskompetenzen erwerben. Diese Kompetenzen sollten sich auch auf Antizipationsfähigkeiten beziehen, die ein lineares Denken im Nahraum ablösen durch globale Abstraktionsfähigkeiten, die sich im Denken in Kreisläufen manifestieren. Weiter könnten sich Lehrende an der Rational-Choice- bzw. Public-Choice-Theorie orientieren, die politisches Handeln als Nutzenmaximierung von Menschen rational erklärt. Somit würde die komplexe und abstrakte Begrifflichkeit der Politik sehr viel stärker als durch „Sachzwänge" determinierte Handlungsabläufe im Realen „entzaubert". An exemplarischen Beispielen könnten globale Problemstellungen erklärt und sichtbar gemacht werden, sodass der Kompetenzerwerb auch stärker an zukunftsorientierten Methoden erfolgen könnte.

Kompetenzen

In der Kompetenzorientierung sehe ich daher nur bedingt einen Paradigmenwechsel für die politische Bildung. Nach wie vor steht das in den Lehrplänen vermittelte Wissen im Vordergrund, auf das die politische Analyse- und Urteilsfähigkeit sowie die politische Handlungsfähigkeit aufbaut. Insofern ist nur die Herangehensweise von der Input- zur Output-Steuerung eine andere. Die Frage ist vom Ziel der politischen Bildung aus zu betrachten, wie die Lernenden Kompetenzen im Alltag abrufen und ihre Urteils- und Handlungsfähigkeit für ihre eigenen Belange nutzbar machen können. Insofern geht die Kompetenzorientierung auch einen Schritt weiter als der traditionelle institutionenkundliche Unterricht, indem er als Kompetenzen ebenfalls Entscheidungsprozesse im Sinne des Perspektivenwechsels und des Politikzyklus erforderlich macht. Dies macht m. E. im Sinne der Urteilskompetenz den weiteren Schritt von Werturteilen hin zu Entscheidungsurteilen erforderlich. Der Kompetenzaufbau bleibt so lange im Vagen, wie sich das aufzu-

Kompetenz-orientierung

bauende Wissen bzw. die zu erlangenden Kompetenzen nur im Klassenzimmer alleine auswirken. Dies bedeutet, dass die Lehrpläne auch konkrete Inhalte zu benennen haben, an denen die zu erlangenden Kompetenzen erworben werden sollen. Hier müssten dann die Konzepte, d. h. auch die Misskonzepte, analysiert, diagnostiziert und mit Fachkonzepten verbunden werden. Hierfür erscheinen mir das Analyseinstrument des Politikzyklus sowie die Dimensionen der polity, policy und der politics sinnvoll zu sein, um dem Leitziel des interventionsfähigen mündigen Bürgers entsprechen zu können. Nicht zuletzt ist mir eine politische Entscheidungskompetenz wichtig, die eine Methodenkompetenz voraussetzt, welche über die Sphäre des Klassenzimmers hinausgeht. Entscheidungskompetenzen können zwar durch Simulationen in der Schule angebahnt, aber in der Realität nicht ersetzt werden.

Konzepte   Die Kontroverse der Autorengruppe Fachdidaktik mit der Gruppe um Georg Weißeno u. a. liegt darin, dass die eine Gruppe die Konzepte in einem weiteren und die andere Gruppe diese in einem engeren Sinne auslegt. Die enger gefasste Definition, welche die Politikwissenschaft als Bezugs- und Leitdisziplin bzw. als ihre Domäne betrachtet, kommt meinem Verständnis einer politischen Bildung näher als die Einbeziehung von lebensweltlichen und gesellschaftlichen Zugängen durch die Autorengruppe Fachdidaktik. Der bildungswissenschaftlich konstruktivistische Lernbegriff erscheint mir des Weiteren mit einer Zielsetzung der Veränderung von kognitiven Lernstrukturen auch eher unverträglich zu sein, als hier alltagswissenschaftliche und lebensweltliche Bezüge mit gesellschaftlichen Teildisziplinen einen nicht exakt fassbaren Politikbegriff bilden. Die Begrifflichkeit der Politik als Kern der politischen Bildung vermag dagegen eine klare Abgrenzung von Konzepten in Basis- und Fachkonzepte zu vollziehen, indem es als Aufgabe politischer Bildung betrachtet wird, Fehlverständnisse zu korrigieren.

Die Kontroverse um die Kompetenzen bzw. Konzepte erscheint mir dessen ungeachtet und gerade angesichts der Differenzen eher eine akademische „Spiegelfechterei" zu sein. Entscheidend erscheint es mir zu sein, sich von den bildungs- bzw. erziehungswissenschaftlichen Tendenzen zur Aufweichung unseres Faches in Form von demokratiepädagogischen Bestrebungen zu distanzieren. Dieses „Einfallstor" sollte nicht weiter geöffnet, sondern eher geschlossen werden.

6. Politikdidaktische Prinzipien

Im Allgemeinen unterrichten Lehrerinnen und Lehrer weniger nach politikdidaktischen Prinzipien, sondern eher nach Inhalten, wie sie sie in Lehrplänen vorfinden. Zum Teil findet man bei den fachdidaktischen Prinzipien aber auch solche vor, die für jeden Lehrenden an sich eine Selbstverständlichkeit darstellen. Hier könnten die Alltagsorientierung oder auch im weiteren Sinn die Schülerorientierung genannt werden. Unterricht ohne Schüler bzw. Adressaten von Zielen, Inhalten und der Anwendung von Methoden wäre nämlich ohnehin als „Leerveranstaltung" zu bezeichnen.

Zu den unverzichtbaren didaktischen Prinzipien gehört sicherlich die Problemorientierung, ohne die Politikfelder und Lerngegenstände nicht bearbeitet werden können. Durch sie speist sich auch das Interesse sowie die Motivation der Lernenden und der Lehrenden, sodass dadurch erst handlungsorientiertes Arbeiten ermöglicht wird. Erst durch weitere politikdidaktische Prinzipien wie Kontroversität sowie nicht zuletzt auch Exemplarität kann die politische Urteilsfähigkeit sowie die Methodenkompetenz zum Tragen kommen. Für besonders wichtig erachte ich das Prinzip der nachhaltigen Entwicklung, welches unter der traditionellen Begrifflichkeit der politikdidaktischen Prinzipien am ehesten in der Zukunftsorientierung sowie nicht zuletzt auch in der Wissenschaftsorientierung aufgeht. Das Prinzip der Zukunftsorientierung zielt auf das noch „Unbestimmte", was eine ausgeprägte wissenschaftliche Durchdringung der Lerninhalte durch die Anwendung geeigneter Methoden wie Simulationen, Szenarien oder Technikfolgenabschätzungen erforderlich macht.

7. Methoden und Medien der Politischen Bildung

Bei der Favorisierung bestimmter Methoden möchte ich mich hier ausschließlich auf Makromethoden beziehen, da sie v. a. für einen problem-, handlungs- und zukunftsorientierten Unterricht von größerer Bedeutung sind, als die herkömmlichen Mikromethoden. Neben den klassischen Methoden wie beispielsweise der Erkundung, der Sozialstudie, der Projektmethode oder der Rollen- und Planspiele halte ich – angelehnt an die ökonomische Verhaltenstheorie und die neuere ökonomische Institutionenökonomie – diese Methoden auch für den Politikunterricht für

Methoden

außerordentlich fruchtbar, damit Politik nicht in erster Linie linear betrachtet, sondern stärker auch als System von Kreisläufen begriffen werden kann. Hier kommen vor allem Kategorien zur Geltung, die sich aus der Rational-Choice- bzw. der Public-Choice-Theorie ableiten lassen und die menschliches Verhalten als nutzenorientiert identifizieren. Durch solcherart abgeleitete Methoden lassen sich politische bzw. auch wirtschaftspolitische Fehlentwicklungen am ehesten darstellen, da sie die Politik als Handeln von Menschen bzw. als mehr oder weniger rational bestimmte Entscheidungen auffassen. Zu diesen Methoden zählt u. a. die Allmende-Klemme, die öffentliche Güter in ihrer Knappheit als gemeinwohlorientierte Kategorien darzustellen vermag, des Weiteren aber auch die Szenariotechnik bzw. die Zukunftswerkstatt, die wünschenswerte Entwicklungen in der Zukunft zu antizipieren helfen sowie eine Vision vom „besseren Leben" vermitteln können. So werden z. B. in der Szenariotechnik durch Best- und Worst-Case Szenarien zukunftsfähige Wege in Raum und Zeit dargestellt und eröffnet. Nicht zuletzt sollten auch stärker Methoden angewandt werden, welche es ermöglichen, die Folgen problematischer technologischer Entwicklungen kritisch zu hinterfragen. Hierzu zählt z. B. die Technik- bzw. Technologiefolgenabschätzung.

Medien
Nach wie vor sind klassische Medien wie Texte oder auch audio-visuelle Medien für die politische Bildung sehr wichtig, vor allem wenn sie authentisches Unterrichtsmaterial anbieten. Eine politische Rede kann eben wirkungsvoll nur im Original als Tondokument gehört und entsprechend rezipiert werden.

Selbstverständlich sind die elektronischen Medien auf dem Vormarsch und versprechen vordergründig eine Erleichterung des Unterrichts. Daneben sind sie aber aufgrund eines leicht möglichen Informationsüberflusses oder mangelnder Selektionsfähigkeit auch bedenklich. Der Mangel an Orientierungskompetenz kann sehr schnell beim „Surfen" im Internet entstehen, bei dem dann auch ohne klares Konzept und Ziel die Vielfalt der Medien einen buchstäblich „erschlagen" kann. Neuartige Medien, wie z. B. das Smartboard, sollen den Unterricht quasi revolutionieren, indem sie multifunktional und medial überbordend alles „in einer Hand" vereinigen können. Mit diesem leichten Informationszugang könnte jedoch ein stark instruktionsgeleiteter Unterricht einhergehen. So erfordert es gerade hier didaktisch gut ausgebildete Lehrkräfte, die als Lernberater und nicht zuletzt als das bei weitem wichtigste

Medium den Unterricht gestalten. Der Lehrende bleibt also letztlich in seiner Persönlichkeit das wichtigste „Medium", ohne den die Medien nicht zum Einsatz kommen können.

Das Schulbuch spielt sicher in der Politikdidaktik zunehmend eine geringere Rolle. Manko und Nachteil des Schulbuchs sind seine fehlende Authentizität und nicht zuletzt auch der Mangel an aktuellen Texten. Oft ist ein Schulbuch in dem Augenblick schon veraltet, in dem es auf den Markt kommt. Schulbücher durchlaufen nicht zuletzt einen amtlichen Zulassungsprozess durch die Schulbehörden bzw. Ministerien und haben deswegen zweifellos den Vorteil, dass sie in vielen Fällen den Lehrplan in den jeweiligen Klassenstufen abbilden. Insofern eignen sie sich durchaus für Grundlagentexte und das Basiswissen für die Lernenden.

Rolle des Schulbuchs

8. Lernprozesse und Schülervorstellungen

Die Politikdidaktik hat schon immer die Lernprozesse in den Blick genommen, da Politikdidaktiker in der Regel ebenfalls Lehrer sind bzw. waren. Durch die Betreuung von Praktika tragen sie im Prinzip ihre eigenen schulischen Berufserfahrungen weiter und helfen dadurch, die Lernprozesse der Studierenden zu verbessern. Für die Politikdidaktik halte ich deshalb nach wie vor das „Lernen am Modell" als zentrale Erkenntnis des Lernprozesses für sehr wichtig. Daneben stehen sicherlich die kognitiven Lerntheorien im Vordergrund, weniger dagegen die bildungswissenschaftlich und konstruktivistisch begründeten Alltagstheorien. Das hierdurch erfolgte Lernen an Konzepten, die Vernetzung des Denkens, die Überwindung von Fehlkonzepten sowie den hierdurch gesteuerten Wissenszuwachs durch Erweiterung der Lerninhalte hin zu zu „concept maps" halte ich darüber hinaus für essentiell.

Wichtig erscheinen mir – wie bereits erläutert – die persönlichen Erfahrungen der Lehrenden zu sein, wie sie leider in Form des Lernens am Modell auf Seiten der Politikdidaktik in den letzten Jahren in den Hintergrund geraten sind. Dies schließt im weiteren Sinne den Aspekt der intrinsischen Motivation und ein an Politik ausgerichtetes Interesse mit ein. Hier werden auch das Selbstbild des Lehrers sowie das Bild von ihm geprägt. Befragt man Lernende, so ist es stets nicht unwichtig, ob der Lehrende den Lernstoff beherrscht und diesen auch noch span-

Bedeutung lerntheoretischer Erkenntnisse

nend und lebendig vermitteln kann. Dies macht meines Erachtens einen Großteil des Lernerfolgs im Unterricht aus. Aus dieser Erkenntnis heraus ergeben sich sicherlich noch weitere wichtige Forschungsansätze. Nicht zuletzt kann nur ein gut ausgebildeter und politisch denkender Lehrender auch Fehlverständnisse, d. h. fest verankerte mentale Modelle aufbrechen und verändern.

Empirische Forschung & Schüler- und Lehrervorstellungen

Die bisherigen Erkenntnisse der Politikdidaktik über die Vorstellungen und Einstellungen von Lernenden, den strukturierten Aufbau des Wissens und v. a. über die nachschulischen Wirkungen für das Handeln auf Schülerseite sowie die diesbezüglichen Lehrstrategien von Lehrenden sind in der qualitativen wie auch in der quantitativen Forschung noch zu wenig erforscht. So ist z. B. die Lernforschung noch nicht so weit voran geschritten, dass sie Einstellungen und Motivationen innerhalb der politischen Sozialisationsforschung ausreichend im Blick gehabt hätte. Wichtig wäre eine Wirkungsforschung, die über Jahr und Tag hinaus geht, was bedeutet, dass Längsschnittanalysen notwendig wären, die politisches Handeln auf Schülerseite über längere Zeiträume hinweg messbar machen könnten.

Insofern bin ich auch ein Befürworter bzw. Verfechter von quantitativen Forschungsansätzen. So wurde von meinem Kollegen Bernhard Ohlmeier und mir erst im Mai 2015 eine weltweit angelegte Expertenbefragung über die politische Wirkung der UNESCO-Weltdekade der „Bildung für nachhaltige Entwicklung" mit der Laufzeit der Jahre 2005 bis 2014 vorgelegt (siehe Veröffentlichungen). Es wird die Frage beantwortet, inwieweit der Dekadenprozess auf internationaler und nationalstaatlicher Ebene sowie in zivilgesellschaftlichen Kontexten als bildungspolitisches Demokratisierungsprojekt im Sinne einer „Global- und Good Governance" verstanden werden kann. Dabei kommen wir u. a. zu dem Ergebnis, dass erst die dauerhafte Etablierung demokratischer Bildungsstrukturen, die gleichermaßen aus staatlich unterstützten Top-down- und zivilgesellschaftlich fundierten Bottom-up-Prozessen erwachsen müssen, auf längere Sicht erwarten lassen, dass sich die Leitideen einer nachhaltigen Entwicklung im Handeln von Regierungen und Bürgern widerspiegeln. Diese Untersuchung stellt eine Folgearbeit meiner veröffentlichten Habilitationsschrift dar, die sich mit den Wirkungen von Lokale Agenda 21-Prozessen, d. h. kommunalen Bildungsprozessen im globalen Weltmaßstab, beschäftigt hat.

9. Politikdidaktik als Wissenschaft

Die Politikdidaktik sollte sich als Wissenschaft v. a. mit der weiteren Erforschung der Wirkung ihres „Tuns" beschäftigen. Dabei sollte sie in Theorie und Praxis als normativ-empirische Wissenschaft an die methodischen Begründungen ihrer fachdidaktischen Nachbardisziplinen anschlussfähig sein. Dies bedeutet, dass eine stärkere interdisziplinäre Vernetzung stattfinden sollte, um ihrer gesellschaftlichen Breitenwirkung möglichst nahe zu kommen. Nicht zuletzt hat die Politikdidaktik m. E. einen gesellschaftspolitischen Auftrag, der auch in der kritischen Begleitung sowie in der Aufarbeitung von möglichen gesellschaftlichen Fehlentwicklungen besteht. Dass dies über das Lernfeld der Schule bzw. des Klassenzimmers hinausgeht, ergibt sich dadurch quasi von selbst. Des Weiteren erfordern die bedeutenden existentiellen Fragen und ökologischen Problemlagen eine Ausweitung bzw. einen Perspektivenwechsel hin zu einer Bildung für nachhaltige Entwicklung. In diesem Kontext müssten v. a. die Politikfelder mit internationalen bzw. umwelt- und entwicklungspolitischen Bezügen sowie die weitere Entwicklung der europäischen Integration stärker ins Blickfeld geraten.

Forschungsfragen für die Zukunft

Auf dem Gebiet der Politikdidaktik habe ich mich bisher u. a. mit Aspekten der Bildung für eine nachhaltige Entwicklung sowie der unterrichtlichen Umsetzung von globalen und entwicklungspolitischen Themen beschäftigt. Zugleich haben aber diese Themensetzungen, die man u. a. auch als Top-down-Strategien der internationalen Politik auffassen kann, auch ihren „Widerpart" in Bottom-up-Initiativen der Zivilgesellschaft. Hier stehen für mich analog zum Leitbild und Ziel des mündigen und interventionsfähigen Bürgers die Bestrebungen von direkter Bürgerbeteiligung und Partizipationsmöglichkeiten im Sinne einer Bürgergesellschaft im Vordergrund.

Eigene Forschungsschwerpunkte

10. Fachdidaktische Kontroversen

Nachdem die Auseinandersetzungen zwischen den an sich unvereinbaren Konzepten der Demokratiepädagogik und der Politikdidaktik inzwischen doch weitgehend abgeebbt sind, hat sich die fachdidaktische „Streitkultur" v. a. auf die Kontroverse zwischen dem Kompetenzmodell von Georg Weißeno u. a., welches zwischen Basis- und Fachkonzepten unterscheidet und die Politikwissenschaft als Kern der politischen Bildung betrachtet, und dem Modell der Autorengruppe Fachdidaktik verlagert. Die unterschiedliche Positionierung ist für das Fach sicherlich sehr nützlich und wertvoll, andererseits m. E. aber z. T. auch nur ein akademischer Streit ohne größere Auswirkungen auf die Schulpolitik. Das Modell von Georg Weißeno u. a. vermag das zu vermittelnde Wissen klar zu benennen und eine daraus resultierende klare Strukturierung zu ermöglichen, indem Alltagsbegriffe durch Fachbegriffe ersetzt werden und die Überprüfung des Lernfortschritts auf jeder Ebene der Konzepte möglich wird. Des Weiteren setzt die Erarbeitung politischer Themen an den Präkonzepten der Lernenden an. Die so erarbeiteten Fachkonzepte lassen sich in verschiedenen Kontexten anwenden und verorten, so dass ihre Vertiefung und Vernetzung strukturiert erfolgen kann.

Im Streit um den richtigen Weg zeigt diese Kontroverse deutlich auf, dass die beiden Gruppierungen jeweils über einen unterschiedlichen Politikbegriff verfügen. Zwar halte ich auch die gesellschaftspolitische Perspektive unter Einbeziehung öffentlicher Kultur und antagonistischer Konflikte für notwendig und hilfreich, jedoch hat die Politikdidaktik m. E. ihren eindeutigen Bezugspunkt im politischen Handeln des Staates und zwischen den Staaten bzw. gegenüber dem Bürger. Hieraus ergeben sich in der Mehrzahl der inhaltlichen Setzungen in den Lehrplänen auch die Anknüpfungspunkte, die ein Unterricht, der von politischen Inhalten ausgehen muss, stets in seiner Grundlegung zu beachten hat. Insofern könnte man im Rückgriff auf Wolfgang Hilligen auch den Anspruch erheben, die Inhalte wieder stärker in das Zentrum des Unterrichts zu bringen.

Die Härte der Auseinandersetzung scheint mir übertrieben zu sein. Die „Konzepte der Politik" um die Autoren Georg Weißeno u. a. verwenden in ihrer Konzeption einen kognitiven Lernbegriff und sehen es u. a. zutreffend als die Aufgabe der politischen Bildung an, Fehlverständnisse zu korrigieren. Ohne ausreichendes inhaltliches Wissen ist Politikunterricht zum Scheitern verurteilt, wenn man durch formale Techniken des Lernen-Lernens oder mit Hilfe einiger weniger Schlüsselqualifikationen fehlendes oder mangelhaftes inhaltliches Wissen kompensieren wollte.

Deshalb sollte ein kompetenzorientierter Lehrplan im Politikunterricht die Lehrkräfte dazu anregen, sich gemeinsam mit den Lernenden deren Präkonzepte bewusst zu machen, um sich über deren Stellenwert im Hinblick auf bestimmte sozial- oder politikwissenschaftliche Sachverhalte zu vergewissern. Ein Ziel des Unterrichts muss es daher sein, dass die Lernenden wissenschaftliche Begriffe, Theorien und Modellvorstellungen „richtig" wiedergeben und erläutern können. Im Gegensatz zu den von Weißeno u. a. erarbeiteten Basis- und Fachkonzepten bleibt die Autorengruppe Fachdidaktik unklar, wenn es um die Basiskonzepte, Teilkonzepte und Teilkategorien geht, mit denen die Begriffe, Theorien und Modellvorstellungen verbunden werden sollen. Sie bleiben m. E. relativ beliebig und beanspruchen zudem auch keinen höheren Stellenwert als die Alltagsvorstellungen der Lernenden. Dass die Lehrkräfte aus ihren unterschiedlichen Kenntnissen der Sozialwissenschaften heraus entscheiden sollen, mit welchen sozialwissenschaftlichen Theorien und Sachverhalten die Schülerinnen und Schüler konfrontiert werden müssen, um deren Vorverständnisse zu erweitern, könnte Lehrende und Lernende leicht überfordern.

11. Politikdidaktik und Lehramtsausbildung

Nachdem jüngste Untersuchungen u. a. gezeigt haben, dass der Wunsch von Lehrerinnen und Lehrern, diesen Beruf ergreifen zu wollen, v. a. in intrinsischen Motivationen zu suchen ist, muss davon ausgegangen werden, dass die Wissenskompetenz von Politiklehrerinnen und -lehrern ein Selbstregulativ für den Berufserfolg darstellt. Insofern sollten Lehrende – über ein politisches Grundwissen hinaus – ebenfalls über autodidaktische Fähigkeiten verfügen, um sich ständig den aktuellen Gegebenheiten und Veränderungen in der Politik stellen zu können und diese mit einem eigenen Politikbegriff zu verknüpfen. Ideal waren in diesem Zusammenhang selbstverständlich Erfahrungen in der Politik selbst, z. B. als Gemeinderat, Kreisrat oder Verbandsmitglied. Hier haben diejenigen Lehrer sicherlich einen Vermittlungsvorteil, die aus eigener Anschauung heraus Politik selbst erleben und von daher auch plastischer und glaubwürdiger darstellen können. Auf diese Weise bleibt die Politik im Klassenzimmer nicht im „luftleeren" Raum, sondern wird erfahrbar und durch die Person des Lehrers auch authentisch und anschaulich.

Selbstverständlich sollte die Politikdidaktik im Rahmen des Lehramtsstudiums, d. h. in der ersten Phase der Ausbildung an Pädagogischen Hochschulen und Universitäten, eine größere Bedeutung haben.

Wissen und Können von Politiklehrern

Politikdidaktik in der Lehramtsausbildung

Nicht zuletzt erfordert ein solch anspruchsvolles Studium die Fähigkeit, in interdisziplinären und fächerübergreifenden Dimensionen zu denken. Dazu bedarf es aber auch bereits im Studium der Öffnung der Politikdidaktik hin zu den benachbarten Wissenschaftsdisziplinen, so dass hier stärker Kooperationen angestrebt werden müssten. Hierbei könnten in organisatorischer Hinsicht die Lehrerbildungszentren hilfreich sein, die innerhalb des Lehramtsstudiums eine enger vernetzende Funktion über alle Didaktikfächer hinweg bewerkstelligen könnten. Sie wären geeignet, alle Phasen der Lehrerbildung zu verbinden und auch nicht zuletzt internationale Kooperationen mit Partnerschulen im Ausland anzustreben, die gemeinsame Anträge auf Forschungsvorhaben – und dies vor allem auf europäischer Ebene – möglich machen können sollten.

Verhältnis von Theorie und Praxis

Die Politikdidaktik kann die z. T. von Studierenden aber auch von Lehrenden geäußerten Erwartungen, konkrete Rezepte für die Schule bzw. für ihr Fach zu liefern, in der Regel kaum erfüllen. Das Verhältnis von Theorie und Praxis wird daher immer ein Spannungsfeld bleiben, so dass lediglich ansatzweise ein solches Unterfangen eingelöst werden kann. Innerhalb der normativ-empirischen Wissenschaft der Politikdidaktik werden v. a. diejenigen Didaktiker, die bereits über langjährige Unterrichtserfahrungen an Schulen verfügen, bestrebt sein, die schulische Praxis mit ihrer Lehre und Forschung zu verbinden. Theorie und Praxis können so verknüpft und in die Begleitung von Unterrichtspraktika eingebracht werden. Nicht zuletzt dient ein solches Unterfangen auch stets der Selbstvergewisserung des eigenen Standpunkts als Hochschullehrer.

Schwerpunkte der eigenen Lehre

Meine Schwerpunkte in der Lehre erstrecken sich v. a. auf die Politikfelder der Kommunalpolitik, der Umwelt- und Entwicklungspolitik sowie auf Fragen der politischen Partizipation im Spannungsfeld einer Bürgergesellschaft. Übergreifend und zielbildend ist dabei die Politische Bildung für nachhaltige Entwicklung, die sowohl auf kommunaler wie auch auf internationaler Ebene für mich äußerst interessante Schwerpunktsetzungen ermöglicht und immer wieder aufs Neue ein fruchtbares Arbeitsgebiet darstellt.

12. „Gute" politische Bildung

„Gute" politische Bildung bedeutet für mich, sich stets an den aktuellen Problemlagen zu orientieren und damit auch das fachdidaktische Prinzip der Exemplarität zu verfolgen. Dies erfordert sicherlich einen konzept- und kompetenzorientierten Unterricht, der normative Zielvorstellungen explizit mit einschließt und über ein Grundwissen hinaus die Schüler zu einem Mehrwert an politischem Bewusstsein führt. Gute politische Bildung bedeutet letztlich aber auch, Fehlverständnisse der aktuellen Politik aufzudecken und Lösungsvorschläge bzw. Alternativen im Unterricht dafür zumindest anzubahnen und die Schülerinnen und Schüler hin zu kritikfähigem Urteilen und Handeln zu befähigen.

Literatur
Meyer, Thomas (2010): Was ist Politik? Wiesbaden.

Tilman Grammes

Dr. Tilman Grammes, geb. 1957 in Wiesbaden

Professor für Erziehungswissenschaft unter besonderer Berücksichtigung der Didaktik sozialwissenschaftlicher Fächer in der Fakultät für Erziehungswissenschaft der Universität Hamburg seit 1997.

Ausgebildeter Lehrer (1. und 2. Staatsexamen) und Erziehungswissenschaftler (M.A.). Autor von „Kommunikative Fachdidaktik" (1998). Zahlreiche Beiträge zur politikdidaktischen Theorie, Geschichte sowie Fallstudien zur qualitativen Unterrichts- und Curriculumforschung.

Frühere Tätigkeiten

- Lehrtätigkeit an verschiedenen Schulen von 1979 bis 1991
- Wissenschaftlicher Mitarbeiter für Politikdidaktik an der FU Berlin von 1984 bis 1989
- Assistent für Berufs- und Wirtschaftspädagogik an der FU Berlin von 1989 bis 1992
- Professor für Didaktik der Sozialkunde an der Universität Passau von 1992 bis 1993
- Professor für Didaktik der Gemeinschaftskunde an der TU Dresden von 1993 bis 1997

Verbandstätigkeiten

- Mitglied der Gesellschaft für Politikdidaktik (GPJE),
- Mitglied der Deutschen Vereinigung für Politische Bildung (DVPB),
- Mitglied der Deutschen Gesellschaft für Ökonomische Bildung (DeGoeb),
- Mitglied der Deutschen Gesellschaft für Erziehungswissenschaft (DGfE),
- Mitglied der Deutschen Gesellschaft für Demokratiepädagogik (DeGeDe),

Beratungs- und Kommissionstätigkeiten

- Beirat Landeszentrale für politische Bildung, Hamburg
- Beirat BLK Modellversuch Demokratie lernen und leben (www.blk-demokratie.de)
- Schulbeirat Alsterring Gymnasium (www.alsterring-gymnasium.de)
- Vertrauensdozent der Studienstiftung der Deutschen Wirtschaft
  (Studienkolleg – Begabtenförderung für Lehramtsstudierende, www.sdw.org)
- DemokratieErleben – Preis für demokratische Schulentwicklung
- Förderpreis Zukunft Schule Cornelsen Verlag (www.stiftungspreis-zukunft-schule.de)

Veröffentlichungen – Auswahl

Mitherausgeber von Journal of Social Science Education. Wissenschaftlicher Beirat: Zeitschrift für interpretative Schul- und Unterrichtsforschung (ZISU)

2013a Citizen Classrooms. Neue Lernkulturen und Wissensvermittlung in der Informationsgesellschaft – Kommunikative Fachdidaktik 2.0. In: Erwägen-Wissen-Ethik. Stuttgart, S. 435-440.

2013b FT 2396 Politische Bildung im 9. Schuljahr. Optische und akustische Effekte im Medienverbund. In: Schluss, Henning/May, Jehle (Hrsg.): Videodokumentationen von Unterrichtsstunden. Wiesbaden, S. 159-177.

2012a UAZ – Unsere Abend-Zeitung – ein elementares Soziologie-Lehrstück. In: Schmidlin, Stephan (Hrsg.): UAZ – Unsere Abend-Zeitung. Lehrkunstdidaktik, Bd. 7. Bern, S. 149-165.

2012b Berlin – zwei Welten, eine Stadt. Wahrnehmungsräume auf pädagogischen Studienreisen der 1960er Jahre. In: Matthes, Eva/Ritzi, Christian/Wiegmann, Ulrich (Hrsg.): Der Mauerbau 1961. Bildungsgeschichtliche Einsichten. Bad Heilbrunn, S. 161-210.

2011 Konzeptionen der politischen Bildung – bildungstheoretische Lesarten aus ihrer Geschichte. In: Autorengruppe Fachdidaktik: Konzepte der politischen Bildung. Eine Streitschrift. Schwalbach/Ts., S. 27-50.

2006 gemeinsam mit Henning Schluss/Hans-Joachim Vogler: Staatsbürgerkunde in der DDR. Ein Dokumentenband. Wiesbaden.

2004 gemeinsam mit Günter C. Behrmann/Sibylle Reinhardt, unter Mitarbeit von Peter Hampe: Politik. Kerncurriculum Sozialwissenschaften in der gymnasialen Oberstufe. In: Tenorth, Heinz-Elmar (Hrsg.): Kerncurriculum Oberstufe II. Weinheim, S. 322-406.

Leseempfehlungen für (angehende) Politiklehrerinnen und -lehrer

Busch, Matthias (2015): Staatsbürgerkunde in der Weimarer Republik. Genese einer demokratischen Fachdidaktik. Bad Heilbrunn.

Leps, Horst (2013): Lehrstücke im Politikunterricht. Welches ist nun aber die beste Verfassung? Schwalbach/Ts.

Petrik, Andreas (2013): Von den Schwierigkeiten, ein politischer Mensch zu werden. 2. Aufl. Opladen.

Sammoray, Julia/Welniak, Christian (2012): Demokratielernen durch Empowerment? Die Kontroverse um das Projekt „Der Fall Kastanie". In: Journal of Social Science Education 2/2012, S. 120-134.

Tilman Grammes

„Gesellschaftswissenschaftliche Curricula müssen systematisch neu anhand der Prinzipien globalen Lernens und trans-kultureller Didaktik für den World Classroom durchdacht werden!"

1. Werdegang

Im Wiesbadener Lehrerelternhaus waren der bildungspolitische Streit um Mengenlehre, Ganzwortmethode, Abschaffung der Länderkunde, Rechtschreibreform und die Hessischen Rahmenrichtlinien alltägliche Gesprächsthemen. Wie taucht das Phänomen des „Politischen" in dieser Welt auf? Wenn ich mich an das kindliche Erleben zu erinnern versuche, fällt mir auf, dass das Politische zunächst als ein durchaus bedrohlicher Einbruch in ganzheitliche *soziale* Fantasiewelten wahrgenommen wird. Die positiven Helden heißen Winnetou, Nonni und Kapitän Nemo. Vorbilder sind Abenteurer wie Amundsen und Scott, Sven Hedin, Hillary und Sherpa Tensing. Der Mikrokosmos von Entenhausen mit unserem selbstorganisierten Micky-Maus-Club wird mein erstes „Dorf". Politisches dagegen steht zunächst für noch Unverstandenes, das sich erst Jahre später zu einem „Vorstellungshorizont" ordnet und sinnhaft wird. Merkwürdige Weihnachts- und Geburtstagspakete mit pädagogisch wertvollen, emanzipatorischen Kinder- und Jugendbüchern „aus der Zone". Vater und Mutter erzählen sehr unterschiedliche Geschichten aus dem Weltkrieg. 1962: Warum sind die Wiesbadener emotional so aufgewühlt, als ein amerikanischer Präsident mit großem Tross vorbeifährt, und wenig später bei der Nachricht von seiner Ermordung? Meiner Mutter danke ich immer noch, dass sie dem 12-Jährigen die Augen zuhielt, wenn die TAGESSCHAU zum Abendessen Napalmopfer im Vietnamkrieg zeigt. Warum wird 1969 von Willy Brandt ein „Machtwechsel" herbeigeredet? Ein Folkloreabend der Deutsch-Südafrikanischen Gesellschaft, auf dem unsere burische Gastfamilie auftritt, wird durch ein Go-in von Studenten unterbrochen. Dem gerade Teenager erschien dies alles eher störend und unangenehm. Etwas später dann, Taschengeld gespendet für Waffen für die Befreiungsbewegung in Guinea-Bissau. Grund ist die Faszination für die älteren, sozialistischen Schulsprecher-Kandidaten, weil die so „cool" auftreten. Politische Überzeugung und Verstehen spielen höchstens sekundär eine Rolle. Die JUSOS starten eine Hausaufgabenhilfeaktion für Gastarbeiterkinder – die ersten eigenen sozialpädagogischen Projekte entstehen.

Eine sozialphänomenologisch orientierte politische Bildung wird solche biografischen Genesen des Politischen aus der Erfahrung des Sozialen in den Wahrnehmungen rekonstruieren – die Gesellschaft aus der Schülerperspektive!

2. Situation und Perspektiven der Politischen Bildung

„Die Wirksamkeit politischer Bildung ist umso höher, je besser sie als Leitidee und Angelegenheit aller Beteiligten in der Schulkultur verankert wird!" Diese These stand vor einem Jahrzehnt am Ende dieses Interviewblocks, jetzt möchte ich mit ihr beginnen. Im Rückblick fällt auf, dass in den Interviews der 1. Auflage selbst ein klassisches Herzstück demokratischer Schule, die institutionalisierte Schülervertretung, kaum erwähnt wurde. Die durch das Schulentwicklungsprogramm der Bund-Länder-Kommission für Bildungsplanung „Demokratie lernen & leben" (2002-2007) angeregte Demokratiepädagogik hat der Politischen Bildung inzwischen neuen Schwung geben können, konzeptionell sowie praktisch. Davon zeugt das zur Serienreife entwickelte Ensemble innovativer Bauformen: Klassenrat, Mediation/Streitschlichtung, Projekt, Service Learning, Schulgemeinschaftsversammlung, Juniorwahl, Kinder- und Jugendparlamente. Der Beutelsbacher Konsens wurde um das Magdeburger Manifest erweitert (www.degede.de). Die Kultusministerkonferenz formuliert 2009 einen Beschluss zur „Stärkung der Demokratieerziehung"; Initiativen des Europarates – Education for Democratic Citizenship and Human Rights Education – setzen transnationale Impulse.

Gegenwärtige Situation und Herausforderungen

Politische Bildung kann an Schulen, denen es gelungen ist, Demokratielernen im Schulprogramm zu verankern, zu den Gewinnern zählen. Durch Profilbildungen und Wahlmöglichkeiten der Schüler im Bereich Medien, Recht oder Wirtschaft; durch Vernetzung mit der Community in herausfordernden Projekten. Ein exemplarisches Beispiel ist

Zukünftige Rolle der politischen Bildung

das umstrittene demokratiepädagogische Projekt „Fall Kastanie" (Sammoray/Welniak 2012).

Die universitäre Politikdidaktik dagegen hat es aus meiner Sicht versäumt, in Zeiten evidenzbasierter Schulleistungsvergleiche „nach PISA" die fatale bildungspolitische Fokussierung auf die Kernfächer Deutsch, Mathematik und Englisch vehement zu problematisieren. Das Thema „Politische Bildung als Unterrichtsprinzip" wurde vernachlässigt. Findet die in der Einwanderungsgesellschaft notwendige „durchgängige Sprachbildung" nicht am nachhaltigsten an sinnvollen Themen aus dem Lernfeld Gesellschaft statt, weil guter Politikunterricht immer auch Sprachunterricht ist? Im World Classroom sollten digital leicht zugängliche Berichte und Filme aus internationalen Medien, die die mehrsprachige Kompetenz der Schülerschaft aufnehmen, regelhafter Bestandteil sein.

Politische Bildung verschenkt ihr Potential, wenn sie fächerübergreifende Aufgabenfelder als Konkurrenz oder Entpolitisierungstendenz wahrnimmt. Der Hamburger Bildungsplan nennt als solche Aufgabenfelder: Berufsorientierung, Gesundheitsförderung, Globales Lernen (Friedenserziehung), Interkulturelle Erziehung, Medienerziehung, Sexualerziehung, Sozial- und Rechtserziehung, Umwelterziehung (Bildung für nachhaltige Entwicklung), Verkehrserziehung (Mobilität). Jeder Fachunterricht muss Rechenschaft darüber geben, inwieweit er zur Umsetzung solcher übergreifenden Aufgabenfelder beiträgt.

3. Demokratie und politische Bildung &

4. Politikbegriff und Breite des Unterrichtsfaches

Was ist Politik? & Was ist Demokratie?

Inwiefern hängt guter Politikunterricht überhaupt davon ab, ob man den „richtigen" Politikbegriff oder Demokratiebegriff gefunden hat, um daraus alle weiteren Entscheidungen „abzuleiten"? Wissenschaftstheoretisch ist längst nachgewiesen, dass legitimatorische Ableitungsketten für pädagogische und soziale Handlungswissenschaften nicht möglich sind. In der Hochphase konzeptionellen Streits hat Giesecke einmal vermutet, dass sein konkreter politischer Unterricht sich viel weniger von dem seines Kollegen Sutor unterscheiden würde, als dies nach der öffentlich aufgebauten Polarisierung der 1970er Jahre zwischen normativ-konservativen und linksliberal-neomarxistischen Ansätzen zu erwarten gewesen wäre.

Auch eine sich selbst als „kritisch" apostrophierende Politikdidaktik darf nicht hinter diese Einsicht zurückfallen, dass die Demokratie- und Politiktheorie in der politischen Bildung immer einen doppelten Ort hat:
- auf der unterrichtlichen Handlungsebene kommt es darauf an, dass Schülerinnen und Schüler unterschiedliche Demokratie- und Politikkonzepte kennenlernen und ihre Urteils- und Handlungsfähigkeit an konkreten Aufgaben erproben können. Insoweit wäre Politik ein ganz normales Lernfach;
- auf der konzeptionellen Ebene geht es nicht um eine direkte, bei allem Begründungsaufwand letztlich dezisionistisch bleibende oberste Zielvorgabe für den Unterricht, sondern um eine Rahmentheorie für die Analyse und Kritik immer schon ablaufender, informeller politischer Sozialisationsprozesse, um darin die Möglichkeiten und Grenzen politischer Bildungsprozesse zu bestimmen. Bereits in meiner Dissertation „Politikdidaktik und Sozialisationsforschung" (1986, Grammes 2011) habe ich diese alternative, lernorientierte Lesart politikdidaktischer Konzeptionen als „pragmatisches Paradigma" herausgearbeitet. Die Klassiker – von Wilhelm, Giesecke, Sutor, Schmiederer, Christian bis Behrmann – gehen zwar von heterogenen politiktheoretischen Ansätzen aus, die zwischen konservativen, liberalen und neomarxistischen Positionen variieren. Dennoch gelangen sie zu überraschend ähnlichen Problemdiagnosen, Gesellschaftskritiken und möglichen Unterrichtskonzepten. Fast alle genannten „Altmeister" haben mir damals brieflich rückgemeldet, dass sie sich durch diese *pädagogisch* orientierte Lesart des pragmatischen Paradigmas besser verstanden fühlen als durch die vordergründigen Ideologisierungen einer politischen Geographie. Tatsächlich geht dieses Paradigma bereits auf die Zeit der Weimarer Republik als einer atemberaubenden Konstitutionsphase moderner Politikdidaktik zurück (Dusch 2015).

In der „Kommunikativen Fachdidaktik" (1998) habe ich diese pragmatische Denktradition für die Lernfelder Politik – Geschichte – Recht – Wirtschaft systematisch zu einer sozialwissenschaftlichen Bereichsdidaktik ausgebaut. Schülerinnen und Schüler sollen die „politische Systembaukunst" (Werner Patzelt) eines demokratischen Experimentalismus als einen Versuch wahrnehmen können, einen fehlerfreundlichen, reversiblen kollektiven Lernprozess zu organisieren. Demokratien sind sozusagen eine permanente öffentliche Politikstunde. Demokratien kommen als lernende, kommunikative Systeme in den Blick, die sich in der analogen Unterrichtskommunikation aber immer nur verlustreich spiegeln können.

In einem DFG-Teilprojekt „Politisches Handeln in Institutionen" (1989-1994) haben wir die Gestaltungsspielräume, aber auch die nicht-beabsichtigten systemischen Handlungsfolgen aus der Innenperspektive der beteiligten Akteure mikropolitisch erlebbar und reflektierbar gemacht. Die Fallstudien hatten so unterschiedliche Themen wie das Volkszählungsgesetz, einen Lehrlingskonflikt in einem Unternehmen, einen Schulkonflikt in der DDR (www.jugendopposition.de) – eine handlungsorientierte Institutionenkunde.

Politik als Kern? & Lernfeld Gesellschaftswissenschaften

Ich möchte die Aufmerksamkeit auf die im Fächerkanon eingebaute „Politik des Curriculums" richten, denn das Kontroversprinzip politischer Bildung ist bereits auf der Ebene des Stundenplans präsent. Das pädagogische Kriterium des nicht-hierarchischen und nicht-teleologischen Verhältnisses der gesellschaftlichen Praxisformen in der Erziehung ist konstitutiv für die Begründung einer sozialwissenschaftlichen Bereichsdidaktik. Dietrich Benner (Allgemeine Pädagogik, 7/2012) hat dieses Prinzip aus der Reflexionstradition der Bildungstheorie, u. a. mit Bezug auf Johann Friedrich Herbart und Theodor Litt, herausgearbeitet. Das Prinzip klärt die Frage der Fächerkoordination im Lernfeld Gesellschaft. Politik, Wirtschaft, Medien, Recht, Erziehung, Wissenschaft, Kunst, Religion – in jedem Kontext gelten spezifische Regeln der Orientierung und Entscheidung. Egal ob als Einzel- oder Integrationsfach, wichtig ist, dass diese kulturellen Symbol- und Sinnsysteme in ihren Eigenlogiken unverfälscht zur Geltung kommen, sich dann wechselseitig befragen und in ihren Geltungsansprüchen relativieren. Sie sollen nicht ineinander aufgehoben werden. Es soll also kein Primat des politischen Denkens, aber auch kein Primat des ökonomischen Denkens geben. Die damit implizierte Vorstellung systemischer Differenz kann sich auf postmoderne Demokratietheorien und Gesellschaftsdiagnosen beziehen; meine Favoriten sind Ulrich Becks Konzepte der Risikogesellschaft und der Kosmopolitisierung. Lehrgänge in den Eigenlogiken von „Wirtschaft" und „Recht" oder auch „Pädagogik" gehören daher neben plurale Kursangebote zu „Gesellschaft", „Politik", „Geschichte" und „Geographie". Das Unterrichtsfach in Hamburg heißt entsprechend PGW (Politik-Gesellschaft-Wirtschaft) oder Gesellschaft (Integrationsfach von PGW mit Geschichte und Geographie). Politische Bildung ist eine geborene fächerübergreifende „Bereichsdidaktik"!

5. Kompetenzen, Inhalte und Konzepte der politischen Bildung

Kompetenzorientierung ist kein neues Paradigma, sondern zunächst einer der üblichen Wechsel in der bildungspolitischen Semantik. Der Blick in die Didaktikgeschichte zeigt, dass die Lernziel- bzw. Qualifikationsorientierung der 1970er-Jahre nicht nur ähnliche Intentionen verfolgte, sondern diese zum Teil konsequenter umsetzte, z. B. die Partizipation der Schülerinnen und Schuler an der Bestimmung der Ziele und Inhalte. Das neoliberal-autoritative Menschenbild hinter der modischen Kompetenzorientierung behagt mir nicht: evidenzbasierte Kontrollimperative von außen führen zu einer Facebook-abhängigen „Generation Kommentar" (Bernd Guggenberger), die in fassadenhaften Power Point Präsentationen lernt, Wissen zu simulieren und brav Partizipationsbereitschaft vorzuzeigen. Studierende und Referendare verinnerlichen eine Haltung argumentativer Ignoranz; in Unterrichtsentwürfen und Praktikumsreflexionen finden sich affirmierende Pseudobegründungen wie: „Weil wir Gruppenarbeit gemacht haben, hat sich die soziale Kompetenz verbessert!" Zwar könnte auch das Gegenteil der Fall sein, dies darf aber nicht gedacht werden. In solch einem Duktus drückt sich eine autoritative, gouvernementale „Regierung" der Subjekte aus, eine Disziplinarordnung, wie sie gerade auch demokratiepädagogische Projekte und Partizipationsinitiativen prägen kann. Qualitative empirische Untersuchungen, etwa zum Klassenrat oder zu schulischen Trainingsräumen, können die Diskrepanz von emanzipatorischen demokratiepädagogischen Ansprüchen und nicht beabsichtigten, disziplinarischen Wirkungen aufdecken. Politikdidaktik muss daher immer Kritik der herrschenden Alltagsdidaktik bleiben!

Kompetenzorientierung

Die Arbeitsgruppe Kerncurriculum (Behrmann/Grammes/Reinhardt 2004) hat aus der Tradition der kategorialen Konfliktdidaktik ein Kompetenzset entwickelt, das in zahlreiche Bildungspläne übernommen worden ist: Perspektivenübernahme, Konfliktfähigkeit, sozialwissenschaftliches Analysieren, politische Urteilsfähigkeit, Partizipationsfähigkeit/demokratische Handlungskompetenz.

Kompetenzen

Die Suche nach einem „bestimmten" inhaltlichen Grundwissen ist in der Welt digitaler Information dringlicher geworden. Auch hier wirkt der Kompetenzhype eher kontraproduktiv, allerdings kehrt die Frage verbindlicher Inhalte spätestens angesichts zentraler Abiturprüfungen über Handreichungen und Leselisten unter der Hand zurück.

Grundwissen

In Demokratien als Systemen „geteilter gemeinsamer Erfahrung" (Dewey) muss es Überschneidungsbereiche des kollektiven sozialen Wissens geben. Mit einem öffentlich formulierten und damit kritisierbaren Kanon kann Schule zur Stiftung eines kleinsten gemeinsamen Vielfachen geteilter Narrative beitragen, welches Demokratien als soziales Kapital für ihren Bestand voraussetzen müssen. Die Arbeitsgruppe Behrmann/Grammes/Reinhardt (2004) hat die These vertreten, dass in der gesellschaftlichen Bildung ein entsprechendes sachlogisches Kerncurriculum identifiziert werden kann. Civic literacy als Bestandteil von Allgemeinbildung besteht aus den „Selbstschöpfungsprozessen" (Gerhard Himmelmann), den werthaltigen (!) Verfahren und Prozeduren der Demokratie. Kurz gesagt, sind dies die Formen und Verfahren der kollektiven Willensbildung und Entscheidungsfindung: soziale Streitschlichtung, parlamentarische Willensbildung, rechtliche Urteilsfindung, Wettbewerbswirtschaft, demokratische Öffentlichkeit, internationale Konfliktschlichtung, sozialwissenschaftliche Analyse und Kritik. Dieser Kanon bildet das Weltwissen der 16-Jährigen Jungwähler und versteht sich als „offene Liste".

(Vgl. dazu mein „Clownsgesicht", das Modell der Wissensformen in JSSE 2009, 2, S. 148)

6. Politikdidaktische Prinzipien

„Global Citizenship Education" stellt für mich im Ensemble fachdidaktischer Prinzipien die markanteste Akzentverschiebung und Ergänzung dar. In den heterogenen Klassenzimmern einer Großstadt wie Hamburg hat sich längst ein mehrsprachiger World Classroom entwickelt, dessen Potentiale vom „methodologischen Nationalismus" auch in den Fachdidaktiken immer noch nicht genügend wahrgenommen werden. Gesellschaftswissenschaftliche Curricula müssen systematisch neu anhand der Prinzipien globalen Lernens und trans-kultureller Didaktik für den World Classroom durchdacht werden: Was kann Verfassungspatriotismus im 21. Jahrhundert bedeuten? Der (welcher?) Nationalstaat ist nur eine Bezugskategorie in transnationalen Mehrebenensystemen. Weltgeschichte oder Nationalgeschichte als Fokus? Welche Rolle wird Religion als Machtfaktor im 21. Jahrhundert spielen? Sind Menschenrechte universal formulierbar? Eine europaorientierte Didaktik, Menschenrechtspädagogik und Friedenserziehung können zwischen Partikularismus und Universalismus vermitteln. Internationale Klassen und Europa-Schulen spielen eine Vorreiterrolle bei der Entwicklung eines entsprechenden Weltcurriculums.

„Handlungsorientierung" bleibt im pragmatischen Paradigma ein konstitutives Sachprinzip, und weit mehr als nur ein äußerlich hinzutretendes lern- und motivationspsychologisches Lockmittel. Die klassische Formulierung von Heinrich Roth hält sich ganz nah am sozialen Phänomen: „Alle methodische Kunst besteht darin, tote Sachverhalte in lebendige Handlungen rückzuverwandeln, aus denen sie entsprungen sind. Gegenstände in Erfindungen und Entdeckungen, Werke in Schöpfungen, Pläne in Sorgen, Verträge in Beschlüsse, Lösungen in Aufgaben" (Roth 1949, S. 108). Dieser „Krebsgang" der Bildung, die genetisch-dramaturgische Kernfigur politikdidaktischen Denkens (Petrik 2013), lässt sich konsequent domänenspezifisch, also aus „einheimischen" sozialwissenschaftlichen Konzepten heraus, begründen. Theoriesystematische Anknüpfungspunkte finde ich in der Kultursoziologie und politischen Anthropologie, etwa bei Ernst Cassirer (Was ist der Mensch? 1944/1960), der die systematische Re-Personalisierung kultureller Objektivationen ins Zentrum stellt. Der schon in der Theorie der moralischen Gefühle bei Adam Smith angelegte, im Symbolischen Interaktionismus und im Pragmatismus ausformulierte *Soziale* Konstruktivismus ist sozialtheoretische Begründungsfigur für eine demokratieorientierte Pädagogik der Anerkennung. Politikdidaktik muss zuallererst in einer Didaktik des Sozialen und der Soziologie fundiert werden!

7. Methoden und Medien der Politischen Bildung

„Die Sache selbst hat Methode!" (Adolph Diesterweg: Wegweiser für Lehrer, 1849) Deshalb nenne ich meine Konzeption Kommunikative FACHdidaktik, und nicht nur kommunikative Didaktik. Im genannten Kerncurriculum konstituieren Verfahren als Methoden die Inhalte. Grundsätzlich empfehle ich Studierenden im Schulpraktikum, von einer Kongruenz von Unterrichtsmethode und Sachmethode auszugehen: Debatte und Podiumsdiskussion, Konferenzen, Rede und Vortrag, eine Gerichtsverhandlung bis zum Urteil führen, eine Schülerfirma gründen, eine Wandzeitung veröffentlichen, einen Werbespot drehen … Don't worship originality! – dieses Motto der japanischen Lesson Study bildet das Leitmotiv der Kommunikativen Fachdidaktik. Verzicht auf Mätzchen

Methoden

und vordergründige Didaktisierungen, stattdessen Gestaltung von natürlichen Lernumgebungen, die es Kindern und Jugendlichen ermöglichen, real, simulativ und reflexiv an den sozialen Umgangsformen der Erwachsenenwelt zu partizipieren!

Dieses Prinzip der Sachmethode hat eine ästhetische Dimension. Form follows function – das Motto einer puristischen Bauhaus-Ästhetik eignet sich hervorragend, um über Methoden als Relation und „Vermittlung" ins Gespräch zu kommen. „Die Dinge zum *Sprechen* bringen" – ein Grundprinzip Kommunikativer Fachdidaktik. Ich lenke die Aufmerksamkeit gerne auf die Sitzmöbel in meinem Büro. Studierende registrieren erstaunt, wie bequem der klassische Freischwinger von Mart Stam (1929) in seiner zeitlosen Funktionalität ist. Ein didaktisches Anschauungsobjekt für die Suche nach natürlichen Formen des Unterrichts!

Medien & Rolle des Schulbuchs

Die Trägerfunktion der Unterrichtsmedien ist der blinde Fleck im Planungsdenken der Lehrkräfte. Medien werden als positive Belege für eine bestimmte Erkenntnis eingesetzt, und nicht auf ihre immer schon mitgebrachte kommunikative Vorwegbestimmtheit und Gerichtetheit hin kritisch befragt. In folgendem Blickwechsel liegt daher der entscheidende Schlüssel zu einem genuin fachdidaktischen Denken:

- Additives, positivistisches Verständnis von Vermittlung: Das Alltagsverständnis geht von einem positiv vorgegebenen Stoff aus, der erst nachgängig methodisch mehr oder weniger geschickt „schmackhaft" gemacht werden muss. Weil dies oft misslingt, wird alles Didaktische in der Alltagssprache mit Belehrung, Langeweile oder Künstlichkeit verbunden. Es ist sehr ernüchternd, für einige Wochen bei Google einen Alert „Didaktik/didaktisch*" zu abonnieren und das landläufige Didaktik-Bashing zu verfolgen.
- Relationales, genetisches Verständnis von Vermittlung: Die gesellschaftlichen Stoffe und Themen sind, gerade in der Zuschauer-Demokratie, immer schon methodisch und medial vermittelt – es sind Re-Präsentationen! „Vermittlung" hat in der deutschen Sprache diese demokratiepädagogische Doppelbedeutung von Übermittlung und Vermittlung, das Aushandeln und Schlichten in einem Konflikt oder Streitfall. Ich habe versucht, diese Zusammenhänge im Modell eines fachdidaktischen Kegels zu veranschaulichen (vgl. JSSE 2009, 2, S. 157).

In der digitalen Welt verändern sich mit den gesellschaftlichen auch die unterrichtlichen Produktionsformen des Wissens. Die Google-Suchmaschine wird zum heimlichen Schulbuchautor. Ich halte mich weiterhin viel in Schulen auf, und dort lässt sich im Unterricht ein neues Artikulationsmuster beobachten, das ich versuchsweise „Citizenship classroom" genannt habe. Es ist durch ein fünfschrittiges Phasenmuster strukturiert: Assoziieren, Organisieren, Recherchieren, Präsentieren, Rückmelden. Diese neue Produktionslinie von Wissen folgt dem „crowd sourcing" in der digitalen Wissensökonomie. Kooperative Lernformen sind Gruppenpuzzle, Think-Pair-Share, D-A-B oder die Platzdeckchen-Methode. In letzterer wird das neu entdeckte Wissen als kleinster gemeinsamer Nenner in der Mitte eines Plakats eingetragen – „shared knowledge" wird automatisch zur gültigen Expertise. Schüler agieren als Prosumer. Wissensproduktion bekommt dadurch ein stark partizipatorisch-demokratisches Element, das analog dem Willensbildungsmodus einer digitalen „liquid democracy" gedacht scheint. Wo aber bleibt die kritische Instanz, die den common sense mit sozialwissenschaftlichen Instrumenten hinterfragt und Alternativen benennt? (Grammes 2013a).

8. Lernprozesse und Schülervorstellungen

Schülervorstellungen spielen eine zentrale Rolle, aber nicht als Voraussetzung und Rohstoff, wie es die gegenwärtige Rede von der „diagnostischen Kompetenz" des Lehrers nahelegt, sondern als Thema des Unterrichtsprozesses selbst. Was derzeit als Konzeptforschung in der Politikdidaktik rezipiert und gehandelt wird, sind Testungen von Konzepten vor und nach einem Lernprozess, um diesen besser zu kontrollieren. Das ist für mich empiristische Psychologie, noch keine *pädagogische* Lerntheorie und Bildungsgangforschung. Was passiert *im* Lernprozess? Wie ereignet sich Verstehen? Und wie entsteht daraus Selbst-Bildung, Identitätsfindung? Christian Welniak zeichnet mit sozialphänomenologischen Ansätzen, die an die Sozialtheorie von Mead und Berger/Luckmann anknüpfen, Portraits einzelner Jugendlicher in ihren Lernwegen aus sozialen Lebenswelten zum politischen Denken. Individuelle Politisierungsprozesse rekonstruiert Andreas Petrik (2013).

Spannende Schulbesuchsreisen haben mich mit asiatischen (Japan, China) und islamischen Lernkulturen in Kontakt gebracht. Diese Erfahrungen werden in regelmäßigen Webinaren mit internationalen Studentengruppen aufgegriffen. Es stellen sich Fragen einer interkulturellen Fachdidaktik und Lerntheorie. Den westlichen Blick irritiert z. B. eine pa-

> Bedeutung lerntheoretischer Erkenntnisse & Empirische Forschung & Schüler- und Lehrervorstellungen

radoxe Form des memorierenden Tiefenverstehens, wie es den sogenannten „Chinese Learner" charakterisieren soll. Kann Wiederholung und Übung von Detail- und Faktenwissen ab einem bestimmten Punkt in ein qualifiziertes Tiefenverstehen umschlagen? Auch erfolgreiche Politikerinnen als Rollenvorbilder haben ihre Zahlen, Fakten und Fallgeschichten schließlich parat. Haben wir die Rolle des positiven Wissens in der politischen Bildung als nur „träges Wissen" heruntergeredet, obwohl wir in unseren akademischen Karrieren selbst alle einmal von den effizienten Lernschnellwegen und Orientierungsleistungen des Bücherwissens profitiert haben? Im Schulbeirat des Hamburger Alsterring-Gymnasiums – eine Privatschule, deren Schülerschaft ganz überwiegend einen muslimischen MigrationsVORDERgrund einbringt – drängt sich mir die Frage auf, inwieweit „offene Lernformen" einseitig Mittelschichtkinder bevorzugen, wie es eine machtkritische Bildungssoziologie (Basil Bernstein, Pierre Bourdieu) nahelegt – eine weitere Teildisziplin, die essentiell zum politikdidaktischen Denken dazu gehört. Eine sozialwissenschaftliche Wissenstheorie für das digitale Zeitalter muss die Frage beantworten, wie sich das Verhältnis von Netz und Knoten, von Informationen und Begriffen für eine orientierungslose Jugendgeneration „Surf&Click" neu gestalten soll (Grammes 2013a).

9. Politikdidaktik als Wissenschaft

Forschungsfragen für die Zukunft & Eigene Forschungsschwerpunkte

Die vor einem Jahrzehnt in der Erstauflage formulierten fünf Forschungsschwerpunkte einer Wissenschaft vom politischen Lernen haben sich als erstaunlich tragfähig erwiesen und sind kontinuierlich weiterentwickelt worden:

1. *Entwicklungslogiken gesellschaftlich-politischer Kognitionen:* Ziel ist es, die Ansätze einer Phänomenographischen Didaktik und der Sozialphänomenologie sowie Fragen einer trans-kulturellen Lern- und Wissenstheorie zusammenzudenken (vgl. Block 1 und Block 8).
2. *Qualitative empirische Unterrichtsforschung:* In der Analyse einer exemplarischen Einzelstunde können sich die gesellschaftlich-politischen Haupt- und Staatsaktionen wie in einem Brennglas spiegeln. Mehrere Schwerpunkthefte des Journal of Social Science Education (JSSE 2010-3, 2016-1, 2016-2) setzen qualitative Forschungsimpulse. In einer Serie „Case archive" werden klassische Unterrichtsbeispiele dokumentiert und für den Einsatz in Seminaren kommentiert,

Beispiele in Busch (2015) und Sammoray/Welniak (2012). Mit dem Unterrichtsfilm „Studentenunruhen" ist es gelungen, das wahrscheinlich früheste Dokument einer vollständig gefilmten Sozialkundestunde dauerhaft zu sichern – ein aufregendes Beispiel einer 1968er Emanzipationsdidaktik! (Grammes 2013b).
3. *Historische Fachunterrichtsforschung:* Die „Geschichte Politischer Erziehung und Bildung in Deutschland im 20. Jahrhundert" ist ein exemplarischer Laborfall für Systemwechsel und die faszinierende, aber oft auch tragische Rolle politischer Pädagogen darin. Mit meinem Kollegen Prof. Peng Zengmei von der East China Normal University dokumentieren wir diesen deutschen Sonderweg für ein chinesisches Publikum im Rahmen einer Vergleichenden Erziehungswissenschaft. Politische Bildung wird in unserem Ansatz durchgängig als interkulturelle Bildung gelesen, als Geschichte des Othering, von Exklusion und Inklusion in Schule und Unterricht: politische Erziehung als „Rassenkunde"; jüdische Schüler vor und nach 1933; die Integration der Kinder der „Heimatvertriebenen" in westdeutschen Klassenzimmern nach 1945; Gastarbeiterkinder und Flüchtlinge ... (Grammes 2011, 2012b). Für die eigene Lehrerrolle ist es hilfreich, sich immer wieder vorzustellen, auf welcher Seite man selbst in entsprechenden Transformationsphasen gestanden und gehandelt hätte: als sozialdemokratischer Studienrat 1933, als Neulehrerin in der SBZ nach 1945, als gelernter DDR-Pädagoge nach 1989 ...?
4. *International und interkulturell vergleichende Unterrichtsforschung:* Unter dem Titel „Cultures of Citizenship Education (JSSE 2014-1) dokumentieren wir Unterrichtsstunden aus aller Welt, darunter aus China und der Türkei, die für die Interpretation im Seminar frei zugänglich sind. Der sogenannten pictorial und spatial turn der Sozial- und Erziehungswissenschaften wird in einer Fotogalerie aufgegriffen, die die Aufmerksamkeit international vergleichend auf Symbole und performativen Rituale von Citizenship Education richtet, wie sie in den Räumen einer Schulkultur inszeniert werden (ebd.). Künftig sollen sogenannte Educational documentaries (gesellschaftspolitische Erziehungsfilme) sowie nationale schulische Fest- und Gedenkkulturen dokumentiert werden.
5. *Unterrichts- und Curriculumentwicklung:* Lehrkunstdidaktik ist eine Form der kollegialen Unterrichtsentwicklung. Zunächst an naturwissenschaftliche Themen entwickelt, gibt es inzwischen einen Kernbe-

stand an Lehrstücken und Modellen für das Lernfeld Gesellschaft. Sie umfassen Themen wie: Verfassung, Markt, Öffentlichkeit/Zeitung, politische Theorien, sozialer Umgang (vgl. Leps 2013, Petrik 2/2013, Grammes 2012a; JSSE 2004-2, www.lehrkunst.ch). Warum in Zeiten des Finanzmarktkapitalismus Angst haben vor einem auch eigenständigen Fach Wirtschaft? In dem Curriculumprojekt „Ethos" haben Thomas Retzmann (Universität Essen) und ich in Kooperation mit der Hamburger Stiftung Wirtschaftsethik Module für eine sozio-ökonomische Bildung entwickelt (www.ethos-wirtschaft.de). Das Projekt ist mit dem Max-Weber-Preis für Wirtschaftsethik 2012 ausgezeichnet worden. Es ist für mich immer wieder faszinierend zu erleben, wie junge Menschen von zunächst BWL-nahen Ausgangsfällen wie Versicherungsbetrug, Cold Calling oder Whistleblowing zu Fragen der Gerechtigkeit und Moral vordringen, um dann eigenständig Fragen institutionalisierter verallgemeinerungsfähiger Lösungen zu diskutieren – Institutionenethik als „Kern" politischer Bildung.

10. Fachdidaktische Kontroversen

Aus der Rückschau ist es für mich erstaunlich, welche Triebfeder politischer Bildung vor 1989 die durch den Kalten Krieg gesetzte Systemdifferenz dargestellt hat, die sich in der innerdeutschen Mauer als materiale Grenze verobjektivierte (Grammes 2012a). Das Fach Staatsbürgerkunde in der DDR, an sich kaum mehr als eine Fußnote der Weltgeschichte, zeigt exemplarisch, zu welch un-möglicher Sisyphusarbeit politische Pädagogik in einem Erziehungsstaat wird, wenn sie ein „höheres Wesen" – die Entwicklungsgesetze des Marxismus-Leninismus und des Wissenschaftlichen Kommunismus – vermitteln muss, und die Schüler in der Subjektposition dieses Wesen auch noch „emanzipatorisch" selbst entdecken sollen. Indoktrination war zu wenig, es ging um „Überzeugungsbildung". Was aber, wenn dieses Wesen gar nicht existierte?! Anhand von Videoaufzeichnungen, Unterrichtsprotokollen und Interviews mit Lehrern und Schülern sollte sich jeder Pädagoge diesem dauerhaft aktuellen Wetzstein politischer Erziehung selbstkritisch aussetzen (Grammes/Schluss/Vogler 2006).

Nach dem Wegfall der Systemkonkurrenz sind Kontroversen hinter einem neoliberalen Mainstream eher verdeckt und dort zu suchen, wo die „taken for granted"-Perspektive des Alltagsverstandes sie noch

kaum wahrnimmt: bei den selbstverständlichen common-sense-Annahmen, die die Gesellschaftsbilder „unserer" westlichen Lebenswelt als epistemologische Rahmungen konstituieren.
- Ist eine verbindliche Lehrplanvorgabe „DDR = SED-Diktatur = Nationalsozialismus" fachlich zulässig oder ein Fehlverstehen?
- Welche Rolle spielt eine alternative ökonomische Bildung neben dem neoliberalen Mainstream? (vgl. www.iböb.org)
- Erhalten Skeptiker der Klimawandelforschung oder Europaskeptiker im Unterricht eine Stimme?
- Müssen kreationistische Ansätze ergänzend zur Darwin'schen Evolutionstheorie in den Biologie- oder Religionsschulbüchern repräsentiert werden?

Das Politische kann geradezu bestimmt werden als die Organisation der Kontroverse, und zwar da, wo sie mit Lebensformen und Kulturen verknüpft ist, die letztlich miteinander unvereinbar scheinen. Wie können die so verschiedenen Menschen lernen, in einer Gesellschaft friedlich zusammenzuleben? Diese Frage nach der Möglichkeit von Pluralismus und Toleranz wird sich in der Weltgesellschaft als „Herausforderung und Chance" (Wolfgang Hilligen) von Transkulturalität auch auf der curricularen Ebene neu stellen.

11. Politikdidaktik und Lehramtsausbildung

Ich möchte hier eine Hommage an „meine" Universität formulieren. Der links-liberalen, und dennoch pluralistischen Welt der Freien Universität Berlin. Dem Mikrokosmos des Otto-Suhr-Instituts für Politikwissenschaft und am Fachbereich Germanistik verdanke ich meine bewusste politische Bildung. Das Rotbuch von Wolf Wagner „Uni-Angst und Uni-Bluff" und alle möglichen Spielarten marxistischer und psychoanalytischer „Kritischer Theorie" hatten Kultstatus. Im Streiksemester „Gegen Berufsverbote" 1976/77 organisierten wir unser Studium selbst und teilten uns in „Studienkollektive" nach Berufsfeldern auf. Die AG „Außerschulische politische Jugendbildungsarbeit" tagte im Aufenthaltsraum eines Berliner Jugendfreizeitheims. In einem Projektkurs über drei Semester zum Druckerstreik 1976/77, den Bodo Zeuner (Erwachsenenbildung) leitete, erkundeten wir mit Gesamtschülern einer Hochhaussiedlung den Wandel der betrieblichen Arbeitswelt und organisierten Strategien im Umgang mit Jugendarbeitslosigkeit. Was blieb, war die Erfahrung, dass

Politikdidaktik in der Lehramtsausbildung & Schwerpunkte der eigenen Lehre

freies akademisches Studium Selbst-Bildung bedeutet. Projektstudium öffnet Freiräume für Kreativität und Kritik. Unterrichtsentwicklung in Forschungswerkstätten und projektorientierte Schulpraktika sind noch heute meine liebsten Schwerpunkte in der Lehre. An der Universität Hamburg sind im sogenannten Hamburger Modell alle Fachdidaktiken in der Fakultät Erziehungswissenschaft angesiedelt. Meine Seminarangebote zu Demokratiepädagogik, Europadidaktik oder Friedenspädagogik richten sich an alle Lehramtsstudierenden. Bachelor-Studierende dürfen die akademische Welt nicht als verlängertes 13. Schuljahr erleben, um darauf mit vertrauten defensiven Lernstrategien zu reagieren. Eine vorherrschende, methodenorientierte Hochschuldidaktik, die Dozenten Wunderwirkungen durch Stimmtrainings und Schulungen in Power Point verspricht, hilft nicht weiter. Gerade sozialwissenschaftliche Bildung ereignet sich in Irritationen und Krisen.

In einem vom Stifterverband für die Deutsche Wissenschaft geförderten Projekt können wir eine Hochschul*fach*didaktik und Wissenschaftsdidaktik der Sozialwissenschaften entwickeln. In einem Interdisziplinären *Grundkurs* können die sozialwissenschaftlichen Teilstudienfächer – Politikwissenschaft, Soziologie, Volkswirtschaft – mit ihrem jeweiligen disziplinären Blick an aktuellen Problemlagen (z. B. Klimawandel, Digitalisierung) erprobt werden. Ein gesellschaftlich-politisches *Praktikum* in Schaltzentralen der Macht – im Bundestag, in Ministerien, Parteien, zivilgesellschaftlichen Organisationen, im Management multinationaler Unternehmen oder von Medienkonzernen – soll den verhängnisvollen geschlossenen Kreislauf Schule – (Hoch-)Schule – Schule durchbrechen helfen (vgl. das Schwerpunktheft „Ausbildungsdidaktiken", JSSE 2009-2).

12. „Gute" politische Bildung

Die Bedeutung der Räume für eine demokratische Bildungslandschaft wird oft unterschätzt. Eine Hamburger Schule hat einige ihrer pavillonartigen, provisorischen Flachbauten der 1970er-Jahre zu einem Zentrum für sozialwissenschaftlichen Unterricht umgestaltet. Die Schülerinnen und Schüler genießen zwischen den Doppelstunden den Weg unter den offenen Wandelgängen zu den Fachräumen und ihrem Sowi-Team. Ein Atrium mit gemütlichen Polstersesseln inspiriert Gruppengespräche. Der Bibliotheksraum daneben repräsentiert die klassische Welt des Gutenberg-Zeitalters. Laptops ermöglichen Recherchen in der digitalen Welt. Die jungen Menschen lesen dort regelmäßig internationale Tageszeitungen, um ihre Mehrsprachigkeit produktiv in das Ritual der „Aktuellen Stunde" einzubringen und anschließend in Portfolios zu dokumentieren. Die beiden Fachräume sind mit Weltkarten, Wahlplakaten, Fotos und natürlich einem Smart-Board ausgestattet. Im World Classroom ist man online. Es ist für die Schülerinnen und Schüler selbstverständlich, ihre Sichtweisen auf die Unterrichtsthemen mehrperspektivisch mit ihren Mitschülern an Partnerschulen zu diskutieren. Auf einer Austauschreise nach Osteuropa (Comenius-Projekt) und nach China (Städtepartnerschaft) hatte zuvor auch eine intensive persönliche Begegnung stattgefunden. Das aktuelle, von den Schülern initiierte Projekt ist eine Hilfsaktion für die afrikanischen Flüchtlinge, die von der Insel Lampedusa kommend in Hamburg eine Unterkunft suchen und für einen Aufenthaltstitel kämpfen. Eine Podiumsdiskussion mit Jugendoffizieren der Bundeswehr und Friedensinitiativen hatte für reichlich Zoff gesorgt. „Heiße Eisen" und Konflikte scheut man nicht. Utopie einer demokratischen Bildungslandschaft? Die Hamburger Schulinspektion könnte diesen World Classroom als Realutopie schon jetzt besichtigen – ganz „evidenzbasiert" übrigens!

Literatur

Roth, Heinrich (1949): Zum pädagogischen Problem der Methode. In: Neue Sammlung, Heft 4, S. 102-109.
Weitere im Text zitierte Literatur findet sich auf der Eingangsdoppelseite des Interviews.

Dagmar Richter

Dr. Dagmar Richter, geb. 1957 in Hamburg

Professorin für Sachunterricht und seine Didaktik in der Fakultät für Geistes- und Erziehungswissenschaften an der TU Braunschweig seit 1996.

Autorin und Herausgeberin zahlreicher Veröffentlichungen zur politischen Bildung im Sachunterricht der Grundschule, zur empirischen Unterrichtsforschung, zu Genderthemen, zur Kompetenzorientierung sowie zur Theorie der politischen Bildung.

Frühere Tätigkeiten

- Lehraufträge an der Universität Hamburg von 1988 bis 1990
- Wissenschaftliche Mitarbeiterin, anschließend wissenschaftliche Assistentin an der Universität Oldenburg von 1990 bis 1996
- Vertretungsprofessur an der Universität Koblenz-Landau, Abteilung Landau von 1994 bis 1995

Verbandstätigkeiten

- Mitglied der Gesellschaft für Didaktik des Sachunterrichts (GDSU)
- 2. Vorsitzende von 2007 bis 2011
- Mitglied der Gesellschaft für Politikdidaktik und politische Jugend- und Erwachsenenbildung (GPJE). Mitglied des Sprecherkreises von 2002 bis 2010
- Bis 2014: Mitglied der Deutschen Vereinigung für Politische Bildung (DVPB)
- Bis 2014: Mitglied der Deutschen Vereinigung für Politische Wissenschaft (DVPW)
- Bis 2014: Mitglied der Deutschen Gesellschaft für Erziehungswissenschaft (DGfE)

Veröffentlichungen – Auswahl

Beiratsmitglied der Zeitschrift „Weltwissen Sachunterricht" bis 2009 und Mitarbeit als Gutachterin für diverse Zeitschriften

2012 zusammen mit Joachim Dejten, Peter Massing und Georg Weißeno: Politikkompetenz – ein Modell. Wiesbaden.

2010 zusammen mit Georg Weißeno, Joachim Detjen, Ingo Juchler und Peter Massing: Konzepte der Politik – ein Kompetenzmodell. Schwalbach/Ts.

2009 Teach and Diagnose Political Knowledge? Primary School Students Working with Concept Maps. In: Citizenship Teaching and Learning, Vol 5. 1/2009, S. 60-71.

2002 Sachunterricht – Ziele und Inhalte. Ein Lehr- und Studienbuch zur Didaktik. Baltmannsweiler (2. Aufl.).

2007 Politische Bildung von Anfang an. Demokratie-lernen in der Grundschule. Bonn.

2013 zusammen mit Siegried Frech (Hrsg.): Politische Kompetenzen fördern. Schwalbach/Ts.

2010 zusammen mit Thomas Goll, Georg Weißeno und Valentin Eck: Politisches Wissen zur Demokratie von Schüler/-innen mit und ohne Migrationshintergrund (POWIS-Studie). In: Weißeno, G. (Hrsg.) (2010): Bürgerrolle heute. Migrationshintergrund und politisches Lernen. Wiesbaden, S. 21-48.

Leseempfehlungen für (angehende) Politiklehrerinnen und -lehrer

Detjen, Joachim/Massing, Peter/Richter, Dagmar/Weißeno, Georg (2012): Politikkompetenz – ein Modell. Wiesbaden.

Hufer, Klaus-Peter/Richter, Dagmar (Hrsg.) (2013): Politische Bildung als Profession. Verständnisse und Forschungen. Bonn.

Sander, Wolfgang (Hrsg.) (2014): Handbuch politische Bildung. Schwalbach/Ts. (4. Auflage).

Weißeno, Georg/Detjen, Joachim/Juchler, Ingo/Massing, Peter/Richter, Dagmar (2010): Konzepte der Politik – ein Kompetenzmodell. Schwalbach/Ts.

Weißeno, Georg/Schelle, Carla (Hrsg.) (2015): Empirische Forschung in gesellschaftswissenschaftlichen Fachdidaktiken. Ergebnisse und Perspektiven. Wiesbaden

Dagmar Richter

„Theoriebildung und empirische Forschung sind aufeinander verwiesen und können nur gemeinsam Konzeptionen der Politikdidaktik fundieren. Hier hat die Politikdidaktik einen großen Nachholbedarf."

1. Werdegang

„Wie und warum" ich eines Tages begann, mich mit Politikdidaktik zu beschäftigen, hängt in meiner Wahrnehmung von mehreren Aspekten ab, die sich schließlich zusammenfügten. In meiner Familie wurde viel über Politik gesprochen und im weiteren Familienkreis gab es politisch Aktive; das frühe Streiten über Politik ist sicherlich einer dieser Aspekte. In der Schule, die politisch ‚neutral' bleiben wollte, war es zudem eine Art des Protestes, sich zur Jugendorganisation einer Partei zu bekennen. In meiner Jahrgangsstufe gab es Jusos, Jungdemokraten und JU-Mitglieder. Wir haben aber weniger untereinander über Politisches gestritten als vielmehr gemeinsam gegen Lehrkräfte und Schulleitung, die Politik aus der Schule heraushalten wollten. Ich habe diese Lehrkräfte als sehr konservativ in Erinnerung – die Schule liegt in einem Elbvorort. Später erfuhr ich zu meinem Erstaunen, dass sie selbst sich damals als „68er" definierten! Auf die Idee, Politiklehrerin werden zu wollen, bin ich zu Beginn meines Studiums 1976 nicht gekommen. In diesem Fach Fakten zu vermitteln oder Noten zu verteilen erschien mir nicht als erstrebenswerter Beruf. Für mich ist es daher rückblickend betrachtet vorteilhaft, dass in Hamburg alle Fachdidaktiken im erziehungswissenschaftlichen Fachbereich integriert sind und ich bei der Auswahl meiner Veranstaltungen auch die zur politischen Bildung wahrnehmen, belegen und auf die Studienleistungen anrechnen lassen konnte. Angeregt durch Veranstaltungen von Bernhard Claußen, meinem späteren

Doktorvater, lernte ich insbesondere die Kritische Theorie und ihre Umsetzung in die Politikdidaktik kennen. Und die politisierte Zeit zu Beginn der achtziger Jahre, auch die lauter werdenden Feministinnen trugen dazu bei, dass ich Politik und politische Aktivitäten weiterhin als etwas sehr Wichtiges betrachtete. Doch diese Aspekte hätten wohl nicht ausgereicht für eine intensivere Beschäftigung mit politischer Bildung. Sehr wichtig waren für mich ältere Freunde aus meinem privaten Umfeld, die wissenschaftlich arbeiteten. Selbst in einer Kaufmannsfamilie aufgewachsen, erschien mir diese ‚andere Welt' viel faszinierender als wirtschaftlich orientierte Berufe. Ihre Leidenschaften für theoretisches Denken, für das wissenschaftlich Arbeiten und Diskutieren motivierten mich zum Nacheifern und dazu, selbst einen wissenschaftlichen Werdegang einschlagen zu wollen. Die Wahl fiel dann auf politische Bildung.

2. Situation und Perspektiven der politischen Bildung

Das Fach Politik ist von mehreren Seiten her in seiner Stellung an den Schulen gefährdet und damit in der Folge auch an den Hochschulen. Zum einen wird es gegenüber naturwissenschaftlich-technischen Fächern weniger wertgeschätzt, deren Nutzen für das wirtschaftliche Wachstum oft propagiert wird. Forschungsgelder fließen verstärkt in die Institute der sog. MINT-Fächer. Die Bedeutung der politischen Bildung für die Individuen und für die Gesellschaft wird in der Bildungsadministration und in der Öffentlichkeit seltener hervorgehoben und von der Fachdidaktik nicht genug betont. Dazu, also zur Vermittlung dieser Bedeutung, wären Wirkungsstudien vorzulegen, die Zusammenhänge zwischen fachlichem Unterricht und der Förderung von politischen Kompetenzen belegen, die wichtig sind für Bürgerinnen und Bürger sowie für die Demokratie. Es genügt nicht, wenn das Fach nur als eine Art „Feuerwehr" wahrgenommen wird, die gegen Politikverdrossenheit oder politischen Extremismus helfen kann.

Zum anderen wird das Fach durch die zunehmende Beachtung des Bereichs Wirtschaft in der Gesellschaft verdrängt. Wirtschaft ist zweifelsohne eine wichtige Domäne, die mittlerweile viele gesellschaftliche Bereiche bis hin zur Sprache durchzieht. Wirtschaftliches Grundwissen ist zudem für die eigene Lebensführung wichtig. Daher sollte das Fach im Bildungskanon nicht fehlen. Allerdings wäre es fatal, wenn eine gestärkte ökonomische Bildung die Politische Bildung verdrängen würde.

Gegenwärtige Situation und Herausforderungen & Zukünftige Rolle der politischen Bildung

3. Demokratie und politische Bildung

Was ist Demokratie?

In unserem Buch „Konzepte der Politik" (Weißeno u. a., 2010) haben wir die Essenz des Fachkonzepts Demokratie beschrieben, deren erste Sätze ich hier zitieren möchte: „Demokratie ist der Oberbegriff für eine Vielzahl politischer Ordnungsvorstellungen. Alle beanspruchen für sich ‚government of the people, by the people, for the people' (Abraham Lincoln) zu sein. D. h., die Herrschaft geht aus dem Volk hervor (of) und wird durch das Volk (by) und in seinem Interesse (for) ausgeübt. Demokratie ist eng verwandt mit dem Prinzip der Volkssouveränität, nach dem alle Staatsgewalt vom Volk ausgeht und sich vor dem Volk legitimieren muss. Ausgeübt werden kann demokratische Herrschaft zum einen unmittelbar durch das Volk in Volksversammlungen oder durch Abstimmungen in Volksentscheiden, zum anderen durch gewählte Personen, d. h. Repräsentanten. Demokratische Herrschaftsausübung dient dem Wohle und Nutzen des Volkes und nicht der jeweils Herrschenden. […]" (S. 61). In der weiteren Konzeptklärung gehen wir auf verschiedene Demokratiemodelle ein sowie auf Merkmale des demokratischen Verfassungsstaates. Es folgt eine politikwissenschaftliche Vertiefung des Fachkonzeptes, bevor didaktische Aspekte dargelegt werden, die Teil des Demokratielernens sind. Diese Art der Klärung eines Fachkonzeptes wie beispielsweise Demokratie ist transparent und insofern für andere nachvollziehbar, so dass sich jede Person ihr eigenes Urteil dazu bilden kann.

Demokratielernen als Aufgabe der politischen Bildung?

Demokratielernen ist von Demokratiepädagogik abzugrenzen. Erstere ist ein Bereich der politischen Bildung, letztere hat sich in den letzten Jahren zu einem Bereich des sozialen Lernens entwickelt. Demokratielernen im Kontext politischer Bildung umfasst eine Auseinandersetzung mit dem Fachkonzept Demokratie, die je nach Schulstufe unterschiedlich umfangreich ausfällt. Die Auseinandersetzung ist zu verknüpfen mit den Kompetenzdimensionen Urteils- und Handlungsfähigkeit sowie Einstellung und Motivation, wie wir in unserem Buch „Politikkompetenz – ein Modell" darlegen (Detjen u. a., 2012). Die Urteils- und Handlungsfähigkeit der Bürgerinnen und Bürger sind wichtig für das Funktionieren einer Demokratie. Ebenso ist eine positive Einstellung zur Idee der Demokratie zu fördern, wobei „aber auch kritische Einstellungen zum aktuellen demokratischen System, zu den politischen Akteuren, den demokratischen Institutionen und den inhaltlichen Handlungs-

ergebnissen der Politik [...] zur Legitimität der Demokratie" beitragen
(S. 27). Die Demokratiepädagogik hingegen reduziert sich oftmals auf
soziale Tugenden und entmündigt die Lernenden, wenn sie nicht über
das Konzept selbst aufgeklärt werden, sondern sich nur entsprechend
der Vorgaben der Pädagogen verhalten sollen.

Das Unterrichtsfach Politische Bildung ist sowohl ein normales Fach in der Schule als auch ein besonderes für die Demokratie. Es ist normal, denn es ist in den Curricula bzw. Bildungsplänen vertreten, die heute meist ohne Aufregung von der Öffentlichkeit akzeptiert werden. Es wird an Hochschulen für alle Schulstufen gelehrt und es basiert auf fachdidaktischem Wissen bzw. Überzeugungen. Studierende entscheiden sich heutzutage für dieses Fach aus den gleichen Gründen, wie sie sich für andere Fächer entscheiden. In seiner Bedeutung gehört es für Schüler/-innen oder Eltern zu den „kleinen" Fächern, wie Geographie oder Geschichte. Für die Demokratie hat es naturgemäß eine besondere Bedeutung, da Demokratie eines seiner prominenten Gegenstände und Demokratielernen eines seiner wichtigen Ziele ist. Allerdings ist es nicht das einzige Fach mit diesem Gegenstand und Ziel. So spielt beispielsweise auch für das Fach Geschichte die Demokratie eine wichtige Rolle.

Rolle der Politischen Bildung in der Demokratie

4. Politikbegriff und Breite des Unterrichtsfaches

Auch zum Politikbegriff haben wir uns im „Konzepteband" ausführlich geäußert. Politik beschreiben wir in Anlehnung an Patzelt und Meyer als „jenes menschliche Handeln, das allgemein verbindliche und am Gemeinwohl orientierte Entscheidungen und Regelungen in und zwischen Gruppen von Menschen vorbereitet und herstellt" (Weißeno u. a., 2010, S. 29). Zudem gehören neben dem normativen Bezugspunkt des Gemeinwohls auch politische Ordnungen, politische Akteure und politische Handlungsweisen zur Beschreibung von Politik hinzu.

Was ist Politik?

Politik ist von Gesellschaft, Wirtschaft und Recht nicht zu trennen, sondern mit ihnen verwoben. Viele Bereiche aus Gesellschaft, Wirtschaft und Recht können politisch werden. Es gibt Sachfragen oder Konflikte, in denen diese Bereiche so miteinander verknüpft sind, dass sie sich nicht sinnvoll isoliert voneinander betrachten lassen. Dennoch ist Politik eine andere, eine eigene Domäne als beispielsweise Wirtschaft. Politik folgt anderen Regeln, ist anders strukturiert oder organi-

Politik als Kern?

siert. Lehr-Lern-Studien haben gezeigt, dass es für Lernende hilfreich ist, zunächst das Spezifische einer Domäne kennenzulernen, bevor interdisziplinäre Inhalte bearbeitet werden. Dies ist nicht stufenspezifisch zu verstehen, sondern bei der Planung fächerübergreifender Themen zu berücksichtigen. Daher sollte die Politik den Kern und den Schwerpunkt im Fach Politische Bildung darstellen, von dem aus andere Bereiche der Gesellschaft hinzugezogen werden können.

Lernfeld Gesellschaftswissenschaften

Für alle Bundesländer gilt, dass die genannten Fächer im Sachunterricht in der sozialwissenschaftlichen Perspektive zusammengefasst sind. In Niedersachsen ist beispielsweise in der Sekundarstufe II Politik/Wirtschaft zusammengefasst. Diese Zusammenfassungen mögen für die Bildungsadministration praktisch sein. Für die Lehrerbildung und für die Unterrichtspraxis sind sie negativ: Die Studierenden erlernen meist nur ein Fach, denn eine Zusammenfassung auf Schulebene führt nicht dazu, dass im Studium beispielsweise Politik und Wirtschaft sowie ihre Fachdidaktiken gleich umfangreich studiert werden können. Für die Schulpraxis steht dann zu befürchten, dass auch hier von gleichberechtigten Lehranteilen oder ähnlicher Qualität beider Bereiche nicht gesprochen werden kann. Sinnvoll kann natürlich eine Kooperation von zunächst getrennt ausgewiesenen Fächern auf Schulebene sein. Insbesondere am Beispiel des Sachunterrichts zeigen sich jedoch die Nachteile der Zusammenfassung von Fächern in der sozialwissenschaftlichen Perspektive. In der Schulpraxis findet statt fachlichem Unterricht oftmals eine Mischung aus sozialem und moralischem Lernen statt. Sie weist kaum Überschneidungen mit politischer Bildung auf und ist noch immer von dem Glauben beseelt, dass soziales Lernen einen ersten Schritt hin zum politischen Lernen bedeute.

5. Kompetenzen, Inhalte und Konzepte der politischen Bildung

Kompetenzorientierung

Die Kompetenzorientierung stellt einen Paradigmenwechsel dar, wenn man diesen umstrittenen Begriff gebrauchen möchte: Sie orientiert sich an dem Ergebnis von Lernprozessen der Schüler/-innen und nicht wie zuvor an den Intentionen der Lehrkräfte oder der Lehrmaterialien. Sie stützt sich auf empirische Ergebnisse der Lehr-Lern-Forschung und nicht auf Hoffnungen oder den gutgemeinten Glauben von Didaktiker/-innen. Sie bezieht sich u. a. auf die Kognitionspsychologie und damit auf andere Theorien als beispielsweise eine kategorial orientierte Didaktik. Für einen Paradigmenwechsel spricht zudem, dass Vertreter anderer Paradigma den Argumenten und empirischen Belegen der Kompetenzorientierung nicht zugänglich sind, was Kuhn mit seiner (allerdings mehrdeutigen) Inkommensurabilitätsthese ausdrückte.

Die Kompetenzorientierung war in der Politikdidaktik m. E. überfällig und ist zu begrüßen, da sie das Potential hat, die Politische Bildung entscheidend voranzubringen. Die Kompetenzdimensionen sind ausdifferenziert und damit ist es möglich, sie in konkrete Lehr-Lern-Situationen zu übersetzen. Hierbei erhalten die Lehrkräfte einen größeren Freiraum als zuvor mit den Listen von Lernzielen samt Stoffplänen. Allerdings werden sie auch stärker in die Verantwortung für das Gelingen der Lehr-Lern-Prozesse genommen. Die Schüler/-innen werden durch die Benennung der zu erwerbenden Kompetenzen in die Lage versetzt, selbst über ihren eigenen Lernprozess zu reflektieren. Dies bedeutet, dass sie als mündige Lernende anerkannt werden.

Entsprechend unseres Modells sollen die Schülerinnen und Schüler Kompetenzen aus den Bereichen Fachwissen, Urteils- und Handlungsfähigkeit sowie Einstellung/Motivation erwerben, die aufeinander bezogen sind. Wir haben diese Kompetenzbereiche theoretisch auf der Basis von Kognitionspsychologie und Politikwissenschaft sowie unter Bezug auf fachdidaktisches Wissen weiter differenziert:

Für die *Urteilsfähigkeit* haben wir neben den Sachurteilen, die Aussagen über die Gültigkeit von Sachverhalten treffen, insbesondere Urteile mit normativem Charakter differenziert, da sie typisch sind für Urteile über politische Sachverhalte. Es wird mit diesen Urteilen eine Bewertung bzw. Stellungnahme abgegeben oder eine Entscheidung bzw. eine inhaltliche Ausgestaltung zum Sachverhalt vorgenommen: „Das Urteil kann die Gestalt eines Werturteils annehmen, indem es etwas als gut oder schlecht bewertet. Es kann aber auch als Entscheidungsurteil auftreten, indem es sich für oder gegen ein Handeln entscheidet. Schließlich kann das Urteil als Gestaltungsurteil formuliert werden, indem es konkrete Angaben über eine zu regelnde Materie macht" (Detjen u. a. 2012, S. 35). Diese Urteilsformen sollten Schüler/-innen kennen und auf verschiedenen Niveaus anwenden können.

Die *Handlungsfähigkeit* haben wir in Artikulieren, Argumentieren, Verhandeln und Entscheiden differenziert: „Artikulieren bezieht sich auf politische Positionen und hat zum Ziel, diese durch eine sachgerechte

Verwendung im Unterricht zu zeigen und später öffentlich zu machen. Argumentieren hat zum Ziel, einen oder mehrere andere von einer Position zu überzeugen, d.h., sie dazu zu bringen, ihr Urteil zu ändern. Verhandeln orientiert sich an Ergebnissen. Ziel von Verhandeln ist es, einen oder mehrere Andere dazu zu bewegen, die eigene Position oder eigene Ziele, zumindest aber wichtige Teile davon, zu akzeptieren. [...] Entscheiden orientiert sich an dem Ziel, zu einem Ergebnis zu gelangen, in dem zwischen Alternativen oder Varianten von Zielen, Gestaltungs- und Handlungsmöglichkeiten im Hinblick auf Wertmaßstäbe oder sonstigen Präferenzen gewählt wird" (S. 82).

Als weiteren Bereich in unserem Kompetenzmodell finden sich *Einstellungen und Motivation*. Sie werden hier – ebenfalls theoretisch fundiert – als Kognitionen verstanden, die fördernd auf die anderen Kompetenzen einwirken. Empirische Studien haben gezeigt, dass beispielsweise vorhandenes Fachwissen den Erwerb neuen Wissens fördert und zudem motivierend auf die übrigen politischen Kompetenzen wirkt, d.h., das Interesse an der Domäne steigert und positiv auf das Selbstkonzept bzw. das Selbstbewusstsein sowie auf habituelle Tugenden und auch auf ein kritisches Systemvertrauen wirkt. Die Förderung dieses Kompetenzbereichs ist wichtig. Jedoch sollte dieser Bereich nach unserem Modell ebenso wenig im Unterricht bewertet werden wie die Handlungsfähigkeit, da Lehrkräfte keine Möglichkeit haben, diese Bereiche unter Wahrung der Persönlichkeitssphäre der Schüler/-innen sowie des Überwältigungsverbots fair zu bewerten. Sie sind also Teil unseres Kompetenzmodells, wären aber u.E. nicht Teil von Bildungsstandards.

Konzepte

Im Kompetenzbereich *Fachwissen* folgen wir Theorien, die auf konzeptuelles Wissen fokussieren. Im Gegensatz zum Faktenwissen ist konzeptuelles Wissen abstrahiertes Wissen, das je nach Kontext konkretisiert werden kann. Wer beispielsweise über ein Fachkonzept „Partei" verfügt, kann einschätzen, ob eine bestimmte Vereinigung in einem Staat eine Partei oder ein Verein ist. Er oder sie muss nicht die Namen aller Parteien kennen, sondern Aufgaben von Parteien wie die politische Willensbildung oder die Bedeutung eines Parteiprogramms. Aufgrund dieses Wissensbegriffs haben wir den Bereich des Wissens zunächst in Basiskonzepte unterteilt, zu denen wir Ordnung, Entscheidung und Gemeinwohl zählen. Ausgehend von einem explizit dargelegten Politikbegriff wurden sie begründet ausgewählt, da ihr Verständnis zu einem

Verständnis von Politik führt. Den Basiskonzepten zugeordnet sind Fachkonzepte, wobei auch diese Zuordnung begründet ist, es aber zahlreiche Verbindungen zwischen den Basiskonzepten gibt und die Zuordnung der Fachkonzepte zu ihnen nicht zwangsläufig so sein muss, sondern auch eine didaktische Entscheidung ist. Die Auswahl der Fachkonzepte haben wir theoretisch begründet. Sicherlich lassen sich mit einem anderen Politikbegriff und anderen Bezugstheorien auch andere Fachkonzepte begründen, allerdings wäre zu zeigen, ob es dann tatsächlich zu einer Sammlung komplett anderer Fachkonzepte kommt oder ob mehrheitlich dieselben Fachkonzepte als wichtig für die Politische Bildung genannt werden.

Gegenstand des Unterrichts sind die Fachkonzepte, mit deren Hilfe die Bedeutungen der Basiskonzepte sukzessive erlernt, d.h. differenziert und vertieft werden können. Auch die Fachkonzepte lassen sich wiederum differenzieren in konstituierende Begriffe, die für das Verständnis des Fachkonzeptes wichtig sind und daher ebenfalls Gegenstand im Unterricht sein sollten. Grundlage für diesen Aufbau des Wissens ist das Modell der Kognitionspsychologie, das zeigen konnte, dass Wissen im Gedächtnis in Form von Netzen erlernt und bei Bedarf ebenso abgerufen wird. Concept Maps sind eine Möglichkeit, diese Netze zu visualisieren.

Wenn man will, kann man die konstituierenden Begriffe und die Fachkonzepte als „inhaltliches Grundwissen" bezeichnen, das zum Verständnis des Politischen nötig ist, das wir mit den drei Basiskonzepten genauer beschreiben. Politische Inhalte werden mit Fachkonzepten ausgedrückt, also verbalisiert. Insofern lassen sich die Inhalte nur dann verstehen, wenn ein Verständnis der entsprechenden Fachkonzepte vorhanden ist. Da in Kompetenzmodellen, aber auch in Bildungsstandards keine Inhalte festgelegt werden, sondern Fachkonzepte, sind Lehrende bei der Wahl der Inhalte im Unterricht frei. So ist beispielsweise im Sachunterricht nicht vorentschieden, ob das Fachkonzept *Repräsentation* zunächst am Beispiel des Klassensprechers, der Bürgermeisterin oder eines Vereinsvorstands erlernt wird. Die Entscheidung trifft die Lehrkraft aufgrund der Kriterien von Zugänglichkeit, Aktualität und nicht zuletzt aufgrund des Interesses der Lernenden. Im weiteren Unterrichtsverlauf wird bei geeigneten Unterrichtsthemen die Bedeutung der Repräsentation vertieft, also ergänzt und differenziert.

Grundwissen

6. Politikdidaktische Prinzipien

Didaktische Prinzipien fokussieren auf Aspekte der Steuerung des Lehr-Lern-Prozesses. Die vorhandene Vielzahl der didaktischen Prinzipien zeigt zugleich ihr Problem: Alle können in bestimmten Lehr-Lern-Kontexten wichtig werden bzw. unwichtig sein. Oftmals können auch mehrere Prinzipien zugleich wichtig sein und dann aber nicht immer gleichzeitig von den Lehrkräften berücksichtigt werden. Die Prinzipien haben m. E. ihre Bedeutung darin, dass sie in einzelnen Fächern, so auch im Fach Politik, Aufmerksamkeit für temporäre grundsätzliche Lehr-Lern-Entscheidungen schaffen, beispielsweise für die Genderorientierung. Gut begründete und konkrete didaktisch-methodische Entscheidungen folgen daraus allerdings selten. Die Prinzipien taugen nicht für präzise Handlungsanleitungen der Lehrkräfte, sondern dienen als Orientierung bei der Vorbereitung und insbesondere bei der Reflexion des Unterrichts: Ist es beispielsweise in der vergangenen Unterrichtseinheit gelungen, Geschlechtergerechtigkeit auf allen Unterrichtsebenen zu gewährleisten? Viele didaktische Prinzipien sind nicht auf das Fach Politik allein beschränkt, sondern können in mehreren Unterrichtsfächern berücksichtigt werden, so dass einige auch in Schulprofile einfließen und damit eine kontinuierliche Beachtung erhalten.

7. Methoden und Medien der Politischen Bildung

Methoden

Empirisch fundiert lassen sich bislang keine bestimmten Methoden empfehlen. Die Wahl der Methode ist zudem eng verknüpft mit den Zielen des Unterrichts, also mit den anzustrebenden Kompetenzen, so dass Empfehlungen stets in diesem Zusammenhang stehen sollten. Aussagen hierzu sind teilweise aber trivial: Beispielsweise kann das Argumentieren gut in Debatten, weniger gut durch Concept Mapping erlernt werden. Zur Reflexion des eigenen Wissens eignen sich hingegen Concept Maps, weniger gut Debatten. In einer Arbeitsgruppe um Fritz Oser sind Basismodelle des Lernens entwickelt worden, die die Abhängigkeit zwischen Lerntypen mit jeweiligen Unterrichtsmethoden zeigen: Zu typischen Zielen wie Problemlösen, Konzeptbildung, Lernen von Strategien oder Erfahrungslernen führen spezifische Lernarten, die nur auf bestimmten methodischen Wegen erreicht werden können, auf anderen nicht. Es klingt gleichfalls trivial, obwohl es in der Praxis nicht immer beachtet wird: Für das Erfahrungslernen müssen entsprechende Erfahrungen ermöglicht werden, z. B. durch Projekte oder Erkundungen. Für das Lernen von Strategien sind wiederholende Übungen dieser Strategien wichtig, z. B. das Recherchieren in Zeitungen oder im Internet. Insofern lassen sich nicht generell bestimmte Methoden empfehlen. Wichtig ist zu erwähnen, dass die gewählte Methode von der Lehrperson kompetent umgesetzt werden muss.

Beim Medieneinsatz scheint es insgesamt so zu sein wie in vielen Bereichen des Lebens: Eine Mischung verschiedener Medien erscheint am sinnvollsten, damit die Schüler/-innen eine Medienkompetenz erwerben, d. h. neben den Funktionsweisen von Medien auch ihren Zweck und ihre Wechselwirkungen mit Politik kennen und reflektieren können. Also gibt es zunächst einmal kein Medium, das als veraltet abzulehnen wäre. Auch gut gemachte Schulbücher können grundlegende Materialien beinhalten, mit denen sich im Unterricht sinnvoll arbeiten lässt. Vermutlich werden elektronische Schulbücher und Tablets die Printausgaben ablösen, wenn dies zu finanzieren ist. Elektronische Medien durchziehen mittlerweile alle gesellschaftlichen Bereiche und gehören daher sowohl als Medium als auch als Gegenstand auf jeden Fall in den Unterricht. Da ich schon etwas älter bin, irritiert mich (natürlich?) die starke Zunahme der Bedeutung von Smartphones im Alltag. Wie verändert sich die (politische) Sozialisation der jungen Menschen, die heute permanent online sind? Zu betrachten ist auch, wie sich dadurch die Politik und ihre Aufgaben verändern (z. B. aktuell zu verfolgen bei Diskussionen über die Bedeutung von Konzepten wie Privatheit und Öffentlichkeit für die Menschen) und damit die Unterrichtsgegenstände. Die Reflexion von Medien erscheint mir als eine ständige Aufgabe von Didaktik. Dies gilt gleichfalls für den Einsatz von Medien im Unterricht, wobei auch hier die empirische Forschung unabdingbar für belastbare Aussagen ist, erste Forschungen beispielsweise zum Einsatz von WebQuest sind vorhanden.

Medien & Rolle des Schulbuchs

8. Lernprozesse und Schülervorstellungen

Es sind m. E. keine Erkenntnisse besonders zu betonen oder auszuschließen, die sich auf die Förderung von Lernprozessen beziehen. Sowohl die Kognitions- und Lernpsychologie als auch die Pädagogik haben wichtige Erkenntnisse geliefert; letztere beispielsweise mit ihren jüngsten Beiträgen zur Instruktion und Konstruktion oder zum classroom

Bedeutung lerntheoretischer Erkenntnisse

management. Die Bedeutung der Pädagogik spiegelt sich auch in der Beachtung, die John Hattie mit seiner Metastudie nicht zuletzt in der Politikdidaktik gefunden hat.

Empirische Forschung & Schüler- und Lehrervorstellungen

Es gibt eine zeitliche Abfolge der Forschungen in der Politikdidaktik, in der sich auch ihre zunehmende Qualität hinsichtlich der Beachtung von Gütekriterien und methodischer Sorgfalt spiegelt: Zunächst fanden hier fast ausschließlich qualitative Forschungen statt, die jedoch aus heutiger Sicht oftmals naiv anmuten. Ich denke, dass diese frühen Phasen für die Konsolidierung des Faches und für das Erkennen von wichtigen Fragestellungen gut und wichtig waren. Insofern hatten sie ihre Berechtigung. Die Ergebnisse dieser Forschungen aus den 1990er Jahren bis heute sind darüber hinaus jedoch wenig ertragreich, da sie nicht systematisch aufeinander bezogen werden können. Es sind singuläre Einblicke und Eindrücke, die nicht verallgemeinert werden können. Dies hat sich in den letzten Jahren positiv geändert. So hat sich beispielsweise die Zunahme an quantitativer Forschung und ihr Insistieren auf Gütekriterien gewinnbringend auf die gesamte Forschungslandschaft der politischen Bildung ausgewirkt. Auch die qualitative Forschung der letzten Jahre ist bestrebt, zu verallgemeinerbaren Aussagen zu gelangen und damit relevant für die Politikdidaktik zu werden. Es ist zudem eine erhöhte forschungsmethodische Kompetenz festzustellen. Dies ist wichtig für die Entwicklung der Fachdidaktik und sehr zu begrüßen, auch wenn in Einzelfällen nicht jede Studie das Fach gleichsam „neu erfindet" und manchmal ein mangelnder Ertrag beanstandet wird. Diese überzogene Erwartung, wenn sie pauschal als Kritik an dieser Forschungsrichtung geäußert wird, zeugt von Unkenntnis an Forschungsprozessen.

9. Politikdidaktik als Wissenschaft

Forschungsfragen für die Zukunft

Einzelne wissenschaftliche Fragestellungen lassen sich in ihrer Bedeutung untereinander nicht gewichten. Aber die Theoriebildung in der Fachdidaktik sollte m. E. dringend im Zusammenhang mit empirischer Forschung vorangetrieben werden. Beide sind aufeinander verwiesen und können nur gemeinsam Konzeptionen der Politikdidaktik fundieren. Hier hat die Politikdidaktik einen großen Nachholbedarf. Die Kompetenzorientierung erscheint mir als eine fruchtbare Entwicklung, in deren Kontext sich wichtige weitere Forschungsaufgaben ergeben.

Diese Aufgaben können aus der Unterrichtspraxis und dem Unterrichtserfolg heraus entstehen. Auslöser hierfür können auch aktuelle gesellschaftliche Entwicklungen sein. Beispielsweise scheint es einen langjährigen Trend zu geben, dass Menschen oftmals nicht mehr von ihrem Wahlrecht Gebrauch machen wollen und/oder ihre Interessen nicht mehr von den politischen Parteien repräsentiert sehen. Analysen dieser Entwicklungen können dann einen Ausgangspunkt für Forschungen in der politischen Bildung darstellen, wobei insbesondere die Kompetenzdimensionen hilfreich sind: Liegt ein Desinteresse vor und ist der Bereich des Interesses zu stärken? Oder liegen unangemessene Erwartungen an Politik vor und ist der Bereich des Fachwissens zu fördern?

Ich persönlich setze jetzt andere Prioritäten in meinem Leben und werde daher nicht mehr empirisch forschen. Inwieweit ich überhaupt noch wissenschaftlich arbeiten werde, habe ich noch nicht entschieden.

Eigene Forschungsschwerpunkte

10. Fachdidaktische Kontroversen

Grundsätzlich sind Kontroversen zu begrüßen, da sie zu wissenschaftlichen Streitgesprächen führen können, die das zu Klärende beispielsweise stärker differenzieren, vertiefen oder fundieren können. Leider finden sich in den aktuellen Kontroversen wie z. B. im Zusammenhang mit der Kompetenzorientierung eher Ideologien, eine Art Rechthaberei oder absichtsvolles Missverstehen anstelle eines Austausches von „besseren Argumenten". Auffällig ist, dass die Kontroversen (z. B. zur Demokratiepädagogik, zu Politik als Kern des Faches oder zum Verhältnis von Politik und Wirtschaft) nicht ausdiskutiert werden, sondern das Interesse daran irgendwann zugunsten neuer Kontroversen verloren geht. Zurzeit ist die Kompetenzorientierung aktuell und sie wird es m. E. auch für längere Zeit bleiben, da sie zentrale didaktische Fragen berührt. Die Demokratiepädagogik wurde uninteressant, weil ihr die Wissenschaftlichkeit fehlte und ihre Vorschläge zum Schulleben harmlos sind, solange ihre Vertreter das Fach Politische Bildung nicht abschaffen wollen. Die Kontroverse um „Politik als Kern" hat sich verlagert auf die Kontroverse um einen Domänenbegriff, ohne dass dieser Begriff jeweils stets definiert wird, manchmal wird er schlicht abgelehnt. Dadurch wird auch diese Kontroverse „im Sande verlaufen", denn eine fundierte Auseinandersetzung kann nur dann stattfinden, wenn sich mindestens zwei Positionen herausbilden. Eine ablehnende Haltung gegenüber dem Begriff der Domäne ist jedoch noch keine Position.

11. Politikdidaktik und Lehramtsausbildung

Wissen und Können von Politiklehrern

Die Kompetenzbereiche, die wir in unserem Modell für die Schülerinnen und Schüler entwickelt haben, sollten auch von den Lehrenden gewusst und gekonnt werden. Sie unterstützen und bewerten den Wissens- und Kompetenzerwerb ihrer Schüler/-innen und benötigen daher neben dem fachlichen Inhaltswissen und dem pädagogischem Wissen zudem curriculares und fachspezifisch pädagogisches Wissen, wie die Forschung im Anschluss an Shulman gezeigt hat.

Politikdidaktik in der Lehramtsausbildung

Diese Wissensbereiche sind mittlerweile stark differenziert; in der Politikdidaktik beginnen erste Forschungen. Allgemein lässt sich sagen, dass es in der Professionalisierung von Lehrkräften gelingen sollte, dass ihr praktisches Wissen auf dem theoretischen Wissen aufbaut. Dafür sind die Verzahnungen der Wissensbereiche im Studium zu verdeutlichen und mit den Praxisphasen zu verknüpfen. Die BA- und MA-Studiengänge haben jedoch leider vielerorts im Namen der Polyvalenz des BA-Abschlusses die nötige Verknüpfung zwischen inhaltlichem Fachwissen, pädagogischem und fachdidaktischem Wissen zerstört. Für die Lehrerbildung war diese Umstellung der Studiengänge m. E. kein Gewinn; zudem verführt die permanente Bewertung mit Leistungspunkten viele Studierenden zu einer fortgesetzten „Schülerhaltung".

Verhältnis von Theorie und Praxis

Studierende erwartete m. E. keine „Rezepte" von der Politikdidaktik, wohl aber Vorschläge für Unterrichtsgestaltungen und Handlungsoptionen. Diese Erwartung ist berechtigt. Die Vorschläge lassen sich sammeln, bezogen auf verschiedene Szenarien diskutieren und reflektieren. Soweit es Forschungen gibt, sollten sie natürlich einbezogen werden. Nach wie vor halte ich daher das Studium von Fallbeispielen aus dem Unterricht für sinnvoll, da sich auf diese Praxisbeispiele gut das theoretische Wissen beziehen lässt.

Vielversprechend scheint zurzeit auch das Arbeiten mit Videovignetten bzw. mit videobasierten Unterrichtsanalysen zu sein. Ausgewählte Videoszenen zur Klassenführung, zur kognitiven Aktivierung der Lernenden oder zur inhaltlichen Strukturierung von Unterricht bieten die Chance, die Professionalität der Lehrerbildung zu erhöhen. Das theoriegeleitete Erkennen und Interpretieren der Szenen durch Lehrende und Studierende vermag Theorie, Empirie und Praxis sinnvoll zu verknüpfen. Ob das vielerorts eingeführte Praxissemester im Masterstudium dies gleichfalls leisten kann, muss sich erst erweisen.

Mein Schwerpunkt in der Lehre war Politische Bildung in der Grundschule, genauer: die sozialwissenschaftliche Perspektive im Sachunterricht, wie sie im gerade überarbeiteten Perspektivrahmen dargelegt ist (GDSU 2013).

Schwerpunkte der eigenen Lehre

12. „Gute" politische Bildung

Guter Politikunterricht ist kompetenzorientierter Unterricht, der die Basismodelle des Lernens berücksichtigt, dabei methodisch abwechslungsreich gestaltet wird und verschiedene Medien einbezieht. Wie in der Kompetenzorientierung angelegt, sind die Schüler/-innen stets über die Ziele des Unterrichts informiert und können ihren eigenen Lernweg reflektieren, sie können also ihre Lernerfolge und -misserfolge einschätzen und ggf. korrigieren.

Karl-Heinz Breier

Dr. Karl-Heinz Breier, geb. 1957 in Recklinghausen

Professor für Didaktik der Sozialwissenschaften mit dem Schwerpunkt Politische Bildung Department II der Universität Vechta seit 2009.

Autor zahlreicher Veröffentlichungen zur Politischen Theorie sowie zu einer existenz- und republikorientierten Politischen Bildung.

Frühere Tätigkeiten

- Wiss. Mitarbeiter an der Professur für Politikwissenschaft (Prof. Michael Hereth) an der Universität der Bundeswehr Hamburg von 1987 bis 1994
- Wiss. Mitarbeiter an der Professur für Politikwissenschaft (Prof. Rudolf Schuster) an der Technischen Universität München von 1995 bis 1996
- Wiss. Assistent an der Professur Wirtschaft/Politik und ihre Didaktik (Prof. Klaus-Peter Kruber) an der Christian-Albrechts-Universität zu Kiel von 1996 bis 2002
- Wiss. Oberassistent an der Professur Wirtschaft/Politik und ihre Didaktik (Prof. Klaus-Peter Kruber) an der Christian-Albrechts-Universität zu Kiel von 2002 bis 2004
- Professurvertreter für Politikwissenschaft an der Rheinischen Friedrich-Wilhelms-Universität Bonn von 2004 bis 2005
- Professurvertreter für Politische Theorie an der Universität Erfurt von 2005 bis 2006
- Professurvertreter für Politische Theorie an der Christian-Albrechts-Universität zu Kiel im Jahr 2007
- Professurvertreter für Politikwissenschaft und ihre Didaktik an der Universität Vechta von 2007 bis 2009

Verbandstätigkeiten

- Mitglied der Gesellschaft für Politikdidaktik und politische Jugend- und Erwachsenenbildung (GPJE)
- Mitglied der Deutschen Gesellschaft zur Erforschung des Politischen Denkens (DGEPD)
- Mitglied der Karl-Jaspers-Gesellschaft
- Mitglied der Deutschen Vereinigung für Politische Wissenschaft (DVPW)
- Mitglied der Deutschen Gesellschaft für ökonomische Bildung (DeGöB)

Beratungs- und Kommissionstätigkeiten
- Wiss. Reviewer für die Zeitschrift für Politikwissenschaft
- Vertrauensdozent der Friedrich-Ebert-Stiftung

Veröffentlichungen – Auswahl
Mitherausgeber der Buchreihe *Aktuelle Probleme moderner Gesellschaften*, zusammen mit Prof. Peter Nitschke und Prof. Corinna Onnen

2013	zusammen mit Christian Meyer: Der politiktheoretische Ansatz. In: Deichmann, Carl/Tischner, C. (Hrsg.): Handbuch Dimensionen und Ansätze in der politischen Bildung. Schwalbach/Ts., S. 188-200.
2010	Politische Bildung als Bürgerbildung. Einladung zu einer republikorientierten Politikdidaktik. In: Deichmann, Carl/Juchler, Ingo (Hrsg.): Politik verstehen lernen. Zugänge im Politikunterricht, Schwalbach/Ts., S. 11-21.
2012	zusammen mit Alexander Gantschow (Hrsg.): Politische Existenz und republikanische Ordnung. Zum Staatsverständnis von Hannah Arendt. Baden-Baden.
2011	Hannah Arendt zur Einführung. Hamburg (4. Aufl.).
2007	Hannah Arendt interkulturell gelesen. Nordhausen.
2006	zusammen mit Alexander Gantschow: Einführung in die Politische Theorie. Berlin.
2003	Leitbilder der Freiheit. Politische Bildung als Bürgerbildung. Schwalbach/Ts.

Leseempfehlungen für (angehende) Politiklehrerinnen und -lehrer
Böhm, Winfried (2011): Theorie und Praxis. Eine Einführung in das pädagogische Grundproblem. Würzburg (3. Aufl.).

Gagel, Walter (1995): Geschichte der Politischen Bildung in der Bundesrepublik Deutschland 1945-1989. Zwölf Lektionen. Opladen (2. Aufl.).

Gantschow, Alexander(2012): Das herausgeforderte Selbst. Zur Lebensführung in der Moderne. Würzburg.

Rudzio, Wolfgang (2011): Das politische System der Bundesrepublik Deutschland. Wiesbaden (8. Aufl.).

Schwarz, Martin/Breier, Karl-Heinz/Nitschke, Peter (2016): Grundbegriffe der Politik. Baden-Baden.

Karl-Heinz Breier

„Gute politische Bildung macht Geschmack auf eine Lebensweise der Freiheit."

1. Werdegang

Mein Werdegang ist vielleicht ein wenig untypisch: In meinem ersten Studiengang habe ich Diplompädagogik mit der Vertiefungsrichtung Erwachsenen- und außerschulische Jugendbildung studiert. Da ich als Wahlpflichtfächer in Augsburg Politikwissenschaft und Philosophie gewählt hatte und ich mich schon seit mehreren Jahren für Politische Theorie interessierte, begann ich damit, mich mit einer Autorin zu befassen, die bis in die 1980er Jahre in Deutschland recht unbekannt war: Hannah Arendts *Vita activa* war ein Buch, das mich sehr beeindruckte. So begann ich zunächst in Augsburg bei Theo Stammen und später bei meinem Doktorvater Michael Hereth an der Bundeswehr-Uni in Hamburg meine Doktorarbeit über das politische Denken von Hannah Arendt zu schreiben. Auch wenn ich sowohl von Hannah Arendt als auch von Michael Hereth gelernt habe, dass man doch bitteschön keine politikwissenschaftlichen Schulen gründen mag, sondern dass man zum Selbstdenken erzogen werden und auch erziehen soll, so hat mich doch Michael Hereth mit dem republikanischen Denken von Machiavelli, Montesquieu, den Federalist Papers und Tocqueville vertraut gemacht. Bereits in meiner Studienzeit in München und Augsburg hatte ich mich darüber hinaus mit den antiken politischen Denkern sowie mit Kant beschäftigt, und vor diesem Hintergrund stellten die republikanischen Denker eine feine Bereicherung dar – waren sie doch die geistige Quelle, aus der auch Hannah Arendt schöpfte. Nach meiner Promotion war ich seit 1996 als wissenschaftlicher Mitarbeiter und Habilitand in der Lehramtsausbildung an der Universität Kiel tätig. Hier habe ich mich intensiver mit didaktischen Fragen befasst und seither versuche ich, die Politische Theorie für Fragen der Politischen Bildung fruchtbar zu machen. Meine Habilitationsschrift *Leitbilder der Freiheit und ihre Bedeutung für die politische Bildung in einer Republik* (2003) ist von diesem Ansatz getragen. Nach politikwissenschaftlichen Vertretungsprofessuren in Bonn, Erfurt und Kiel bin ich seit 2007 in Vechta tätig, wo ich im Nordwesten Niedersachsens eine Professur für Didaktik der Sozialwissenschaften mit dem Schwerpunkt Politische Bildung innehabe.

2. Situation und Perspektiven der politischen Bildung

Politische Bildung ist mittlerweile aus dem schulischen Fächerkanon nicht mehr wegzudenken, und das ist gut so. Gleichwohl findet politische Bildung nicht nur im Politikunterricht statt. Sie ist für mich eine Querschnittsaufgabe in der Schule, die auch in anderen Fächern – wie etwa in Deutsch, Geographie oder Ethik – ihren Ort hat. Politische Bildung umfasst ja in der Tat den gesamten Bildungsprozess junger Menschen zu politischen Menschen. Sie sehen, da bin ich geneigt, politische Bildung sehr weit zu fassen und Schule als *eine* Institution zu verstehen, die mit daran beteiligt ist, zum Politischen zu erziehen. Eine Republik lebt von der Sichtbarkeit des Politischen, und die für eine Republik konstitutive Selbstregierung der gesamten Bürgerschaft ist für mich nicht denkbar ohne Erwachsene, die ihre politische Ordnung eben auch als die ihrige wahrnehmen, sprich als eine Ordnung, die ihnen bestenfalls Schutz und Rechtssicherheit gewährt und für die sie sich zugleich einsetzen und engagieren. Da liegt es auf der Hand, dass politische Bildung eine gesamtgesellschaftliche Aufgabe darstellt, die unmöglich von den wenigen Stunden, die die Lehrpläne dem Politikunterricht zugestehen, geleistet werden kann.

Gegenwärtige Situation und Herausforderungen

Politische Bildung ist für mich eine praktische Disziplin, die uns bei unserer Einbürgerung in unsere Bundesrepublik zur Seite steht. Und vor diesem Hintergrund wünsche ich mir, dass politische Bildung als Bürgerbildung verstanden wird. Wobei Bürgerbildung einen doppelten Klang hat. Als Bürgerinnen und Bürger bilden wir uns, und im Bildungsprozess entwickeln wir uns zugleich erst zu Bürgern. Das heißt, zum Bildungsprozess gehört es, dass wir lernen, uns wechselseitig und auf gleicher Augenhöhe in unserer Bürgerexistenz wahr- und ernst zu nehmen.

Zukünftige Rolle der politischen Bildung

Ich weiß, dies hört sich sehr anspruchsvoll an; aber eine Republik ist nun einmal die anspruchsvollste politische Ordnungsform. Sie allein ist freien Menschen würdig, und freie Menschen streben eine zivilisatorische Höchstleistung an, wenn sie sich unter eine Verfassung begeben und darauf vertrauen, sich über eine sehr komplexe Ämterordnung nach verbindlichen Regeln selbst zu regieren. Und dass Selbstregierung in einer modernen Flächendemokratie nicht in Plebisziten aufgeht, sollte klar sein. Eine jede geschichtete Bürgerschaft praktiziert auch dann Selbstregierung, wenn sie als repräsentativ verfasste politische Ordnung angelegt ist. So gibt es in unserer föderal geordneten Bundesrepublik allein mehrere Millionen hauptberufliche öffentliche Amtsinhaber – eben viele, viele Repräsentanten –, die in ihrem bisweilen sehr speziellen Bereich Verantwortung für unsere gemeinsamen Angelegenheiten übernehmen. Hier möchte ich mich auf Aristoteles berufen, der hellsichtig den wesentlichen Kern einer gemischten Verfassung zum Ausdruck bringt, wenn er sagt: „Regieren und regiert werden ist eine gemeinsam zu erbringende Leistung." Mit anderen Worten: Leadership und citizenship gehören zusammen, oder präziser: So wie jeder leader immer auch ein citizen ist, so gründet leadership in citizenship, eben in unserem Bürgersein.

Ich würde mir wünschen, dass diejenigen, die in unserer Republik in besonderem Maße mit der politischen Bildung betraut sind, diese fundamentale Einsicht noch deutlicher herausstellen würden: Nicht nur den stets medial sichtbaren Repräsentanten, sondern gleichsam jeder Bürgerin und jedem Bürger kommt qua Bürgerdasein ein Amt zu. Und dass da die weit verbreitete Rede von der „Bürgerrolle" zu kurz greift, leuchtet unmittelbar ein. Während wir je nach Lebenssituation unterschiedliche Rollen einnehmen und auch ablegen können, so ist unsere Bürgerexistenz nicht mit der Rollentheorie greifbar. Wie gern wären von der Nazidiktatur verfolgte Menschen, die eben keine Bürger mehr waren, in ihre Schutz gewährende „Bürgerrolle" wieder hineingeschlüpft?

Wenn zukünftige Politiklehrer/innen sich vor diesem existenziellen Hintergrund die Bedeutung ihres eigenen Faches vergegenwärtigen, so sollte es ihnen leichter fallen, stolz auf das eigene Fach zu sein und dieses im Kanon der Fächer, im Streit der Fakultäten, eben in der Arena der öffentlichen Argumente selbstbewusst zu vertreten.

3. Demokratie und politische Bildung

Was ist Demokratie?

Mir ist schon klar, dass wir mit dem Begriff der *Demokratie* einen zentralen und höchst bedeutsamen Begriff verwenden.

Mit Demokratie verbinden wir gemeinhin einen Rechtsstaat, einen Verfassungsstaat, eine Freiheitsordnung. Demgegenüber möchte ich aber an den Wortursprung von Demokratie erinnern, was ja bekanntlich Volksherrschaft heißt und womit im Unterschied zur Herrschaft der Wenigen – Reichen oder Adeligen – die Herrschaft der Vielen, meistens Armen, gemeint ist. Ich beharre deshalb darauf, weil die pure Mehrheitlichkeit derjenigen, die bestimmen und entscheiden, nur eine Sache der Zahl ist und nicht unbedingt ein Zeichen der Qualität einer politischen Ordnung. Denn es ist durchaus möglich – und darauf weist uns Alexis de Tocqueville hin –, dass es auch eine Tyrannei der Mehrheit geben kann, sprich dass auch Mehrheiten angemaßt und willkürlich herrschen können. Insofern verstehen wir die Bedenken, die bereits Platon und Aristoteles mit dem Begriff der Demokratie als bloßer Mehrheitsherrschaft verbunden haben, und es sollte uns klar sein, dass wir Heutigen mit Demokratie eine Rechts- und Freiheitsordnung meinen, in der auch eine noch so große Mehrheit an die Verfassung gebunden bleibt und darin ihre Mäßigung und ihre Grenzen erfährt. Mir ist von daher, um eine gemischte, repräsentative Verfassung zu bezeichnen, der Begriff der Republik lieber. Da ist jenseits von Mehrheit oder Minderheit die gemeinsame öffentliche Angelegenheit, um die es ja geht – die res publica –, begrifflich bereits enthalten.

Die politische Bildung wird immer die Aufgabe haben, die Heranwachsenden mit den Grundlagen und der Funktionsweise unserer politischen Ordnung vertraut zu machen. Wichtig ist mir – und das ist auch beim Demokratielernen zu beachten –, dass die Unterscheidung zwischen Regieren und Herrschen begriffen wird. Dolf Sternberger hat dies am prägnantesten zum Ausdruck gebracht: „Regierung ist nicht Herrschaft." Klarer und pointierter kann man nicht auseinanderhalten, dass es sich bei einem Verfassungsstaat um eine Ämterordnung handelt, bei der die wichtigsten öffentlichen Positionen und Führungsämter auf Zeit den Regierenden anvertraut werden, während in sogenannten politischen Ordnungen, in denen die Herrscher durch keine Verfassung gebunden sind, sich eine Clique von Menschen einfach nur Herrschaft anmaßt. Rein willkürlich wird dort eben geherrscht. Und wegen der mangelnden Anerkennung und der fehlenden Zustimmung von Seiten der Beherrschten stehen – im Unterschied zur anvertrauten Amtsmacht in einer Republik – angemaßte Gewalt und ihre Androhung im Zentrum des Unterdrückungstreibens. Dieser Gegensatz zwischen anvertrauter Macht in einer Ämterordnung und bloß angemaßter Herrschaft sollte uns allen bewusst und begrifflich vertraut sein, und da bedaure ich es, dass

Demokratielernen als Aufgabe der politischen Bildung?

oftmals mit bloßer „Staatsrhetorik" oder mit dem „Volkswillen" begrifflich mehr vernebelt als erhellt wird und somit hinsichtlich der Qualität einer politischen Ordnung kein Unterschied gemacht werden kann. Es ist doch nicht das Wetter und es sind auch nicht die Champions-League-Spiele, die uns scheinbar alle miteinander verbinden. Vielmehr ist es unsere Verfassung, die uns als ausgefeilte und mittlerweile gewachsene Bürgerordnung miteinander verbindet und die all unserem Handeln zugrunde liegt. Sich politisch zu bilden, indem wir uns in eine republikfreundliche Lebensweise einüben und uns darüber einbürgern, scheint doch dem Ansatz des Demokratielernens zu entsprechen: die innere Verfassung auszubilden, damit die äußere Verfassung mit Leben erfüllt wird.

Rolle der politischen Bildung in der Demokratie

Ein Blick auf die Stundenverteilung der Unterrichtsfächer zeigt uns, dass Politische Bildung nicht in dem Maße wertgeschätzt wird wie andere wichtige Fächer, etwa Deutsch, Mathematik oder Englisch. Während wir als Industrienation in unseren Schulen den Sprachen der Naturwissenschaften und den Fremdsprachen genügend Platz einräumen, fristet unsere politische Sprache ein klägliches Randdasein. Meines Erachtens muss eine Republik darauf achten, dass die heranwachsenden Bürgerinnen und Bürger lernen, eine der Komplexität unserer politischen Welt angemessene, öffentliche Sprache zu entwickeln. Denn wie soll jemand seine Stimme kundtun und anderen zu Gehör bringen, und wie soll jemand sich und seine Sicht der Dinge ins öffentliche Selbstgespräch einbringen, wenn er nicht lernt, seine Stimme zu entwickeln, und politisch sprachlos ist?

4. Politikbegriff und Breite des Unterrichtsfaches

Was ist Politik?

Im Unterschied zu unserem Privatleben, das ja nicht zur öffentlichen Diskussion steht, geht es in der Politik im weitesten Sinne um die Erörterung, Beratung, Entscheidung und Verantwortung unserer gemeinsamen Angelegenheiten. Angesichts so vieler unterschiedlicher Lebensweisen stehen wir vor der Herausforderung, im Bereich des Politischen einen zivilen Umgang mit unserer weltlichen Pluralität zu finden. Während nach dem römischen Politikverständnis der Akt des Gründens und Begründens einer politischen Ordnung selbst schon politischen Charakter hat, beginnt nach griechischem Verständnis die politische Praxis erst, wenn unter den Bedingungen einer Verfassung und innerhalb einer errichteten politischen Ordnung gehandelt werden kann. Sie ahnen es: Da bin ich Römer. Denn was sollte politischer sein, wenn nicht der nach Hannah Arendt originär revolutionäre Akt, nämlich eine Freiheitsordnung zu konstituieren? Die so seltene Tätigkeit des Gründens markiert für die antiken Römer den Ursprung und Höhepunkt alles Politischen, und entsprechend bedeutsam sind auch alle Tätigkeiten des reformierenden Bewahrens. Das römische *Gründen* und *Bewahren* bildet ebenso ein Begriffspaar wie *Konstitution* und *Institution*. Über *Machiavelli*, *Montesquieu* und die *Federalist Papers* hat dieses Verständnis in das Gründungsdenken der Vereinigten Staaten von Amerika Eingang gefunden und bis heute wird es in der öffentlichen Selbstinterpretation als Zusammenhang von *constitution and institutions* wahrgenommen.

Mit anderen Worten: Zunächst einmal gilt es, allgemein verbindliche Regeln zu (er)finden (polity), um auf der Basis einer möglichst von allen anerkannten Ordnung die gemeinsamen Angelegenheiten zu gestalten. Dieser höchst komplizierte Prozess (politics), in dem die unterschiedlichsten Felder (policies) der öffentlichen Angelegenheiten erörtert und behandelt werden, macht unsere politische Praxis aus. In Dolf Sternbergers *Drei Wurzeln der Politik* lässt sich nachlesen, welche typischen Sichtweisen wir auf die *Politik* einnehmen können. Und Ernst Vollraths Alterswerk *Was ist das Politische?* ist ebenso hilfreich wie Hannah Arendts Vorlesungszusammenfassung mit dem trefflichen Titel *Was ist Politik?*

Ich finde, *Bildung* sollte den Kern der politischen Bildung ausmachen. Aber die Frage zielt ja in eine andere Richtung: Die politische Gestaltung unseres Zusammenlebens kann die Fragen nach der Beschaffenheit unserer Gesellschaft (Soziologie), die Fragen nach der Art und Weise unseres Wirtschaftens (Ökonomie) und die Fragen nach der Bedeutung unseres Rechtssystems (Jurisprudenz) für die politischen Sitten und Gewohnheiten nicht außer Acht lassen. Ganz im Sinne von Montesquieu lässt sich der Geist einer politischen Ordnung doch nur entschlüsseln, wenn all diese Perspektiven bei der Erörterung und politischen Gestaltung unserer Wirklichkeit mitbedacht werden. Wie könnte man etwa politisch weitsichtig, klug, mutig und besonnen handeln, wenn man wichtige Realitätsbereiche und die damit befassten Disziplinen nicht in die politische Beratschlagung, Diskussion und Entscheidung miteinbezöge?

Politik als Kern?

Lernfeld Gesellschaftswissenschaften	In Niedersachsen sind Politik und Wirtschaft im gymnasialen Schulzweig zu einem Schulfach zusammengefasst. Was die Haupt-, Real- und Oberschulen anbelangt, so wird hier das Fach Politik unterrichtet. Ich selbst bilde in Vechta ja Politiklehrerinnen und -lehrer für den Sekundarbereich I aus und ich befürworte sehr, das so wichtige Fach Politik als eigenständiges Schulfach beizubehalten und institutionell gewichtiger zu verankern.

5. Kompetenzen, Inhalte und Konzepte der politischen Bildung

Kompetenzorientierung	Sich in einem Bildungsgang an Fähigkeiten, Fertigkeiten, Qualitäten und eben auch an Kompetenzen zu orientieren, ist doch prima. Und nehmen wir einmal an, jemand bildet sich – und das geht ja besser, wenn politische Bildner dies unterstützen – zu einem verantwortungsvollen, klugen, einsichtigen, mutigen und besonnenen Menschen ... Dann können doch alle, die diesen ja nicht leichten politischen Bildungsprozess begleiten und unterstützen, stolz sein. Man stelle sich einmal vor, in einer komplexen und langwierigen Bildungsanstrengung entwickelt jemand in sich eine gefestigte innere Republik und dieser Jemand übernimmt eines Tages Regierungsverantwortung, befehligt Streitkräfte oder wird Professor für Politikwissenschaft. Oder diese Jemand wird Topjournalistin in einer überregionalen Tageszeitung, Nachrichtenmoderatorin in einem einflussreichen Fernsehsender oder als ausgebildete Politikdidaktikerin Präsidentin einer Universität. Da können wir doch alle froh sein, wenn all diese Repräsentanten unseres öffentlichen Lebens neben ihren Fachkenntnissen und -fertigkeiten auch insofern politisch gebildet sind, als sie über eine Haltungskompetenz verfügen, die einen reifen politischen Menschen ausmacht. Inkompetente wären in diesen herausgehobenen Positionen für jede Republik eine Katastrophe. Oder allein inkompetente Politiklehrkräfte, die unsere Kinder unterrichten – wer möchte das seinen Kindern zumuten?
	Ich bin sehr für eine Orientierung an politisch bedeutsamen Kompetenzen und Qualitäten. Nur scheint mir unsere gegenwärtige Diskussion um Kompetenzorientierung ein wenig eng geführt zu sein.
Kompetenzen	Die Erwachsenen von morgen sollten Realitätssinn entwickeln, d. h. ein Verständnis für sich und ihre Lebenssituation. Dabei verstehe ich unter Verstehen einen nicht endenden Prozess, in dem man versucht,

sich mit der Welt anzufreunden. Zunächst sind wir ja alle Neuankömmlinge in der Welt, und um unsere ursprüngliche Fremdheit zu überwinden, um in der Welt möglichst zu Hause zu sein, ringen wir um Verständnis. Wer mehr versteht von der Welt, in der er lebt, ist kompetenter und dies auch im ganz praktischen Sinne. Hans-Georg Gadamer verwendet für die praktische Kompetenz des Verstehens den Begriff „sich auf etwas verstehen".

Institutionell gesprochen bedeutet dies: In repräsentativ verfassten politischen Ordnungen sollten die Repräsentierten möglichst gut verstehen, was öffentlich debattiert, beraten und entschieden wird. Und die im möglichst hellen Licht der Öffentlichkeit agierenden Repräsentanten sollten sich darauf verstehen, zu erläutern, zu begründen und um Zustimmung zu werben für ihre Art und Weise des Umgangs mit den gemeinsamen Angelegenheiten. Nur so können die Repräsentierten Vertrauen aufbauen und über den geistigen Mitvollzug des öffentlichen Debattierens ins Politische involviert werden. Geistige Teilnahme ist sicherlich die erste Form von Partizipation. Und wenn es den Amtsinhabern gelänge, zum Verständnis beizutragen, indem sie ihren Mitbürgerinnen und Mitbürgern die Gestaltungsherausforderungen sowie die beabsichtigten Handlungsweisen klar vor Augen führen, so sollte die allerorten konstatierte Verdrossenheit an der Politik keine Chance mehr haben. Amtsinhaber tragen daher – wie überhaupt die gesamte Öffentlichkeit – wesentlich zur weltlichen Orientierung, zur Ausdeutung der politischen Realität und damit zum unerlässlichen Mündigwerden und zur politischen Urteilskraft bei.

Der Bestand an inhaltlichem Grundwissen ist so vielfältig, wie er in unseren Lehrplänen und den detaillierten Kompetenzbeschreibungen abgebildet ist. Da mögen die Prioritäten – je nach Lehrkraft – durchaus unterschiedlich sein. Jedoch sollte Grundwissen möglichst Grundfragen behandeln und auch bei den Grunderfahrungen unserer Schülerinnen und Schüler ansetzen. Angesichts moderner Orientierungsnöte sollte das Grundwissen exemplarisch den Zusammenhang von humaner Existenz und einer der Humanität verpflichteten politischen Ordnung erhellen. Grundwissen zielt darauf ab – wie Wolfgang Klafki betont – Elementares und Fundamentales in den Blick zu nehmen oder – wie Kurt Gerhard Fischer es nennt – das Wesentliche, das im Wissensstoff Verborgene herauf- und herauszuholen. Vor diesem Hintergrund ist es ungemein wichtig, dass wir im konkreten Schulunterricht politikverächt-

Grundwissen

Konzepte

liche Denkgewohnheiten auf den Prüfstand stellen, ihre geschichtlichen und begrifflichen Wurzeln freilegen und uns noch mehr in gleichwohl kritische, aber der Politik zugewandte Verstehensformen einüben.

In *Essays on Citizenship* schreibt Bernard Crick einen Aufsatz über *Basic concepts for political education.* Darin betont er: „We perceive and we think in concepts." Von „sketch map" ist des Weiteren die Rede und davon, wie wichtig es ist, „basic concepts" in Heranwachsenden zu verankern. Dies ist ein guter Ansatz, der ja mittlerweile auch in unserer Scientific community lebhaft diskutiert wird. Bei aller verständlichen Kritik sind Basis- und Fachkonzepte geeignet – und ich verwende den Ansatz sehr gewinnbringend in meinen Masterseminaren –, politisches Wissen zu ordnen und in seinen Plausibilitätsstrukturen freizulegen. Annette Kammertöns hat dazu bereits 1981 eine feine Schrift mit dem Titel *Politische Theorie – politische Didaktik. Über den Zusammenhang von Fachwissenschaft und Fachdidaktik* veröffentlicht. Und mit dem politiktheoretischen Ansatz, der nicht nur meine Veröffentlichungen prägt, sondern der ebenso die Veröffentlichungen von Alexander Gantschow, von Evelyn Temme und von Christian Meyer-Heidemann durchzieht, wollen wir – wie Karl Jaspers es nennt – „die Weite des überlieferten politischen Denkens" für die so unerlässliche Selbstinterpretation unserer eigenen politischen Realität heranziehen. So können die ursprünglichen Erfahrungen und Einsichten, die in wegweisenden und zentralen politischen *concepts* angelegt sind, wieder ins gemeinsame Gespräch zurückgeholt und zur geistigen Durchdringung unserer Gegenwart mitbedacht werden. Schülerinnen und Schüler finden es empirisch, also nach meiner Erfahrung, stets sehr hilfreich, wenn sie in ihrer öffentlichen Selbstauslegung auf eine fundierte Semantik freiheitlicher Selbstdeutung und auf ein gereiftes Vokabular republikanischer Teilhabe zurückgreifen können.

6. Politikdidaktische Prinzipien

Um der didaktischen Reduktion gerecht zu werden, halte ich das exemplarische Prinzip, die Problemorientierung sowie die Schülerorientierung für sehr fruchtbar. Wenn Lernen jenseits bloßen Auswendiglernens dem Verstehen dienen soll, dann eignet sich die exemplarische Methode sehr gut, um an konkreten und ausgewählten Phänomenen allgemeine Strukturen aufzuzeigen. Das Exemplarische kommt von eximere, und dies bedeutet für die Politikdidaktik, einzelne Sachverhalte, Situationen oder Begebenheiten herauszunehmen, um an ihnen in concreto aufzuweisen, welche generelle Struktur, welcher typische Gehalt oder welche allgemeine Einsicht am Einzelnen gewonnen werden kann. Wenn es gelingt, anhand der Eigenart eines konkreten Phänomens die spezifisch mustergültige Typik eines darüber hinaus weisenden Allgemeinen darzulegen, so ist das höchste pädagogische Kunst.

Ohne Problem- und Konfliktorientierung ist keine politische Bildung möglich. Denn aufgrund unserer menschlichen Pluralität und der damit einhergehenden Perspektiven- und Interessenvielfalt prägen Probleme und Konflikte das Politische. Da bildet der geistige und handelnde Umgang mit unserer widersprüchlichen Welt, in der gedeutet und gesprochen und umgedeutet und widersprochen wird, das Lebenselixier des Politischen. Politik beruht auf der Vielfalt von Meinungen, Sichtweisen und Lebenswelten. Würden alle (!) Menschen nach einer einzigen Wahrheit leben, so wäre dieses Zusammenleben zu organisieren nur eine Frage der Technik.

Vielleicht können wir Benjamin Barber darin zustimmen, dass Politik gerade dort beginnt, wo Metaphysik aufhört? So gesehen wird im Bereich des Politischen keine vorliegende Wahrheit gefunden, sondern im unabsehbaren, tatsächlichen Handeln von Menschen wird sie Tag für Tag erfunden, ja als Wirklichkeit erst hervorgebracht.

Dass politische Bildung sich an den Schülern orientieren sollte, bedarf wohl keiner näheren Erläuterung. An wem sonst sollten sich Bildungsprozesse orientieren, wenn nicht an der konkreten Zielgruppe. Allerdings, neben dem empirischen Selbst, das ja jeder Bildner vorfindet, lebt jede Pädagogik auch vom angestrebten Selbst, auf das hin gebildet wird. Und diese innere Republik – das heranwachsende, anspruchsvolle Bürgerselbst –, das die Erwachsenen von morgen fordert und herausfordert, steht im Zentrum einer politischen Bildung, in der wir uns alle existenziell ernst nehmen. Schülerorientierung ist damit Erziehung zur Selbstsorge.

Dass eine gelingende Selbstsorge unverzichtbar die Frage nach der Sorge um die Welt nach sich zieht, hat Alexander Gantschow vorbildlich analysiert. In seinem Aufsatz *Von der Selbstsorge zur Sorge um die Welt*, den er in unserem Buch *Politische Existenz und republikanische Ordnung. Zum Staatsverständnis von Hannah Arendt* veröffentlicht hat, erläutert er den für die politische Bildung höchst bedeutsamen Zusammenhang sehr kenntnisreich.

7. Methoden und Medien der Politischen Bildung

Methoden

Wichtig ist, dass Methodenvielfalt angestrebt wird und dass die Schülerinnen und Schüler lernen, dass das Politische nicht wie ein Objekt unserer Gegenstandswelt eben objektivierbar ist. Menschliches Sein ist – so Karl Jaspers – „Sein in Situationen", und während wir zwar konkrete Situationen in der Welt verändern können, so können wir niemals unserer Situiertheit entfliehen. Dieser Anerkenntnis unserer conditio humana sollten auch die Methoden Rechnung tragen, indem sie das Perspektivische, das Deutbare und all die Handlungsmöglichkeiten im Bereich des Politischen unterstreichen. Denkorientierte Methoden sollten für neue Sicht- und Verstehensweisen öffnen und sprech- und handlungsorientierte Methoden sollten das Argumentieren und Debattieren fördern sowie ermutigen, im eigenen Handeln, was sich ja der Kritik aussetzt und gelobt oder nicht gelobt wird, Ängste abzubauen und Zutrauen zu sich selbst zu gewinnen.

Medien

Es ist leicht, Empfehlungen auszusprechen. Doch welcher Schüler liest denn tatsächlich regelmäßig überregionale Tages- oder Wochenzeitungen? Dieser Empfehlung nachzukommen, tun sich nach meiner Erfahrung selbst die Politikstudierenden schon schwer. Das allgegenwärtige Internet ist in seiner Attraktivität und globalen Verfügbarkeit ernst zu nehmen, zumal es in der ihm eigenen Aktualität unüberbietbar ist. Dies sollten die Heranwachsenden ganz selbstverständlich nutzen; allerdings sollten wir ihnen klar machen, wie anonym, oberflächlich und flüchtig die elektronischen Medien eben auch sind.

Rolle des Schulbuchs

Ein gutes Schulbuch ist nach wie vor eminent wichtig. Doch jeder Didaktiker weiß, wie schwer es ist, ein Schulbuch zu verfassen. Da ist die exemplarische Methode, die in der mündlichen Rede höchst variationsreich ist, sehr riskant. Denn wer waren noch gleich Horst Köhler und Christian Wulff, wenn man an ihren Beispielen die Diskrepanz zwischen subjektivem Amtsverständnis und der tatsächlichen Amtsführung des höchsten politischen Amtes in unserer Republik verdeutlichen wollte? Beispiele, die bereits kurz nach dem Erscheinen des Schulbuches abgestanden wirken, fördern nicht das Interesse an der so wechselhaften Politik.

8. Lernprozesse und Schülervorstellungen

Bedeutung lerntheoretischer Erkenntnisse

Es ist gut, die aus der Psychologie und Pädagogik bekannten Lerntheorien auch für politikdidaktische Fragestellungen fruchtbar zu machen. Allerdings sollten wir uns bei der Frage nach der Auswahl von Lehrenswertem davor hüten, uns – wie Käthe Meyer-Drawe in *Diskurse des Lernens* schreibt – als „neuronale Maschinen" wahrzunehmen. Für geistige Wesen, die selbstreflexiv sind und die in ihren Interpretationswelten über die Erörterung von Bedeutungen und Sinnbezügen ihren Ort in der Welt finden, greift diese anthropologische Engführung unserer Existenz viel zu kurz. Wer Menschen allein auf sich verhaltende Wesen reduziert und meint, das geistige Leben – und damit auch das politische Zusammenleben – auf bestimmbare neurobiologische Stoffwechselprozesse zurückführen zu können, hat gar nichts verstanden. Das Verführerische an diesem Paradigma, das uns mittels bildgebender Verfahren computergestützte Einblicke in die Funktionsweisen neuronaler Hirnaktivitäten gewährt, ist die Suggestion, eine objektiv-naturalistische Realität zu beschreiben, die unabhängig von unserer hermeneutischen Selbstdeutung existieren würde. Doch auch noch so beeindruckende, farblich variierende Abbildungen von Hirnreizungen und -aktivitäten müssen von uns gedeutet und sprachlich kommuniziert werden. Als uns selbst interpretierende Wesen können wir weder unseren Interpretationshorizont hinter uns lassen noch können wir Fragen der Existenzdeutung an der Garderobe naturalistischer Wirklichkeitspforten abgeben.

Aber nicht nur für die unerlässliche Selbstinterpretation ist in diesem naturalistischen Paradigma kein Raum, sondern auch Grundbegriffe wie Freiheit und Verantwortung werden deterministisch ausgehebelt. Handelnde Neuanfänge – und daraus besteht ja Politik – sind gerade dadurch Neuanfänge, dass sie sich nicht auf zurechenbare äußere Gründe zurückführen lassen. Eine anspruchsvolle Handlungstheorie integriert von daher die lerntheoretischen Erkenntnisse und würdigt gleichwohl die einzelne handelnde Person, die – solange Menschen nicht mit Maschinen gleichgesetzt werden – als Urheberin der Handlung Verantwortung trägt.

Empirische Forschung & Schüler- und Lehrervorstellungen

Bisweilen spricht man ja von einer „Empirischen Wende" in der Politikdidaktik. Aber wie Sie meinen Schriften entnehmen können, bin ich an diesem Wendemanöver eher unbeteiligt. Ich bin der Auffassung, dass der immense personelle und materielle Aufwand, der in diesem

Zusammenhang betrieben wird, übertrieben ist. Alle Erfahrung spricht dafür, dass der Bereich des Politischen von Handlung inspirierenden Deutungsweisen, politischen Selbstinterpretationen und Denkgewohnheiten durchtränkt ist. Wie können wir – ernsthaft: mit welchem Instrumentarium? – so tun, als hätten wir den Archimedischen Punkt eingenommen, von dem aus wir, gleichsam wie Naturwissenschaftler, alles fein säuberlich sortieren könnten. Als Weltwesen gehören wir doch selbst zu der Welt, die wir geistig zu durchdringen versuchen. Wir können da doch nicht gleichsam von außen auf die Welt wie auf eine Gegenstands- oder Objektwelt zugreifen. Wir sind nicht nur *in* der Welt, sondern *von* der Welt, und als in Beziehungsgeflechten lebende und sich in diesen und über diese Bezüge verortende Wesen deuten und verstehen wir jeden Tag aufs Neue. Wer will all das ständig messen und Tag für Tag positivistisch abbilden, wenn allein durch ein einziges neues Ereignis neue Bedeutungen und Sichtweisen unser Handeln herausfordern? Und – unter uns gesprochen – um meine Wissenschaftsauffassung zu „erheben" und meine Ansichten vorzustellen, gehen Sie, Kerstin Pohl, als Herausgeberin dieses Buches, doch auch nicht „empirisch" heran. Sie haben feine, durchdachte Fragen entwickelt, die mich herausfordern, mein akademisches Selbstverständnis zu erläutern. Aber welcher weltlose Gott wollte all die in diesem Buch versammelten akademischen Selbstverständnisse objektiv klassifizieren (nach welcher Metaklassifikation?), rubrizieren (nach welcher Megarubrik?) und widerspruchsfrei in den Symbolen der Mathematik abbilden?

9. Politikdidaktik als Wissenschaft

Forschungsfragen für die Zukunft

Was sollte *warum* und *wozu* gelehrt und gelernt werden? Mit diesen Fragen befasst sich unsere Disziplin, und bereits das Veröffentlichen von Theorien sowie das wechselseitige Erörtern sind höchst praktisch und von politischer Bedeutung. In unseren didaktischen Ansätzen und Theorien entwickeln wir Begriffe und Kategorien, sprich Verstehensformen, mit denen wir in bester hermeneutischer Tradition die politische Wirklichkeit zu begreifen suchen. Anthony Giddens allerdings spricht von „doppelter Hermeneutik" und damit meint er, dass die Kategorien, mit denen Wissenschaftler die Welt deuten, zugleich Eingang finden in den Sprachgebrauch der untersuchten Lebenswelt. Mit anderen Worten: Durch neue Denkgewohnheiten verändert sich nicht nur die Auslegung der Lebenswelt, sondern die wahrgenommene Lebenswelt selbst. Dieser praktischen Dimension sollte sich die politikdidaktische Forschung stets bewusst sein, und von daher plädiere ich dafür, all das zu untersuchen und zur Sprache zu bringen, was hilfreich ist, uns und unsere Heranwachsenden zu verantwortlichen politischen Menschen zu bilden.

Mein Forschungsschwerpunkt liegt auf einer republikorientierten Politikdidaktik. Dazu ist es erforderlich, jenen Stimmen in unserer europäisch-atlantischen Tradition wieder Gehör zu verschaffen, die mit ihrem Vokabular kategoriale Zugänge zu einer freiheitlichen Selbstinterpretation leisten, damit auf dieser Basis ein tragfähiges Fundament für eine zeitgemäße, den Orientierungsnöten unserer Moderne Rechnung tragenden Bürgerbildung entwickelt werden kann.

Eigene Forschungsschwerpunkte

10. Fachdidaktische Kontroversen

Ich halte die Kontroversen für zentral, bei denen es ans Eingemachte unseres Faches Politische Bildung geht. Etwa darum, was wir unter Bildung verstehen, und ob ein enger Politikbegriff das Proprium unserer Disziplin ausmacht oder eher ein weiterer Begriff des Politischen unsere Bildungsanstrengungen herausfordert (s. Frageblöcke 3 und 4). Ebenso finde ich die Diskussion über die Kompetenzen und die unterschiedlichen Dimensionen, in denen man kompetent oder inkompetent sein kann, spannend (s. Frageblöcke 2 und 5). Meine Position liegt da oftmals quer zu den ausgetauschten Argumenten. Da konnte ich viel von meinem früheren Mitarbeiter Christian Meyer-Heidemann lernen, der in seiner Dissertation zum Thema *Selbstbildung und Bürgeridentität* nicht nur das politische Denken von Charles Taylor vorzüglich analysiert hat, sondern zugleich hat er vor Taylors gedanklichem Hintergrund die politikdidaktische Diskussion um Kernkompetenzen und Bildungsstandards ungemein bereichert. Und der Pragmatiker in mir, der Hochschul*lehrer vor Ort, sucht auch eher nach dem Fruchtbaren,* was eine Position eben stark macht. Dann lobe ich meine Kolleginnen und Kollegen auch in den Seminaren, wenn sie Geistreiches und Feines geschrieben haben. An den Mängeln einer Theorie, die oftmals auch schnell den Studierenden auffallen, arbeiten sich ja weniger die Handlungstheoretiker ab als vielmehr die Begründungstheoretiker.

11. Politikdidaktik und Lehramtsausbildung

Wissen und Können von Politiklehrern

Neben psychologischen und soziologischen Kenntnissen und ausgeprägten pädagogischen Fertigkeiten ist es neben einem ordentlichen Studium der Politikwissenschaft für das zukünftige Berufsleben sehr hilfreich, wenn ausgebildete Politiklehrerinnen und -lehrer eine Landkarte des politischen Denkens vor ihrem inneren Auge haben. Um sich im Dschungel der politischen Phänomene urteilsstark und kompetent zurecht zu finden und um den Orientierung einfordernden Schülerinnen und Schülern nicht hilflos gegenüber zu stehen, ist eine fundierte Ausbildung in der Politischen Theorie unverzichtbar.

Politikdidaktik in der Lehramtsausbildung & Schwerpunkte der eigenen Lehre

Selbstverständlich muss die Didaktik im Lehramtsstudium einen großen Raum einnehmen. Doch anstatt didaktische Fragen allein abstrakt zu behandeln, plädiere ich dafür, sie stets im Zusammenhang mit konkreten inhaltlichen oder methodischen Überlegungen zu erörtern. So lässt sich am besten die angestrebte Verzahnung unterschiedlicher Kompetenzen erreichen. Das Politikstudium sollte so organisiert sein, wie wir es in Vechta neu gestaltet haben: Bereits im ersten Semester gibt es neben der Einführung in die Politikwissenschaft eine Vorlesung zu politischen Grundbegriffen. Darauf aufbauend werden alle Teilbereiche der Politikwissenschaft abgedeckt. Diese Veranstaltungen werden stets von der Politischen Theorie und der Politikdidaktik flankiert. Im Master liegt der Schwerpunkt dann auf der Politikdidaktik.

Verhältnis von Theorie und Praxis

Sie fragen mich, Frau Pohl, nach „Rezepten", die ich den Lehramtsstudierenden mit auf den Weg gebe. Nun, wer als Lehrkraft von einem gedanklich beweglichen, kreativen, mit Sinn für das Machbare und von seiner Kunst überzeugten Koch ausgebildet ist, fragt nicht nach fremden Rezepten. Als unverkennbare Persönlichkeiten sollten politische Bildner mit Leidenschaft ihre Disziplin betreiben. Und wenn sich jemand einübt, appetitanregende und verdauliche Kost zuzubereiten, die auch für einen durchschnittlichen fast food Geschmack bekömmlich ist, so ist das doch großartig. Vor dieser Herausforderung nun als Lehrkraft nicht zu resignieren und eigene Rezepte zu entwickeln, die selbst bekennende Kostverächter im Schulalltag mit gutem Essen vertraut machen, ist Ziel meiner Ausbildung.

12. „Gute" politische Bildung

Warum steht hier „gute" – gleichsam distanzierend – in Anführungszeichen? Eine gute, d.h. republikorientierte politische Bildung, die allerdings Aufgabe der gesamten Bürgerschaft ist, trägt dazu bei, dass wir in uns selbst wie auch in unseren Heranwachsenden unser Bürgerselbst stärken und entwickeln. Eine gute politische Bildung hilft dabei, die politische Welt geistig zu durchdringen und politisches Handeln einzuüben. Gute politische Bildung weitet den Blick und unterläuft die Engführung einer rein privatistischen Sicht auf unser Leben. Dass die politische Dimension unserer Existenz zu einem vollen, eben anspruchsvollen Leben gehört, sollte deutlich werden – und dass handelnd die Welt mitzugestalten, Freude bereiten kann. Gute politische Bildung ermutigt zur „Selbstbildung und Weltgestaltung" (Theodor Litt) und sie macht Geschmack auf eine Lebensweise der Freiheit.

Ingo Juchler

Dr. Ingo Juchler, geb. 1962 in Mannheim

Professor für Politische Bildung an der Wirtschafts- und Sozialwissenschaftliche Fakultät der Universität Potsdam seit 2010.

Arbeitsschwerpunkte bilden der narrative Ansatz in der politischen Bildung und außerschulische politische Lernorte. Mitarbeit in der Arbeitsgruppe Hermeneutische Politikdidaktik der GPJE, Mitglied des Wissenschaftlichen Beirates der Bundeszentrale für politische Bildung, Mitarbeit im Research Committee Political Socialization and Education der International Political Science Association.

Frühere Tätigkeiten

- Lehrtätigkeiten an den Universitäten Marburg und Stuttgart sowie an der Pädagogischen Hochschule Karlsruhe von 1994 bis 2007
- Lehrer am Elly-Heuss-Knapp-Gymnasium, Stuttgart – Bad Cannstatt von 1998 bis 2000
- Professurvertretung an der Pädagogischen Hochschule Weingarten von 2002 bis 2004
- Professurvertretung an der Universität Augsburg von 2004 bis 2005
- Professur an der Pädagogischen Hochschule Weingarten von 2005 bis 2009
- Professur an der Universität Göttingen von 2009 bis 2010

Verbandstätigkeiten

- Sprecher der Gesellschaft für Politikdidaktik und politische Jugend und Erwachsenenbildung (GPJE) von 2008 bis 2012; Mitglied des Arbeitskreises Hermeneutische Politikdidaktik
- Mitglied des Sprecherkreises der Sektion Politische Bildung der Deutschen Vereinigung für Politische Wissenschaft (DVPW) von 2007 bis 2012
- Mitglied der Deutschen Vereinigung für Politische Bildung (DVPB)
- Mitglied der Deutschen Gesellschaft zur Erforschung des Politischen Denkens (DGEPD)
- Mitglied des Research Committee on Political Socialization and Education der International Political Science Association (IPSA)

Beratungs- und Kommissionstätigkeiten

- Mitglied des Wissenschaftlichen Beirates der Bundeszentrale für politische Bildung (BpB) seit 2010
- Mitglied der Enquete-Kommission „Aufarbeitung der Geschichte und Bewältigung von Folgen der SED-Diktatur und des Übergangs in einen demokratischen Rechtsstaat im Land Brandenburg" des Landtages von Brandenburg seit 2011

Veröffentlichungen – Auswahl

Mitglied im Beirat der *Zeitschrift für Didaktik der Gesellschaftswissenschaften* und des Review Panel der *Zeitschrift für Internationale Beziehungen* (ZIB)

2015   Narrationen in der politischen Bildung. Band 1: Sophokles, Thukydides, Kleist und Hein. Wiesbaden.

2012   Der narrative Ansatz in der politischen Bildung. Berlin.

2012   Politisches Urteilen. In: Zeitschrift für Didaktik der Gesellschaftswissenschaften: 2/2012, S. 10-27.

2010   Die Bedeutung von Basis- und Fachkonzepten für die kompetenzorientierte politische Bildung. In: Juchler, Ingo (Hrsg.): Kompetenzen in der politischen Bildung. Schwalbach/Ts., S. 233-242.

2009   Frech, Siegfried/Juchler, Ingo (Hrsg.): Dialoge wagen. Zum Verhältnis von politischer Bildung und Religion. Schwalbach/Ts.

2005   Demokratie und politische Urteilskraft. Überlegungen zu einer normativen Grundlegung der Politikdidaktik. Schwalbach/Ts.

1996   Die Studentenbewegungen in den Vereinigten Staaten und der Bundesrepublik Deutschland der sechziger Jahre. Berlin.

Leseempfehlungen für (angehende) Politiklehrerinnen und -lehrer

Arendt, Hannah (2012): Das Urteilen. München.

Hofmann, Hasso (2011): Einführung in die Rechts- und Staatsphilosophie. Darmstadt.

Rawls, John (2009): Politischer Liberalismus. Frankfurt/M.

Sedlacek, Tomas (2012): Die Ökonomie von Gut und Böse. München.

Weber, Max (2010): Politik als Beruf. Berlin.

Ingo Juchler

„Politische Bildung hat zur Aufgabe, bei Schülerinnen und Schülern die Fähigkeit zu entwickeln, die Ambivalenzen und Widersprüche des demokratischen Betriebs zu ertragen, ohne gleich das gesamte System in Frage zu stellen."

1. Werdegang

Mein Interesse an Gegenständen des Politischen entwickelte sich vornehmlich im Elternhaus und durch die Friedensbewegung Ende der 1970er, Anfang der 1980er-Jahre. Folglich studierte ich an den Universitäten Trier und Marburg die Fächer Sozialkunde (i.e. Politikwissenschaft) und Deutsch für das Lehramt an Gymnasien. Darüber hinaus habe ich Lehrveranstaltungen in Geschichte und Philosophie besucht, ohne hierfür eine Fakultas zu erwerben. An der Universität Trier lehrte seinerzeit Werner Link, dem ich eine realistische Perspektive auf die Internationalen Beziehungen wie auf die Politik allgemein zu verdanken habe. Nach dem Grundstudium wechselte ich an die Philipps-Universität Marburg, wo ich nach dem ersten Staatsexamen in Politikwissenschaft über die Studentenbewegungen in der BRD und den USA der 1960er-Jahre bei maßgeblicher Betreuung von Hans Karl Rupp und Frank Deppe promovierte. Mein vornehmliches Erkenntnisinteresse galt der Untersuchung der Beeinflussung der Studentenbewegungen durch Befreiungstheorien und -bewegungen aus der Dritten Welt – ich bin also Fragen nachgegangen, etwa wie der Vietnamkrieg auf die Mobilisierung und politische Ausrichtung der Studentenbewegungen gewirkt hat und welchen Einfluss beispielsweise die Schriften von Ernesto Che Guevara auf die ideologische Ausrichtung und die politische Praxis der Bewegungen ausübten.

Für die Promotion hatte ich ein Stipendium des Evangelischen Studienwerkes Villigst erhalten. Da ich in dieser Zeit aber zum ersten Mal Vater wurde und die finanzielle Unterstützung durch das Stipendium nicht ausreichte, unterrichtete ich noch nebenbei beim Akademischen Auslandsamt der Universität Marburg Deutsch als Fremdsprache. Hier erst entwickelte ich Freude am Lehrberuf, denn die während des Studiums zu absolvierenden Schulpraktika hatten mich noch nicht von meiner Berufswahl überzeugt.

Im Anschluss an die Promotion lernte ich im Referendariat die ersten politikdidaktischen Konzeptionen kennen, insbesondere Hermann Gieseckes Konfliktdidaktik sowie konzeptionelle Vorstellungen zur politischen Urteilsbildung von Manfred Hättich und Peter Massing. Nach dreijähriger Lehrpraxis am Elly-Heuss-Knapp-Gymnasium in Stuttgart knüpfte ich im Kontext meiner Habilitationsschrift zum Zusammenhang von Demokratie und politischer Urteilskraft, die von Georg Weißeno betreut wurde, an die Fragestellungen der politischen Urteilsbildung an. Für diese normative Grundlegung der Politikdidaktik orientierte ich mich neben den einschlägigen politikdidaktischen Publikationen an Hannah Arendts Ausführungen zum Urteilen, welche wiederum von Immanuel Kants Darlegungen zur Urteilskraft geprägt sind.

2. Situation und Perspektiven der politischen Bildung

Die politische Bildung hat heute ihren festen Platz in den Stundentafeln der verschiedenen Schulformen und Schulstufen. Sicherlich wünschte man sich den Umfang des Politikunterrichts an der einen oder anderen Stelle größer, doch müssen wir von den gegebenen Umständen ausgehen. Verbandspolitisch sollten sich die Deutsche Vereinigung für Politische Bildung (DVPB) sowie die Gesellschaft für Politikdidaktik und politische Jugend- und Erwachsenenbildung (GPJE) dafür einsetzen, dass der Stundenanteil der Politischen Bildung bei der Neustrukturierung von Fächerkombinationen wie „Politik und Wirtschaft" in Hessen und Niedersachsen nicht eingeschränkt wird.

Gegenwärtige Situation und Herausforderungen

Zu den Herausforderungen, welchen sich die politische Bildung derzeit stellen muss, würde ich die Vermittlung adäquater Vorstellungen über unsere Demokratie zählen. Dies ist allerdings keine neue Aufgabe für die politische Bildung. Gleichwohl muss sie diese Herausforderung immer wieder annehmen, denn sie stellt sich stets in anderer Gestalt – sei es durch politischen Extremismus, Islamismus, die neuen Informations- und Kommunikationsmöglichkeiten in der vernetzten Welt oder durch die weltweite Finanzkrise.

Zukünftige Rolle der politischen Bildung

Darüber hinaus wird künftig auch das spannungsreiche Verhältnis von Politik und Religion an Bedeutung gewinnen. Die Politikdidaktik hat sich dieser Thematik bislang nur sehr rudimentär angenommen. Prospektiv wird sich an den oben angeführten Herausforderungen und Anforderungen nichts ändern: Der politischen Bildung kommt auch künftig primär die Aufgabe zu, die Schülerinnen und Schüler zur Teilhabe an der Demokratie zu befähigen, wozu die unterrichtliche Auseinandersetzung mit den vielfältigen Bereichen des Politischen erforderlich ist. Entsprechend bedarf es fachwissenschaftlich und fachdidaktisch angemessen ausgebildeter Politiklehrerinnen und -lehrer, eine Aufgabe, der sich die Hochschulen und Studienseminare stellen müssen.

Wünschenswert wäre insbesondere eine stärkere Vernetzung und damit Kooperation des Politikunterrichts mit anderen Unterrichtsfächern. Dem steht derzeit noch der vielerorts streng eingehaltene starre Unterricht im 45-Minuten-Takt entgegen. Die Welt, auf die wir die Schülerinnen und Schüler vorbereiten möchten, ist nicht in einen Fächerkanon eingeteilt. Entsprechend sollte der Unterricht insgesamt ganzheitlicher und folglich fächerübergreifender erfolgen, als dies momentan noch der Fall ist. Die Schulen müssten hierzu die Rahmenbedingungen schaffen, was vor dem Hintergrund der inzwischen von den Bildungsministerien zugebilligten autonomen Gestaltungschancen für Schulen durchaus möglich ist. Dies erfordert auch ein Umdenken bei Lehrerinnen und Lehrern – sie könnten sich dann, intrinsisch motiviert, partiell auch in andere Fachgebiete, vornehmlich der Geistes- und Sozialwissenschaften, aber auch im musischen Bereich einarbeiten. Dies nehmen sie – nicht unbedingt intrinsisch motiviert – derzeit ohnehin bisweilen vor, wenn sie fachfremd unterrichten müssen. Politische Bildung im fächerübergreifenden Unterricht würde dagegen sachangemessen durchgeführt und sowohl für die Schülerinnen und Schüler als auch für die Lehrenden Horizont erweiternd vorgenommen werden – docendo discimus.

Darüber hinaus sollte sich die Politische Bildung verstärkt der Aufgabe stellen, potentiell alle Schülerinnen und Schüler zu befähigen, als spätere Bürgerinnen und Bürger an der politischen Öffentlichkeit und somit am demokratischen Willensbildungsprozess partizipieren zu können. Empirische Untersuchungen zeigen illustrativ, dass die sogenannten Bildungsfernen oder Bildungsbenachteiligten auch deutlich weniger am politischen Geschehen teilhaben – ein Manko für unsere Demokratie.

3. Demokratie und politische Bildung

Demokratie ist eine Staats- und Regierungsform. Im Unterschied zu anderen politischen Systemen ist sie sehr voraussetzungsvoll im Hinblick auf die politischen Fähigkeiten der daran beteiligten Bürgerinnen und Bürger. Darüber hinaus bedarf sie eines rechtsstaatlichen Rahmens, wenn sie nicht zu einer gehaltlosen Hülle verkommen soll. Demokratien sind normativ aufgeladen. In der politischen Alltagspraxis werden diese Normen bisweilen nicht erfüllt. Politische Bildung hat deshalb auch zur Aufgabe, die Schülerinnen und Schüler auf die Zumutungen der Demokratie vorzubereiten und bei ihnen die Fähigkeit zu entwickeln, die Ambivalenzen und Widersprüche des demokratischen Betriebs zu ertragen, ohne gleich das gesamte System in Frage zu stellen.

<small>Was ist Demokratie?</small>

Demokratielernen bedeutet, die Schülerinnen und Schüler angemessen auf die politischen Gepflogenheiten, Herausforderungen und Zumutungen unserer Demokratie vorzubereiten. Deshalb stellt sich Demokratielernen als essentielle Aufgabe der politischen Bildung dar, und dies seit das Unterrichtsfach im Zuge der Reeducation nach dem Ende des Zweiten Weltkrieges in der Bundesrepublik peu à peu eingerichtet wurde. In der schulischen politischen Bildung erfahren die Lernenden die politischen Kenntnisse und Fähigkeiten zur Teilhabe an der Demokratie. Darüber hinaus kann Demokratielernen im Hinblick auf der Demokratie entsprechende habituelle Dispositionen auch in den anderen Fächern gefördert werden.

<small>Demokratielernen als Aufgabe der politischen Bildung?</small>

Der Politischen Bildung kommt – im Unterschied zu den anderen Unterrichtsfächern – nach wie vor in besonderer Weise die Aufgabe zu, die Schülerinnen und Schüler durch die Vermittlung von Kenntnissen und Fähigkeiten auf die Demokratie vorzubereiten. Weiterhin ist hier auch der Ort, um sie gegen die allenthalben vorgenommene normative Überhöhung dieser Staats- und Regierungsform zu wappnen. Auf diese Weise kann die politische Bildung dazu beitragen, ein durch die wahrgenommene Diskrepanz zwischen demokratischem Sein und Sollen verursachtes Umschlagen der politischen Haltung zum politischen Extremismus oder in politische Apathie zu verhindern.

<small>Rolle der Politischen Bildung in der Demokratie</small>

4. Politikbegriff und Breite des Unterrichtsfaches

Was ist Politik? Politik ist die Herstellung allgemein verbindlicher Regelungen im Hinblick auf alle Bürgerinnen und Bürger betreffende öffentliche Angelegenheiten. Als Zoon politikon ist der Mensch ein gemeinschaftsbildendes respektive politisches Wesen. Der Bereich des Politischen ist gekennzeichnet durch das „Faktum der Pluralität" (H. Arendt) der darin agierenden Menschen, die jeweils ihre politischen Meinungen, Interessen und Wertvorstellungen zum Ausdruck bringen können – zumindest wenn sie in einer rechtsstaatlichen Demokratie leben. Im Raum des Politischen gibt es keine endgültigen Wahrheiten, Gewissheiten und objektiven Werte. Dieser Raum ist vielmehr geprägt durch Ambiguität und Kontingenz, ein Umstand, welcher in der politischen Bildung nach meiner Auffassung bislang zu wenig Beachtung findet. Vielfach ist der Politikunterricht heute gekennzeichnet durch die Vermittlung vorgeblich exakter Kenntnisse, Wissensbestände und Werte. Zwar ist die unterrichtliche Auseinandersetzung mit politischem Wissen und Werten durchaus von zentraler Bedeutung, doch nicht im Hinblick auf einen am Ende einer Unterrichtseinheit abprüfbaren Stoffkatalog. Vielmehr sollten im unterrichtlichen Prozess gerade die Mehrdeutigkeit politischer Begriffe, die kontroversen Perspektiven und Auffassungen gegenüber politischen Gegenständen und die vielfältigen Möglichkeiten der Gestaltung des politischen Raumes diskutiert werden. Politik ist nie alternativlos.

Politik als Kern? Im Zentrum des Unterrichtsfaches Politische Bildung sollten die Politik respektive das Politische stehen. Ausgehend von einem weiten Politikbegriff müssen aber auch wirtschaftspolitische, gesellschaftspolitische und rechtliche Fragestellungen in der Politischen Bildung thematisiert werden, da diese Bereiche eng mit dem Politischen verwoben sind. Die didaktische Perspektive auf die jeweiligen Fachinhalte der Wirtschaft, der Gesellschaft und des Rechts sollte jedoch im Bereich des Politischen fundiert sein, denn dieser Bereich bildet den inhaltlichen Kern und zugleich die inhaltliche Klammer des Integrationsfaches Politische Bildung.

Lernfeld Gesellschaftswissenschaften Politische Bildung ist in Brandenburg ein eigenständiges Schulfach neben den Fächern Geschichte, Geografie und Wirtschaft – Arbeit – Technik (WAT). Diese Fächereinteilung kann durchaus erhalten bleiben. Allerdings sollte bei der universitären Ausbildung von Lehrerinnen und

Lehrern deren Fähigkeit zur Durchführung von fächerübergreifendem Unterricht stärker in den Fokus geraten (vgl. dazu auch Block 11).

5. Kompetenzen, Inhalte und Konzepte der politischen Bildung

Der Begriff des Paradigmenwechsels erscheint mir für die Umstellung der Input- auf die Outputsteuerung von Unterricht im Zuge der Ergebnisse der länderübergreifenden Vergleichsstudien TIMSS, PISA und IGLU in den Jahren 2000 und folgende als zu schwergewichtig. Gleichwohl handelt es sich bei der inzwischen auch von der Politikdidaktik vorgenommenen Kompetenzorientierung um eine neue Ausrichtung des Politikunterrichts am angelsächsischen Literacy-Konzept. Dieses unterscheidet sich vom gängigen Allgemeinbildungsbegriff respektive dem deutschen Bildungsbegriff mit der Orientierung auf situationsunabhängiges Weltverstehen, denn das Literacy-Konzept zeichnet sich vornehmlich durch seine funktionalistische Ausprägung mit einer starken Betonung des Anwendungs- und Lebensbezugs aus. An dieser Stelle wäre viel über Bildungstheorie zu diskutieren. Letztlich müssen wir von den bildungspolitisch bestimmten Gegebenheiten ausgehen, und diese sehen in der Kompetenzorientierung die neueste wissenschaftlich fundierte Errungenschaft.

Kompetenzorientierung

Die heute von Schülerinnen und Schülern zu erwerbenden Kompetenzen unterscheiden sich nur dahingehend von denjenigen früherer Zeiten, als nun eben konsequent und nachgerade inflationär von Kompetenzen die Rede ist, während früher schlicht von Fähigkeiten gesprochen wurde. Nach wie vor stellt die Fähigkeit zur politischen Urteilsbildung von Schülerinnen und Schülern die vornehmste Aufgabe aller politischen Bildungsbemühungen dar. Die politische Urteilsfähigkeit schließt kritisches Denken mit ein. Daneben sollten Schülerinnen und Schüler in die Lage versetzt werden, aktiv politisch zu handeln bzw. am Prozess der politischen Öffentlichkeit zu partizipieren, so sie sich – auch als spätere Bürgerin oder Bürger – in diesen einbringen möchten. Der Erwerb dieser Fähigkeiten erfordert schließlich auch gewisse fachspezifische und fächerübergreifende methodische Fähigkeiten.

Kompetenzen

Diese Fähigkeiten/Kompetenzen bedürfen einer sachgerechten Grundlegung, was ein bestimmtes Wissen um die Gegenstände des Politischen und ihre Verschränkung mit Gegenständen anderer Domänen wie der Wirtschaft, Gesellschaft, Geschichte, Geografie, des Rechts etc. impliziert. Dieses Wissen wiederum sollte nicht als sogenanntes träges Wissen angehäuft werden, um im nächsten unterrichtlichen Test abgeprüft und danach vergessen zu werden, sondern sollte im unterrichtlichen Lernprozess durch lebensweltliche Bezüge in multiperspektivischer und kontroverser Auseinandersetzung erworben und kritisch reflektiert werden.

Grundwissen Ohne die Vermittlung eines bestimmten inhaltlichen Grundwissens ist eine reflektierte Auseinandersetzung mit den Gegenständen des Politischen nicht möglich. Ich denke damit wären auch entschiedene Konstruktivisten d'accord. Die konkrete Bestimmung des inhaltlichen Grundwissens ist letztlich immer arbiträr, eine Setzung, die aber wohl begründet sein kann. Insofern ist die hierüber entstandene politikdidaktische Auseinandersetzung auch sehr sinnvoll und notwendig. Wird sie nicht in der Zunft der Politikdidaktiker geführt, und führt sie zu keinen Ergebnissen, so werden die inhaltlichen Setzungen, die für die Politische Bildung in den verschiedenen Bundesländern relevant sind, gleichwohl vorgenommen. Und zwar von denjenigen Personen, die die Bildungs- und Rahmenlehrpläne verfassen. Wenn die Politikdidaktik hierfür eine Orientierung bieten kann, wäre das sicherlich im wohlverstandenen Interesse der Schülerinnen und Schüler.

Welches Grundwissen vermittelt werden soll, kann an dieser Stelle nicht beantwortet werden. Der Versuch der Beantwortung dieser Frage füllt ja inzwischen ganze Bücher .... Festzuhalten bleibt allerdings, dass es sich bei der Politischen Bildung um ein Integrationsfach handelt, das neben spezifischen Inhalten des Politischen auch inhaltliches Wissen aus den Bereichen Wirtschaft, Gesellschaft und Recht vermitteln sollte. Im Sinne eines ganzheitlicheren Lernens wären darüber hinaus auch inhaltliche Bezüge zu Fächern wie Geschichte, Religion, Deutsch, den Fremdsprachen sowie den musischen Fächern vorzunehmen.

Konzepte Die Entwicklungspsychologie beschreibt den Wissensaufbau als einen Prozess, der mittels Begriffsbildungen vonstatten geht. Begriffe (englisch concepts) werden als kognitive Wissenseinheiten, als Vorstellungskomplexe und Wertungen über zentrale Merkmale von Dingen oder Phänomenen definiert. Unter Konzepten – ich differenziere hier nicht zwischen Basis- und Fachkonzepten – kann man die strukturierte Vernetzung aufeinander bezogener Begriffe verstehen. Sie bilden die Wissensdimension des Politischen ab und ermöglichen zugleich eine

Beschränkung auf die wesentlichen Inhalte. Den Schülerinnen und Schülern dienen sie dazu, politische Inhalte zu strukturieren und zu systematisieren. Damit vermögen sie den Erwerb grundlegenden, vernetzten Wissens. Konzepte bilden für die Lernenden somit die Grundlage eines systematischen Wissensaufbaus unter fachlicher und zugleich lebensweltlicher Perspektive.

Die Bestimmung von Konzepten für die Politische Bildung kann – wie oben dargelegt – als wohlbegründete Setzung erfolgen. Wohlbegründet insofern, als sich diese an der Maßgabe von fachwissenschaftlichen Kriterien der Bezugsdisziplinen der politischen Bildung und an politikdidaktischen Kriterien ausweisen muss.

6. Politikdidaktische Prinzipien

Für die politische Teilhabe in einer Demokratie, die durch eine plurale politische Öffentlichkeit gekennzeichnet ist, ist das didaktische Prinzip der Kontroversität von zentraler Bedeutung. Über den Umgang mit unterschiedlichen politischen Meinungen und Werthaltungen im Politikunterricht können die Schülerinnen und Schüler die Diversität der im Bereich des Politischen vorkommenden politischen Positionen erfahren und lernen, mit kontrovers diskutierten Fragen reflektiert umzugehen. Vor diesem Hintergrund sind zwei der in Beutelsbach im Jahre 1976 formulierten politikdidaktischen Grundsätze nach wie vor aktuell, und sie verdienen weiterhin Beachtung im Politikunterricht – das Indoktrinationsverbot und das Kontroversitätsgebot.

Die Beachtung des didaktischen Prinzips der Kontroversität ist auch für die Erreichung des unbestritten höchsten Ziels politischer Bildungsbemühungen – die Befähigung der Schülerinnen und Schüler zur politischen Urteilsbildung – von essentieller Bedeutung. Diese Fähigkeit sollte sich gerade als Vermögen der Schülerinnen und Schüler zum reflektierten, zwischen unterschiedlichen politischen Positionen abwägenden Urteilen auszeichnen. Methodisch erfordert dies von den Lernenden die Fähigkeit zum Perspektivenwechsel – Immanuel Kant sprach in diesem Kontext von der Fähigkeit zur „erweiterten Denkungsart". Dieses Unterfangen kann im Politikunterricht durch die geistige Auseinandersetzung mit diversen politischen Meinungen und Wertvorstellungen durchgeführt werden, und zwar nicht durch einen bestimmten Lehrgang, sondern allein durch Übung.

Das Kontroversitätsprinzip korrespondiert mit einem weiteren didaktischen Prinzip, das ich für die Politische Bildung für besonders beachtenswert halte, dem Wissenschaftsprinzip. Die am Wissenschaftsprinzip orientierten Lehr- und Lernprozesse sollen sicherstellen, dass die Bildungsgegenstände und die zu deren unterrichtlichen Vermittlung angewandten Methoden an der Maßgabe des jeweils aktuellen wissenschaftlichen Erkenntnisstandes ausgerichtet sind und sachlich adäquat vermittelt werden. Die Hinführung der Lernenden von ihrem lebensweltlichen Alltagswissen zu einem wissenschaftlich begründeten, sachangemessenen Verständnis von Unterrichtsgegenständen verläuft als allmählicher Prozess, indem sie nach und nach lernen, im Hinblick auf einen bestimmten Unterrichtsinhalt subjektives Glauben und Meinen von rational begründeten Argumenten, die für alle nachvollziehbar sind, zu differenzieren. Hierzu eignen sich in besonderer Weise entdeckende Verfahren und forschendes Lernen.

An dieser Stelle sei noch eine Kritik in eigener Sache angemerkt: Bisweilen, und nicht eben selten, wird das Prinzip der Kontroversität auch von den Angehörigen der eigenen Wissenschaftszunft hintangestellt. Vielfach wird selbstreferentiell nur die der eigenen wissenschaftlichen Position naheliegende Literatur wahrgenommen und zitiert, allzu oft auch auf die eigenen Schriften verwiesen. Letzteres ist nicht ehrenrührig. Hie und da wird jedoch augenfällig, wie selbstbezüglich und homogen in unserer Zunft publiziert wird. Nicht zuletzt habe ich mich auch vor diesem Hintergrund entschieden, in diesem Interviewbuch auf Zitate, Anmerkungen oder sonstige politikdidaktische Literaturverweise zu verzichten.

7. Methoden und Medien der Politischen Bildung

Methoden

In der Politischen Bildung ist die Anwendung einer Fülle von Methoden empfehlenswert, die darüber hinaus auch in anderen Fächern sinnvoll eingesetzt werden. Hierzu liegen sehr gute Handbücher vor. Ich möchte deshalb drei Methoden herausheben, welche einen besonderen didaktischen Ertrag versprechen, und aufgrund des eingeschränkten Raumes an dieser Stelle kurz aufzeigen, wie diese miteinander verknüpft werden können: Der Besuch außerschulischer politischer Lernorte, die Projektmethode sowie das forschende Lernen. Beim Besuch außerschulischer politischer Lernorte können die fachlichen Inhalte des

Politikunterrichts in besonderer Weise veranschaulicht und vertieft werden. Des Weiteren sind hier auch Möglichkeiten zum interdisziplinären Arbeiten in Projekten geboten. Schließlich ermöglicht der Besuch außerschulischer authentischer Stätten des Politischen eine besondere Möglichkeit des forschenden Lernens zu von den Schülerinnen und Schülern selbständig entwickelten Fragestellungen.

Für die Politische Bildung spielen textbasierte Medien eine zentrale Rolle, und daran wird sich auch prospektiv wenig ändern. Allerdings sollten neben die althergebrachte Textsorte des Sachtextes verstärkt auch andere wie belletristische, dramatische, lyrische und biographische Texte treten. Darüber hinaus ist der Einsatz des Mediums Film – als Dokumentarfilm oder Spielfilm – empfehlenswert. Schließlich möchte ich auf die besonderen didaktischen Möglichkeiten hinweisen, die der Besuch einer Theateraufführung bietet. Das Theater stellte schon zur Zeit der athenischen Demokratie im fünften vorchristlichen Jahrhundert einen Ort dar, an welchem die politischen Angelegenheiten der Polis narrativ verhandelt wurden – das Theater hielt die Bürger Athens zur Auseinandersetzung mit Fragen des Politischen an. Der Besuch eines Theaterstücks im Rahmen des Politikunterrichts sowie dessen unterrichtliche Vor- und Nachbereitung bietet vielfältige Möglichkeiten der Auseinandersetzung mit klassischen wie aktuellen Angelegenheiten des Politischen.

Medien

Bei den elektronischen Medien sind besonders die Chancen des Internets hervorzuheben, die sich für die Politische Bildung bieten. Hier können die Schülerinnen und Schüler – auch eigenständig – beispielsweise zu Inhalten des Politikunterrichts recherchieren, wobei der Aktualität des Mediums weiterhin eine besondere Bedeutung zukommt. Die Gefahren bei der unterrichtlichen Nutzung elektronischer Medien sind nicht fachspezifisch und sattsam bekannt. Lehrpersonen sollten sich derer bewusst sein, aber die Chancen, die dieses Medium bietet, unterrichtlich nutzen.

Schulbücher waren und sind in der Politischen Bildung von großer Bedeutung. Sie sollten auch weiterhin genutzt werden. Allerdings kommt angesichts der erheblichen qualitativen Unterschiede von Schulbüchern den Lehrpersonen oder Fachkonferenzen die Aufgabe zu, sich für ein adäquates Schulbuch zu entscheiden.

Rolle des Schulbuchs

8. Lernprozesse und Schülervorstellungen

Bedeutung lerntheoretischer Erkenntnisse

Neuere empirische Erkenntnisse der pädagogischen Psychologie respektive der Lernpsychologie belegen eindrücklich, dass weder die von der Lehrkraft ausgehende direkte Instruktion noch schülerzentrierte offene Lernmethoden für sich allein zu gewünschten unterrichtlichen Lernerfolgen bei den Schülerinnen und Schülern führen. Hier gilt – wie so oft in der Lebenswelt respektive im Bereich des Politischen – Aristoteles' Mesotes-Lehre: Erst der Einsatz einer ausgewogenen Balance von Elementen instruktionaler und konstruktivistischer Lernkonzepte verspricht die didaktisch intendierte Wirksamkeit des Unterrichts. Diese Erkenntnisse gelten selbstredend nicht für das schulische Lernen allein, sondern – in Abwandlung der einzusetzenden Methoden – auch für die Lehre und das Lernen an Hochschulen. Durch die Anwendung instruktionaler und auf die eigenständige Aktivität der Studierenden zielender Lernstrategien können die Lernprozesse an der Hochschule gefördert und die Lehramtsstudierenden zugleich auf ihre eigene Rolle als Lehrperson respektive die im Unterricht einsetzbaren Lernmethoden adäquat vorbereitet werden.

Empirische Forschung & Schüler- und Lehrervorstellungen

Nachdem im Zuge des sogenannten PISA-Schocks eine empirische Wende in den Erziehungswissenschaften sowie im Gleichklang in den Fachdidaktiken stattfand, liegen nun bereits seit geraumer Zeit auch in der Politikdidaktik Studien zu Vorstellungen von Lehrerinnen und Lehrern, zum Vorwissen von Schülerinnen und Schülern etc. vor. Die in diesen Studien zum Ausdruck gebrachten Ergebnisse sind für sich genommen stets durchaus interessant. Für mich treten bei der Reflexion dieser Studien immer zwei Fragen auf: Wie lassen sich die vorliegenden Ergebnisse, die oftmals mittels eines methodisch sehr großen Aufwands erzielt wurden, für die breitere scientific community der Politikdidaktik und insbesondere auch für die Praxis der politischen Bildung nutzen? Und: Sind die erzielten Ergebnisse der jeweiligen empirischen Studie nicht bereits in der Weise voraussehbar gewesen, dass noch nicht einmal wissenschaftlicher Sachverstand, sondern allein der gesunde Menschenverstand diese nahegelegt hätte? Diese Fragen lassen mich skeptisch werden, wenn ich den ungeheuren, vielfach von Nachwuchswissenschaftlerinnen und -wissenschaftlern betriebenen methodischen Aufwand zur Durchführung dieser Studien vor dem Hintergrund der erzielten Ergebnisse in Rechnung stelle. Wünschenswert wären jedenfalls breit angelegte Metaanalysen der bislang vorliegenden, qualitativ und quantitativ ermittelten politikdidaktischen Forschungsergebnisse mit dem Ziel, diese für die Praxis der politischen Bildung fruchtbar zu machen.

9. Politikdidaktik als Wissenschaft

Wesentliche wissenschaftliche Fragen, welche die Politikdidaktik seit ihrer Entstehung als wissenschaftliche Disziplin beschäftigen – etwa die politische Urteilsbildung, die Entwicklung einer grundständigen demokratischen Haltung bei Schülerinnen und Schüler, die Frage nach den Gegenständen politischer Bildung, etc. – sind zwar bislang recht ausführlich bearbeitet, aber nicht hinlänglich beantwortet worden. Es stellt sich ohnehin die Frage, ob dies je möglich sein wird. Aber es können hierzu neue fruchtbare wissenschaftliche Annäherungen vorgenommen werden. Deshalb meine ich, dass die Politikdidaktik im Hinblick auf ihre wissenschaftlichen Betätigungsfelder nicht ständig eine neue Sau durchs Dorf treiben muss. Bei der Suche nach Antworten auf die vorgenannten Fragen sollten empirische Forschungen und konzeptionelle Studien nicht als zwei voneinander getrennte Sphären, sondern als interagierende Arbeitsbereiche betrachtet werden, die miteinander verschränkt sind und sich gegenseitig befruchten.

Forschungsfragen für die Zukunft

Mich beschäftigt weiterhin sehr die Konzeptionalisierung politischer Urteilsfähigkeit. Dabei interessiert mich auch der Zusammenhang von Rationalität und Emotionalität. Während der Rationalität bislang ein äußerst prominenter Platz bei der Beschreibung von politischer Urteilsfähigkeit eingeräumt wurde, ist die Emotionalität bei diesen Konzeptionen nachgerade eskamotiert worden. Diese Untersuchungen werden sich deshalb insbesondere auch an kognitiven Emotionstheorien orientieren. Darüber hinaus wird bei den konzeptionellen Studien zur Urteilsfähigkeit die von den Neurowissenschaften ausgehende Diskussion um die Freiheit des Willens Eingang finden.

Eigene Forschungsschwerpunkte

Ein weiterer Schwerpunkt meiner Arbeit wird auf der Fortführung des narrativen Ansatzes in der politischen Bildung liegen. Dabei geht es insbesondere um die Frage, wie Erzählungen – belletristische, dramatische und lyrische Texte, Hörspiele und Filme – für die politische Bildung genutzt werden können. Der Ansatz versteht sich deshalb explizit als anwendungsorientiert, ist ausgehend vom Fach Politische Bildung interdisziplinär angelegt und zielt darauf, Schülerinnen und Schülern durch Narrationen Zugänge zu politischen Sachverhalten zu eröffnen und ihnen zu helfen, diese zu verstehen.

Schließlich ist auch die Entwicklung von Konzepten zum Besuch außerschulischer politischer Lernorte ein auf die Praxis der politischen Bildung ausgerichtetes Unterfangen. Hier sollen didaktische Momente entwickelt werden, die für die unterrichtliche Vorbereitung, Durchführung und Nachbereitung des Besuchs außerschulischer politischer Lernorte relevant sind.

10. Fachdidaktische Kontroversen

Die Kompetenzorientierung, die im Zuge der – aus deutscher Perspektive – bescheidenen Ergebnisse der internationalen Vergleichsstudien zu Beginn der 2000er-Jahre das deutsche Bildungssystem bestimmte und bestimmt, hatte auch in der Politikdidaktik eine rege Diskussion über (politische) Bildungsstandards, Kompetenzen sowie Basis- und Fachkonzepte ausgelöst. In Absehung der negativen, weil fachdidaktisch nicht konstruktiv weiterführenden Momente dieser Debatte, möchte ich hier einen Aspekt derselben hervorheben, den ich im Hinblick auf die weitere politikdidaktische Auseinandersetzung für notwendig und im Hinblick auf die unterrichtliche Praxis für fruchtbar erachte: die Beschäftigung mit dem Wissen in der politischen Bildung. Die Frage der Ausweisung des für den Politikunterricht zu bestimmenden und dort zu behandelnden Wissens ist althergebracht und auch für die jetzige Debatte um die Kompetenzorientierung relevant. Hier ließe sich nach meiner Auffassung zumindest ein minimaler Grundkonsens im Hinblick auf die Funktion von Konzepten (Basis- und Fachkonzepten) in der Politikdidaktik erarbeiten. Dieser Grundkonsens wäre für die Praxis der politischen Bildung an Schulen von großer Relevanz, damit sich hier nicht das wiederholt, was im Kontext der politikdidaktischen Debatte um Kategorien geschah – zumindest zwei Generationen von Politikdidaktikern entwickelten immer wieder neue Kategoriensysteme, die untereinander nicht oder nur sehr partiell kompatibel und obendrein in der schulischen Praxis nicht handhabbar weil meist überkomplex waren. Die Verständigung innerhalb der Politikdidaktik auf ein solchermaßen einfach strukturiertes Modell von Konzepten für den Umgang mit Wissen respektive den inhaltlichen Gegenständen in der politischen Bildung sollte unabhängig von den jeweiligen kognitionspsychologischen und bildungstheoretischen Grundüberzeugungen möglich sein. In diesem Zusammenhang ist eine Differenzierung der politikdidaktischen Bestimmung von Kategorien und Konzepten erforderlich, da Begriffe wie beispielsweise Macht und Recht vielfach sowohl als Kategorie wie auch als Konzept beschrieben werden: Kategorien sollen – umgewandelt in Schlüsselfragen nach etwa den Macht- und Rechtsverhältnissen in einem politischen Konflikt – als heuristische Instrumente zur Erschließung von Gegenständen des Politikunterrichts dienen. Hingegen besteht die politikdidaktische Funktion von Konzepten darin, die Auswahl von Gegenständen des Politikunterrichts zu strukturieren, wobei sich die Schülerinnen und Schüler mit zentralen politischen Begrifflichkeiten auseinandersetzen, die ihnen den Aufbau eines mentalen Netzwerkes mit Knotenpunkten von Vorwissen ermöglichen.

Die Entwicklung von Konzepten für die politische Bildung soll selbstverständlich auf die Wissensbestände des Faches bezogen sein. Dies bedeutet allerdings mitnichten, dass diese Konzepte auf das Fach beschränkt sind – wie das mentale Wissensnetz jeder Person selbst sind die fachspezifisch relevanten Konzepte nicht auf eine Domäne eingegrenzt, sondern mit Konzepten anderer Fächer vernetzt. Die interdisziplinäre Vernetzung von Wissensbeständen und der reflektierte Umgang damit stellt gerade auch das übergeordnete Ziel von Bildung dar.

Während die Debatte um die Kompetenzorientierung innerhalb der schulisch orientierten Politikdidaktik geführt wird, umfasst die Diskussion um die sogenannte Kritische politische Bildung Vertreterinnen und Vertreter der schulischen wie der non-formalen politischen Bildung. Im Kern geht es bei dieser Debatte um die Selbstzuschreibung einer Gruppe von politischen Bildnerinnen und Bildnern, die sich selbst als Vertreterinnen und Vertreter einer so bezeichneten „Kritischen politischen Bildung" verstehen und sich wissenschaftstheoretisch an der Frankfurter Schule orientieren. Gegen diese Selbstzuschreibung gäbe es Vieles einzuwenden, was an dieser Stelle nicht ausgeführt werden kann. Ein grundsätzliches Bedenken mag hier deshalb genügen: Sofern die politische Urteilsbildung – und damit einhergehend politische Handlungsfähigkeit – die zentrale Aufgabe der politischen Bildung ausmacht, stellt die distinktive Selbstzuschreibung einer „kritischen" politischen Bildung eine Redundanz dar, denn der aus dem Griechischen stammende Terminus Kritik meint schlicht „Kunst der Beurteilung". Eine politische Bildung, welche nicht auf dieses Ziel hin orientiert ist, ist ein Widerspruch in sich.

11. Politikdidaktik und Lehramtsausbildung

Wissen und Können von Politiklehrern

Politiklehrerinnen und -lehrer sollten eine adäquate Ausbildung erfahren, welche beispielsweise auch die ländergemeinsamen inhaltlichen Anforderungen für die Fachwissenschaften und Fachdidaktiken in der Lehrerbildung der Kultusministerkonferenz der Länder berücksichtigen. Darüber hinaus ist es für die Umsetzung des je spezifischen Wissens und Könnens der Lehrkraft von essentieller Bedeutung, mit welcher Haltung sie im Unterrichtsgeschehen agiert. Nach meiner Auffassung muss eine Politiklehrerin bzw. ein Politiklehrer vom eigenen Fach und den inhaltlichen Gegenständen, die es im Unterricht zu behandeln gilt, begeistert sein. Wenn die Lehrkraft nicht selbst für das Politische brennt, wird auch schwerlich der Funke zu den Schülerinnen und Schülern überschlagen. Die Nachhaltigkeit politischer Bildungsbemühungen hängt sicherlich von vielen Faktoren ab. Einen entscheidenden Faktor stellt die Lehrkraft selbst dar – mit ihrem fachwissenschaftlichen und fachdidaktischen Wissen und Können sowie mit ihrer persönlichen Haltung zur Dignität des Faches Politische Bildung.

Politikdidaktik in der Lehramtsausbildung

Im Rahmen der Lehramtsausbildung für das Fach Politische Bildung sollte die Politikdidaktik selbstverständlich angemessen berücksichtigt werden. Die KMK hat hierzu entsprechende Standards entwickelt. Ein Desiderat stellt nach wie vor die fehlende oder nicht adäquate Einbeziehung anderer geistes- und sozialwissenschaftlicher Disziplinen dar. Den Studierenden sollte zur Ausbildung ihrer Fähigkeiten zum interdisziplinären Unterrichten in der Politischen Bildung ermöglicht werden, in einem gewissen Umfang auch Lehrveranstaltungen etwa in Geschichte, Geografie, Wirtschaftswissenschaft, Religion, Musik, Deutsch und den Fremdsprachen zu besuchen und diese Lehrveranstaltungen für ihr Studium anrechnen zu lassen. Damit könnten sich die Studierenden auf einen ganzheitlich orientierten Politikunterricht, der stärker an die Lebenswelt angelehnt ist, vorbereiten.

Verhältnis von Theorie und Praxis

„Rezepte" zum Unterrichten vermag die Politikdidaktik nicht zu geben. Wenn sie dies trotzdem unternimmt, so befördert sie tendenziell eine unselbständige Haltung bei den Studierenden, die auch nicht mit der pädagogischen Freiheit von Lehrerinnen und Lehrern im Einklang steht. „Rezepte" können lediglich einem Unterricht nach Schema F Vorschub leisten, welcher der Erreichung politikdidaktischer Unterrichtsziele, wie der Befähigung zum politischen Urteilen, abträglich ist.

Neben der politikdidaktischen Grundlegung durch die Einführungsvorlesung gehe ich in meinen Lehrveranstaltungen den Schwerpunkten narrativer Ansatz, politische Bildung im Theater sowie außerschulische politische Lernorte nach. In den Lehrveranstaltungen ist mir der Bezug zur (späteren) unterrichtlichen Praxis der Studierenden besonders wichtig. Deshalb werden die Seminararbeiten von den Studierenden mit dem Anspruch verfasst, auch von anderen Lehrkräften genutzt zu werden. Gelungene Seminararbeiten werden hierzu auf der Homepage des Lehrstuhls veröffentlicht. Die Studierenden praktizieren für die Lehrveranstaltungen u. a. den Ansatz des forschenden Lernens. Darüber hinaus werden gemeinsam Theateraufführungen sowie außerschulische politische Lernorte besucht.

Schwerpunkte der eigenen Lehre

12. „Gute" politische Bildung

Guter Politikunterricht eröffnet Schülerinnen und Schülern eingedenk ihres Vorwissens Zugänge für ein tieferes Verständnis der Gegenstände des Politischen. Dieses Verstehen bedarf auch des interdisziplinären Ausgreifens des Politikunterrichts, so dass den Schülerinnen und Schülern das Analysieren, Reflektieren und Beurteilen politischer Gegenstände in lebensweltlichen Zusammenhängen ermöglicht wird. Die unterrichtlichen Bildungserfahrungen befähigen sie, an den Prozessen der politischen Öffentlichkeit mündig zu partizipieren und als politischer Mensch in der Demokratie zu handeln.

Thomas Goll

Dr. Thomas Goll, geb. 1963 in Würzburg

Seit 2007 Professor für Sozialwissenschaften und ihre Fachdidaktik am Institut für Didaktik Integrativer Fächer (IDF) an der Fakultät für Erziehungswissenschaft, Psychologie und Soziologie der TU Dortmund (von 2004 bis 2007 Vertretungsprofessur).

„Ich trete ein für politisches Lernen von Anfang an und in lebenslanger Perspektive. Dies kann nur gelingen auf der Grundlage echter Kompetenzorientierung und unter Berücksichtigung der politischen Sozialisation in einer modernen Mediengesellschaft."

Frühere Tätigkeiten

- Gymnasiallehrer am Wirsberg-Gymnasium Würzburg von 1991 bis 2000 (SK, D, G)
- Bayerische Julius-Maximilians-Universität Würzburg: Lehrbeauftragter (1992-1998), Abordnung (1998-1999), Versetzung (2000); Ernennung zum Akademischen Rat (2000; seit 2003 Akademischer Oberrat)

Verbandstätigkeiten

- Mitglied der Gesellschaft für Politikdidaktik und politische Jugend- und Erwachsenenbildung (GPJE); Mitglied des Sprecherkreises: Schatzmeister seit 2008; Sprecher seit 2012
- Mitglied der Deutsche Vereinigung für Politische Bildung (DVPB); Mitglied des Landesvorstandes NRW seit 2011
- Mitglied der Deutschen Gesellschaft für Politikwissenschaft (DGfP)
- Mitglied der Deutsche Vereinigung für Politische Wissenschaft (DVPW)
- Mitglied der Gesellschaft für Didaktik des Sachunterrichts (GDSU)

Beratungs- und Kommissionstätigkeiten

- Sparkling Science, Österreichisches BM für Wissenschaft und Forschung
- Förderprogramm PRO*Niedersachsen, Wissenschaftlichen Kommission Niedersachsen
- Schweizerischer Nationalfonds zur Förderung der wissenschaftlichen Forschung
- Zukunftstisch „Politische Bildung in Luxemburg" Ministère de l'Éducation nationale, de l'Enfance et de la Jeunesse
- Beirat der Transferstelle politische Bildung

Veröffentlichungen – Auswahl

Mitherausgeber der Zeitschrift „Weltwissen Sachunterricht", der Reihe „Didaktik des Sachunterrichts" und der Reihe „Schriften zur Didaktik der Sozialwissenschaften in Theorie und Unterrichtspraxis".

2014 Die Entwicklung des politischen Wissens bei Schülern/innen in den Schulformen der Sekundarstufe I (POWIS II). In: Lange, Dirk/Oeftering, Tonio (Hrsg.): Politische Bildung als lebenslanges Lernen (= Schriftenreihe der Gesellschaft für Politikdidaktik und politische Jugend- und Erwachsenenbildung, Bd. 13). Schwalbach/Ts., S. 126-138.

2013 Konzeptverständnis in der Didaktik der Naturwissenschaften und der politischen Bildung – Befunde und Konsequenzen für Lehrerbildung. In: Besand, Anja (Hrsg.): Lehrer- und Schülerforschung in der politischen Bildung. Schriftenreihe der Gesellschaft für Politikdidaktik und politische Jugend- und Erwachsenenbildung, Bd. 12). Schwalbach/Ts., S. 133-152.

2011 Internationale Beziehungen. Freising (3. Auflage 2015).

2011 Der 9. November. Schicksalstag der Deutschen. Themen und Materialien. Bonn 2011.

2011 Politikdidaktische Basis- und Fachkonzepte. In: Schriftenreihe der Gesellschaft für Politikdidaktik und politische Jugend- und Erwachsenenbildung, Bd. 10. Schwalbach/Ts.

2010 zusammen mit Valentin Eck, Dagmar Richter und Georg Weißeno: Politisches Wissen zur Demokratie von Schülerinnen und Schülern mit und ohne Migrationshintergrund (POWIS-Studie). In: Weißeno, Georg (Hrsg.): Bürgerrolle in der Einwanderungsgesellschaft – Chancen des Politikunterrichts. Bonn, S. 23-50.

2000 Die Deutschen und Thomas Mann. Die Rezeption des Dichters in Abhängigkeit von der Politischen Kultur Deutschlands 1898-1955. In: Würzburger Universitätsschriften zu Geschichte und Politik, Band 1. Baden-Baden.

Leseempfehlungen für (angehende) Politiklehrerinnen und -lehrer

Ackermann, Paul u. a. (2010): Politikdidaktik kurzgefasst. 13 Planungsfragen für den Politikunterricht. Schwalbach/Ts.

Detjen, Joachim/Massing, Peter/Richter, Dagmar/Weißeno, Georg (2012): Politikkompetenz – ein Modell. Wiesbaden.

Detjen, Joachim (2013): Politische Bildung. Geschichte und Gegenwart in Deutschland. München (2., aktualisierte und erweiterte Auflage).

Sander, Wolfgang (Hrsg.) (2014): Handbuch politische Bildung. Bonn (4., völlig überarbeitete Auflage).

Sutor, Bernhard (1984): Neue Grundlegung politischer Bildung. Zwei Bände, Paderborn.

Thomas Goll

„Da Politik immer medial vermittelt ist, sehe ich meine besondere Schwerpunktsetzung darin, eine medienbezogene Politikdidaktik zu denken und auszuarbeiten."

1. Werdegang

Schon während meines Studiums des gymnasialen Lehramts für Sozialkunde in Bayern habe ich mich vertieft mit politikdidaktischen Fragen auseinander gesetzt. Angeregt wurde ich dazu vor allem durch die ideengeschichtliche Ausrichtung des Lehrstuhls für politische Wissenschaft und Didaktik der Sozialkunde an der Bayerischen Julius-Maximilians-Universität Würzburg. Die Beschäftigung mit den Klassikern des politischen Denkens, die wie Platon und Aristoteles im wahrsten Sinne des Wortes Gründungsväter der Politikwissenschaft sind, hat mich inspiriert, denn bei ihnen ist die Vermittlung von Politik und von grundlegenden Gesellschaftsfragen, wie z. B. der nach der Gerechtigkeit und der Stabilität von politischen Ordnungen, zentral. Das führte mich geradlinig zu einer der wichtigsten didaktischen Konzeptionen des Fachs, zur „Neuen Grundlegung der politischen Bildung" von Bernhard Sutor (1984). Ich halte Sutors didaktische Konzeption, was ihren gedanklichen Kern angeht, noch immer für die wesentliche des Faches, da sie wie keine andere zu den Wurzeln des Politischen zurückgeht und daraus eine Politikdidaktik für den freiheitlichen Verfassungsstaat der Bundesrepublik Deutschland begründet. Hier finden abendländische Philosophie und moderne Politikdidaktik zusammen. Die besondere Leistung dieser Grundlegung besteht darin, dass sie, wie auch Konrad Hesse in seinem Buch „Grundzüge des Verfassungsrechts der Bundesrepublik Deutschland" (zuerst 1966), Spannungsfelder der politischen Existenz aufzeigt, die bei einer allzu einseitigen Betonung von Freiheit gerne verloren gehen. Sutors Grundlegung ist somit eine Didaktik für das Grundgesetz, das subjektive Rechte ebenso enthält wie Grundelemente einer objektiven Ordnung.

Von dieser fachdidaktischen Einbettung ausgehend, ist es nicht weiter verwunderlich, dass meine politikwissenschaftliche Ausrichtung verbunden ist mit Namen wie z. B. Ernst Fraenkel und Dolf Sternberger. Aber auch Max Weber und Karl Raimund Popper gehören in den Kanon der mich prägenden Autoren. Bei Weber und Popper wird der Realismus geschult. Daher findet die empirische Wende in der Politikdidaktik bei aller Neigung zu ideengeschichtlichen Publikationen meine volle Zustimmung. Hier sehe ich auch die Zukunft der Disziplin, wenn sie dabei ihre Wurzeln nicht vergisst.

2. Situation und Perspektiven der politischen Bildung

Die Politische Bildung in der Schule steht vor Herausforderungen, die zum einen das Fach seit seiner Etablierung begleiten und zum anderen den gegenwärtigen gesellschaftlichen und damit auch schulpolitischen Veränderungen folgen:

Gegenwärtige Situation und Herausforderungen

Zur Geschichte des Fachs gehören der Bildungsföderalismus und die aus ihm entspringenden unterschiedlichen Fachbezeichnungen sowie Fachzuschnitte. Auch die Präsenz in der Stundentafel schwankt. Beklagt werden muss jedoch insgesamt die geringe Anzahl von Unterrichtsstunden für Politikunterricht im engeren Sinne, auch wenn gerne eingewendet wird, dass der Geschichtsunterricht – wie ggf. Deutsch-, Geographie- und Ethikunterricht usw. – politische Bildung beinhalte. Auch der Vorschlag der GPJE, das Fach einheitlich „Politische Bildung" zu nennen, würde daran nichts ändern.

Aktuelle Herausforderungen sind der Stellenwert des Faches hinsichtlich seiner Wählbarkeit im Kurssystem der Oberstufe – eines Faches, das z. B. in Nordrhein-Westfalen Verfassungsrang hat – sowie die Frage nach der inhaltlichen Standardisierung, die von der KMK nicht vorgesehen ist. Damit einher geht ein gefühlter Bedeutungsschwund des Faches. Dass dem nicht so ist, lässt sich nicht durch Sonntagsreden allein beweisen. Hier bedürfte es klarer bildungspolitischer Signale, die aber wegen der zugeschriebenen Bedeutung der MINT-Fächer und der Sprachen (Deutsch, 1./2. Fremdsprache) unterbleiben. Eine Herausforderung ist des Weiteren die zunehmend multiethnische Zusammensetzung der Schulklassen, die ggf. einen sprachintensiveren Unterricht erfordert, um Fachkonzepte vermitteln bzw. bearbeiten zu können.

Zukünftige Rolle der politischen Bildung	Die politische Bildung wird in Zukunft nicht an Bedeutung verlieren, wohl aber aufgrund der starken Konkurrenz um die Anzahl der Unterrichtsstunden im Umfang auch nicht aufwachsen. Ich sehe daher eine Stabilität der insgesamt wenig befriedigenden Situation voraus. Positive Impulse sind ggf. über den Ganztag zu erwarten. Diese stellen sich aber nur ein, wenn die Fachlehrer das Angebot begleiten, da politische Bildung ohne fachliche Reflexion sehr stark zu Aktionismus und Moralisieren neigt und – wie z. B. die Analyse demokratiepädagogischer Projekte zeigen konnte – sogar Politikverdrossenheit bewirkt, statt Lust auf Politik zu fördern. Wünschenswert wären eine bessere fachliche und fachdidaktische Ausbildung der Lehrkräfte auf der Basis gesicherter Inhalte und das Zurückdrängen fachfremden Unterrichts.

3. Demokratie und politische Bildung

Was ist Demokratie?	Ein schillernder Begriff wie Demokratie lässt sich nicht eindeutig konzeptualisieren (Crick 2008, 13): „Democracy is both a sacred and a promiscuous word. We all love her but we see her differently. She is hard to pin down. Everyone claims her but no one can possess or even name her fully." Demokratie kann für mich aber dennoch trotz aller Differenzen auf einen gemeinsamen Kern zurückgeführt werden. Dieser besteht in der auf der Norm politischer Gleichheit basierenden tatsächlich möglichen Mitwirkung der (Voll-)Bürger an politischen Entscheidungen und der Rechenschaftspflicht der Regierenden den Regierten gegenüber (vgl. Schmidt 2010, 17; Bernauer/Jahn/Kuhn/Walter 2009, 120). Demokratie als real existierende politische Ordnung hat Stärken, die im demokratischen Verfassungsstaat ihren Ausdruck finden, und Schwächen, wie z. B. die Überwucherung der Gesellschaft durch Elemente der Parteienstaatlichkeit (vgl. Schmidt 2010, 458). Sie stellt darüber hinaus kognitive und habituelle Anforderungen an den Bürger.
Demokratielernen als Aufgabe der politischen Bildung?	Politische Bildung ist auch demokratische Bildung. Aber diese unterscheidet sich deutlich vom demokratiepädagogischen Ansatz (vgl. Goll 2013a): Im Zentrum der demokratiepädagogischen Konzeption des Demokratielernens stehen die demokratische Organisation von Bildungseinrichtungen und die Kompetenzentwicklung aller am Bildungsprozess Beteiligten, demokratisch bzw. sozial zu handeln. Im Gegensatz dazu geht die Politische Bildung in meinem Verständnis von den Zielen und

Inhalten des Unterrichtsfaches aus. Dessen Leitziel ist die politische Mündigkeit, die sich in politischer Urteils- und Handlungskompetenz zeigt. Der Fachunterricht ist prinzipiell und zuallererst Politik- und erst durch diesen Filter Demokratieunterricht. In ihm und nur in ihm kann der systematische Wissenserwerb in der Fachdomäne stattfinden.

Man kann sich beide Perspektiven daher als überschneidende Felder denken, wobei der Überschneidungsbereich in der gemeinsamen Ausrichtung an Demokratie als Ziel der Lehr Lern Prozesse besteht. Beide ergänzen sich gegenseitig, aber sie ersetzen sich nur bedingt, denn die Demokratiepädagogik hat klare fachliche Grenzen, während das Fach Politische Bildung seine Grenzen hinsichtlich der Lebensführung der Lernenden hat.

Das Unterrichtsfach Politische Bildung ist ein normales Fach neben vielen, aber selbstverständlich hat es den dezidierten Auftrag, Demokratie dadurch zu stärken, dass es das politisch Mündigwerden der Lernenden fördert. Da nur in ihm der systematische Wissenserwerb in der Fachdomäne stattfinden kann, kommt dem Fach damit ein Alleinstellungsmerkmal zu.

Rolle der Politischen Bildung in der Demokratie

4. Politikbegriff und Breite des Unterrichtsfaches

Wie auch der Demokratiebegriff ist der Politikbegriff höchst schillernd und nicht eindeutig zu konzeptualisieren (vgl. die gängigen Einführungen in die Politikwissenschaft: z. B. Patzelt 2001, 21 ff.; Bernauer/Jahn/Kuhn/Walter 2009, 32 ff.; Meyer 2003, 41 ff.). Seine Umschreibung in den drei politikwissenschaftlichen Dimensionen „polity" (Form), „policy" (Inhalt) und „politics" (Prozess) hat kategoriale Funktion und ersetzt keine Definition. Ein weites Politikverständnis müsste jedoch folgende wertfreien Elemente enthalten: Gegenstand der Politik ist die Setzung allgemeinverbindlicher Regelungen und das Treffen ebensolcher Entscheidungen sowie deren Durchsetzung. Als soziales Handeln bezieht sich Politik auf das menschliche Zusammenleben in und von Gruppen.

Was ist Politik?

Meines Erachtens ist Politik der Kern des Unterrichtsfaches Politische Bildung. In Anlehnung an Friedrich Schiller – „Und sein Sold/Muss dem Soldaten werden, darnach heißt er!" (Die Piccolomini II 7) – liest sich das entsprechend kurz und bündig: *Politik muss der Kern des Faches sein, danach heißt es!*

Politik als Kern?

Allerdings bedeutet das nicht, dass nicht auch andere Inhalte, z. B. aus Geschichte, Gesellschaft, Wirtschaft, Geographie und Recht, im Fach Politische Bildung behandelt werden dürften. Es ist ein Allgemeinplatz, dass politische Vorgänge immer eine geschichtliche, gesellschaftliche, wirtschaftliche, räumliche und nicht zuletzt rechtliche Dimension haben. Die gängigen Kategoriensysteme der Politikdidaktik weisen diese ausdrücklich auf (vgl. Sutor 1984: II/72: Geschichtlichkeit und Recht). Wer jedoch gleichberechtigte Fachanteile haben will, sollte das Fach auch entsprechend umbenennen (z. B. in Sozialwissenschaften oder Wirtschaft/Politik), um das entsprechend kenntlich zu machen.

Die mit solchen Integrationsfächern verbundene Problematik einer fachlich angemessenen und fachdidaktisch fundierten Ausbildung der zukünftigen Lehrer/innen und des fachdidaktischen Nachwuchses in mehreren Anteilsdisziplinen wird gerne übersehen oder klein geredet, indem Paradigmen postuliert werden, die integrativ sein sollen. Ins Extrem getrieben ist das jedoch stärker noch im Sachunterricht der Grundschule mit seinen vielen Perspektiven. Das kann nur funktionieren, wenn bei den Lehrenden die permanente Bereitschaft besteht, an Fortbildungen teilzunehmen.

Lernfeld Gesellschaftswissenschaften

Die Situation in Nordrhein-Westfalen ist noch unübersichtlicher als in anderen Bundesländern, da das Fach je nach Stufe und Schulart anders heißt und anders in die Stundentafeln der Schule eingebunden ist. Zum Lernfeld der Gesellschaftswissenschaften zählen im engeren Sinne (und sind auch Gegenstand der Ausbildung): Politikwissenschaft, Soziologie und Wirtschaftswissenschaften. Aber es gibt auch weiterreichende Verbundstrukturen mit Geschichte und Geographie. Kaum ein Lehrer dürfte für diese Fächerkombinationen in ihrer ganzen Breite ausgebildet sein, da sich in der Regel ein Zweifachstudium durchgesetzt hat und dieses in der Fächerwahl eingeschränkt ist. Es ist müßig, über den Fächerzuschnitt in einem Land zu sinnieren, der sich trotz deutlich sichtbarer Probleme in der Hochschulausbildung (z. B. der Abstimmung zwischen den beteiligten Fakultäten), nicht ändern wird.

5. Kompetenzen, Inhalte und Konzepte der politischen Bildung

Die Kompetenzorientierung stellt oberflächlich gesehen einen Paradigmenwechsel in der politischen Bildung dar, da sie den tatsächlichen Output bzw. Outcome des Unterrichtsfaches in den Fokus der Aufmerksamkeit stellt. Damit sind Praktiker und Theoretiker gleichermaßen gezwungen, stärker als bisher auf die Umsetzbarkeit von Unterrichtsvorhaben und die Erreichbarkeit von Unterrichtszielen zu achten. Es genügt nun nicht mehr, in Unterrichtsentwürfen, deren ich etliche gesehen und kommentiert habe, vom Erwerb von Mündigkeit zu schreiben, dieser muss vielmehr konkretisiert und nachgewiesen werden. Das ist ein Vorzug der Kompetenzorientierung. Allerdings haben das gute Lehrkräfte schon immer geleistet.

Kompetenzorientierung

Zugleich sind damit aber auch die Probleme der Kompetenzorientierung angesprochen: Hatte schon die Operationalisierung von Lernzielen merkwürdige Blüten getrieben, so hat nun die Unsitte um sich gegriffen, Lernziele schlicht und ergreifend als Kompetenzen auszugeben. Neben dieser Mimese und Umetikettierung gibt es aber ein tiefersitzendes Grundsatzproblem. Es existieren lediglich erfahrungsbasierte Vorstellungen vom Kompetenzerwerb in der Domäne; es fehlt ein empirisch getestetes Kompetenzmodell. Hier ist die Fachdidaktik gerade erst am Anfang und damit angreifbar. Auch besteht nicht zu Unrecht die Besorgnis, dass die Testung von Kompetenzen mit deren Bewertung verwechselt oder dazu zweckentfremdet wird.

Schülerinnen und Schüler sollten in der politischen Bildung „heute" auch keine anderen Kompetenzen erwerben als „gestern". Da politische Mündigkeit das erklärte Ziel der politischen Bildung ist, geht es um die Fähigkeit, sich ein eigenes Urteil bilden zu können, um auf dieser Basis politisch aktiv zu werden (wozu auch die bewusste Entscheidung gezählt werden kann, nichts zu unternehmen). D. h. aber nichts anderes als politische Urteils- und Handlungsfähigkeit. Die Politikdidaktik ist sich da meines Erachtens prinzipiell einig. Dass man die genannten Kompetenzen in Subfacetten ausdifferenzieren kann, ist genauso selbstverständlich wie die Berücksichtigung von technischem und gesellschaftlichem Wandel.

Kompetenzen

Mit Kompetenzen allein ist es aber nicht getan. Hinzukommen muss auch der Wille, politisch denken und handeln zu wollen. Dies drückt sich schon in der Debatte um Bürgerleitbilder aus, in der nicht von ungefähr diese habituellen Grundvoraussetzungen für politisches Engagement angesprochen wurden. Aber auch das neueste Kompetenzmodell der politischen Bildung greift das auf, indem es die „Kompetenzdimension Politische Einstellung und Motivation" einführt (Detjen/Massing/Richter/ Weißeno 2012). Zu fragen ist allerdings, ob diese Dimension wirklich Kompetenzen umfasst oder nicht vielmehr die Voraussetzungen benennt, damit Fähigkeiten überhaupt freiwillig gezeigt werden.

Grundwissen & Konzepte

Ich war schon immer der Meinung, die politische Bildung sollte ein bestimmtes inhaltliches Grundwissen vermitteln. Ein Fach ohne fachlichen Kern ist nicht denkbar. Dabei geht es nicht um die Vermittlung von Faktenwissen. Dieses ergibt sich von ganz allein, wenn man sich mit etwas befasst. Es geht um konzeptuelles Wissen. Die Benennung und Ausdifferenzierung von Fachkonzepten ist daher eine zentrale Aufgabe der Fachdidaktik. Der Streit darum, ob es „richtige" Konzepte geben kann, ist meines Erachtens ein großes Missverständnis, da alle Beteiligten an dieser Diskussion davon ausgehen, dass Konzepte sich immer über die Beschäftigung mit Alternativen herausbilden. Diese müssen auch im Unterricht vorkommen (vgl. Kontroversitätsgebot), damit die Lernenden ihre eigenen Konzepte entwickeln können.

Der Erwerb von Fachkonzepten ist vergleichbar mit dem Spracherwerb. Wortbedeutungen differenzieren sich über den Sprachgebrauch aus. Im Fach allerdings steht der Sprachgebrauch in Konkurrenz zur Alltagssprache. Hier sind viele politisch bedeutsame Begriffe vorgeprägt. Dies unterscheidet die Politische Bildung jedoch nicht grundlegend von anderen Schulfächern. Auch der Physikunterricht hat mit Alltagskonzepten der Lernenden zu „kämpfen" und zu einem conceptual change zu führen.

Aufgabe der Politischen Bildung ist es daher, Alltagskonzepte von Lernenden mit Wissenschaftskonzepten in Bezug zu setzen und damit die Begriffswelt der Schülerinnen und Schüler zu erweitern. Das gilt z. B. für die basalen Konzepte Demokratie und Politik (s. o.), aber auch für Konzepte wie Grund- und Menschenrechte, Rechtsstaat, Sozialstaat, Bundesstaat, Republik, Wahlen usw.

Es geht dabei dezidiert nicht um das Erlernen und Abarbeiten von Wortlisten. Diese Vorwürfe halte ich für absurd. Wenn über Politik gesprochen werden soll, dann in den Wörtern der Schüler, der Politik selbst, der Massenmedien und der Wissenschaft. Begriffe, die im Unterricht nicht vorkommen, können dort fachlich auch nicht bearbeitet werden. Die zentralen Konzepte der Wertordnung des Grundgesetzes finden sich in Art. 1 und 20 GG. Mit diesen – z. B. Menschenwürde und Demokratie – muss im Unterricht gearbeitet werden, will man das Grundgesetz nicht verfehlen. Wer das ein stupides Lernen von Begriffslisten nennt, darf gar keine Fachbegriffe im Unterricht verwenden, sollte dann aber auch nicht von Politischer Bildung sprechen.

Konzepte definieren den fachlichen Kern der politischen Bildung. Mit ihnen lassen sich politische Inhalte und Vorgänge beschreiben und einordnen. Sie sind notwendig, um sachlich politisch urteilen und überlegt politisch handeln zu können. Als Begriffe können sie für das Fach Politische Bildung zwar über Lehrpläne und Richtlinien festgeschrieben werden, aber damit darf keine inhaltlich verbindliche Festschreibung im Sinne einer Weltanschauung verbunden sein. Fachdidaktik als Wissenschaft hat die dauerhafte Aufgabe, diese Offenheit einzufordern. Die im Fach diskutierten Konkurrenzmodelle sind daher kein Ärgernis, sondern Elemente des Wissenschaftsdiskurses.

6. Politikdidaktische Prinzipien

Meines Erachtens handelt es sich bei der Mehrzahl der diskutierten didaktischen Orientierungen nicht um fachdidaktische, sondern um allgemeine didaktische Prinzipien, die dazu dienen, Inhalte für den Unterricht auszuwählen, den Unterricht zu strukturieren und die Lerngegenstände adäquat aufzubereiten (vgl. Detjen 2013, 320). Fachlich im engeren Sinn sind solche, die eng mit Politik und Politischer Bildung korrespondieren:
- Da Politik sich vor allem in politischen Konflikten zeigt, gehört Konfliktorientierung dazu.
- Da die Konflikte exemplarisch für den Gegenstandsbereich Politik sind, ist auch das exemplarische Prinzip ein wesentliches fachdidaktisches Prinzip.
- Da Politik als ständige Aufgabe verstanden werden kann, gesellschaftliche Problemlagen zu bearbeiten, gehört die Problemorientierung dazu.
- Da Konflikte und Probleme kategorial erschlossen werden, ist das kategoriale Lernen ein fachdidaktisches Prinzip.
- Da Politische Bildung die Lernenden politisch urteils- und hand-

lungsfähig machen soll, gehören Wissenschafts- und Handlungsorientierung zu den fachdidaktischen Orientierungen.
- Da Politische Bildung im gegenwärtigen und zukünftigen Interesse der Lernenden stattfinden soll, gehören Schüler- und Zukunftsorientierung dazu.

Diese Liste ist lediglich pragmatisch begründbar und unabgeschlossen.

7. Methoden und Medien der Politischen Bildung

Methoden

Zunächst muss man Mikro- und Makromethoden unterscheiden. Mikromethoden sind Elemente von Makromethoden. Während Makromethoden ganzen Unterrichtsprozessen eine Struktur geben, bilden Mikromethoden als Strukturmomente Arbeitsschritte innerhalb dieser Prozesse. Hinzu kommen noch Arbeitstechniken.

Zentrale Makromethoden der Politischen Bildung sind solche, die in besonderer Weise die Ziele des Fachs unterstützen. Sie können nach ihrer didaktischen Zielsetzung differenziert werden:
- Methoden, die der Wissensvermittlung dienen: Lehrgang.
- Methoden, die der Erkundung bzw. Erforschung des Politischen dienen: Erkundung und Sozialstudie.
- Methoden, die der politischen Urteilsbildung dienen: Fall-, Konflikt- und Problemanalyse.
- Methoden, die der Simulation politischer Prozesse und Vorgänge dienen: Planspiel, Debatte, Talkshow usw.
- Methoden, die der Interaktion und Kommunikation dienen: Projekt, Politikwerkstatt.

Medien

Medien sind in zweierlei Hinsicht für die Politische Bildung relevant: als Unterrichtsmedien und als Unterrichtsgegenstand. In besonderer Weise sind zum einen die Medien der politischen Meinungsbildung relevant für den Unterricht, also die Massenmedien. Zum anderen Alltagsmedien, in denen sich das Politische bzw. die politische Kultur ausdrückt, und sei es noch so verborgen, also z. B. Musik und Spielfilme.

Da es bei der Arbeit mit Medien in der Politischen Bildung um deren „Lesbarkeit" geht, ist es prinzipiell egal, ob diese traditioneller Art oder elektronisch sind. Bildmanipulation z. B. ist technisch zwar immer raffinierter möglich, aber sie kam schon immer vor. D. h., zu jeder Zeit ist es ein Moment des Unterrichts, die technischen Möglichkeiten zu Manipulationen bzw. zur politischen Einsetzbarkeit von Medien zu reflektieren.

Politische Bildung ist jedoch keine Medienkunde. Diese hat „dienende" Funktion, um das Politische eines Mediums zu erfassen.

Das Schulbuch kann dann eine Rolle in der Politischen Bildung spielen, wenn es der Politischen Bildung ein Gerüst gibt. Es sollte daher vor allem Methodenkompetenz und basale Konzepte des Politischen vermitteln.

Rolle des Schulbuchs

In der Realität spielt es in Abhängigkeit vom Politiklehrer eine unterschiedlich bedeutsame Rolle. Da die darin abgedruckten Fallbeispiele relativ schnell veralten, muss es ständig aktualisiert werden – über Arbeitsblätter, Zusatztexte, Internetrecherche usw. Nicht wenige Lehrende lassen es daher gleich weg, während fachfremde Lehrkräfte an ihm etwas zum „Festhalten" haben und das Schulbuch dann zum Leitmedium des Unterrichts machen.

8. Lernprozesse und Schülervorstellungen

Der mit PISA verbundene Ausbau der empirischen Bildungsforschung kann zu mehr Ehrlichkeit und weniger Wunschdenken in der pädagogischen und fachdidaktischen Diskussion beitragen. Voraussetzung ist, dass die Ergebnisse sachlich analysiert und nicht emotional zurückgewiesen werden. So zeigt z. B. die Hattie-Studie (Hattie 2013), dass problemorientierte Aufgabenstellungen Lernende dann überfordern müssen, wenn die Grundlagen zu deren Bearbeitung fehlen. Das gilt auch für die Politische Bildung.

Bedeutung lerntheoretischer Erkenntnisse

Weitere bedeutsame Ergebnisse sind, dass die Verdammung von Frontal- und lehrerzentriertem Lehrgangs-Unterricht schlichte Ideologie ist. Es kommt wie immer im Leben auf die richtige Mischung und die Passung zur Zielsetzung an. Die Überhöhung konstruktivistischer Positionen ist weder empirisch noch logisch ableitbar. Zwar braucht man keine Anleitung zum Denken, um Denken zu können, aber für das Denken in Sinnzusammenhängen sind Anleitungen und Impulse hilfreich. Davon leben schon die Platonischen Dialoge. Niemand sollte daher ernsthaft bezweifeln, dass eine sinnvolle Mischung von Instruktion und Konstruktion lernwirksamer ist, als eine Lernbegleitung, die letzten Endes keine Verantwortung für die Lernerfolge der Schülerinnen und Schüler übernehmen will. Das gilt umso mehr als die empirische Bildungsforschung auch die soziale Abhängigkeit der Bildungschancen in Deutschland bestätigt. Wer diese Schräglage zugunsten der Mittel-

und Oberschichten nicht auf Dauer stellen will, muss besondere und möglichst frühe Fördermaßnahmen bereitstellen. Das gilt auch für Politik als selbstverständliches Moment der Alltagswelt, das eben auch schon in der Grundschule im Unterricht vorkommen muss. Auch hier zeigt die fachdidaktische Forschung (z. B. van Deth/Abendschön/Rathke/Vollmar 2007), dass Grundschulkinder keine tabula rasa sind, sondern Politik erfahren und konzeptualisieren.

Empirische Forschung & Schüler- und Lehrervorstellungen

Die Politikdidaktik muss empirisch arbeiten, wenn sie eine ernstzunehmende Wissenschaftsdisziplin mit Bezug zu Unterricht sein will. Die fachdidaktische Lehr-Lern-Forschung kann seit der empirischen Wende eine beträchtliche Anzahl von Studien vorweisen, die dem qualitativen bzw. quantitativen Paradigma zuzurechnen sind.

Ich finde es gut, wenn beide Paradigmen ihre Stärken betonen, denn dazu haben sie allen Anlass und alles Recht. Problematisch finde ich, wenn versucht wird, sie gegeneinander auszuspielen. Standardisierte Forschung führt zu anderen Ergebnissen als nichtstandardisierte, aber das sind prinzipiell keine qualitativen Unterschiede, wenn beide gut gemacht sind.

Es gibt jedoch noch zu wenige Studien, die beides miteinander verbinden. Daran arbeite ich mit meinem Team. Die Ergebnisse der POWIS-Studie (Goll/Eck/Richter/Weißeno 2010), in POWIS-II (Goll 2014) teilweise repliziert, werden gegenwärtig in ein nichtstandardisiertes Projekt überführt, das Aufschluss darüber geben soll, ob tatsächlich der Migrationshintergrund von Lernenden Einfluss auf deren Politikkonzepte hat oder nicht vielmehr ihr sozioökonomischer Status.

Ich erwarte, dass die Fachdidaktik stärker als bisher empirisch arbeitet. Dafür sprechen die vorzüglichen Promotionsprojekte, die der wissenschaftliche Nachwuchs regelmäßig vorstellt. Allerdings braucht es mehr als Einzelprojekte, um die Disziplin insgesamt voranzubringen. Hier gibt es noch zu wenige Verbundforschung. Diese muss jedoch gewollt und gestemmt werden.

9. Politikdidaktik als Wissenschaft

Forschungsfragen für die Zukunft

Wenn Fachdidaktik die Wissenschaft ist, die sich damit befasst, systematisch und zielgerichtet (wozu) Inhalte (was) für Lehr-Lern-Prozesse in der politischen Bildung auszuwählen, diese Auswahl zu begründen (warum) und hinsichtlich der konkreten Umsetzbarkeit (wie) zu reflektieren und empirisch zu überprüfen, dann sind das auch die wissenschaftlichen Fragen, mit denen sie sich auseinanderzusetzen hat. Dass hier konzeptionelle Fragen genauso wie empirische Studien relevant sind, liegt auf der Hand.

Da die Disziplin jedoch eine kleine ist und jeder Forschende seinen eigenen Werdegang hat, wird die politische Bildung genauso bunt bleiben wie bisher. Dennoch sehe ich einige notwendige Rahmungen:
- Die Politikdidaktik ist keine Insel. Daher sind die Fragen, die in der fachdidaktischen Dachgesellschaft GFD diskutiert werden, Fragen, die auch die Disziplin angehen. D. h., neben der Kompetenzentwicklung der Lernenden wird verstärkt auch die der Lehrenden in den Blick geraten müssen und damit auch die nach Auswahl und Ausbildung zukünftiger Politiklehrer. Hier hat die Fachdidaktik auch die Aufgabe, stärker als bisher die Ausbildungscurricula der Hochschulen mitzugestalten.
- Da Politische Bildung als Unterrichtsfach nicht wissenschaftlich abgeleitet, sondern politisch gesetzt ist, ist es des Weiteren eine Aufgabe der Fachdidaktik der politischen Bildung, diese Setzung bestmöglich zu begleiten. Fachdidaktik hat daher auch eine bildungspolitische Aufgabe. Dabei sollte sie vor allem auf die Qualitätsstandards der schulischen politischen Bildung Einfluss nehmen und deren Markenkern – das Politische – über Fachkonzepte definieren.

Meine Arbeitsschwerpunkte sind unterschiedlicher Art. Ich sehe sie nicht nur in der schulischen politischen Bildung, sondern auch in der außerschulischen. Daher ist mein Bestreben, neben empirischer Forschung auch über allgemeinverständliche Publikationen zu wirken und eine bessere Kooperation mit außerschulischen politischen Bildungsträgern herbeizuführen. Meine Forschung bezieht sich daher neben Lehr-Lern-Forschung auf Aspekte der politischen Kultur und deren Tradierung über Alltagsmedien. Da Politik immer medial vermittelt ist, wäre es nur konsequent, eine medienbezogene Politikdidaktik zu denken und auszuarbeiten. Diese muss aktuelle empirische Befunde zu Medien und Methoden ebenso enthalten wie sie Erkenntnisse anderer Fachdidaktiken rezipieren muss. Hier sehe ich meine besondere Schwerpunktsetzung.

Eigene Forschungsschwerpunkte

10. Fachdidaktische Kontroversen

Im Kern sehe ich dreieinhalb Konfliktlinien:
- Der Streit um Demokratie- oder Politiklernen ist mehr oder weniger zum Abschluss gekommen. Er kann aber wieder aufbrechen, wenn vergessen wird, dass Demokratiepädagogik und politische Bildung unterschiedliche Stärken, aber auch Schwächen haben. Es täte der Demokratiepädagogik gut, würde sie den Demokratiebegriff nicht völlig entgrenzen. Ich sehe mich hier in einer vermittelnden Position, die jedoch klar auf Politiklernen als Basis von Demokratieverständnis beharrt.
- Die Konflikte um Basis- und Fachkonzepte sind ausräumbar, wenn man sich darauf verständigen würde, erst einmal zu definieren, wovon man schreibt. Wer wie ich Politik als Kern der politischen Bildung ansieht, wird es legitim finden, diese erst einmal begrifflich genauer zu fassen. Wer eigentlich Sozialwissenschaften meint, sollte das dann auch nicht als Politik ausgeben. Im Übrigen sehe ich keinen Widerspruch darin, Teilbereiche auch getrennt voneinander zu bearbeiten, um sie dann aufeinander zu beziehen. Hierzu habe ich auf der GPJE-Tagung in Dresden einen Vorschlag gemacht (Goll 2013c).
- Die Auseinandersetzung um qualitative oder quantitative Forschungsmethoden ist emotionaler als es gerechtfertigt ist. Hier werden unnötige Kämpfe ausgefochten. Der Blick in die empirische Sozial- und Bildungsforschung sollte zeigen, dass beides geht, wenn es gut gemacht ist, und dass beides aufeinander bezogen werden kann. Hier wünsche ich den Beteiligten mehr Gelassenheit.
- Eine angedeutete Konfliktlinie steckt im Versuch, eine sogenannte „kritische" Politikdidaktik zu etablieren. Diese findet zwar gegenwärtig fast nur im außerschulischen Feld Widerhall, aber sie kann zu einer echten Nagelprobe für die Disziplin werden, wenn sie in ihrer Parteilichkeit versucht, auch im schulischen Bereich Fuß zu fassen. Das wäre ein Generalangriff auf Beutelsbach und im öffentlichen Bildungswesen nicht hinzunehmen.

11. Politikdidaktik und Lehramtsausbildung

Wissen und Können von Politiklehrern	Politiklehrerinnen und -lehrer sollen über profundes Wissen über Politik in ihren Dimensionen und Bezügen verfügen und ihre Schülerinnen und Schüler dazu befähigen können, politisch urteils- und handlungsfähig

zu werden. D. h., ein Politiklehrer muss auch über Kenntnisse der philosophischen und methodischen Grundlagen des Faches sowie des Kerns der Nachbardisziplinen und deren Denkweisen verfügen. Politische Bildung ohne historische Bezüge ist z. B. ebenso wenig denkbar wie ohne wirtschaftliche und staatsrechtliche. Hier sehe ich jedoch Defizite der gegenwärtigen universitären Lehrerbildung, die solche Querbezüge häufig nur noch sporadisch, wenn überhaupt bietet.

Grundvoraussetzung für das Unterrichten im Fach ist daher ein gegebenes und gelebtes Interesse für Politik und deren Nachbardisziplinen, denn nur so wird spürbar, dass Politikunterricht spannend sein kann. Politiklehrerinnen und -lehrer sollen dabei jedoch sachliche Realisten sein, keine überschäumenden Idealisten und schon gar keine sarkastischen Zyniker. Sie sollen auch keine kalten Unterrichtstechnokraten oder distanzierten Lernbegleiter sein, sondern das in pädagogischen Prozessen notwendige personale Gegenüber, an dem sich die Lernenden auch einmal reiben können.

Politikdidaktik ist ein notwendiger Bestandteil der Lehramtsausbildung. Nach meinem Verständnis ist es ein Grundfehler, die Studierenden zunächst mit den fachlichen Bezugsdisziplinen allein zu lassen. An den Anfang jedes Lehramtsstudiums gehört daher ein Modul, in dem die Einführungen in das fachliche Denken der Disziplinen gekoppelt sind mit einer Einführung in deren Fachdidaktik. Dadurch lässt sich von vornherein sicherstellen, dass Studierende verstehen, warum bestimmte Studienelemente Bestandteil des Lehramtsstudiums sind. Am Ende des Bachelor-Studiums sollte daher auch ein zusammenführendes Fachdidaktikmodul stehen, das dem Studium Geschlossenheit verleiht. Das Master-Studium sollte neben fachlichen Vertiefungen und Schwerpunktsetzungen im Wesentlichen fachdidaktisch orientiert sein und hohe Praxisanteile enthalten. Länder, die ein Praxissemester eingeführt haben, folgen zumindest im Master diesem Weg, den ich für sinnvoll halte. Allerdings darf damit keine substanzbedrohende Kürzung der zweiten Phase der Lehrerbildung verbunden sein.

Politikdidaktik in der Lehramtsausbildung

Über das Theorie-Praxis-Verhältnis in der politischen Bildung wird seit Jahrzehnten nachgedacht. Ich habe dazu unlängst einen Beitrag veröffentlicht (Goll 2013b). Der nun eingeschlagene Weg einer Kompetenzorientierung von Schule, aber auch Lehrerbildung hat unmittelbare Auswirkungen, indem er sowohl die universitäre Fachdidaktik als auch die zweite Phase der Lehrerbildung dazu zwingt, über ihre Ausbildungs-

Verhältnis von Theorie und Praxis

praxis nachzudenken und diese zu beforschen bzw. beforschen zu lassen. Mit der Beteiligung von Studierenden an Forschungsprojekten lernen diese, die Logik der Forschung und deren Grenzen besser zu verstehen. Dadurch gewinnt der Theorie-Praxis-Diskurs an Realismus.

Schwerpunkte der eigenen Lehre

Ich selbst bin an allen Reformen der Politiklehrerausbildung an den Hochschulen, an denen ich lehre bzw. gelehrt habe, beteiligt (gewesen). Wie jede Art Politik – schließlich folgen solche Reformen Interessen und sind nicht konfliktfrei zu gestalten – ist das ein Bohren dicker Bretter (Max Weber). Essentiell sind für mich die Vermittlung der Grundlagen der Disziplin und von Praxisbezügen sowie die Orientierung an Wissenschaftlichkeit. Mein Team versucht, die Studierenden zum Nachdenken über das Fach und seine Ziele sowie über Lehr-Lern-Prozesse anzuregen und nicht zum Zusammenfassen und Nachbeten von Literatur. Das ist die größte Herausforderung. Aber wer Schülerinnen und Schüler auf dem Weg zu Mündigkeit begleiten und maßgeblich unterstützen will, muss selbst mündig sein.

12. „Gute" politische Bildung

„Gute" politische Bildung ist solch eine politische Bildung, die Schülerinnen und Schüler bestmöglich dabei unterstützt, ihre politische Urteils- und Handlungsfähigkeit zu steigern. Ihr Ziel ist die politische Mündigkeit, die der personalen Würde des Menschen entspricht und mit dem demokratischen Verfassungsstaat aufs Engste verbunden ist, da nur in diesem die Bürger tatsächliche Freiheits- und Teilhaberechte haben. „Gute" politische Bildung ist also Bildung für den grundrechtebasierten demokratischen Verfassungsstaat.

Literatur

Bernauer, Thomas/Jahn, Detlef/Kuhn, Patrick/Walter, Stefanie (2009): Einführung in die Politikwissenschaft. Baden-Baden.
Crick, Bernard (2008): Democracy. In: Arthur, James/Davies, Ian/Hahn, Carole (Hrsg.): The SAGE Handbook of Education for Citizenship and Democracy, Los Angeles, S. 13-19.
Deth, Jan W. van/Abendschön, Simone/Rathke, Julia/Vollmar, Meike (Hrsg.) (2007): Kinder und Politik. Politische Einstellungen von jungen Kindern im ersten Grundschuljahr. Wiesbaden.
Detjen, Joachim 2013: Politische Bildung. Geschichte und Gegenwart in Deutschland. 2., aktualisierte und erweiterte Auflage. München.

Detjen, Joachim/Massing, Peter/Richter, Dagmar/Weißeno, Georg (2012): Politikkompetenz – ein Modell. Wiesbaden.
Goll, Thomas (2014): Die Entwicklung des politischen Wissens bei Schülern/innen in den Schulformen der Sekundarstufe I (POWIS II). In: Lange, Dirk/Oeftering, Tonio (Hrsg.): Politische Bildung als lebenslanges Lernen (= Schriftenreihe der Gesellschaft für Politikdidaktik und politische Jugend- und Erwachsenenbildung, Bd. 13). Schwalbach/Ts., S. 126-138.
Goll, Thomas (2013a): Bildung für die Demokratie. Ein politikdidaktisches Lernziel. In: Schulmagazin 5-10, Heft 7-8, 2013, S. 11-14.
Goll, Thomas (2013b): Kompetenzverständnis zwischen Theorie und Praxis – zwei Welten oder zwei Seiten einer Medaille? In: Frech, Siegfried/Richter, Dagmar (Hrsg.): Politische Kompetenzen fördern. Schwalbach/Ts., S. 229-245.
Goll, Thomas (2013c): Konzeptverständnis in der Didaktik der Naturwissenschaften und der politischen Bildung – Befunde und Konsequenzen für Lehrerbildung. In: Besand, Anja (Hrsg.): Lehrer- und Schülerforschung in der politischen Bildung (= Schriftenreihe der Gesellschaft für Politikdidaktik und politische Jugend- und Erwachsenenbildung, Bd. 12). Schwalbach/Ts. 2013, S. 133-152.
Goll, Thomas/Eck, Valentin/Richter, Dagmar/Weißeno, Georg (2010): Politisches Wissen zur Demokratie von Schülerinnen und Schülern mit und ohne Migrationshintergrund (POWIS-Studie). In: Weißeno, Georg (Hrsg.): Bürgerrolle in der Einwanderungsgesellschaft – Chancen des Politikunterrichts. Bonn, S. 23-50.
Hattie, John (2013): Lernen sichtbar machen. Überarbeitete deutschsprachige Ausgabe von Visible Learning. Übersetzt und überarbeitet von Wolfgang Beywl und Klaus Zierer. Baltmannsweiler.
Meyer, Thomas (2003): Was ist Politik? 2., überarbeitete und erweiterte Auflage. Opladen.
Patzelt, Werner J. (2001): Einführung in die Politikwissenschaft. Grundriß des Faches und studienbegleitende Orientierung. Passau.
Schmidt, Manfred G. (2010): Demokratietheorien. Eine Einführung. Bonn.
Sutor, Bernhard (1984): Neue Grundlegung politischer Bildung. Zwei Bände, Paderborn.

Dirk Lange

Dr. Dirk Lange, geb. 1964

Professor für Didaktik der Politischen Bildung an der Leibniz Universität Hannover, Institut für Politische Wissenschaft, AGORA Politische Bildung seit 2009.

Dirk Lange ist Bundesvorsitzender der Deutschen Vereinigung für Politische Bildung (DVPB) und Direktor des Instituts für Didaktik der Demokratie (IDD).

Frühere Lehrtätigkeit an Universitäten und/oder anderen Institutionen

- Direktor und Geschäftsführer der Agentur für Erwachsenen- und Weiterbildung (AEWB) Niedersachen (2011-2013)
- Gastprofessor an der University of Sydney, Australien von 2010 bis 2011
- Professor (von 2005 bis 2009), vorher Juniorprofessor (von 2002 bis 2005) für Didaktik der politischen Bildung an der Carl von Ossietzky Universität Oldenburg
- Wissenschaftlicher Angestellter an der Universität Braunschweig von 2001 bis 2002
- Lehrer im Schuldienst in Berlin von 1999-2001
- Referendar im Schuldienst in Berlin von 1997-1999

Verbandstätigkeit inkl. Funktionen in diesen Verbänden

- Bundesvorsitzender der Deutschen Vereinigung für Politische Bildung (DVPB) seit 2006
- Sprecher der „Sektion Politikwissenschaft und politische Bildung" der Deutschen Vereinigung für Politische Wissenschaft (DVPW) seit 2003

Berater-/Gutachter-/Kommissionstätigkeiten

- Wissenschaftliche Beratung der Kommission „Kerncurriculum für das Unterrichtsfach Gesellschaftslehre in den Schuljahrgängen 5-10 in Niedersachsen" (2013) sowie der Rahmenrichtlinien-Kommission für das Fach Politik an Berufsbildenden Schulen in Niedersachsen (2011-2010)
- Mitglied im Niedersächsischen Integrationsbeirat der Landesregierung (2011-2013)

- Mitglied der AG Demokratie im Deutschen Bundestag, Berlin (2010-2013)
- Wissenschaftlicher Beirat des Zentrums für Demokratie Aarau/Schweiz (ZDA) (seit 2010)
- Wissenschaftlicher Beirat des Museums „Grenzdurchgangslager Friedland" für das Niedersächsische Innenministerium (seit 2008)
- Vertrauensdozent der Hans-Böckler-Stiftung (HBS) (seit 2005)

Veröffentlichungen – Auswahl

2014 Pisa und die Folgen – Schulische politische Bildung im Prozess der Bildungsreform, in: Sander, Wolfgang/Steinbach, Peter (Hrsg.): Politische Bildung in Deutschland – Profile, Personen, Institutionen, Bonn, S. 86-97.

2014 Historisches Lernen als Dimension politischer Bildung, in: Sander, Wolfgang (Hrsg.): Handbuch politische Bildung, Schwalbach/Ts., S. 312-328 (ebenso erschienen in der Schriftenreihe der Bundeszentrale für Politische Bildung, Band 1420, Bonn)

2013 Politikunterricht im Fokus. Politische Bildung und Partizipation von Jugendlichen, Berlin, (zusammen mit Holger Onken und Tobias Korn).

2013 Civic Education and Competences for Engaging Citizens in Democracies, Rotterdam/Boston/Taipei, (hrsg. zusammen mit Murray Print).

2012 Schools, Curriculum and Civic Education for Building Democratic Citizens, Rotterdam, Boston, Taipei, (hrsg. zusammen mit Murray Print).

2009 Migrationspolitische Bildung. Das Bürgerbewusstsein in der Einwanderungsgesellschaft. In: Lange, Dirk/Polat, Ayça (Hrsg.): Unsere Wirklichkeit ist anders. Migration und Alltag. Perspektiven politischer Bildung. Bonn, S. 163-175.

2008 Bürgerbewusstsein. Sinnbilder und Sinnbildungen in der Politischen Bildung. In: Gesellschaft – Wirtschaft – Politik (GWP), Heft 3, S. 431-439.

Leseempfehlungen für (angehende) Politiklehrer/innen

Arbeitsgruppe Fachdidaktik (2011) (Anja Besand/Tilman Grammes/Reinhold Hedtke/Peter Henkenborg/Dirk Lange/Andreas Petrik/Sibylle Reinhardt/Wolfgang Sander): Konzepte der politischen Bildung. Eine Streitschrift, Schwalbach/Ts.

Lange, Dirk/Reinhardt, Volker (Hrsg.) (2010): Basiswissen Politische Bildung. Handbuch für den sozialwissenschaftlichen Unterricht, 6 Bände, Baltmannsweiler.

Sander, Wolfgang (Hrsg.) (2014): Handbuch politische Bildung. 4., völlig überarb. Aufl., Schwalbach/Ts.

Dirk Lange

„Das Bürgerbewusstsein wandelt sich in Lernprozessen und ist durch Politische Bildung zu aktivieren."

1. Werdegang

Mein Interesse an Politischer Bildung entwickelte sich in den sozialen Bewegungen der 1980er und 1990er Jahre. Diese praktizierten Politische Bildung als eine kritische Auseinandersetzung mit der gesellschaftlichen Wirklichkeit. Welche Bedingungen und Entwicklungen engen die politische Selbstbestimmung ein? An welchen Themen und in welchen Formen lassen sich neue Partizipationschancen eröffnen? Wie können alltägliche Politisierungsprozesse im Stadtteil und in der Arbeitswelt durch Bildungsmaßnahmen begleitet werden? Das waren typische Fragen, die uns in der informellen Politischen Bildung beschäftigten.

Als Student der Politikwissenschaft an der Freien Universität Berlin setzte ich mich mit der Theorie- und Praxis der politischen Jugend- und Erwachsenenbildung auseinander. Später entwickelte ich als Dozent in der Jugendbildung Seminare zu Themen wie Gendergerechtigkeit, Menschenrechte, Erinnerung an den Nationalsozialismus oder soziale Ungleichheiten. Neben den inhaltlichen Aspekten wuchs dabei auch mein Interesse an methodischen und didaktischen Fragen der Politischen Bildung, die ich in einem anschließenden Lehramtsstudium vertiefte. Im Referendariat und als Lehrer widmete ich mich später dem Diskurs der unterrichtsbezogenen Politikdidaktik.

Die Politikwissenschaft am Otto-Suhr-Institut war damals noch als eine Integrationswissenschaft aufgestellt, die soziologische, ökonomische, historische, juristische und ethische Teildisziplinen umfasste. So fand ich meinen zweiten wissenschaftlichen Schwerpunkt – neben der Politischen Bildung – in der politischen Zeitgeschichte. Prof. Dr. Peter Steinbach, damals Inhaber der Professur für die historischen und theoretischen Grundlagen von Politik, hat mich in meinem wissenschaftlichen Werdegang maßgeblich beeinflusst. Er „entdeckte" mich als engagierten Studenten und eröffnete mir Wege, meine politischen Interessen auch mit wissenschaftlichem Erkenntnisinteresse weiterzuverfolgen. Er betreute meine Promotion in der historisch-politischen Bildung an der FU Berlin. Als Wissenschaftlicher Angestellter im Arbeitsbereich von Prof. Dr. Gerhard Himmelmann an der Universität Braunschweig wurde ich im Nachwuchs der Politikdidaktik sichtbar und wechselte bald an die Carl von Ossietzky Universität Oldenburg – zunächst als Junior- und dann als ordentlicher Professor. An der Leibniz Universität Hannover bin ich seit 2009 als Professor für Didaktik der Politischen Bildung und seit 2013 als Direktor des Instituts für Didaktik der Demokratie tätig. Von 2011 bis 2013 war ich zugleich Direktor der Agentur für Erwachsenen- und Weiterbildung in Niedersachsen.

2. Situation und Perspektiven der politischen Bildung

Die Politische Bildung ist als Unterrichtsfach an der Schule etabliert. Die Didaktik der Politischen Bildung hat sich in den vergangenen Jahren enorm professionalisiert. Handbücher, Fachzeitschriften, Fachgesellschaften, Fachtagungen und Konferenzen haben zur Entwicklung der Disziplin beigetragen. Alle Universitäten, die Lehrer_innenausbildung betreiben, haben die fachdidaktischen Professuren ausgebaut. Auch wenn diese nicht immer forschungsfähig ausgestattet sind, hat das zur Stärkung der empirischen Fachdidaktik in der Politischen Bildung beigetragen.

Gegenwärtige Situation und Herausforderungen

Die Professionalisierung des Faches und der Disziplin gelang über die Identifizierung von Fachlichkeit. Heute kann festgestellt werden, dass diesem Prozess auch Übertreibungen und Polarisierungen innewohnten, die der Politischen Bildung auf Dauer schaden können. Die Verengung auf nur eine Bezugswissenschaft und die Abgrenzung von der Demokratiepädagogik dürften der Vergangenheit angehören. Bedeutsamer scheint mir zu sein, dass es der Politischen Bildung an Ausstrahlung auf und an Integrationskraft für andere Bildungsbereiche mangelt, die sich ebenfalls mit Fragen der Mündigkeitsbildung beschäftigen. Sei es die Interkulturelle Bildung, die Menschenrechtsbildung, die politische Pädagogik, das Globale Lernen, die Genderreflexive Bildung und der Intersektionalismus-Diskurs, die historisch-politische Bildung oder die Bildung für nachhaltige Entwicklung – die Politische Bildung sollte diese Debatten wieder mitbestimmen und untereinander vermitteln anstatt sie randständig zu begleiten.

Notwendig ist dies auch in der ökonomischen Bildung. Denn in diesem traditionellen Lernfeld der Politischen Bildung agieren gesellschaftliche Interessengruppen (zum Teil erfolgreich), die ein eigenes Unterrichtsfach „Wirtschaft" fordern, welches sich nicht mehr an den Leitideen der Kontroversität, Autonomie und Mündigkeit, sondern an denen der Effizienz und Nutzenmaximierung orientieren soll. Dabei wird beansprucht, mit Modellierungen der ökonomischen Verhaltenslehre die soziale Welt zu erklären – quasi als Alternative zu den diskursiven Angeboten der Unterrichtsfächer der Politischen Bildung. Mit der globalen Finanzkrise sind die Lobbyisten eines „Unterrichtsfaches für den neoliberalen Zeitgeist" in die Defensive geraten. Für die Politische Bildung bleibt es aber geboten, die sozioökonomische Bildung weiterhin aktiv mitzugestalten.

Zukünftige Rolle der politischen Bildung

Politische Bildung war schon immer etwas mehr als ein normales Unterrichtsfach. Dieses „mehr" sollte zukünftig wieder deutlicher werden. Es geht nicht einfach um die Vermittlung von Fachgegenständen, sondern um die Förderung von Urteilskraft, von kritischem Denken und die Befähigung zu interessengeleitetem Handeln. In der schulischen Politischen Bildung ist der Beutelsbacher Konsens in den vergangenen Jahren auf die ersten beiden Punkte „Überwältigungsverbot" und „Kontroversitätsgebot" verengt worden. Hier sind Neujustierungen notwendig, um die Analyse von Interessenlagen, die Partizipationsbefähigung und das politische Handeln wieder stärker in den Schulalltag zu integrieren (vgl. Block 10).

3. Demokratie und politische Bildung

Was ist Demokratie?

Demokratie bezeichnet eine politische Herrschaftsform, die sich über die Souveränität des Volkes legitimiert. Die Demokratie hat dadurch das scheinbare Paradoxon zu lösen, dass Herrscher und Beherrschte synonym zu denken sind. Der Nachweis der Souveränität von Beherrschten erfolgt im Modus politischer Partizipation – sei es als plebisizitäre, repräsentative oder elektorale. Die Demokratie als Staatsform institutionalisiert Verfahren, die dem Volk politische Selbstbestimmung als Souverän eröffnen.

Demokratie bezeichnet auch eine politische Lebensform, die politische Selbstbestimmung als soziale Praxis begreift. Sie autorisiert die politischen Subjekte, Verantwortung für die eigenen Interessen und die kollektiven Belange zu übernehmen. Demokratie ist als Lebensform kein

Regelsystem, sondern ein gemeinsam geteilter und verarbeiteter Erfahrungshintergrund, der zu politischer Aktivität und Veränderung animiert.

Demokratisierung bezeichnet einen historischen und konflikthaften Prozess, in dem um die Realisierung und Ausweitung politischer Selbstbestimmung gestritten wird. Politische Bildung ist Teil dieses Demokratisierungsprozesses. Orientiert an den Prinzipien der Mündigkeit, Urteilskraft und Emanzipation will sie Bürgerinnen und Bürger als demokratischen Souverän bilden. Politische Bildung fragt, wie die Möglichkeiten zur personalen Selbstbestimmung, zum zivilgesellschaftlichen Engagement und zur politischen Partizipation von Lernenden gestärkt werden können. Insofern stellt Politische Bildung immer auch eine Form von Herrschaftskritik dar. Sie hinterfragt die gesellschaftlichen Bedingungen und die ungleichen Voraussetzungen, unter denen Bürgerinnen und Bürger im politischen Raum agieren.

Rolle der Politischen Bildung in der Demokratie

Demokratie entwickelt und erneuert sich kontinuierlich. Im Kontext von Globalisierung und Diversität sowie angesichts des Wandels von Staatlichkeit verändern sich die Bedingungen für politische Partizipation und für zivilgesellschaftliches Engagement. Politische Bildung interessiert sich für die kollektiven und individuellen Lernprozesse, die im Kontext des sozialen Wandels entstehen. Als Didaktik der Demokratie fragt sie nach Lernprozessen und Handlungsoptionen, die Bürgerinnen und Bürger vollziehen oder vollziehen können, um Mündigkeit, politische Teilhabe und zivilgesellschaftliche Verantwortung im Kontext gesamtgesellschaftlicher Veränderungen zu erhalten. Das normative Ziel einer Didaktik der Demokratie stellt die Befähigung der Menschen zu politischer Selbstbestimmung dar. Dabei geht es auch darum, demokratische Grundwerte als Orientierungspunkte politischen Denkens und Handelns zu reflektieren.

Demokratielernen als Aufgabe der politischen Bildung?

Für die Politische Bildung sind also nicht nur Fragen des Transfers von wissenschaftlicher in lebensweltliche Erkenntnis relevant, sondern vor allem die lebensweltlichen Sinnbildungen der Bürgerinnen und Bürger selbst. Von demokratiedidaktischem Interesse ist die subjektive Dimension. Ich begreife diese politisch-kulturelle „Innenausstattung" der Demokratie als Bürgerbewusstsein. Es entsteht in diskursiven und kulturellen Kontexten und bestimmt mit darüber, wie Bürgerinnen und Bürger ihre Autonomie leben (können). Das Bürgerbewusstsein wandelt sich in Lernprozessen und ist durch Politische Bildung zu aktivieren. Es stellt eine zentrale Kategorie der Didaktik der Politischen Bildung dar.

4. Politikbegriff und Breite des Unterrichtsfaches

Was ist Politik? In der Politischen Bildung hat sich in den letzten 20 Jahren ein Politikbegriff verbreitet, der deskriptiv Strukturen, Prozesse und Inhalte der Politik unterscheidet. Für die Fachdidaktik war die Politiktrias „polity – politics – policy" in den 1990er Jahren hilfreich, um im Kontext von Pädagogisierungen Fachlichkeit zu gewinnen. Zur Bezeichnung der Substanz von Politik oder gar des Politischen leistet die Trias aber zu wenig. Sie definiert nicht, was Politik ist, sondern benennt Dimensionen, die der Analyse von Politik dienlich sind. Letztlich verfügt jedes soziale Handeln über eine strukturelle, eine prozedurale und eine inhaltliche Dimension.

Eine didaktisch tragfähige Definition, die politisches Handeln von allgemein sozialem Handeln unterscheidet, lautet: Politisches Handeln zielt auf die Transformation partieller Interessen in allgemein verbindliche Regelungen. Es findet verdichtet im staatlichen Institutionengefüge statt und kann aspekthaft ein Bestandteil jeder sozialen Praxis sein. Das Kriterium für politisches Handeln ist nicht der Erfolg, sondern die Sinnhaftigkeit des Tuns. Auch die Delegitimierung von allgemeiner Verbindlichkeit ist politisch.

Ein didaktisch gebrauchsfähiger Politikbegriff sollte auch die sozialen Praxen erfassen, die die politische Wirklichkeit informell konstituieren. Der vorrangige politische Handlungsraum mündiger Bürgerinnen und Bürger ist ihr Alltag. Ein Politikbegriff der Politischen Bildung sollte diesen Alltag sowohl in seiner politischen Bedingtheit als auch seiner politischen Bedeutsamkeit sichtbar machen können. Didaktisch relevant ist die Alltagspolitik.

Politik als Kern? Der fachliche Kern Politischer Bildung und ihrer Unterrichtsfächer lassen sich nicht allein aus dem Politikbegriff (und auch nicht allein aus der Politikwissenschaft) ableiten. Die Politische Bildung ist notwendigerweise transdisziplinär mit verschiedenen Bezugswissenschaften verwoben. Das Politische der Politischen Bildung kann nicht hinreichend über den Politikbegriff beschrieben werde. Es bezieht sich auf eine Bildung, die die öffentliche Gestaltungskraft mündiger Bürgerinnen und Bürger zum Gegenstand hat. Bildungstheoretisch bezieht sich das Politische auf den Anspruch und die Fähigkeit von Lernenden, die vorgefundene soziale Welt zu verstehen, zu beurteilen, zu kritisieren und zu verändern. Der Kern der Politischen Bildung ist die Mündigkeit und die Autonomie von Bürgerinnen und Bürgern.

Die Politische Bildung fördert das Bürgerbewusstsein mit dem Ziel der Mündigkeit der Bürgerinnen und Bürger. Ausgehend von dieser Substanz sind in den Sinnbildungen des Bürgerbewusstsein die disziplinären Bezüge der Politischen Bildung zu suchen. Für meine didaktische Forschung habe ich eine Heuristik von fünf Sinnbildern des Bürgerbewusstseins entwickelt: Vorstellungen darüber, wie sich Individuen in die und zu einer Gesellschaft integrieren (Vergesellschaftung), darüber, welche allgemein gültigen Prinzipien das soziale Zusammenleben leiten (Wertbegründung), darüber, wie Bedürfnisse durch Güter befriedigt werden (Bedürfnisbefriedigung), darüber, wie sich sozialer Wandel vollzieht (Gesellschaftswandel) und darüber, wie partielle Interessen allgemein verbindlich werden (Herrschaftslegitimation). Diese subjektiven Sinnbildungen vollzieht jeder Mensch. Es handelt sich um Fachlichkeit im Denken der Bürgerinnen und Bürger selbst. Dieses fachliche Denken über das Politische ist der Ausgangspunkt meiner fachdidaktischen Überlegungen.

Lernfeld Gesellschaftswissenschaften

Demnach bestimmen nicht die Bezugswissenschaften den fachlichen Zuschnitt der Politischen Bildung. Der fachliche Zuschnitt des Bürgerbewusstseins bestimmt die didaktisch sinnvollen fachdisziplinären Bezüge. Die traditionelle Fachdidaktik als Vermittlungswissenschaft fand ihre Gegenstände in den Bezugswissenschaften, legitimierte, reduzierte und methodisierte sie didaktisch und transferierte sie in das Denken der Lernenden. Eine moderne Fachdidaktik geht den entgegengesetzten Weg. Sie findest die fachlichen Gegenstände im Bürgerbewusstsein der Lernenden und didaktisiert diese, indem adäquate Lernanlässe im Alltag und in den Wissenschaften gesucht werden.

Die Unterrichtsfächer der Politischen Bildung würde ich demnach weder monodisziplinär noch interdisziplinär begründen. Sie sind transdisziplinär mit mehreren Bezugswissenschaften vernetzt. Ihre Relevanz ergibt sich aus den fachlichen Gehalten des Denkens der Lernenden. Bildungspolitisch halte ich es fruchtbar, dass das föderale System alternative Modelle des Zuschnitts der Unterrichtsfächer ermöglicht.

5. Kompetenzen, Inhalte und Konzepte der politischen Bildung

Die politikdidaktische Debatte um die Kompetenzorientierung, die das vergangene Jahrzehnt prägt, beherbergt ein Gegenmodell zum hu-

Kompetenzorientierung

manistischen Bildungsideal der Politischen Bildung. Als Kompetenzen werden Fähigkeiten bezeichnet, die gesellschaftlich nützlich oder ökonomisch verwertbar sind. Die für die Politische Bildung zentrale Orientierung an der Autonomie und Mündigkeit des Einzelnen kommt dabei zu kurz. Letztlich kann die politische Selbstentfaltung und die geistige Vervollkommnung mündiger Bürgerinnen und Bürger nicht in der Logik eines funktionalen Kompetenzverständnisses konzipiert werden.

Kompetenzorientierung macht für mich Sinn, wenn sie pragmatisch als Gegenkonzept zur didaktischen Defizitorientierung entwickelt wird. Defizitorientierter Politikunterricht will Wissen austauschen, indem Miss- oder Fehlkonzepte durch richtiges Wissen ersetzt werden. Kompetenzorientierter Politikunterricht hingegen sollte an dem politischen Wissen ansetzten, das im politischen Alltag aktiviert wird. Die politische Kompetenz wird dann in den mentalen Modellierungen der Lernenden – im Bürgerbewusstsein – sichtbar.

Paradoxerweise wird aber gerade in didaktischen Modellen, die versuchen politische Kompetenzen zu messen, defizitorientiert gearbeitet. Die politische Kompetenz von Lernenden wird am Grad ihrer Wissenschaftlichkeit bewertet und bleibt dadurch zwangsläufig rudimentär. Diese Form defizitorientierter Kompetenzmodellierung und -messung delegitimiert letztlich die Mündigkeit der Bürgerinnen und Bürger, da der demokratische Souverän als fachlich fehlerhaft dargestellt wird.

Kompetenzen   Partizipationsfähigkeit und Interessenartikulation sind aber auch mittels Vorstellungen möglich, die im Spiegel der Kompetenzmessung defizitär erscheinen. Politische Mündigkeit drückt sich in alltäglichen Sinnbildungen, Urteilen und Handlungen der Bürgerinnen und Bürger aus. Wissenschaftlichkeit ist dafür eine sinnvolle, aber keine unabdingbare Voraussetzung.

Die zentrale Kompetenz, die in der Politischen Bildung entwickelt wird, ist die Kompetenz zur politischen Sinnbildung. Hierbei bedient sich der Mensch seines Bürgerbewusstseins (oder mit anderen Worten: seiner mentalen Modellierungen oder seines konzeptuellen Deutungswissens über Politik, Wirtschaft und Gesellschaft), um sich in der politischen Wirklichkeit zu orientieren, um die politische Wirklichkeit zu beurteilen und um in der politischen Wirklichkeit zu handeln. Es geht um politische Urteilskraft.

Die Politische Sinnbildungskompetenz lässt sich in die drei Bereiche Orientierungskompetenz, Urteilskompetenz und Handlungskompetenz unterscheiden. Die politische Orientierungskompetenz umfasst die Fähigkeit, die politische Welt zu sehen und begrifflich zu verstehen. Hierzu zählt auch die (sozialwissenschaftliche) Methodenkompetenz. Zur politischen Urteilskompetenz zählt neben der Befähigung zum Sach- und Werturteilen insbesondere die Kritikfähigkeit. Mündigkeit basiert auf der Fähigkeit, gesellschaftliche Bedingungen und soziale Voraussetzungen zu hinterfragen und zu überschreiten. Die politische Handlungskompetenz bezeichnet die Fähigkeit zur politischen und gesellschaftlichen Partizipation.

Ein ‚Konzept' bezeichnet eine geistige Verknüpfung, die dem Verständnis und der Erklärung von Sachverhalten dient. Bei konzeptuellem Wissen handelt es sich um ein Wissen, das hinter dem reinen Faktenwissen liegt. Konzepte sind nicht Träger von Informationen, sondern Erzeuger von Sinn. Ein Konzept ist eine Grundform des Denkens. Für das Denken und Lernen in der Politischen Bildung sind Konzepte basal, die für politische Sinnbildungen genutzt werden.

Konzepte

Die Orientierung an Konzepten des fachlichen Denkens eröffnet der Politischen Bildung einen Zugang zu den Lernvoraussetzungen und zu den Lernprozessen. Im Lernen erweitern und erneuern sich die subjektiven Konzepte über Politik, Wirtschaft und Gesellschaft. Für die Didaktik der Politischen Bildung ist von Interesse, wie Lernende fachlich denken und für sich selbst Politik sinnhaft machen. Es geht um die Sinnbilder und Sinnbildungen, durch die sich Lernende die politisch-gesellschaftliche Wirklichkeit erklären. Dieser subjektive Sinn ermöglicht das politische Sehen, das politische Urteilen und das politische Handeln.

Die bislang vorgeschlagenen Konzept-Tableaus verstehe ich als Platzhalter für die subjektiven Konzepte von Lernenden, die fachdidaktisch zu erforschen sind. Je stärker versucht wird, diese Konzepte fachwissenschaftlich zu definieren, desto eingeschränkter ist der Blick auf die tatsächlichen Vorstellungswelten von Lernenden über Politik. Der Versuch, richtige und falsche oder wissenschaftliche und alltägliche oder objektive und subjektive Konzepte der Politik zu hierarchisieren, führt in dieser Perspektive in die Irre. Didaktisch sind für die Politische Bildung die Formen und Inhalte der Vorstellungswelten zu rekonstruieren.

6. Politikdidaktische Prinzipien

Die didaktischen Prinzipien hatten sich seit den 1990er Jahren zu einem akzeptierten und bewährten Grundkanon der Politischen Bildung entwickelt. Jedes dieser Prinzipien hat seine didaktische Berechtigung und kann für die Planung von Unterricht hilfreich sein. Es sollten aber stärker fachspezifische Prinzipien entwickelt und begründet werden. Sinnvoll wären weniger Passepartout- und mehr Fachprinzipien. Warum nicht beispielsweise: Demokratieorientierung, Partizipationsorientierung, Orientierung an der Kritikfähigkeit oder der Urteilskraft? Damit wären explizit fachliche Grundsätze gewonnen, die die Politische Bildung von anderen Bildungsbereichen, die sich ja auch an den allgemeinen didaktischen Prinzipien ausrichten, unterscheiden.

Außerdem sollte das Nebeneinander der Prinzipien zu einem Miteinander und Ineinander werden. So wäre beispielweise zu sortieren: Welche Prinzipien ermöglichen es, Anschlüsse an die Schüler_innenvorstellungen herzustellen? Welche Prinzipien dienen der eigenständigen Auseinandersetzung mit dem Lerngegenstand? Welche Prinzipien bringen Fachlichkeit in den Lernprozess? Welche Prinzipien dienen der Verinnerlichung und der Erfahrungsverarbeitung? usw. Es bedarf der Integration der vielfältigen Orientierungen in eine politische Lerntheorie oder Bildungskonzeptionen.

7. Methoden und Medien der Politischen Bildung

Methoden

In meinem Arbeitsbereich fördern wir die methodische Kompetenz der Lehramtsstudierenden durch ein forschungsbasiertes Studium. Die Lehrveranstaltungen werden mit Forschungsprojekten verknüpft und geben so Einblicke in den Prozess des wissenschaftlichen Erkenntnisgewinns. In der Masterphase führen die Studierenden eigene empirische Erhebungen über das Bürgerbewusstsein von Schülerinnen und Schülern durch, die idealerweise zu einer Masterarbeit ausgebaut werden können.

Haus- und Examensarbeiten werden thematisch mit den Arbeitsschwerpunkten der Forschung verknüpft. Studierende werden als Tutoren und Hilfskräfte an das Fachgebiet herangeführt und zur weiteren Qualifikation animiert. Insbesondere die Mitarbeit im Politik-Labor bereitet die Lehramtsstudierenden auf ihr späteres Berufsfeld vor. In ihm ergibt sich die Möglichkeit zur Gestaltung von Lernumgebungen, zum

Sammeln von Unterrichtserfahrungen, zur Vorbereitung der Schulpraktika und zur Analyse von Bildungsprozessen. Vom forschenden Studieren an der Universität erhoffen wir uns positive Effekte für das forschende Lernen an der Schule.

Das Forschende Lernen ist eine methodische Konzeption, die in der schulischen Politischen Bildung weiter an Bedeutung gewinnen sollte. Sie integriert Handlungs-, Analyse- und Problemlösemethoden und findet ihre Anwendung in Interessengebieten des Alltags der Schülerinnen und Schüler.

8. Lernprozesse und Schülervorstellungen

Politisches Lernen lässt sich weder als Adaption von Vorgegebenem noch als Aneignung von Realität hinreichend beschreiben. Es handelt sich um eine kreative Auseinandersetzung mit einer politischen Wirklichkeit, die dadurch zugleich interpretiert und geschaffen wird. Im Lernen erweitern und erneuern sich die subjektiven Konzepte über Politik, Wirtschaft und Gesellschaft. Für die Didaktik der Politischen Bildung ist von Interesse, wie Lernende fachlich denken und für sich selbst Politik sinnhaft machen. Es geht um die Sinnbilder und Sinnbildungen, durch die sich Lernende die politisch-gesellschaftliche Wirklichkeit erklären. Dieser subjektive Sinn ermöglicht das politische Sehen, das politische Urteilen und das politische Handeln.

Empirische Forschung & Schüler- und Lehrervorstellungen

Lerntheoretisch erhielt die Politische Bildung in den letzten Jahren wertvolle Anregungen aus dem Konstruktivismus – unabhängig von dessen erkenntnistheoretischen Voraussetzungen. Insbesondere für den Erwerb komplexer Fähigkeiten, wie z. B. Problemlösungskompetenz, kritisches Urteilen und vernetztes Denken ergeben sich Anschlussmöglichkeiten. Lernen in der Politischen Bildung ist nicht nur ein Prozess, der Kenntnisse vermittelt, sondern eine sinnhafte Auseinandersetzung mit Wissen. Insofern ist Lernen immer auch eine Denkoperation beziehungsweise Sinnbildungstätigkeit, die zugleich neue Sinnbildungskompetenzen erschließt. Diese prozedurale Dimension ist fachdidaktisch noch viel zu wenig erforscht, obwohl sie als ‚konzeptuelles Deutungswissen' oder als ‚Bürgerbewusstsein' Eingang in den Diskurs der Politischen Bildung gefunden hat.

Bedeutung lerntheoretischer Erkenntnisse

Politisches Lernen ist ein komplexer Wandel subjektiver politischer Vorstellungswelten. Indem die Politische Bildung ihr fachliches Proprium aus den mentalen Modellierungen der Schülerinnen und Schüler schöpft, gewinnt sie in der empirischen Erhebung des Wandels des Bürgerbewusstseins ihr originäres Forschungsfeld. Im letzten Jahrzehnt sind einige interessante Dissertationen und Forschungsvorhaben zu den fachlichen Vorstellungen von Lernenden durchgeführt worden. Die qualitative Untersuchungsanlage nach dem Forschungsrahmen der politikdidaktischen Rekonstruktion eröffnet einen tieferen Einblick in die Vorstellungen der Schülerinnen und Schüler. Auch erste Verallgemeinerungen können vorgenommen werden. Gleichwohl wissen wir als Disziplin noch viel zu wenig darüber, mit welchen Begriffen, Termini und Symbolen Lernende das Politische erfassen. Es ist nur selten die Sprache der Wissenschaft. Zu den Herausforderungen der Didaktik der Politischen Bildung zählt es, die subjektiven Konzepte empirisch zu erforschen.

9. Politikdidaktik als Wissenschaft

Forschungsfragen für die Zukunft

Für die Didaktik der Politischen Bildung bestehen vier zentrale Forschungsaufgaben. Es handelt sich um eine empirische, eine normative, eine reflexive und eine anwendungsbezogene Aufgabe.

In empirischer Hinsicht ist die Tatsächlichkeit politischer Bildungsprozesse zu erheben und zu analysieren. Hierzu zählen insbesondere Studien zu den Vorstellungen von Schülerinnen und Schülern sowie Lehrerinnen und Lehrern, die in Anschluss an das Forschungsprogramm Didaktische Rekonstruktion angelegt sein können. Zu diesem Aufgabenfeld gehören auch Wissenstests und Kompetenzmessungen. Entwicklungspotenziale bestehen hinsichtlich Lernwirksamkeitsstudien, Unterrichtsbeobachtungen (bspw. durch ethnographische Verfahren) sowie experimentellen Settings.

Die normative Aufgabe der Didaktik der Politischen Bildung sehe ich u. a. in der Legitimation von Lernzielen und Kompetenzen des Faches. Hierzu zählt auch die wissenschaftliche Begleitung von Curriculaentwicklungen. Eine wichtige normative Forschungsaufgabe ist die Kritik der Politischen Bildung, der Bedingungen Politischer Bildung und von politischen Erziehungskonzeptionen. Zudem sollte sich die wissenschaftliche Disziplin an der demokratietheoretischen Begründung von Bürgerkompetenzen beteiligen.

In reflexiver Hinsicht stellt sich der Didaktik die Aufgabe, politische Bildungschancen in Lebenswelt und Wissenschaft zu untersuchen. Hierbei geht es um die didaktische Analyse von Fach- und Alltagsgegenständen, die zur Irritation und Anregung des Bürgerbewusstseins genutzt werden können. Die Untersuchung des Bildungsgehalts außerschulischer Lernorte stellt genauso eine reflexive Forschungsaufgabe dar wie die Analyse von Bildungsmedien, insbesondere Schulbüchern.

Anwendungsbezogen stellt sich der Didaktik der Politischen Bildung die Aufgabe, politische Bildungsprozesse zu strukturieren. Dabei kann es sich um die wissenschaftliche Legitimation von Unterrichtsleitlinien und Bildungsprinzipien handeln. Bestandteile dieses Aufgabenfeldes sind auch die didaktische Konzeption von Lehr-Lernarrangement und die Entwicklung von Bildungsmedien.

Meine eigenen Forschungsschwerpunkte verteilen sich auf diese vier Aufgabenfelder. Ich habe in den anderen Blöcken zum Teil auf sie verwiesen.

Eigene Forschungsschwerpunkte

10. Fachdidaktische Kontroversen

Die Erfolgsgeschichte des Beutelsbacher Konsens basiert auf seinem Dreiklang. Der erste Konsenspunkt sichert die Politische Bildung gegenüber pädagogischen Hörigkeitskonzepten ab und verpflichtet sie auf „Mündigkeit" als normative Zielorientierung. Dadurch fühlten sich in den 1970er Jahren sowohl die gesellschaftskritischen als auch die konservativen Politikdidaktiker_innen angesprochen. Erstere interpretierten das Überwältigungsverbot als Absage an eine affirmative Didaktik des politischen Status Quo. Zweite lasen es als Barriere gegenüber einer systemkritischen Indoktrination der Schüler_innen.

Der zweite Beutelsbacher Konsenspunkt integriert diejenigen didaktischen Positionen, welche die „Rationalität" als Kernprinzip der Politischen Bildung betrachten. Das Kontroversitätsgebot stellt innerhalb der Politischen Bildung sicher, dass nicht Meinungen und Ideologien, sondern Urteile und Argumentationen leitend sind.

Der dritte Konsenspunkt hingegen lässt sich als eine Referenz für die reformorientierten und gesellschaftskritischen Didaktiker_innen verstehen. Deren Ziel war es, die Möglichkeiten zur personalen Selbstbestimmung und gesellschaftlichen Mitbestimmung von Lernenden zu vergrößern. Die Befähigung zur interessengeleiteten Partizipation wird von ihnen als Bedingung für „Emanzipation" – im Kontext von Herrschaftskritik und Demokratisierung – gelesen.

Mündigkeit, Rationalität und Emanzipation lauten die Grundorientierungen Politischer Bildung, die durch die Beutelsbacher Konsenspunkte Überwältigungsverbot, Kontroversitätsgebot und Partizipationsbefähigung gewährleistet werden. Im Diskurs der schulischen Didaktik der Politischen Bildung erscheint es mir notwendig, wieder verstärkt dafür zu streiten, dass Politische Bildung politisch ist. Schüler_innen müssen lernen, die konfligierenden Interessenlagen im politischen Alltag zu dechiffrieren und ihre eigenen Interessen zu artikulieren.

Die aktuellen Kontroversen zur Kompetenzorientierung, zu den Konzepten sowie zum Politikbegriff habe ich bereits in den vorangegangenen Blöcken angesprochen.

11. Politikdidaktik und Lehramtsausbildung

Wissen und Können von Politiklehrern

Traditionell ließen sich die zentralen Anforderungen an gute Politiklehrer_innen in dem Dreiklang „Wissenschaftliche Fachkenntnisse – Didaktisches Transformationswissen – Methodische Kompetenz" zusammenfassen. Damit schien die Lehrkraft für alle Fragen der Planung, der Durchführung und der Reflexion von politischen Bildungsprozessen gerüstet. Die empirischen Kompetenzen der Politikdidaktiker_innen und die diagnostischen Kompetenzen der Politiklehrer_innen waren tendenziell unbedeutsam. Die Fachdidaktik war mehr oder weniger eine Hilfswissenschaft für Vermittlungszwecke.

Politikdidaktik in der Lehramtsausbildung

Die moderne Didaktik der Politischen Bildung erforscht ihren eigenen Gegenstand, der als konzeptuelles Deutungswissen, als mentale Modellierungen über Politik oder als Bürgerbewusstsein bezeichnet werden kann. Diese Didaktik der Politischen Bildung gehört in das Zentrum der Lehramtsausbildung für die Unterrichtsfächer der Politischen Bildung (Politik, Politik-Wirtschaft, Sozialkunde, Gemeinschaftskunde, Sozialwissenschaften, Politikwissenschaft oder wie auch immer sie bezeichnet sind). Als Wissenschaft vom fachlichen Lernen (inklusive Lehren) verfügt sie über eine Orientierungsfunktion für alle Aspekte der Lehrer_innenausbildung in der Politischen Bildung. Sie integriert die beteiligten Bezugsdisziplinen (wie Politikwissenschaft, Ökonomie, Soziologie, Psychologie, Geschichte, Erziehungswissenschaft) im Hinblick auf folgende vier berufsbezogene Bildungsziele der Lehramtsausbildung für Politische Bildung:

1. Aufbau von Fachkompetenzen,
2. Förderung der Lehrkompetenz,
3. Entwicklung der diagnostischen Kompetenz,
4. Befähigung zur Planung und Reflexion von Unterricht.

In einem Basiscurriculum der „Didaktik der Politischen Bildung" sollten die Studierenden erlernen, wie die Disziplin entstanden ist und sich historisch entwickelt hat, wie die Lerngegenstände der politischen Bildung aus der subjektiven Perspektive von Schüler_innen verstanden werden können, wie zentrale Lernfelder der Politischen Bildung (politisches, ökonomisches, gesellschaftliches, historisches Lernen) beschrieben werden können, wie sozialwissenschaftliche Lerngegenstände mit dem Vorwissen und den Vorerfahrungen der Schüler_innen in Beziehung gesetzt werden können, wie sozialwissenschaftliche Lerngegenstände subjektiv angeeignet werden und durch welche fachlichen Konzepte und Kategorien Gegenstände der Politischen Bildung dargestellt werden können. Am Ende der Lehreinheit sollten die Studierenden über eine politische Lerntheorie verfügen, politische Lernprozesse empirisch beobachten und analysieren können, Ziele der politischen Bildung an Wertmaßstäben begründen können, politische Bildungschancen in Lebenswelt und Wissenschaft entdecken und analysieren können, die Bedingungen und Voraussetzungen von politischen Bildungsprozessen kritisch hinterfragen können sowie fachdidaktische Unterrichtskonzepte einsetzen und politische Bildungsprozesse strukturieren können.

Schwerpunkte der eigenen Lehre

An den Universitäten wurde die Didaktik der Politischen Bildung oftmals auf Aufgaben in der Lehrerausbildung reduziert und nicht forschungsfähig ausgestaltet. Das lässt sich heute nicht mehr rechtfertigen. Die Lehramtsausbildung bedarf eines forschungsorientierten Studiums. An der Leibniz Universität Hannover haben wir als eine Spezifikum der Politiklehrerausbildung das Politik-Labor etabliert. Das Politik-Labor ist ein außerschulischer Lernort der Klassenstufen 10 bis 13. Es zielt darauf, den Lernenden einen Zugang zu sozial- und geisteswissenschaftlicher Forschung zu eröffnen und damit das didaktische Prinzip des Forschenden Lernens für die Politische Bildung nutzbar zu machen. Lehramtsstudierende können sich im Politik-Labor auf ihr späteres Berufsfeld vorbereiten, indem sie dort Lernumgebungen gestalten, Unterrichtserfahrungen sammeln, Praxisphasen vorbereiten und Bildungsprozesse analysieren.

Verhältnis von Theorie und Praxis	Unter Politikdidaktiker_innen kursiert seit einigen Jahren das hartnäckige Vorurteil, Lehrer_innen würden von ihnen „Rezepte" für den Politikunterricht erwarten. Für die Zutaten und Mischungsverhältnisse des alltäglichen Unterrichts sei die Politikdidaktik aber nicht zuständig, schließlich sei die Rezeptur des Unterrichtens von akademisch qualifizierten Pädagogen selbst zu finden. Mit dieser Argumentation habe ich in den vergangenen zehn Jahren häufig Politikdidaktiker_innen auf die Frage antworten hören, worin die Praxisrelevanz der von ihnen vorgetragenen Thesen bestünde. Manchmal hatte ich den Eindruck, dass der Rezepte-Such-Vorwurf vorgetragen wurde, um Fragen nach dem Unterrichtsbezug von didaktischen Erkenntnissen auszuweichen.

Die Didaktik der Politischen Bildung ist eine anwendungsbezogene Wissenschaft. Als solche muss sie sich dem Verhältnis von Theorie und Praxis in Schule, Jugend- und Erwachsenenbildung stellen. Das Schulsystem hat längst eine Schicht von hochkarätig qualifizierten Multiplikatoren (Fachseminarleiter, Mentoren, Fachberater, Dozenten u. ä.) ausgebildet, die eine fachdidaktische Scharnierfunktion zwischen der Wissenschaft und dem Unterricht der Politischen Bildung ausüben, sodass die Politikdidaktiker_innen für die angebliche Rezeptsuche gar nicht vorrangig in Betracht kommen. Die Didaktik der Politischen Bildung sollte sich dem kontinuierlichen Austausch mit den Intermediären und den Praktiker_innen stellen, um Thesen und Erkenntnisse fachdidaktischer Forschung zu prüfen und zu transferieren, sowie um neue Forschungsfragen zu generieren.

12. „Gute" politische Bildung

„Gute" Politische Bildung didaktisiert die subjektiven Vorstellungen von Politik, Wirtschaft und Gesellschaft, welche die Menschen durch den Alltag leiten. Das politische Wissen ist ein Bestandteil der Kompetenzen, mit denen Bürger_innen ihren politischen Alltag bewältigen. Der Politischen Bildung stellt sich die didaktische Aufgabe, dieses Bürgerbewusstsein in Lernprozessen zu aktivieren. Das kann gelingen, wenn die Lernaufgaben Reibungsflächen in Form von kontrastierenden oder irritierenden Konzepten aus Wissenschaft und Lebenswelt anbieten.

„Gute" Politische Bildung hinterfragt scheinbar Gegebenes und befähigt Lernende zum kritischen Denken. Sie analysiert die sozialen Voraussetzungen und die gesellschaftlichen Bedingungen für gelingende politische Partizipation. Politische Bildung befähigt autonome Subjekte zum politischen Handeln. Sie übt Herrschaftskritik und steht im Kontext von Emanzipations- und Demokratisierungsprozessen.

Kerstin Pohl

Dr. Kerstin Pohl, geb. 1967 in Bochum

Professorin für Fachdidaktik Sozialkunde/Politik am Institut für Politikwissenschaft der Johannes Gutenberg-Universität Mainz seit 2012.

Herausgeberin der Interviewbücher zur politischen Bildung und Mitherausgeberin der Zeitschrift „politikum"; Forschung zu den gesellschaftstheoretischen, demokratietheoretischen und politikwissenschaftlichen Grundlagen der Politikdidaktik.

Frühere Tätigkeiten

- Wissenschaftliche Mitarbeiterin am Georg-Eckert-Institut für internationale Schulbuchforschung 2012.
- Vertretung der Professur für Didaktik der Politischen Bildung am Institut für Politische Wissenschaft der Leibniz Universität Hannover im Wintersemester 2011/2012.
- Lehrkraft für besondere Aufgaben von 2010 bis 2011 und Wissenschaftliche Mitarbeiterin von 1998 bis 2004 im Bereich Sozialkunde/Didaktik der Politik am Otto-Suhr-Institut der Freien Universität Berlin.
- Referendarin und Lehrerin in Berlin zwischen 2005 und 2010.

Verbandstätigkeiten

- Mitglied der Gesellschaft für Politikdidaktik und politische Jugend- und Erwachsenenbildung (GPJE); Mitglied des Sprecherkreises von 2000 bis 2002 und seit 2012.
- Mitglied der Sektion „Politische Wissenschaft und Politische Bildung" der Deutschen Vereinigung für Politische Wissenschaft (DVPW).
- Mitglied der Deutschen Vereinigung für Politische Bildung (DVPB), Mitglied im erweiterten Landesvorstand Rheinland-Pfalz.

Beratungs- und Kommissionstätigkeiten

- Mitglied im wissenschaftlichen Beirat des Projekts „Zwischenräume – Unterrichtsmaterialien für das globalisierte Klassenzimmer" des Georg Eckert-Instituts, Leibniz-Institut für internationale Schulbuchforschung.

Veröffentlichungen – Auswahl

Mitherausgeberin der Zeitschrift „politikum" (vormals „Politische Bildung") und der Reihen „uni studien politik" und „Analyse Politischer Systeme"

2016 Positionen der politischen Bildung 2. Interviews zur Politikdidaktik. Schwalbach/Ts.

2014 Gesellschaftstheorie in der Politikdidaktik. Die Theorierezeption bei Hermann Giesecke. 2., korr. Aufl., Schwalbach/Ts.

2014 Politikdidaktik – eine interdisziplinäre Sozialwissenschaft. In: Bieling, Hans-Jürgen u. a. (Hrsg.): Kursbuch Politikwissenschaft. Einführung – Orientierung – Trends, Schwalbach/Ts., S. 165-184.

2014 zusammen mit Hubertus Buchstein: Braucht die repräsentative Demokratie ein Update? – Wege aus der Legitimationskrise. In: Goll, Thomas (Hrsg.): Konzepte des Grundgesetzes – die verfassungsgemäße Ordnung der Bundesrepublik. Neun Bausteine für die schulische und außerschulische politische Bildung. Reihe „Themen und Materialien" der Bundeszentrale für politische Bildung, Bonn, S. 261-304.

2008 zusammen mit Markus Soldner: Die Talkshow im Politikunterricht. Direkte Demokratie. Methoden + Materialien + Arbeitsvorschläge. Schwalbach/Ts.

2004 (Hrsg.): Positionen der politischen Bildung 1. Ein Interviewbuch zur Politikdidaktik. Schwalbach/Ts.

2004 zusammen mit Klaus-Peter Hufer und Imke Scheurich (Hrsg.): Positionen der politischen Bildung 2. Ein Interviewbuch zur außerschulischen Jugend- und Erwachsenenbildung. Schwalbach/Ts.

Leseempfehlungen für (angehende) Politiklehrerinnen und -lehrer

Ackermann, Paul/Breit, Gotthard/Cremer, Will/Massing, Peter/Weinbrenner, Peter (2010): Politikdidaktik kurzgefasst. 13 Planungsfragen für den Politikunterricht. Schwalbach/Ts.

Frech, Siegfried/Kuhn, Hans-Werner/Massing, Peter (Hrsg.) (2004): Methodentraining für den Politikunterricht. Schwalbach/Ts.

Gagel, Wolfgang (2005): Geschichte der politischen Bildung in der Bundesrepublik Deutschland 1945-1989. Opladen (3. Aufl.).

Sander, Wolfgang (Hrsg.) (2014): Handbuch politische Bildung. Schwalbach/Ts. (4., völlig überarb. Aufl.).

Weißeno, Georg/Detjen, Joachim/Juchler, Ingo/Massing, Peter/Richter, Dagmar (2010): Konzepte der Politik – ein Kompetenzmodell. Schwalbach/Ts.

Kerstin Pohl

„Politikdidaktik bedarf einer demokratietheoretischen Legitimation sowie eines Rekurses auf die Theoriebildung und die Gegenwartsdiagnosen in den sozialwissenschaftlichen Bezugsdisziplinen."

1. Werdegang

Ich wuchs auf dem Campus des Ökumenischen Studienwerks Bochum auf, wo meine Eltern tätig waren. Dort wurden Stipendiatinnen und Stipendiaten der evangelischen Kirche aus Entwicklungsländern auf ihr Postgraduiertenstudium in Deutschland vorbereitet. Viele kamen mit ihren Familien, so dass ich schon als Kind Freundinnen aus Chile, Indien oder den Philippinen hatte und begann, mich für entwicklungspolitische Fragen zu interessieren.

Als Schülerin einer integrierten Gesamtschule prägten mich dann Anfang der 1980er Jahre die großen Friedensdemonstrationen und die Dritte-Welt Gruppen. Unsere fast durchweg sehr jungen und politisch linken Lehrerinnen und Lehrer haben die Busse bestellt, mit denen wir dann gemeinsam zu den Demonstrationen gefahren sind. Damals war das für mich eine tolle Erfahrung – im Nachhinein wundere ich mich, wie oberflächlich unsere inhaltliche Auseinandersetzung mit den politischen Fragen oft war. Als ich nach dem Abitur 1986 für neun Monate in den USA als Au Pair tätig war, hatte ich den Argumenten der konservativen, protestantischen, weißen Reagan-Anhänger/innen wenig entgegenzusetzen.

Ich war lange unsicher, was ich studieren wollte, und entschied mich nach einem kurzen Intermezzo eines landwirtschaftlichen Praktikums, das den Weg in das Studium der Agrarwissenschaft und im Anschluss in die Entwicklungszusammenarbeit ebnen sollte, schließlich für ein Doppelstudium Lehramt Biologie/Sozialkunde und Diplom-Biologie an der Freien Universität Berlin.

Mein Studienschwerpunkt verschob sich immer mehr von der Biologie zur Politikwissenschaft, vor allem zur politischen Theorie. Aber erst kurz vor dem Abschluss eines langen Studiums wies mir ein Zufall meinen weiteren Weg: Peter Massing legte mir nahe, mich für meine Staatsexamensarbeit mit Peter Henkenborgs Dissertation über Moralerziehung und politische Bildung in der „Risikogesellschaft" kritisch auseinanderzusetzen – seitdem hat die Politikdidaktik es mir angetan. Peter Massing gefiel die Arbeit und er bot mir eine Stelle als wissenschaftliche Mitarbeiterin an. Seine Vorstellungen einer sowohl politikwissenschaftlich fundierten wie praxisorientierten politischen Bildung haben mich seitdem sehr geprägt.

2. Situation und Perspektiven der politischen Bildung

Noch mehr als bisher erfordern heute die vielfältigen Folgen der Globalisierung einen Fachunterricht „Politische Bildung", der die Möglichkeit bietet, komplexe politische, gesellschaftliche und ökonomische Phänomene zu thematisieren und sie zumindest ansatzweise durchschaubar zu machen.

Gegenwärtige Situation und Herausforderungen & Zukünftige Rolle der politischen Bildung

In der Sekundarstufe II scheint mir die Politische Bildung mittlerweile gut verankert zu sein. In der Sek. I fristet sie dagegen in vielen Bundesländern ein sehr marginalisiertes Dasein und wird auch zu häufig noch fachfremd erteilt. Da noch immer der Großteil der Lernenden die allgemeinbildende Schule nach der Sek. I verlässt, sehe ich darin ein gravierendes Problem, zumal das Fach Sozialkunde an Berufsschulen häufig eher die Kammerprüfungen als die politische Mündigkeit der Lernenden im Blick hat (vgl. Besand 2014).

Die zunehmende Konkurrenz durch neue Fächer wie Wirtschaft und Ethik drängt die Politische Bildung eher noch weiter an den Rand. Natürlich reagieren diese neuen Fächer auf wichtige gesellschaftliche und politische Herausforderungen, aber ökonomische wie auch ethische Fragen gehören meines Erachtens in ein gemeinsames Fach Politische Bildung und sollten immer im Zusammenhang mit ihrer politischen Dimension betrachtet werden. Zudem wäre eine bundesweit und für alle Schulformen einheitliche Bezeichnung des Unterrichtsfaches als „Politische Bildung" für die dringend nötige Profilbildung des Faches wichtig.

Politische Bildung findet ja zum Glück nicht nur in dem entsprechenden Unterrichtsfach statt. Die Formulierung „politische Bildung als Unterrichtsprinzip" ist in der Praxis meiner Erfahrung nach meist Makulatur, steht jedoch für eine sinnvolle Idee. Um den politischen Gehalt der Inhalte anderer Fächer deutlich zu machen, bedarf es einer fächerübergreifenden Kooperation, an der eine fachlich ausgebildete Lehrkraft für Politische Bildung beteiligt ist. Dann lassen sich Themen wie Atomkraft oder Stammzellenforschung fundiert fächerübergreifend behandeln.

Ähnliches gilt für die zunehmende Anzahl von schulischen Projekten, die einen politischen Gehalt haben. Die immer zahlreicher werdenden Möglichkeiten für engagierte Lehrkräfte, politische Bildung auch jenseits des Fachunterrichts umzusetzen, begrüße ich. Wenn diese Projekte über die wichtige Förderung sozialer Kompetenzen hinaus auch die politische Mündigkeit der Schülerinnen und Schüler fördern sollen, sind hier Lehrkräfte nötig, die die Notwendigkeit eines Brückenschlags von der Lebenswelt zu den politischen und gesellschaftlichen Problemen erkennen und diesen auch initiieren können.

3. Demokratie und politische Bildung

Was ist Demokratie?

Demokratie ist für mich einerseits das Gestaltungsprinzip des demokratischen politischen Systems: Als Volksherrschaft ist eine Demokratie vor allem dem Grundsatz der Partizipation verpflichtet, daneben steht sie aber auch für Rechtsstaatlichkeit, Gewaltenteilung, Sozialstaatlichkeit und Nachhaltigkeit und beruht auf Freiheit und Gleichheit als grundlegenden Werten. In der Verfassungsrealität bestehender Demokratien können die mit der Idee der Demokratie verbundenen normativen Ideale niemals voll verwirklicht werden – sie dienen aber als regulative Ideen im Kampf um die beständige weitere Demokratisierung. Viele – nicht alle – der demokratischen Werte und Verfahrensweisen sind nicht nur für die Organisation eines politischen Systems, sondern auch für das Zusammenleben von Menschen in sozialen Gruppen und gesellschaftlichen Institutionen grundlegend. Deshalb ist Demokratie auch ein zentrales Gestaltungsprinzip für Lebenswelt und Gesellschaft.

Demokratielernen als Aufgabe der politischen Bildung?

Zur freien Entfaltung ihrer Persönlichkeit und zur Entwicklung von Autonomie und Mündigkeit benötigen Menschen demokratische Verhältnisse – genauso wie umgekehrt eine Demokratie auf politische mündige Bürgerinnen und Bürger angewiesen ist. Gemeinsam mit anderen Fächern und der Schule als Institution fördert das Unterrichtsfach Politische Bildung die Akzeptanz der grundlegenden demokratischen Werte sowie das soziale Lernen. Darüber hinaus ist es das Fach, dessen spezifische Aufgabe darin besteht, eine Brücke von der Lebenswelt zur Politik zu schlagen und die Lernenden darin zu unterstützen, die vorgefundene gesellschaftliche und politische Realität zu analysieren und kritisch zu hinterfragen. Dadurch fördert Politische Bildung die demokratisch-politischen Urteils- und Handlungskompetenzen der Bürgerinnen und Bürger im engeren Sinne.

Von Schülerinnen und Schülern und auch von vielen Lehrenden wird Politische Bildung häufig als normales Unterrichtsfach wahrgenommen. Es ist eins der vielen in der Stundentafel verankerten kleinen Fächer mit Schulbüchern, Tests und Noten wie alle anderen Fächer auch. Trotzdem wird es in der Demokratie immer eine besondere Rolle spielen – diese besondere Rolle ins Bewusstsein der Schülerinnen und Schüler zu heben, ist Aufgabe der Lehrkräfte und sie müssen im Studium von der universitären Fachdidaktik darauf vorbereitet werden.

Rolle der Politischen Bildung in der Demokratie

4. Politikbegriff und Breite des Unterrichtsfaches

Unter Politik verstehe ich die allgemeinverbindliche Regelung von Angelegenheiten eines Gemeinwesens. In einer Demokratie sind die Bürgerinnen und Bürger idealerweise in vielfältiger Weise an politischen Entscheidungen beteiligt, ihre bestehenden heterogenen Interessen und Wertvorstellungen werden anerkannt und Entscheidungen werden in deliberativen Verfahren getroffen. Die politische Realität genügt dieser Norm aber immer nur in Ansätzen; politische Prozesse sind durchweg auch von Konflikten und Machtkämpfen geprägt und viele gesellschaftliche Gruppen sind weitgehend ausgeschlossen.

Was ist Politik?

Es gibt unterschiedliche Politikbegriffe, und im Unterricht wie auch in der Politikdidaktik sollte man sich mit diesen unterschiedlichen Begriffen auseinandersetzen. Jenseits dessen ist es aber wichtig, einen Arbeitsbegriff des Politischen als Analyseinstrument zu nutzen, um politische Sachverhalte als solche zu identifizieren und kategorial zu strukturieren. Hier eignen sich für die Kernthemen die drei Dimensionen oder der Politikzyklus, bei gesellschaftlichen Problemen, die nicht auf der politischen Agenda stehen, wie auch bei Themen der internationalen Politik stoßen sie jedoch an ihre Grenzen und müssen themenabhängig erweitert werden.

Mit Hilfe solcher Arbeitsbegriffe lässt sich auch prüfen, ob in der Unterrichtspraxis alle Dimensionen der Politik berücksichtigt werden –

Politik als Kern?

gerade die Aushandlungsprozesse und Machtfragen in der politics-Dimension werden nach meiner Erfahrung leider häufig vernachlässigt.

Als Politikwissenschaftlerin halte ich Themen, die auf der politischen Agenda stehen oder zumindest öffentlich diskutiert werden, und anhand derer sich Einsichten in grundlegende politische Sachverhalte gewinnen lassen, für den Kern der Politischen Bildung. Diese Themen haben selbstverständlich immer auch eine gesellschaftliche, eine ökonomische und eine rechtliche Dimension. Es gibt aber auch wichtige Themen, die derzeit kaum jemandem als problematisch und damit regelungsbedürftig erscheinen, oder bei denen es den betroffenen Gruppen nicht gelingt, sie auf die politische Agenda zu setzen. Man denke nur an Ökologie, Integration, Bildungsgerechtigkeit, die Rechte von Frauen und Homosexuellen oder die rechtliche Regelung internationaler Finanztransaktionen, die lange gar nicht, dann immer wieder nur phasenweise auch politisch verhandelt wurden. Auch solche Themen sollten im Unterricht behandelt werden – hier versuche ich in der Lehre, die politische Dimension dieser Inhalte deutlich zu machen.

Lernfeld Gesellschaftswissenschaften

In Rheinland-Pfalz heißt das Unterrichtsfach zur politischen Bildung an allgemeinbildenden weiterführenden Schulen Sozialkunde. In der Sek. I gibt es nur 3 Stunden Sozialkundeunterricht, verteilt auf Klasse 9 und 10. In der Realschule Plus können und in der Gesamtschule müssen die Fächer Sozialkunde, Geschichte und Geografie gemeinsam unterrichtet werden. In der Sek. II wird Sozialkunde im Grundkurs mit Erdkunde kombiniert, weitere Kombinationen gibt es in den verschiedenen Zweigen der beruflichen Bildung.

Wie schon in Block 2 ausgeführt, plädiere ich für ein integratives Fach Politische Bildung – in Bezug auf die Kombination mit Geschichte und Geografie halte ich einen fächerverbindenden Unterricht für erfolgversprechender als eine Fächerintegration, bei der die Lehrkräfte immer nur für Teilaspekte fachkompetent sind.

5. Kompetenzen, Inhalte und Konzepte der politischen Bildung

Kompetenzen

Unter Kompetenzen verstehe ich Fähigkeiten zur Bewältigung von Handlungsanforderungen, die sich den Menschen in den unterschiedlichen Bereichen ihres Lebens stellen.

Handlungsanforderungen, denen sie als Bürgerinnen und Bürger in einer Demokratie ausgesetzt sind, erfordern neben fachunspezifischen Kompetenzen wie beispielsweise der Sozialkompetenz auch spezifisch politische Kompetenzen. Für zentral halte ich dabei die politische Urteils- und Handlungskompetenz, die beide auf konzeptuelles politisches Deutungswissen angewiesen sind.

Guter politischer Unterricht, der sich an didaktischen Prinzipien orientiert und in dem beispielsweise ein politischer Konflikt mithilfe eines Planspiels erarbeitet wird, so dass die Lernenden politische Handlungsstrategien erproben und sich schließlich zu diesem Konflikt und zum Vorgehen der beteiligten Akteure positionieren können, war schon immer kompetenzorientiert. Von daher kann man meines Erachtens nicht von einem Paradigmenwechsel sprechen.

Kompetenzorientierung

Begrüßenswert ist, dass in der Politikdidaktik nun versucht wird, die spezifisch politischen Kompetenzen genauer zu bestimmen, sie dadurch besser diagnostizierbar zu machen und Möglichkeiten ihrer Förderung aufzuzeigen.

Die Versuche, Kompetenzen mithilfe wissenschaftlicher Methoden auch quantitativ zu messen, stehen noch am Anfang. Sie bergen das Problem, dass Messungen mit Modellen, die angesichts der Komplexität des Gegenstandes notwendig defizitär sein müssen, trotzdem unter dem politischen Diktum der Outputsteuerung des Bildungssystems einen problematischen Schein der Objektivität erzeugen können. Wenn man sich ihrer Grenzen allerdings bewusst ist, bergen sie meines Erachtens auch viele Chancen.

Jenseits der Frage der wissenschaftlichen Kompetenzmessung können die Kompetenzmodelle aber in der Praxis auf jeden Fall helfen, das Augenmerk im Politikunterricht stärker auf konzeptuelles Deutungswissen, Urteils- und Handlungskompetenz zu richten. Nur wenn man genauer spezifiziert, was diese Kompetenzen konkret ausmacht, lassen sie sich auch bei den Lernenden gezielt beobachten und fördern.

Grundwissen lässt sich für die politische Bildung nicht in Form einer Liste von Faktenwissen zusammenfassen. Es lassen sich aber zum einen wichtige Bereiche wie gesellschaftliche Strukturen, Wirtschafts- und Sozialpolitik, Politisches System der BRD, EU und Internationale Beziehungen benennen, aus denen für den Unterricht exemplarische Probleme ausgewählt werden sollten, die Einsichten in die Strukturen, Probleme und Konflikte in diesen Bereichen vermitteln können.

Grundwissen

Zum anderen bieten Basis- und Fachkonzepte eine Möglichkeit, einen Minimal-Kanon zu formulieren, der aber stets für Revisionen offen bleiben muss.

Konzepte
Konzepte sind Begriffe und die dazugehörigen inhaltlichen Vorstellungen. Zur Formulierung eines Minimal-Kanons müssen Konzepte ausgewählt werden, die einerseits wissenschaftlich zentral und andererseits geeignet sind, das vorhandene konzeptuelle Wissen der Schülerinnen und Schüler weiter auszudifferenzieren.

Das gegenwärtig avancierteste Modell, „Konzepte der Politik", hat noch viele Defizite, die in der Diskussion zu Recht kritisiert wurden (vgl. Block 10). Das Modell und seine Diskussion zeigen aber meines Erachtens einen Weg auf, den die Fachdidaktik weiter beschreiten sollte:

Wir brauchen zum einen einen wissenschaftlichen Diskurs darüber, welches die für die politischen Bildung auszuwählenden sozialwissenschaftlichen Konzepte sind, mit denen die Lernenden sich auseinandersetzen sollten, sowie über deren Bedeutungsspektrum im Rahmen unterschiedlicher, auch kontroverser sozialwissenschaftlicher Theorien. Zum anderen wäre es bildungspolitisch sinnvoll, sich ähnlich wie beim Kompetenzmodell der GPJE auf eine gemeinsame Minimal-Liste zu einigen, die als gemeinsame Empfehlung aus der Wissenschaft eine Chance hätte, Eingang in die Rahmenpläne zu finden.

Genauso wichtig wie die Auseinandersetzung mit den wissenschaftlichen Konzepten ist aber auch eine weitere empirische Erforschung der vorhandenen Konzepte der Lernenden.

Darauf aufbauend sollte die Fachdidaktik dann, wie dies in Anfängen auch schon geschieht, zum einen empirische Untersuchungen zur geplanten Förderung konzeptuellen Deutungswissens durchführen. Zum anderen sollte sie Lehrerinnen und Lehrern Hilfestellungen an die Hand geben, wie sie selbst vorhandene Schülerkonzepte diagnostizieren und mithilfe geeigneter Lernsettings für die Lernenden Möglichkeiten schaffen können, diese Konzepte zu erweitern und im Fall eindeutiger Fehlkonzepte auch zu korrigieren.

6. Politikdidaktische Prinzipien

Politikdidaktische Prinzipien sind meines Erachtens hervorragend geeignet, um Studierenden einen ersten Einstieg in theoriegeleitete Planungskompetenz zu ermöglichen. Sie enthalten und verkörpern das Erfahrungswissen darüber, wie sich gelingende Lernprozesse organisieren lassen. Im Laufe der Geschichte der Politikdidaktik wurden immer mehr zentrale Aspekte politischer Lernprozesse benannt und zu so genannten „didaktischen Prinzipien" verdichtet. Viele dieser Prinzipien sind nicht nur für *politische* Lernprozesse relevant, lassen sich jedoch in Bezug auf die politische Bildung spezifizieren.

Als wichtigste politikdidaktische Prinzipien betrachte ich die Problemorientierung, die Kontroversität, die Schülerorientierung, das exemplarische Lernen, die kategoriale Bildung, die Handlungsorientierung und die Konfliktorientierung. Aufgrund des zur Verfügung stehenden Raums werde ich mich hier darauf beschränken, ein besonders auslegungsbedürftiges Prinzip zu erläutern, um so auch die Grenzen didaktischer „Prinzipien" aufzuzeigen:

Schülerorientierung ist ausgesprochen schwer umzusetzen, denn dabei geht es um mehr, als um eine Berücksichtigung offen zutage tretender subjektiver Schülerinteressen. Schwierigkeiten entstehen nicht nur dadurch, dass man kaum davon ausgehen kann, dass alle Schülerinnen und Schüler einer Lerngruppe die gleichen Interessen haben. Vielmehr liegt das zentrale Problem im Interessenbegriff selbst: Es reicht nicht aus, Lernende zu fragen, was sie „möchten", sondern es kommt auch darauf an herauszufinden, was sie in ihrer konkreten Lebenssituation brauchen – und zwar möglichst differenziert für jedes einzelne Mitglied der Lerngruppe. Um diese Frage zu beantworten, bedarf es einer Diagnose, wo die Schülerinnen und Schüler „stehen". Dazu gehören fachliche Aspekte wie zum Beispiel die Frage, welche politischen Konzepte sie haben (vgl. Block 5), entwicklungspsychologische Überlegungen, aber auch eine soziologische Analyse ihrer sozialen und gesellschaftlichen Situation. Die Frage, was die Schülerinnen und Schüler im Rahmen ihrer Bürgerrolle „brauchen", erfordert aber auch eine demokratietheoretische Bestimmung dessen, was man mit politischer Bildung erreichen will. Schülerorientierung ist daher im Kontext einer politikdidaktischen Konzeption wie der von Schmiederer etwas ganz anderes als bei einem konservativen Befürworter der repräsentativen Demokratie.

In der Hochschullehre kommt es daher darauf an, den Studierenden zu verdeutlichen, dass es nicht *die* Schülerorientierung gibt, sondern dass über einen kleinen konsensfähigen inhaltlichen Kern hinaus unterschiedliche Lesarten bestehen, die nur erfasst werden können, wenn grundlegendere konzeptionelle Überlegungen zum Politikunterricht berücksichtigt werden, wie sie vor allem in politikdidaktischen Konzeptionen formuliert werden.

7. Methoden und Medien der Politischen Bildung

Methoden   Der Begriff Methode geht auf das griechische Wort „methodos" zurück und bedeutet so viel wie „der Weg zu etwas hin". In der politischen Bildung wird in der Regel eine Methode passend zu einem zuvor ausgewählten Ziel oder Inhalt festgelegt.

Es gibt zahlreiche Mikromethoden, die in der politischen Bildung eine große Rolle spielen. Beliebt sind Karikaturinterpretationen, die sich gut als Unterrichtseinstieg eigenen, weil sie meist eine Problemfrage aufwerfen. Besonders wichtig ist die Textanalyse, da sich vertiefte Informationen über Politik und Gesellschaft am besten aus Sachtexten gewinnen lassen. Aber auch die Analyse von Bildern und Filmen gewinnt zunehmend an Bedeutung, weil sich die Medienrezeption der jüngeren Generationen immer stärker auf diese Medien konzentriert.

Für die Planung komplexer Unterrichtsthemen eigenen sich Makromethoden, die einer ganzen Unterrichtsreihe eine Struktur geben: In Planspielen wird die politics-Dimension lebendig, in einer Pro-Contra-Debatte werden zentrale Argumente zu einem Problem herausgearbeitet, die eine differenzierte politische Urteilsbildung ermöglichen. Handlungsorientierte Makromethoden ermöglichen zudem eine große Eigenaktivität und Verantwortung der Lernenden im Unterricht und fördern die Handlungskompetenzen, die sie benötigen, um sich politisch zu beteiligen.

Medien   Man kann zwischen (Massen-)Medien, die für die Öffentlichkeit bestimmt sind, und Unterrichtsmedien unterscheiden. Gerade für die politische Bildung sind Massenmedien, zu denen auch elektronische Medien gehören, wichtig, weil Politik über diese Medien vermittelt wird. Zur Bewertung der in den Medien dargebotenen Informationen müssen Schülerinnen und Schüler die jeweilige Eigenlogik der unterschiedlichen Medien durchschauen – sie benötigen Medienkompetenz. Unterrichtsmedien sind Medien, die speziell für den Unterricht hergestellt werden, aber auch diese Medien konstruieren Wirklichkeit und müssen entschlüsselt werden.

Wenn man das berücksichtigt, sind prinzipiell alle Medien geeignet und sie sollten entsprechend ihrer Relevanz in der Öffentlichkeit und für die Lernenden sowie unter dem Gesichtspunkt von Medienvielfalt ausgewählt werden.

Gedruckte Schulbücher – und noch mehr die elektronischen Schulbücher, die derzeit entwickelt werden – orientieren sich an den Rahmenplänen der Länder und haben meist den Anspruch, die dort genannten Inhalte so aufzubereiten, dass sie sich allein mithilfe des Schulbuchs erarbeiten lassen. Das Schulbuch in dieser Form als Leitmedium zu benutzen erleichtert den Lehrkräften im Alltag die Arbeit, birgt aber die Gefahr, an den Interessen und Kompetenzen der Lerngruppe und den aktuellen Entwicklungen in Politik und Gesellschaft vorbei zu unterrichten. Ich empfehle daher, das Schulbuch als Begleitmedium zu nutzen und es gezielt nur dann einzusetzen, wenn es den eigenen didaktischen Intentionen entgegenkommt.

Rolle des Schulbuchs

8. Lernprozesse und Schülervorstellungen

Erkenntnisse aus Pädagogik und Psychologie über das Lernen finden schon lange Eingang in politikdidaktische Überlegungen – besonders prominent beispielsweise bei der Rezeption von Lawrence Kohlbergs Modell der Moralentwicklung im Zusammenhang mit der politischen Urteilsbildung. Auch die Psychoanalyse wurde – meist vermittelt über die Kritische Theorie – in den 1970er Jahren von der Politikdidaktik in Ansätzen aufgegriffen. Daneben sind selbstverständlich immer wieder Erkenntnisse aus der politischen Sozialisations- und Jugendforschung wichtig.

Bedeutung lerntheoretischer Erkenntnisse

In jüngerer Zeit spielen vor allem die konstruktivistische wie auch die kognitionspsychologische Lerntheorie eine entscheidende Rolle. Sie ergänzen sich meines Erachtens gegenseitig sehr gut, wenn man die konstruktivistische Lerntheorie von der konstruktivistischen Erkenntnistheorie trennt, die ich für unplausibel und mit den normativen Ansprüchen der politischen Bildung unvereinbar halte. Der Konstruktivismus lenkt den Blick auf die aktive, individuelle wie soziale Konstruktion des Wissens durch die Lernenden und hilft, Lehr-Lern-Kurzschlüsse zu vermeiden und individuelle Varianzen beim Lernen stärker in den Blick zu nehmen. Auch kognitionspsychologische Lerntheorien betrachten Lernen heute nicht mehr ausschließlich als Informationsverarbeitungsprozess, sondern vielmehr als Wissenskonstruktion, so dass vielfach auch vom kognitiv-konstruktivistischen Modell des Lernens gesprochen wird.

Die Rezeption dieser Lerntheorien hat in der Politikdidaktik zu Recht dazu geführt, die Bedeutung des Vorwissens sowie der konkreten „fachspezifischen Anforderungssituationen" (May), die Abhängigkeit des Lernens von den konkreten Inhalten sowie von motivationalen, sozialen und kulturellen Faktoren, und schließlich die Rolle von Begriffen als Symbolen des Denkens stärker in den Blick zu nehmen und bei der Entwicklung von Kompetenzmodellen zu berücksichtigen.

Empirische Forschung & Schüler- und Lehrervorstellungen

Eine Vielzahl explorativer qualitativer Studien zur empirischen Fachunterrichtsforschung entstand schon seit der Mitte der 1990er Jahre. Meist wurden Einzelstunden oder Stunden-Sequenzen hermeneutisch rekonstruiert; zudem wurden mit Hilfe von Interviewstudien Lernertypologien entwickelt. Jüngere Forschungsschwerpunkte explorativer qualitativer Forschung bilden das Professionswissen der Politiklehrkräfte sowie Schülervorstellungen über Politik und Gesellschaft. Quantitative Studien, auf deren potenzielle Probleme ich bereits in Block 5 hingewiesen habe, widmen sich politischem Wissen und politischen Einstellungen und versuchen, die Bedingungsfaktoren des Lernens aufzuklären. Die dafür notwendigen komplexen, aufwändigen Interventionsstudien stehen erst am Anfang, sodass auch nur einzelne Ergebnisse vorliegen. Bisherige Studien bestätigen vor allem das politikdidaktische Erfahrungswissen zum politischen Lernen – ein Ertrag, den man nicht gering schätzen sollte und der Anlass bietet, die empirische Forschung weiterzuentwickeln und mittels größerer Studien, die qualitative und quantitative Methoden kombinieren, weitere Aufschlüsse über das politische Lernen zu gewinnen, um die Theorieentwicklung sowie die Praxisempfehlungen der Politikdidaktik auf eine solide empirische Grundlage zu stellen.

9. Politikdidaktik als Wissenschaft

Forschungsfragen für die Zukunft

Wie schon im Block 8 angesprochen, sollte die empirische Forschung in der Politikdidaktik gestärkt werden. Vor allem Längsschnittstudien, die Lernprozesse über längere Zeit erforschen und dabei die mannigfaltige Diversität der Lernenden einbeziehen, könnten wertvolle Erkenntnisse für die Politikdidaktik liefern.

Empirische Forschung ist immer theoriegeleitet und lässt sich daher von der konzeptionellen Begründung der Politikdidaktik nicht trennen. Empirische Forschungsdesigns sind auf theoretische Modelle oder zumindest theoretische Annahmen angewiesen, in die immer auch normative Vorstellungen darüber einfließen, was politische Bildung erreichen soll.

Um normative Annahmen zu begründen, bedarf die Politikdidaktik einer demokratietheoretischen Legitimation; zur Auswahl der Inhalte bedarf es darüber hinaus eines Rekurses nicht nur auf die empirischen Ergebnisse sondern auch auf die Theoriebildung und die Gegenwartsdiagnosen in den sozialwissenschaftlichen Bezugsdisziplinen. Die Reflexion von Politik- und Demokratiebegriffen, Bürgerleitbildern, Urteilskategorien sowie Konzepten erfordert vor allem theoretische Anstrengungen, die neben der empirischen Forschung auch zukünftig im Zentrum der Politikdidaktik stehen sollten.

Meine eigenen Forschungsschwerpunkte liegen in den gesellschaftstheoretischen, demokratietheoretischen und politikwissenschaftlichen Grundlagen der Politikdidaktik sowie in der Entwicklung der Politikdidaktik von ihrer Entstehung in den 1950 Jahren bis heute.

Eigene Forschungsschwerpunkte

10. Fachdidaktische Kontroversen

Wissenschaftliche Kontroversen gibt es in jeder Disziplin, und zur Klärung von unterschiedlichen Positionen wie auch zur wissenschaftlichen Weiterentwicklung ist es wichtig, dass diese Kontroversen ausgetragen werden. In der Politikdidaktik sehe ich derzeit drei wichtige Kontroversen:

Die zentrale Kontroverse dreht sich um die Kompetenzorientierung (vgl. Block 5). Hier gibt es mehrere umstrittene Teilaspekte: Zunächst die zum Zwecke der Outputsteuerung proklamierte Notwendigkeit einer *Messung der Kompetenzen* und die damit verbundene empirische Forschung. Meines Erachtens schadet es der Disziplin, wenn sich hier mit der qualitativen und der quantitativen Forschung zwei Lager bilden, die zum Teil durch eine grundsätzliche Ablehnung der jeweils anderen Forschungsrichtung und eine bis ins Persönliche gehende gegenseitige Missbilligung irgendwann endgültig die gemeinsame Sprache verlieren. Meines Erachtens sollten beide Richtungen stärker miteinander verzahnt werden. Des Weiteren ist vor allem das Modell *„Konzepte der Politik"* (Weißeno et al 2010) umstritten. Dieser Streit um die Basiskonzepte (vgl. Autorenkollektiv 2011) stellt einen Kulminationspunkt fast aller wichtigen Kontroversen der letzten zehn Jahre dar: Hier wird über den Konstruktivismus, die kategoriale Bildung, den Politikbegriff, die inhaltliche Breite und vorrangige Perspektive des Unterrichtsfaches, das Verhältnis der Politikdidaktik zu den Fachwissenschaften, die Gestaltung von Lernprozessen und über die Rolle des Wissens im Verhältnis zu den anderen Kompetenzbereichen gestritten. Neu in den Fokus der Politikdidaktik geraten ist zudem die Rolle des Begriffslernens. Hier ist nicht der Platz, um zu allen diesen Kontroversen Stellung zu beziehen – teilweise habe ich das in den anderen Blöcken bereits getan. Ich möchte jedoch anmerken, dass ich es auch bei dieser Kontroverse ausgesprochen schade und kontraproduktiv finde, dass die beiden Lager sich nicht wohlwollender zuhören. Dann ließen sich einige Kontroversen als Scheinkontroversen ad acta legen. Um nur ein Beispiel zu nennen: Es dürfte Konsens sein, dass wissenschaftliche Konzepte differenzierter sind als Schülerkonzepte und dass es sinnvoll ist, die Lernenden mit Lesarten zu konfrontieren, die ihnen bisher unbekannt sind und die man sich als Lehrende/r durch die Rezeption der wissenschaftlichen Diskussion erschließen kann. Durch die Auseinandersetzung mit wissenschaftlichen Konzepten können Schülerinnen und Schüler ihre eigenen Konzepte erweitern – dass dies ein eigener (und auch gemeinsamer sozialer) Konstruktionsprozesses ist, der nicht am Ende in ein ganz bestimmtes, vorgegebenes wissenschaftliches Konzept mündet, bestreitet nach meiner Kenntnis der Diskussion auch niemand.

Die *zweite* derzeit zentrale Auseinandersetzung bezieht sich auf die Frage nach dem „*Kern des Unterrichtsfachs* Politische Bildung". Dabei geht es heute nicht mehr primär um die Frage „Demokratielernen oder Politiklernen". Hier scheint mir mittlerweile geklärt zu sein, dass beides unterschiedliche Felder sind – mit deutlichen Überschneidungsbereichen, aber auch ihren jeweils eigenen Spezifika (vgl. Block 3). Die aktuelle Kontroverse dreht sich stattdessen um die Frage, ob wir eine politische oder eine sozialwissenschaftliche Bildung anstreben. Bisher kenne ich kein Konzept für eine gleichberechtigte Integration der Sozialwissenschaften unter einer gemeinsamen Perspektive, das mich überzeugt, und ein additives Nebeneinander halte ich für problematisch. Ausgehend von einem weiten Politikbegriff plädiere ich daher dafür, gesellschaftliche, ökonomische und rechtliche Fragen nach Möglichkeit im Zusammenhang mit ihrer politischen Dimension zu thematisieren (vgl. Block 4). Parallel dazu wird diskutiert, ob wir ein separates Fach Wirtschaft neben der Politischen Bildung brauchen; dazu habe ich ebenfalls bereits in Block 4 sowie in Block 2 Stellung genommen.

In der *dritten* meines Erachtens wichtigen Kontroverse geht es um die Frage, ob wir eine neue *„Kritische politische Bildung"* brauchen. Dazu habe ich mich an anderer Stelle geäußert – mit dem Tenor, dass die Befürworter/innen einer *„Kritischen politische Bildung"* vor allem durch ihre gesellschaftstheoretischen Bezüge wichtige „Anregungen" bieten, ihre oft zu pauschale und auf vermeidbaren Missverständnissen beruhende Kritik am „Mainstream" der Politikdidaktik aber ein „Ärgernis" darstellt (vgl. Pohl 2013, 2015).

Abschließend noch ein Wort zur Rolle der Kontroversen für die Praxis: Hier führen sie manchmal zu Irritationen und auch zu Unverständnis – für diejenigen, die sich nicht hauptberuflich mit der Politikdidaktik beschäftigen, ist es oftmals schwierig herauszufiltern, welche Relevanz die neuen Diskussionen für den Unterricht haben und welche neuen Vorschläge man wie umsetzen kann und sollte. Sowohl für die politische Bildung an der Schule als auch für die politikdidaktischen Veranstaltungen an der Universität plädiere ich bei wissenschaftlichen Kontroversen für einen pragmatischen Zugriff: Auch umstrittene Ansätze, wie beispielsweise der Konstruktivismus, das Modell „Konzepte der Politik" oder die neue „Kritische politische Bildung" bieten vielfache Anregungen für die Praxis. Beispielsweise halte ich es für ausgesprochen fruchtbar, wenn Lehrkräfte zunächst selbst die Breite des wissenschaftlichen Diskurses zu zentralen politischen Konzepten wie Macht oder Demokratie in den Blick nehmen, um dann nach einer Diagnose der Schülerkonzepte Lernsituationen so zu gestalten, dass die Lernenden ihre Konzepte erweitern können.

11. Politikdidaktik und Lehramtsausbildung

Politiklehrerinnen und -lehrer sollten im Idealfall nicht nur gute Pädagogen und Experten für ihr Fach sein sowie aufmerksam die gesellschaftlichen und politischen Entwicklungen verfolgen und deren Auswirkungen auf ihre Schülerinnen und Schüler erkennen, sondern auch aktiv an politischen Projekten jenseits des Fachunterrichts und an der Schulentwicklung mitwirken.

Wissen und Können von Politiklehrern

Aber selbst wenn man sich auf das Unterrichtsfach beschränkt, stellt die Politische Bildung an die Lehrkräfte besonders hohe Anforderungen, weil sie sich auf mehrere fachwissenschaftliche Bezugsdisziplinen stützt. Da die Politikwissenschaft in der Regel stärker als die Soziologie und die Ökonomie auch die Inhalte der anderen sozialwissenschaftlichen Disziplinen integriert, halte ich es für sinnvoller, dass die Studierenden ein gründliches politikwissenschaftliches Studium an einem breit aufgestellten politikwissenschaftlichen Institut absolvieren, als dass sie nur jeweils einzelne Module an drei Instituten belegen und so keine der Disziplinen wirklich durchdringen und auch keine fachliche Identität ausbilden können.

Über die genannten Kompetenzen hinaus sollten Politiklehrerinnen und -lehrer auch leidenschaftliche Demokraten sein – optimal wäre es, wenn sie sich aus dieser Leidenschaft heraus auch politisch engagieren. Auf jeden Fall müssen sie an die Bedeutung ihres Faches für die Demokratie glauben.

Politikdidaktik in der Lehramtsausbildung

Unterrichten lernen die angehenden Politiklehrerkräfte vor allem im Referendariat und in den ersten Berufsjahren. Die politikdidaktische Ausbildung an der Universität kann dafür wichtige Grundlagen legen. Politikdidaktik muss den Studierenden ihre relevanten theoretischen und empirischen Forschungsergebnisse zur politischen Bildung vermitteln und ihnen die Gelegenheit geben, ihr Wissen aus dem fachwissenschaftlichen und dem bildungswissenschaftlichen Studium mit Blick auf den Unterricht zusammenzuführen, so dass sie schließlich Merkmale von gutem Politikunterricht verinnerlicht haben. Darauf aufbauend sollten die Studierenden vor allem Planungskompetenz entwickeln, die dann in den ersten Unterrichtspraktika, vor allem aber in der zweiten Phase ausgebaut und zur Handlungskompetenz weiterentwickelt wird.

Verhältnis von Theorie und Praxis

In politikdidaktischen Seminaren erhoffen sich die meisten Studierenden eine möglichst große Praxisrelevanz. Sofern sie keine „Rezepte" erwarten, denen sie unreflektiert folgen können, ist der Wunsch nach Praxisrelevanz nachvollziehbar und legitim. Bei Seminaren, in denen es nicht unmittelbar um Unterrichtsplanung geht, gilt es deshalb aufzuzeigen, warum und inwiefern auch eher theoretische Überlegungen eine praktische Relevanz haben. Das geht bei jedem politikdidaktischen Thema, beispielsweise indem man immer auch fragt, was eine bestimmte Position – z. B. Schmiederers spezifische Vorstellung zur Schülerorientierung – für die konkrete Unterrichtsplanung bedeuten könnte.

Schwerpunkte der eigenen Lehre

Besonders gerne verbinde ich in Seminaren einerseits fachwissenschaftliche mit politikdidaktischen, andererseits aktuelle politikdidaktische mit unterrichtspraktischen Aspekten. Titel von Seminaren, die das umsetzen, sind beispielsweise „Demokratietheorie und politische Bildung", „Planung handlungsorientierter Unterrichtseinheiten" oder „Unterrichtsplanung zur Förderung konzeptuellen Deutungswissens". Daneben bieten mein Team und ich in Mainz Seminare und Vorlesungen zur Geschichte der politischen Bildung, zu didaktischen Prinzipien, zu Konzeptionen sowie zu aktuellen Kontroversen und Forschungsfragen an.

12. „Gute" politische Bildung

In einem guten politischen Unterricht setzen sich die Schülerinnen und Schüler mit Spaß und hohem Engagement mit politischen, gesellschaftlichen, ökonomischen und rechtlichen Prozessen, Strukturen und Inhalten auseinander. Sie reflektieren ihre eigene gesellschaftliche Position, ihre Interessen und Wertvorstellungen und erweitern ihr konzeptuelles Wissen sowie ihre politische Urteils- und Handlungsfähigkeit. Das macht ihnen Lust, auch nach ihrer Schulzeit mit kritischem Blick politische und gesellschaftliche Entwicklungen zu verfolgen und an der Gestaltung und Weiterentwicklung der Demokratie mitzuwirken.

Literatur

Autorengruppe Fachdidaktik (2011): Konzepte der politischen Bildung. Eine Streitschrift. Schwalbach/Ts.
Besand, Anja (2014): Monitor politische Bildung an beruflichen Schulen. Schwalbach/Ts.
Pohl, Kerstin (2013): Ärgernisse und Anregungen. Forumsbeitrag „Kritische Politische Bildung – heute?". In: Polis, 3/2013, S. 19.
Pohl, Kerstin (2015). Kritik. Wie kritisch soll politische Bildung sein?. In: Bundeszentrale für politische Bildung. Dossier Politische Bildung, http://www.bpb.de/gesellschaft/kultur/politische-bildung/193192/kritik (20.03.2015).
Weißeno, Georg/Detjen, Joachim/Juchler, Ingo/Massing, Peter/Richter, Dagmar (2010): Konzepte der Politik – ein Kompetenzmodell. Schwalbach/Ts.

Andreas Petrik

Dr. Andreas Petrik, geb. 1968 in Aachen

Professor für Didaktik der Sozialkunde am Institut für Politikwissenschaft und Japanologie in der Philosophischen Fakultät I an der Martin-Luther-Universität Halle-Wittenberg seit 2008.

Ehemaliger Lehrer für Politik, Geschichte, Deutsch und Darstellendes Spiel. Autor der „genetischen Politikdidaktik" (2007/2013). Arbeitet primär an Fallstudien zu Konfliktlösungsprozessen, Urteilsbildung und Identitätsentwicklung im Politikunterricht auf der Basis von Gesellschaftstheorien, Wertewandel- und Zukunftsforschung.

Frühere Tätigkeiten
- Wissenschaftlicher Mitarbeiter am Arbeitsbereich Politikdidaktik, Fachbereich Erziehungswissenschaft der Universität Hamburg von 2000 bis 2004
- Studienrat am Corvey-Gymnasium Hamburg für Politik/Gesellschaft/Wirtschaft (PGW), Deutsch, Geschichte und Darstellendes Spiel von 2004 bis 2008

Verbandstätigkeiten
- Mitglied im Sprecherkreis der GPJE

Beratungs- und Kommissionstätigkeiten
- Beratungstätigkeiten für diverse Peerreviews
- Kommissionstätigkeiten in verschiedenen Berufungs-Kommissionen

Veröffentlichungen – Auswahl
Mitherausgabe der „Zeitschrift für interpretative Schul- und Unterrichtsforschung" Opladen.
2013   Von den Schwierigkeiten, ein politischer Mensch zu werden. Konzept und Praxis einer genetischen Politikdidaktik. Studien zur Bildungsgangforschung, Bd. 13. Opladen/Berlin/Toronto (2., erweiterte u. aktualisierte Aufl.).

2013   Entwicklungswege des politischen Selbst. Über den unterschätzten Beitrag der Wertewandelforschung zur Rekonstruktion von Politisierungsprozessen in Lebenswelt und Politikunterricht. In: Bremer/Helmut, Kleemann-Göhring/Mark, Teiwes-Kügler/Christel, Trumann/Jana (Hrsg.): Politische Bildung zwischen Politisierung, Partizipation und politischem Lernen. Beiträge für eine soziologische Perspektive. Weinheim/Basel, S. 159-183.

2013   Der genetische Ansatz. In: Deichmann, Carl/Tischner, Christian K. (Hrsg.): Handbuch Dimensionen und Ansätze in der politischen Bildung, Schwalbach/Ts., S. 37-56.

2012   Der heimliche politikdidaktische Kanon. Acht fachdidaktische Prinzipien und sechs „teacher beliefs" als Kern einer kompetenzorientierten Politiklehrerausbildung. In: Juchler, Ingo (Hrsg.): Unterrichtsleitbilder. Schriftenreihe der Gesellschaft für Politikdidaktik und politische Jugend- und Erwachsenenbildung. Schwalbach/Ts., S. 71-85.

2010   Two Kinds of Political Awakening in the Civic Education Classroom. A Comparative Argumentation Analysis of the „Constitutional Debates" of two „Found-a-Village" Projects with 8th Graders. In: Journal of Social Science Education (JSSE) 3/2010, S. 52-67.

2010   Ein politikdidaktisches Kompetenz-Strukturmodell. Vorschlag zur Aufhebung falscher Polarisierungen unter besonderer Berücksichtigung der Urteilskompetenz. In: Juchler, Ingo (Hrsg.): Kompetenzen in der politischen Bildung. Schwalbach/Ts., S. 143-158.

2009   „… aber das klappt nicht in der Schulpraxis!" Skizze einer kompetenz- und fallorientierten Hochschuldidaktik für die Politiklehrer-Ausbildung. In: Journal of social science education 2/2009, S. 57-80.

Leseempfehlungen für (angehende) Politiklehrerinnen und -lehrer

Grammes, Tilman (1998): Kommunikative Fachdidaktik. Politik – Geschichte – Recht – Wirtschaft. Opladen.

May, Michael/Schattschneider, Jessica (Hrsg.) (2011): Klassiker der Politikdidaktik neu gelesen. Originale und Kommentare. Schwalbach/Ts.

Meyer, Thomas (2010): Was ist Politik? Wiesbaden (3., aktualisierte und ergänzte Aufl.).

Petrik, Andreas (2013): Von den Schwierigkeiten, ein politischer Mensch zu werden. Konzept und Praxis einer genetischen Politikdidaktik. Studien zur Bildungsgangforschung, Bd. 13. Opladen/Berlin/Toronto (2., erweiterte u. aktualisierte Aufl.).

Reinhardt, Sibylle (2012): Politik-Didaktik. Praxishandbuch für die Sekundarstufe I und II. Berlin (4. aktualisierte Aufl.).

Andreas Petrik

„Wenn wir kontroverse Werthaltungen Jugendlicher nicht ins Unterrichtszentrum rücken, dann vertiefen wir die Gräben zwischen ihnen und dem Phänomen des Politischen."

1. Werdegang

Zur Politikdidaktik kam ich über meine eigene Politisierung. Mit 14, um 1982 herum, wurden ältere Mitschülerinnen und Mitschüler zu politischen Vorbildern, als sie gegen den NATO-Doppelbeschluss demonstrierten. Aus Sorge vor einem dritten Weltkrieg wurde ich Aufrüstungsgegner mit dem Ziel Kriegsdienstverweigerung. Angesichts von Helmut Kohls „geistig-moralischer Wende" ahnte ich bald auch die gesellschaftliche Gestaltungsmacht politischer Instanzen und befürchtete eine Abwicklung der Liberalisierungstendenzen der 1960er und 1970er. Mit der Katastrophe von Tschernobyl wurden mir verdrängte Zukunftsfolgen unseres Wirtschaftssystems bewusst, die nach grundlegenden Alternativen verlangten. Meine didaktische Lebensfrage keimte auf: Wie kann man unpolitische Menschen politisieren? Theaterspielerfahrungen weckten meine Lust am Inszenieren.

So studierte ich nach meinem Zivildienst Politikwissenschaft, zunächst auf Magister, dann auf Lehramt. Im Freundeskreis versuchten wir, Referate als kleine Happenings zu gestalten. Im Marburg der 1990er (noch ohne politikdidaktischen Lehrstuhl) gab es glücklicherweise die genetische Lehrkunstdidaktik Hans Christoph Bergs: Die Werkstattarbeit an Unterrichtsmodellen für fast alle Fächer war mein erster Crash-Kurs in interdisziplinärer Fachdidaktik. Den allgemeindidaktischen Rahmen lieferte Wolfgang Klafki. Als Seminarleiter im vfh (Verein zur Förderung politischen Handelns) lernte ich handlungsorientierte Methoden nutzen.

Der eigentlichen Fachdidaktik begegnete ich im Referendariat in Hamburg bei einem herausragenden Seminarleiter, der uns Gieseckes Konfliktorientierung näherbrachte und mir die noch ganz frische Kommunikative Fachdidaktik als Prüfungsthema vorschlug. Auf einem Politiklehrertag stellte mir Hans Christoph Berg Tilman Grammes vor, der schon mit dem genetischen Prinzip arbeitete. Ich bekam seine Mitarbeiter-Stelle und lernte meine zukünftige Disziplin von der Pike auf. Im zwei Jahre später gegründeten Graduiertenkolleg Bildungsgangforschung folgte meine empirische Grundausbildung. Sibylle Reinhardt luden wir zum Vortrag ein. Ihr Zusammendenken von Konzeption und Methodik wurde zu einem weiteren Standbein. Vier Jahre Schuldienst folgten ...

2. Situation und Perspektiven der politischen Bildung

Die Außenseiterrolle des Fachs zeigt sich im mageren Stundenkontingent. Der Trend seit PISA bewegt sich reaktionär in Richtung der sogenannten Hauptfächer Deutsch, Englisch, Mathematik. Im Zeitalter von Politikverdrossenheit, Rechtsextremismus, wachsender sozialer Ungleichheit, Terrorismus und Klimawandel dürfte eigentlich niemand die Hauptfach-Rolle der politischen Bildung bestreiten. Am meisten wundert mich, dass sich Politikerinnen und Politiker um ihren Nachwuchs betrügen – ein guter Politikunterricht könnte eine ähnliche Begeisterung für politisches Engagement wecken wie es guter naturwissenschaftlicher Unterricht für entsprechende Tätigkeiten leistet. Ob Politiker fürchten, zu viel politische Bildung könne dem Gegner dienen? Oder ist es die Furcht vor den Lobbygruppen konkurrierender Fächer? Auch Abspaltungsversuche eines unsinnigen Fachs wie „Wirtschaft" schaden dem Standing der politischen Bildung. Darauf werde ich später genauer eingehen.

Gegenwärtige Situation und Herausforderungen

Ich arbeite seit 1990 mit vielen sehr guten Politiklehrerinnen und -lehrern in Schulen, Forschungsprojekten und Workshops zusammen. Dennoch halte ich diese „Lehr-Elite" noch nicht für repräsentativ. Zu häufig nehme ich eine unbefriedigende Unterrichtsqualität wahr, die durch Lehrerzentriertheit zwischen Betroffenheitspädagogik und Institutionenkunde unter größtmöglicher Methodenabstinenz gekennzeichnet ist. Auch die Schilderungen meiner Studentinnen und Studenten über ihren früheren Politikunterricht stimmen pessimistisch. Ich kritisiere damit v. a. eine mangelhafte Ausbildung von Lehrerinnen und Lehrern – aber auch deren mangelnden Fortbildungswillen, der wiederum auch in burn-outförderlichen Schulstrukturen zwischen Preußentum und Fordismus wurzelt.

Optimistisch stimmt mich die heranwachsende Politiklehrer-Generation, die einen großen Hunger nach fachdidaktischer Gestaltung mitbringt und sich schon im Praktikum experimentierfreudig zeigt. Dies liegt nicht zuletzt an der gestiegenen Zahl politikdidaktischer Lehrstühle. Damit verbindet sich die Hoffnung, dass diese Generation sich nicht beirren lässt, wenn es später heißt „nun vergessen Sie mal alles, was Sie an der Uni gelernt haben".

Zukünftige Rolle der politischen Bildung

Politische Bildung wird überwiegend ihre Feuerwehrrolle beibehalten. Immer dann, wenn soziale Katastrophen die Medien dominieren, wie zuletzt der rechtsextreme Terror der NSU, werden Sonntagsreden nach mehr politischer Bildung laut, die sich in kurzfristigen Forschungsgeldern niederschlagen können. Eine Tendenz zur Aufwertung kann ich nicht erkennen, bis auf die Tatsache, dass nach PISA die Fachdidaktiken generell gestärkt wurden. Unser hehres Ziel einer toleranten und verantwortungsvollen Mündigkeit kann nur verwirklicht werden, wenn dem Fach eine entsprechend ausgestattete Sonderrolle zur Herstellung von Zivilgesellschaft und sozialer Innovation zuerkannt wird – ähnlich wie den MINT-Fächern hinsichtlich Wettbewerbsfähigkeit und wirtschaftlicher Innovation.

Block 3: Demokratie und politische Bildung

Was ist Demokratie?

Demokratie ist wünschenswertes Ergebnis und Antrieb politischer Evolution zugleich. Demokratie kennzeichnet einen unaufhörlichen argumentativen Aushandlungsprozess mit dem Ziel der direkten und indirekten Inklusion möglichst vieler Interessen in politisch-institutionellen, sozialen und wirtschaftlichen Entscheidungskontexten. Normativ findet Demokratie ihren Auftrag und ihre Grenzen in den Menschenrechten. Die Verweigerung gleicher Rechte für ethnische, sexuelle und andere Minderheiten oder die Zulassung von Armut und Bildungsferne sind antidemokratisch, weil sie Partizipationshürden bilden. Rechtsstaat und Sozialstaat gehören untrennbar zur Demokratie. Demokratisierung findet im Spannungsfeld aus direktdemokratischer Einflussnahme und arbeitsteiliger Repräsentation statt.

Demokratielernen als Aufgabe der politischen Bildung?

Demokratielernen bedeutet, den Inklusionsauftrag der Demokratie als eigene Partizipationschance kennen und schätzen zu lernen. Es zielt auf Gestaltungswissen. Eine demokratische Haltung ist das unstrittige Ziel politischer Bildung in Demokratien. Umstritten bleibt, wie dieses Ziel erreicht werden soll: durch eigenes demokratisches Handeln oder durch die Analyse demokratischer Prozesse in Institutionen. Bedauerlicherweise werden diese komplementären Ansätze immer wieder gegeneinander ausgespielt. Demokratielernen setzt bei den Interessen der Individuen an und stärkt eine Demokratisierung von unten gegen verfestigte Strukturen. Eine politische Bildung, die Projekt-Handeln im Nahraum ausklammert, hat genauso versagt wie eine politische Bildung, die meint, damit erschöpfe sich ihr Repertoire.

Im negativen Sinne war Politische Bildung immer schon ein normales Fach, das einen genauso wenig persönlich berühren konnte wie Mathematikunterricht, obwohl die zugrundeliegenden Sozialwissenschaften das Zusammenleben von Menschen thematisieren. Auf der anderen Seite wird Mathematik gemeinhin ernster genommen, weil eindeutiger und konsekutiver strukturiert. So könnte man sagen, wir hätten schon viel gewonnen, wenn jüngste Standardisierungen eine Mathematik-ähnliche Normalität erzeugen würden, im Sinne einer auch aus Schülersicht nachvollziehbaren graduellen Kompetenzentwicklung. Da bisherige Standardisierungen jedoch der (leichter messbaren) Wissensorientierung der MINT-Fächer folgen, fürchte ich, dass das Besondere eines Fachs zur Stärkung politischer Identität und sozialer Innovation verloren geht. Politische Bildung sollte ein unnormales Fach bleiben – und zum Mentorfach gesellschaftlicher Demokratisierung ausgebaut werden.

Rolle der politischen Bildung in der Demokratie

4. Politikbegriff und Breite des Unterrichtsfaches

Politik ist ein Modus der öffentlichen und nicht-öffentlichen, argumentativen und nicht-argumentativen Konfliktaustragung zwischen Interessengruppen, mit dem Ziel, eigene Deutungsansprüche über Machtausweitung in allgemeinverbindliche Entscheidungen zu verwandeln. Dabei legitimiert der Zweck – sofern nicht demokratisch kontrolliert – die Mittel. Politik ist also der generative Machtbildungsmodus, aus dem unter bestimmten Modernisierungsbedingungen – v. a. wachsende Öffentlichkeit, komplexere Regierungsaufgaben und neue Handlungsspielräume bestimmter sozialer Milieus – Demokratie erwachsen kann.

Was ist Politik?

Jugendliche sehen soziale Probleme von sich aus nicht durch disziplinär verengte Fachbrillen. Eine sozialwissenschaftliche Fächertrennung erscheint zudem sachlich obsolet: Ohne soziologisches Wissen können Jugendliche nicht verstehen, wieso z. B. heute die Homo-Ehe

Politik als Kern?

auf der politischen Agenda steht und gestern noch tabuisiert bis kriminalisiert wurde – und in anderen Gesellschaften nach wie vor wird. Milieubedingte Werte und der Wertewandel bestimmen einen wesentlichen Teil dessen, was (nicht) als politisch zu lösendes Problem gilt. Zudem können wir die postdemokratische Entscheidungsverlagerung zugunsten globaler Wirtschaftseliten nicht ignorieren. Politische Konflikte lassen sich selten ohne ihre wirtschaftliche Dimension verstehen. Zugleich vernachlässigt eine rein ökonomische Bildung häufig das Kontroversgebot, zugunsten des so unrealistischen wie zynischen Bilds einer alternativlosen deregulierten Marktwirtschaft.

Alle drei Sozialwissenschaften brauchen also einander, sie teilen nicht zufällig zentrale Methoden wie Plan- und Rollenspiele, soziale Experimente und Fallstudien. Die juristische Dimension ist unumgänglich, weil politische, ökonomische und private Entscheidungen im rechtlichen Rahmen ablaufen. Die Unterrichtsanteile dieser Disziplinen sollten nicht fachlichen Eitelkeiten, sondern dem Ziel einer sozialwissenschaftlich gebildeten, kritischen (Interventions-)Bürgerin für alle gesellschaftlichen Teilbereiche folgen. Detailkenntnisse einer Berufspolitikerin, Unternehmerin/Börsenmaklerin oder Juristin haben dagegen in der allgemeinbildenden Schule nichts zu suchen.

Ein sinnvoll ausgestattetes Integrationsfach geht von *gemeinsamen* übergreifenden oder *sich abwechselnden* lebensweltlichen, politischen, rechtlichen und wirtschaftlichen Situationen, Problemen und Fällen aus und bezieht die benachbarten Funktionslogiken, Theorien und empirischen Befunde je altersgemäß ein.

Lernfeld Gesellschaftswissenschaften

Mein „privates" Bundesland Hamburg zeigt eine nahezu ideale Lösung mit dem Fach PGW, das politische, gesellschaftliche und wirtschaftliche Perspektiven integriert. Mein „berufliches" Bundesland Sachsen-Anhalt spaltet leider eine eigenständige Wirtschaftslehre ab. Schon bei der Lehrplanarbeit für Sekundarschulen zeigte sich, dass wir Themen künstlich um ihre ökonomische Dimension beschneiden mussten. Geschichtsunterricht dagegen bearbeitet überwiegend historische Fälle – wenn auch zum Verständnis heutiger Probleme und Deutungsmuster – während Politik, Soziologie und Ökonomik sich stärker auf aktuelle oder zeitgeschichtliche Fälle konzentrieren. Die auch naturwissenschaftlich geprägte Geografie sehe ich fruchtbarer mit der Biologie vernetzt. Für Geschichte und Geografie empfehle ich also eher fächerübergreifende Kooperation als Integration.

5. Kompetenzen, Inhalte und Konzepte der politischen Bildung

Kompetenzorientierung betreibt teils konsequenter, was in der Curriculumarbeit der 1960er und 1970er begonnen wurde. Kollektive Planungsmodelle aus dieser Zeit (z. B. „Uli darf nicht mitspielen", Kultusministerium NRW 1975, von Bech u. a.) waren häufig schon kompetenzorientiert, indem Zielstellungen mit der „Angabe von Verhalten" verquickt wurden. Neu ist der empirisch strengere Blick auf die tatsächlichen Unterrichtshandlungen und fachlichen Vorstellungen von Schülerinnen und Lehrern. Verloren haben wir dabei eine sinnvolle Inputorientierung. Unser Wissen um alltäglichen Politikunterricht und Lernbedürfnisse Jugendlicher müsste statt weiterer Wissenstests eine Welle der Interventions- und Implementierungsforschung auslösen: Ein Revival der Curriculumwerkstätten der 1960er und 1970er, in denen phasenübergreifend kompetenzfördernde Unterrichtsmodelle kreiert, erprobt und optimiert werden. Die einseitige Outputorientierung zeitigt fatale Folgen für Bildung (wie teaching to the test und Schul-Rankings), da der jeweilige „Input" der sozio-ökonomischen Lern-Bedingungen, denen Schüler *und* Lehrer ausgesetzt sind, politisch nicht ausreichend mit Ressourcen untermauert wird.

Kompetenzorientierung

Der Politik- bzw. Problemlösezyklus (Problem/Konflikt – Aushandlung – Entscheidung/Lösung) zeigt idealtypisch, welche Anforderungssituationen die politische Interventions- und Aktivbürgerin bewältigen muss. 1. *Perspektivenübernahme* als Kontaktaufnahme zum Gegenstand. Ich muss das soziale Problem oder den politischen Konflikt wahrnehmen und als lösungsbedürftig akzeptieren, insbesondere, wenn ich nicht betroffen bin oder meine Betroffenheit sich indirekt oder zeitver zögert zeigt. Also brauche ich die Fähigkeit, mich in fremde Lebenswirklichkeiten, Rollen und Funktionsträger hineinzuversetzen. 2. *Sozialwissenschaftliches Analysieren* als Gegenstandsbearbeitung: Ich muss kategoriale Instrumente und empirische Befunde einsetzen können, um Ursachen und Wirkungsbezüge nachzuvollziehen. 3. *Konfliktlösung.* Ich muss lernen, die unvermeidlichen Kontroversen nicht nur auszuhalten, sondern sie mit Andersdenkenden friedlich auszuhandeln – auch, um institutionelle Aushandlungsprozesse besser zu verstehen. 4. *Wert-Urteilsbildung.* Ich muss meine bisherige spontane Bewertung des Sachverhalts unter Abwägung zentraler Positionen kritisch prüfen, um ein ar-

Kompetenzen

gumentativ belastbares Wert-Urteil und eine politische Identität zu entwickeln. 5. *Partizipation.* Ich muss organisatorische und rechtliche Möglichkeiten kennen, um meine am Gegenstand entwickelten oder verstärkten politischen Interessen in der Schule, am Arbeitsplatz, in Bürgerinitiativen, NGO's, in den Medien und gegenüber Parteien und Parlamenten zur Geltung bringen zu können.

Grundwissen   Vor dem Hintergrund der exemplarischen Auswahl relativ austauschbarer Gegenstände müssen wir beantworten können, *wofür* sie exemplarisch sein sollen. Hier hilft das Modell der Wissensformen (Grammes) als „Suchmaske" weiter. Es grenzt die drei gesellschaftlichen Teilbereiche ab, die gesellschaftliche Demokratisierung prägen: lebensweltliche Normsetzungen (Alltags-Situationen), institutionelle Entscheidungen (Fälle/Konflikte) und sozialwissenschaftliche Problemlösungen (Theorien/Modelle/Empirische Studien). Diese drei Kontexte zeichnen sich jeweils durch werthaltige Handlungsanlässe (policy), formalisierte Handlungsregeln (polity) und konfliktreiche Aushandlungsprozesse (politics) aus. Das politische Grundwissen besteht demnach aus kontextabhängigen Problem- und Konfliktlösungsstrategien. Ich werde es im nächsten Abschnitt konkretisieren.

Konzepte   Ein Konzept ist die mentale Repräsentation eines Phänomens. Basiskonzepte sind Kategoriennetzwerke, die den fachlichen Kern für Lehrende wie für Lernende abstecken. Die drei Dimensionen des Politischen bilden Basiskonzepte, weil sie Handlungsregeln, -anlässe und -prozesse unterscheiden helfen:

1. *System (polity)* als rechtlicher, politischer, wirtschaftlicher und gesellschaftlicher Handlungsrahmen, bestimmt v. a. durch Menschenrechte, Rechtsstaat, Geschäftsordnungen, Gesetzgebungsverfahren, Partizipationsrechte, Sozialstaat, Sozialstruktur, milieuspezifische Normen, Prinzipien der Demokratie und der sozialen Marktwirtschaft.
2. *Politische Grundorientierungen* (policy) als kontroverse Bewertungsmaßstäbe und Lösungskonzepte für gesellschaftliche Probleme und Konflikte. Darunter fallen v. a. Bedürfnisse, milieuspezifische Werte, gesellschaftliche Konfliktlinien und Wertewandel, politische Interessen, Programme politischer Parteien und Organisationen, empirische und normative Gesellschaftstheorien. Grundorientierungen antworten auf soziopolitische Grundfragen wie Herrschaft, Konfliktlösung, Religion, Integration, Lebensstile, Güterverteilung, Leistung, Wirtschaftsziele und Ökologie.

3. *Machtbildungs- und Demokratisierungsprozesse* (politics) als zweck- und wertrational bestimmte Aushandlung von Verbindlichkeit. Dazu gehören v. a.: (nicht-)argumentative Normsetzungsprozesse, Herstellung von Öffentlichkeit, Entstehung von Macht, Gesetzgebung, Theoriebildung, Bedingungen für (Ent-)Demokratisierung, Konfliktlösungsmodelle, (nicht-intendierte) Handlungsfolgen, Rollen und Funktionen sozialer Akteure wie Bürger, Journalistinnen, Aktivisten, Unternehmerinnen, Politiker, Richterinnen und Sozialwissenschaftler.

Jede Kompetenz benötigt und erschließt einen bestimmten Wissenskern. Perspektivenübernahme braucht z. B. Rollenwissen, Analysefähigkeit Instrumente wie das Milieumodell, Konfliktlösung Argumentationswissen, Urteilsbildung die Kenntnis politischer Grundorientierungen („politischer Kompass"), Partizipation organisatorisches Gestaltungswissen.

6. Politikdidaktische Prinzipien

Ein Prinzip ist dann ein fachdidaktisches, wenn es eine bestimmte sozialwissenschaftliche Inhalts-Perspektive auf das Politische (als Fall, Konflikt, Problem, Situation, Dilemma, Utopie, Gründung usw.) mit adäquaten Lernwegen verknüpft. Fehlt der klare Inhaltszugriff, bleibt das Prinzip allgemeindidaktisch oder pädagogisch, fehlt die Methodik, bleibt es vordidaktische Gesellschaftstheorie. Die somit verbleibenden acht arbeitsteiligen Prinzipien fasse ich in drei Gruppen mit ähnlichen Inhaltsstrukturen (Gagel) bzw. Wissensformen (Grammes) zusammen:

An sozialwissenschaftlichem Wissen setzen *Problem-* und *Zukunftsorientierung* an. Beide gehen von „Bedeutsamkeit" aus, also gesellschaftlichen Problemstellungen wie Rechtsextremismus, Ressourcenverbrauch, Klimawandel, Soziale Ungleichheit usw. Dringlichkeit, Ursache-Wirkungsbezüge und „politikberatende" Lösungsvorschläge („Wahrheitscode") bilden den Kern, interessengeleitete politisch-institutionelle Lösungen („Machtcode") werden zunächst zurückgestellt.

Die institutionelle *Konflikt-* und *Fallorientierung* tritt dort auf den Plan, wo sich gesellschaftliche Probleme zu manifesten politischen Konflikten mit identifizierbaren Akteuren ausweiten. Interessen, Ideologien, Machtzugänge, rechtliche Rahmenbedingungen, institutionelle Aushandlungs- und Entscheidungsprozesse werden fokussiert.

Die situative *Schüler-* bzw. *Subjektorientierung,* die demokratiepädagogische *Handlungsorientierung,* die *Werteorientierung* und das *genetische Prinzip* nehmen jeweils Betroffenheit zum Ausgangspunkt, also individuelle Bedürfnisse, Sichtweisen, Gestaltungswünsche, Rechte und politische Identitätsbildung. Ziel ist Politisierung durch Einmischung sowie durch Emanzipation von Entfremdung und unreflektiert übernommenen Werten.

Die Abgrenzung dieser acht Prinzipien wird durch zugehörige Methoden deutlich.

7. Methoden und Medien der Politischen Bildung

Methoden

Analog zu den Prinzipien können wir unsere Methoden erstens nach lebensweltlichen, institutionellen und sozialwissenschaftlichen *Ausgangspunkten* unterscheiden. Zweitens verkörpern sie drei verschiedene *Handlungsmodi,* je nach dem, ob sie das Politische vorwiegend *real* (also eingreifend, wirklichkeitsverändernd), *simulativ* (also nachgestellt, modellhaft, experimentell) oder *reflexiv* (also theoretisch-kategorial, diskursiv, analytisch) bearbeiten:

1. *Konfliktorientierung:* Konfliktanalyse (reflexiv), Planspiel/Konferenzsimulation (simulativ)
2. *Problemorientierung/Wissenschaftspropädeutik:* Problemstudie (reflexiv), Politikwerkstatt/Erhebung/Erkundung (real)
3. *Handlungsorientierung:* Projekt, Bürgeraktion, Service Learning (alle real)
4. *Subjektorientierung:* Rollenspiel/Forumtheater (simulativ), lebensweltliche Fallanalyse (reflexiv)
5. *Fallprinzip:* institutionelle Fallstudie (reflexiv), Gerichtssimulation (simulativ)
6. *Zukunftsorientierung:* Zukunftswerkstatt (real), Szenariotechnik (reflexiv)
7. *Werteorientierung/Politisch-moralische Urteilsbildung:* Dilemma-Methode (reflexiv)
8. *Genetische Orientierung:* Lehrstücke, Gründungen, soziale Erfindungen u. Experimente (simulativ)

Die Entscheidung für oder gegen eine Methode hängt zum einen von der gewählten *Inhaltsstruktur* ab – eine sozialwissenschaftliche Problemstellung lässt sich nicht per Planspiel bearbeiten, ein Parteienkonflikt nicht per Fallanalyse, eine lebensweltliche Situation nicht per Szenariotechnik. Ein weiteres Kriterium liefert die *Bedingungsanalyse:* Praxisorientierte Methoden wie Projekte und Zukunftswerkstätten motivieren durch *Betroffenheit.* Situative und erfahrungsorientierte Methoden wie Fallanalyse, Rollenspiel, Dilemma-Analyse und individualgenetische Lehrstücke verdeutlichen (latente) *eigene* und *fremde Betroffenheit*, erzeugen sozialwissenschaftliches Problembewusstsein und leiten über zu kategorialem Denken. Sie sind initiale Politisierungsmethoden zur Vorbereitung auf subjektfernere Methoden wie Planspiel, Szenariotechnik, Problemstudie und Konfliktanalyse. Diese setzen bei gesellschaftlicher *Bedeutsamkeit* an und zeigen individuelle Mitverantwortung für demokratische Weiterentwicklungen auf. Kompetenzentwicklung ist untrennbar verknüpft mit den von der Methode verlangten *Tätigkeiten*: etwas analysieren, eine Rolle übernehmen, einen Konflikt austragen, Werte abwägen, ein kommunales Projekt organisieren.

Mit Grammes unterscheide ich vier Medienebenen: 1. *Dokumentenwirklichkeit* als mündliche und schriftliche Spuren in Protokollen, Aktennotizen, Anträgen, Flugblättern, Telefonaten, Haushaltsberechnungen usw. 2. *Medienwirklichkeit* als hergestellte Öffentlichkeit in Meldungen, Kommentaren, Leserbriefen, Radiosendungen, Fernsehbildern usw. 3. *Reflexionswirklichkeit* als analytische Darstellung in sozialwissenschaftlichen Texten. 4. *Didaktische Wirklichkeit* in Schulbüchern und Unterrichtsmaterialien. Von Ebene 1 zu 4 findet eine *didaktische Reduktion* („Filterwirkung") statt, die zugleich eine *Anreicherung* mit neuen Informationen ist. Die größte Gefahr besteht darin, politisch oder pädagogisch motivierte Medien (Ebene 2 und 4) wie dokumentarische Belege zu behandeln. Nicht-exemplarische, verzerrende oder entpolitisierende Quellenkürzungen erzeugen denselben Effekt.

Medien

Die Wahl eines Mediums hängt mit dem gewählten didaktischen Prinzip und der Methode zusammen: Projekte, Fallstudien und Fallanalysen sind verstärkt auf Dokumente, Interviews, Portfolios usw. angewiesen, Konfliktanalysen auf Zeitungsartikel, Kommentare und andere Medienberichte; in Zukunftswerkstätten können Bilder, Filme und Animationen Phantasie befördern; die Szenariotechnik benötigt Statistiken und Grafiken zur Trendermittlung usw. Virtuelle Medien können einerseits soziale Phantasie in simulativen Lernumgebungen unterstützen. Anderseits laufen politische Computerspiele Gefahr, direkte Interaktion und damit Konfliktfähigkeit zu konterkarieren.

Rolle des Schulbuchs	Schulbücher sind mit Vorsicht zu genießen, weil sie patchworkartig verkürzte didaktische Wirklichkeit repräsentieren. Sie vermitteln scheinbare Sicherheit und Vollständigkeit, ihnen fehlen jedoch zumeist die Erfahrungswerte erprobter Unterrichtsmodelle. Schulbücher verführten früher zu methodenfreiem Text-Unterricht, sind heute jedoch häufig methoden- und kompetenzorientiert aufgebaut. Sie sind v. a. sinnvoll als Schüler-Nachschlagewerke für politisches Grundwissen: Methodenkarten, Basisfälle, Basisquellen und Basisstatistiken sowie entsprechende Testaufgaben usw. Als Planungsgrundlage für Lehrer stelle ich mir in Zukunft eher sogenannte Regiebücher vor: Genaue Beschreibungen einzelner Unterrichtsschritte werden verknüpft mit typischen Unterrichtsergebnissen und Lernproblemen (Videosequenzen, Transkriptauszüge, Arbeitsergebnisse, Lernprozessanalysen einzelner Schüler usw.). Die Internetbasiertheit der Materialien würde schnellere Aktualisierungen erlauben.

8. Lernprozesse und Schülervorstellungen

Bedeutung lerntheoretischer Erkenntnisse	Dank des klassischen Kognitivismus nach Bruner besaß die Politikdidaktik relativ früh eine Vorstellung davon, wie man trotz exemplarischen Vorgehens zu verallgemeinerbaren politischen Erkenntnissen gelangt: durch den Pulsschlag von konkreten Vorgängen zu abstrakten Kategoriennetzwerken, die wiederum deduktiv auf neue Fälle angewendet werden. Damit erweisen sich problem-, konflikt- und fallorientierte Ansätze als lernpsychologisch sinnvoll. Allerdings zeigten die ersten Lernprozessstudien auch die Grenzen des Kognitivismus, da die Herkunft und Bedeutung abstrakter Kategorien für viele Schülerinnen und Schüler unklar bleibt. Konstruktivistische Ansätze nach Piaget ergänzen den Kognitivismus um Entdeckungssituationen, in denen gezielt an der subjektiven Herstellung bestimmter Konzepte gearbeitet wird. Insbesondere bildungsgang-, schüler-, handlungs- und genetisch orientierte Konzeptionen fußen hierauf.

Die Dorfgründungssimulation als Instrument zur Erhebung und Stärkung der politischen Konfliktlösungs- und Urteilkompetenz basiert auf einem konstruktivistischen „situated cognition"- oder „cognitive apprenticeship"-Ansatz. Sie bietet *Assimilation* über ein scheinbar vertrautes, überschaubares Szenario, das an private Harmoniewünsche anknüpft. Diese werden jedoch durch massive Werte-Konflikte zur Gestaltung des Zusammenlebens *perturbiert* (politics). Akkommodationsangebote zur Wiederherstellung des verlorenen kognitiven Gleichgewichts erfolgen z. B. über Geschäftsordnungsregeln (polity) und Basisargumente politischer Grundorientierung (policy). Forschungsmethodisch hat sich das Argumentationsmodell nach Toulmin zur Rekonstruktion solch interaktiver Lernprozesse bewährt, wobei Thesen Assimilationen zeigen, Gegenargumente Perturbationen (Störungen) auslösen und verborgene Prämissen Grundorientierungen enthüllen.

Um die subjektive Lernentwicklung erfassen zu können, sind Graduierungsmodelle in der Tradition von Kohlbergs Moralstufen unabdingbar: Vorkonventionelle Moralstufen korrelieren mit tendenziell autoritätsorientierten, ontologisierenden, personalisierenden oder harmonisierenden politischen Bewusstseinsformen; konventionelle mit der Einbeziehung demokratischer Prinzipien und Verfahren; postkonventionelle mit menschenrechtsorientierten und kontingenzbewussten politischen Vorstellungen. Vor diesem Hintergrund untersuche ich subjektive Bildungsgänge von privaten über öffentliche und institutionelle bis zu systemischen Bewusstseinsformen. Strukturell lassen sich hierbei Parallelen zu Bybees literacy-Stufen ausmachen.

Um die Diagnosekompetenz von Lehrern und Fachdidaktikerinnen zu fördern, ist eine „Kartographierung" subjektiver Zugänge zum Politischen unerlässlich. Es überwiegen dabei Momentaufnahmen von Deutungsmustern zu bestimmten curricular relevanten Sachthemen oder zu Einstellungen wie Demokratiezufriedenheit per Interview, Fragebogen oder concept map (Lernertypen, Bürgerleitbilder, Fehlkonzeptionen, jugendkulturelle Milieus usw.). Diese Befunde erlauben, das Spannungsverhältnis zwischen Alltagstheorie und Wissenschaft methodisch fruchtbarer zu gestalten. Dies gilt analog für Kontraste zwischen erhobenen teacher-beliefs und fachdidaktischen Konzeptionen.

Empirische Forschung & Schüler- und Lehrervorstellungen

Seltener sind Bildungsgang-Studien, die Entwicklungsverläufe bestimmter Deutungsmuster von Schülerinnen und Schülern in Abhängigkeit bestimmter didaktischer Settings untersuchen. Insbesondere die prägende Rolle der subjektiven Werthaltung für politische Sachurteile, die uns die misperception- und die Wertewandelforschung nahelegt, wird in den meisten Kompetenzmodellen und Lernprozessstudien vernachlässigt. Ein Beispiel für die Rekonstruktion von Werturteilen ist mein Ansatz der Politisierungstypen. In Dorfgründungssimulationen rekonstruieren wir Argumentationsprofile Jugendlicher in Abhängigkeit von ihren latenten konservativen, demokratisch-sozialistischen, grün-libertären und liberalen Werthaltungen, um subjektive Anknüpfungspunkte an politische Konfliktlinien, Bewegungen und Parteifamilien herauszuschälen.

9. Politikdidaktik als Wissenschaft

Forschungsfragen für die Zukunft

Ein gemeinsames Kompetenzmodell mit gemeinsamer Graduierung und gemeinsamen Basiskonzepten wäre der nächste wünschenswerte Schritt. Dazu ist unsere Disziplin jedoch zur Zeit personell nicht bereit, zum Teil aus Alleinvertretungsansprüchen heraus, zum Teil aus Sorge vor unwissenschaftlicher Verkürzung zentraler Kontroversen. Ich bin jedoch der festen Überzeugung, dass es auch der Politikdidaktik gelingen könnte, eine Synthese konkurrierender Ansätze zu formulieren. Gemeinsame Basis wäre: Die weite, sozialwissenschaftliche Auslegung der drei Dimensionen des Politischen, die drei Kompetenzdimensionen Wissen/Analyse, (Wert-)Urteilen und Handeln sowie eine vierstufige Graduierung mit (vermutlich kompetenzabhängigen) Referenzen zu Kohlberg und Bybee.

Konzeptionell sollten Politikdidaktiker und -didaktikerinnen nicht zahllose weitere Bindestrich-Fachdidaktiken abspalten, sondern vielmehr eigene Schwerpunkte stärker darauf prüfen, ob sie nicht Konkretisierungen oder Optimierungen bestehender Konzeptionen sind. Der empirische Fokus müsste in Zukunft darauf liegen, Makromethoden wie Fallstudien, Projekte, Lehrstücke, Szenariotechniken oder Planspiele im empirischen Gesamtverlauf zu erforschen. So könnten Zusammenhänge zwischen Konzeptionen und Kompetenzbildung erhellt und Lehrerbildung könnte kasuistisch werden. Videobücher zu Einzelstunden sind ein guter Anfang.

Eigene Forschungsschwerpunkte

Wie oben angedeutet, arbeite ich an einer empirischen Fundierung des genetischen Prinzips und der Entwicklung subjektiver Werturteile durch Dorfgründungssimulationen in verschiedenen sozialen Milieus und später auch in verschiedenen Staaten. Ein weiteres Lehrstück „Zukunft" ist in Arbeit, das den Umgang mit Utopien, Zukunftsängsten, Prognosen und Ungewissheiten angesichts dringlicher Zukunftsprobleme behandelt. Ein dritter Fokus wird die Erforschung sozialer Experimente in der Tradition von Milgram oder Jane Elliots „blue-eyed-workshops" sein, die eine besonders starke „Perturbationswirkung" zeigen. Außerdem plane ich, wie oben erläutert, den sozialwissenschaftsdidaktischen Methodenfundus über Bildungsgangstudien zu erforschen.

10. Fachdidaktische Kontroversen

Die Hauptkontroverse besteht zwischen tendenziell wissens- und kategorial-institutionellen versus subjekt-, identitäts-, handlungs- und problemorientierten Unterrichts- und Forschungs-Ansätzen. Die erstgenannte Strömung verwendet einen engeren, staatsbezogenen Politikbegriff und forscht überwiegend quantitativ, die zweite Strömung präferiert einen weiteren, sozialwissenschaftlichen Politikbegriff und mehrheitlich qualitative Methoden. Als Vertreter des genetischen Ansatzes gehöre ich zur zweiten Gruppe. Andererseits halte ich den institutionellen Wissensansatz („Politikkompetenz") für ein notwendiges Teilgebiet. Dessen Vertreter behaupten jedoch immer wieder, die politikdidaktische Domäne gänzlich abzudecken, obwohl ihr Fokus beschränkt ist, zum Beispiel weder Werturteile noch Interaktionen sinnvoll messen kann.

Ich beklage vor allem die Werteabstinenz unserer Zunft. Wenn wir kontroverse Werthaltungen Jugendlicher nicht ins Unterrichtszentrum rücken, dann vertiefen wir die Gräben zwischen ihnen und dem Phänomen des Politischen. Die im weiteren Sinne subjektorientierten Ansätze halte ich zur Zeit für lernpsychologisch elaborierter, weil sie nachhaltige Sinnbildung erzeugen können. Sie müssen sich jedoch in Zukunft verstärkt dem Problem des didaktischen Transfers von Erfahrungen zu Konzepten sowie von Mikro- zu Makrokontexten stellen.

11. Politikdidaktik und Lehramtsausbildung

Fachdidaktische Kompetenzen lassen sich über typische Anforderungssituationen des Lehrerhandelns herleiten:

Wissen und Können von Politiklehrern

1. *Didaktische Perspektivierungskompetenz* als Fähigkeit, politikdidaktische Prinzipien und ihre gesellschaftstheoretischen Grundlagen herzuleiten, anzuwenden und kritisch zu reflektieren, um auf dieser Basis eine exemplarische didaktische Perspektive auf politische Gegenstände zu bilden – als Problem, Konflikt, Situation, Fall, Dilemma, Soziales Experiment, Gründung, Utopie oder Zukunftsszenario.
2. *Didaktische Inszenierungskompetenz* als Fähigkeit, politikdidaktische Methoden, ihre sozialwissenschaftlichen und lerntheoretischen Grundlagen, Phasen und Kompetenzwirkungen herzuleiten, anzuwenden und kritisch zu reflektieren, um auf dieser Basis politische Inhalte angemessen zu inszenieren sowie fertige Inszenierungen auf

ihre Stimmigkeit zu prüfen. Im Kern der bestehende Methodenfundus mit zugehörigen Best-Practice-Beispielen.

3. *Didaktische Aushandlungskompetenz* als Fähigkeit, Lehrer- und Schülerperspektiven sowie -interessen konstruktiv zu moderieren und auszuhandeln. Erfahrungswissen, das vor allem in Lehrsimulationen, Praktika und Referendariat erworben wird und dessen theoretische Grundlagen durch die Arbeit an einer Diagnosekompetenz gelegt werden.

4. *Didaktische Diagnosekompetenz* als Fähigkeit, Schüleräußerungen und -leistungen, fachbezogene Alltagstheorien und Aushandlungsprozesse in Schule und Lebenswelt sowie eigenes und fremdes Lehrerhandeln kriteriengeleitet zu analysieren und zu bewerten. Wissenskern: Politische Sozialisation, Lehr-Lernprobleme, Lehrer- und Lernertypen, Fehlkonzeptionen, Alltagstheorien, typische Deutungsmuster (z. B. Sinnbildungs- und Politisierungstypen), Lerntheorien, quantitative und qualitative Lernprozessanalyse.

Politikdidaktik in der Lehramtsausbildung

Da das hochspezialisierte Studium der Politikwissenschaft zumeist wenig Raum für die Erarbeitung sozialwissenschaftlicher Basiskonzepte lässt, muss die Fachdidaktik wesentlich mehr Studienanteile gewinnen. Obwohl ich in Hamburg gute Erfahrungen mit der Integration aller Fachdidaktiken in die Bildungswissenschaften machen konnte, da ein subjektorientiertes Forschungsparadigma vorherrschte, bin ich mittlerweile eher für einen Verbleib bei den Fachwissenschaften. Diese Verortung stärkt die fachliche Seite und erleichtert eine Didaktisierung der Fachwissenschaft. Auch ergeben sich Synergieeffekte zwischen fachwissenschaftlichen (z. B. Internationale Beziehungen) und fachdidaktischen Veranstaltungen (z. B. Europa-Planspiele). Zugleich ist quer dazu eine Verzahnung der Fachdidaktiken und Bildungswissenschaften über Zentren für Lehrerbildung und didaktische Graduiertenkollegs nötig. Lehrerbildungszentren als Sparmaßnahme oder die Abkehr von fachwissenschaftlich fundierter Lehrerausbildung halte ich dagegen für kontraproduktiv.

Verhältnis von Theorie und Praxis

Lehramtsstudierende müssen das Vorurteil abbauen, frühere oder häufigere Praxis würde sie besser oder schneller professionalisieren. Sie unterschätzen die Notwendigkeit, theoretisch und empirisch fundiertes Handlungswissen im universitären Schonraum simulativ zu erproben sowie theoretisches und empirisches Deutungswissen durch eigene und fremde Lernprozessanalysen zu erlangen. Je komplexer und unvorhersehbarer die Handlungssituation, umso mehr Wissen ist notwendig, um schnell ein angemessenes Register ziehen zu können. Um den oft entdidaktisierend wirkenden Praxisschock („Konstanzer Wanne") zu minimieren, dürfen fachdidaktische Praktika nicht zu früh erfolgen und muss die zeitliche Trennung einer akademischen von einer schulpraktischen Ausbildungsphase unbedingt beibehalten werden.

Unterrichtsrezepte sind dann gut, wenn sie Ergebnisse erprobter Unterrichtsmodelle sind.

Im Basismodul werden Best-Practice-Modelle werkstattförmig durchgespielt, um den politikdidaktischen Methodenfundus und die dahinterliegende konzeptionelle Ebene exemplarisch aufzuschließen (Perspektivierungs- und Inszenierungskompetenz). Studierende erfahren die Wirkung von Aufgabenstellungen und damit auch eigene fachliche Wissenslücken im Selbstversuch.

Schwerpunkte der eigenen Lehre

In forschungsorientierten Schulpraktika werden Sequenzen zuvor erprobter Unterrichtsmodelle gezielt umgesetzt (Inszenierungs- und Aushandlungskompetenz) und später häufig zu Examensarbeiten ausgebaut. Studierende nehmen auch an der Implementierung von Best-Practice-Modellen in Kooperationsschulen teil.

Im Aufbaumodul erarbeiten wir typische Lehr-Lern-Probleme (Diagnosekompetenz). Studenten und Studentinnen lernen, qualitative Interpretationsmethoden auf Unterrichtsvideos und -transkriptionen sowie auf Lehrer- und Schüler-Interviews anzuwenden und ihre Befunde mit weiteren Studien abzugleichen.

12. „Gute" politische Bildung

Gute politische Bildung sieht ihren Auftrag darin, an sozialer Innovation im Sinne gesamtgesellschaftlicher Demokratisierung mitzuwirken. Sie konfrontiert Individuen mit Andersdenkenden und kontra-intuitiven Fällen. Zum einen, um die Entwicklung einer toleranten politischen Identität zu ermöglichen. Zum anderen, um über die Reflexion der Auswirkungen des eigenen Lebensstils sowie über soziale Empathie für andere Lebenslagen Handlungsbereitschaft zu wecken. Gute politische Bildung lässt uns spüren, dass demokratische Regelungen in kleinen wie in großen Zusammenhängen das Leben ungemein erleichtern.

Volker Reinhardt

Dr. Volker Reinhardt, geb. 1968 in Villingen-Schwenningen

Professor für Politikwissenschaft und ihre Didaktik an der Pädagogischen Hochschule Weingarten und Gastprofessor für Bildungswissenschaft und Bildungsmanagement an der Steinbeis-Hochschule Berlin.

Arbeitsschwerpunkte: Forschendes, selbstgesteuertes und reflexives Demokratie- und Politik-Lernen, Partizipative Schul- und Unterrichtsentwicklung, Politikvernetzte Projektarbeit.

Frühere Tätigkeiten

- Professor für Bildungs- und Sozialwissenschaften, Pädagogische Hochschule Luzern von 2005 bis 2011
- Juniorprofessor für die Didaktik der Sozialwissenschaften, Ruhr-Universität Bochum von 2003 bis 2005

Verbandstätigkeiten

- Mitglied in der Gesellschaft für Politische Jugend- und Erwachsenenbildung (GPJE)
- Mitglied der Schweizerischen Gesellschaft für Bildungsforschung (SGBF)
- Mitglied in der Deutschen Vereinigung für Politische Wissenschaft (DVPW)
- Mitglied der Deutschen Gesellschaft für Demokratiepädagogik (DeGeDe)

Beratungs- und Kommissionstätigkeiten

- Mitbegründer und seit 2013 Präsident der Experten des *Schweizer Schulpreises*
- Gutachter für den Schweizerischen Nationalfonds des Nationalen Forschungsrates für den Bereich Politische Bildung an Hochschulen
- Pädagogischer Berater der Schule Schloss Salem
- Pädagogischer Experte für den „Deutschen Schulpreis"

Veröffentlichungen – Auswahl

Redaktionsmitglied der Zeitschrift *Lehren und Lernen;* Mitherausgeber des *Jahrbuchs Demokratiepädagogik*

2015 Volker Reinhardt (Hrsg.): Jugend und Politik. Empirische Studien zur Wirkung politikvernetzter Projektarbeit, Wiesbaden.

2012 zusammen mit Béatrice Ziegler (Hrsg.): Was Schweizer Jugendliche von der EU wissen. Zürich.

2011 Demokratie und Partizipation von Anfang an. Baltmannsweiler.

2010 zusammen mit Dirk Lange (Hrsg.): Basiswissen Politische Bildung. Handbuch für den sozialwissenschaftlichen Unterricht. 6 Bände. Baltmannsweiler (2. Auflage).

2010 zusammen mit Markus Gloe (Hrsg.): Politikwissenschaft und Politische Bildung. Nationale und internationale Perspektiven. Wiesbaden.

2009 zusammen mit Monika Waldis und Béatrice Ziegler: Knowledge, interest and attitudes – Results from the TEESAEC intervention study in Switzerland. In: Weißeno, Georg/Eck, Valentin u. a. (Hrsg.): Teaching European Citizens. A Quasi-experimental Study in Six Countries. Münster/New York, S. 31-45.

Leseempfehlungen für (angehende) Politiklehrerinnen und -lehrer

Sander, Wolfgang (Hrsg.) (2014): Handbuch politische Bildung. 4., völlig überarb. Aufl., Schwalbach/Ts.

Lange, Dirk/Reinhardt, Volker (Hrsg.) (2010): Basiswissen Politische Bildung. Handbuch für den sozialwissenschaftlichen Unterricht. 6 Bände. Baltmannsweiler (2. Auflage).

Beutel lWolfgang/Fauser, Peter/Rademacher, Helmolt (Hrsg.) (2012): Jahrbuch Demokratiepädagogik. Schwalbach/Ts.

Volker Reinhardt

„Damit bei Politikstudierenden eine forschende, reflexive Haltung gefördert werden kann, sollten sie immer mehr selbstgesteuert und selbstbestimmt lernen."

1. Werdegang

An unserem Gymnasium gab es, was in Baden-Württemberg damals selten war, das Leistungskursfach Gemeinschaftskunde/Politik. Mein damaliger Lehrer hielt nicht so sehr viel von systematisch geplantem Politikunterricht, weshalb er zumeist vor Unterrichtsbeginn einen tagesaktuellen Zeitungsausschnitt mitbrachte, worüber dann diskutiert wurde (und wir uns an seinem komplexen Politikwissen reiben konnten). Obwohl der Unterricht also nicht unbedingt geplant war, lies er für uns Schüler/innen ein tiefes Eintauchen in exemplarische Politikfelder zu.

Über mein Lehramtsstudium (Hauptfach Politik/Gemeinschaftskunde) wurde ich mit politikdidaktischen Fragestellungen konfrontiert. Nach dem Aufbaustudium im Fach Politikwissenschaft promovierte ich dann zur politischen Erwachsenenbildung im internationalen Kontext. Einer politikdidaktischen Schule gehör(t)e ich (zum Glück) nicht an, sondern konnte, gefördert durch ein Promotionsstipendium, sehr frei von Zugehörigkeiten oder Abhängigkeiten arbeiten. Überlappend mit dem Abschluss der Promotion war ich dann knapp fünf Jahre lang Lehrer für die Fächer Gemeinschaftskunde und Pädagogik/Psychologie an einem beruflichen Gymnasium, sammelte aber auch an Realschulen und Hauptschulen in freier Trägerschaft Unterrichtserfahrungen. Nach einer kurzen Station als Juniorprofessor für Didaktik der Sozialwissenschaften an der Uni Bochum erhielt ich 2005 einen Ruf als Professor für Bildungs- und Sozialwissenschaften an die PH Luzern und leitete dort ein „Fachteam Politische Bildung" mit 10 Mitarbeitern. Die Beziehung von Bildungswissenschaft und Politischer Bildung war und ist in der Schweiz sehr entspannt. Daher gibt es auch fast keine Berührungsängste zwischen demokratiepädagogischen und politikdidaktischen Auffassungen. Vielmehr versucht man dort, Synergien aus beiden Richtungen zu nutzen und für die Praxis(reflexion) anzuwenden. Nebenberuflich gründete ich ein privates Hochschulinstitut für Pädagogikmanagement und war mehrere Jahre lang Prorektor einer Schweizer Privatuniversität.

Auch die demokratische bzw. partizipative Schulentwicklung liegt mir sehr am Herzen, was meine Tätigkeit als Präsident der Experten des Schweizer Schulpreises und meine pädagogische Expertentätigkeit für den Deutschen Schulpreis verdeutlichen.

2011 nahm ich den Ruf an die PH Weingarten für Politikwissenschaft und ihre Didaktik an.

2. Situation und Perspektiven der politischen Bildung

Die Politische Bildung im engeren Sinne – also nur ausgerichtet auf die Stundenkontingente, die ihr laut Bildungsplänen in der Schule zur Verfügung stehen – ist m.W. in allen Bundesländern mit viel zu wenigen Stunden ausgestattet. Man kann diesen Zustand, wie in der Vergangenheit oft geschehen, beklagen und anführen, dass Menschen nicht als Demokraten geboren werden und dass Politische Bildung unbedingt ausgebaut werden müsse. Wie erwähnt, ist dies aber nach den Erfahrungen der letzten Jahrzehnte ein hehrer Wunsch, der wegen der Marginalisierung des Schulfachs m. E. auch in Zukunft wenig Aussicht auf Erfolg haben wird. Das verstärkt eingeführte Schulfach „Wirtschaft" wird sicherlich ebenfalls nicht dafür sorgen, dass Politische Bildung ausgeweitet werden kann.

Gegenwärtige Situation und Herausforderungen

Daher ist es notwendig, dass wir an den Hochschulen Lehrer/innen ausbilden, die über ihr enges Unterrichtsfach Politik hinaus als Multiplikatoren für Demokratie, Politik und Partizipation in Schule und Unterricht wirken können. Es wird in Zukunft wichtig sein, dass angehende (Politik)lehrer/innen über politik- und demokratiedidaktische Kompetenzen verfügen, die sie in den Politikunterricht, in fächerübergreifende Politische Bildung, in projektorientierte Politische Bildung und in die Schulentwicklung einbringen können. Die drei letztgenannten Punkte werden bislang leider vernachlässigt oder gar ausgeklammert.

Zukünftige Rolle der politischen Bildung

Nur ein solch breiteres Verständnis von Politischer Bildung kann aber sicherstellen, dass das „zarte Pflänzchen Politische Bildung" an den Schulen nicht verkümmert. Dafür ist an den Hochschulen und dann auch an den Schulen ein breiteres Verständnis von Politischer Bildung vonnöten.

3. Demokratie und politische Bildung

Was ist Demokratie?

Zunächst einmal ist Demokratie nach der berühmten „Gettysburg Address" von Abraham Lincoln „government of the people, by the people, for the people". Die Herrschaft geht also aus dem Volk hervor, sie wird durch das Volk und im Interesse des Volkes ausgeübt. Ich möchte Demokratie also nicht ausschließlich als „Elitendemokratie" verstanden wissen, in der eine kleine gewählte Führungselite die Geschicke eines Staatswesens lenkt. Vielmehr muss den beiden partizipativen Elementen „aus dem Volk" und „durch das Volk" mehr Aufmerksamkeit geschenkt werden.

Demokratie ist zunächst einmal eine Regierungsform, aber darüber hinaus sollte sie auch eine Lebensform sein, wie John Dewey schon vor einhundert Jahren postulierte. Es sollten also auch immer mehr Lebens- und Arbeitsbereiche – wie Unternehmen, (nicht-)staatliche Organisationen oder Schulen – nach demokratischen Prinzipien geführt werden und auf allen Ebenen demokratische Prozesse zugelassen und gefördert werden.

Demokratielernen als Aufgabe der politischen Bildung?

Daher ist das Demokratielernen eine der zentralen Aufgaben von Politikunterricht (und Schule!).

Demokratie als Lebensform geht nach Himmelmann über das soziale Lernen hinaus, indem sie auf der Ebene der kommunizierenden Individuen demokratische Prozesse auslöst. Das können beispielsweise – schon sehr früh in der schulischen Sozialisation der Schüler/innen – Beratungen und Abstimmungen sein, an deren Ergebnisse sich die Gruppe oder Klasse dann auch halten muss. Auf dieser Ebene der konkreten Demokratie-Erfahrungen der Schülerinnen und Schüler wird offensichtlich, dass Demokratie-Lernen schon früh stattfinden kann. „Es geht dabei nicht um ‚Belehrung', sondern um die Ermöglichung der Sammlung von konkreten ‚Erfahrungen' mit Demokratie in der vielfältigsten Form und es geht um das ‚Wachstum dieser Erfahrung'", wie Himmelmann schlüssig argumentiert. Es muss meines Erachtens Aufgabe der

Politischen Bildung sein, solche Demokratieerfahrungen anzubahnen und vor allem Gelegenheiten aufzugreifen, in denen Demokratie erlebt und gelernt werden kann. Die große Chance des Schulfaches Politische Bildung ist in diesem Zusammenhang, dass die gemachten Demokratieerfahrungen der Schüler/innen eben nicht unverbunden und ohne Zusammenhang zur Ebene der Demokratie als Regierungsform stehen bleiben, sondern an der „großen Politik" reflektiert werden können. Und hierfür bedarf es ausgebildeter Politiklehrer/innen, die diese domänenspezifische Reflexion auch leisten können. Leider wird diese Chance der „Gelegenheitsdidaktik" aber viel zu wenig genutzt.

Das Unterrichtsfach Politische Bildung hat in einigen Bundesländern Verfassungsrang. So heißt es etwa in der Landesverfassung Baden-Württemberg: „In allen Schulen ist Gemeinschaftskunde ordentliches Lehrfach". Von daher ist Politische Bildung bis heute kein normales Schulfach. Es hat aus den Erfahrungen des Nationalsozialismus eine besondere Tradition in der Nachkriegszeit entwickelt. Trotzdem ist das Fach heute marginalisiert, es hat in den Kontingentstundentafeln an Bedeutung verloren und muss an vielen Schulen fachfremd unterrichtet werden, da es (z. B. an vielen (Werk)Realschulen in Baden Württemberg) nicht einmal mehr eine/n Lehrer/in an gibt, die Politische Bildung als Unterrichtsfach studiert hat.

Rolle der Politischen Bildung in der Demokratie

Wenn wir Politische Bildung als normales Unterrichtsfach begreifen, das vor allem kognitive Kompetenzen im Blick hat, dann wird dieses Unterrichtsfach auch dem normalen Fächerwettbewerb ausgesetzt sein und meines Erachtens noch mehr unter die Räder kommen. Wenn wir aber die Chance des oben erwähnten Demokratielernens ergreifen, dann kann der Politischen Bildung eine wichtigere Rolle in Unterricht und Schule zukommen.

4. Politikbegriff und Breite des Unterrichtsfaches

Nach Machiavelli ist Politik die Summe der Mittel, die nötig sind, um zur Macht zu kommen und sich an der Macht zu halten. Auch wenn diese Vorstellung von Politik bei vielen Menschen vorhanden ist, so kann und darf dies nicht der alleinige Zweck von politischem Handeln sein. Zum anderen nämlich ist Politik nach Thomas Meyer die „Gesamtheit aller Aktivitäten zur Vorbereitung und Herstellung gesamtgesellschaftlich verbindlicher und/oder am Gemeinwohl orientierter und der ganzen Ge-

Was ist Politik?

sellschaft zugute kommender Entscheidungen". Damit transformiert laut Dirk Lange Politik die Interessenvielfalt einer sozialen Gruppe in allgemein verbindliche Regelungen.

Diese beiden gegensätzlichen Vorstellungen gilt es in der Politik mit Leben zu füllen, zusammenzubringen, gegeneinander auszuspielen, aber auch auszuhalten. Die Gemeinwohlorientierung auf der einen Seite und das Machtstreben auf der anderen Seite sind die beiden Pole, die Politik zum einen interessant, aber zum anderen auch schwierig und anfällig machen.

Daneben ist aber auch ein weiter Begriff von Politik beachtenswert, der sich aus dem sozialen Handeln ableitet und dort ins Spiel kommt, wo das soziale Handeln von Gruppen Probleme aufwirft. Diese Probleme werden dann kommunikativ oder/und handelnd angegangen. Politik kann nach dieser weiten Definition also auch im vorpolitischen Bereich relevant sein.

Politik als Kern? Als Politik- und Demokratiedidaktiker ist es für mich selbstverständlich, dass Politik und Demokratie die Perspektiven sind, die zum Ausgangspunkt der Politischen Bildung werden. Die Diskussionen um den Kern des Faches sind für mich dann sekundär, da es nicht um den Kern, sondern um die Perspektive geht. Natürlich spielen ökonomische, rechtliche und gesellschaftliche Inhalte eine Rolle. Es kommt aber auf die Perspektive an, aus der man Inhalte beobachtet. So kann und muss beispielsweise die Finanz- und Bankenkrise aus der politik- und demokratiedidaktischen Perspektive beleuchtet werden. Auch die oben angesprochenen Gelegenheiten für Demokratie auf der Ebene der Demokratie als Lebensform (also z. B. SMV, Schülerprojekte, Partizipative Schulentwicklung ...) müssen immer wieder aus dieser Perspektive betrachtet werden bzw. an der „großen Politik" gespiegelt werden. Es ist also meines Erachtens verkürzt, zu sagen, Politik sei der (inhaltliche) Kern der Politischen Bildung. Vielmehr muss die Perspektive auf Probleme eine politik- und demokratiedidaktische sein.

Lernfeld Gesellschaftswissenschaften Zurzeit sind in Baden-Württemberg Kombinationen der früheren Fächer Erdkunde, Geschichte, Gemeinschaftskunde (Werkrealschulen) bzw. Erdkunde, Wirtschaft, Gemeinschaftskunde (Realschulen und Gymnasien) und Geschichte und Gemeinschaftskunde (berufliche Gymnasien) sowie unterschiedlichste Kombinationen in den verschiedenen beruflichen Schulen vorhanden. Die neuen Bildungspläne 2015 wollen diese Kombinationen zum Teil wieder auflösen. Wie man sieht, sind die Zusammenfassungen schon in ein und demselben Bundesland recht willkürlich gefasst. Solche Zusammenlegungen von Fächern machen aber nur Sinn, wenn auch die Lehrerausbildung darauf abgestimmt ist. So lange es die Fachstudien gibt (es wird zum Beispiel das Fach Politikwissenschaft studiert und nicht ein Fächerverbund), werden auch die Fächerverbünde an Schulen – wie häufig praktiziert – halbjährliche Fachveranstaltungen sein. Integration der Fächer – falls man diese möchte – müsste also bei der Lehrerausbildung beginnen.

5. Kompetenzen, Inhalte und Konzepte der politischen Bildung

Wenn man die Kompetenzorientierung nach der berühmten Definition von Weinert betrachtet, ist es tatsächlich ein Paradigmenwechsel für alle Unterrichtsfächer und damit auch für die Politische Bildung. Nach Weinert sind Kompetenzen die bei Individuen verfügbaren oder durch sie erlernbaren kognitiven Fähigkeiten und Fertigkeiten, um bestimmte Probleme zu lösen, sowie die damit verbundenen motivationalen, volitionalen und sozialen Bereitschaften und Fähigkeiten, um die Problemlösungen in variablen Situationen erfolgreich und verantwortungsvoll nutzen zu können.

Kompetenzorientierung

Nimmt man aber die Idee der Kompetenzentwicklung zum Vorwand für eine Wiedereinführung von völlig überhöhten Lernzielkatalogen und Wissensanhäufungen (dann häufig einfach mit „können-" statt „sollen-Formulierungen" ausgestaltet), so wird diese Idee konterkariert.

Eine wichtige Kompetenz, die Weinert schon in der allgemeinen Kompetenzdefinition anspricht, ist die Problemlösekompetenz. Gerade in der Politischen Bildung wird diese Kompetenz relevant. Das Lösen von Problemen muss bei Schüler/innen sowohl im kognitiven als auch im motivationalen, volitionalen und sozialen Deutungs- und Handlungsbereich das Zentrum sein. Im kognitiven Bereich sind es vor allem politische Analysekompetenzen, die z. B. im Rahmen von Fallstudien mit Hilfe des Politikzyklus gelernt werden können. Wenn wir politische Mündigkeit nach wie vor als übergreifendes Ziel der Politischen Bildung begreifen, dann muss neben der kognitiven Kompetenz aber unbedingt die soziale und Handlungskompetenz im Zentrum des Interesses stehen. Die Grundfrage muss dann nach Henkenborg lauten, wie Men-

Kompetenzen

schen in der Gesellschaft lernen können, ihr Zusammenleben zu gestalten.

Grundwissen   Politische Bildung muss natürlich ein Grundwissen sicherstellen. Dieses Wissen sollte aber immer eingebettet sein in ein problemorientiertes, handlungsorientiertes, fall- oder projektorientiertes Vorgehen. Ich möchte an dieser Stelle keine verbindlichen Wissenskataloge vorstellen, da diese aller Erfahrung nach zum einen immer überzogen und zum anderen im Unterricht nur ansatzweise umsetzbar sind, wenn man, wie oben erwähnt, Situationen auch gelegenheitsdidaktisch aufgreift, um politische Prozesse aufzuzeigen und als Lernumgebung zu gestalten. Dieses Grundwissen kann daher nicht im Abarbeiten bestimmter Wissenskataloge bestehen, sondern in der situativen und situationsorientierten Auseinandersetzung mit Teilen der Wissensbestände der Fachwissenschaft. Die Situationen, die Gelegenheiten, die anstehenden Probleme, die Aktualität der Probleme und die Lernvoraussetzungen und -haltungen der Schüler/innen sollten also die Auswahl aus dem großen (Grund-)Wissen der Politik- und Demokratiewissenschaft bestimmen.

Konzepte   Sowohl auf der Ebene der Politik- und Demokratiedidaktik als auch auf der Lehrerebene an Schulen sind Konzepte der Politischen Bildung, die die Lehrenden als Leitvorstellungen im Kopf haben, wichtig. Konzepte liefern Anhaltspunkte und Begründungen auf der Metaebene für das didaktische Handeln. Aus diesen Begründungen lassen sich Kompetenzen ableiten, die für die Lernenden relevant werden sollen. Die konkreten Inhalte ergeben sich dann daraus. Ob sich Basis- und Fachkonzepte für die Politische Bildung festlegen lassen, ist schwierig zu beurteilen. Es darf meines Erachtens kein ausdifferenziertes obligatorisches und allgemeingültiges Konzept vorgeschrieben werden. Man könnte sich auf einen Minimalkonsens einigen, der diskursiv zustande kommen müsste und tatsächlich nur die Mindestanforderungen bzw. -vorstellungen definieren würde.

6. Politikdidaktische Prinzipien

Didaktische Prinzipien, die für mich zentral sind und die didaktisch zusammengehören, sind die Problemorientierung, Schülerorientierung, Handlungsorientierung und die Lebensweltorientierung. Leider sind diese didaktischen Prinzipien in der Praxis der Politischen Bildung noch nicht so richtig angekommen, was sowohl eigene Erfahrungen als auch

Forschungsergebnisse nahelegen. Die Orientierung an Problemen bzw. an Themen, die Schüler/innen besonders interessieren, ist Voraussetzung für gelingenden Politikunterricht. Bei Schüler/innen soll eine forschende, reflexive Haltung gefördert werden. Die Schüler/innen sollen ihre subjektiven Theorien mit Theoriewissen konfrontieren, um dadurch neues Wissen zu konstruieren.

Wie oben geschildert, spielt hier die Gelegenheitsdidaktik eine große Rolle, die unterrichtliche wie (außer-)schulische Gelegenheiten aufgreift, sie zum Inhalt der Politischen Bildung macht und dort politik- und demokratiedidaktisch reflektiert.

7. Methoden und Medien der Politischen Bildung

Die Frage nach den empfehlenswerten Methoden für die Politische Bildung ist nicht so leicht zu beantworten, da die Methodenwahl nie die zentrale Frage von Lehr- und Lernprozessen ist. Methoden ergeben sich aus der Fragestellung, aus dem Problem, Thema oder Projekt, welches relevant geworden ist und Methoden sind daher immer nur Werkzeuge, die dann situationsangemessen eingesetzt werden können. Methoden sollten niemals Selbstzweck sein, sondern können nur Vehikel sein, um Lernprozesse besser zu befördern. Keine Methodenform sollte zum Dogma erhoben werden, wie Johann Amos Comenius schon im 17. Jahrhundert sagte.

Methoden

Daher ist es gut, wenn Studierende ein großes Potpourri an Methoden kennenlernen, um diese dann situations- und themenadäquat einsetzen zu können bzw. die Methodenkenntnisse an ihre Schüler/innen weiter zu geben, die dann ihrerseits damit arbeiten können.

Methoden, die in der Politischen Bildung innerhalb der ausgewählten Fragestellungen und Probleme immer wieder zum Einsatz kommen sollten, sind auf der Makroebene sicherlich die Fallstudie, die Pro-Contra-Debatte, die Zukunftswerkstatt und die Dilemma-Methode. Auf der Mikroebene sind wichtige und immer wiederkehrende Methoden der klar umrissene und strukturierte Lehrervortrag und die Textanalyse inklusive diskontinuierlicher Textverarbeitungen.

In Bezug auf die Medien Politischer Bildung gilt für mich die Regel, dass der Medieneinsatz und die Medienverwendung in der Politischen Bildung den Fragestellungen folgen müssen. Unterrichtsmedien bzw. Medien als Lernhilfen können keinen Selbstzweck verfolgen, sondern

Medien

müssen der Themenfokussierung und den Zielen der Lehr-/Lernprozesse untergeordnet werden. Es gibt natürlich Medien, die häufig im Politikunterricht zum Einsatz kommen (sollten), wie beispielsweise Karikaturen, Nachrichten(-sendungen), Zeitungen oder Plakate, aber sie müssen als mögliche Lernumgebungen Sinn stiftend sein und den Lernprozess unterstützend eingesetzt werden.

Dies ist aber nur die eine Seite der Mediennutzung, nämlich die der Unterrichts- und Lernmedien. Zum anderen stellt sich die Politische Bildung schon immer der Aufgabe, Schüler/innen zu kritischen Mediennutzern zu erziehen bzw. ihnen Möglichkeiten zu bieten, sich reflexiv ihre Mediennutzung zu vergegenwärtigen und daraus Konsequenzen zu ziehen im Umgang mit (vor allem „Neuen") Medien. Die Darstellung von Politikern, Parteien, Organisationen und die Berichterstattungen, Blogs etc. über politische Prozesse im Internet oder in Foren sollten im Unterricht Gegenstand einer reflexiven Mediennutzung werden, ebenfalls die so genannten „Sozialen Netzwerke". Auch die politische Beteiligung ist in zunehmendem Maße mediengestützt. Von daher ist der Umgang mit Medien eine unabdingbare Aufgabe der Politischen Bildung.

Rolle des Schulbuchs

Das Schulbuch spielt zwar in der Praxis der Politischen Bildung aller Erfahrung nach eine große Rolle, durch das zumeist hohe Alter der Schulbücher sind sie dann aber veraltet, was für einen aktualitätsbezogenen Politikunterricht natürlich nicht förderlich ist. Meiner Ansicht nach sollten Politik-Schulbücher entweder eher grundsätzliche politische Fragen thematisieren bzw. als Nachschlagewerke dienen oder sie müssen (was aufgrund der finanziellen Situation wohl eher ein frommer Wunsch ist) häufiger durch aktuelle Schulbücher ersetzt werden.

8. Lernprozesse und Schülervorstellungen

Bedeutung lerntheoretischer Erkenntnisse

Wenn man die Forschungsschwerpunkte und Erkenntnisse der Lernpsychologie der letzten Jahrzehnte betrachtet, dann fällt schon seit Jean Piaget eine starke Verlagerung in Richtung konstruktivistischer Vorstellungen und Forschungen auf. Da die konstruierten Wirklichkeiten aber selten individualistisch zustande kommen, erhalten die soziale Interaktion und Kommunikation einen hohen Stellenwert, den Grammes mit *sozialem Konstruktionismus* beschreibt.

Wenn auch nicht alles Lernen durch diese beiden Modelle beschrieben werden kann, so spielen sowohl der Konstruktivismus als auch der

Konstruktionismus eine – lange Zeit unterschätzte – wichtige Rolle für das Lernen. Gerade das problemlösende Denken ist für die Politische Bildung von außerordentlich großer Bedeutung. Es spielen die Erfahrungen und Lernvoraussetzungen der Lernenden eine große Rolle für die Aneignung von neuem Wissen. Jede menschliche Aktivität ist nach John Dewey das Ergebnis einer Entscheidung zwischen Wahlmöglichkeiten; ohne diese Möglichkeiten ist nach Dewey auch kein Lernen möglich. Wird dieses Lernen durch Erfahrungsermöglichung, durch Möglichkeitserörterung, durch Konfrontation mit Problemen, durch Spiegelung der erlebten Praxis an Theorien und dann durch geeignete Lernumgebungen gefördert, so verfestigt sich das Gelernte und verbleibt nicht als bloßes deklaratives Wissen an der Oberfläche. Semantische Netze können durch problemlösendes Lernen gefördert und vertieft werden.

In meinen eigenen Arbeiten versuche ich immer wieder, dieses Erfahrungslernen, zum Beispiel durch projektorientiertes Lernen, sichtbar und überprüfbar zu machen. Natürlich ist die Beschäftigung mit der Evaluation oder der Wirkungsforschung von Erfahrungs- und Projektlernen im Hinblick auf politisches Lernen nicht ganz so einfach, als wenn beispielsweise ausschließlich die Wissenszunahme innerhalb einer kognitiv orientierten Interventionsstudie gemessen wird.

Meines Erachtens ist die Hinwendung zu den Ein- und Vorstellungen der Schüler/innen ein wichtiger Schritt innerhalb der Politikdidaktik. Neben vielen anderen Ansätzen ist die politikdidaktische Rekonstruktion hier besonders zu erwähnen, nach der fachliche Vorstellungen auf Vorstellungen von Schüler/innen zu Politik und Demokratie bezogen und diese miteinander abgeglichen werden. Hier können in den nächsten Jahren noch spannende Ergebnisse erwartet werden.

Empirische Forschung & Schüler- und Lehrervorstellungen

Zurzeit beschäftige ich mich in einem Forschungsprojekt vor allem mit Fragen nach politischem Interesse, politischer Motivation und politischer Handlungsbereitschaft von Jugendlichen vor und nach verschiedenen Interventionen, also mit motivationalen und volitionalen Fragen der Schülervorstellungen zu Politik.

9. Politikdidaktik als Wissenschaft

Forschungsfragen für die Zukunft

Wie oben angedeutet, ist es sicherlich notwendig, die Forschungen zu Schüler- (und Lehrer-)vorstellungen auszubauen. Erst wenn erforscht ist, welche Vorstellungen von Politik und Demokratie in den unterschiedlichsten Bereichen vorhanden sind, können auch Lernumgebungen adaptiv geplant werden.

Ein weiterer Forschungsschwerpunkt sollte m. E. die Professionsforschung und Professionalisierungsforschung werden sowie der damit verbundene Bereich der professionellen Kompetenz und Berufsidentität von Politiklehrenden. Auch die Reflexionskompetenz (von Schüler/innen und Lehrer/innen), die Erfahrungen an Theorien und wissenschaftlichen Erkenntnissen spiegelt, ist immer noch ein blinder Fleck in der Politischen Bildung bzw. in der Politikdidaktik.

Es sollte auch die politische Sozialisationsforschung einen breiteren Raum einnehmen, die die Umwelt und Erfahrungen der Schüler/innen aufnimmt und daraus abgeleitet politikdidaktische Handlungskonsequenzen initiiert. Dafür müssten aber mehr Untersuchungen zur Wirkung unterschiedlicher politikdidaktischer Lernsettings entstehen. Das Erfahrungs- und Politiklernen – beispielsweise innerhalb von Projekten – ist meines Erachtens immer noch viel zu wenig untersucht.

Die gerade hoch im Kurs stehende Forschungstätigkeit zu Basis-, Fach- bzw. vor allem Wissenskonzepten sollte meines Erachtens nicht den alleinigen Schwerpunkt der zukünftigen politikdidaktischen Forschungen ausmachen. Auch war die Beschäftigung mit Unterrichtsmethoden und Medien in den letzten Jahrzehnten ausreichend und sollte keinen Schwerpunkt mehr darstellen.

Eigene Forschungsschwerpunkte

Ich versuche mit verschiedenen Ansätzen im Zwischenbereich von Politikdidaktik und Demokratiepädagogik herauszufinden, inwieweit erfahrungsorientiertes Lernen und systematisch präsentiertes Lernen zusammengebracht werden können und welche Wirkungen ein solches Lernen für politisches Interesse, politische Motivation und politische Handlungsbereitschaft hat.

10. Fachdidaktische Kontroversen

Auf die teils beigelegten, teils schwelenden (oder sich nicht mehr zur Kenntnis nehmenden) Gegensätze, Kontroversen und Gemeinsamkeiten zwischen demokratiepädagogischen und politikdidaktischen Ansätzen bin ich bereits oben eingegangen.

Sicherlich gibt es wichtige Kontroversen in der fachdidaktischen Diskussion, wenn es um Basis- oder Fachkonzepte der Politik versus Konzepte der Politischen Bildung geht, wie zwei widerstreitende Buchtitel lauten. Meines Erachtens wird aber in diesem „neuen" Gegensatz dann doch wieder nur ein alter Gegensatz neu belebt, nämlich der eher test-, lernziel- und wissensorientierte versus einem erfahrungs- oder schülerorientierten Ansatz.

11. Politikdidaktik und Lehramtsausbildung

Wenn man die „Anforderungen für die Fachwissenschaften und Fachdidaktiken" der Kultusministerkonferenz in Bezug auf das „Fach Sozialkunde/Politik/Wirtschaft" anschaut, muss man angesichts der geforderten allumfassenden Kompetenzen und Anforderungen meinen, wir bräuchten reine Fachwissenschaftler/innen der Politikwissenschaft (mit ihren Nachbarwissenschaften), um dieses Fach in der Sekundarstufe unterrichten zu können. Das KMK-Papier sieht eine direkte Ableitung der Fachdidaktik aus den genannten politikwissenschaftlich orientierten Bezugswissenschaften vor. Dies kann m. E. nicht Sinn einer Lehrerbildung für die politische Bildung sein, die sich an den Erfahrungen, an den Schülervorstellungen und an der Kompetenzentwicklung von Schülerinnen und Schülern orientiert.

Wissen und Können von Politiklehrern

Welche Lehrerbildung brauchen wir also für die schulische politische Bildung? Ist die Politikwissenschaft die domänenspezifische Leitdisziplin oder sind es nicht immer mehr die „pädagogisch-psychologisch-(fach)didaktischen Berufswissenschaften", die als wichtige Bezugswissenschaften dazukommen müssen und in ein handlungsrelevantes Erfahrungslernen münden sollen. Man kann auch fragen: Hat sich die Fachdidaktik Politik schon von Fixierungen auf die politikwissenschaftliche Sachlogik gelöst zugunsten einer mehr schüler- und erfahrungsbezogenen Entwicklungslogik?

Politikdidaktik in der Lehramtsausbildung

Innerhalb der Lehramtsausbildung müssen meines Erachtens neben dem fachlichen und fachdidaktischen Standardrepertoire Gelegenheiten geschaffen werden, in denen die Studierenden kleine politikvernetzte (Forschungs-)Projekte planen und durchführen und Politik und Demokratie dadurch selbst erfahren und lernen können. Dafür eignen sich Demokratieprojekte, die die Studierenden (zum Beispiel mit Schulklassen) durchführen, besonders gut. Solche Projekte müssen im Anschluss an die Durchführung von den Studierenden ausgewertet und evaluiert werden, damit sie die Wirkungen der Projekte einschätzen können.

Verhältnis von Theorie und Praxis

Wenn wir es schaffen, dass sich Politik-Lehramtsstudierende schon sehr früh als Forschende ihres eigenen Berufsfeldes verstehen, dann werden sie (hoffentlich) auch später ihren Beruf mit einer forschenden Haltung ausüben und sind weniger anfällig für die Forderung und Übernahme von Rezepten aus der Politikdidaktik. Damit bei Politikstudierenden eine forschende, reflexive Haltung gefördert werden kann, sollten sie immer mehr selbstgesteuert und selbstbestimmt lernen, wodurch individuelle Lernwege ermöglicht werden. Die Studierenden können dann ihre subjektiven Theorien mit Theoriewissen und nach Möglichkeit mit der Schulpraxis konfrontieren, um dadurch neues Wissen zu konstruieren.

Schwerpunkte in der eigenen Lehre

Daher versuche ich auch in der Lehre, das selbstgesteuerte und forschende Lernen der Studierenden zu fördern. Dies kann zum einen dadurch geschehen, dass sich Studierende in Seminaren eigene kleinere Forschungsfragen stellen, um diese dann mit Hilfe unterschiedlichster Methoden zu überprüfen. Studierende gehen bei ihren Fragestellungen dann forschungsorientiert vor und erkunden beispielsweise „vor Ort" die politischen Kultur(en) von Jugendlichen. Welche Einstellungen über und Vorstellungen von Politik haben die zu Untersuchenden? Es folgt dann aber immer ein Abgleich mit der wissenschaftlichen Literatur: Sind diese herausgefundenen Einstellungen und Vorstellungen von Politik mit der Literatur und mit den Forschungsergebnissen kompatibel bzw. äquivalent? Für solche Formate bedarf es aber der Umstellung klassischer Seminarveranstaltungen zu Lernateliers bzw. Lernwerkstätten, wodurch auch den Dozierenden eine andere Rolle, z. B. des Beraters/ Lerncoachs zukommt. Auch die Überprüfung von fachdidaktischen Lehr-/Lernformen in der Unterrichtspraxis durch Studierende gehört dazu. Dafür ist aber eine Verknüpfung von Konzept- bzw. Theoriewissen mit den subjektiven Theorien der Studierenden und ihren Praxishandlungen/-erfahrungen notwendig. Durch den Abgleich dieser drei Perspektiven kann m. E. eine forschende und reflexive Haltung der

Studierenden gefördert werden, damit individuelle Lernwege eingeschlagen und diese dokumentiert werden können.

12. „Gute" politische Bildung

Gute Politische Bildung sucht immer wieder Gelegenheiten im Schulleben, im außerschulischen Bereich und in institutionalisierten schulischen Partizipationsbereichen (z. B. Klassen, Schülerrat, Schulversammlungen, etc.), die sie aufnimmt und mithilfe von fachdidaktischen Reflexionsschemata an politischen Prozessen spiegelt und damit politische Urteilsfähigkeit, Partizipationsbereitschaft und politische Deutungs- und Handlungskompetenz im Hinblick auf politische Mündigkeit fördert.

Andreas Eis

Dr. Andreas Eis, geb. 1968 in Erfurt

Professor für Didaktik des politischen Unterrichts und der politischen Bildung am Institut für Sozialwissenschaften an der Universität Oldenburg.

In meiner bisherigen Forschung und Lehre verfolge ich eine systematische Verknüpfung von theoretischen und empirischen Fragen politischer Bildungsforschung aus einer interdisziplinären Perspektive. Schwerpunkte sind dabei der europapolitische Ansatz, die methodologische Verbindung von Governanceanalysen und praxeologischer empirischer Forschung sowie diversitätsreflexive und partizipationsorientierte Ansätze in der schulischen und non-formalen Bildung.

Frühere Tätigkeiten

- Vertretungsprofessur Goethe-Universität Frankfurt am Main von 2009/10 bis 2011
- Wissenschaftlicher Mitarbeiter Universität Augsburg
- Wissenschaftlicher Mitarbeiter und Graduiertenstudium Friedrich-Schiller-Universität Jena
- Teaching Assistant Michigan State University (USA)
- Referendariat Gymnasium J. H. Pestalozzi Stadtroda

Verbandstätigkeiten

- Mitglied der Deutschen Vereinigung für politische Bildung (DVpB)
- Mitglied der Gesellschaft für Politikdidaktik und politische Jugend- und Erwachsenenbildung (GPJE)
- Mitglied der Gewerkschaft Erziehung und Wissenschaft (GEW)
- Mitglied der Gesellschaft für bedrohte Völker

Beratungs- und Kommissionstätigkeiten

- Vertrauensdozent der Hans-Böckler-Stiftung

Veröffentlichungen – Auswahl

2014   zusammen mit David Salomon (Hrsg.): Gesellschaftliche Umbrüche gestalten – Transformationen in der Politischen Bildung, Schwalbach/Ts.

2013   zusammen mit Harald Büsing und Manfred Klöpper (Hrsg.): Demokratie in der Krise – Krisenpolitik und demokratische Legitimation, Oldenburg.

2013   Der europabezogene Ansatz: Politische Bildung in entgrenzten Demokratien. In: Deichmann, Carl/Tischner, Christian K. (Hrsg.): Handbuch Dimensionen und Ansätze in der politischen Bildung, Schwalbach/Ts., S. 129-144.

2013   Mythos Mündigkeit – oder Erziehung zum funktionalen Subjekt? In: Widmaier, Benedikt/Overwien, Bernd (Hrsg.): Was heißt heute Kritische Politische Bildung? Schwalbach/Ts., S. 69-77.

2011   zusammen mit Torsten Oppelland und Christian Tischner (Hrsg.): Politik *kulturell* verstehen. Politische Kulturforschung in der Politikdidaktik. Schwalbach/Ts.

2010   Europäische Bürgerschaftsbildung. Die Neukonstruktion der Bürgerrolle im europäischen Mehrebenensystem. Schwalbach/Ts.

2010   Concepts and Perceptions of Democracy and Governance beyond the Nation State: Qualitative Research in Education for European Citizenship. In: Journal of Social Science Education. 3/2010, S. 35-51.

Leseempfehlungen für (angehende) Politiklehrerinnen und -lehrer

Bourdieu, Pierre (1992/2005): Die verborgenen Mechanismen der Macht. Schriften zu Politik und Kultur 1. Hamburg.

Bröckling, Ulrich (2007): Das unternehmerische Selbst. Soziologie einer Subjektivierungsform. Frankfurt/M.

Eis, Andreas/Salomon, David (Hrsg.) (2014): Gesellschaftliche Umbrüche gestalten – Transformationen in der Politischen Bildung. Schwalbach/Ts.

Lösch, Bettina/Thimmel, Andreas (Hrsg.) (2010): Kritische politische Bildung. Ein Handbuch. Schwalbach/Ts.

Reichenbach, Roland (2001): Demokratisches Selbst und dilettantisches Subjekt: Demokratische Bildung und Erziehung in der Spätmoderne. Münster.

Andreas Eis

"Politische Bildung untersucht, wie Macht- und Herrschaftsansprüche in den Subjekten und in den gesellschaftlichen Verhältnissen wirksam werden."

1. Werdegang

Die akademischen Perspektiven waren für einen kirchlich engagierten Jugendlichen in der DDR nicht sehr vielversprechend. So stand für mich der Entschluss sehr früh fest, nach der 10. Klasse eine Tischlerlehre zu absolvieren. Das Abitur belegte ich erst nach meiner Ausreise und Einwanderung in die Bundesrepublik. Während das Abendgymnasium nur ein knappes Angebot der Pflichtfächer bereit hielt, konnte ich am Staatlichen Kolleg Mannheim auch Kurse in Philosophie, Religion, Gemeinschaftskunde, Psychologie, kreatives Schreiben, Musik und Kunst belegen. Es gab eine engagierte Kolleg-Mitverwaltung, die selbstbewusst unsere Interessen vertrat. Die Lernkultur wurde von der Motivation der Kollegiatinnen* mit vielfältigen beruflichen und persönlichen Erfahrungen geprägt sowie von Lehrenden, die es zu schätzen wussten, gemeinsam mit Lernenden zu arbeiten, die sich bewusst dazu entschlossen hatten, ihre Selbst- und Weltverfügung zu erweitern. Statt Turbo-Abi führten freie Bildungsräume und -zeiten nicht von der Sache weg, sondern mich zum Lehramtsstudium hin.

Außerhalb des schmalen Pflichtprogrammes eines nicht-modularisierten Studiums belegte ich Lehrveranstaltungen, die gesellschaftliche, philosophische und religionswissenschaftliche Probleme aus einer möglichst mehrdimensionalen Perspektive beleuchteten. Mit den Fächern Sozialwissenschaften und Philosophie/Ethik waren für mich politische Theorie, Diskursethik, Sprachphilosophie und Diversity Studies von besonderem Interesse. Die klassischen Positionen der Politikdidaktik erarbeitete ich mir an der Universität Jena aus der konstruktivistischen Perspektive Wolfgang Sanders und mithilfe des wissenssoziologischen Zugangs von Carl Deichmann, der auch meine Dissertation zur europäischen Bürgerschaftsbildung betreute. Der neoliberale Umbau der Bildungs- und Forschungsinstitutionen veränderte zunehmend die Lehr- und Arbeitsbedingungen als wissenschaftlicher Mitarbeiter und während einer zweijährigen Professurvertretung in Frankfurt am Main, die begleitet war von Bildungsstreiks und einem intensiven Fachdiskurs über die Neubegründung subjektwissenschaftlicher und gesellschaftskritischer Konzeptionen politischer Bildungs- und Demokratieforschung.

2. Situation und Perspektiven der politischen Bildung

Politische Sozialisation und Selbstbildungsprozesse vollziehen sich nur sehr beschränkt im Unterricht und in der Schule. Politische Bildung steht im Kontext gesellschaftlicher Lernprozesse und sollte sich nicht auf ein Unterrichtsfach reduzieren, sondern sich auch als Unterrichtsprinzip sowie als Auftrag zur Demokratisierung von Schule, Bildung und Gesellschaft verstehen. Politikdidaktik, die Politikunterricht als normales Schulfach und sich selbst als Fachdisziplin zu etablieren versucht, ohne dabei zugleich den Bedingungszusammenhang zwischen schulischer und non-formaler Bildung sowie zwischen Bildung und den stets prekären demokratischen Verhältnissen konstitutiv mit zu berücksichtigen, trägt m. E. eher zur Entpolitisierung von Schule und Gesellschaft bei, statt (illegitime) Herrschaftsansprüche transparent zu machen und sich selbst als Demokratiewissenschaft zu begreifen. Die größte Herausforderung besteht derzeit in der Ökonomisierung und Indienstnahme von Bildungsinstitutionen für die nationale und europäische Wettbewerbsgesellschaft. Deutlich wird dies in neuen Leitbildern und sogenannten „Bildungsstandards", die den leistungsorientierten Selbstunternehmer und die sozial eigenverantwortliche Konsumentin als dominante Subjektkultur etablieren (Bröckling; Reckwitz). Schulische politische Bildung und universitäre Politikdidaktik haben diese aktuellen Umbrüche bislang kaum thematisiert. Demokratie- und bildungstheoretische Gegenentwürfe zu postdemokratischen Entwicklungen werden erst vereinzelt fachdidaktisch reflektiert (Lösch/Thimmel 2010; Friedrichs/Lange 2012; Eis/Salomon 2014).

Gegenwärtige Situation und Herausforderungen

Schulische politische Bildung wird immer häufiger Teil eines additiven Verbundfaches Politik-Wirtschaft oder eines integrativen sozialwissenschaftlichen Unterrichts, in dem auch weiterhin soziologische Inhalte Berücksichtigung finden. Letztere Konzeption könnte durchaus Perspektiven eröffnen, gesellschaftliche Widersprüche zu thematisieren

Zukünftige Rolle der politischen Bildung

und in der Selbst- und Weltbegegnung mit Krisen und Konflikten kritisches Urteilsvermögen zu entwickeln sowie politische Gestaltungsräume zu erschließen (Steffens 2012). Die Potentiale demokratisch-emanzipatorischer Kompetenzentwicklung scheinen sich jedoch in ihr Gegenteil zu verkehren: Mit der Standardisierung wird eine vermeintlich „neue" Lernkultur, realerweise eine längst überholt geglaubte Pauk-, Wettbewerbs- und Selektionskultur durchgesetzt, die junge Menschen als funktionale, marktkonforme Subjekte zurichtet. Angesichts der starken Dominanz neoklassischer Ansätze ökonomischer Bildung und der beeindruckenden Lobbyarbeit ihrer Akteure stellt sich zudem die Frage, inwieweit sich eine spätmoderne Marktgesellschaft überhaupt noch politische Bildung leisten will und soll, wenn die leistungsorientierten, angepassten und flexiblen Selbstunternehmerinnen durch betriebswirtschaftliche und finanzielle Kompetenzen die Stabilität der gesellschaftlichen Verhältnisse am effektivsten sichern. Wünschenswert wäre hier mehr Mut zur Gesellschafts- und Subjektanalyse, wenn das Bildungsziel keine standardisierten *High Performer*, sondern kritische Menschen darstellen soll.

3. Demokratie und politische Bildung

Was ist
Demokratie?

Kernidee der Demokratie ist die Souveränität des Volkes, auf der normativen Grundlage einer Gleichheit an Grundfreiheiten, Rechten und Chancen, d.h. also auch an materiellen und kulturellen Ressourcen zur politischen Mitbestimmung und kollektiven Selbstgesetzgebung. Diese normativen Voraussetzungen sind aber faktisch nie umfassend realisiert. *Verwirklichte* Demokratie bleibt somit immer ein unerfüllter Anspruch, das in Frage stellen und die Auseinandersetzung darüber, wer mit welchen Rechten, Pflichten und Anteilen zum *Demos*, zur politischen Gemeinschaft gehört, wer legitimiert ist, seine Stimme zu erheben und wessen Stimme Gehör findet. Demokratie kann weder auf ein Regierungssystem noch auf eine „gesellschaftliche Lebensweise" vermeintlich sprach- und politikbegabter Menschen reduziert werden (Rancière 2002, 111). Sie ist „die Weise der Subjektivierung von Politik" (ebd., 108), wobei „Politik" hier die „Unterbrechung" der vorgegebenen Ordnungen und funktionalen Einteilungen der Gesellschaft, nicht deren bloße „Verwaltung" meint. Demokratie ist also die Herrschaft derjenigen, die keinerlei besonderen „Anspruch" dazu haben, weder durch Geburt, noch durch Reichtum oder durch spezifische Fähigkeiten und Qualifikationen (Rancière 2008, 19f.).

Demokratie konstituiert überhaupt erst das Politische als *Dissens und Unterbrechung* der Dispositionen der Macht (ebd.) und ist insofern immer auch ein prekärer, konfliktreicher und dauerhafter Lernprozess. In diesem Verständnis zielt politische Bildung im Kern immer auch auf Demokratielernen. Allerdings beschränken sich viele „demokratiepädagogische" Projekte ebenso wie politikdidaktische Konzepte lediglich auf die Stabilisierung, Verwaltung und Reproduktion der bestehenden sozialen Verhältnisse und dringen nur selten zum Kern des Politischen, also zu deren Kritik und Infragestellung vor.

<small>Demokratielernen als Aufgabe der politischen Bildung?</small>

Kritische Demokratiebildung hingegen thematisiert gesellschaftliche Grundkonflikte und die Bedingungen verwirklichter und verhinderter Teilhabe ebenso wie die vielfältigen Prozesse von Demokratieabbau, die Gründe für Fremdbestimmung, Scheitern und Ohnmacht der Anteillosen (Lösch/Rodrian 2014; Rößler 2014).

<small>Rolle der Politischen Bildung in der Demokratie</small>

4. Politikbegriff und Breite des Unterrichtsfaches

Ein *emphatischer* Politikbegriff setzt sprachbegabte Subjekte voraus, die in freien Entscheidungen und durch gemeinsames Handeln im öffentlichen Raum ihr Zusammenleben gestalten (Arendt). Diese Politikvorstellung ist allerdings sehr voraussetzungsreich und wird – zumal in einer deliberativen Begründungslinie verständigungsorientierter Universalpragmatik (Habermas) – dem *agonistischen* Charakter des Politischen nur sehr bedingt gerecht. Mit Rancière gilt es zunächst nach den Anordnungen und Aufteilungen des Sinnlichen selbst, also des *öffentlich Wahrnehmbaren* zu fragen und dieses „Zuschneiden der Welt" zu stören. „Politik ist zuerst eine Intervention in das Sichtbare und das Sagbare" (Rancière 2008, 31f.). Politik ist Streithandeln, nicht nur zwischen unterschiedlichen Interessen, sondern als Kampf um einen „Anteil der Anteillosen […], der mit dem Ganzen selbst der Gemeinschaft identifiziert wird" (ebd.). Kern des Politischen ist also nicht das möglichst reibungslose Funktionieren von staatlichen Institutionen und effizienten Problemlösungen – das wäre konsensuelle Verwaltung oder „Polizei" – sondern der *Dissens*, die Frage, welche Probleme thematisiert, welche Stimmen gehört und welche Vorstellungen des Gemeinwohls nicht verhandelt werden.

<small>Was ist Politik?</small>

Politik als Kern? Die begriffliche und funktionale Aufteilung gesellschaftlicher Subsysteme, insbesondere die Trennung von Politik und Gesellschaft, ist bereits eine normative Festlegung herrschaftlicher Ordnung, die durch politisches Handeln unterbrochen wird. Das Politische ist nicht von Gesellschaft, Wirtschaft und Recht zu trennen, sondern gerade in diesen Bereichen aufzuspüren. Politische Bildung sollte die sozialen und ökonomischen Bedingungen politischer Selbstbestimmung und Teilhabe klären. Sie erhebt den Anspruch, Kinder und Jugendliche zur Analyse von gesellschaftlichen Interessenkonflikten, von Macht- und Herrschaftsstrukturen und ihrer eigenen Positionierungen in ihnen zu befähigen. Gerade angesichts der aktuellen epochalen Krisen und Umbrüche kann Politikunterricht m. E. nur als kulturwissenschaftliche Bildung gelingen. Sie erfordert eine historische und gesellschaftstheoretische Rückbindung, die Subjektbildung, Macht, Strukturkonflikte und Öffentlichkeit als zentrale Kategorien der Gesellschaftsanalyse begreift, die gegebenen Verhältnisse nicht als unveränderbar versteht, sondern diese als historisch kontingent hinterfragt sowie Möglichkeiten analysiert, Gesellschaft hinsichtlich eines Abbaus von Ungleichheit und illegitimer Herrschaft zu verändern.

Lernfeld Gesellschaftswissenschaften Idealerweise kann das Politische in den Praktiken der Selbstbildung nur unter Einbezug der Politischen Soziologie, der Politischen Ökonomie und unter Berücksichtigung kulturwissenschaftlicher Ansätze der Sozialpsychologie und Sozialgeographie ebenso wie in historischen Analysen der Erinnerungskultur einem tieferen Verständnis zugeführt werden. Pragmatisch scheint dies unter den institutionellen Bedingungen schulischer Bildung aber nur durch intensive fächerverbindende Kooperationen realisierbar. Wünschenswert wären in der Lehrerbildung entsprechende Fächerkombinationen sowie etablierte schulische Netzwerke der Fachkolleginnen.

5. Kompetenzen, Inhalte und Konzepte der politischen Bildung

Kompetenzorientierung Der vielfach beschworene Paradigmenwechsel von der Input- zur Outputorientierung hat zu einer sehr bedenklichen Entwicklung geführt. Die Orientierung an Kompetenzen ist sinnvoll und bietet Chancen, wenn damit verbindliche Stoffkataloge aus den Lehrplänen verschwinden, was allerdings bereits vor dem letzten „Reformgewitter" (Gruschka 2011,

7 ff.) in der politischen Bildung vielfach der Fall war. Was sich heute „Bildungsstandards" nennt, hat hingegen mit einer Reflexion von Bildungsinhalten und -zielen nur wenig zu tun (ebd., 39 ff.). Leistungsvergleichsstudien und Output-Messungen verfehlen die Leitziele politischer Bildung. Nicht umsonst konzentrieren sich die einschlägigen Studien derzeit auf den Erwerb von Konzept*wissen,* aber bereits bei der Urteilsfähigkeit gibt es grundsätzliche Probleme der Operationalisierung, ganz zu schweigen von Kritik-, Konflikt- und Handlungsfähigkeit. Einige Kerncurricula, etwa in Niedersachsen, haben die Handlungsfähigkeit daraufhin gleich an den Bereich der außerschulischen Bildung delegiert: was nicht messbar ist, kann in der Schule auch nicht mehr gelehrt und gelernt werden! Statt epochale Schlüsselprobleme zu formulieren, listen Lehrpläne fortan Bildungsstandards und Kernkonzepte auf. Fraglich bleibt, ob dies die Unterrichtspraxis tatsächlich verbessert oder ob die Lehrenden nicht – ebenso wie die Schüler – lediglich auf Selbststeuerungstechniken zugerichtet werden und dabei die originären Lerngründe in der Auseinandersetzung mit dem Gegenstand kaum noch reflektieren.

Die GPJE hat sich sehr schnell auf einen Entwurf für nationale Bildungsstandards festgelegt. Urteils- und Handlungsfähigkeit ist ein Minimalkonsens, der sinnvoll und wenig strittig ist. Dass die Handlungsfähigkeit hier überhaupt noch als ein wesentlicher Schwerpunkt für die *schulische* politische Bildung eingefordert wird, ist keineswegs selbstverständlich (vgl. KC Politik-Wirtschaft in Niedersachsen). Die Fragwürdigkeit der Standardisierung wurde von der GPJE bislang nicht thematisiert, stattdessen wurden relativ willkürliche Niveaustufungen vorgeschlagen. Fachlich anspruchsvoller und im Blick auf Unterrichtsentwicklung und qualitative Bildungsforschung, die sich nicht nur für einen Leistungsstand zum Zeitpunkt X, sondern für individuelle Lernwege, Interaktionen und Lernprozessanalysen interessiert (Petrik 2013; Eis 2010; Nonnenmacher 2008), anschlussfähiger, ist das differenziertere Modell der Fachgruppe Sozialwissenschaften. Kompetenzen sollten in der politischen Bildung jedoch nicht in verbindliche Standards überführt werden. Was Problemwahrnehmung, Urteilen, Konfliktfähigkeit und politisches Handeln bedeuten, bleibt der Sache nach umstritten: Wie weit geht reales Handeln und kann es selbst Gegenstand des Unterrichtes sein? Inwiefern verbindet sich mit Urteilen auch die Fähigkeit zum Widerspruch, reduziert sich politisches Handeln auf die Partizipation am

Kompetenzen

Bestehenden oder bedeutet es Protest und Widerständigkeit gegen Herrschaftsansprüche, Demokratieabbau und strukturelle Chancenungleichheit? Die zentralen Fähigkeiten des mündigen Menschen lassen sich weder standardisieren noch in ihrer Entwicklung quantifizierbar messen.

Grundwissen   Fachdidaktik sollte keine Vermittlungswissenschaft sein, sondern die Bedingungen von politischen Aneignungs- und Selbstbildungsprozessen klären. „Grundwissen" kann m. E. nicht im Sinne einer additiven, zeitlich „ersten" Lernphase „vermittelt" werden, die erst in einem zweiten Schritt dazu befähigen würde, sich mit eigenen Fragen und einer „echten" Handlungsproblematik auseinanderzusetzen (Holzkamp). Im Mittelpunkt von Politik steht konfliktorientiertes Handeln. Dieses sollte auch den Ausgangspunkt von Lernprozessen bilden. Ein inhaltliches *Grundverständnis* für das Politische erschließt sich in der kontextgebundenen, kategorialen Analyse konkreter Konflikte und Fallstudien: Politik ist Streithandeln; Gesellschaft ist in allen Bereichen mit Macht durchwirkt, auch in der Sprache, in der Schule, im Klassenrat und in Kinder- und Jugendparlamenten; Macht und Herrschaft wird nicht nur durch demokratisch legitimierte Institutionen ausgeübt, sondern durch soziale Verhältnisse, in der Zivilgesellschaft, durch symbolische Ordnungen; Gesellschaft bedeutet Ungleichheit und steht in demokratischen Staaten im Widerspruch zu eigenen Verfassungswerten; diese Wertekonflikte (Freiheit, Gleichheit, Sicherheit, Menschenwürde) sind ebenso wie Interessenkonflikte nicht konsensuell auflösbar; Grundkonflikte sind vielmehr konstitutiv für eine demokratische Gesellschaft (Petrik 2013, 159). Diese elementaren *Einsichten* (K. G. Fischer) sind bedeutsam zum Verständnis des Wesens und Charakters von Politik, Gesellschaft und Demokratie; wer mit wie vielen Stimmen das Parlament oder das Staatsoberhaupt wählt, kann man leicht nachschlagen und funktioniert in jedem Land etwas anders, ist also zum Grundverständnis nicht in gleicher Weise bildungsrelevantes Wissen.

Konzepte   Zur Debatte über Basis- und Fachkonzepte äußere ich mich weiter unten in Abschnitt 10.

6. Politikdidaktische Prinzipien

Fachdidaktische Prinzipien sind entscheidende Verbindungselemente zwischen Theorie und Praxis. Sie geben normative und inhaltliche Orientierung für die Unterrichtsplanung und für die Gestaltung von Lernumgebungen ebenso wie für die Auswahl von Methoden und Lehr-/Lernmedien. Die Vielzahl didaktischer Prinzipien schafft nicht nur Verwirrung und Beliebigkeit, sondern sollte auf positive Weise irritieren. Sie können den Lehrerinnen und politischen Bildnern nicht die Mühe eigener Begründungen und Entscheidungen abnehmen. Neben der Konflikt- und Problemorientierung ermöglicht v. a. die Subjektorientierung eine Reflexion der inhaltlichen Dimension aus der Perspektive der Aneignung des Politischen und der Involviertheit der Lernenden in den Gegenstand selbst. Wer ist das Subjekt des Lernens, wer sind die Akteure des politischen Handelns, wer ist das Subjekt der Souveränität, welche Rolle wird Schülerinnen in der Gesellschaft zugeschrieben und wie werden Individuen in gesellschaftlichen Verhältnissen überhaupt erst zu handlungsfähigen Subjekten? Subjektorientierung meint hier nicht nur Schüler- oder Adressatenorientierung, sondern fragt nach den Bedingungen und Hindernissen politischer Subjektivierung und Selbstbestimmung. Subjekte werden in der sozialen Welt „des Sichtbaren" und „des Sagbaren" (Rancière) hervorgebracht. Sie haben die symbolischen Ordnungen als Habitus verinnerlicht (Bourdieu), die gesellschaftlichen Teilungen und Anteile sind ihnen als zugeschriebene Positionierungen in Wahrnehmungs- und Deutungskonzepten eingeschrieben. Politik und subjektorientierte politische Bildung beginnt dort, wo diese Teilungen und Zuweisungen kategorial zugänglich, kritikfähig und infrage gestellt werden.

Subjektorientierung beruht auf demokratietheoretischen und praxeologischen Ansätzen, die das gesellschaftliche Bedingungsverhältnis von Machtstrukturen und Subjektbildung mithilfe von sprach-, macht- und habitusanalytischen Zugängen erschließen und damit die Herrschaftsdimensionen in den Praktiken und Körpern, in den Artefakten (z. B. Unterrichtsmaterialien), in Erziehung, Wissenschaft, Wirtschaft etc. reflexiv zugänglich machen. Weitere fachdidaktische Prinzipien sind somit die Ausgeschlossenen-, Kontingenz- und Intersektionalitätsorientierung, die Macht- und Normativitätskritik, das Vereindeutigungsprinzip sowie das Aktivitätsprinzip bzw. die erweiterte Handlungsorientierung (Moll u. a. 2013, 305 ff.; Lösch/Rodrian 2014).

7. Methoden und Medien der Politischen Bildung

Methoden & Medien

Eine Empfehlung von Methoden ist schwierig, da „Methodentraining" und „Didaktisierung" des Unterrichts vielfach ein „Lehren des Verstehens" verhindern, wenn nicht sogar eine „Strategie der faktischen Verfälschung" und „Entsorgung" der Inhalte darstellen (Gruschka 2011, 72 ff.). Auch der ausufernde Medieneinsatz führt im Unterricht insbesondere bei Präsentationen eher zur Trivialisierung und Entsorgung als zur kategorialen Auseinandersetzung mit inhaltlichen Fragen (ebd., 78 ff., 84 ff.). Expansives, selbst- und weltaneignendes Lernen, zumal politisches Lernen, kann nur in gemeinsamen Such- und Aushandlungsprozessen, unter Beteiligung der Schülerinnen an der Auswahl von relevanten Themen, erkenntnisleitenden Fragen sowie bei der Strukturierung gemeinsamer Planungsschritte erfolgen (vgl. das Planungsmodell bei Nonnenmacher 1996, 185 ff.).

Politik und Politikunterricht ist für Jugendliche häufig langweilig und uninteressant, weil das Politische selbst – sowohl im schulisch-institutionellen Rahmen als auch in öffentlichen Debatten – selten thematisiert, sondern Politik vielfach auf Regierungs- und Verwaltungshandeln reduziert wird. Wenn in Lernmedien lediglich die wahlberechtigten Bürger als Legitimationsreserve oder als Expertenelite für den Nachwuchs der politischen Klasse adressiert werden, die Interventionen der politischen Laien und Anteilslosen (Bildungsstreik, Stuttgart 21, Occupy, Protestmarsch und Camps von Asylsuchenden) beim technisch-expertokratischen Problemlösungshandeln aber keine Rolle spielten, dann könnte in der Tat „politische" Bildung auf Finanz- und Verbraucherinformation sowie Berufsorientierung reduziert werden. Ebenso würde das Mündigkeitspostulat unter inhaltlichen und methodischen Setzungen äußerst fragwürdig, in denen autonome, handlungsfähige Bürgerinnen einfach vorausgesetzt oder in demokratiepädagogischen Projekten lediglich simuliert und vorgetäuscht, die Verhältnisse aber von Unmündigkeit, Hierarchien, sozialen und ökonomischen Zwängen sowie Prozesse der Entpolitisierung aber nicht verhandelt werden. Subjektorientierte politische Bildung orientiert sich an einem breiten Spektrum gesellschaftswissenschaftlicher Methoden der Subjekt-, Macht- und Habitusanalyse (Bremer 2013). Sie beginnt bei kooperativen Planungen, der Metakommunikation und Kritik der sozialen Interaktion in Lernprozessen (z. B. Themenzentrierte Interaktion), der Thematisierung von Sprecherrollen bis hin zur Problematisierung von Alltagsdiskriminierungen und -rassismen sowie der Analyse sozialer Schließungen in Partizipationskulturen (Lösch/Thimmel 2010, Teil III; Trumann 2013).

8. Lernprozesse und Schülervorstellungen

Vor dem Hintergrund einer konstruktivistischen Lerntheorie werden in einer Reihe von Studien Schülervorstellungen rekonstruiert und nicht als defizitäre, inadäquate Vorstellungen, die es durch die richtigen Konzepte zu „ersetzen" gelte, sondern als funktionierende Erklärungen der sozialen Welt wahr- und ernstgenommen (u. v. a. Lange/Fischer 2011). Mithilfe des Modells des „Bürgerbewusstseins" (ebd., 7) werden durch empirische Analysen basaler Sinnbilder (Vergesellschaftung, Wertbegründung, Bedürfnisbefriedigung, Gesellschaftswandel, Herrschaftslegitimation) die Vorstellungen von Jugendlichen über gesellschaftliche Phänomene und Strukturen rekonstruiert. Ziel sei dabei die notwendige Fundierung der Politikdidaktik durch Analysen der Lernvoraussetzungen, auf deren Grundlage sich erst sinnvolle Lernumgebungen gestalten lassen. Einige der vorliegenden Studien haben bislang jedoch eher den Charakter von Pretests. Sie basieren auf wenigen Einzelinterviews, aus denen eine Typenbildung von Schülervorstellungen kaum möglich wird. Zudem wurden bislang im Rahmen der „Politikdidaktischen Rekonstruktion" weder die Genese noch die Weiterentwicklung der Deutungsmuster in sozialen Interaktionen untersucht. Auch die „Fachliche Klärung" zur vergleichenden Rekonstruktion wissenschaftlicher Vorstellungen basiert mitunter auf wenigen Texten, deren Schlüsselbegriffe stichwortartig aufgelistet werden. Wenn auf dieser Basis im Vergleich der Schüler- und wissenschaftlichen Konzepte jeweils „Leitlinien" zur didaktischen Strukturierung des Unterrichts formuliert werden, bewegen sich einige Autoren methodisch auf sehr dünnem Eis.

Neue Impulse setzt hier Sebastian Fischer mit der Weiterentwicklung des Ansatzes von Dirk Lange unter besonderer Berücksichtigung der sozialpsychologischen Grundlagen der Vorstellungsforschung und der „Theorie der sozialen Repräsentationen" (Fischer 2013, 20ff.). Er ergänzt die politikdidaktische Rekonstruktion durch logographische Verfahren der Konstitutionsanalyse nach Laucken und Mees. Mithilfe einer Triangulation der Erhebungsverfahren (Thematische Zeichnungen, offener Fragebogen, problemzentrierte Interviews) werden die Analyse

Bedeutung lerntheoretischer Erkenntnisse & Empirische Forschung & Schüler- und Lehrervorstellungen

subjektiver Vorstellungen und Denkweisen auf einer sehr soliden empirischen Basis möglich und dabei die Strukturen „transsubjektiven" Wissens und „sozialer Repräsentationen" kontextualisiert (ebd., 211 ff.). Erst wenige qualitative Studien widmen sich dem Problem, inwiefern Schülerdeutungen in *Lernprozessen* tatsächlich rekonstruiert, irritiert und durch fachliche Vorstellungen weiterentwickelt werden (Petrik 2013; Eis 2010). Ein Desiderat bleibt zudem das Verhältnis von subjektiven Lehr-/Lerntheorien, Professionswissen und Lehr-/Lerninteraktionen, zumal sich Lehrende im Kontext von Krisen und gesellschaftlichen Umbrüchen vielfach als fachlich desorientiert und verunsichert sehen, statt diese eigene „Handlungsproblematik" in eine tatsächlich *kooperative* Lernproblematik zu überführen (Eis 2010, 296 ff.). Ebenso werden Lernprozessanalysen bislang nur vereinzelt in den Kontext institutioneller Lernkulturen eingeordnet (Nonnenmacher 2008). Nicht zuletzt gilt es für ein tieferes Verständnis politischen Lernens den untrennbaren Zusammenhang von formalen und nicht-institutionalisierten Lernprozessen, z. B. in realen politischen „Bewegungen" und Handlungsräumen, empirisch in den Blick zu nehmen (Trumann 2013).

9. Politikdidaktik als Wissenschaft

Forschungsfragen für die Zukunft

Aktuelle Krisen und Transformationsprozesse verändern die Voraussetzungen, die Handlungsräume und die Praktiken politischer und sozialer Teilhabe. Nicht nur die ökonomischen Verwerfungen, auch das Entstehen neuer sozialer Bewegungen stellen die politische Kultur- und Bildungsforschung vor neue Aufgaben. Demokratien sind nur stabil, wenn sie lernfähig und gestaltbar bleiben (Negt) und wenn die Bürgerinnen nicht auf eine Rolle als Leistungsträger und Wirtschaftssubjekte reduziert werden.

Eigene Forschungsschwerpunkte

Im Mittelpunkt meines Forschungsinteresses steht das Bedingungsverhältnis von einerseits veränderten Strukturen politischer Steuerung (Demokratiedefizit, Governance, soziale und ökonomische Selbstregulierung) und andererseits Praktiken politischer Selbstbildung (Eis/Salomon 2014). Es geht also um die Frage: Wie gestalten und verändern sich politische Lernprozesse in Partizipationskulturen durch neue Formen politischer Steuerung und Selbstregulierung? Dabei werden zum einen die veränderten normativen und strukturellen Voraussetzungen von Partizipationsfähigkeit in „entgrenzten" Demokratien untersucht. Zum anderen soll der Frage nachgegangen werden, inwiefern Transformationstheorien fachdidaktisch anschlussfähig sind. Ein Schwerpunkt der empirischen qualitativen Bildungsforschung sind dabei Praktiken politischer Subjektivierung als Grenzerfahrung der Selbstbildung zwischen Inklusion und Exklusion. Zahlreiche politische und pädagogische Programme (auch und insbesondere im europäischen Kontext) versuchen durch eine Aufwertung der Zivilgesellschaft den schwindenden Handlungsräumen und Defiziten demokratischer Willensbildung entgegenzusteuern. Aus Sicht der politischen Bildungsforschung interessieren hier nicht nur die Potentiale für mehr Bürgerbeteiligung, sondern v. a. die sie begleitenden Prozesse sozialer Schließungen, d. h. die Voraussetzungen für erfolgreiche oder verhinderte Teilhabe.

10. Fachdidaktische Kontroversen

Die Diskussion über vielfältige Ansätze zur gesellschaftstheoretischen, interdisziplinären und empirischen (Neu)Begründung einer kritischen politischen Bildung steht für mehrere inhaltliche und wissenschaftspolitische Kontroversen über das Politik-, Gesellschafts- und Wissenschaftsverständnis „der Domäne". Gezeigt hat sich in einer Fülle von Publikationen und Forschungsaktivitäten der letzten Jahre deutlich, dass das Feld der politischen Bildung in Wissenschaft und Praxis bedeutend breiter ist als schulbezogene Fachdidaktik. Wissenschaftlerinnen der Pädagogik und Erwachsenenbildung, der Sozialpsychologie und der Sozialen Arbeit, der Politischen Soziologie, der Cultural Studies, der Demokratie-, Gender- und Migrationsforschung bis hin zur Politischen Theorie beschäftigen sich mit Problemen der politischen Bildung und Lernforschung. Gleichzeitig hat sich die universitäre Fachdidaktik in den Versuchen, sich als eigene Disziplin zu etablieren, vielfach von ihren Ursprüngen einer Gesellschafts- und Demokratiewissenschaft entfernt. Die Begrenzung auf das Feld des Politikunterrichts und effiziente Techniken der Vermittlung und Lehrplanumsetzung wird der fachdidaktischen Herausforderung des Gegenstandes nicht gerecht. Politische Bildung ist kein dem Mathematik- oder Sprachunterricht vergleichbares Fach, sondern in besonderer Weise einem Bildungsauftrag verpflichtet, in dessen Vordergrund nicht die Leistungs- und Verwertungskriterien der Wettbewerbsgesellschaft stehen können.

Aus einer emanzipatorischen Schülerorientierung wurde im Zuge eines Umbaus des Bildungs- und Wissenschaftssystems nach Effizienzkriterien eine Adressanten- und Kundenorientierung, aus Handlungsfähigkeit des mündigen Bürgers mitunter der beschäftigungsfähige Konsument und die leistungsorientierte Selbstunternehmerin. Das Paradigma des flexiblen Menschen (Sennett) und des unternehmerischen Selbst (Bröckling) können sich nur deshalb durchsetzen, weil zentrale Elemente auch der reformpädagogischen Tradition – wie z. b. selbstgesteuertes, kooperatives Lernen, Team- und Projektarbeit – zu Steuerungstechnologien des Selbst werden und mit den Bedürfnissen nach Selbstverwirklichung und (vorgetäuschter) Autonomie korrespondieren. Kritische, gesellschaftswissenschaftlich fundierte politische Bildung untersucht, wie Macht- und Herrschaftsansprüche in den Subjekten und in den gesellschaftlichen Verhältnissen wirksam werden. Politische Bildungsforschung muss die (Ent)Politisierung der Subjektkulturen in deren Alltagspraktiken thematisieren und die Handlungsräume ausloten, in denen das unternehmerische, kreative Selbst, der (politisch) apathische Konsument oder auch das erschöpfte, ausgebrannte Selbst agieren.

Angesichts dieser aktuellen Herausforderungen bedeuten die Diskussionen um Basis- und Fachkonzepte m. E. einen Rückschritt zum erkenntnistheoretischen Positivismus und zum instruktionalen Kognitivismus. Expertinnen identifizieren die „Fehlkonzepte" der Schüler und instruieren diese mit dem vermeintlich richtigen „politischen" Wissen. Erkenntnisse beginnen aber nicht mit Konzepten und Begriffen, sondern mit Propositionen, also mit Urteilen. Die Rede von „falschen" Konzepten ist ein Kategorienfehler. Die Bedeutung eines Begriffes ergibt sich aus seiner Funktion im Sprachspiel. Wahrheit oder Falschheit kann hingegen nur empirischen (oder auch formal logischen) Aussagen, nicht aber politischen Forderungen, normativen Annahmen oder ästhetischen Urteilen zugesprochen werden. In der Politik geht es aber – anders als in der verwalteten Welt – nicht in erster Linie um empirische Aussagen. Wenn in der Didaktik statt über Inhaltsfelder, Schlüsselprobleme und gesellschaftliche Grundkonflikte über Fachkonzepte verhandelt wird, dann führt dies weder zu einer Objektivierung und Professionalisierung der Disziplin, noch zu einer sachlichen Klärung: Was verbindet sich z. B. mit der Klassifizierung der EU als „Mehrebenensystem"? Die Verschränkung und Aufteilung von Entscheidungskompetenzen? Oder eine Machtverlagerung zugunsten der Exekutiven und nichtstaatlicher, nicht legitimierter Akteure? Die Entwicklung eines supranationalen Demokratiemodells oder das genaue Gegenteil: ein Prozess der Entdemokratisierung? Es gibt kein einziges politisches Basis- oder Fachkonzept, das nicht hoch komplex und wissenschaftlich ebenso wie öffentlich in seinem Bedeutungsgehalt umstritten wäre. Ein Definitionskatalog muss unweigerlich in einer Ansammlung von Halbwahrheiten, wenn nicht sogar von „Fehlkonzepten" oder lediglich in einer Neuauflage eines Kanons von Institutionenwissen münden. Das Politische zeigt sich aber gerade im „Unvernehmen" (Rancière), also darin, dass über den Sinn und die Bedeutung von Einteilungen und Festlegungen (Definitionen) der sozialen Welt (des „Sinnlichen") gestritten wird und Uneinigkeit besteht. Die Festlegung von Fachkonzepten der politischen Bildung bedeutet eine Entpolitisierung des Politikunterrichts. Wenn eine Verständigung über grundlegende Konzepte, die das Politische kategorial erschließen, überhaupt Sinn macht, dann wäre dies nur in einer Weise möglich, die Konfliktlinien und kontroverse (vorläufige) Diskurspositionen andeutet, immer jedoch unter besonderer Berücksichtigung gegenhegemonialer Deutungsalternativen.

11. Politikdidaktik und Lehramtsausbildung

Didaktische Konzeptionen verfolgen ihrem Anspruch nach das Ziel, Lernende *und* Lehrende zu selbstreflexivem Denken und Handeln zu befähigen. Ausgehend von der Einschätzung, dass die eigene schulische und politische Sozialisation der Irritation durch notwendige Distanz bedarf, sollte auch in der Ausbildung an den subjektiven Theorien der Studierenden angeknüpft werden, um deren Wirkmächtigkeit zu reflektieren. Sowohl heteronome gesellschaftliche Strukturen, die ein selbstbestimmtes Leben verhindern, gilt es in den Blick zu nehmen, als auch die Heteronomie des Lernsubjektes selbst, das verwoben ist in bestehende Herrschafts- und Machtverhältnisse, die durch Familie, Schule, Peergroup und nicht zuletzt in Bildungsinstitutionen reproduziert werden.

Die Studierenden erwerben vor diesem Hintergrund Kenntnisse über ausgewählte Konzeptionen der politischen Bildung, Fähigkeiten zur sozialwissenschaftlichen Begründung fachdidaktischer Theorien und zur empirischen Analyse von Lehr-/Lernprozessen. In der kooperativen Planung (und ggf. praktischen Durchführung) fallbezogener Projekte sind die Studierenden gleichzeitig Lernende wie Planerinnen, Gestalter und Auswerterinnen ihres Lernprozesses. Sie entwickeln Diagnosekompe-

Wissen und Können von Politiklehrern & Politikdidaktik in der Lehramtsausbildung tenz für politische Lernprozesse, die sich grundsätzlich nicht nur in schulischen Kontexten vollziehen. Dabei analysieren, begründen und reflektieren sie die Interdependenz von Lernvoraussetzungen, Zielen, Inhalten und methodischen Entscheidungen für die Gestaltung konkreter Lernumgebungen.

Verhältnis von Theorie und Praxis

Defizite in der Lehrerbildung bestehen m. E. weniger in methodischen und praxisrelevanten Bezügen, sondern im grundsätzlichen Interesse und der Bereitschaft, das gewählte Studienfach auch wissenschaftlich zu durchdringen. Die Faszination des Gegenstandes (Wagenschein/Gruschka) kann die Schülerinnen nur dann erfassen, wenn der Lehrer selbst ein echtes Erkenntnisinteresse an politischen und gesellschaftlichen Fragen mitbringt und diese nicht auf Scheinprobleme reduziert, die er mithilfe des standardisierten Lehrbuchwissens leicht selbst beantworten kann.

Mit dem Leitziel politischer Mündigkeit verbindet sich nicht nur der Anspruch auf Selbstreflexion und Kritikfähigkeit von Lernenden *und* Lehrenden, sondern auch auf Selbstbefähigung (Empowerment) zur Austragung sozialer Konflikte und demokratischer Aushandlungsprozesse über die Diskursbedingungen in Lehr-Lern-Prozessen ebenso wie in sich transformierenden Gesellschaften. Insbesondere die Chancen und Grenzen wirkungsvoller Verfahren der Interessenartikulation, von kooperativen Lehr-Lern-Formen und Räumen politischer Beteiligung bislang unter- oder nicht-repräsentierter Gruppen stehen dabei im Zentrum des Erkenntnisinteresses und der Ausbildungsziele politischer Bildung.

12. „Gute" politische Bildung

Politische Bildung verbindet die Analyse sozialer Strukturkonflikte mit einer Reflexion subjektiver Positionen in ihnen. Sie ist immer auch gesellschaftsbezogenes Lernen, da institutionelle Entscheidungsprozesse nur durch eine Analyse gesellschaftlicher Diskurse und Herrschaftsstrukturen verständlich und veränderbar werden. Dabei müssen Verhältnisse von Unmündigkeit und Demokratieabbau ebenso wie die Grenzen, Hindernisse und das Scheitern politischen Handelns in den Mittelpunkt von Lernprozessen rücken.

---

* Aus stilistischen und Platzgründen verzichte ich auf die Nennung beider Geschlechterbezeichnungen.

Literatur

Bremer, Helmut u. a. (Hrsg.) (2013): Politische Bildung zwischen Politisierung, Partizipation und politischem Lernen. Beiträge für eine soziologische Perspektive. Weinheim.
Eis, Andreas (2010): Europäische Bürgerschaftsbildung. Die Neukonstruktion der Bürgerrolle im europäischen Mehrebenensystem. Schwalbach/Ts.
Eis, Andreas/Salomon, David (Hrsg.) (2014): Gesellschaftliche Umbrüche gestalten – Transformationen in der Politischen Bildung, Schwalbach/Ts.).
Fischer, Sebastian (2013): Rechtsextremismus: Was denken Schüler darüber? Untersuchung von Schülervorstellungen als Grundlage einer nachhaltigen Bildung. Schwalbach/Ts.
Friedrichs, Werner/Lange, Dirk (2012): Bewusstlose Demokratie? Das Bürgerbewusstsein in der (post-)demokratischen Konstellation der Gegenwart. In: Mörschel, T./Krell, C. (Hrsg.): Demokratie in Deutschland. Zustand. Herausforderungen. Perspektiven, Wiesbaden 2012, S. 53-70.
Gruschka, Andreas (2011): Verstehen lehren. Ein Plädoyer für guten Unterricht. Stuttgart.
Lange, Dirk/Fischer, Sebastian (Hrsg.) (2011): Politik und Wirtschaft im Bürgerbewusstsein. Untersuchungen zu den fachlichen Konzepten von Schülerinnen und Schülern in der Politischen Bildung. Schwalbach/Ts.
Lösch, Bettina/Rodrian-Pfennig, Margit (2014): Kritische Demokratiebildung unter Bedingungen globaler Transformationsprozesse. In: Eis/Salomon 2014, S. 28-57.
Lösch, Bettina/Thimmel, Andreas (Hrsg.) (2010): Kritische Politische Bildung. Ein Handbuch. Schwalbach/Ts.
Moll, Frederick de/Kirschner, Christian/Riefling, Markus/Rodrian-Pfennig, Margit (2013): Überlegungen zu einem Modell radikaldemokratischer politischer Bildung. Eine Dezentrierung des Kompetenzbegriffs. In: Bremer u. a. (2013), S. 293-314.
Nonnenmacher, Frank (1996): Sozialkunde – vom Schulfach zum Lernbereich. In: ders. (Hrsg.): Das Ganze sehen. Schule als Ort politischen und sozialen Lernens. Schwalbach/Ts., 182-197.
Nonnenmacher, Frank (Hrsg.) (2008): Unterricht und Lernkulturen. Eine internationale Feldstudie zum Themenbereich Migration. Schwalbach/Ts.
Petrik, Andreas (2013): Von den Schwierigkeiten, ein politischer Mensch zu werden. Konzept und Praxis einer genetischen Politikdidaktik. 2. Aufl. Opladen.
Rancière Rancière, Jacques (2002): Das Unvernehmen. Politik und Philosophie. Frankfurt/M.
Rancière, Jacques (2008): Zehn Thesen zur Politik. Zürich.
Rößler, Sven (2014): Die Kühlkette darf nicht unterbrochen werden – Zum Fehlkonzept Politische Bildung. In: Eis/Salomon 2014, S. 91-103.
Steffens, Gerd (2012): Politische Bildung in einer Welt der Umbrüche und Krisen. In: Scheunpflug, A./Sander, W. (Hrsg.): Politische Bildung in der Weltgesellschaft. Bonn, S. 385-398.
Trumann, Jana (2013): Lernen in Bewegung(en). Politische Partizipation und Bildung in Bürgerinitiativen. Bielefeld.

Anja Besand

Dr. Anja Besand, geb. 1971 in Grünstadt

Professorin für Didaktik der politischen Bildung, Gemeinschaftskunde, Wirtschafts- und Sozialkunde am Institut für Politikwissenschaft der Technischen Universität Dresden (Philosophische Fakultät) seit 2009.

Anja Besand beschäftigt sich insbesondere mit der niedrigschwelligen Vermittlung von politischer Bildung, mit dem Verhältnis von Medien und Politik, Pop und Politics sowie Inklusion und politischer Bildung.

Frühere Tätigkeiten

- Wissenschaftliche Mitarbeiterin am Institut für Didaktik der Sozialwissenschaften an der Justus-Liebig- Universität Gießen von 1998 bis 2004
- Juniorprofessorin für Politikwissenschaft mit Schwerpunkt Didaktik der politischen Bildung an der Pädagogischen Hochschule Ludwigsburg von 2004 bis 2009

Verbandstätigkeiten

- Mitglied des Sprecherrates der GPJE von 2002-2004 und seit 2010-2014
- Mitglied des Wissenschaftlichen Beirats des Georg Eckert Instituts für Internationale Schulbuchforschung seit 2011
- Mitglied des Wissenschaftlichen Beirats der Deutschen Kinder und Jugendstiftung im Projekt Demokratie von Anfang an

Beratungs- und Kommissionstätigkeiten

- Evaluations und Beratungstätigkeit div. Projekte der Robert BOSCH Stiftung
- Beratungstätigkeit für die Bundeszentrale für politische Bildung und div. Landeszentralen
- Wissenschaftliche Beratung der dpa Deutsche Presse Agentur im Bereich Kindernachrichten (2006-2009)
- Vertrauensdozentin der Heinrich Böll Stiftung

Veröffentlichungen – Auswahl

Mitarbeit in diversen Unterrichtsmaterialen der Bundeszentrale für politische Bildung sowie Mitarbeit und Mitherausgabe diverser Schulbücher des C.C. Buchner Verlages

2014 Monitor politische Bildung in der Berufsschule. Schwalbach/Ts.

2013 Politische Bildung in Digitalen Umgebungen – eine Fallstudie. Stuttgart.

2013 Lehrerforschung, Schülerforschung in der politischen Bildung. Schwalbach/Ts.

2012 Politik trifft Kunst. Zum Verhältnis politischer und kultureller Bildung. Bonn.

2011 zusammen mit der Autorengruppe Fachdidaktik: Konzepte der politischen Bildung – eine Streitschrift. Schwalbach/Ts.

2010 zusammen mit Wolfgang Sander: Handbuch Medien in der politischen Bildung, Schwalbach/Ts.

2004 Angst vor der Oberfläche – Zum Verhältnis ästhetischer und politischer Bildung im Zeitalter neuer Medien. Schwalbach/Ts.

Leseempfehlungen für (angehende) Politiklehrerinnen und -lehrer

Autorengruppe Fachdidaktik(2011): Konzepte der politischen Bildung – eine Streitschrift, Schwalbach/Ts.

Besand, Anja/Sander, Wolfgang (Hrsg.) (2010): Handbuch Medien in der politischen Bildung, Schwalbach/Ts.

Frech, Siegfried/Kuhn, Hans-Werner/Massing, Peter (Hrsg.) (2004): Methodentraining für den Politikunterricht. Schwalbach/Ts.

Sander, Wolfgang (Hrsg.) (2014): Handbuch politische Bildung. 4., völlig überarb. Aufl., Schwalbach/Ts.

Sander, Wolfgang (2013): Politik in der Schule. Kleine Geschichte der politischen Bildung in Deutschland. (3., aktual. Aufl.), Marburg.

Anja Besand

"Dass also Lehrerinnen und Lehrer Experten für ihr Fach sind, halte ich nicht für schädlich. Für wesentlich wichtiger erachte ich allerdings, dass sie Experten für die Gestaltung und Reflexion von Lernprozessen in der politischen Bildung sind."

1. Werdegang

Ich bin – wie vermutlich eine ganze Reihe der Lehrerinnen und Lehrer für diesen Bildungsbereich auch – zur politischen Bildung eher durch Zufälle gekommen. Im Lehramtsstudium mit den Fächern Kunst und Politik habe ich mich über geraume Zeit eher als Kunstpädagogin als als politische Bildnerin verstanden. Aus diesem Grund musste ich, als ich am Ende meines Studiums an der Universität Gießen dazu aufgefordert wurde, mich auf die Stelle als wissenschaftliche Mitarbeiterin bei dem eben erst neu berufenen Wolfgang Sander zu bewerben, erst eine ganze Weile nachdenken. Ich kannte Wolfgang Sander zu diesem Zeitpunkt gar nicht und bereitete mich entsprechend zunächst mit Hilfe der Literatur seines Namensvetters aus Münster auf das Einstellungsgespräch vor. Dass es mir am Ende trotz allem gelungen ist, diese Stelle zu erhalten und damit Zugang zur Politikdidaktik als wissenschaftliche Disziplin zu erhalten, war eine der entscheidenden Weichenstellungen meines Lebens. Denn es blieb nicht bei der wissenschaftlichen Mitarbeiterstelle in Gießen. Bereits kurze Zeit nach der Verteidigung meiner Dissertation im Jahr 2004 wurde ich als eine der ersten Juniorprofessorinnen in der Politikdidaktik an die Pädagogische Hochschule Ludwigsburg berufen, wo ich von 2004-2009 tätig gewesen bin. Bereits vor und während dieser Zeit war ich in einer ganzen Reihe von Schulen als Lehrkraft für das Fach beschäftigt und konnte im Jahr 2009 schließlich auf drei Jahre Schulpraxis zurückblicken. Im gleichen Jahr erhielt ich dann auch den Ruf an die Technische Universität Dresden, an der ich seither als Professorin für die Didaktik der politischen Bildung tätig bin.

Ich betrachte es als besonderes Privileg, sowohl Schul- als auch Lehr- und Ausbildungserfahrungen in drei unterschiedlichen Bundesländern habe machen zu dürfen, denn nur so lassen sich die Effekte unterschiedlicher bildungspolitischer Modelle und Kontexte im Vergleich anschaulich beobachten. Auch meine Tätigkeit in unterschiedlichen Schularten und Schulstufen erlebe ich heute als großen Schatz.

2. Situation und Perspektiven der politischen Bildung

Die Politische Bildung in der Schule leidet als Bildungsbereich seit vielen Jahren unter einer weitgehenden Marginalisierung und Zersplitterung. Denn es unterscheiden sich nicht nur die Bezeichnungen des Faches von Bundesland zu Bundesland, sondern auch Zuschnitt und Stundenausstattung weichen von Land zu Land und von Schulart zu Schulart stark von einander ab. Eines der aus meiner Sicht aber zentralsten Probleme der politischen Bildung in der Schule besteht darin, dass wir in diesem Bildungsbereich über Jahre hinweg bestimmte Zielgruppen vernachlässigt haben. So sprechen wir, wenn wir über Angebote zur politischen Bildung sprechen – häufig ohne es explizit zu betonen – lediglich über Schülerinnen und Schüler im Bereich der Sekundarstufe I, wenn nicht gar der gymnasialen Oberstufe. Über politische Bildung in der Grundschule, aber auch politische Bildung im Bereich der beruflichen Bildung sprechen wir nur selten. Dabei stellen diese beiden Bereiche die breitesten Bildungsbereiche dar, die in der Bundesrepublik für die politische Bildung überhaupt zur Verfügung stehen. Auch die Haupt- und Realschule (oder wie auch immer diese Schularten in Zukunft genannt werden möchten) gerät uns in der Diskussion über politische Bildung nicht selten aus dem Blick. Einer der Gründe für diese Vernachlässigung liegt möglicherweise darin, dass wir unseren Gegenstand, also Politik/Gesellschaft/Wirtschaft/Recht, selbst für derartig kompliziert halten, dass man ihn erst in der gymnasialen Oberstufe angemessen thematisieren kann. Ich bin in diesem Zusammenhang ganz entschieden anderer Meinung und zutiefst davon überzeugt, dass es eine der zentralen Herausforderungen der politischen Bildung in und außerhalb der Schule sein wird, Zugang zu breiten Zielgruppen zu ge-

Gegenwärtige Situation und Herausforderungen

Zukünftige Rolle der politischen Bildung

winnen, wenn wir ein gesellschaftlich relevanter Bildungsbereich werden oder aber bleiben wollen.

Die Politische Bildung wird sich als schulischer Bildungsbereich auch in den nächsten Jahren gegen Desintegrationsbestrebungen wehren müssen, durch die bislang integrierte Bereiche wie Wirtschaft und Recht, aber auch Aspekte der Medienbildung, der sozialen oder kulturellen Bildung als getrennte Bildungsbereiche etabliert werden sollen. Das wird das Fach – nach meinem Dafürhalten – aber nicht schaffen, wenn es sich lediglich auf einen scharf abgegrenzten Kernbereich beruft. Ich hoffe stattdessen auf eine Politische Bildung, die sich offensiv um eine Verbreitung ihres Wirkungsfelds durch die Erschließung neuer Zielgruppen (beispielsweise im Bereich der Haupt- und Realschule oder der beruflichen Schulen) bemüht und nicht auf dem hohen Ross der Fachlichkeit ihre Kraft für die Verteidigung disziplinärer Grenzen verschwendet.

3. Demokratie und politische Bildung

Was ist Demokratie?

Demokratie ist für mich – ganz im Arendtschen Sinn – das Handeln mit anderen in Freiheit und Selbstbestimmung. Eine politische Bildung, die diesen Demokratiebegriff ernst nimmt, muss zum Handeln mit anderen in Freiheit befähigen. Das ist nicht leicht und schon gar nicht in der Schule. Denn es ist in diesem Zusammenhang bei weitem nicht damit getan, die Schule als demokratischen Handlungs- oder Erfahrungsort zu deklarieren, in rhythmischen Abständen Klassensprecher zu wählen und Schülerinnen und Schüler an der Planung und Durchführung von Festen und Feiern zu beteiligen. Zur Demokratie gehört, dass etwas substanziell entschieden und verändert werden kann. Das ist aus der Perspektive der Schülerinnen und Schüler in der Schule aufgrund von schulischen Strukturen (und nicht selten auch der bestehenden Schulgesetze) aber nicht ohne weiteres der Fall. Ich würde sogar so weit gehen zu sagen: Die Schule ist ein schwieriger Ort, um Demokratie zu erfahren. Sie ist geprägt von Machtverhältnissen, von Fremdbestimmung und Angst. Das heißt gleichzeitig aber nicht, dass Schulen sich nicht ehrgeizig darum bemühen sollten, demokratischere Strukturen zu entwickeln und Schülerinnen und Schüler an den Entscheidungen, die in der Schule zu treffen sind, in einem anspruchsvollen Sinn zu beteiligen. Aber Schulen sind als Institutionen nicht schon von alleine geeignet das zu tun und eine Politische Bildung, die an der Urteilsfähigkeit ihrer Adressaten interessiert ist, macht diese Zusammenhänge sichtbar und verschleiert sie nicht.

Auch wenn die Schule ein schwieriger Ort ist, um Demokratie handelnd zu erfahren, bleibt Demokratielernen für mich eine zentrale Aufgabe der politischen Bildung. Allerdings geht es in diesem Zusammenhang notwendigerweise weniger um die handelnde Erprobung als um reflexive Erfahrung und um das Trainieren eines Möglichkeitssinns, das Gegebene zu hinterfragen und nach Veränderungen zu suchen. Auch in konventionellen schulischen Strukturen kann die politische Bildung dabei helfen. In ihrem Rahmen können Schülerinnen und Schüler beispielsweise gesellschaftliche Themen bearbeiten und in diesem Kontext nach eigenen Positionen suchen. Sie können lernen, Unsicherheiten auszuhalten und die wert- und leidvolle Erfahrung machen, dass es nicht auf alle Fragen eine Antwort oder richtige Lösung gibt. Meiner Meinung nach gehört zum Demokratielernen all das dazu, aber zusätzlich durchaus auch die Erfahrung, dass man nicht immer einer Meinung ist.

Demokratielernen als Aufgabe der politischen Bildung?

4. Politikbegriff und Breite des Unterrichtsfaches

Im Kontext politischer Bildung geht es nach meiner Auffassung weniger darum, einen eigenen Politikbegriff zu entwickeln und gegenüber einer wie auch immer gearteten Zielgruppe durchzusetzen als vielmehr dieser Zielgruppe die Fähigkeit zu vermitteln, die Konsequenzen und Auswirkungen unterschiedlicher Politikbegriffe zu reflektieren. Was bedeutet es beispielsweise wenn Schülerinnen und Schüler – wie in vielfachen Studien bewiesen – unter Politik lediglich das verstehen, was Politiker machen? Und was würde passieren, wenn wir diesen Schülerinnen und Schülern Politik als Herrschaftstechnologie präsentieren ...'? Wenn ich im Rahmen dieser Befragung nichtsdestotrotz meinen eigenen Politikbegriff offenlege, dann tue ich das wie in einem Freundschaftsbuch oder Poesialbum nicht in werbender Absicht, sondern lediglich zur Offenlegung eigener Vorlieben und Schwächen. Meine Schwäche für Hannah Arendt sollte bereits im letzten Abschnitt deutlich geworden sein und auch im Kontext der Bestimmung des Politikbegriffs halte ich es mit ihr und sage: Der *Sinn* von Politik ist Freiheit. Politische Fragen sind damit Fragen nach der Ermöglichung von Freiheit in unterschiedlichen Sphären.

Was ist Politik?

Politik als Kern? Versteht man die Frage nach dem Politikbegriff als Frage nach dem Gegenstandfeld oder den disziplinären Grenzen der politischen Bildung, so deutet sich mit dem letzten Satz bereits an, dass ich für einen weiten sozialwissenschaftlichen Zugang zu unserem Bildungsbereich plädiere. Denn die Aufgabe der politischen Bildung besteht nach meiner Überzeugung nicht darin, Schülerinnen und Schüler auf ein Studium der Politikwissenschaft, sondern auf ihre Rolle als Bürgerinnen und Bürger in einer Demokratie vorzubereiten. Nimmt man diese Aufgabe ernst, lässt sich das bezugswissenschaftliche Feld der politischen Bildung nicht auf die Politikwissenschaft begrenzen. Zur Bearbeitung der notwenigen Fragen brauchen wie über die Politikwissenschaft hinaus alle Sozialwissenschaften, die Philosophie und mindestens die Kulturwissenschaft. Das Verhältnis, in dem diese Bezugswissenschaften zueinander stehen, kann sich von Frage zu Frage unterscheiden. Je nach Fragestellung kann sich dieses Feld aber durchaus auch noch zusätzlich auf Natur- und Technikwissenschaften erweitern.

Lernfeld Gesellschaftswissenschaften Im Bundesland Sachsen, in dem ich derzeit tätig bin, wird die Politische Bildung in allen Schularten unter der Bezeichnung Gemeinschaftskunde geführt. Im Gymnasium wird der Begriff Gemeinschaftskunde noch durch die Begriffe Wirtschaft und Recht ergänzt. In der Mittelschule kommt nur Recht als weiterer Begriff zur Namensbezeichnung hinzu, dafür wurde hier seit neustem das zusätzliche Fach WTH (Wirtschaft/Technik/Haushalt und Soziales) eingeführt. Auch wenn ich für einen weiten und integrativen Zugang zum Bildungsbereich stehe, bin ich mit der additiven Form der Namensgebung des Faches in Sachsen nicht glücklich. Denn sie insinuiert, dass mit der Fachbezeichnung Gemeinschaftskunde nicht schon automatisch Wirtschaft oder Recht mit gemeint sein könnten, sondern als Bereiche extra erwähnt und entsprechend auch extra bearbeitet werden müssen.

5. Kompetenzen, Inhalte und Konzepte der politischen Bildung

Kompetenzorientierung Der Kompetenzbegriff ist in der Folge der PISA-Debatte auch im Bereich der politischen Bildung zentral diskutiert worden. Er stand und steht damit für einen bildungspolitischen Steuerungswechsel, der häufig mit den Worten „von der Input- zur Output-Steuerung" beschrieben wird. Unter kompetenzorientierter politischer Bildung ist demnach ein

Bildungsprozess zu verstehen, der sich nicht mehr alleine an inhaltlichen Vorgaben, Lehrplänen oder Curricula (und damit Inputs), sondern an kompetenzorientierten Zielen (also Outputs) orientiert oder orientieren soll. Gleichzeitig wird damit die Aufmerksamkeit bei der Gestaltung von Bildungsprozessen von der Frage, was Schülerinnen und Schüler wissen sollen, auf die Frage, was Schülerinnen und Schüler können sollen, gerichtet. Für die politische Bildung, die sich über lange Zeit stark auf die Fragen von Inhalten und Wissen konzentriert hat, kann man aus diesem Grund durchaus von einem Paradigmenwechsel sprechen. Verbunden mit der Idee der Kompetenzorientierung war von Beginn an allerdings auch der Anspruch, die Ergebnisse oder Outputs von Bildungsprozessen durch anspruchsvolle Testinstrumente zu überprüfen. Für einen Bildungsbereich wie die politische Bildung stellt die Entwicklung solcher Instrumente keine leichte Aufgabe dar. Wie beispielsweise lassen sich Instrumente entwickeln, mit denen sich die politische Urteilsfähigkeit von Schülerinnen und Schülern bestimmen lässt, und wie lässt sich die politische Dimension dieser Urteilsfähigkeit von allgemeinen Urteils- oder sogar Lesefähigkeiten unterscheiden? Wie teste ich politische Handlungsfähigkeiten etc.? Da sich Wissen im Rahmen standardisierter Verfahren besser überprüfen lässt als Können, ist es unter dem Stichwort „Kompetenzorientierung" in der politischen Bildung paradoxerweise in einigen Kontexten eher zu einer Reaktualisierung von inhaltsbezogenen Bildungsvorstellungen gekommen als zu einer Überwindung derselben. Ob und inwiefern der Kompetenzbegriff deshalb in der Zukunft noch dazu geeignet sein wird, einen an komplexen Bildungszielen orientierten Bildungsprozess zu fördern, kann aus diesem Grund durchaus skeptisch beurteilt werden.

Hält man an der ursprünglichen Idee komplexer Kompetenzformulierungen auch im Sinne normativer Ziele oder Erwartungen an den Bildungsprozess fest und löst sich gleichzeitig von der Vorstellung, dass diese Kompetenzen in jedem Fall in standardisierten Verfahren – auf kognitive Leistung reduziert – überprüfbar sein müssen, sehe ich allerdings keinen Grund, mich von dem bereits im Jahre 2004 einvernehmlich formulierten Kompetenzmodell der GPJE zu distanzieren. Im Zentrum dieses Modells stehen die Kompetenzen „politische Urteilsfähigkeit" und „politische Handlungsfähigkeit" sowie bestimmte methodische Kompetenzen. Für die Entwicklung eben dieser Kompetenzen spielt politisches Wissen natürlich ebenfalls eine Rolle. Dieses politische Wissen

Kompetenzen

stellt für mich genau wie politische Einstellungen allerdings keinen eigenen Kompetenzbereich dar. Damit bleiben meine Vorstellungen von politischen Kompetenzen stark von zwei zentralen Begriffen geprägt und das sind die Begriffe politische Urteilsfähigkeit und politische Handlungsfähigkeit. Die Frage, die im Anschluss an solche – eher makro- als mikroskopisch orientierte – Begriffsformulierungen gestellt werden muss, ist allerdings: Wie werden diese Begriffe gefüllt und welche Vorstellungen haben wir, wie die in dieser Weise bezeichneten Kompetenzen eigentlich zustande kommen? Diese Vorstellungen sind bedeutungsvoll, denn sie bilden die Grundlage bei der Entwicklung von Testinstrumenten und helfen bei der Begründung jeglicher didaktischen Entscheidung. Ich möchte diese Frage am Beispiel des Begriffs der politischen Handlungsfähigkeit illustrieren.

Was verstehen wir also unter politischer Handlungsfähigkeit und inwiefern kann die politische Bildung zur Entwicklung dieser Kompetenz beitragen? Verstehen wir unter politischer Handlungsfähigkeit, dass Schülerinnen und Schüler im Rahmen von Angeboten zur politischen Bildung lernen, wie man an einer Wahl teilnimmt und wie wichtig Wahlen für die Demokratie sind? Sollen sie unter dieser Überschrift den Unterschied zwischen Erst- und Zweitstimme kennenlernen, damit sie dieses Wissen bei ihren zukünftigen Wahlentscheidungen berücksichtigen können? Oder geht es in diesem Zusammenhang auch um die Fähigkeit, Aufmerksamkeit in medialen Kontexten auf eigene Anliegen zu lenken, eine Versammlung zu leiten oder eine Koalition zu bilden? Ist es wichtiger, im Kontext der Vermittlung politischer Handlungsfähigkeit Wissen über politische Verfahren zu vermitteln oder einen Videoclip schneiden zu können? Die Antwort „Sowohl als auch" deutet sich als moderate und harmonische Lösung an. Angesichts des überaus eingeschränkten Zeitbudgets, das uns im Rahmen der schulischen politischen Bildung zur Verfügung steht, wird man sich im konkreten Fall aber durchaus entscheiden müssen, und wenn in dieser Entscheidung das Stichwort Kompetenzorientierung eine Bedeutung haben soll, dann wäre *ich* froh, wenn nicht nur zugunsten der Vermittlung von Wissen entschieden werden würde. Denn Kompetenzen sind für mich auf komplexe Handlungsfähigkeiten gerichtet und lassen sich aus diesem Grund nicht auf eine rein kognitive Dimension reduzieren.

Grundwissen   Die Frage nach dem inhaltlichen Kern des Politikunterrichts lässt sich nach meiner Auffassung nicht kanonisch beantworten. Das hat verschiedene Gründe: Zum einen bestehen Aufgabe und Ziel politischer Bildung *nicht* darin, Expertinnen und Experten für sozialwissenschaftliche Gegenstände zu produzieren und damit eine wie auch immer geartete Wissenschaftspropädeutik zu betreiben. Die Aufgabe politischer Bildung besteht zum anderen darin, Bürgerinnen und Bürger auf die gesellschaftlichen Aufgaben und Probleme vorzubereiten, die ihnen zukünftig begegnen werden. Damit ist die politische Bildung wie kein anderer Lernbereich herausgefordert, sich an aktuellen politischen und gesellschaftlichen Entwicklungen zu orientieren, gleichzeitig aber auch auszuhalten, dass nicht zu jeder sich neu ergebenden Fragestellung bereits wohlsortiertes und gut bestimmbares Hintergrund- oder Faktenwissen vorliegt. Umgang mit und Ertragen von Kontingenzerfahrungen ist in diesem Sinn nicht nur ein Lernziel in der politischen Bildung, sondern muss von diesem Bildungsbereich auch selbst ausgehalten werden. Gleichwohl ist der Wunsch vieler Lehrerinnen und Lehrer nach einer soliden und klar bestimmbaren inhaltlichen Grundlage in der politischen Bildung auch für mich nachvollziehbar. Um sich diesem Wunsch zumindest anzunähern, könnten aus meiner Sicht folgende Lösungsstrategien sinnvoll sein:

Durch die Bestimmung eines überschaubaren Sets zentraler Basiskonzepte kann es auch im Bereich der politischen Bildung gelingen, der problematischen Verstofflichung des Bildungsbereichs insofern zu begegnen, als dass der Fokus bei der Vermittlung von Wissen vom Faktenwissen stärker auf konzeptuelles Deutungswissen verschoben wird. Konzepte sind in diesem Zusammenhang als geistige Verknüpfungen und damit auch als Deutungen und Vorstellungen zu verstehen. Bei konzeptuellem Deutungswissen handelt es sich demnach um ein Wissen, das über das reine Faktenwissen hinausgeht und dem Verständnis und der Erklärung von Sachverhalten dient. Wichtig für die Diskussion mit Basiskonzepten ist es mir, in diesem Zusammenhang auch festzuhalten, dass Schülerinnen und Schüler konzeptuelles Deutungswissen immer schon in den Bildungsprozess mit einbringen und damit nicht als leere Gefäße verstanden werden dürfen, die von den Lehrerinnen und Lehrern quasi beliebig mit Wissensbausteinen angefüllt werden können.

Im Sinne einer Sequenzierung von Bildungsinhalten erscheint es mir insbesondere im Kontext *früher* politischer Bildung und damit im Bereich vorschulischer und grundschulischer Angebote sinnvoll, die Auswahl der Bildungsinhalte an den Ergebnissen der Lernwegsforschung

Konzepte

zu orientieren. Denn auf der Grundlage einer anspruchsvollen empirischen und (zunächst vermutlich eher qualitativen) Bestimmung typischer Lernwege und Konzeptentwicklungen ließen sich in der Auseinandersetzung mit spezifischen politischen Fragestellungen durchaus Aussagen darüber machen, an welchen Lerngegenständen sich politische Urteils- und Handlungskompetenzen möglicherweise besser als an anderen entwickeln lassen. Leider stehen wir in diesem Bereich in der fachdidaktischen Forschung noch ganz am Anfang.

6. Politikdidaktische Prinzipien

Didaktische Prinzipien stellen in der politischen Bildung so etwas wie Güteinstrumente zur Beurteilung von Bildungsprozessen dar. Sie helfen bei der Auswahl und der Strukturierung von Lerngegenständen, Methoden und Medien, indem sie Aussagen darüber machen, wie Bildungsprozesse in der politischen Bildung gestaltet werden sollten und könnten damit auch als Prozessstandards bezeichnet werden. An der TU Dresden arbeiten wir mit einem Set von sechs didaktischen Prinzipien, nämlich: Handlungsorientierung, Wissenschaftsorientierung, Problemorientierung, Schüler- oder Adressatenorientierung, exemplarisches Lernen und Kontroversität. Dass diese Prinzipien Aussagen über Struktur und Güte von Unterrichtsprozessen machen heißt nicht, dass in jeder Unterrichtssituation immer alle Prinzipien sichtbar werden müssen. Von zentraler und deshalb grundsätzlich zu berücksichtigender Bedeutung sind für mich allerdings die Prinzipien Kontroversität und Schülerorientierung. Unterricht, der diesen Prinzipien nicht entspricht, ist nach meinem Dafürhalten in der politischen Bildung schlechter Unterricht.

7. Methoden und Medien der Politischen Bildung

Methoden

Angesprochen auf die Frage, welche Methoden mir in der politischen Bildung die liebsten und wichtigsten sind, lautet meine diplomatische, aber ernst gemeinte Antwort: Jeder Bildungsprozess – und damit auch die politische Bildung – lebt von Methodenvielfalt! Jede noch so ertragreiche Methode führt im Übermaß oder unreflektiert eingesetzt zu schlechtem Unterricht. Nichtsdestotrotz lassen sich für eine demokratische politische Bildung methodisch andere Ansprüche formulieren als (möglicherweise) für den Mathematikunterricht. Entsprechend lassen sich *schüleraktive, debattengenerierende und projektorientierte* Methoden im Rahmen der politischen Bildung nicht nur formal, sondern auch bezogen auf Unterrichtsziele und Gegenstände legitimieren. In der politischen Bildung geht es eben nicht nur darum Methoden zu wählen, die motivierend auf Schülerinnen und Schüler wirken oder ihnen helfen, sich Lernstoff besonders gut zu merken, sondern es geht darum, Schülerinnen und Schüler im Kontext aktueller Debatten dabei zu unterstützen, eigene Positionen zu finden und selbstbewusst zu vertreten.

In der politischen Bildung sind wir in besonderer Weise auf Medien angewiesen, denn nahezu alles, was wir über Politik wissen, wissen wir aus Medien. Elektronische Medien sind in diesem Zusammenhang genauso kritisch oder unkritisch wie andere Medien zu betrachten. Informationen sind nicht per se wahr, weil sie in einer Zeitung oder in einem Schulbuch stehen und nicht per se falsch, weil sie elektronisch vermittelt wurden. In der politischen Bildung ist es deshalb von höchster Wichtigkeit, Schülerinnen und Schüler im Umgang mit allen Medien zu trainieren. Für die Auswahl von Medien oder Unterrichtsmaterialien in der politischen Bildung bieten sich deshalb aus meiner Sicht – wie in Block 6 bereits angedeutet – folgende Auswahl – oder Beurteilungskriterien an:

Medien

1.) Provozieren die Medien bzw. der Umgang mit ihnen kontroverse Wahrnehmungen, Einschätzungen und Auslegungen?
2.) Regen die Medien neue Sichtweisen über die ausgewählten politischen Zusammenhänge an?
3.) Sind die Medien geeignet, die sozialen und medialen Bedingungen ihrer Herstellung transparent zu machen?
4.) Schließen die Medien an den Wahrnehmungsgewohnheiten der Zielgruppe an?

Aber auch:

5.) Erweitern und verunsichern die Medien und der Umgang mit ihnen die verbreiteten oder sozialisationsbedingten Wahrnehmungs- und Interpretationsmuster?

Das Schulbuch ist tot, oder es wird in naher Zukunft tot sein. Angesichts des aufwendigen Entwicklungs- und Zulassungsprozesses von Schulbüchern in einem föderal organisierten System lässt sich diese Form von Unterrichtsmaterialien – insbesondere in einem an Aktualität orientierten Bildungsbereich – weder didaktisch noch ökonomisch rechtfertigen. Abgelöst werden sie von digitalen Bildungsmaterialien, die in un-

Rolle des Schulbuchs

terschiedlicher Form entweder kostenpflichtig oder in Form von OER (Open Educational Ressources) von unterschiedlichen Trägern bereitgestellt werden. Wenn die Schulbuchverlage sich nicht sehr schnell auf diese Situation einstellen, werden viele von ihnen nicht überleben.

8. Lernprozesse und Schülervorstellungen

Bedeutung lerntheoretischer Erkenntnisse

Es ist schwierig, an dieser Stelle alle Studien aufzuzählen, die aus dem Bereich der pädagogischen oder psychologischen Lehr-Lernforschung, der politischen Sozialisations- und Jugendforschung und anderen, für die fachdidaktische Diskussion bedeutungsvollen Wissenschaftsgebieten *aus meiner Sicht* als wichtig oder zentral zu bewerten sind. Wichtig scheint mir stattdessen zu sein, dass wir in der fachdidaktischen Diskussion in der Vielzahl von zum Teil sehr unterschiedlichen Theorien und empirischen Befunden der Lehr-Lernforschung einen orientierenden Überblick benötigen, um angemessen über das politische Lernen reflektieren zu können. Nimmt man diese neueren Theorien und Befunde ernst, so scheint zumindest eine Sache klar zu sein: Lernen – und damit auch politisches Lernen – lässt sich nicht in einfachen Reiz- und Reaktionsschemata beschreiben, wie es – unter behavioristischer Perspektive – lange Zeit für möglich gehalten wurde. Lernen muss heute vielmehr als ein komplexer kognitiver Vorgang verstanden werden, der von Subjekten weitgehend selbst gesteuert wird. Solche Befunde haben tiefgreifende Konsequenzen für die politische Bildung und damit auch für meine eigenen Forschungen und Überlegungen. Sie weisen uns nämlich darauf hin, dass Lernen, und damit auch die Ergebnisse der Bemühungen um politische Bildung, sich einer schlichten Abfrage und Überprüfung leicht entziehen können. Wichtig scheint mir stattdessen zu sein, die Bildungsbeteiligen und damit auch die Schülerinnen und Schüler im fachdidaktischen Forschungsprozess ernst zu nehmen und ausführlich zu Wort kommen zu lassen.

Interessant für die politische Bildung ist überdies, dass Lernerfolg – das wird auch in den vielzitierten internationalen Vergleichsstudien oder den Zahlen des deutschen Bildungsberichts deutlich – bei uns noch immer sehr stark von sozialen Faktoren bestimmt wird. „Bildungsferne" ist einer der unschönen Begriffe, die in diesem Zusammenhang geprägt worden sind. Aber auch wenn Schülerinnen und Schüler aus sog. „bildungsfernen" Milieus häufiger angeben, politisch nicht interessiert zu sein – wie beispielsweise die Shell-Studie deutlich macht – heißt das noch lange nicht, dass sie sich wirklich nicht für gesellschaftlich und politisch zentrale Fragen interessieren. Die vom Sinus-Institut vorgestellten Studien „Wie ticken Jugendliche" oder „Unsichtbares Politikprogramm" liefern in diesem Zusammenhang höchst interessante Befunde für die fachdidaktische Diskussion. Mit unserer Studie „Politische Bildung im Web 2.0" schließen wir unmittelbar an solche Studien an und können auf der Grundlage hoher Fallzahlen zeigen, an welchen Gegenständen und in welchen Zusammenhängen Jugendliche – auch wenn sie im Bildungssystem wenig erfolgreich sind – ihr politisches Interesse anknüpfen.

Das Feld der Schüler- respektive der Lehrerforschung ist für mich eines der ganz zentralen Forschungsfelder. Aus diesem Grund habe ich im Jahr 2013 auch ein Buch zu diesem Thema herausgegeben. Obwohl sich in diesem Bereich in den letzten Jahren viel getan hat, stehen wir in der Politikdidaktik in diesem Zusammenhang aber noch immer sehr am Anfang. Ich würde mir wünschen, dass wir insbesondere im Bereich der Lernwegeforschung Fortschritte machen, und damit besser als bisher beschreiben können, welche Lernwege sich für welche Lernertypen oder auch bestimmte Lerngegenstände besonders eignen. Dazu müssen wir allerdings zunächst auch im Bereich der Lernervorstellungen und Lehrervorstellungen noch einige Fortschritte machen. An der TU Dresden versuchen wir, Lernervorstellungen und Lehrervorstellungen konsequent zusammenzudenken. So haben wir nicht nur untersucht, wie Jugendliche auf mediale Angebote zur politischen Bildung reagieren, sondern auch, wie die Gestalterinnen und Gestalter dieser Angebote ihre Aufgabe überhaupt interpretieren (Besand/Birkenhauer/Lange 2014). Wir haben Studien dazu durchgeführt, wie Lehrerinnen und Lehrer auf rechtsextreme Schülerinnen und Schüler reagieren (Behrens 2014), gleichzeitig aber auch untersucht, wie Schülerinnen und Schüler diese Lehrerinnen und Lehrer wahrnehmen (Besand 2005). Wir beschäftigen uns nicht nur mit der Frage, wie kompetenzorientierte Lernmaterialien aussehen könnten (Besand 2011), sondern auch, wie Lehrerinnen und Lehrer die Anforderungen einer kompetenzorientierten Bildung verarbeiten und zu guter Letzt: Wir beschäftigen uns nicht nur mit der Frage, wie Schülerinnen und Schüler jenseits des Gymnasiums Angebote zur politischen Bildung wahrnehmen, sondern auch welches Bild wir in der Fachdidaktik von diesen Schülerinnen und Schülern haben.

Empirische Forschung & Schüler- und Lehrervorstellungen

9. Politikdidaktik als Wissenschaft

Forschungsfragen für die Zukunft

Für die Politikdidaktik ist es wichtig, in den nächsten Jahren ein ausgewogenes Verhältnis zwischen konzeptionellen und damit theoretischen Auseinandersetzungen und Begründungen sowie einer sowohl quantitativ wie qualitativ ausgerichteten empirischen Forschung zu entwickeln. Denn Alleinvertretungsansprüche und Verständigungsschwierigkeiten zwischen diesen Forschungsbereichen sind bislang weder produktiv noch hilfreich.

Eigene Forschungsschwerpunkte

Ich selbst arbeite mit meinem Team in Dresden bislang eher qualitativ oder theoretisch. Gleichwohl realisieren wir in diesem Zusammenhang verhältnismäßig hohe Fallzahlen. In unserer im Frühjahr erscheinenden Studie zur Politischen Bildung in beruflichen Schulen haben wir beispielsweise 67 narrative Interviews durchgeführt und insgesamt 153 qualitative Rückmeldungen erhalten. In der Studie „Politische Bildung im Web 2.0" stützen wir uns auf 281 qualitative Rückmeldungen. Wir legen gleichzeitig aber auch allergrößten Wert darauf, dass unsere Studien bzw. ihre Ergebnisse anwendungsbezogen formuliert werden und damit für den Bildungsbereich nützlich sind. In diesem Sinne haben wir uns in den letzten Jahren an verschiedenen Stellen mit der wissenschaftlich fundierten Verbesserung von Material- und Medienangeboten beschäftigt. Forschungsmethodisch ordnen wir das dem Bereich Design-Based-Research zu, einem extrem pragmatisch orientierten didaktischen Forschungsbereich, der auf die nachhaltige Verbesserung von Lehr-Lernprozessen gerichtet ist. Neben der Forschung zu Unterrichtsmaterialien und Medien beschäftigen wir uns in Dresden – wie bereits angedeutet – allerdings auch intensiv mit der Frage, wie politische Bildung im Bereich der beruflichen Schulen funktioniert oder – noch allgemeiner gesprochen – wie eine inklusive politische Bildung aussehen könnte.

10. Fachdidaktische Kontroversen

Die politische Bildung ist eine streitbare Disziplin. Das steht ihr gut, denn in der politischen Bildung geht es um Kontroversität. Aus diesem Grund scheint es mir richtig und wichtig zu sein, Kontroversen, die sich auch beim Nachdenken über politische Bildung ergeben, in der Disziplin nicht zu verschleiern, sondern diese offen auszutragen, damit alle, die dies wollen oder sollen, sich ein eigenes Urteil bilden können.

Die zentralen Kontroversen der letzten Jahre scheinen mir dabei Folgende zu sein:

1. Die Kontroverse um die Frage, ob Schülerinnen und Schüler in der Schule Demokratie oder Politik lernen sollen: Diese Kontroverse, die nach meiner Auffassung weniger als Sachfrage ausgerichtet war, als vielmehr als Verteilungskampf zwischen Demokratiepädagogen und der politischen Bildung ausgetragen wurde, halte ich für entschieden. Zu meinem Verständnis von Politik und Demokratie und den Möglichkeiten von Schule, als Lern- und Erfahrungsort von Politik und Demokratie zu dienen, habe ich überdies in den Blöcken drei und vier bereits Stellung genommen.
2. Die Debatte um den Zuschnitt des Faches bzw. die Breite des Gegenstandsfeldes der politischen Bildung scheint auf den ersten Blick mit dieser ersten Kontroverse verbunden zu sein. Sie ist es nach meinem Dafürhalten aber nicht wirklich. Denn unabhängig davon, ob Demokratielernen oder Politiklernen im Mittelpunkt der politischen Bildung steht, kann das Fach breit oder schmal zugeschnitten werden. Ich plädiere, wie im Block vier hoffentlich ersichtlich wurde, für einen breiten und damit integrativen Zuschnitt des Bildungsbereiches.
3. Eine weitere Kontroverse des Faches entstand um die Frage, ob konstruktivistische Lerntheorien die Grundlage fachdidaktischer Überlegungen bilden sollten. Diese Debatte, die das Lager der Fachdidaktiker und Fachdidaktikerinnen über geraume Zeit zu spalten vermochte, scheint sich in den letzten Wochen und Monaten deutlich beruhigt zu haben, nachdem sich selbst heftige Gegner dieser Theorie heute selbst als *konstruktivistisch* orientiert beschreiben. Der Schein mag allerdings trügen, denn die politikdidaktische Diskussion ist auch jenseits solcher Begriffe und Überschriften noch immer stark von unterschiedlichen Lern- und Bildungsvorstellungen geprägt. Beispielhaft zeigt sich das im Rahmen der folgenden Kontroverse:
4. Die Kontroverse um Kompetenzmodelle und Basiskonzepte erhitzt die fachdidaktischen Gemüter gegenwärtig in nicht unbeträchtlichem Maße. Denn in diesem Zusammenhang geht es um nicht mehr und nicht weniger als die Frage, was im Rahmen von politischer Bildung gelernt werden soll und welchen Bildungszielen sich das Fach verpflichtet sieht. Beide Fragen sind nicht neu und bestimmen die

politikdidaktische Diskussion seit geraumer Zeit. Sie werden aber gegenwärtig unter neuen Überschriften ausgetragen. Wichtig scheint mir in diesem Zusammenhang zu sein, sorgfältig mit den Begriffen Wissen, Kompetenz und Konzepte umzugehen. Meine Position dazu habe ich in Block fünf zusammenzufassen versucht.

5. Die letzte Kontroverse, die ich in diesem Rahmen benennen möchte, ist die um die sogenannte kritische politische Bildung. Sie strahlt aus dem Bereich der außerschulischen politischen Bildung auch in den schulischen Kontext hinein und betrifft insbesondere den Bereich der Haupt- und Realschule, in dem nicht wenige Lehrerinnen und Lehrer der Meinung sind, dass politische Bildung, wenn sie die Schülerinnen und Schüler tatsächlich zu Partizipation und Teilhabe ermuntern soll, Gütekriterien wie den Beutelsbacher Konsens aufgeben muss. Ich bin entschieden anderer Meinung. Der Beutelsbacher Konsens ist ein zentrales Professions- und Qualitätsmerkmal unseres Faches, der nicht vorschnell geopfert werden darf, auch wenn sich im Kontext normativer Zielbestimmungen daraus durchaus Herausforderungen ergeben.

11. Politikdidaktik und Lehramtsausbildung

Wissen und Können von Politiklehrern

Wenn ich in wenigen Worten beschreiben soll, über welche Fähigkeiten, Eigenschaften und Kenntnisse Politiklehrerinnen und Politiklehrer – jenseits allgemeinpädagogisch relevanter Begriffskataloge – verfügen sollen, dann würde ich das in folgenden Worten zusammenfassen:

Es ist im Regelfall nicht von Nachteil, wenn Politiklehrerinnen und -lehrer selbst von ihrem Fach begeistert sind, über breite sozialwissenschaftliche Kenntnisse verfügen und sich beständig (wenn nicht gar rund um die Uhr) mit Politik und sozialwissenschaftlichen Fragen auseinandersetzen. Dass also Lehrerinnen und Lehrer Experten für ihr Fach sind, halte ich nicht für schädlich. Für wesentlich wichtiger erachte ich allerdings, dass sie Experten für die Gestaltung und Reflexion von Lernprozessen in der politischen Bildung sind. Sie müssen Lerngegenstände anschaulich vermitteln können, über das didaktische Gespür verfügen, politische Gegenstände spannend und interessant zu inszenieren. Sie sollten dabei aber gleichzeitig auch feine Antennen entwickelt haben, an welchen Stellen sie ihren Schülerinnen und Schülern bestimmte Haltungen oder Meinungen nahelegen und sie damit an der Entwicklung eines freien eigenen Urteils hindern. Politiklehrerinnen und Politiklehrer sollten der Gestaltung von Bildungsangeboten Prinzipien zugrunde legen und die Prinzipien für ihr Handeln auch gegenüber ihren Schülerinnen und Schülern transparent machen. Sie kennen die Interessens- und Zugangswege ihrer Schülerinnen und Schüler und engagieren sich über ihre Unterrichtsfächer hinaus in der Schule für ein demokratisches Miteinander.

Es wäre ein Leichtes, an dieser Stelle für einen höheren Anteil fachdidaktischer Studienelemente im Lehramtsstudium zu plädieren. Die Situation hat sich in diesem Bereich in den letzten Jahren aber durchaus verbessert. Zumindest an den Hochschulen, an denen ich Studierende unterrichtet habe, ist der fachdidaktische Ausbildungsanteil solide – wenn auch nicht üppig – zugeschnitten. Ein zentrales Problem scheint mir stattdessen zu sein, dass einige Lehramtsstudiengänge ohne fachdidaktisch qualifizierte Hochschullehrer auszukommen versuchen. Das ist insbesondere im Bereich des Lehramts für Berufsschulen ein gravierendes Problem, betrifft aber durchaus auch die eine oder andere Hochschule, die Studierende für allgemeinbildende Schulen ausbildet. Mein Plädoyer ist deshalb: Keine Lehramtsausbildung im Bereich der politischen Bildung ohne einschlägig fachdidaktisch qualifizierte Professur.

Politikdidaktik in der Lehramtsausbildung

Ich nehme die Wünsche und Bedürfnisse von Studierenden ernst und arbeite in der Ausbildung von Beginn an mit vielen anwendungsbezogenen Beispielen. Nach meiner Beobachtung lassen die Sorgen, man hätte im Studium (und hier insbesondere im fachdidaktischen Teil der Fachausbildung) nichts Relevantes für die zukünftige Berufstätigkeit gelernt, im Laufe der Ausbildung auch deutlich nach.

Verhältnis von Theorie und Praxis

12. „Gute" politische Bildung

An dieser Stelle würde ich frei nach Renate Girmes formulieren: Gut ist politische Bildung, wenn es ihr gelingt, Bildungsangebote wie gut durchdachte Reisen zu gestalten. Denn diese gewinnen ihre Adressaten für sich, weil sie die bereiste Welt erschließen, sie fassbar und lesbar machen, Neugier und Interesse an Anderem und Neuem wecken und Gelegenheit geben, sich in der bereisten Welt auszuprobieren und zu erproben.

Sabine Manzel

Dr. Sabine Manzel, geb. 1973 in Erlangen

Professorin für Didaktik der Sozialwissenschaften am Institut für Politikwissenschaft an der Universität Duisburg-Essen seit 2011.

„Mein Arbeitsschwerpunkt liegt auf der empirischen Unterrichtsforschung im Fach Politik, insbesondere im Feld der politischen Kompetenzentwicklung („political skill formation") auf der europäischen und transnationalen Bildungsebene. Dabei beharre ich nicht auf einmal Erkanntem, sondern hinterfrage auch Bestehendes und versuche den Studierenden einen kritischen Umgang mit wissenschaftlichen ‚Wahrheiten' zu vermitteln."

Frühere Tätigkeiten

- Humboldt Gymnasium, Düsseldorf von 2008 bis 2011
- Wissenschaftliche Mitarbeiterin am Institut für Sozialwissenschaften und Europäische Studien der Pädagogischen Hochschule Karlsruhe von 2003 bis 2006
- Europarat, Directorate of Education, Culture and Sport, Straßburg

Verbandstätigkeiten

- Mitglied der Gesellschaft für Empirische Bildungsforschung (GEBF)
- Mitglied der Arbeitsgruppe Empirische Pädagogische Forschung (AEPF)
- Mitglied der European Association for Research on Learning and Instruction (EARLI)
- Mitglied der Gesellschaft für Politikdidaktik und politische Jugend- und Erwachsenenbildung (GPJE)
- Mitglied der Deutschen Vereinigung für Politische Bildung (DVPB)
- Mitglied der Deutsche Vereinigung für Politische Wissenschaft (DBPW)
- Mitglied des Netzwerks Frauen- und Geschlechterforschung NRW

Beratungs- und Kommissionstätigkeiten

- Prodekanin für Studium, Lehre und Weiterbildung an der Universität Duisburg-Essen
- Mitglied im Vorstand und im Geschäftsführenden Vorstand des Zentrums für Lehrerbildung (ZLB)
- Vorsitzende des Prüfungsausschusses für BA und MA Lehramt Sozialwissenschaften

Veröffentlichungen – Auswahl

2014 (Hrsg.) Politisch mündig werden. Politikkompetenz in der Schule aufbauen und diagnostizieren. Leverkusen (Bd. 2).

2013 zusammen mit Dorothee Gronostay: Videografie im Politikunterricht – Erste Ergebnisse einer Pilotstudie zu domänenspezifischen Basisdimensionen. In: Riegel, Ulrich/Macha, Klaas (Hrsg.): Videobasierte Kompetenzforschung in den Fachdidaktiken (Fachdidaktische Forschungen, Band 4). Münster, S. 198-215.

2013 Performanz im Politikunterricht: Theorien und Entwicklungstrends zum professionellen Lehrer/-innenwissen. In Richter, Dagmar/Hufer, Klaus Peter (Hrsg.): Politische Bildung als Beruf. (Schriftenreihe Perspektiven Politischer Bildung, Bd. 3). Bonn.

2012 Anpassung an wissenschaftliche Standards oder Paradigmenwechsel in der Politikdidaktik? Zum empirischen Aufbruch einer neuen Generation von Politikdidaktiker/-innen. In: ZPol, Zeitschrift f. Politikwissenschaft (1/2012), S. 143-154.

2012 Das Bürgermeisterbild von Benjamin Blümchen – Mit politischen Fachkonzepten Klischees aufdecken. In: Weltwissen Sachunterricht. (Heft 4), 18-20.

2011 Determinanten des Handelns in domänenspezifischen Lehr-Lern-Kontexten – Lernpsychologische Ansätze für die Politikdidaktik. In: Weißeno, Georg/Buchstein, Hubertus (Hrsg.): Politisch Handeln. Modelle, Möglichkeiten, Kompetenzen. Opladen, S. 271-288.

2005 Politisches Lernen – Perspektiven aus der Neurobiologie und dem Konstruktivismus. In: Weißeno, Georg (Hrsg.): Politik besser verstehen – Neue Wege der politischen Bildung. Wiesbaden, S. 165-179.

Leseempfehlungen für (angehende) Politiklehrerinnen und -lehrer

Brinck, Barbara (Hrsg.) (2013): Forschen in der Schule. Ein Lehrbuch für (angehende) Lehrerinnen und Lehrer. Leverkusen.

Detjen, Joachim/Massing, Peter/Richter, Dagmar/Weißeno, Georg (2012): Politikkompetenz – ein Modell. Wiesbaden.

Habermas, Jürgen (2011): Zur Verfassung Europas. Ein Essay. Berlin.

Manzel, Sabine (2008): Wissensvermittlung und Problemorientierung im Politikunterricht. Lehr-Lern-Forschung – Eine anwendungsorientierte Einführung. Schwalbach/Ts.

Massing, Peter (2011): Politikdidaktik als Wissenschaft. Ein Studienbuch. Grundlagen politische Wissenschaft. Schwalbach/Ts.

Sabine Manzel

„Besonders wichtig finde ich eine Verzahnung von theoretischen Modellen und empirisch überprüften Erkenntnissen mit der konkreten Unterrichtspraxis, um Politikunterricht stetig zu verbessern."

1. Werdegang

In Bayern wurde in den 90er Jahren das Fach Wirtschaft in der 8. Klasse und Sozialkunde erst in der Oberstufe unterrichtet. Politik war somit bis zur 11. Klasse für mich ein Fremdwort – erst die Vermittlung politischer und normativer Fragestellungen durch einen klugen und das eigene Denken fördernden Sozialkunde- und Philosophielehrer hat mich für das Fach begeistert. Wir haben Platons Staat und Kants Schrift zum ewigen Frieden sowie Kritik der reinen Vernunft im Original gelesen, Europawahlen und Parteien sowie den Föderalismus anhand von aktuellen Ereignissen diskutiert. Auf die professionelle Kompetenz des Lehrers kam es also an. Anspruchsvolle kognitive Aktivierung, selbstverantwortliche Lernprozesse, kritisches Denken und Problemorientierung – alles Schlagwörter für „guten Unterricht" – haben dazu geführt, dass mein Interesse für politische und gesellschaftliche Fragen geweckt wurde und ich Politikwissenschaft studiert habe. In Konstanz hat mich stark die Auseinandersetzung mit normativen Demokratietheorien, der Verhandlungsdemokratie (V. Lehmbruch) und vergleichenden Policy-Analysen (L. Neidhart, V. Schneider) geprägt. Von den politikdidaktischen Konzeptionen sehe ich mich in der Tradition Hilligens, der die Trias Sehen, Urteilen, Handeln sowohl politikdidaktisch als auch lerntheoretisch begründet. Geprägt haben mich auch die beiden Didaktiker Massing und Weißeno, daher zähle ich mich selbst zur empirisch forschenden Politikdidaktik mit normativen Theoriebezügen.

2. Situation und Perspektiven der politischen Bildung

Politische Bildung in Schulen wird je nach Bundesland unterschiedlich definiert (siehe Blöcke 3 und 4). Dennoch ist eine Ausbildung von Schüler/-innen im Fach Politische Bildung eine grundlegende Aufgabe von Schule: der Erwerb von politischen Kompetenzen ist genauso wichtig wie der Erwerb von Sprach-, Lese- und Mathematikkompetenzen. Hierin liegt eine zukünftige Herausforderung. Ohne die Fähigkeiten, als mündige Bürger/-innen den politischen und wirtschaftlichen Herausforderungen in einer demokratischen Gesellschaft zu begegnen, bleibt der normative Bildungsanspruch nach Rationalität, Aufklärung und Emanzipation der Subjekte eine leere Floskel. Die internationale Civic Education Studie zeigt die Relevanz sowie die Ausprägungsgrade politischer Bildung in allen partizipierenden Ländern. Deutschland hat im Jahr 2009 nicht mehr am ICCS-Testverfahren teilgenommen, es bleibt abzuwarten, wie Deutschland, nur repräsentiert durch das Bundesland NRW, in der neuen IEA-Studie 2016 abschneiden wird.

Gegenwärtige Situation und Herausforderungen

Angesichts zahlreicher nationaler, europäischer und internationaler Veränderungen (im Jahr 2013 z. B. Bürgerkriege wie in Syrien, nationalistischer Tendenzen siehe NSU-Morde, Fragen nach Privatsphäre versus staatlicher Sicherheit vgl. NSA-Affäre, ökologische Krisen wie Überschwemmungen, Dürren, Meereserwärmung, Jugendarbeitslosigkeit und wirtschaftlich-soziale Perspektiven in EU-Ländern) scheint es absehbar, dass der Bedarf, politische, wirtschaftliche und soziale Vorgänge zu verstehen, zu erklären, sich persönliche Urteile darüber zu bilden und sich aktiv einzumischen, weiter bestehen bleibt und somit auch politische Bildung dringend notwendig ist. Die grundlegende Frage, wie wir zukünftig leben wollen mit allen Implikationen bzgl. des Verhältnisses zwischen Freiheit und staatlicher Lenkung, Ökologie und Ökonomie sowie Partizipation und sozialer Gerechtigkeit erfordert eine umfassende politische Bildung, bürgerschaftliche Kompetenzen und Problemlösefähigkeiten, so dass es wünschenswert ist, dass politische Bildung aus ihrer Randstellung zu einem ‚normalen' Fach in der Schule würde. Dazu ist jedoch eine Kompetenzorientierung von Nöten, die derzeit noch nicht umgesetzt ist. Es dominieren in den Ländern diverse Kerncurricula, die die Lehrer/-innen in den Fachkonferenzen mit Inhalten und Methoden nach bestem Wissen und Gewissen zu füllen versuchen. Für den Politikunterricht sind jedoch anhand eines theoretisch und empi-

Zukünftige Rolle der politischen Bildung

risch validierten Kompetenzmodells unterschiedliche Fähigkeitsstufen und Komplexitätsniveaus zu formulieren, um Lehrkräften eine Orientierungshilfe für ihre Unterrichtspraxis bieten. „Es gilt also, valide, zuverlässige und objektive Messinstrumente zu entwickeln, um Qualität im Politikunterricht nicht nur theoretisch zu fordern, sondern real zu überprüfen und auf dieser empirischen Basis zu fördern" (Manzel 2012, S. 147).

3. Demokratie und politische Bildung

Was ist Demokratie?

Volkssouveränität ist das oberste Prinzip der Demokratie. Demokratiebegriffe gibt es zahlreiche, die in Lexika und politikwissenschaftlichen Einführungsbänden ausführlich dargelegt werden. Kennzeichen einer rechtsstaatlich-parlamentarischen Demokratie sind des Weiteren Rechtsstaatlichkeit, unveräußerliche Menschenrechte, Gewaltenteilung, Sozialstaatlichkeit, Schutz der Privatsphäre, Meinungs-, Versammlungs-, Presse- und Religionsfreiheit, Parlamentarismus, Öffentlichkeit, Regierung und Opposition, Wahlen, Mehrheitsprinzip, etc.: alles Fachkonzepte, die Schüler/-innen am Ende ihrer Schullaufbahn im Politik-/SoWi-Unterricht erworben haben sollten.

Demokratielernen als Aufgabe der politischen Bildung?

Eine Demokratie ist auf das Engagement und die Kompetenz ihrer Bürgerinnen und Bürger angewiesen. Wichtige Aufgabe der politischen Bildung ist daher die Vermittlung politischer Kenntnisse und Fähigkeiten im Sinne des Bürgerleitbilds des/der interventionsfähigen oder Aktivbürgers/-in, um an politischen Prozessen mitzuwirken. Zur Kontroverse Politik- oder Demokratie-Lernen verweise ich auf meinen Aufsatz „Der lange Arm der Demokratie?" (Manzel 2003).

Rolle der Politischen Bildung in der Demokratie

Bis heute gibt es weder eine Bestands- noch eine Umfangsgarantie für die Politische Bildung in Deutschland (vgl. Detjen 2013, S. 174). Das Unterrichtsfach Politische Bildung wird in vielen Bundesländern immer noch mit einem hohen Anteil an fachfremden Lehrkräften, insbesondere in der Sek I. unterrichtet. Auch die geringe Stundenzahl spricht dafür, dass das Fach im Gegensatz zu anderen Fächern eine eher marginale Bedeutung für den regulären Bildungsprozess hat. Mündigkeit, kritisches Denken aufgeklärter Schüler/-innen und Werteerziehung als oberste Bildungsziele aller Fächer entbindet meines Erachtens die Curriculumplaner/-innen jedoch nicht davon, politisches Grundwissen und politische Urteilsfähigkeit in einem eigenen Fach, unterrichtet von dafür ausgebildeten Lehrkräften mit entsprechender Professionskompetenz, anzulegen und weiterzuentwickeln.

4. Politikbegriff und Breite des Unterrichtsfaches

Hier schließe ich mich Peter Massing (2011) an, der Politik als Kern sieht. Dennoch ist ein integrativer Ansatz wie in NRW mit Soziologie und Wirtschaft sinnvoll, um mehrere Perspektiven auf politische Sachgegenstände zu ermöglichen. Z. B. können zum Thema „Mindestlohn" die Fachkonzepte Interessengruppen, Markt, Gerechtigkeit behandelt werden. Gleichzeitig können aber auch Fragen aus den Bereichen der Soziologie und Ökonomie gestellt werden. Was bedeuten Mindestlöhne für eine Arbeitsgesellschaft? Welche Interessen verfolgen Wirtschaftsverbände? Welchen Einfluss kann und soll Politik auf die Debatte um Mindestlöhne nehmen? Wie positionieren sich Parteien in der Frage, insbesondere in Wahlkampfzeiten? Eine kompetenzorientierte Unterrichtsplanung orientiert sich an domänenspezifischen Basis- und Fachkonzepten, nach denen der Unterricht im Sinn kumulativen Lernens gestaltet wird. Noch fehlt ein integratives Modell von Basis- und Fachkonzepten für die Sozialwissenschaften, wie sie beispielsweise in NRW angelegt sind.

Politik als Kern?

Eine Zusammenfassung von unterschiedlichen Fachdisziplinen ist eine bildungspolitische Entscheidung. In NRW sind folgende Kombinationen anzutreffen:

Lernfeld Gesellschaftswissenschaften

Primarstufe
Fünf Fächer unter dem Oberbegriff „Gesellschaftswissenschaften": Politik/Soziologie, Geografie, Geschichte, Wirtschaft, Arbeitslehre/Technik
Sekundarstufe I
HS: Geschichte/Politik, RS: Politik, Ge: Gesellschaftslehre: Geografie, Geschichte, Politik, GY: Politik/Wirtschaft
Sekundarstufe II
GY/Ge: Sozialwissenschaften: Politik, Soziologie, Wirtschaft

Aus Domänensicht sind all diese Fächer eigene Domänen mit jeweils eigenen Disziplinen im universitären Hintergrund. Jede Domäne für sich hat ein eigenständiges Erkenntnisinteresse und stellt folglich auch andere Fragen, um Wirklichkeit zu erfassen und zu erklären. Bspw. Machtfrage in der Politik versus Historizitätsbewusstsein und Identitätsbildung in Geschichte. Werden aus bildungspolitischen Gründen Fächer zusammengefasst, muss es Ziel sein, diese Differenzen in der jeweiligen Fragestellung sichtbar zu machen, aber auch integrative Ansätze zu thematisieren.

5. Kompetenzen, Inhalte und Konzepte der politischen Bildung

Kompetenz-orientierung

Die kontroverse Debatte über Kompetenzmodelle mit den Dimensionen politisches Wissen, politische Urteils- und Handlungsfähigkeit sowie Einstellungen/Motivation erschüttert die Grundfesten der Disziplin. Die von mir in der ZPol 2012 gestellte Frage „Anpassung an wissenschaftliche Standards oder Paradigmenwechsel in der Politikdidaktik?" wird derzeit heftig zwischen Fachdidaktiker/-innen ausgefochten. Entscheidend ist meines Erachtens doch eher die Frage: Kann der Kompetenzansatz das Lernen von Schüler/-innen und das Lehren durch Lehrkräfte im Politikunterricht verbessern? Erhöhen sich durch kompetenzorientierten Unterricht das Interesse und die Motivation bei Schüler/-innen, sich mit politischen, gesellschaftlichen und wirtschaftlichen Themen auseinanderzusetzen? Werden diese Fragen empirisch geprüft und mit Nein beantwortet, so wäre die Forderung nach einer Kompetenzorientierung obsolet. Finden sich jedoch Belege für eine Zustimmung, so ergibt sich durch den normativen Anspruch der politischen Bildung zwangsläufig und pragmatisch die Bevorzugung einer Kompetenzorientierung im Unterricht.

Kompetenzen

Das Kompetenzmodell von Detjen et al. (2012) bietet erstmals ein lehr-lerntheoretisch und politikdidaktisch begründetes Modell für den inhaltlichen Kompetenzerwerb für Schüler/-innen. Die vier Kompetenzdimensionen Fachwissen, Politische Urteilsfähigkeit, Politische Handlungsfähigkeit und Politische Einstellungen/Motivation sind in Teilfacetten untergliedert, die für Lehrkräfte ein handhabbares Instrument für die Planung, Durchführung und Reflexion ihres Unterrichts ermöglichen. Gerade die politische Urteilsbildung kann durch die fünf Facetten mit den vier kognitiven Prozessen des ESNaS-Modells (Evaluation der Standards in den Naturwissenschaften) wie Reproduzieren, Selegieren, Organisieren, Integrieren (vgl. Hostenbach et al. 2011) verknüpft werden und anhand der Komplexität von darin verwendeten Fachkonzepten gefördert werden. Lehrkräfte erhalten mit dem Kompetenzmodell Hilfestellungen bzgl. der Diagnose von Schüler/-innenleistungen.

Konzepte in der Politischen Bildung basieren auf lerntheoretischen Annahmen und versuchen, den Kern der Domäne zu bestimmen. Durch den Perspektivwechsel vom Behaviorismus zur Kognitionspsychologie und zum Konstruktivismus stehen nunmehr alle im Gehirn ablaufenden komplexen Prozesse im Vordergrund. Beim Lernen konstruieren und rekonstruieren Lernende ihre Wissensstrukturen und modifizieren fortlaufend begriffliches, prozedurales und metakognitives Wissen. Von zentraler Bedeutung ist das fachliche Begriffslernen, denn die kognitive Lerntheorie nimmt an, „dass Denken ein Prozess des Operierens mit Symbolen ist, der Personen in die Lage versetzt, ihre subjektiven Erfahrungen, Vorstellungen, Gedanken und Gefühle zu repräsentieren" (Seel, 2003, S. 23). Der Aufbau von semantischen Netzwerken und konzeptuellen Modellen lässt sich auch unter konstruktivistischer Perspektive betrachten. Empirische Untersuchungen aus der Schulpraxis bestätigen die Bedeutung der Eigenaktivität der Lernenden beim Wissenserwerb: „Um zu vermeiden, dass schulisches Lernen zum Erwerb eines trägen, mit seiner Systematik verlöteten und eingekapselten Wissens führt, muss der Lernende die relevanten Informationen aktiv, kreativ und auch situiert erwerben" (Weinert, 1998, S. 115). Parallel zur kognitiven Wende in der Lern- und Motivationsforschung wurde das Prozess-Produkt-Paradigma durch das Novizen-Experten-Paradigma abgelöst (vgl. Krapp & Weidenmann, 2006, S. 17). Der Vergleich aufgabenspezifischen Wissens und der Vergleich von Fachkompetenzen bei Schüler/-innen mit denen von professionellen Lehrer/-innen wird zu handlungsleitenden Erkenntnissen für erfolgreichen Unterricht herangezogen. Gleichzeitig rückt die Rolle des Vorwissens der Schüler/-innen zusammen mit motivationalen, affektiven und sozial-kulturellen Faktoren in den Fokus.

Konzepte

6. Politikdidaktische Prinzipien

Politikdidaktische Prinzipien zählen für mich zur Kompetenzfacette des fachdidaktischen Wissens. Für Tepner et al. (2012) sind „wesentliche Facetten des fachdidaktischen Wissens [...] fachspezifische Instruktions- und Vermittlungsstrategien, [...] das Wissen über Erklären, Repräsentieren und Vermitteln von Fachinhalten, und das Wissen über bestimmte fachspezifische Schülerfehler und Schülervorstellungen" (S. 14). Fachdidaktisches Wissens kann nach der Auffassung Shulmans

(1987) durch ein didaktisches Dreieck zwischen Sachgegenstand, Lernenden und Lehrkraft abgebildet werden, was mit der Funktion didaktischer Prinzipien in der Politikdidaktik gleichsetzbar wäre: didaktische Prinzipien „vermitteln die Bewegung der Sache Politik (bzw. Gesellschaft, Wirtschaft, Recht) und die Bewegung des Lernens (sie bauen Brücken, über die die Lernenden gehen können)" (Reinhardt, 2007, S. 75). Generell ist bis heute nicht empirisch nachgewiesen, ob und wenn ja, welche/s didaktische/n Prinzip/-ien für den Lernerfolg von Schüler/-innen relevant sind.

7. Methoden und Medien der Politischen Bildung

Methoden

Aus lernpsychologischer Sicht scheinen sich besonders handlungsorientierte Methoden wie Pro-Kontra-Debatte, Talkshow oder Planspiele für einen kompetenzorientierten Unterricht sowie produktionsorientierte Methoden, die eine hohe Eigenaktivität der Schüler/-innen verlangen, zu eignen. Ob diese Methoden tatsächlich gegenüber klassischen Methoden wie Textanalyse oder Tafelbild lernförderlicher sind, müssen empirische Studien in der Politischen Bildung zeigen.

Medien

Alle Medien sind generell geeignet für den Politikunterricht, entscheidend ist die Aktualität und Authentizität der Quelle. Nach dem lerntheoretischen Ansatz des situierten Lernens nimmt die jeweilige Lernsituation und Kontextspezifität maßgeblich Einfluss auf die spätere Anwendungsqualität und Verfügbarkeit von Wissen (Moschner, 2003, S. 57f.). Um „träges Wissen" zu vermeiden, ist in Lernsituationen die Auseinandersetzung mit realistischen Problemen und authentischen Situationen zu ermöglichen, welche zugleich einen Anwendungskontext für das zu erwerbende Wissen bereitstellen (Mandl, Gruber & Renkl, 2002, S. 143). „Politisches Lernen als situativer Prozess erfolgt stets in spezifischen politischen Kontexten. Diese liefern einen Interpretationshintergrund für die Bewertung von Lerninhalten und ermöglichen reale Lernerfahrungen. Lernen Schüler/-innen am Beispiel aktueller Landtagswahlen wie das Wahlsystem in der BRD beschaffen ist (…), so können sie aus diesem konkreten Kontext heraus auch politische Inhalte und ihre dazu aufgebauten Wissensstrukturen für andere politische Situationen wie Bundestagswahl oder Europawahl anwenden" (Manzel, 2008, 28).

Rolle des Schulbuchs

Manzel & Gronostay (2013) haben in einer small scale studie nachgewiesen, dass überwiegend das (oftmals veraltete) Schulbuch im Politikunterricht verwendet wird. „Originalgetreue Materialien kommen in den Politikstunden nicht zum Einsatz, der Veränderungsgrad variiert zwischen leicht bis stark verändert und bezieht sich häufig auf die optische Gestaltung, aber auch auf die inhaltliche Reduktion oder Vereinfachung des Originaltextes" (S. 204). Problematisch wird gesehen, dass aktuelle politische Ereignisse die Auseinandersetzung mit politischen Inhalten zum gleichen Thema kaum beeinflussen, „obwohl dies durchaus unter Rückgriff auf die öffentliche Berichterstattung möglich wäre. Ein situiertes Lernen an aktuellen und authentischen Beispielen findet demnach kaum statt. Die fehlende Einbettung des Stundenthemas in aktuelle politische Ereignisse und weitgehend abstrakte Lerninhalte verhindern die kognitive Auseinandersetzung der Schüler/-innen mit realer Politik" (S. 210). Hier gilt es nicht den Fokus auf Medienauswahl zu richten, sondern auf Aktualität und Authentizität.

8. Lernprozesse und Schülervorstellungen

Ich zähle mich zu den kognitionspsychologischen Konstruktivisten in der Politikdidaktik. In all meinen Publikationen durchziehen Erkenntnisse der Lehr-Lernpsychologie meine Forschungsbemühungen. Aus Platzgründen verweise ich explizit auf den Aufsatz „Determinanten des Handelns in domänenspezifischen Lehr-Lern-Kontexten – Lernpsychologische Ansätze für die Politikdidaktik" (2011) oder die kleine Monografie „Wissensvermittlung und Problemorientierung im Politikunterricht. Lehr-Lern-Forschung. Eine anwendungsorientierte Einführung" (2008).

<small>Bedeutung lerntheoretischer Erkenntnisse & Empirische Forschung & Schüler- und Lehrervorstellungen</small>

Zur Bewertung der bisherigen Ergebnisse aus der politikdidaktischen Forschung verweise ich auf meinen Vortrag auf der GPJE-Jahrestagung 2013, der im GPJE-Jahresband 2014 veröffentlich ist.

Grundlegend für die Erforschung von Lehr-Lernprozessen im realen Fachunterricht sind das Angebots-Nutzungsmodell und das Experten-Novizen-Paradigma. Seit 2007 arbeiten mehrere Forscher/-innen an einer systematischen Erfassung von Politikkompetenz von Schüler/-innen und Professionskompetenz von Lehrkräften der Politischen Bildung. Mein eigenes Forschungsinteresse setzt an diesen Modellen an und lässt sich in folgender Grafik systematisieren:

Insbesondere die standardisierte Videoforschung bietet die Möglichkeit, reales Unterrichtsgeschehen zu beobachten, Interaktionen zwischen Lehrpersonen und Schüler/-innen zu erfassen, Lerngelegenhei-

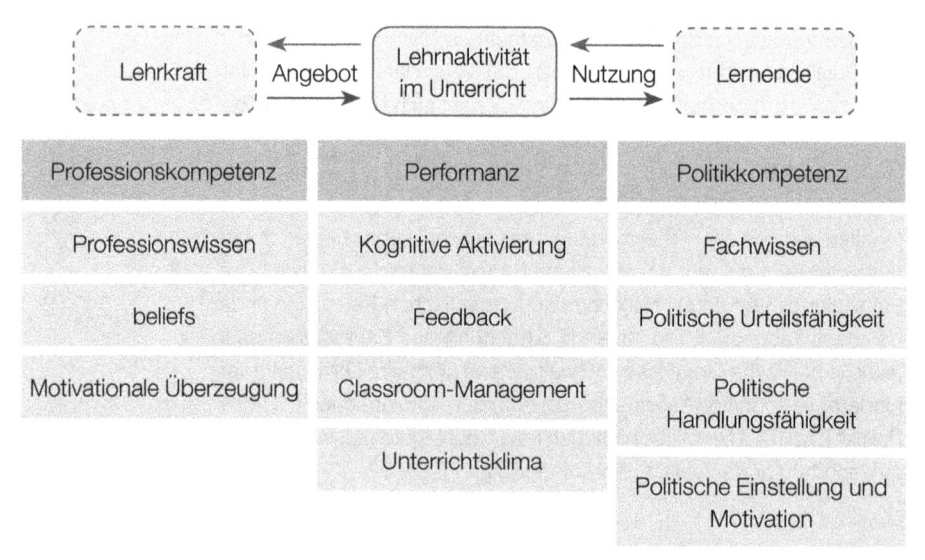

Lehrkraft	→ Angebot →	Lehraktivität im Unterricht	← Nutzung ←	Lernende
Professionskompetenz		Performanz		Politikkompetenz
Professionswissen		Kognitive Aktivierung		Fachwissen
beliefs		Feedback		Politische Urteilsfähigkeit
Motivationale Überzeugung		Classroom-Management		Politische Handlungsfähigkeit
		Unterrichtsklima		Politische Einstellung und Motivation

(Eigene Darstellung)

ten zu analysieren sowie professionelle Performanz von Lehrer/-innen mittels Videovignetten zu fördern. Ziel ist die Verbesserung von Lehr-Lernprozessen auf allen Seiten des Angebots-Nutzungsmodell. Hier bestehen noch viele Forschungslücken.

9. Politikdidaktik als Wissenschaft

Forschungsfragen für die Zukunft

Wissenschaft generiert immer neue Fragen, da Erkenntnisinteressen vielfältig sind. Gesellschaft unterliegt dem permanenten Wandel, so dass neue Herausforderungen neue Antworten verlangen. Wechselnde Problem- und Handlungsfelder fordern Wissenschaft permanent heraus, sich bisher unbekannten Anforderungen zu stellen, bisherige Denkmuster zu überwinden und kreativ Ideen und Lösungswege zu finden. Dafür ist selbstverständlich eine solide Grundlagenforschung notwendig. Die Balance zwischen empirischer Forschung und theoretischen Begründungen der Politischen Bildung ist noch nicht erreicht, so dass im Jahr 2013 ein großer Nachholbedarf im Fach festzustellen ist.

Erstaunlich ist für mich immer noch die geringe Internationalisierung der Politikdidaktik als Wissenschaft. Auf internationalen Konferenzen zur

Lehr-Lernforschung in allen Domänen wie z. B. der EARLI oder domänenspezifischen Tagungen zu Civic Education finden sich nur vereinzelt Politikdidaktiker/-innen. Ein Blick über den eigenen Tellerrand täte der Disziplin gut.

Mein Forschungsschwerpunkt liegt in der empirischen Politikdidaktik und hierbei in den nächsten Jahren auf Mixed Methods, also der Verzahnung von quantitativen Methoden, wie Fragebögen, und qualitativen Methoden, wie der standardisierten Videografie. Mich interessiert, wie die Politische Bildung im Klassenraum realisiert wird, welche Lehr-Lernprozesse in heterogenen Lerngruppen konkret ablaufen, ob und wie gemäß der neuesten Erkenntnisse aus der Lernpsychologie auch kognitiv aktivierender, problemorientierter Politikunterricht mit adaptiven Lernaufgaben stattfindet, wie Kinder und Jugendliche für politische, gesellschaftliche und wirtschaftliche Fragen sensibilisiert und motiviert werden, wie ihr Selbstkonzept und Interesse an dem Fach gefördert wird, welche Handlungsoptionen angebahnt werden. Ziel ist es, neben dem Lernerfolg und politischen Kompetenzerwerb von Kindern und Jugendlichen auch die Begeisterung für das Fach zu wecken und die Bedeutung von Politik auf ihr eigenes Leben sowie ihre eigenen politischen Partizipationsmöglichkeiten für die Weiterentwicklung der Demokratie aufzuzeigen. Für wichtig halte ich auch eine enge Verzahnung der universitären fachdidaktischen Ausbildung mit der nachuniversitären Lehramtsausbildung (im Referendariat) sowie der Weiterbildung von Lehrer/-innen mit längerer Berufserfahrung. Hier erforsche ich den Kompetenzverlauf von angehenden Lehrkräften und bereits praktizierenden Lehrer/-innen. Ein weiterer Forschungsschwerpunkt liegt auf der Politischen Bildung in der Primarstufe, über die es trotz ernster Bemühungen und Forschungsansätze immer noch zu wenig gesichertes Wissen, für die es aber auch zu wenig Unterrichtsmaterial gibt.

Eigene Forschungsschwerpunkte

10. Fachdidaktische Kontroversen

Zentral in der aktuellen fachdidaktischen Diskussion ist die Kontroverse um eine Kompetenzorientierung in der schulischen politischen Bildung. Hier positioniere ich mich bzgl. der Schüler/-innen auf der Seite des neuen Kompetenzmodells von Detjen et al. (2012). Eine Trennung zwischen allgemeinen und fächerübergreifenden Kompetenzen wie Kommunizieren, Argumentieren, Problemlösen, Modellieren und Urteilen ist in der Politischen Bildung unumstritten, auch wenn politisches Argumentieren domänenspezifisch aufgeladen, in der Teilkompetenz politische Handlungsfähigkeit verortet wird (a.a.o.). Kontrovers diskutiert hingegen wird die Frage nach der inhaltsbezogenen Teilkompetenz „Wissen". Welche konstituierenden Begriffe und Fachkonzepte brauchen Schüler/-innen, damit sie sich individuell entfalten und mündig am öffentlichen Leben partizipieren können? Diese Debatte resultiert aus dem Bezeichnungsdilemma, das sich bis Oetinger und Litt zurückverfolgen lässt. Die Frage nach dem Politikbegriff – bei Oetinger ein weiter Politikbegriff, der Gesellschaft und den Nahraum von Individuen betont, bei Litt ein enger mit dem Fokus auf den demokratischen Staat – führt zu unterschiedlichen Reichweiten des Faches: Politik als Kern oder Politik, Gesellschaft, Kultur, etc. Die Autorengruppe Weißeno, Massing, Juchler, Richter und Detjen (2010) hat ein Modell zur Teilkompetenz Fachwissen entwickelt, das dadurch begründet wird, dass sich das Politische nicht verstehen lasse, „wenn man keine Vorstellung von Gemeinwohl, Ordnung und Entscheidung" (a.a.o.) habe. Dieses Modell gilt es empirisch zu testen.

Hinsichtlich der Kompetenzorientierung seitens der Lehrer/-innen ist die Frage zentral, was „gute" Politik-/SoWi-Lehrkräfte können sollen. Hier finden sich in der Disziplin unterschiedliche Ansätze, die sich auch auf die erstgenannte Kontroverse zurückführen lassen. Ich lehne mich an die Modelle zur professionellen Kompetenz von COACTIV und an Osers und Shulmans Ideen zum professionellen Lehrerethos (vgl. 2013) an.

Auf der GPJE-Jahrestagung 2013 ist ein Streit erneut aufgeflammt, der meines Erachtens aber völlig überflüssig ist, denn ein Methodenstreit zwischen Anhänger/-innen quantitativer und qualitativer Forschungsmethoden ist längst durch die Erkenntnis der gegenseitigen Bereicherung beider Methodenansätze veraltet und in anderen Fachdidaktiken längst überwunden. Ich plädiere hier für eine gegenseitige Öffnung der Perspektiven auf drängende Fragen der schulischen politischen Bildung, um eine (weitere) Marginalisierung des Faches aufzuhalten und in der Bildungspolitik als sichtbare Größe die Bedeutsamkeit des Faches vertreten zu können.

11. Politikdidaktik und Lehramtsausbildung

Zwischen Professionskompetenz von Lehrenden und dem Lernerfolg der Schüler/-innen wird ein klarer Zusammenhang gesehen (vgl. Baumert & Kunter, 2011). Daher bedürfen Politik-/SoWi-Lehrkräfte einer entsprechenden Kompetenz, wenn sie kompetente Bürger/-innen heranbilden wollen. Professionskompetenz kann definiert werden als „das dynamische Zusammenwirken von Aspekten des Professionswissens, Überzeugungen, motivationalen Orientierungen wie den Selbstwirksamkeitserwartungen und selbstregulativen Fähigkeiten" (Schulte, Bögeholz & Watermann, 2008, S. 269). Das Forschungsprogramm „Professionelle Kompetenz von Politiklehrer/-innen" (Weschenfelder, Weißeno & Oberle, 2012) verfolgt diesen kompetenzorientierten Ansatz in Anlehnung an COACTIV und kann daher als Modell für das Fach dienen. Erste Ergebnisse für das Fach Politik zu den beliefs angehender und praktizierender Lehrkräfte zeigen die Relevanz der Facetten „Interesse an Politik" und der Selbstwirksamkeitsüberzeugung (vgl. Oberle, 2012, S. 297) für Lehr-Lernprozesse: Lehrkräfte, die selbst „unpolitisch" sind oder nicht an die Wirksamkeit des eigenen Unterrichts glauben, können kaum zum Lernerfolg im Fach beitragen. Der aus anderen Fächern signifikante Befund, dass auch die motivationalen Orientierungen indirekt als „Moderatorvariable" zum effektiven Unterrichtsverhalten beitragen (Kunter, 2011), scheint sich auch im Fach Politik zu bestätigen. „Die ersten Daten (N=272, Migrationsanteil 31,6%) der im Wintersemester 2011/12 angelegten Panel-Erhebung zur Berufswahlmotivation und Professionskompetenz im sozialwissenschaftlichen Lehramtsstudium an der Universität Duisburg-Essen weisen analog zur PKP-Studie die intrinsischen Motive wie pädagogisches Interesse und Wichtigkeit der politischen Bildung sowie positive Fähigkeitsüberzeugungen inklusive signifikanter Gender-Unterschiede als entscheidend für die Berufswahl aus" (Gronostay & Manzel, 2015).

Politikdidaktik als eigenständige Wissenschaft bietet für angehende Lehrer/-innen Theorien und Modelle, um Fachunterricht erfolgreich zu planen, auszuführen und zu reflektieren. In der Lehramtsausbildung geht es nicht nur um den Erwerb von Fachwissen (content knowledge) oder lernpsychologisches bzw. erziehungswissenschaftliches Wissen (pedagogical knowledge), sondern um das domänenspezifische didaktische Wissen (pedagogical content knowledge). Eine fachdidaktische

Ausbildung erschöpft sich nicht in der Darbietung zahlreicher Methoden für den Unterricht, sondern zeigt theoretische Begründungszusammenhänge, warum welche Methode für welches Ziel und welchen Lehr-Lernprozess besonders geeignet erscheint. Auch die motivationalen Orientierungen und sog. beliefs sind in der Lehramtsausbildung ein wichtiger Baustein. Angehende Lehrkräfte haben spezifische Berufswahlorientierungen, die im späteren Beruf möglicherweise gesundheitliche Risiken bergen. Daher ist es wichtig, die Bedeutung der eigenen Überzeugungsmuster zu kennen und die Wirkungszusammenhänge zwischen politischen Einstellungen, Selbstkonzepten und der Schüler/-innen-Motivation zu reflektieren. Somit sind politikdidaktische Seminare zu diesen Kompetenzfacetten in der Lehramtsausbildung elementar.

Verhältnis von Theorie und Praxis

Die Facette der Performanz in der Kompetenzmodellierung und -messung ist in der Politikdidaktik noch stark entwicklungsbedürftig. Nach Helmke (2012) gehören Hospitationen mit datenbasiertem Feedback zu den effektivsten Formen der Lehrerbildung. Der Einsatz von Videovignetten ermöglicht hierbei die Erfassung prozeduralen und somit handlungsorientierten Wissens (vgl. Oser & Renold, 2005). Nach Seidel (2013) muss zur Verzahnung von Theorie und Praxis sowie zur Verbesserung der Reflexionskompetenz neben Expert/-inneninterviews und Dokumentenanalysen auch über die empirische Validierung unkonventioneller Methoden wie Portfolios nachgedacht werden. Denn um den Inkongruenzen zwischen situationsspezifischer Handlungsroutinen und in Fragebögen oder Interviews geäußerten Überzeugungen von Lehrkräften über ihr Handeln auf die Spur zu kommen (Reusser, Pauli, & Waldis, 2010), bedarf es Methoden, die unbewusste Kognitionen und reale Performanz sichtbar machen. Nur durch die Verzahnung von theoretischen Erkenntnissen mit der Anwendung von Modellen und Prinzipien in der konkreten Unterrichtsplanung und -durchführung und mit der Reflexion ihrer Umsetzung in der Unterrichtspraxis kann Politikunterricht stetig verbessert werden.

Schwerpunkte der eigenen Lehre

Das fachdidaktische Studium an meinem Lehrstuhl ist so angelegt, um die oben genannten Facetten der Professionskompetenz auszubilden.

12. „Gute" politische Bildung

Neugierig sein, Augen auf, Ohren auf, Lesen, Zuhören, Diskutieren, Hinterfragen, Reflektieren, Nachhaken, Handeln einüben, sich bei Bedarf engagieren wollen und können. Zwingende Voraussetzung dafür ist professionelle Politikkompetenz bei Lehrkräften, um die Politikkompetenz bei Lernenden zu fördern.

Literatur

Baumert, Jürgen/Kunter, Mareike (2011): Das mathematikspezifische Wissen von Lehrkräften, kognitive Aktivierung im Unterricht und Lernfortschritte von Schülerinnen und Schülern. In: Mareike Kunter et al. (Hrsg.): Professionelle Kompetenz von Lehrkräften. Ergebnisse des Forschungsprogramms COACTIV. Münster, S. 163-192.

Detjen, Joachim (2013): Politische Bildung. Geschichte und Gegenwart in Deutschland. 2. akt. und erw. Aufl., München.

Detjen, Joachim/Massing, Peter/Richter, Dagmar/Weißeno, Georg (2012): Politikkompetenz – ein Modell. Wiesbaden.

Gronostay, Dorothee/Manzel, Sabine (2015): Warum Studierende in NRW Politik/Sozialwissenschaften unterrichten wollen: Erste Befunde einer Quasi-Längsschnitterhebung zur Studien-/Berufswahlmotivation angehender Lehrerinnen und Lehrer. In: Kerstin Drossel, Rolf Strietholt, Wilfried Bos (Hrsg.): Empirische Bildungsforschung und evidenzbasierte Reformen im Bildungswesen, S. 295-305. Münster/New York.

Hostenbach, Julia/Fischer, Hans E./Kauertz, Aleaxander Mayer, Jürgen/Sumfleth, Elke/Walpuski, Maik (2011): Modellierung der Bewertungskompetenz in den Naturwissenschaften zur Evaluation der Nationalen Bildungsstandards, Zeitschrift für Didaktik der Naturwissenschaften 17, S. 261-288.

Krapp, Andreas/Weidenmann, Bernd (Hrsg.) (2006): Pädagogische Psychologie 5. vollst. überarb. Aufl., Weinheim.

Kunter, Mareike et al. (Hrsg.) (2011): Professionelle Kompetenz von Lehrkräften. Ergebnisse des Forschungsprogramms COACTIV. Münster u. a.

Mandl, Heinz/Gruber, Hans/Renkl, Alexander (2003): Situiertes Lernen in multimedialen Lernumgebungen. In: Ludwig J. Issing, Paul Klimsa (Hrsg.): Information und Lernen mit Multimedia (3. vollständig überarbeitete Auflage). Weinheim, S. 167-178.

Manzel, Sabine/Gronostay, Dorothee (2013): Videografie im Politikunterricht – Erste Ergebnisse einer Pilotstudie zu domänenspezifischen Basisdimensionen. In: Ulrich Riegel, Klaas Macha (Hrsg.): Videobasierte Kompetenzforschung in den Fachdidaktiken (Fachdidaktische Forschungen: Bd. 4). Münster, S. 198-215.

Manzel, Sabine (2012): Anpassung an wissenschaftliche Standards oder Paradigmenwechsel in der Politikdidaktik? Zum empirischen Aufbruch einer neuen Generation von Politikdidaktiker/-innen. In: ZPol, Zeitschrift f. Politikwissenschaft 22, 1, S. 143-154.

Manzel, Sabine (2011): Determinanten des Handelns in domänenspezifischen Lehr-Lern-Kontexten – Lernpsychologische Ansätze für die Politikdidaktik. In: Georg Weißeno, Hubertus Buchstein (Hrsg.): Politisch handeln. Modelle, Möglichkeiten, Kompetenzen. Bonn, S. 271-288.

Manzel, Sabine (2008): Wissensvermittlung und Problemorientierung im Politikunterricht. Lehr-Lern-Forschung. Eine anwendungsorientierte Einführung. Schwalbach/Ts.

Manzel, Sabine (2003): Der lange Arm der Demokratie? Zur Diskussion um die Chancen von Service Learning und erfahrungsbezogener Praxis für das politische Lernen. Politische Bildung, 36, S. 126-139.

Massing, Peter (2011): Politikdidaktik als Wissenschaft. Studienbuch. Schwalbach/Ts.

Moschner, Barbara (2003): Wissenserwerbsprozesse und Didaktik. In: Barbara Moschner, Hanna Kiper, Ulrich Kattmann, Wolfgang Eichner (Hrsg.): PISA 2000 als Herausforderung: Perspektiven für Lehren und Lernen. Hohengehren, S. 53–64.

Oberle, Monika (2012): Professionelle Handlungskompetenz von Politiklehrer/-innen. In: Georg Weißeno, Hubertus Buchstein (Hrsg.): Politisch Handeln. Modelle, Möglichkeiten, Kompetenzen. Opladen, S. 289-305.

Oser, Fritz/Renold, Ursula (2005): Kompetenzen von Lehrpersonen – über das Auffinden von Standards und ihre Messung. Zeitschrift für Erziehungswissenschaft, 8(4), S. 119-140.

Reinhardt, Sybille (2007): Politik-Didaktik. Praxishandbuch für die Sekundarstufe I und II. (2. Aufl.). Berlin.

Reusser, Kurt/Pauli, Christine/Waldis, Monika (Hrsg.) (2010): Unterrichtsgestaltung und Unterrichtsqualität – Ergebnisse einer internationalen und einer schweizerischen Videostudie zum Mathematikunterricht. Münster.

Schulte, Klaudia/Bögeholz, Susanne/Watermann, Rainer (2008): Selbstwirksamkeitserwartungen und Pädagogisches Professionswissen im Verlauf des Lehramtsstudiums. Zeitschrift für Erziehungswissenschaften, 11(2), S. 268-287.

Seel, Norbert M. (2003): Psychologie des Lernens: Lehrbuch für Pädagogen und Psychologen. München, Basel.

Seidel, Tina (2013): Understanding the interplay of student characteristics and teacher interactions in classroom. Keynote am 28.08.2013 auf der EARLI 2013 in München.

Shulman, Lee S. (2013): Discussant in Session L5 „The Ethos of the Teacher" am 30.08.2013 auf der EARLI 2013 in München.

Shulman, Lee S. (1987): Knowledge and teaching: foundations of the new reform. Harvard Educational Review, 57, S. 1-21.

Tepner, Oliver/Borowski, Andreas/Dollny, Sabrina/Fischer, Hans E./Jüttner, Melanie/Kirschner, Sophie et al. (2012): Modell zur Entwicklung von Testitems zur Erfassung des Professionswissens von Lehrkräften in den Naturwissenschaften. Zeitschrift für Didaktik der Naturwissenschaften, 18, S. 7-28.

Weinert, Franz E. (1998): Neue Unterrichtskonzepte zwischen gesellschaftlichen Notwendigkeiten, pädagogischen Visionen und psychologischen Möglichkeiten. In: Bayerisches Staatsministerium für Unterricht und Kultus, Wissenschaft und Kunst (Hrsg.): Wissen und Werte für die Welt von morgen. München, S. 114-119.

Weißeno, Georg/Detjen, Joachim/Juchler, Ingo/Massing, Peter/Richter, Dagmar (2010): Konzepte der Politik – ein Kompetenzmodell. Bonn.
Weschenfelder, Eva/Weißeno, Georg/Oberle, Monika (2012): Ergebnisse einer Studie zu den Überzeugungsstrukturen angehender Politiklehrer/-innen. Vortrag auf der Tagung „Schülerforschung, Lehrerforschung – Theorie und Empirie" der GPJE in Dresden, 22.06.2012.

Michael May

Dr. Michael May, geb.1973 in Querfurt

Professor für Didaktik der Politik am Institut für Politikwissenschaft der Friedrich-Schiller-Universität Jena seit 2012.

Langjährige Erfahrung als Lehrer an Gymnasien und Berufsschulen und als Fachleiter für das Fach Politik-Wirtschaft.

Frühere Tätigkeiten

- Promotion am Zentrum für Schul- und Bildungsforschung der Martin-Luther-Universität Halle von 2002 bis 2005
- Tätigkeiten als Gymnasiallehrer in Sachsen-Anhalt und Niedersachsen sowie als Berufsschullehrer von 2002-2012
- Mitarbeiter an einem Projekt zum außerschulischen Lernen des Landesinstituts für Schulqualität und Lehrerbildung Sachsen-Anhalt (LISA)
- Fachleiter am Studienseminar für Politik-Wirtschaft von 2009-2012 in Braunschweig
- Lehraufträge an den Universitäten Halle, Göttingen und Jena

Verbandstätigkeiten

- Mitglied der Gesellschaft für Politikdidaktik und politische Jugend- und Erwachsenenbildung (GPJE)
- Mitglied der Deutschen Vereinigung für politische Bildung (DVPB), zweiter Vorsitzender der Sektion Thüringen
- Mitglied der Deutschen Gesellschaft für Erziehungswissenschaft (DGfE)
- Mitglied der Deutschen Vereinigung für Politische Wissenschaft (DVPW)

Beratungs- und Kommissionstätigkeiten

- Mitglied der Abiturkommission für Politik-Wirtschaft des Landes Niedersachsen bis 2012
- Mitglied des Review Board der Zeitschrift *Politische Bildung*

Veröffentlichungen – Auswahl

Mitglied im erweiterten wissenschaftlichen Beirat der Zeitschrift *Gesellschaft. Wirtschaft. Politik (GWP)*

2014   Das Brücken-, Urteils- und Emanzipationsproblem als strukturelle Bedingung kompetenten Lehrerhandelns im Sozialkundeunterricht – Politiklehrerkompetenzen und deren Anbahnung in der ersten Phase der Lehrerbildung. In: Gröschner, Andreas/Holtz, Peter/Kleinespel, Karin (Hg.): Ein Praxissemester in der Lehrerbildung. Konzepte, Befunde und Entwicklungsperspektiven am Beispiel des Jenaer Modells der Lehrerbildung. Bad Heilbrunn, S. 177-192.

2013   Von der Situation zur Kompetenz. Unterrichtsbeispiel, Reflexion und Plädoyer für Situated Learning. In: Frech, Siegfried/Richter, Dagmar (Hrsg.): Politische Kompetenzen fördern. Schwalbach/Ts., S. 99-118.

2011   Kompetenzorientiert unterrichten – Anforderungssituationen als didaktisches Zentrum politisch-sozialwissenschaftlichen Unterrichts. In: Gesellschaft – Wirtschaft – Politik (GWP). (1/2011), S. 123-134.

2011   zusammen mit Jessica Schattschneider (Hrsg.): Klassiker der Politikdidaktik neu gelesen. Originale und Kommentare. Schwalbach/Ts.

2008   Demokratielernen oder Politiklernen? Schwalbach/Ts.

2007   Demokratiefähigkeit und Bürgerkompetenzen. Kompetenztheoretische und normative Grundlagen der politischen Bildung. Wiesbaden.

2005   zusammen mit Andreas Dietz: Thema „Rechtsextremismus" im Unterricht: Verstehen vs. Moralisieren. Soziologische Reflexionen im Lernfeld Soziologie der gymnasialen Oberstufe. In: Gesellschaft – Wirtschaft – Politik (GWP). Jg. 54, Heft 2. 221-230. Neuveröffentlichung (2007) in: sowi-online (http://www.sowi-online.de/methoden/dokumente/problemstudie_may-dietz.html)

Leseempfehlungen für (angehende) Politiklehrerinnen und -lehrer

Dewey, John (1996): Die Öffentlichkeit und ihre Probleme. Bodenheim.

May, Michael/Schattschneider, Jessica (Hsg.) (2011): Klassiker der Politikdidaktik neu gelesen. Originale und Kommentare. Schwalbach/Ts.

Meyer, Thomas (2003): Was ist Politik? Wiesbaden (2. Aufl.).

Reinhardt, Sibylle (2012): Politik-Didaktik. Praxishandbuch für die Sekundarstufe I und II. Berlin (4. neubearb. Aufl.).

Sander, Wolfgang (Hrsg.) (2014): Handbuch politische Bildung. 4., völlig überarb. Aufl., Schwalbach/Ts.

Michael May

„Die Kompetenzorientierung fordert uns dazu auf, das Unterrichtsgeschehen nicht entlang enzyklopädischen Wissens, sondern entlang von fachspezifischen Anforderungssituationen zu konzipieren."

1. Werdegang

1993 habe ich an der Martin-Luther-Universität Halle-Wittenberg das Studium der Fächer Sozialkunde und Geschichte für das Lehramt an Gymnasien aufgenommen. In meinem Studium faszinierten mich neben den ideengeschichtlichen und politiktheoretischen Studienanteilen (akademische Lehrer: Walter Reese-Schäfer, Richard Saage) insbesondere soziologische (akademischer Lehrer war u. a. der Luhmann-Schüler Jürgen Markowitz) und didaktische Fragestellungen (akademische Lehrer waren die Habermas-Schülerin Sibylle Reinhardt sowie Hans-Jürgen Pandel und Meinert A. Meyer). Bei Sibylle Reinhardt und Hans-Jürgen-Pandel wurde ich studentische Hilfskraft.

Zu einer vertieften Auseinandersetzung mit didaktischen Fragestellungen trug zunächst der Umstand bei, dass die didaktischen Studienanteile in den neu etablierten Studiengängen im Osten der Republik nach der Wende eine deutliche Aufwertung erfuhren. Hinzu kamen die – aus Studentensicht – hervorragenden Studienbedingungen in Halle. Seminargruppen zwischen fünf und 15 Studierenden waren die Regel. Den Hochschullehrern war es unter diesen Bedingungen möglich, auf individuelle Stärken und Schwächen der Studierenden einzugehen. So erinnere ich mich an eine Hausarbeit, die Meinert A. Meier auf vier angehängten, eng bedruckten Seiten kommentiert hatte und zudem von seiner Mitarbeiterin co-kommentieren ließ (nach einer Verpflichtung zur Überarbeitung bestand ich mit *sehr gut*). Es waren im Rückblick also die Förderung und die Anerkennung, die ich insbesondere von Sibylle Reinhardt, Meinert A. Meier und Hans-Jürgen Pandel erfuhr, die mich zur vertieften Auseinandersetzung mit didaktischen und insbesondere politikdidaktischen Fragestellungen motivierten.

Als herausragend ist hier der Einfluss von Sibylle Reinhardt zu erwähnen. Vor allem ihre Arbeiten zur moralisch-politischen Urteilsbildung und die hier rezipierten Theorie- und Empiriebezüge (z. B. der genetische Strukturalismus) beschäftigten mich zu Studienzeiten. Besonders eindrücklich war für mich auch, wie Sibylle Reinhardt Theorie und unterrichtsbezogenen Pragmatismus miteinander koppelte, wissenschaftliches Wissen, unterrichtspraktisches Können und vermittelnde Reflexion aufeinander bezog. Diese Fähigkeit machte sie zu einer Ausnahmeerscheinung unter den (mir damals bekannten) Didaktikern.

2. Situation und Perspektiven der politischen Bildung

Gegenwärtige Situation und Herausforderungen

Auf der Ebene öffentlicher Bekundungen aus Politik und anderen gesellschaftlichen Bereichen wird der politischen Bildung eine wichtige Rolle zugeschrieben. Freilich ist hier auch allerhand Symbolpolitik im Spiel. Die explizite Wertschätzung von politischer Bildung hat Konjunkturen und hängt – häufig unter Zuweisung einer „Feuerwehrfunktion", die Lehrende gleichermaßen unter Druck setzt und überfordert – von gesellschaftlichen Ereignissen und Stimmungen ab (z. B. die Mordserie des „NSU").

Insgesamt ist aber wohl die Feststellung gerechtfertigt, dass politische Bildung in der ein oder anderen Form einen festen Platz in Schulleben und Unterricht der Bundesrepublik gefunden hat. Dies ist eine positive Nachricht. Doch die Situation der politischen Bildung in der Schule ist keine einheitliche und durch den Bildungsföderalismus der Bundesrepublik geprägt. Verallgemeinernde Einschätzungen sind deshalb schwierig. Positive Beispiele, wie z. B. der vier- oder fünfstündige gymnasiale Leistungskurs, der gleichberechtigt neben anderen Leistungskursen steht, sollen nicht verschwiegen werden. Dennoch lassen sich aus meiner Sicht einige Herausforderungen der politischen Bildung benennen. *Erstens* ist die Stundenanzahl des jeweiligen Unterrichtsfaches häufig zu gering. Man wird zwar davon ausgehen müssen, dass das Unterrichtsfach auch in Zukunft zu den „kleinen Fächern" zählen wird, wenn es allerdings – wie in einigen Bundesländern – nur einmal pro Woche für 45 Minuten auf dem Stundenplan steht und als Leistungskurs in der Oberstufe nicht wählbar ist, hat dies verheerende Auswirkungen auf Lernerfolg, Motivation und Reputation des Faches. *Zweitens* wird das Fach sehr häufig fachfremd unterrichtet. Von einem Fachethos der Lehrkraft ist in diesen Fällen nicht auszugehen. Dabei wissen wir, dass die Identifikation der Lehrkräfte mit dem Fach positive Auswirkungen auf den Lernerfolg der Schüler hat. Eine *dritte* Herausforderung besteht in der Konkurrenz durch andere „kleine Fächer". So sieht sich die politische Bildung anhaltend durch ein Fach „Wirtschaft" unter Druck gesetzt, dessen Einführung durch die Wirtschaftslobby tatkräftig unterstützt wird. Doch nicht nur die Einführung oder Stärkung weiterer kleiner Fächer (zulasten der politischen Bildung) erscheint mir problematisch. Auch dort, wo – meist ohne didaktisches Konzept – Fächer zusammengelegt werden und ein Konglomerat bilden, das gleichzeitig alles und nichts ist, ist der politischen Bildung kein guter Dienst getan.

Zukünftige Rolle der politischen Bildung

Politische Bildung an Schulen hat aus meiner Sicht trotz der Defizite insgesamt einen gefestigten Stand. Wünschenswert ist für mich eine Schule, in der politische Bildung (möglichst ab der 5. Klasse) als integratives, sozialwissenschaftliches Fach etabliert ist, ohne ein amorphes Konglomerat oder ein bloßes Nebeneinander von fachlichen Perspektiven zu sein. Hinzukommen sollte ein Kollegium, das sich der Bedeutung der Schulkultur (z. B. Schülermitbeteiligung) und Unterrichtskultur (z. B. Anerkennungskultur) für die politische Sozialisation der Lernenden bewusst ist. Entsprechende Studienanteile und Weiterbildungsangebote sind hierfür die Voraussetzung.

3. Demokratie und politische Bildung

Was ist Demokratie?

Demokratie ist für mich ein optionaler Modus von Politik. Politik kann, muss aber nicht demokratisch sein. Auf der Makroebene sprechen wir dann von Demokratie, wenn die politischen Prozesse drei Merkmale aufweisen: erstens die Souveränität der politischen Vereinigung, zweitens die Gleichheit an politischen Mitwirkungsrechten und drittens die verfassungsmäßige Verbürgung von negativen und positiven Freiheitsrechten (Sutor 2002). Da Politik nicht auf die politische Makroebene beschränkt, sondern auch als Mikropolitik beobachtbar ist, ist Demokratie ebenfalls nicht an die Makroebene des Politischen gebunden. Auch gesellschaftliche Gruppen (z. B. Bewegungen, Verbände, Vereine) und sogar alltagsweltliche Kontexte (z. B. Familie oder Schule) können – im Anschluss an die drei Kriterien – mehr oder weniger demokratieadäquate Merkmale aufweisen (wenngleich hierfür dann andere wissenschaftliche Begrifflichkeiten nötig sind, z. B. Anerkennung, Honneth 1994). Insofern verstehe ich Demokratie als Herrschafts-, Gesellschafts- und Lebensform (Himmelmann 2001).

Demokratielernen bedeutet für mich sowohl das distanzierte Nachdenken über Demokratie als Herrschafts-, Gesellschafts- und Lebensform im Unterrichtsfach (auch als Buch- und Redeunterricht, der sich mit den Grundfragen des Faches auseinandersetzt) als auch das reale und simulative Praktizieren von Demokratie. Im Idealfall leistet Schule beides, etwa durch Projekte, Planspiele oder Gründungen (Reinhardt 2012), die immer auch eine Phase der Reflexion und des Bezugs zur politisch-demokratischen Realität beinhalten. Jedenfalls ist Demokratielernen nicht lediglich an *Handlung* jenseits des Unterrichts geknüpft, sondern mit John Dewey an *Erfahrung*, die Handeln und Denken verbindet.

Demokratielernen als Aufgabe der politischen Bildung?

Aus der Sicht der Schülerinnen und Schüler ist Politische Bildung sicherlich ein Fach neben anderen Fächern. Es ist regulärer Teil der Stundentafel, es gibt ein Schulbuch sowie Noten und Abschlussprüfungen im Fach. Aus der Sicht des Lehrers und des Politikdidaktikers kommt eine bildungstheoretische und normative Dimension hinzu. Die gegenseitige Erschließung von Welt und Subjekt ist im politischen Unterricht darauf angelegt, die Hineinbildung der Schülerinnen und Schüler in die demokratische Gesellschaft sowie die Herausbildung einer demokratischen Identität zu leisten. Diese Aufgabe ist insbesondere vor dem Hintergrund des Scheiterns der Weimarer Republik normativ bedeutsam („Demokratie ohne Demokraten"). Allerdings ist die Aufgabe gleichzeitig Bürde, müssen wir doch davon ausgehen, dass neben organisierter politischer Bildung Persönlichkeitsmerkmale sowie familiäre und gesellschaftliche Faktoren maßgeblich die politische Sozialisation beeinflussen. Bildungstechnologie und pädagogische Allmachtsphantasien sind auch und insbesondere in der politischen Bildung nicht angebracht.

Rolle der Politischen Bildung in der Demokratie

4. Politikbegriff und Breite des Unterrichtsfaches

In Anlehnung an einen pragmatistischen Politikbegriff von John Dewey entsteht Politik dann, wenn Handlungen von Menschen beabsichtigte und unbeabsichtigte Auswirkungen auf andere Menschen haben und diese Auswirkungen als regelungsbedürftig empfunden werden. Politik auf der Makroebene ist somit die (gesellschaftliche) Definition und Bearbeitung von trans- und interindividuellen Handlungsfolgen mit dem

Was ist Politik?

Ziel, verbindliche Regelungen zu finden. Die Regelung der Handlungsfolgen wird in tagesaktuellen Problemdiskussionen und Konflikten virulent (z. B. die Diskussion um das PRISM-Programm). Diese berühren aber häufig auch tieferliegende Fragen nach dem Zusammenleben der Menschen in politischen Aggregationen (z. B. das Verhältnis von Freiheit und Sicherheit) (vgl. W. Sanders „Zonen des Politischen").

So verstandene Politik bleibt, wenngleich selbst vielfach durch systemische Eigenheiten bedingt (z. B. Macht), handlungstheoretisch rückgebunden. Sie zeichnet sich geradezu dadurch aus, dass sie die Eigensinnigkeit der Herausbildung gesellschaftlicher Subsysteme (z. B. Wirtschaft, Recht) durch eine handlungsfähige Öffentlichkeit sowie durch handlungsfähige politische Repräsentanten einzuhegen versucht.

Wie bereits oben erwähnt, ist Politik als die verbindliche Regelung von Handlungsfolgen nicht an die Makroebene des Poltischen gebunden, sondern kann z. B. auch als Alltags- und Mikropolitik beobachtet werden. Auf dieser Ebene wird Verbindlichkeit über Normen als gegenseitig legitim empfundene Erwartungen hergestellt.

Politik als Kern? Politische Prozesse lassen sich im Hinblick auf Form (Polity), Prozess (Politics) und Inhalte (Policy) analysieren. Ausgehend von dieser Auffächerung in die Dimensionen des Politischen halte ich Politik als Kern, als Leitbegriff und -disziplin für überaus geeignet. Politische Auseinandersetzungen (Politics), die institutionell gerahmt sind (Polity), richten sich immer auf zu regelnde Materien (Policy). Insofern kommen immer auch die Eigenheiten und systemischen Funktionsmechanismen dieser Materien in den Blick (z. B. Wirtschaft). „Politik als Kern" verbürgt, dass im Unterricht das Spannungsverhältnis zwischen politisch Wünschbarem sowie politisch und gesellschaftlich Machbarem konstitutiv für den individuellen und kollektiven Lernprozess bleibt. Etwa: Wie viel staatliche Regulierung ist möglich und nötig, ohne die Leistungsfähigkeit der Märkte einzuschränken?

Politik als Kern ist vor allem auch aus pragmatischer Sicht angeraten. Das Fach bekommt für Schüler, Eltern und Lehrer eine klare Kontur – und auch angesichts der geringen Stundenzahl erscheint die Schwerpunktlegung sinnvoll.

Lernfeld Gesellschaftswissenschaften In Thüringen sind im Fach Sozialkunde die Lernfelder Politik und Gesellschaft zusammengefasst. Zudem gibt es ein eigenständiges Fach „Wirtschaft und Recht". Ich halte diese Aufteilung für sehr unglücklich –

auch deshalb, weil beide Fächer ab der Klassenstufe 8 (am Gymnasium) nur als Einstundenfach gegeben werden, „Wirtschaft und Recht" dann aber mit zwei Stunden in der 10. Jahrgangsstufe. Aus den oben genannten Gründen halte ich ein Fach für wünschenswert, das in mindestens zwei Wochenstunden unter einer politischen Leitperspektive die Lernfelder Wirtschaft, Gesellschaft und Recht integriert.

Aus meiner Sicht sollten Geschichte und Politik nicht in einem Fach integriert werden. Die jeweiligen didaktischen Leitideen scheinen mir zu unterschiedlich zu sein. Ist das Movens im Politikunterricht das gesellschaftliche Problem und der Konflikt, so geht es im Geschichtsunterricht vorrangig um Alterität, Narration, (Re-)Konstruktion etc.

5. Kompetenzen, Inhalte und Konzepte der politischen Bildung

Kompetenzorientierung bedeutet, (1) dass Unterricht auf den Erwerb von Fähigkeiten und Fertigkeiten abzielt, die man in modernen demokratischen Gesellschaften benötigt, (2) dass diese Fähigkeiten mit Bezug auf eine Domäne oder ein Fach zu konkretisieren sind (Kompetenzstrukturmodell), (3) dass diese Fähigkeiten als prinzipiell erlernbar gedacht werden, (4) dass die Fähigkeiten auf verschiedenen Niveaus identifizierbar und somit graduierbar sein sollen (Kompetenzniveaumodell) und (5) dass die verschiedenen Niveaus messbar und überprüfbar sein sollen.

Kompetenzorientierung

Ich sehe (bislang) durch die Kompetenzorientierung keinen Paradigmenwechsel in der politischen Bildung. Die politische Bildung in der Bundesrepublik ist traditionell auf die Ermöglichung von Kompetenzen als die Voraussetzung zur Bewältigung von Anforderungssituationen angelegt. Es geht bereits bei den Klassikern um den Mut zur inhaltlichen Lücke, die Bewältigung aufgabenhaltiger Situationen (Sutor), die denkende Bewältigung gesellschaftlicher Probleme (Hilligen), Urteilsbildung etc. Ein Paradigmenwechsel würde dann anstehen, wenn es gelänge, die Demokratie- und Bürgerkompetenzen, die es durch politische Bildung anzubahnen gilt, als Lernvoraussetzung und Lernergebnis in ihren jeweiligen Niveauausprägungen zu messen und den Unterrichtserfolg (nicht nur durch Wissenschaftler, sondern auch durch Praktiker) daran zu beurteilen, inwiefern er zur Erreichung höherer Kompetenzniveaus beigetragen hat. Trotz einiger Bemühungen ist dies bislang nicht gelungen, und es ist für mich zweifelhaft, ob ein ‚Anmessen' der Schülerinnen und Schüler an theoretisch und empirisch fundierte Kompetenzniveaus der Bildungsidee (politische Mündigkeit, Emanzipation) unseres Faches entsprechen kann.

Die Kompetenzorientierung hat dennoch einige positive Effekte auf die Weiterentwicklung der Didaktik und Praxis der politischen Bildung. Zum einen hält sie uns an, nicht ausufernde Lernzielkataloge umzusetzen, sondern eine begrenzte Anzahl von Kompetenzen anzubahnen. Dies gibt dem Fach Profil. Sie fordert uns zum anderen dazu auf, das Unterrichtsgeschehen nicht entlang enzyklopädischen Wissens, sondern entlang von fachspezifischen Anforderungssituationen (aufgabenhaltige Situationen) zu konzipieren. Anforderungssituationen sind geeignet, Kompetenzen anzubahnen.

Kompetenzen   Die in der Politikdidaktik diskutierten Kompetenzsets (Kompetenzstrukturmodelle) weichen zwar etwas voneinander ab, widersprechen sich aber nicht. Zentrale Kompetenzen, die die politische Bildung vermitteln sollte, sind:

- Urteilskompetenz mit den Facetten der Sachurteilskompetenz („Was ist?") und der Werturteilskompetenz („Was soll sein?");
- Handlungskompetenz als die Fähigkeit des Handelns im Konflikt;
- Partizipationsfähigkeit als die Fähigkeit der Beteiligung am öffentlichen politischen Geschehen;
- Politische Orientierung bzw. Einstellung.

Grundwissen   Trotz aller theoretischen Schwierigkeiten bei der Erstellung spreche ich mich für einen Kanon politischen Grundwissens aus. Die Vorteile für Fachprofil, Klarheit bei Schülern, Eltern und Lehrern sowie Außenwirkung des Faches wiegen aus meiner Sicht zu schwer, als dass man auf einen Kanon verzichten könnte. Aber auch inhaltlich ist für mich nicht vorstellbar, dass ein Lernender im Sozialkundeunterricht beispielsweise nie etwas über Gewaltenteilung gelernt hat. Allerdings verknüpfe ich mit der Erstellung eines Kanons zwei Bedingungen: Die erste ist die prinzipielle Reversibilität des Kanons. Die zweite ist die Beschränkung des Kanons auf einen Kernbestand. Im Curriculum muss ausreichend und explizit Raum gelassen werden für eigene Themensetzungen der Lerngruppen.

Grundsätzlich muss man sich von dem Gedanken verabschieden, curriculare Arbeit sei unter streng wissenschaftlichen, eindeutigen Maßgaben zu leisten. Bereits die Curriculumrevision in den 70er Jahren zeigte, dass Curricula nicht den Anspruch auf Wahrheit, sondern lediglich gesellschaftliche Geltung erheben können (Meyer 1974). Mit anderen Worten: Curricula mit inhaltlichem Grundwissen sind selbst das Ergebnis eines politischen und gesellschaftlichen Prozesses und nicht objektiver Deduktion. Als fachdidaktisches Suchinstrumentarium stelle ich mir eine Kombination aus fachwissenschaftlichen und didaktisch-heuristischen Instrumenten vor, etwa die Dimensionen des Politischen und einige Kategorien Wolfgang Klafkis. So könnte beispielsweise gefragt werden, welche formalen (Polity – z. B. Gewaltenteilung, Grundrechte, Pluralismus, Parlamentarismus, Gruppe, Werte, Normen), prozessualen (Politics – z. B. Konfliktaustrag, Einsatz von Macht und Einfluss) und inhaltlichen Aspekte des Politischen (Policy – z. B. Megatrends wie digitale Medien, Urbanisierung, familialer und gesellschaftlicher Strukturwandel, Umwelt- und Friedensbedrohung) welche Gegenwarts- und Zukunftsbedeutsamkeit für die Schülerinnen und Schüler haben.

Aus der Perspektive der Fachwissenschaft sind Konzepte grundlegende Vorstellungen der Wissenschaftsgemeinschaft zu den Untersuchungsgegenständen (Theorien, Theoreme, „Zusammenhangswissen" im Unterschied zu isoliertem Faktenwissen), die durch theoretische und empirische Forschung gewonnen wurden. Aus der Sicht des Individuums sind Konzepte die individuellen Vorstellungen (‚subjektive' Theorien) zu den in Frage stehenden Gegenständen. Wenngleich wissenschaftliche Theorien elaborierter sind, ist der Unterschied zwischen beiden nicht als objektiv vs. subjektiv, richtig vs. falsch zu verstehen. Im Sinne eines schwachen, am Pragmatismus orientierten Konstruktivismus haben wissenschaftliche Konzepte keinen privilegierten Zugang zur Wahrheit – dies sieht man bereits an wissenschaftlichen Kontroversen. Sie haben sich lediglich für bestimmte Zwecke bewährt (Rorty 1994).

Konzepte bilden so etwas wie die Tiefenstruktur des kompetenten Umgangs mit der Welt: Sie steuern den Zugriff auf und die kognitive Organisation von Inhalten und sie speisen die kompetente Bewältigung spezifischer Anforderungssituationen. Beispielsweise steuert ein spezifisches Gerechtigkeitskonzept die Wahrnehmung der Erhöhung der ALG-II-Bezüge (Inhalt) und deren Beurteilung (Kompetenz). Insofern kann man Konzepte auch nicht wie Inhalte lernen und abfragen, sondern nur durch die Auseinandersetzung mit aufgabenhaltigen Situationen anregen, evozieren oder auch irritieren.

Konzepte

Zur Festlegung der Begriffe, hinter denen Konzepte stehen, wird man wohl vor allem auf die Fachwissenschaft(en) zurückgreifen müssen. Welche Wissenschaften herangezogen werden, ist wiederum keine Frage der Wahrheit, sondern eine Frage der Herstellung lebensweltlicher Geltung und des präferierten Fachzuschnitts. Es wird nicht verwundern, dass ich mich vor dem Hintergrund des oben Ausgeführten dafür ausspreche, neben politischen Konzepten (wie Ordnung, Entscheidung, Gemeinwohl) auch weitere sozialwissenschaftliche Konzepte (wie Bedürfnisse oder Markt) zu berücksichtigen.

6. Politikdidaktische Prinzipien

Ein politischer Unterricht, der anhaltend auf Problemorientierung, Konfliktorientierung und die Ausbildung politischer Urteilsfähigkeit verzichtet, gibt seine fachliche Identität auf.

Politikdidaktische Prinzipien sind theoretische Konstrukte, die ein je spezifisches Passungsverhältnis von Anforderungssituation (z. B. ein konkretes gesellschaftliches Problem), Zielen (z. B. Problemlösung, Sachurteilskompetenz), Inhalten (z. B. die Policy-Dimension) und Methoden (z. B. Problemstudie) auf den Begriff bringen. Anforderungssituationen, Ziele, Inhalte und Methoden stehen bei der Unterrichtsplanung zwar nicht in einem eindeutigen Ableitungszusammenhang, wohl aber in einem Implikationszusammenhang. Trifft man Entscheidungen beispielsweise für den Inhaltsbereich, so hat dies Auswirkungen auf die zu wählenden Methoden etc. Fachdidaktische Prinzipien relationieren in diesem Sinne verschiedene Wissensformen (T. Grammes) für den Unterricht.

Politikdidaktische Prinzipien erfüllen vor allem Funktionen für die Unterrichtsplanung. Die Entscheidung, ein bestimmtes Thema beispielsweise problemorientiert zu unterrichten, hat Auswirkungen auf die didaktische Figur und Logik des Unterrichtsskripts, die Auswahl der Methoden, Materialien etc. Zudem bilden politikdidaktische Prinzipien ein Instrumentarium der Unterrichtsreflexion. Sie ermöglichen die Verständigung über „gelaufenen" Unterricht. So lässt sich beispielsweise im Nachgang des Unterrichts überlegen, ob das Thema und die Auffassung des Themas durch die Lernenden nicht möglicherweise ein anderes politikdidaktisches Prinzip für die Planung nahegelegt hätten.

7. Methoden und Medien der Politischen Bildung

Methoden

Die Frage nach *der* „empfehlenswerten" Methode ist müßig. Es gibt nicht die beste Unterrichtsmethode, sondern nur mehr oder weniger geeignete Methoden, um bestimmte Ziele zu erreichen (Terhart 1997). Insofern kann ich alle Methoden, vom systematischen Lehrgang über simulativ-handlungsorientierte Methoden bis hin zu fall- oder projektartigem Unterricht, empfehlen. Die wichtigere Frage ist in diesem Zusammenhang vielmehr, ob die Methoden sinnvoll eingesetzt werden (Implikationszusammenhang) und „gut inszeniert" sind. Lehrgang oder Frontalunterricht sind nicht per se zu verwerfen, sondern danach zu befragen, ob sie bestimmten Qualitätsmerkmalen genügen. Es gilt die alte, von Hilbert Meyer formulierte Regel: „Mischwald ist besser als Monokultur".

Aus kompetenzorientierter Sicht sind allerdings solche Methoden zu empfehlen, die den Rahmen nicht nur für Wissensakkumulation, sondern auch für Fähigkeitsentwicklung bieten, die es den Lernenden ermöglichen, sich nicht nur Wissen anzueignen, sondern etwas mit ihrem Wissen anzufangen. Damit sind Methoden angesprochen, die Urteilsfindung, Problemlösung, Konfliktbearbeitung etc. in den Mittelpunkt stellen, mithin die Makromethoden, die etwa Sibylle Reinhardt im Zusammenhang mit den politikdidaktischen Prinzipien vorschlägt (Reinhardt 2012).

Medien

Für Medien gilt dasselbe wie für Methoden. Es geht um den situativ angemessenen und pragmatisch sinnvollen Einsatz von Medien – von der Tafel über den Film und das WebQuest bis zu Schulbuch und Arbeitsblatt. Insofern kann ich keine Empfehlung für *bestimmte* Medien aussprechen.

Über die Vor- und Nachteile des Einsatzes digitaler Medien wird sowohl in der Wissenschaft als auch in den Schulen gestritten. Dabei ist seit über zwanzig Jahren empirisch geklärt, dass der Einsatz digitaler Medien oder computergestützter Unterricht *kein* Prädiktor für Lernerfolg ist (Schattschneider 2010). Dies ist jedoch nicht als Plädoyer gegen digitale Medien zu verstehen! Digitale Medien spielen eine herausragende Rolle in der Lebenswelt der Jugendlichen; Computer, Internet und Co. sind *das* Medium der Jugendlichen. Es wäre geradezu weltvergessen, wenn Schule und Politikunterricht nicht hieran anknüpfen würden.

Die für mich entscheidende Frage ist nicht, *ob* digitale Medien Eingang in den Unterricht finden sollten, sondern welchen Beitrag sie für die spezifischen Anliegen, Methoden und Prinzipien der politischen Bildung leisten können. Die Gefahr besteht darin, dass die „Oberfläche" des Mediums die didaktischen Anliegen in den Hintergrund rückt. Zu klären ist deshalb, inwiefern das Medium Wege zu Konflikt, Problem und Urteil eröffnen kann. Hier fehlt in erster Linie von der Praxis belehrte Theorie – nicht empirische Forschung.

Rolle des Schulbuchs

Das Schulbuch ist ein wichtiges Medium im Unterrichtsalltag, wenngleich das Nutzungsverhalten sehr verschieden zu sein scheint. Einige Lehrende nutzen es als „Steinbruch", für andere ersetzt es den eigenen Stoffverteilungsplan.

Problematisch ist, dass viele Bücher heute aus zusammenkopierten Texten unterschiedlichster Herkunft bestehen. Inhaltliche und didaktische Stringenz leiden häufig darunter und die angestrebte Aktualität hält nicht lange an. Wünschenswert sind aus meiner Sicht Lern- und Arbeitsbücher, die sowohl Lehrgänge (systematische Texte, Grundlagentexte) unterstützen als auch aktuelle Materialien für Makromethoden (Gründungen, Fallanalysen, Problemstudien etc.) enthalten.

8. Lernprozesse und Schülervorstellungen

Bedeutung lerntheoretischer Erkenntnisse

Als zentral betrachte ich das Lernkonzept des amerikanischen Pragmatismus (insbesondere John Deweys), das große Ähnlichkeiten mit der pädagogisch-psychologischen Lerntheorie Jean Piagets aufweist. Lernen wird hier nicht als Anhäufung von Wissen oder – wie im Behaviorismus – lediglich als eine dauerhafte Verhaltensänderung verstanden, sondern als qualitativer Wandel der Beziehung von Subjekt und Welt. Demnach setzt Lernen dann ein, wenn die mitgebrachten Wege der Weltbearbeitung, etwa der politischen Argumentation und Urteilsbildung, sich nicht mehr bewähren bzw. an den Widerständen der Welt scheitern. Ein „Nicht-Mehr-Weiter-Können", ein Stocken der Routine, eine Krise des Verhältnisses zwischen Individuum und Welt ist hier Ausgang eines Lernprozesses, bei dem neue Wege der Weltbearbeitung aktiv und konstruktiv gesucht und beschritten werden. Lernen ist somit eine Eigenaktivität des Individuums und geht nicht in Lehren auf.

Empirische Forschung & Schüler- und Lehrervorstellungen

Die Erforschungen von Kenntnissen, Einstellungen und Vorstellungen von Schülerinnen und Schülern ist besonders vor dem Hintergrund des skizzierten Lernbegriffs wichtig, da Lernen dort immer von mitgebrachten Kenntnissen und Fähigkeiten, mithin Wegen der Weltbearbeitung ausgeht, die in Routinen geronnen sind. Ergebnisse wie die Illusionen des Politischen, die Tendenz zur Moralisierung politischer Phänomene, Genderdifferenzen in Interessen und Kenntnissen oder aber zu Vorstellungswelten bestimmter Inhaltsbereiche (wie Migration) liefern wichtige Hinweise zur Gestaltung politischer Lernprozesse. Insgesamt erscheinen mir diese Ergebnisse aber noch häufig auf der Ebene des Beschreibungswissens zu verharren und keinen plausiblen Anschluss an eine didaktische Theoriebildung zu finden.

Mein eigenes Forschungsinteresse richtet sich nicht auf Kenntnisse, Einstellungen und Vorstellungen, sondern auf die *Praktiken* der Bearbeitung von fachspezifischen Anforderungssituationen (Konflikt, Problem, Urteilssituation etc.) und die diese Praktiken steuernden *Wissensstrukturen*. Das Theorem der Situation oder Anforderungssituation ist insofern für eine konzeptionell *und* empirisch arbeitende Fachdidaktik vielversprechend, als es für Lehrende in Richtung der Planung und Gestaltung von Unterricht entfaltet werden kann (Unterrichtsschritte, Makromethoden zur Situationsbewältigung) und aus Forschersicht einen „wertfreien" Blick auf den praktizierten Umgang der Lerngruppen mit den Anforderungssituationen erlaubt.

9. Politikdidaktik als Wissenschaft

Aus meiner Sicht sind drei Forschungsfragen vorrangig: *Erstens* die konzeptionelle Frage nach der Gestaltung und Planung kompetenzorientierten Unterrichts. Es fehlt eine aktuelle Planungsdidaktik der politischen Bildung (inklusive der Verarbeitung empirischer Forschung zum Planungsverhalten von Politiklehrern). *Zweitens* die empirische Frage nach Prozess und Ergebnis kompetenzorientierten Unterrichts mit qualitativen und quantitativen Methoden. Hierzu ist es aus meiner Sicht notwendig, Kompetenzmodelle zu entwickeln, die entwicklungslogische Typen oder Stufen abbilden – und nicht deduktiv gewonnene Leistungsniveaus. *Drittens* die mit den beiden ersten zu kombinierende Frage nach der Differenzierung und Inklusion im Unterricht. Welche typischen Lernhürden bringen bestimmte soziodemographische Faktoren (Gender, Alter, Milieu) mit sich?

Forschungsfragen für die Zukunft

Meine eigenen Forschungen richten sich auf drei Schwerpunkte. *Erstens* die kritische Vergegenwärtigung der politikdidaktischen Klassiker, *zweitens* Schüler- und Unterrichtsforschung mit dem Fokus auf den Praktiken und Wissensressourcen zur Bewältigung fachspezifischer An-

Eigene Forschungsschwerpunkte

forderungssituationen (hier versuche ich einen politikdidaktischen Beitrag zur situationsorientierten Unterrichtsforschung zu leisten) mit dem Fernziel einer Fachdidaktik als Planungsdidaktik, *drittens* schließlich die empirische Erforschung von präventiven Maßnahmen gegen Rechtsextremismus.

10. Fachdidaktische Kontroversen

Die Kontroverse um Demokratielernen und Politiklernen scheint ausdiskutiert zu sein. Missverständnisse und Einseitigkeiten sind geklärt und bleibender Dissens scheint empirisch entschieden.

Die aktuelle Kontroverse um Konzepte der Politik (= erste Gruppe) vs. Konzepte der politischen Bildung (= zweite Gruppe) wird durch verschiedene Teilkontroversen gespeist (ich spitze dies hier vereinfachend zu): In der Kontroverse um den *Lernbegriff* verstehen beide Gruppen Lernen als Konzeptwechsel, der jedoch bei der ersten Gruppe maßgeblich durch Aufsummierung von Wissen und durch instruierende Korrekturen der Lehrperson erfolgt, bei der zweiten Gruppe hingegen durch „Lernknoten" (T. Grammes), Krisenerfahrungen und eine aktive Neuorganisation kognitiver Strukturen. Eng damit zusammen hängt die Kontroverse um den *Status des Wissens.* Erscheint Wissen in der ersten Gruppe zumindest in Kernbereichen wissenschaftlich objektivierbar und den ontologischen Strukturen der Welt zu entsprechen, so sieht die zweite Gruppe keine prinzipiellen Unterschiede zwischen Alltagswissen und wissenschaftlichem Wissen, da Wissenschaftler über keinen privilegierten Zugang zur Wahrheit verfügen (siehe Block 5). Hiermit steht ein je spezifisches *Unterrichtsleitbild* in Verbindung. Erscheint guter Unterricht in der ersten Gruppe als ein Unterricht, der durch Informationen, Belehrungen, Texte, Materialien instruierend den Lernerfolg zu sichern sucht, so bevorzugt die zweite Gruppe einen Unterricht, der offene Situationen platziert, kognitive Dissonanzen initiiert, Suchprozesse ermöglicht und Kontroversen provoziert. Eine weitere Kontroverse bezieht sich auf die Messbarkeit von politischem Wissen und Kompetenzen. Sieht die erste Gruppe es als zentrale Aufgabe, den Lernerfolg in quantifizierender Form und im Stile der PISA-Studien zu erheben, so ist die zweite Gruppe skeptisch gegenüber diesem Vorhaben. Im Mittelpunkt steht hier eher ein Interesse an entwicklungslogischen Stufen im Sinne von Piaget und Kohlberg und nicht die letztlich deduktiv gewonnenen

Leistungskompetenzniveaus. Hiermit steht eine je spezifische Haltung zum *Bildungsbegriff* in Verbindung. Hält es die erste Gruppe für angebracht, sich vom Bildungsbegriff abzuwenden, da dieser zu schwammig und nicht quantifizierbar sei, so stellt die zweite Gruppe die Bildungsidee als gegenseitige Erschließung und Veränderung von Welt und Individuum in den Mittelpunkt der Überlegungen und versucht, die Bildungsidee durch qualitative Forschungsmethoden in den Griff zu bekommen. Was in der ersten Gruppe nicht den quantitativen Methoden der empirischen ‚Bildungs'forschung angemessen werden kann, wird aus den didaktischen Überlegungen suspendiert. Damit schließlich hängt eine letzte, sehr gefährliche Kontroverse zusammen. Vertreter der ersten Gruppe beanspruchen durch die Etikettierung ihrer Arbeiten als „systematische Forschung" einen exklusiven Weg der Erkenntnisgewinnung. Gefährlich ist dies deshalb, weil durch ein solch exklusives Wissenschaftsverständnis Kommunikation und sachlicher Austausch über die jeweils blinden Flecken des eigenen Forschungsparadigmas erschwert werden.

11. Politikdidaktik und Lehramtsausbildung

Folgende Kompetenzen halte ich für entscheidend:

Wissen und Können von Politiklehrern

- Didaktische Analysekompetenz (theoriegeleitete Reflexion): Kenntnisse zu fachdidaktischen Prinzipien, Ansätzen, Konzeptionen und Methoden sowie deren bildungs- und sozialwissenschaftliche Fundierung; Fähigkeit, vor diesem Hintergrund politisch-sozialwissenschaftliche Unterrichtsarrangements (Kompositionen von Zielen, Inhalten, Methoden, Medien) sowie Unterrichtsverläufe zu reflektieren, d. h. theoriegeleitet zu überdenken.
- Didaktische Inszenierungskompetenz (theoriegeleitetes Planen): Fähigkeit, Unterrichtsarrangements (Kompositionen von Zielen, Inhalten, Methoden, Medien) sowie Unterrichtsverläufe zu planen.
- Sozialkundliches Lehren (Koordination verschiedener Perspektiven): Fähigkeit, Lehrerperspektiven und Schülerperspektiven auf einen Unterrichtsgegenstand zu erkennen und zu koordinieren; „Verstehen zweiter Ordnung" (P. Fauser) als die Fähigkeit, die Ursachen der Schülersicht, die „Lernknoten" (T. Grammes) situationsangemessen zu erkennen – gefragt ist hierbei „pädagogischer Takt" (J. F. Herbart) als Fähigkeit, auf erwartete und unvorhergesehene Unterrichtsver-

läufe und Schüleräußerungen angemessen zu reagieren und diese fruchtbar in den Unterrichtsprozess zu integrieren.
- Didaktische Diagnosekompetenz (fachbezogenes Beurteilen, Evaluieren und Entwickeln): Fähigkeit, Lernausgangslagen, Lernergebnisse und Lernprozesse theoriegeleitet (Schülerkonzepte, Kompetenzstufen, Politisierungstypen) zu erfassen und einzuschätzen; Fähigkeit, die geleistete Diagnose für die Planung und Durchführung von Unterricht zu nutzen.

Nicht zuletzt beherrschen gute Lehrer auch ihr Fach. Wir wissen aus Forschungen zu anderen Schulfächern, dass die fachliche Kompetenz des Lehrers (kombiniert mit didaktischem Wissen) ein bedeutender Faktor für den Lernerfolg der Schülerinnen und Schüler ist.

Politikdidaktik in der Lehramtsausbildung

Lehramtsstudierende sollten einen reflektierten Habitus (keinen forschenden Habitus, das halte ich für eine Überforderung) bereits im Studium entwickeln, d. h. Simulationen und Fälle (Videos, Transkripte) stehen im Mittelpunkt und werden theoriegenerierend oder theoriegeleitet reflektiert. Ich halte lange Praxisphasen im Studium für notwendig, da sie auf die Bedürfnisse der Studierenden und den Wunsch nach frühzeitigem Praxiskontakt reagieren. Es ist schwer, gegen diesen Wunsch als Didaktiker anzuarbeiten. Lange Praxisphasen (Praxissemester) verbürgen allerdings *nicht* automatisch den Lernerfolg, haben z. T. erhebliche Risiken (z. B. Rückfall in Kontroll- und Instruktionspraktiken), müssen gut begleitet und sinnvoll in das Didaktik-Curriculum eingebettet werden.

Verhältnis von Theorie und Praxis

Studierende verstehen sehr wohl, dass wir keine Handlungsanweisungen für jede erdenkliche Situation bieten können. Gewünscht wird aber, dass das didaktische Studium Theorie, Empirie und konkretes Unterrichtshandeln miteinander verknüpft. Das didaktische Studium muss vordringen zu den konkreten Planungen und Situationen des Unterrichtshandelns. Wir können den Studierenden zwar keine Bildungstechnologien vermitteln, aber doch konkrete Techniken des Lehrerhandelns thematisieren – von der Sitzordnung bis zur methodenangemessenen Bewegung des Lehrers im Raum. Wir können den Studierenden nicht die Rezepte, sehr wohl aber die Zutaten für professionelles Lehrerhandeln geben.

Schwerpunkte der eigenen Lehre

In meiner eigenen Lehre versuche ich dies umzusetzen. Mein Anliegen ist, Theorie, Praxis und Reflexion miteinander zu verknüpfen. Simulationen und Kasuistik mit theoretischer Reflexion stehen im Mittelpunkt.

12. „Gute" politische Bildung

Gute politische Bildung orientiert sich an authentischen Grundfragen des Zusammenlebens von Menschen in politischen Aggregationen, aktiviert die Teilnehmer und stößt Veränderungsprozesse an. Der Unterricht entwickelt jenseits von Klassenführungstechniken einen „didaktischen Sog", der gleichermaßen bildend und erzieherisch (disziplinierend) wirkt.

Literatur

Himmelmann, Gerhard (2001): Demokratie Lernen als Lebens-, Gesellschafts- und Herrschaftsform. Ein Lehr- und Studienbuch. Schwalbach/Ts.
Honneth, Axel (1994): Kampf um Anerkennung. Zur moralischen Grammatik sozialer Konflikte. Frankfurt/M.
Meyer, Hilbert L. (1974): Einführung in die Curriculum-Methodologie. 2. Auflage München.
Reinhardt, Sibylle (2012): Politik-Didaktik. Handbuch für die Sekundarstufe I und II. 4. Aufl. Berlin.
Rorty, Richard (1994): Hoffnung statt Erkenntnis. Eine Einführung in die pragmatische Philosophie. Wien.
Schattschneider, Jessica (2010): Vom Nutzen digitaler Medien für den Politikunterricht. In: Breit, Gotthard/Debus, Tessa/Massing, Peter (Hrsg.): Hauptsache politische Bildung. Kontroversität, Schülerorientierung, Aktualität, Problemorientierung. Schwalbach/Ts., S. 101-110.
Sutor, Bernhard (2002): Demokratie-Lernen? – Demokratisch Politik lernen! Zu den Thesen von Gerhard Himmelmann. In: Breit, Gotthard/Schiele, Siegfried (Hrsg.) (2002): Demokratie-Lernen als Aufgabe der politischen Bildung. Schwalbach/Ts., S. 40-52.
Terhart, Ewald (1997): Lehr-Lern-Methoden. Eine Einführung in Probleme der methodischen Organisation von Lehren und Lernen. 2., überarb. Aufl. Weinheim/München.

Monika Oberle

Dr. Monika Oberle, geb. 1973 in Karlsruhe

Professorin für Politikwissenschaft/ Didaktik der Politik am Institut für Politikwissenschaft an der Georg-August-Universität Göttingen seit 2011 (bis 2014 als Juniorprofessorin).

Sie widmet sich der empirischen Erforschung unterschiedlicher Faktoren von Lehr-Lern-Prozessen der politischen Bildung. Ein besonderer Schwerpunkt liegt dabei auf der politischen EU-Bildung.

Frühere Tätigkeiten

- Wissenschaftliche Mitarbeiterin an der Pädagogischen Hochschule Karlsruhe im Fachbereich Politikwissenschaft und ihre Didaktik; politikdidaktische und politikwissenschaftliche Lehrveranstaltungen von 2006 bis 2011
- Seminarleiterin und Referentin der außerschulischen politischen Bildung für das überparteiliche politische Bildungswerk Verein zur Förderung politischen Handelns e. V. (v.f.h.; www.vfh-online.de) mit den Zielgruppen Schüler/innen und junge Erwachsene seit 1994

Verbandstätigkeiten

- Mitglied der Gesellschaft für Politikdidaktik und politische Jugend- und Erwachsenenbildung (GPJE); Mitglied des Sprecherkreises und Schatzmeisterin seit 2012
- Mitglied der Sektion „Politische Wissenschaft und Politische Bildung" der Deutschen Vereinigung für Politische Wissenschaft (DVPW); Mitglied des Sprecherkreises seit 2012; Sprecherin seit 2013
- Mitglied der Deutschen Vereinigung für Politische Bildung (DVPB)
- Mitglied der Deutschen Gesellschaft für Erziehungswissenschaft (DGfE) und ihrer Arbeitsgruppe für Empirische Pädagogische Forschung (AEPF)
- Mitglied der International Association for Citizenship, Social and Economics Education (IACSEE)
- Mitglied der Gesellschaft für Empirische Bildungsforschung (GEBF)

Beratungs- und Kommissionstätigkeiten

- Mitglied des wissenschaftlichen Beirats der Fachzeitschrift Citizenship, Social and Economics Education (CSEE; Sage Publ.)
- Mitglied des wissenschaftlichen Beirats der Zeitschrift Politikum (Wochenschau Verl.)

- Mitglied des Expert_innenrats der Transferstelle politische Bildung (www.transfer-politische-bildung.de)
- Gutachterin in Akkreditierungsverfahren von Hochschulstudiengängen für das Akkreditierungs-, Certifizierungs- und Qualitätssicherungs-Institut ACQUIN

Veröffentlichungen – Auswahl

2015 Herausgeberin: Die Europäische Union erfolgreich vermitteln. Perspektiven der politischen EU-Bildung heute. Wiesbaden.

2015 Zusammen mit Johanna Forstmann: Continuing education of civics teachers for teaching the European Union – Results of the Jean Monnet project PEB. In: Citizenship, Social and Economics Education. (1/2015), S. 56-71.

2015 Planungskompetenz von Politiklehrkräften – Bedeutung und Anforderungen im kompetenzorientierten Unterricht. In Richter, Dagmar/Frech, Siegfried (Hrsg.), Politikunterricht professionell planen. Schwalbach/Ts., S. 102-121.

2013 Geschlechtsspezifische Differenzen in politischen Kompetenzen. In: Frech, Siegfried/Richter, Dagmar (Hrsg.): Politische Kompetenzen fördern. Schwalbach/Ts., S. 164-184.

2013 Der Beutelsbacher Konsens – Richtschnur oder Hemmschuh politischer Bildung? In: politische bildung. (1/2013), S. 156-161.

2012 Politisches Wissen über die Europäische Union. Subjektive und objektive Politikkenntnisse bei Jugendlichen. Wiesbaden.

2012 Professionelle Handlungskompetenz von Politiklehrer/-innen. In: Weißeno, Georg/Buchstein, Hubertus (Hrsg.): Politisch Handeln. Modelle, Möglichkeiten, Kompetenzen. Opladen, S. 289-305.

Leseempfehlungen für (angehende) Politiklehrerinnen und -lehrer

Detjen, Joachim (2013): Politische Bildung. Geschichte und Gegenwart in Deutschland. München (2. Aufl.).

Detjen, Joachim/Massing, Peter/Richter, Dagmar/Weißeno, Georg (2013): Politikkompetenz – Ein Modell. Wiesbaden.

Gagel, Wolfgang (2005): Geschichte der politischen Bildung in der Bundesrepublik Deutschland 1945-1989. Opladen (3. Aufl.).

Massing, Peter (2011): Politikdidaktik als Wissenschaft. Studienbuch. Schwalbach/Ts.

Sander, Wolfgang (Hrsg.) (2014): Handbuch politische Bildung. Schwalbach/Ts. (4., völlig überarb. Aufl.).

Monika Oberle

„Wirkungen politischer Bildung sichtbar zu machen und Gelingensbedingungen für politische Bildungsprozesse offen zu legen, sehe ich als eine zentrale Aufgabe der wissenschaftlichen Politikdidaktik."

1. Werdegang

Als 18-Jährige nahm ich in den Schulferien an einem 10-tägigen Seminar der außerschulischen politischen Jugendbildung teil, in dem wir uns intensiv mit politischen Grundfragen und deren Bedeutung für die eigene Lebensgestaltung auseinandersetzten. Weitere Seminarbesuche folgten. Das Engagement und die Persönlichkeit der Leitenden und Referierenden, der konsequent überparteiliche Ansatz und die intellektuell anspruchsvolle und zugleich handlungsorientierte Seminargestaltung des ausrichtenden Vereins zur Förderung politischen Handelns e.V. (v.f.h.) führten dazu, dass ich mich in den folgenden Jahren selbst als Seminarleiterin und Referentin in der Schüler- und Studierendenarbeit des v.f.h. engagierte. Das Kernanliegen der Vereinsarbeit hat mein Verständnis von politischer Bildung nachhaltig geprägt: junge Menschen zu politischem Engagement zu motivieren und zu befähigen, und diese Bildungsarbeit dezidiert überparteilich, dabei demokratischen Werten verbunden, zu betreiben.

Mein Studium der Politikwissenschaft in Marburg, London und Berlin – zunächst auf Magister mit den Nebenfächern Philosophie und Neuere Deutsche Literatur, dann auf Diplom – war zunächst nicht auf Politikdidaktik ausgerichtet. Eine Tätigkeit in der politischen Bildung kam beruflich jedoch durchaus in Frage, eine vertiefte wissenschaftliche Auseinandersetzung im Rahmen einer Promotion ebenfalls. Somit war es ein sehr passender Schritt, die Promotionsstelle im Fachbereich Politikwissenschaft und ihre Didaktik der Pädagogischen Hochschule Karlsruhe anzutreten. Es war spannend und faszinierend, in der Auseinandersetzung mit politikdidaktischen Konzeptionen und Kontroversen vielfältige Anknüpfungspunkte an meine Erfahrungen in der außerschulischen politischen Bildung zu entdecken. Bei dieser Hochschullehre, Betreuung von Schulpraktika und wissenschaftliche Forschung umfassenden Arbeit konnte ich mich davon überzeugen, dass eine Tätigkeit in der Politikdidaktik mir, meinem Werdegang und meinen persönlichen Zielen entspricht. Seit 2011 bin ich Professorin für Politikwissenschaft/ Didaktik der Politik an der Universität Göttingen.

2. Situation und Perspektiven der politischen Bildung

Politische Bildung zählt nicht zu den schulischen Kernfächern, wenn sie auch in manchen Bundesländern Verfassungsrang genießt. Es gibt Trends, die dazu führen könnten, dass das Fach in den kommenden Jahren weiter ins Abseits gerät, aber auch Entwicklungen, die Potenzial für eine Stärkung der Politischen Bildung an Schulen bergen.

Gegenwärtige Situation und Herausforderungen & Zukünftige Rolle der politischen Bildung

Zum einen führte der „PISA-Schock" zu einem Paradigmenwechsel der deutschen Bildungspolitik hin zu einer Output- bzw. Outcome-Orientierung. Die tradierten Kernfächer sowie die Naturwissenschaften haben inzwischen Bildungsstandards entwickelt. Zu den hierin enthaltenen Kompetenzen und ihrer Entwicklung liegen bereits zahlreiche empirische Studien vor. Mehr Sichtbarkeit und eine Aufwertung der Politischen Bildung ließen sich erreichen, wenn Bildungsstandards für das Fach etabliert würden und sich hierzu eine breite und methodisch anspruchsvolle Forschungslandschaft entwickeln könnte. Wir gehen davon aus, dass schulische politische Bildung wirkt bzw. wirken kann – sonst könnte man sie ja abschaffen. Solche Wirkungen bzw. „Kompetenzzuwächse" (GPJE 2004, 12) sichtbar zu machen und Gelingensbedingungen für politische Bildungsprozesse offen zu legen, sehe ich als eine zentrale Aufgabe der wissenschaftlichen Politikdidaktik der kommenden Jahre.

Ein Problem stellen die unterschiedlichen Fachbezeichnungen der Politischen Bildung in den 16 Bundesländern, aber auch bei verschiedenen Schultypen innerhalb eines Landes dar. Dies dürfte dazu beitragen, dass der Politikunterricht als wenig relevantes Beifach wahrgenommen wird. Wünschenswert wäre eine deutschlandweit und schultypübergreifend einheitliche Fachbezeichnung „Politische Bildung", wie sie die Gesellschaft für Politikdidaktik und politische Jugend- und Erwachsenenbildung (GPJE) bereits seit längerem fordert. Mit der Benennung verbunden ist das tiefer liegende Problem des Fächerzuschnitts. Das Unterrichten von Politik im Fächerverbund sehe ich persönlich kritisch. Zwar kann politische Bildung auch hier grundsätzlich gut funktionieren, doch die Gelingensbedingungen sind anspruchsvoll und scheinen selten gegeben (siehe Block 4). Solange Politische Bildung allerdings in Fächerverbünden unterrichtet wird – und hier ist keine Trendwende in Sicht –, besteht eine zentrale Herausforderung in einer angemessenen Aus- und Weiterbildung der unterrichtenden Lehrer/innen.

Überwiegend Chancen für die politische Bildung an Schulen sehe ich im aktuellen Trend zur Ganztagsschule. Dadurch entsteht Raum für schulische Angebote außerhalb der regulären Unterrichtszeit, der für Projekte der politischen Bildung genutzt werden kann und sollte. Hier bietet sich eine verstärkte Kooperation mit Trägern der außerschulischen politischen Bildung an, deren tradierte Bildungsarbeit von einem Trend zur Ganztagsschule ansonsten eher negativ betroffen sein dürfte.

3. Demokratie und politische Bildung

Was ist Demokratie?

Politische Bildung in der Demokratie muss sich mit unterschiedlichen Demokratievorstellungen (z. B. Schmidt 2008; Salzborn 2012) auseinandersetzen. Für eine fruchtbare Auseinandersetzung mit Ideal und Realität der „Volksherrschaft" ist es hilfreich, u. a. identitäre und pluralistische, partizipatorische und elitäre, direktdemokratische und repräsentative Demokratiekonzeptionen und -elemente zu unterscheiden. Die Auseinandersetzung mit der Gettysburg-Formel *government of the people, by the people, for the people* kann Lernenden helfen, Input- und Output-Dimension der Demokratie zu differenzieren und damit einhergehende widersprüchliche Erwartungen und Bewertungen einzuordnen. Ein Mindestmaß an politischer Partizipation der Bevölkerung (Input) und grundlegende Ansprüche an die Ergebnisse von Politik (Output) – namentlich die Wahrung der Grund- und Menschenrechte – sollte eine im Unterricht entwickelte Arbeitsdefinition in jedem Fall berücksichtigen.

Rolle der Politischen Bildung in der Demokratie

Das Wertefundament politischer Bildung in Deutschland liegt in der freiheitlich-demokratischen Grundordnung. Ihre Ziele begründet sie sowohl aus individueller, als auch aus systemischer Perspektive – die Kompetenzentwicklung der Individuen soll deren Emanzipation, aber auch den Anforderungen einer demokratischen Ordnung, also dem Systemerhalt dienen. Insofern kommt dem Fach Politische Bildung eine besondere Rolle in der Demokratie zu. Ob diese Rolle gesellschaftlich allerdings anerkannt wird, hängt nicht zuletzt davon ab, ob Politische Bildung überzeugend darstellen kann, dass sie anvisierte Wirkungen erzielt: also Schüler/innen relevante politische Kompetenzen vermittelt.

Demokratie-Lernen impliziert für mich Politik-Lernen. Weder aus individueller noch systemischer Perspektive reicht es aus, wenn Bürger/innen im Nahraum tolerant und kooperativ miteinander umgehen. Soziale Kompetenzen sind wichtig, können politische aber nicht ersetzen: Menschen bedürfen *politischer* Urteils- und Handlungskompetenzen, Kenntnisse, Motivationen und Einstellungen, um die Rahmenbedingungen ihres Lebens entsprechend ihrer Interessen und Wertvorstellungen zu gestalten und den Erhalt der Demokratie zu sichern bzw. deren Funktionsfähigkeit zu verbessern. Hierauf sollte Politische Bildung fokussieren.

> Demokratielernen als Aufgabe der politischen Bildung?

4. Politikbegriff und Breite des Unterrichtsfaches

Politische Bildung sollte sich mit unterschiedlichen Politikbegriffen auseinandersetzen. Zur Bestimmung des Kerns der politischen Bildung halte ich die Definition von Politik als „Gesamtheit der Aktivitäten zur Vorbereitung und zur Herstellung gesamtgesellschaftlich verbindlicher […] Entscheidungen" (Meyer 2010, 37) für hilfreich. Sie beschreibt Politik im engeren Sinne, beschränkt sich jedoch nicht auf die Institutionen der politischen Entscheidungsfindung, sondern schließt (u. a. kommunikative) Handlungen von Bürger/innen ein, die auf die politische Willensbildung gerichtet sind.

> Was ist Politik? & Politik als Kern?

Auch soziales Lernen kann im Politikunterricht stattfinden. Zur Herstellung eines Lebensweltbezugs liegt es nahe, zunächst auf gesellschaftliche Probleme einzugehen, mit denen Jugendliche in Berührung kommen. Auch die Auseinandersetzung mit sozialen Einstellungen und Verhaltensweisen wie Perspektivenübernahme, Toleranz und sozialer Verantwortung ist ein sinnvoller Bestandteil der Politischen Bildung (und anderer Schulfächer). Politische Bildung darf meiner Ansicht nach allerdings nicht beim sozialen Lernen stehenbleiben, sondern sollte dieses in politisches Lernen im engeren Sinne überführen. Schüler/innen sollten eine dezidiert politische Perspektive auf Sachverhalte entwickeln, also analysieren lernen, wie (sowohl bereits getroffene als auch künftig mögliche) allgemeinverbindliche Entscheidungen mit sozialen, wirtschaftlichen und ökologischen Problemen in Zusammenhang stehen, und wie sie selbst die Lösung gesellschaftlicher Probleme über die Gestaltung von Rahmenbedingungen politisch beeinflussen können.

Lernfeld Gesellschaftswissenschaften

In Niedersachsen wird Politische Bildung derzeit im Fächerverbund „Politik und Wirtschaft" (Gymnasien), als Fach „Politik" (Haupt- und Realschulen) sowie als „Gesellschaftslehre" bzw. im Verbund mit Geographie und Geschichte (Gesamtschulen) unterrichtet. Aus meiner Sicht beinhaltet Politische Bildung – wie übrigens auch die Politikwissenschaft – selbstverständlich u. a. auch gesellschaftliche, wirtschaftliche, juristische und historische Aspekte. Dem Unterrichten von Politik im Fächerverbund stehe ich allerdings skeptisch gegenüber. Um die politische wie auch die übrigen Perspektiven bzw. „Logiken" gleichberechtigter Teildomänen angemessen herauszuarbeiten, bedarf es zum einen einer großzügigen Unterrichtszeit, zum anderen einer angemessenen Aus- und Weiterbildung der Lehrkräfte, die fachwissenschaftliche und -didaktische Kenntnisse zu allen Teilbereichen vermittelt und zusätzlich auf das Unterrichten im Fächerverbund vorbereitet. Leider gibt es bislang kaum empirisch gesicherte Erkenntnisse zu Lehr-Lern-Prozessen Politischer Bildung im Fächerverbund. Die genannten Voraussetzungen scheinen jedoch nicht erfüllt – hier muss man ansetzen, wo eine Integration bildungspolitisch gewollt ist. Projektorientierte Kooperationen mit anderen Fächern, bspw. Geschichte, Deutsch, Fremdsprachen oder Musik, aber auch den Naturwissenschaften z. B. im Rahmen einer Bildung für Nachhaltige Entwicklung, halte ich dagegen für einen sehr vielversprechenden Ansatz der Kompetenzvermittlung.

5. Kompetenzen, Inhalte und Konzepte der politischen Bildung

Kompetenzorientierung

Aus meiner Sicht war „gute" politische Bildung schon immer kompetenzorientiert – sie war darauf aus, auf Politik bzw. die (auch politische) Lösung gesellschaftlicher Probleme bezogene Fähigkeiten der Lernenden gezielt zu stärken. Und auch „Klassiker" der Politikdidaktik wie bspw. Wolfgang Hilligen oder Bernard Sutor entwarfen bereits Kompetenzen als Ziel von Lernprozessen der Politischen Bildung. Bildungspolitisch gesehen stellt die vom „PISA-Schock" angestoßene Kompetenzorientierung hierzulande allerdings einen Paradigmenwechsel dar: Die Ergebnisse von Bildungsprozessen, die bei Schüler/innen erworbenen

Kompetenzen, sollen fokussiert und zwecks Erreichung einer flächendeckend angemessenen Bildungsqualität – bei gleichzeitiger Gewährleistung von Freiräumen für die Einzelschule hinsichtlich der gewählten Vermittlungswege – auch empirisch überprüft und an das Bildungssystem zurückgespiegelt werden. Man sollte keinem „Steuerungswahn" verfallen. Es erscheint mir allerdings zur Verbesserung von Bildungsqualität und Erhöhung von Bildungsgerechtigkeit ausgesprochen sinnvoll, Ergebnisse von Bildungsprozessen zu evaluieren, die Bedingungen eines gelungenen Kompetenzerwerbs zu untersuchen und entsprechend Verbesserungsvorschläge für Unterricht, Schule und Lehrerbildung zu entwickeln.

Auch in der Politikdidaktik erfolgt die Kompetenzorientierung nun systematischer, an Theorien der pädagogischen Psychologie orientiert und mit Bezug auf empirische Forschung. Aktuell finden v. a. zwei Kompetenzmodelle für Schüler/innen Beachtung: der Entwurf von Bildungsstandards der GPJE von 2004 sowie das Modell der Politikkompetenz von Detjen, Massing, Richter und Weißeno (2012). Im Modell der GPJE sehe ich Schwächen v. a. in der mangelnden theoretischen Begründung und Ausdifferenzierung, gerade auch der Stellung des Wissens sowie der fachunspezifischen Facette der methodischen Fähigkeiten. Es gibt durchaus Übereinstimmungen der beiden Modelle. Die im Modell Detjen et al. entworfenen Kompetenzbereiche der politischen Urteilsfähigkeiten, Handlungsfähigkeiten, des konzeptuellen Fachwissens sowie der Motivationen und Einstellungen finde ich insgesamt einen überzeugenden Aufschlag. Das Modell kann helfen, den Unterricht systematisch kompetenzorientiert zu gestalten, und der politikdidaktischen Forschung als theoretischer Bezugspunkt dienen.

Kompetenzen umfassen in Anlehnung an Definitionen des Psychologen Franz Weinert „Wissen und Können" (Klieme 2004, 13). Da sich auch im politikdidaktischen Diskurs viele, durchaus konträre Positionen auf Weinert beziehen, möchte ich ihn hier gerne kurz selbst zu Wort kommen lassen. Für Weinert (2000, 8f.) ist „die Vermittlung von intelligentem Wissen […] erstes und wichtigstes Bildungsziel". Hierunter versteht er „ein wohlorganisiertes, disziplinär, interdisziplinär und lebenspraktisch vernetztes System von flexibel nutzbaren Fähigkeiten, Fertigkeiten, Kenntnissen und metakognitiven Kompetenzen […]. Sowohl Voraussetzung als auch Resultat ist ein sachlogisch aufgebautes, systematisches, inhaltsbezogenes Lernen, das grundlegende Kenntnis-

Kompetenzen

lücken, Verständnisdefizite und falsche Wissenselemente vermeidet." Wissen und Kompetenz stehen sich demnach nicht diametral gegenüber. Wissen stellt vielmehr einen essentiellen Teil von Kompetenz dar. Fachspezifische Kompetenzen bedürfen für ihren Erwerb, aber auch für ihre Anwendung, fachlicher Kenntnisse. Eine Bestimmung des im Unterricht neben der Förderung der übrigen Kompetenzfacetten systematisch zu vermittelnden konzeptuellen Grundwissens ist aus meiner Sicht keine Aushöhlung der Kompetenzorientierung, sondern ihr inhärent.

Konzepte Konzeptlernen ist nicht mit dem Auswendiglernen von Begriffen zu verwechseln – es geht vielmehr darum, „Grundideen, Regeln, Anwendungen, aber auch subjektive Erfahrungen, zu einem übergreifenden Begriff, dem „Konzept" zu verbinden (Kunter/Trautwein 2013, 40). Die Aneignung von Fachsprache ist dabei ebenfalls relevant: Nur so sind Schüler/innen anschlussfähig an den öffentlichen Diskurs, können bspw. Nachrichten, Talkshows oder Radioberichten kritisch folgen und öffentlich überzeugend argumentieren. Mit der Bestimmung der zu vermittelnden konzeptuellen Wissensbestände werden die Inhalte des Politikunterrichts – bspw. bestimmte Policy-Vorschläge oder Wahlereignisse – nicht durchdekliniert. Der erwünschte Outcome von Unterricht kann jedoch von seinen Inhalten nicht völlig abgekoppelt werden, wie auch Weinert (2001, 27) unterstreicht: „Fächer [stellen] nicht beliebige Wissenskonglomerate [...], sondern sachlogische Systeme [dar], die Schüler aktiv und konstruktiv erwerben müssen, wollen sie schwierige inhaltliche Phänomene und Probleme tiefgründig verstehen und soll zukünftiges Lernen durch Transferprozesse erleichtert werden". Die Auswahl relevanter Konzepte kann dabei nicht einfach aus den Bezugswissenschaften – allen voran der Politikwissenschaft – abgeleitet werden, sondern muss unter fachdidaktischen Gesichtspunkten, transparent und sorgfältig begründet erfolgen. Wer, wenn nicht die wissenschaftliche Politikdidaktik, sollte eine solche Begründung vornehmen? Über die Formulierung von Bildungsplänen entscheiden wird letztlich die Bildungspolitik – es ist jedoch eine wichtige Aufgabe der Politikdidaktik, hier Orientierungshilfe zu leisten.

6. Politikdidaktische Prinzipien

Im politikdidaktischen Diskurs der letzten Jahrzehnte haben sich einige didaktische Prinzipien etabliert. Zu den aus meiner Sicht zentralen gehören Schülerorientierung, Handlungsorientierung, das Exemplarische Prinzip, Problemorientierung, Gender- bzw. Diversity-Orientierung, kategoriale Bildung sowie Zukunftsorientierung (Stichwort: Bildung für Nachhaltige Entwicklung). Sie implizieren weitere, bspw. die Alltags- bzw. Lebensweltorientierung, die sich sowohl aus der Schüler- als auch der Genderorientierung ergeben. Diese Ansätze sind zunächst allgemein und stehen auch in anderen Fachdidaktiken hoch im Kurs. Es gilt, sie für die politische Bildung mit Inhalt zu füllen und begrifflich zu schärfen. Auch das Kontroversitätsprinzip und das Überwältigungsverbot zählen für mich zu den grundlegenden politikdidaktischen Prinzipien. Wenn Lehrpersonen die verschiedenen begrifflichen, teilweise in sich widersprüchlichen Facetten dieser Prinzipien, Ansätze ihrer praktischen Umsetzung und auch ihre Fallstricke kennen, kann dies zu einem reflektierten, planvollen und erfolgreichen Politikunterricht beitragen und so Praxisrelevanz entfalten. Die politikdidaktischen Prinzipien müssen dabei zu den Zielen der politischen Bildung – der Vermittlung bestimmter politischer Kompetenzen – in Beziehung gesetzt werden. Sie beruhen auf theoretischen Vorannahmen zu Lehr-Lern-Prozessen und normativen Grundlagen der politischen Bildung. Inwiefern Kenntnis und Anerkennung fachdidaktischer Prinzipien das tatsächliche Unterrichtshandeln von Lehrer/innen beeinflussen und welche konkreten Realisierungsansätze den Kompetenzerwerb von Schüler/innen fördern, müssten allerdings empirische Studien untersuchen und so der praktischen Relevanz der Prinzipien auf den Grund gehen.

7. Methoden und Medien der Politischen Bildung

Wenn man aktuelle Ergebnisse der Lehr-Lern-Forschung zur Kenntnis nimmt, steht grundsätzlich eine kognitiv-aktivierende, konstruktionsorientierte Unterrichtsgestaltung hoch im Kurs. Die Lernenden sollen selbstständig reflektieren, eigenständig versuchen, Probleme zu lösen, und dabei verschiedene Lösungswege ausprobieren können. Ein rein konstruktionsorientierter Unterricht scheint allerdings nicht der Königsweg. Studien weisen vielmehr darauf hin, dass eine Mischung aus transmissiven und konstruktiven Elementen Schülerkompetenzen besonders

Methoden

erfolgreich fördert. Für den Politikunterricht bedeutet dies, dass Lehrkräfte nicht auf eigene inhaltliche Inputs verzichten, sondern diese mit Ansätzen mischen sollten, die eigenständiges Problemlösen und aktiv konstruierende Denkprozesse der Schüler/innen gezielt fördern.

Punktuelle Umfragen weisen darauf hin, dass Politikunterricht heute teilweise methodisch einseitig und wenig abwechslungsreich erfolgt. Dabei werden nicht nur Frontalunterricht und Institutionenkunde, sondern auch Gruppenarbeit, freie Diskussionen und die Arbeit mit Zeitungstexten oder Karikaturen negativ bewertet, wenn Unterricht zu einseitig ausgerichtet ist. Eine weitere Empfehlung lautet daher: Die Mischung macht es – Lehrer/innen sollten die Vielfalt an bekannten Methoden der politischen Bildung nutzen, den Mut haben, Neues auszuprobieren und sich dabei auch von der außerschulischen politischen Bildung inspirieren lassen. Dabei geht es allerdings nicht um ein Maximum, sondern ein Optimum an Methodenvielfalt. Selbstverständlich sind Methoden immer mit Blick auf die anvisierten Unterrichtsziele und die Zusammensetzung der Lernergruppe auszuwählen. Methoden sind kein Selbstläufer – auch die persönlichen Präferenzen und Fähigkeiten der Lehrenden spielen eine wichtige Rolle für ihren gelungenen Einsatz.

Empfehlenswert sind erfahrungsbasiert u. a. folgende Methoden, von denen begründet angenommen werden kann, dass sie kognitiv-aktivierenden Charakter haben: Planspiele (als Entscheidungsspiele), Zukunftswerkstätten und Inselspiele; Pro-Contra-Debatten mit Heißem Stuhl, als American Debate, Podiumsdiskussion oder Talkshow; die „Stille Diskussion" auf einer großen Papierfläche oder die Positionierung im Raum zwischen streitbaren Positionen; eigenständige Feldforschung sowie politische Projekte, deren Produkte – bspw. Stellwände, Zeitungen oder Internetseiten – sich an die Öffentlichkeit wenden. Empfehlen möchte ich hier außerdem politische Exkursionen, eine von Lernenden regelmäßig gestaltete kurze Nachrichtenrunde, Internetrecherchen und sorgfältig entwickelte WebQuests sowie „Service Learning"-Projekte, *wenn* die politischen Bezüge der gesammelten Erfahrungen gezielt herausgearbeitet werden. Darüber hinaus können der kategorial erweiterte Politik-Zyklus, freie Diskussionen (z. B. mit Redeball) und textbasierte Gruppenarbeit mit Ergebnispräsentation (z. B. als Gallery Walk) sowie schließlich der fragend-entwickelnde Unterricht mit Advocatus-Diavoli-Funktion der Lehrkraft zu einem gelungenen Methodenmix beitragen, der unterschiedlichen Lernertypen gerecht wird.

Auch bei den verwendeten Medien sollten die Bandbreite an Möglichkeiten genutzt und neben (auch digitalen) Schulbüchern u. a. Filme, Videoclips, TV-Ausschnitte, Zeitungs- und andere Internetbeiträge, Musik- und Theaterstücke oder belletristische Literatur eingesetzt werden.

Medien

Über die Rolle des Schulbuchs im Politikunterricht wissen wir wenig – es gibt für die Politische Bildung bislang kaum systematische wirkungsorientierte Schulbuchstudien. Es lässt sich vermuten, dass Schulbücher gerade fachfremd Unterrichtenden als „Leitmedium" dienen und dass einige Bücher die damit einhergehenden Ansprüche nicht erfüllen. Dem müssten empirische Studien nachgehen (siehe Block 9).

Rolle des Schulbuchs

8. Lernprozesse und Schülervorstellungen

Die Kognitionspsychologie beschreibt Lernen als aktiven und konstruktiven Prozess, der neue Informationen in bereits bestehende kognitive Strukturen integriert, wobei diese bei starken kognitiven Dissonanzen auch grundlegend umstrukturiert werden können. Bereits erworbene Schemata, also das „verallgemeinerbare und abstrakte Wissen einer Person" (Seel 2000, 52), bilden neuen Wissenserwerbsprozessen einen „verständnis- und kohärenzstiftenden Rahmen" (ebd., 55). Schemata „repräsentieren Konzepte in Form von Oberbegriffen, Teilen und anderen Zuweisungen von Ausprägungen zu Attributen" (Anderson 2001, 158) und können beim Versuch einer Problemlösung in mentalen Modellen aktiviert werden. Fakten- und Konzeptwissen scheinen eng miteinander verknüpft, wobei eine hohe Verbindungsstärke hilft, ersteres anwendungsbezogen abzurufen.

Bedeutung lerntheoretischer Erkenntnisse

Erfolgreiche Lehr-Lern-Prozesse müssen demzufolge die Präkonzepte der Schüler/innen einbeziehen, Lernende kognitiv aktivieren, ihre kognitiven Konstruktionsprozesse unterstützen und ihnen das eigenständige Suchen von Problemlösungen ermöglichen. Unterricht sollte sich allerdings nicht darauf beschränken, Schülerkonstruktionen Raum zu bieten, sondern diese durch eine zielgerichtete Vermittlung von Informationen sowie Hilfestellungen für einen systematischen Konzeptaufbau unterstützen: Konstruktive und transmissive lerntheoretische Ansätze schließen sich nicht aus, sondern können und sollten sich sinnvoll ergänzen. (Siehe Blöcke 7 und 10)

Die wichtige Rolle, die dem Vorwissen bei Lernprozessen nicht nur der intentionalen Bildung zugeschrieben wird, unterstreicht aus meiner

Sicht eine große Chance und Verantwortung des schulischen Unterrichts. Hier kann der heranwachsenden Generation ein wertvolles Fundament konzeptuellen Grundwissens für lebenslange Lernprozesse mitgegeben werden. Auch motivationale Orientierungen wie Interesse und Selbstwirksamkeitsüberzeugungen spielen bei Lernprozessen eine wichtige Rolle, wobei von positiven Wechselbeziehungen u. a. mit Wissen ausgegangen wird.

Empirische Forschung & Schüler- und Lehrervorstellungen

Die systematische empirische Forschung zu Lehr-Lern-Prozessen der politischen Bildung steht noch an ihren Anfängen. Um untersuchen zu können, unter welchen Bedingungen, mit welchen Ansätzen und Methoden der Aufbau konzeptuellen Wissens, die Entwicklung der politischen Urteils- und Handlungsfähigkeiten oder auch das politische Interesse gefördert werden können, bedarf es geeigneter Instrumente zur Erhebung der interessierenden Konstrukte und Einflussfaktoren sowie passender Studiendesigns (siehe Block 9).

9. Politikdidaktik als Wissenschaft

Forschungsfragen für die Zukunft

Die Politikdidaktik hat zahlreiche Schriften zu normativen Zielen und an diesen orientierten sowie auf praktischen Erfahrungen basierenden didaktisch-methodischen Ansätzen hervorgebracht. Zentrale Thesen und Kontroversen dieses Diskurses werden immer wieder neu zu diskutieren sein, auch mit Bezug auf neue Entwicklungen und Erkenntnisse in anderen Disziplinen wie den Erziehungswissenschaften, der pädagogischen Psychologie oder der Politikwissenschaft. Eine aktuelle Herausforderung sehe ich in einer theoriegeleiteten und empirisch begleiteten Entwicklung von Bildungsstandards, eine weitere in der Internationalisierung der hiesigen Politikdidaktik.

Besonderen Nachholbedarf sehe ich auf dem Feld der empirischen politikdidaktischen Forschung. Eine zentrale Leitfrage lautet dabei, wie sich relevante Kompetenzen durch politische Bildung fördern lassen. Wissenschaftliche Studien sollten sich u. a. auf die Lernprozesse der Schüler/innen, die Vermittlungsprozesse im Unterricht (bzw. anderer Settings intentionaler politischer Bildung) sowie auf die Kompetenzen und Kompetenzentwicklung der Lehrenden, unter Berücksichtigung der jeweiligen Rahmenbedingungen und individuellen Dispositionen, konzentrieren (vgl. Helmke 2012). Dabei sollten qualitative und quantitative Forschungsmethoden eingesetzt und gewinnbringend kombiniert werden.

Aktuell arbeite ich an mehreren empirischen Forschungsprojekten, u. a. zu Fragen der politischen EU-Bildung, zur Wirkung von Planspielen, zur Rolle von Schulbüchern im Politikunterricht, zu gendergerechter politischer Bildung sowie zu professionellen Politiklehrerkompetenzen, wobei insbesondere quantitative, aber auch qualitative Methoden der Bildungsforschung zum Einsatz kommen. Bildung für Nachhaltige Entwicklung und der Umgang mit Extremismus im Unterricht stehen thematisch ebenfalls auf der Agenda.

Eigene Forschungsschwerpunkte

10. Fachdidaktische Kontroversen

Eine wohl noch nicht abgeschlossene politikdidaktische Kontroverse betrifft die Stellung des Wissens in der kompetenzorientierten politischen Bildung (siehe Block 5). Damit verbunden scheint eine latente Kontroverse um das Verständnis des Konstruktivismus, die auch in anderen Disziplinen geführt wird (vgl. Oberle et al. 2013). Hier lässt sich eine kognitiv-konstruktivistische Position, die auf den aktiv-konstruierenden und sozial eingebetteten Charakter von Lernprozessen fokussiert, von einem radikalen, die Möglichkeit einer Annäherung an Objektivität der Erkenntnis negierenden Konstruktivismus unterscheiden. Ein radikaler Konstruktivismus lehnt jeglichen Wahrheitsanspruch von Aussagen – auch im Sinne einer überholbaren, auf dem aktuellen wissenschaftlichen Erkenntnisstand basierenden, intersubjektiv geteilten Annäherung an Wahrheit – ab. Bei Lehr-Lernprozessen kann folgerichtig allein auf die individuelle Perspektive der Schüler/innen abgehoben werden, und die Lehrkraft muss letztlich alle individuellen Vorstellungen als korrekt akzeptieren, weil sich eine Objektivität nicht annähernd beschreiben lässt. Vom radikalen Konstruktivismus grenzt sich ein kognitiver Konstruktivismus ab, demzufolge erfolgreiches Lernen eigenaktives Konstruieren und forschendes Entdecken und erfolgreiches Lehren das Anknüpfen an Schülervorstellungen voraussetzt, der sich jedoch zu Lernzielen und einer an wissenschaftlichen Erkenntnissen orientierten Bewertungsgrundlage von Aussagen und Lernergebnissen bekennt. Aus dieser Perspektive sind ein soziokonstruktivistischer Ansatz und ein Informationsvermittlungsansatz von Lerntheorie sinnvoll kombinierbar (vgl. Kunter/Trautwein 2013, 39-42). Einer solchen kognitiv-konstruktivistischen Position schließe ich mich an. Im politikdidaktischen Diskurs sehe ich hier zumindest Klärungsbedarf.

Klärungsbedarf sehe ich außerdem in Bezug auf Gütekriterien der qualitativen und quantitativen empirischen Forschung. Hier wird es kaum zu einer einheitlichen Position im Fach kommen, doch sollten politikdidaktische Forscher/innen die Notwendigkeit wissenschaftlicher Gütekriterien sorgfältig diskutieren, sich über unterschiedliche Ansätze austauschen und ihre eigene Position transparent machen (vgl. Ludwig 2012). Ergebnisse empirischer Arbeiten des Fachs könnten vor diesem Hintergrund besser eingeordnet und diskutiert werden. Meine Position ist, dass sich sowohl quantitative als auch qualitative Forschung um einen hohen Anspruch an Validität, Reliabilität und Objektivität bemühen und bei Ergebnisdarstellungen stets kritisch transparent machen sollte, inwiefern diese Kriterien erfüllt werden. Qualitative Forschung kann wissenschaftliche Güte oftmals nicht durch die gleichen Verfahren prüfen wie Arbeiten quantitativer Designs, doch gibt es alternative Wege, die Güte von Forschung plausibel zu machen. Dies wäre auch Grundlage für anspruchsvolle methodische Triangulationen, die in unserem Fach von vielen Seiten gefordert werden.

Eine weitere Kontroverse betrifft die Ausgestaltung von Aktionsorientierung in der schulischen politischen Bildung. Die zentrale Frage ist hier, wie viel reales politisches Handeln im Rahmen von Unterricht schulische politische Bildung benötigt bzw. verträgt (vgl. Oberle 2013). Ich selbst präferiere für den schulischen Unterricht das Bürgerleitbild interventionsfähige/r Bürger/in, sehe die didaktische Integration realer politischer Aktionen im Klassenverband oder Politikkurs kritisch und schreibe politischen Simulationen und der fallorientierten Reflexion von Handlungsmotiven und Partizipationsmöglichkeiten großes Potenzial zu, Handlungskompetenzen inklusive -bereitschaften der Schüler/innen zu fördern – ob diese Annahme zutrifft, sollte systematisch erforscht werden. Eine partizipative Schulkultur, die in diesem Zusammenhang von manchen Seiten gefordert wird, finde ich wünschenswert, doch sollte man sich hinsichtlich der Förderung des (gesamtgesellschaftlich) *politischen* Interesses und Engagements von Schüler/innen davon nicht allzu viel erwarten, wie empirische Studien gezeigt haben.

Weniger eine Kontroverse als eine Herausforderung sehe ich in der Entwicklung einer „gemeinsamen Sprache" der schulischen und außerschulischen politischen Bildung. Ich bin überzeugt, dass der Graben zwischen schulischer und außerschulischer politischer Bildung teilweise struktureller und kommunikativer, jedoch nicht inhaltlicher Natur ist.

Die Differenzen innerhalb der Bereiche scheinen größer als zwischen ihnen und manche Diskurse, wie der um politisches versus soziales Lernen, verlaufen parallel. Von einem intensiveren Austausch könnten beide Felder profitieren.

Zur Kontroverse um Fächerzuschnitt und Bezugsdisziplinen der Politischen Bildung habe ich mich bereits in Block 4 geäußert.

11. Politikdidaktik und Lehramtsausbildung

Zentrale Aufgabe des Lehrerberufs ist das Unterrichten, also die Vermittlung fachspezifischer und fächerübergreifender Kompetenzen an Schüler/innen. Um diese Aufgabe erfolgreich bewältigen zu können, benötigen Lehrerinnen und Lehrer professionelle Kompetenzen. Diese sind zwar keine Garantie für die Lösung beruflicher Probleme bzw. Herausforderungen, sie erhöhen jedoch die Chance ihrer produktiven Bewältigung. Für die Politikdidaktik hat die Karlsruher-Göttinger PKP-Studie in Anlehnung an pädagogisch-psychologische Ansätze der Lehrerkompetenzforschung ein Kompetenzmodell entwickelt (Oberle et al. 2012).

Wissen und Können von Politiklehrern

Zentrale Facetten der professionellen Kompetenz von Politiklehrer/innen bilden demnach Professionswissen, das in Fachwissen, fachdidaktisches Wissen und pädagogisches Wissen unterschieden werden kann, handlungsleitende Überzeugungen bspw. zu Lehr-Lern-Prozessen (*beliefs*) sowie motivationale Orientierungen (u. a. Sach- und Fachinteresse, Selbstwirksamkeitsüberzeugungen). Eine weitere Dimension bilden selbstregulative Fähigkeiten.

Die Politikdidaktik ist ein zentraler Baustein der Fachlehrerausbildung. Ihr kommt insbesondere die Aufgabe zu, als Grundlage für das eigenständige Unterrichten fachdidaktisches Wissen zu vermitteln, auf den Politikunterricht bezogene handlungsleitende Überzeugungen bewusst zu machen und mit Bezug auf wissenschaftliche Theorien und Erkenntnisse zu reflektieren sowie fachbezogene motivationale und selbstregulative Orientierungen der Studierenden durch Anregung, Reflexion und Übung zu stärken.

Politikdidaktik in der Lehramtsausbildung

Meine politikdidaktischen Lehrveranstaltungen besuchen derzeit v. a. Studierende für das gymnasiale Lehramt. Hier lernen die Teilnehmenden Ziele der politischen Bildung zu identifizieren, in der Auseinandersetzung mit aktuellen Kompetenzmodellen, aber auch mit Bürger-

Schwerpunkte der eigenen Lehre

leitbildern und Klassikern der Politikdidaktik, und setzen sich mit der Rolle von Menschenbildern und Werten in der politischen Bildung auseinander. Die angehenden Lehrer/innen lernen Ansätze und Prinzipien der fachspezifischen Unterrichtsgestaltung kennen und kritisch reflektieren, so z. B. zentrale fachdidaktische Prinzipien (siehe Block 6) sowie Hintergrund und Implikationen des Beutelsbacher Konsenses. Fachspezifische Unterrichtsmethoden werden in die Seminare integriert, erprobt und mit Blick auf die Unterrichtsziele reflektiert. Die Studierenden setzen sich mit Ergebnissen empirischer fachdidaktischer Forschung auseinander und erwerben grundlegende Methodenkompetenzen für deren kritische Reflexion, auch durch eigene Forschungserfahrungen (u. a. in Forschungspraktika). Neben diesen zentralen Bausteinen setze ich aktuell drei thematische Schwerpunkte: politische EU-Bildung; Bildung für Nachhaltige Entwicklung; Extremismus im Klassenzimmer. Außerdem wird neben dem Verhältnis politischer und ökonomischer Bildung auf Ansätze der Wirtschaftsdidaktik eingegangen, inklusive ökonomiedidaktischer Kompetenzmodelle.

Verhältnis von Theorie und Praxis

Die meist fehlende Lehrerfahrung der Studierenden erschwert es ihnen, den Praxisbezug politikdidaktischer Theorie, ihrer Begriffe, Modelle und Diskurse nachzuvollziehen. Dieses Problem lässt sich leider nicht gänzlich auflösen. Das Anknüpfen an eigene Unterrichtserfahrungen als Schüler/in und in (wissenschaftlich begleiteten) Praktika, die Konkretisierung durch Beispiele sowie die Erprobung von Ansätzen im Rahmen der Seminargestaltung können es den angehenden Lehrer/innen jedoch erleichtern, Praxisbezüge zu erkennen, Professionswissen mit ihrem Weltwissen zu verknüpfen und die eigene Unterrichtspraxis später an ihren fachdidaktischen Kenntnissen zu orientieren.

12. „Gute" politische Bildung

Politische Bildung ist dann positiv zu bewerten, wenn es ihr gelingt, zentrale politische Kompetenzen der Lernenden zu fördern. Eine geglückte politische Bildung weckt bzw. stärkt bei den Lernenden das Interesse an Politik auch im engeren Sinne, erhöht ihre politikbezogene Selbstwirksamkeitsüberzeugung und motiviert zur politischen Beteiligung. Sie stärkt die politischen Urteils- und Handlungskompetenzen durch Übung und kritische Reflexion und erweitert konzeptuelle Politikkenntnisse, auch hinsichtlich Partizipationsmöglichkeiten bzw. -forderungen. Neben diesen Zielen gilt für die vielen Wege, die nach Rom führen, dass „gute" politische Bildung demokratischen Grundwerten verpflichtet ist und die Lernenden zugleich nicht überwältigt.

Literatur

Anderson, John (2001, 3. Aufl.): Kognitive Psychologie. Heidelberg.
GPJE (Hrsg., 2004): Nationale Bildungsstandards für den Fachunterricht für die politische Bildung an Schulen. Ein Entwurf. Schwalbach/Ts.
Helmke, Andreas (2012, 4. Aufl.). Unterrichtsqualität und Lehrerprofessionalität: Diagnose, Evaluation und Verbesserung des Unterrichts. Seelze-Velber.
Klieme, Eckhard (2004): Was sind Kompetenzen und wie lassen sie sich messen? In: Pädagogik, 6/2004, S. 10-13.
Kunter, Mareike/Trautwein, Ulrich (2013): Psychologie des Unterrichts. Paderborn.
Ludwig, Peter (2012): Thesen zur Debatte um Gütestandards in der qualitativen Forschung – eine integrative Position. In: Gläser-Zikuda, Michaela et al. (Hrsg.): Mixed Methods in der empirischen Bildungsforschung. Münster, S. 79-89.
Meyer, Thomas (2010, 3. Aufl.): Was ist Politik? Wiesbaden.
Oberle, Monika/Weißeno, Georg/Weschenfelder, Eva (2012): Professionskompetenz von Lehramtsstudierenden, Referendar/innen und Lehrer/innen. Skizze eines Forschungsprojekts. In: Juchler, Ingo (Hrsg.): Unterrichtsleitbilder in der politischen Bildung. Schwalbach/Ts., S. 127-138.
Oberle, Monika/Weschenfelder, Eva/Weißeno, Georg (2013): *Beliefs* als Element professioneller Kompetenz bei Politiklehrkräften in Deutschland. In: Ziegler, Beatrice (Hrsg.): Vorstellungen, Konzepte und Kompetenzen von Lehrpersonen der politischen Bildung. Zürich/Chur, S. 124-137.
Salzborn, Samuel (2012): Demokratie. Theorien, Formen, Entwicklungen. Baden-Baden.
Schmidt, Manfred (2008, 4. Aufl.): Demokratietheorien. Eine Einführung. Wiesbaden.
Seel, Norbert (2000): Psychologie des Lernens. Lehrbuch für Pädagogen und Psychologen. München.
Weinert, Franz (2000). Lehren und Lernen für die Zukunft – Ansprüche an das Lernen in der Schule. In: Pädagogische Nachrichten Rheinland-Pfalz, 2/2000, S. 1-16.
Weinert, Franz (2001). Vergleichende Leistungsmessung in Schulen – eine umstrittene Selbstverständlichkeit. In: ders. (Hrsg.): Leistungsmessung in Schulen. Weinheim, S. 17-31.

Tim Engartner

Dr. Tim Engartner, geb. 1976 in Mönchengladbach

Professor für Didaktik der Sozialwissenschaften mit dem Schwerpunkt schulische Politische Bildung am Fachbereich Gesellschaftswissenschaften der Goethe-Universität Frankfurt am Main seit April 2012.

Arbeitsschwerpunkte sind neben empirischen und normativen Grundlagen der sozialwissenschaftlichen Didaktik insbesondere die Einstellungsforschung, Analysen von Unterrichtsmaterialien sowie Aspekte des Wandels von Staatlichkeit.

Frühere Tätigkeiten

- Professur „Ökonomie und ihre Didaktik" an der PH Schwäbisch Gmünd
- Juniorprofessur „Ökonomische Bildung" an der Universität Duisburg-Essen
- Wissenschaftlicher Mitarbeiter und Akademischer Rat am Lehrstuhl für Wirtschaftswissenschaften und Didaktik der Wirtschaftslehre an der Universität Duisburg-Essen
- Wissenschaftlicher Mitarbeiter und Lehrbeauftragter am Institut für vergleichende Bildungsforschung und Sozialwissenschaften der Universität zu Köln
- Referendariat in den Unterrichtsfächern „Sozialwissenschaften" und „Englisch" am Studienseminar Krefeld und am Gymnasium Thomaeum Kempen

Verbandstätigkeiten

- Mitglied der Deutschen Vereinigung für Politikwissenschaft (DVPW)
- Mitglied der Deutschen Vereinigung für Politische Bildung (DVPB)
- Mitglied der Gesellschaft für Politische Jugend- und Erwachsenenbildung (GPJE)
- Mitglied der Deutschen Gesellschaft für Ökonomische Bildung (DEGÖB)
- Alumnus der Rosa-Luxemburg-Stiftung, der stiftung neue verantwortung, der Gregor Louisoder-Umweltstiftung und des Deutschen Studienpreises

Beratungs- und Kommissionstätigkeiten

- Direktor der Akademie für Bildungsforschung und Lehrerbildung an der Goethe-Universität Frankfurt am Main (Abteilung I – Forschung)
- Mitglied im Vorstand des Frankfurter Graduiertenkollegs GRADE und Sprecher des GRADE Education Centers

- Mitglied im Auswahlausschuss „Aufstiegsstipendien für beruflich Begabte" beim Bundesministerium für Bildung und Forschung
- Mitglied der Jury „Jugend testet" bei der Stiftung Warentest

Veröffentlichungen – Auswahl

Mitglied in der Redaktion der Zeitschrift Polis – Report der Deutschen Vereinigung für Politische Bildung, Mitglied im Beirat der Zeitschrift GWP – Gesellschaft. Wirtschaft. Politik sowie des International Journal of Pluralism and Economics Education, Mitglied im Vorstand von sowi-online e. V.

2015	zusammen mit Markus Siewert, Maria Th. Meßner und Christiane Borchert: Politische Partizipation ‚spielend' fördern? Charakteristika von Planspielen als didaktisch-methodische Arrangements handlungsorientierten Lernens. In: Zeitschrift für Politikwissenschaft. (2/2015), S. 187-215.
2014	Pluralismus in der sozialwissenschaftlichen Bildung. Zur Relevanz eines politikdidaktischen Prinzips. Berlin.
2014	Traditionslinien der Arbeitslehre – oder: Die Arbeitswelt als Gegenstandsbereich politischer Bildung. In: Politische Bildung. (2/2014), S. 154-164.
2013	zusammen mit Balasundaram Krisanthan: Ökonomische Bildung im sozialwissenschaftlichen Kontext – oder: Aspekte eines Konzepts sozio-ökonomischer Bildung. In: GWP – Gesellschaft. Wirtschaft. Politik. (2/2013), S. 243-256.
2010	Didaktik des Ökonomie- und Politikunterrichts. Paderborn/München/Wien/Zürich.
2009	Against Rigid Boundaries in Social Science. In: International Journal of Pluralism and Economics Education. (1/2009), S. 58-64.

Leseempfehlungen tür (angehende) Politiklehrerinnen und -lehrer

Autorengruppe Fachdidaktik (2011): Konzepte der politischen Bildung. Eine Streitschrift. Schwalbach/Ts.

Brand, Ulrich/Lösch, Bettina/Opratko, Benjamin/Thimmel, Stefan (Hrsg.) (2012): ABC der Alternativen 2.0. Hamburg.

Dahrendorf, Ralf (1966): Über den Ursprung der Ungleichheit unter den Menschen. Tübingen.

May, Michael/Schattschneider, Jessica (Hrsg.) (2011): Klassiker der Politikdidaktik – neu gelesen: Originale und Kommentare. Schwalbach/Ts.

Negt, Oskar (2010): Der politische Mensch. Demokratie als Lebensform. Göttingen.

Tim Engartner

„Da mit der zunehmenden Verlagerung politischer Verantwortlichkeiten auf die europäische und globale Ebene eine schleichende ‚Entdemokratisierung' stattfindet, muss das Interesse an Demokratie (wieder)belebt werden."

1. Werdegang

Wie für viele Jugendliche waren die Debatten um Steuer-, Renten- und Arbeitsmarktreformen auch für mich anfänglich eher weniger interessant als die Spieltage der 1. Fußball-Bundesliga. Dann aber ließ die Lektüre von Rheinischer Post, Süddeutscher Zeitung, ZEIT und Spiegel am elterlichen Frühstückstisch meine Passivität bezüglich politischer Fragen in Neugier umschlagen. Zudem fand ich den Zugang zu politischen Fragen über die Musik, insbesondere über den Ende der 1980er Jahre Verbreitung findenden Punk Rock. Im engeren Sinne politisiert wurde ich dann durch den Zweiten Golfkrieg. Unvergessen bleibt der Tag im Januar 1991, als wir uns mit der gesamten Klasse aus dem Geographieunterricht entfernten, um uns einer Demonstration unter dem Motto „Kein Blut für Öl" anzuschließen und ein Peace-Zeichen aus Teelichtern aufzustellen. Ein Jahr später folgten dann über die Katholisch Studierende Jugend organisierte Solidaritätsaktionen mit den Opfern der Brandanschläge von Hoyerswerda, Rostock und Mölln.

Einen systematischen Zugang zu politikwissenschaftlichen Fragestellungen erhielt ich dann im Rahmen meines Studiums an den Universitäten in Bonn, Oxford und Köln. Didaktische Fragestellungen wurden erst gegen Ende meines Studiums relevant – jedoch nur in einem einzigen Seminar, das mich zudem leider nicht wirklich geprägt hat. Nach dem Ersten Staatsexamen, das ja bis heute keinen berufsqualifizierenden Abschluss darstellt, zog es mich ins Referendariat. Der Weg in die Wissenschaft verlief dann über Lehraufträge in der Politik- und Wirtschaftsdidaktik an der Humanwissenschaftlichen Fakultät der

Universität zu Köln. Dort prägte mich eine sozialwissenschaftliche Bildung, die sich der kritischen (Selbst-)Reflexion, einem gemäßigten Konstruktivismus sowie den Prinzipien von Multiperspektivität und -paradigmität verpflichtet sieht. Dank meines promotionsbegleitenden Studiums der Wirtschaftswissenschaften öffnete sich dann auf einer wissenschaftlichen Mitarbeiterstelle das Fenster in Richtung ökonomischer Bildung an der Universität Duisburg-Essen, bevor ich nach einem kurzen Intermezzo an der Pädagogischen Hochschule Schwäbisch Gmünd in Frankfurt a. M. zu meinen „politischen" Wurzeln zurückkehren durfte.

Was die wissenschaftlichen Vorbilder anbelangt, so unterlag ich verschiedenen Einflüssen. Als studentische Hilfskraft am Max-Planck-Institut für Gesellschaftsforschung prägte mich nachhaltig Wolfgang Streeck, dessen Seminare an der Universität zu Köln ich noch besuchte, als ich längst „scheinfrei" war. Bei Christoph Butterwegge habe ich gelernt, wie man politische Fragestellungen strukturiert, analysiert und pointiert. Thomas Retzmann hat mich an die ökonomische Bildung herangeführt und dazu angehalten, mit pedantischer Präzision zu arbeiten. Klaus-Peter Hufer schließlich hat mir meinen ersten öffentlichen Vortrag an der örtlichen Volkshochschule ermöglicht – und meine Leidenschaft für die politische Bildung in unzähligen Gesprächen immer wieder neu entfacht.

2. Situation und Perspektiven der politischen Bildung

Obschon die politische Bildung hierzulande in allen 16 Bundesländern curricular verankert ist, sollten wir uns mit dem Status Quo nicht zufrieden geben. So sieht sich die politische Bildung derzeit einem intensiven Verdrängungswettbewerb durch die ökonomische Bildung ausgesetzt, die überwiegend auf politikferne Themenschwerpunkte wie „Finanzielle Allgemeinbildung" und „Entrepreneurship Education" setzt. Der Wunsch, dass sich möglichst viele Menschen für die Zukunft unserer Gesellschaft verantwortlich fühlen und im Rahmen ihrer Möglichkeiten für Demokratie, (sozialen) Frieden und Umweltschutz eintreten, ist weder neu noch sonderlich originell, aber angesichts der ungebrochenen Individualisierungstendenzen aktueller denn je. Werbeslogans wie „Unterm Strich zähl' ich." (Postbank), „Weil ich es mir wert bin." (L'Oreal) und „Gerade einen wichtigen Menschen wieder getroffen. Mich selbst."

Gegenwärtige Situation und Herausforderungen

(TUI) versinnbildlichen diesen Rückzug auf sich selbst, der immer deutlicher mit einer Abkehr vom Gemeinwesen als konstitutivem Merkmal des Politischen korrespondiert. Wenn Ehepartner hierzulande im Durchschnitt nur noch sieben Minuten am Tag miteinander reden, sich aber nur ein Prozent der Männer mehr Gespräche mit ihren Partnerinnen wünscht und das Dauerstreicheln von Smartphones mit dem simultanen Anschweigen von leibhaftig anwesenden Gesprächspartner(inne)n einhergeht, muss auch die politisch motivierte Kommunikation eine Renaissance erfahren.

Zukünftige Rolle der politischen Bildung

„Wer sich nicht mit Politik befasst, hat die politische Parteinahme, die er sich sparen wollte, bereits vollzogen." Mit diesen Worten wies der Schriftsteller Max Frisch in den 1970er Jahren darauf hin, dass man sich in einer modernen Industriegesellschaft nicht von der Politik abwenden kann. Schließlich ist auch ein vermeintlicher Verzicht auf Politik ein politischer Akt – ein politischer Akt jedoch, der demokratischen Prinzipien zuwiderläuft. Daher ist die politische Debatte – und damit auch die politische Bildung – für jede demokratische Gesellschaft konstitutiv. Leider wird nach ihr häufig nur dann gerufen, wenn sie als „Feuerwehr" gesellschaftliche Brandherde wie Jugendgewalt, Fremdenfeindlichkeit oder Politik(er)verdrossenheit löschen soll. Wir müssen dafür Sorge tragen, dass die politische Bildung nicht länger stark schwankenden Akzeptanzzyklen unterliegt, sondern dauerhaft als integraler Bestandteil einer tragfähigen Allgemeinbildung begriffen wird.

3. Demokratie und politische Bildung

Was ist Demokratie?

Demokratie ist für den Zusammenhalt einer Gesellschaft unabdingbar. Dazu müssen sich die gesellschaftlichen Interessen der Mehrheit durchsetzen, d. h. die öffentlichen Angelegenheiten dürfen nicht im Sinne einiger Weniger entschieden werden. Zum anderen muss eine funktionierende Demokratie ihrer Schutzfunktion gegenüber denjenigen nachkommen, deren Belange aufgrund ihrer schwachen Verhandlungsposition andernfalls mit Füßen getreten würden. Schon Rousseau hat deutlich gemacht: „Zwischen dem Schwachen und dem Starken ist es die Freiheit, die unterdrückt, und das Gesetz, das befreit." Zudem scheint mir die Forderung zentral zu sein, dass es neben einer demokratischen Gesellschaftsordnung keine undemokratische Wirtschaftsordnung geben darf, weshalb z. B. die betriebliche Mitbestimmung als unverbrüchlicher Bestandteil einer demokratischen Unternehmenskultur verstanden werden sollte. Statt der von den Apologeten eines „schlanken" Staates beschworenen marktkonformen Demokratie brauchen wir einen demokratiekonformen Markt.

Da demokratische Verhaltensweisen nicht anthropologisch festgelegt sind, sondern jeden Tag und bis ins hohe Alter erlernt werden müssen, ist und bleibt die intensive Beschäftigung mit „Demokratie" als politischem Prinzip sowie als Staats- und Lebensform eine Kernaufgabe der politischen Bildung. Da mit der zunehmenden Verlagerung politischer Verantwortlichkeiten auf die europäische und globale Ebene eine schleichende „Entdemokratisierung" stattfindet, muss das Interesse an Demokratie (wieder)belebt werden. Denn auch in einer Zeit, in der sich der politische Willensbildungsprozess kaum mehr auf öffentlichen Plätzen – in Anlehnung an die griechische *Agora* oder das römische *Forum* als historischen Orten der politischen Debatte – abspielt, lebt unsere Demokratie unverändert davon, dass sie viele Hüter/innen hat. Um möglichst viele „Hüter/innen der Demokratie" heranwachsen zu sehen, muss der Politikmüdigkeit entgegengetreten werden – in den Medien, in außerschulischen Bildungseinrichtungen, aber eben auch an Schulen und Universitäten.

Demokratielernen als Aufgabe der politischen Bildung?

Unter welchen Bezeichnungen die politische Bildung auch immer in den einzelnen Bundesländern und Jahrgangsstufen firmiert, so hat sie doch glücklicherweise ihren Platz in den Stundentafeln gefunden. Gleichwohl kommt ihr eine Bedeutung zu, die weit über die in den „Kernfächern" inzwischen etablierte Kompetenz- und Outputorientierung hinausreicht. In Zeiten, in denen immer mehr Gesellschaftsbereiche dem „betriebswirtschaftlichen Imperialismus" (Oskar Negt) unterworfen werden, ist es dringlicher denn je, dass die politische Bildung das öffentliche Interesse als konstitutives Merkmal demokratischer Gesellschaften akzentuiert.

Rolle der politischen Bildung in der Demokratie

4. Politikbegriff und Breite des Unterrichtsfaches

Der Begriff „Politik" hat sowohl im Alltagsverständnis als auch in der Wissenschaft höchst unterschiedliche Bedeutungen, geht es doch nicht um einen eindeutig umgrenzten Gegenstandsbereich, sondern um eine sich mit den sozialen und historischen Gegebenheiten wandelnde Realität. Hannah Arendt – nachzulesen in den Fragmenten aus ihrem

Was ist Politik?

Nachlass „Was ist Politik?" – differenziert zutreffend zwischen Politik und Politischem. Während das Politische sich auf den gesamten öffentlichen Raum bezieht und eine Art Rahmengerüst für die Politik bietet, ist letztere begrifflich enger gefasst. Politik zielt letztlich immer auf das Treffen kollektiv verbindlicher Entscheidungen.

Politik als Kern?

M. E. sollte die politische Bildung alle Teilbereiche des gesellschaftlichen Lebens in den Blick nehmen, erlauben die Strukturen und Funktionsweisen einer modernen, funktional ausdifferenzierten Gesellschaft doch keine monodisziplinären, mitunter sogar monistischen Erklärungen. Da sich Monokulturen nicht nur in der Landwirtschaft als wenig tragfähig erwiesen haben, stellt die systematische Verzahnung mit den benachbarten sozialwissenschaftlichen Teildisziplinen wie der Soziologie oder den Wirtschafts- und Rechtswissenschaften aus meiner Perspektive eine *conditio sine qua non* für die Wirkmächtigkeit politischer Bildung dar. Gerade in einer Zeit, in der immer mehr Gesellschaftsbereiche nach der Losung „Less government is good government" dem Markt überantwortet werden, muss die politische Bildung Positionen vermitteln, die sich nicht der „Fürsprache des Marktes" verschreiben, sondern die Grammatik einer Gesellschaft deuten und deren politische Konstitution analysieren, explizieren und kommentieren.

Lernfeld Gesellschaftswissenschaften

In der Primarstufe ist die politische Bildung wie in den meisten anderen Bundesländern auch in Hessen im Sachunterricht verankert. Am Gymnasium ist die politische Bildung durchweg im Unterrichtsfach „Politik und Wirtschaft" verortet. An Haupt- und Realschulen ist die politische Bildung in den Unterrichtsfächern „Arbeitslehre" sowie „Politik und Wirtschaft" beheimatet, an den Integrierten Gesamtschulen geht die politische Bildung hingegen in den Unterrichtsfächern „Arbeitslehre" und „Gesellschaftslehre" auf. Als Befürworter eines integrativen sozialwissenschaftlichen Ansatzes vertrete ich die Auffassung, dass der „Verdrängungswettbewerb" zwischen den sozialwissenschaftlichen Teildisziplinen beendet werden sollte.

5. Kompetenzen, Inhalte und Konzepte der politischen Bildung

Kompetenzorientierung

Die „Kompetenzwende" hat nicht nur in der politischen Bildung, sondern in allen Fachdidaktiken einen sicht-, spür- und hörbaren Wandel angestoßen, der sich nicht zuletzt in einer rasant wachsenden Zahl von

Forschungsprojekten zur Kompetenz- und Leistungsmessung niederschlägt. Dabei hat die fachdidaktische Debatte auch in der „Post-PISA-Phase" noch zu keiner allgemein verständlichen Konturierung des Kompetenzbegriffs geführt. Dies gilt auch für die politische Bildung.

Positiv deuten lässt sich die Kompetenzorientierung insofern, als dass damit ähnlich wie mit der Lernzielorientierung in den 1970er Jahren dem überkommenen Wissens- und Stoffverständnis begegnet wird, wie Wolfgang Sander in einem FAZ-Beitrag mit dem Titel „Im Land der kompetenten Säuglinge" trefflich ausgeführt hat. Allzu häufig gerät hingegen in Vergessenheit, dass der Kompetenzbegriff ursprünglich nicht fachbezogen gedacht worden war. Während in der pädagogischen Psychologie und der strukturalen Linguistik ein intensiver wissenschaftlicher Diskurs über die Facetten des komplexen Begriffs „Kompetenz" stattfindet, wird dieser in den Fachdidaktiken bisweilen überstrapaziert. Spätestens dann, wenn „Selbstkompetenz" zum zentralen Lernziel erhoben wird, ist das Humboldtsche Bildungsideal perdu.

In allen (Rahmen-)Lehrplänen sind neben den fachspezifischen Sachkompetenzen die Analyse-, Methoden-, Urteils- und Handlungskompetenzen relevant. Zudem bieten die in den Bildungsstandards der GPJE festgeschriebenen Kompetenzen den Schulen Orientierung, um ein individuelles Profil für ihre Lehrpläne zu entwickeln, wenngleich Schulqualität sich natürlich nicht allein an gemessenen Schülerleistungen ablesen lässt. Gerade für die Entwicklung von Kompetenzen im Feld der politischen Bildung ist entscheidend, dass persönlichkeits- und verhaltensorientierte Kompetenzen wie Kreativität, Kommunikations- und Teamfähigkeit ihren Platz haben. Mit der Reduktion auf Sachkompetenz beschneidet sich die politische Bildung ihrer zentralen und unverzichtbaren Anliegen: der Reflexions-, Kritik- und Urteilsfähigkeit.

Kompetenzen

Selbstverständlich muss die politische Bildung ein Grundgerüst an Sachwissen vermitteln. Schließlich muss derjenige, der nichts weiß, viel glauben. Angesichts der Tatsache aber, dass die Schule heute Hilfestellungen für eine überaus unbestimmte und komplexe Zukunft geben muss, verliert der traditionelle Wissenserwerb zunehmend an Bedeutung gegenüber solchen Kompetenzen, mit deren Hilfe die Lernenden in die Lage versetzt werden, sich selbstständig und selbsttätig den Herausforderungen der Wissensgesellschaft zu stellen. Vor dem Hintergrund der sich in den nächsten Jahren und Jahrzehnten vermutlich abermals beschleunigenden technischen, wirtschaftlichen und gesell-

Grundwissen

schaftlichen Entwicklung lässt sich nicht prognostizieren, welches Wissen in 20 oder 30 Jahren relevant sein wird, um in Schule, Beruf und Gesellschaft bestehen zu können. Dieser Entwicklung müssen Schule und Hochschule Rechnung tragen. Gerade im Bereich der politischen Bildung ist es immens schwer, einen klassischen Kanon etablierter Inhalte festzulegen, da dem Aktualitätsgebot folgend stets neue Inhalte zum Gegenstand des Unterrichts erklärt werden müssen. Spätestens wenn Kommunalpolitiker/innen in der Schule zu Gast sind, müssen Schüler/innen sich neues Wissen erschließen, um präzise Fragen stellen zu können.

Konzepte

Bei aller Skepsis gegenüber dem mitunter inflationär gebrauchten Kompetenzbegriff plädiere ich für Vielfalt statt Einfalt und damit für die begriffliche Parallelexistenz von Konzepten und Kompetenzen. Selbst moderate konstruktivistische Lerntheorien verdeutlichen, dass Wissen und Wirklichkeit erst durch die subjektive Konstruktion von Konzepten entstehen. Politisches Lernen verlangt daher mehr als die Wahrnehmung der gesellschaftlichen Realität und die Adaption von Sachlogiken. Dirk Lange hat die mit dem Begriff „Konzept" verbundene Verknüpfungsleistung auf den Punkt gebracht: „Bei konzeptuellem Wissen handelt es sich um ein Wissen, das hinter dem reinen Faktenwissen liegt. Konzepte sind keine Träger von Informationen, sondern Erzeuger von Sinn."

Zugleich müssen wir m. E. aber auch strategisch – will heißen: bildungspolitisch – denken. So könnte es klug sein, sich im Gefolge der etablierten „Kernfächer" auf ein von allen Politikdidaktiker(inne)n getragenes „Kollektivprodukt" zu einigen, und zwar nicht, um eine „Einheitsdidaktik" für kompetenzorientierten Unterricht in der politischen Bildung zu installieren, sondern um den Anspruch der politischen Bildung auf ein in allen Jahrgangsstufen und in allen Schulformen fest etabliertes Unterrichtsfach mit einer deutlich vernehmbaren Stimme an die Kultusbürokratie heranzutragen. Die Schweigenden bekommen schließlich kein Land. Dessen ungeachtet muss in der wissenschaftlichen Auseinandersetzung deutlich gemacht werden, dass sich die politische Bildung niemals in der instruktionsorientierten Vermittlung testbaren Wissens erschöpfen darf. Für kein anderes Unterrichtsfach wären die Folgen der von Steuerungs- und Kontrollillusionen getriebenen „*Teaching-to-the-test-Philosophie*" so verheerend wie für die politische Bildung.

6. Politikdidaktische Prinzipien

Politische Bildung muss als Selbsterhaltungsunterfangen demokratischer Gesellschaften verstanden werden, verwandelt sie doch das zentrale gesellschaftliche Problem – die Sicherung des Miteinanderauskommens – in eine pädagogische Grundfrage: Wie können Menschen ihre Interessen und Bedürfnisse so koordinieren, dass sich ihr Zusammenleben friedlich, solidarisch und zu ihrer eigenen Zufriedenheit gestaltet? Dieser Leitfrage müssen die didaktischen Prinzipien m. E. untergeordnet werden. Dazu zählen meiner Auffassung nach insbesondere Exemplarität, Betroffenheit und Bedeutsamkeit, Schüler-, Problem- und Wissenschaftsorientierung sowie Kontroversität und Pluralismus bzw. Heterogenität als konstitutive Merkmale gesellschaftlicher Debatten.

In der heutigen Zeit tut ein klares Bekenntnis zu Pluralismus aus meiner Sicht gerade im schulischen Kontext Not. Schließlich sind selbst im Katholizismus die Zeiten überwunden, in denen ein schlichtes „Nihil obstat" der kirchlichen Gutachter ausreichte, um ein Werk als einzige und letzte Wahrheit zu klassifizieren – und den Hoffnungsstrahl der Aufklärung im Keim zu ersticken. Die prinzipielle Offenheit gegenüber alternativen Denkansätzen hat uns nicht nur den von Nikolaus Kopernikus und Galileo Galilei eingeleiteten bahnbrechenden Wandel vom geo- zum heliozentrischen und schließlich zum galaktozentrischen Weltbild gebracht, sondern lehrt uns auch, dass es für den Schulunterricht ebenso wie für die Ausbildung an Hochschulen und Studienseminaren unverzichtbar ist, regelmäßig einen der einflussreichsten europäischen Aufklärer in Erinnerung zu rufen. Es war Voltaire, dem eine bis heute gültige, für jeden Rechtsstaat konstitutive und dennoch regelmäßig missachtete Erklärung zugeschrieben wird: „Du bist anderer Meinung als ich, aber ich werde dein Recht, sie äußern zu dürfen, mit meinem Leben verteidigen."

7. Methoden und Medien der Politischen Bildung

Grundsätzlich möchte ich die Methoden empfehlen, die sich in den vier im Wochenschau-Verlag erschienenen Methodentrainings für den Politik- und Ökonomieunterricht finden. Zugleich möchte ich eine Lanze für eine vielfach kaum mehr diskutierte Methode brechen: die Textanalyse. Wer die Welt begreifen will, darf sich nicht blenden lassen – weder von

Methoden

Symbolpolitik noch von symbolischer Sprache, die im Zeitalter des *Labeling* einen geradezu einzigartigen Aufschwung erfahren hat. Ob das „lernende" Lesen nun kursorisch zur Gewinnung eines Überblicks, selektiv oder vergleichend angelegt ist, so dient es doch in jedem Fall der Dechiffrierung von Sprache. So kann die zielgerichtete Lektüre dazu beitragen, in der öffentlichen Debatte durchweg positiv besetzte Begriffe zu „enttarnen", d. h. im Sinne ihrer eigentlichen Bedeutung zu beleuchten. So gilt heutzutage vielfach als „modern", was in Wirklichkeit antiquiert oder jedenfalls althergebracht ist: Studiengebühren erinnern an das bis 1970 an westdeutschen Universitäten erhobene Hörergeld und die Erhebung von Mautgebühren erinnert an Zeiten, in denen es noch fürstliche Wegezölle gab.

Medien

Nach wie vor halte ich die Lektüre fachlich einschlägiger Bücher, Zeitschriften und Zeitungen für unerlässlich, um sich politische Inhalte zu erschließen. Zugleich fördert das zielgerichtete Lesen, z. B. nach der SQ3R-Methode, neben der hierzulande vielfach unzureichend ausgeprägten Lesekompetenz in besonderem Maße auch die mathematisch-naturwissenschaftlichen Kompetenzen von Schüler(inne)n, wie vor geraumer Zeit eine an der finnischen Jyväskylä-Universität veröffentlichte Studie zu Tage förderte. Wenngleich ich mir der wachsenden Bedeutung elektronischer Medien bewusst bin und sie in Seminaren auch zum Einsatz bringe, so zähle ich diesbezüglich eher zu den hinterherhinkenden oder gar konservativen Kräften. Womöglich stellt das „Studium digitale" unter technischen und finanziellen Gesichtspunkten ja die Zukunft dar. Aber haben wir nicht alle auch studiert, um uns zwischen den Lehrveranstaltungen mit den Kommiliton(inn)en auszutauschen?

Rolle des Schulbuchs

In Anbetracht der Tatsache, dass in den vergangenen Jahren zahlreiche „Bildungs- und Lernpartnerschaften" etabliert wurden und die Zahl kostenlos zur Verfügung gestellter Unterrichtsmaterialien seit Jahren im zweistelligen Prozentbereich wächst, kann man nur hoffen, dass dem Schulbuch weiterhin eine halbwegs tragfähige Zukunft beschieden ist. Da inzwischen allein 16 der 20 umsatzstärksten deutschen Unternehmen Gratis-Schulmaterialien anbieten, wird das Schulbuch nur als Hort von Qualität und Seriosität überleben können. Bedenkt man, dass Schulbücher im Gegensatz zu den von privaten Content-Anbietern produzierten Unterrichtsmaterialien in 13 von 16 Bundesländern ein staatlich zertifiziertes Zulassungsverfahren durchlaufen, stehen die Chancen aber sicherlich nicht schlecht.

8. Lernprozesse und Schülervor- und -einstellungen

Wichtig scheint mir die in der pädagogischen Psychologie verbreitete Erkenntnis zu sein, dass Wissenserwerb – auch im umfassenden inferentiellen Sinne – kein rein rationales Geschäft ist, sondern gerade in der politischen Bildung zumeist vor dem Hintergrund handlungsrelevanter Um- und emotional aufgeladener Zustände stattfindet. So ist man z. B. über die Gier von Managern oder die letzte Steuerreform erbost. Kurzum: Politische Sachfragen, die Menschen umtreiben, sind niemals wertneutral und haben stets eine Bedeutung für das persönliche Lebensumfeld. Daher sollten Analysen des Kompetenzerwerbs nicht auf den rein kognitiven Aspekt beschränkt bleiben, sondern darüber hinaus affektive und konative Faktoren einbeziehen. Denn unabhängig davon, ob Einstellungen auf Menschen, Gruppen, Institutionen und/oder Problemstellungen zielen, fungieren sie in den gesellschaftswissenschaftlichen Fächern sowohl als Lernvoraussetzungen wie auch als Bildungs- und Erziehungsziele.

Bedeutung lerntheoretischer Erkenntnisse

Wollen wir der in der Psychologie intensiv erforschten Kluft zwischen der Intentionalität der Lehrenden einerseits und der Individualität der Lernenden andererseits auch in der politikdidaktischen Forschung in Zukunft besondere Aufmerksamkeit schenken, sollten wir die weitreichende Expertise der empirischen Bildungsforscher/innen nutzen. War die Einstellungsforschung bis in die 1970er Jahre hinein nahezu ausschließlich in der Sozialpsychologie beheimatet, widmen sich hier an der Goethe-Universität nun u. a. auch immer mehr Fachdidaktiker/innen den damit verbundenen Fragestellungen. Gleiches gilt auch für die mit dem *Conceptual-Change*-Ansatz verbundenen Forschungsprojekte.

Lange Zeit hat die systematische Erforschung von Wissen sowie von Vor- und Einstellungen in den sozialwissenschaftlichen Fachdidaktiken kaum Verbreitung gefunden, obwohl Bildungsprozesse bekanntlich immer an den individuellen, kulturellen und sozialen Voraussetzungen der Lernenden anknüpfen sollten. Erfreulicherweise erschöpft sich das Erkenntnisinteresse zahlreicher politikdidaktischer Untersuchungen nicht mehr in der Auswahl, Legitimation und Methodisierung fachwissenschaftlicher Strukturen.

Empirische Forschung & Schüler- und Lehrervorstellungen

M. E. weisen z. B. die Untersuchungen von Andreas Klee zum Politikbewusstsein von Politiklehrer(inne)n, von Andreas Lutter zu Schülervorstellungen über Migration, von Oliver Krebs zum Einfluss sozialwissenschaftlichen Unterrichts auf Schülereinstellungen zu wirtschaftspolitischen Kontroversen sowie die Arbeiten von Dirk Lange zum Bürgerbewusstsein in eine vielversprechende Richtung. Zwar fokussiert die sozialwissenschaftliche Didaktik zunehmend lernrelevante Faktoren mittels methodenbezogener Wirksamkeitsanalysen, aber die im lernenden Subjekt stattfindenden Prozesse bleiben dabei noch allzu häufig unberücksichtigt. Daher sollte ein bislang unzureichend verfolgtes Ziel darin bestehen, epistemologische Überzeugungen sowie Vor- und Einstellungen von Schüler(inne)n zu erforschen, um deren eigenaktives Erkenntnis- und Auseinandersetzungsverhalten zu ergründen. So kann die Einstellungsforschung über bedeutsame Fragen im Feld der sozialwissenschaftlichen Bildung Aufschluss geben, wenn z. B. danach gefragt wird, ob – und wenn ja, inwieweit – differenzierte(re)s Wissen zu differenzierte(re)n Urteilen und die Implementation verschiedenartiger Unterrichtsmaterialien zu unterschiedlichen Einstellungsmustern führt.

9. Politikdidaktik als Wissenschaft

Forschungsfragen für die Zukunft

Das Feld der politischen Bildung ist schier unendlich weit, da sich doch – soweit dürfte Einigkeit unter allen politischen Bildner(inne)n bestehen – in nahezu jedem Thema ein „Funken" Politik entdecken lässt. Deshalb liegt es mir fern, eindeutige Empfehlungen für wissenschaftliche „Betätigungsfelder" auszusprechen, obschon die Kompetenzdebatte, die Erforschung von Schülervor- und -einstellungen sowie die curriculare und inhaltliche Integration der sozialwissenschaftlichen Nachbardisziplinen Soziologie und Ökonomie unter dem Dach der politischen Bildung m. E. dringend einer wissenschaftlichen Aufarbeitung bedürfen.

Was die Debatte „Empirische vs. konzeptionelle Forschung in der Politikdidaktik" angeht, so plädiere ich als jemand, der sich beiden Richtungen verpflichtet fühlt, für eine ausgewogene Betrachtung – und ein wenig mehr Demut vor den Leistungen der jeweils anderen. Wollen wir methodologische Vielfalt ernst nehmen und dem wissenschaftlichen Postulat „Audiatur et altera pars" folgen, dürfen wir keine „Lagerkämpfe" führen. Fest steht für mich allerdings, dass aus dem Menschen als Maß aller Dinge nicht der Mensch als Vermesser aller Dinge werden darf. Das Verlangen, alles zu messen, was messbar ist, und messbar zu machen, was nicht messbar ist, liegt m. E. zumindest in Teilen in einem fachdidaktischen „Minderwertigkeitskomplex" gegenüber der empirischen Forschung in den Fachwissenschaften begründet. Vor dem einseitigen „empirischen Aufbruch einer neuen Generation von Politikdidaktiker/-innen" (Sabine Manzel) würde ich daher warnen. Um als wissenschaftliche Disziplin weiter zu reifen, müssen alle Forschungsanstrengungen gedeihen können, die über eine rein phänomenologische Betrachtung hinausgehen. So wie die Empiriker nicht als „Zahlenfriedhofsdeuter" diskreditiert werden sollten, sollten diejenigen Politikdidaktiker/innen, die sich der theoretischen Konzeption unserer Domäne widmen, nicht als „Normativisten" abgestempelt werden.

Die Schwerpunkte unseres Arbeitsbereichs reichen von empirischen und normativen Grundlagen der sozialwissenschaftlichen Didaktik über die Frage, weshalb Pluralismus und Subjektorientierung zentrale Leitmotive der politisch-ökonomischen Bildung darstellen, bis hin zur Analyse, Bewertung und Entwicklung von Unterrichtsmaterialien. Mein langfristiges wissenschaftliches Interesse zielt auf die Einstellungsforschung im Kontext sozialwissenschaftlicher Bildung. Konkret verfolgen wir derzeit die folgenden sieben Forschungsvorhaben:

Eigene Forschungsschwerpunkte

1. In einem Kooperationsprojekt mit Till van Treeck untersuchen wir politische Einstellungen von Studierenden im Schatten der Wirtschafts- und Finanzmarktkrise mit dem Ziel, die Erhebung auf weitere europäische Staaten auszuweiten.
2. Das im Rahmen der „Qualitätsoffensive Lehrerbildung" bewilligte Konzept „LEVEL – Lehrerbildung vernetzt entwickeln" zielt im sozialwissenschaftlichen Fächerverbund auf das Postulat der Mündigkeit.
3. Im Rahmen des Projekts „PolECule" wird ein Curriculum für das interdisziplinäre Unterrichtsfach Politics, Economics & Culture entwickelt.
4. Das Projekt „Konzeption, Entwicklung und Durchführung von Planspielen für die sozialwissenschaftliche Lehre" zielt auf die Themen „Verhandlungen in der gouvernementalen Arena" und „Wahlen".
5. Im Forschungsprojekt „'Wert' und 'Gewinn'" analysieren wir den Aufbau von Wissensstrukturen und differenzierten Einstellungen mittels videogestützter Forschung.
6. Im Rahmen des Projekts „Böckler Schule" wird ein auf die schulische Umsetzbarkeit zielendes Konzept zur sozio-ökonomischen Bildung nebst Unterrichtsmaterialien entworfen.

7. Unter dem Arbeitstitel „Schlanker Staat, starker Markt – Politik der Privatisierung" untersuchen wir die Privatisierung der öffentlichen Daseinsvorsorge.

10. Fachdidaktische Kontroversen

Ich sehe derzeit in erster Linie zwei Kontroversen, in denen die politische Bildung Position beziehen muss: erstens in der Kompetenzdebatte und zweitens in der Diskussion um die curriculare Verankerung der ökonomischen Bildung. Was die Kompetenzdebatte angeht, so möchte ich auf die obigen Ausführungen verweisen.

Mit Blick auf die sich in einem rasanten Aufschwung befindliche ökonomische Bildung ist festzustellen, dass der „Verdrängungswettbewerb" der sozialwissenschaftlichen Teildisziplinen die politische Bildung mit einem Separatfach „Wirtschaft" an den Rand zu drängen droht. Die derzeitigen institutionellen und strukturellen Voraussetzungen begünstigen die ökonomische gegenüber der politischen Bildung. Wenn sich immer mehr Schulen genötigt sehen, über Initiativen wie die Aktion „Bildungslückenfüller" Computer, Regale und Baustoffe zur Gebäudesanierung von Privatunternehmen einzuwerben, wird nämlich nicht nur die chronische Unterfinanzierung der kommunalen Haushalte deutlich. Zugleich treten im Schatten sinkender Schulbuchetats und gedeckelter Kopierkontingente immer mehr private Akteure auf den „Bildungsmarkt". Schon die im Rahmen der PISA-Studie 2006 durchgeführte Befragung von Schulleiter(inne)n offenbarte, dass 87,5 Prozent der 15-jährigen Schüler/innen hierzulande eine Schule besuchen, „an der Wirtschaft und Industrie Einfluss auf die Lehrinhalte ausüben", was selbst im OECD-Vergleich einen traurigen „Rekord" darstellt.

Nach meinem Dafürhalten sollten die der sozialwissenschaftlichen Trias aus Politologie, Ökonomie und Soziologie zu Grunde liegenden gemeinsamen Denkweisen, Kategorien und Methoden deutlicher in einen systematischen Zusammenhang gestellt, konzeptionell geordnet und in einem Verbundfach unterrichtet werden. Daher sollten auch soziologische Paradigmen, Perspektiven und Positionen einen deutlicheren Widerhall in der politischen Bildung finden. So liefert die Soziologie für eine Vielzahl sozialwissenschaftlich bedeutsamer Themen- und Inhaltsfelder ebenso aufschlussreiche wie den Interessen der Schüler(inne)n Rechnung tragende Erklärungen.

Die Debatte wird auch um die Frage kreisen, wie ein perspektivischer Monismus vermieden und heterodoxe sowie interdisziplinäre Inhalts- und Themenfelder in die Lehrpläne aufgenommen werden können. Die Annahme, dass eine Wissenschaft, die ihre paradigmatischen und damit auch normativen Grundlagen nicht mehr reflektiert, keine Wissenschaft im strengen Sinne des Wortes mehr darstellt, lässt sich auf die sozialwissenschaftlichen Fachdidaktiken übertragen. Als notwendig erscheint die Perspektiverweiterung vor allem dann, wenn man mit Sorge betrachtet, dass Rationalitäten immer mehr Lebensbereiche erfassen, die vormals als originär privat oder politisch gestaltbar galten.

11. Politikdidaktik und Lehramtsausbildung

Angesichts der Tatsache, dass jedes Jahr allein hierzulande ca. 90.000 Bücher erscheinen, ist es kaum möglich, einen fest umrissenen Wissenskanon zu definieren. Gleichwohl benennen die Schulcurricula natürlich die Themen, bei denen eine inhaltliche Expertise vorhanden sein muss. Wenn man sich bildlich vorstellt, dass die Didaktik die Vase ist, die den zu erschließenden Inhalten die für die Schüler/innen passende Form verleiht, und die Methodik das Wasser ist, das der Blume Leben schenkt, so wird man zudem ein breites Repertoire an Lehr-/Lernmethoden zum Kern dessen zählen, was Politiklehrer/innen können sollten.

Wissen und Können von Politiklehrern

Hätten institutionelle, curriculare und personale Vorgaben eine geringere Bedeutung, würde ich mir wünschen, dass die Lehramtsstudiengänge in Hessen nicht nur 180 CP (Lehramt an Grund-, Haupt- und Realschulen) bzw. 240 CP (Lehramt an Gymnasien und Förderschulen) umfassen, sondern den bundesweit gängigen Zielvorgaben (240 CP und 300 CP) angepasst werden. Dann ließe sich der im Lehramtsstudiongang „Politik und Wirtschaft" sehr niedrige fachwissenschaftliche Anteil des Studiums erhöhen, so dass man in der Fachdidaktik auf ein solides fachliches Fundament setzen könnte – und nicht fortwährend fachwissenschaftlich kompensatorisch wirksam werden müsste. Da die klassische Berufsbiographie von Lehrer(inne)n bis heute durch die Trias „Schule – Hochschule – Schule" gekennzeichnet ist, plädiere ich gerade bei angehenden Haupt- und Realschullehrer(inne)n für eine intensive Einbeziehung (sozial)pädagogischer und berufsfeldbezogener Lehrinhalte. Gerade nach dem Wegfall des Wehr- und Zivildienstes hielte ich es für sinnvoll, wenn alle angehenden Politiklehrer/innen ein halb-

Politikdidaktik in der Lehramtsausbildung

jähriges Praktikum in einer politiknahen Einrichtung wie z. B. in der öffentlichen Verwaltung, in einer Partei oder in einer NGO durchliefen.

Verhältnis von Theorie und Praxis

Mit „Rezepten" tue ich mich nicht nur in der Küche schwer. Ich versuche, die Erwartungen der Studierenden mit dem Hinweis zu dämpfen, dass das Obsoleszenztempo, d. h. die Geschwindigkeit, mit der Bildungsinhalte veralten, positiv mit ihrer Praxisnähe und negativ mit ihrem Abstraktionsniveau korreliert. Mit anderen Worten: Je enger Gelerntes an die Praxis angebunden ist, desto schneller veraltet es. Mein Plädoyer, das Studium im Rahmen der „Bologna-Möglichkeiten" als einmalige Gelegenheit des Eintauchens in die Wissenschaft zu begreifen, wird von den Studierenden meist mit dem Hinweis kommentiert, dass die „Abrichtung" auf den Arbeitsmarkt natürlich auch nicht in ihrem Sinne sei. Zudem verweise ich in regelmäßigen Abständen darauf, dass die berufsbezogene Vorbereitung im Referendariat durch „Praxisexpert(inn)en" erfolgt.

Schwerpunkte der eigenen Lehre

Fachwissenschaftlich bewege ich mich im Spannungsfeld der sozialwissenschaftlichen Teildisziplinen Politologie, Soziologie und Ökonomie, wobei ich stets darauf bedacht bin, die disziplinären und methodologischen Schnittmengen herauszustellen. Dies gilt auch für den fachdidaktischen Zugang, bei dem ich politikdidaktische Schwerpunkte um ausgewählte Aspekte der ökonomischen Bildung anreichere. Lehrveranstaltungen, die ich anbiete, tragen z. B. die Titel „Planspiele in der politischen Bildung", „Lehrplanbezogene Fallstudienarbeit am Beispiel der Wirtschafts- und Finanzmarktkrise", „Analyse, Bewertung und Entwicklung von Unterrichtsmaterialien" oder „Filmanalyse in der sozialwissenschaftlichen Bildung".

Grundsätzlich strebe ich einen kumulativ aufgebauten Lernprozess an, indem aufbauend auf fachdidaktischen Grundlagen *(Grundlagenwissen)* die Kategorien sozialwissenschaftlichen Denkens vermittelt werden *(Orientierungswissen)*, bevor dann die Unterrichtsplanung, -durchführung und -evaluation in den Mittelpunkt rücken *(Professionswissen)*, um schließlich sozialwissenschaftliche „Spezialthemen" nach didaktisch-methodischen Kriterien zu erschließen *(Progressionswissen)*. Wenngleich die Möglichkeiten der methodischen Ausgestaltung von Lehrveranstaltungen natürlich in erheblichem Maße von der Größe der Lerngruppe abhängen, so bemühe ich mich doch stets, ein breites Repertoire an Lehr-/Lernmethoden einzusetzen – von der Textanalyse über Experimente bis hin zum Besuch außeruniversitärer Lernorte.

12. „Gute" politische Bildung

Ich hoffe, mit den bisherigen Antworten bereits einige Hinweise gegeben zu haben, aber wenn ich einen Punkt herausgreifen sollte, so sehe ich die politische Bildung in besonderer Weise in der Pflicht, die Urteilsfähigkeit zu schärfen. Dies muss schon auf einer alltäglichen, womöglich profan erscheinenden Ebene beginnen: bei der Dekonstruktion von Sprache. Begriffe wie „Eigenverantwortung", „Modernisierung" und „Reform" eint nicht nur ihre positive Konnotation, sondern auch die Tatsache, dass sie häufig ahnungs-, bedenken- und kritiklos wiederholt werden. Politische Bildung muss für diesen „Orwellschen Neusprech" sensibilisieren, um deutlich zu machen, dass – anders als es das Wort „Reform" suggeriert – mit Bildungs-, Renten- und Steuerreformen nicht notwendigerweise Verbesserungen für die Menschen einhergehen.

Kerstin Pohl

Politikdidaktik im Jahr 2015. Ein Resümee.

Seitdem ich das Resümee zum ersten Interviewbuch verfasst habe, sind mehr als zehn Jahre vergangen. Die Politikdidaktik hat sich in dieser Zeit weiter etabliert. Die Anzahl der Professuren hat sich im Zuge der Etablierung der Bachelor- und Masterstudiengänge ungefähr verdoppelt und vor allem beim wissenschaftlichen Nachwuchs ist ein immenser Zuwachs zu verzeichnen, der zu zahlreichen politikdidaktischen Dissertationen geführt hat. Die Gesellschaft für Politikdidaktik und politische Jugend- und Erwachsenenbildung (GPJE) hat mittlerweile mehr als 120 Mitglieder – Tendenz steigend. Bedenklich stimmt, dass immer noch an einigen Universitäten die Politikdidaktik von Fachwissenschaftlern „nebenbei" mit verantwortet wird und dass auch renommierte Lehrstühle wie der an der katholischen Universität Eichstätt, den erst Bernhard Sutor und dann Joachim Detjen inne hatten, nicht vor der Gefahr sicher sind, in politikwissenschaftliche Lehrstühle umgewandelt zu werden. Trotzdem kann man insgesamt sicher von einer Erfolgsgeschichte der Politikdidaktik sprechen. Inhaltlich ging der institutionelle Ausbau mit einer Verbreiterung der Themenspektren, mit denen sich Politikdidaktikerinnen und -didaktiker auseinandersetzen, einher. Die große Bandbreite der Forschungsschwerpunkte wird in den Interviews deutlich. Es ist deshalb schwieriger als zu Beginn des Jahrtausends, „Gemeinsamkeiten und Differenzen" (Pohl 2004b) auf den Punkt zu bringen.

Durch das Gerüst der Fragen und die engen Vorgaben für die Zeichenzahl konnten die interviewten Politikdidaktikerinnen und -didaktiker nur sehr knapp ihre Position zu den verschiedenen Punkten skizzieren. Zu vielen dieser Fragen haben sie sich an anderer Stelle ausführlicher geäußert und dies teilweise durch Verweise im Text und weiterführende Literaturangaben kenntlich gemacht. Wollte man einen systematischen Überblick zu den verschiedenen Positionen geben, müsste man alle diese Schriften berücksichtigen. Das kann in einem solchen Resümee nicht geleistet werden. In den Interviews waren die Autorinnen und Autoren gezwungen, Schwerpunkte zu setzen und andere Aspekte, die sie vielleicht in einem längeren Text auch erwähnt hätten, wegzulassen.

Es kann daher nicht darum gehen, quantitativ auszuwerten, welche Aspekte von genau wie vielen Autorinnen und Autoren angesprochen oder nicht angesprochen wurden. Stattdessen möchte ich – fast immer unter Verzicht auf konkrete Zahlenangaben – herausarbeiten, an welchen Stellen eher Konsens besteht und wo sich Differenzen erkennen lassen. Der Kürze dieses zusammenfassenden Fazit ist es auch geschuldet, dass eher die Aussagen im Zentrum stehen, die sich bei mehreren Autorinnen und Autoren in ähnlicher Weise finden lassen. Spezifische Überlegungen und Anregungen einzelner Politikdidaktikerinnen und -didaktiker werden nur im Einzelfall angesprochen.

Die knappe Zusammenschau an dieser Stelle soll – wie das ganze Buch – vor allem Politiklehrer/innen, Student/innen und Referendar/innen der Politischen Bildung den Weg durch die Vielfalt der aktuellen politikdidaktischen Diskussionen erleichtern. Dass diese Überlegungen selbst nicht frei sind von einer eigenen Position, sei gleich vorab zugestanden. Auch wenn ich mich bemüht habe, die Antworten nicht zu bewerten – ohne ihre Interpretation wäre ein Resümee nicht möglich gewesen.

Das Resümee ist entsprechend der Frageblöcke gegliedert. Innerhalb dieser Frageblöcke folgt es häufig der Gliederung der Unterfragen. Bei einigen Blöcken erwies sich das jedoch nicht als praktikabel, so dass dort eine andere Gliederung gewählt wurde, die entsprechend auch durch andere Marginalien kenntlich gemacht wird. Die Verweise auf die Antworten der Autorinnen und Autoren erfolgen jeweils auf den Frageblock, wenn dieser durch Unterfragen gegliedert ist auf die konkrete Unterfrage, z. B. „5b". Wenn Unterfragen in den Antworten zusammengefasst wurden, was häufig vorkommt, lautet der Verweis beispielsweise „5a+c", wenn Antworten nicht entsprechend der Unterfragen gliedert wurden, einfach nur „5". Wenn mehrere Namen von Autorinnen und Autoren genannt werden, geschieht dies meist aus pragmatischen Gründen in der Reihenfolge, in der die Texte im Buch veröffentlicht sind – wenn anderen Autorinnen und Autoren vorne stehen, dann entsprechen deren Ausführungen in besonderem Maße der von mir zusammengefassten Aussage.

1. Werdegang

Lebensläufe sehen in der Rückschau oft geschlossen und zielgerichtet aus – die Antworten der 28, zwischen 1941 und 1976 geborenen Politikdidaktikerinnen und Politikdidaktiker zeigen aber, dass ihr Weg in die Politikdidaktik nicht selten stark von Zufällen abhing.

Die Autorinnen und Autoren folgen der Bitte, ihren Werdegang zu schildern, auf sehr unterschiedliche Weise. Einige berichten anekdotisch von *Erfahrungen aus Kindheit und Jugend*, die sie politisiert haben: Diskussionen in der Familie, engagierte Lehrerinnen und Lehrer oder die Beteiligung an der Friedensbewegung zu Beginn der 1980er Jahre, die von der Generation der in den 1960ern Geborenen mehrfach angesprochen wird. Häufig geht auch ein Engagement in der außerschulischen politischen Bildung der Hinwendung zur schulischen politischen Bildung voraus.

Andere verweisen in ihrer Antwort eher auf die *wissenschaftlichen Einflüsse*, die sie vor allem während ihres Studiums geprägt haben und die noch heute ihrem Denken eine Richtung geben. Dabei werden sehr unterschiedliche politikwissenschaftliche und soziologische Autoren, aber auch prägende Politikdidaktiker/innen genannt, sodass man hier keine für die gesamte Disziplin besonders einflussreichen Personen ausmachen kann – meist waren es die akademischen Lehrerinnen und Lehrer der Autorinnen und Autoren, die diese nachhaltig beeinflusst haben.

Auch verschiedene *Generationen* von Politikdidaktikerinnen und -didaktikern lassen sich heute nicht mehr so deutlich voneinander unterscheiden wie in der ersten Ausgabe des Interviewbuches. Die vor 1935 geborenen Didaktiker der damals ältesten Generation haben sich in den letzten zehn Jahren nicht mehr mit eigenständigen Beiträgen zur Politikdidaktik zu Wort gemeldet und wurden daher für diese Neuauflage nicht erneut interviewt. Die in der Neuausgabe älteste Generation der in den 1940ern Geborenen ist die letzte, für die der Weg über eine längere Zeit in Fachwissenschaft oder Schulpraxis der übliche Weg zur politikdidaktischen Professur war – für fast alle später Geborenen ist dieser Weg eher die Ausnahme, da sie bereits innerhalb der Politikdidaktik wissenschaftlich sozialisiert wurden.

Wie schon 2004 haben – mit einigen Ausnahmen vor allem unter den in den 1940ern Geborenen – fast alle Interviewten ein *Lehramtsstudium* absolviert. Dabei haben sie aber häufig auch starke fachwissenschaftliche Akzente gesetzt, meist in der Politikwissenschaft, seltener in der Soziologie oder Ökonomie, teilweise als fachwissenschaftliches Zweitstudium neben dem Lehramtsstudium. Die meisten Politikdidaktikerinnen und -didaktiker haben das Referendariat durchlaufen, ein Großteil hat auch darüber hinaus Erfahrungen in der Schulpraxis gesammelt.

2. Situation und Perspektiven der politischen Bildung

Die Antworten zu Block 2 zeigen viele Probleme der gegenwärtigen politischen Bildung auf und offenbaren etliche Sorgen in Bezug auf ihre Zukunft. Es werden aber durchaus auch positive Entwicklungen und Zukunftschancen benannt. Aussagen zur Gegenwart und zur Zukunft der politischen Bildung lassen sich in den Antworten nicht immer trennen, daher werden im Resümee beide Unterfragen zusammengefasst.

Viele Autorinnen und Autoren werten es als Erfolg, dass die Politische Bildung als Schulfach nach anfänglichen Schwierigkeiten in Deutschland mittlerweile – gerade im internationalen Vergleich – fest etabliert ist. Bei den *Problemen und Schwierigkeiten*, denen die politische Bildung derzeit ausgesetzt ist, werden vier Punkte immer wieder benannt: die disparaten Bezeichnungen des Unterrichtsfaches, das geringe Stundenkontingent in der Sekundarstufe I, die Häufigkeit fachfremden Unterrichts und schließlich die mangelnde Akzeptanz oder Wertschätzung des Faches trotz seiner großen Bedeutung für die Demokratie.

Die *wichtige Rolle der politischen Bildung für die Demokratie* ergibt sich nach Ansicht vieler Autorinnen und Autoren auch aus den neuen Herausforderungen, die sich angesichts gesellschaftlicher und politischer Umbrüche heute stellen. Stichworte, die hier fallen, sind zum Beispiel Globalisierung, Finanzkrise, ökologische Krisen, internationale Konflikte und Bürgerkriege in vielen Teilen der Welt, Einwanderungsgesellschaft, Extremismus, Jugendarbeitslosigkeit, neue Informations- und Kommunikationsmöglichkeiten, Individualisierung sowie das Spannungsverhältnis von privater Freiheit und staatlicher Sicherheit. Wie schon 2004 wird eine Beschränkung der politischen Bildung auf eine „Feuerwehrfunktion" zur Abwehr solcher akuter Krisen vielfach zurückgewiesen.

Gerade angesichts dieser neuen Herausforderung erscheint die Tendenz zur Reduzierung des Stundenkontingents der Politischen Bildung zu Gunsten anderer Fächer problematisch. Die Politische Bildung stand schon immer in Konkurrenz zu anderen Fächern, im gesellschaftswis- *Konkurrenz durch andere Fächer* senschaftlichen Lernbereich vor allem zur Geschichte, für die es eine starke Lobby gibt.

Seit im Jahr 2000 die Ergebnisse der ersten PISA-Studie veröffentlicht wurden sowie durch die Einführung des achtjährigen Gymnasiums hat sich die Situation für die Politische Bildung allerdings verschärft: Mehrere Autorinnen und Autoren argumentieren, dass die Priorität der sogenannten Hauptfächer weiter zugenommen habe und dass auch die Stärkung MINT-Fächer sowie wertebildender Fächer wie Ethik zulasten der Politischen Bildung gingen. Zur *Ökonomischen Bildung* und ihrem Verhältnis zur Politischen Bildung finden sich in den Antworten sehr unterschiedliche Einschätzungen. Konsens besteht jedoch unter den hier vertretenen Politikdidaktikerinnen und -didaktikern darüber, dass die ökonomische Bildung in ein gemeinsames Unterrichtsfach zur politischen Bildung integriert sein sollte. Eine Abspaltung eines separaten Faches Wirtschaft, die angesichts der starken Lobby für das Fach vielfach befürchtet wird, wird durchgehend negativ bewertet – unter anderem, weil auch das zwangsläufig auf Kosten des Stundenkontingents der Politischen Bildung ginge.

Politische Bildung als Unterrichts- und Schulprinzip

Sehr viele Autorinnen und Autoren gehen in ihren Antworten nicht nur auf die Bedeutung von Politischer Bildung als Unterrichtsfach, sondern auch auf die Rolle von politischer Bildung als Unterrichts- oder Schulprinzip ein. Hier besteht offenbar Konsens, dass die politische Bildung das Unterrichtsfach als Basis benötigt, sich jedoch nicht darauf reduzieren sollte, da fächerübergreifender Unterricht, Schülerwettbewerbe, Schülermitverwaltung, die Entwicklung von politischen oder gesellschaftlichen Schulprofilen und demokratiepädagogische Projekte große Chancen zur Vertiefung der politischen Bildung bieten. Vereinzelt klingt aber auch Skepsis an, ob die Praxis diesem Anspruch genügt. So schreibt etwa Bernd Overwien: „So ist bekanntermaßen politische Bildung eine Aufgabe auch der ganzen Schule, wie es in einschlägigen Präambeln immer wieder nachzulesen ist, sich in der Praxis aber nicht immer auch abbildet" (2a).

Politikdidaktik als Wissenschaft

In Bezug auf die Politikdidaktik als Wissenschaft hebt Dirk Lange deren Professionalisierung positiv hervor, die in Publikationen, Fachgesellschaften und Tagungen sowie im Ausbau der fachdidaktischen Professuren sichtbar werde (2a). Daneben gibt es aber auch viele *kritische Äußerungen*, die der Politikdidaktik beispielsweise mangelnde Pluralität (Himmelmann 2a) oder eine Vernachlässigung der nicht-gymnasialen

Bildung vorwerfen (Juchler 2b; Himmelmann 2a; Besand 2a, oder die beanstanden, dass die Schülerinnen und Schüler als Subjekte zu wenig in den Blick genommen werden (Steffens 2a; Lange 2b). Ein Teil der Autorinnen und Autoren kritisiert auch eine unkritische Haltung der Politikdidaktik gegenüber der von der Bildungspolitik geforderten Formulierung von Bildungsstandards (Steffens 2b; Eis 2a), während andere die mangelnde Umsetzung dieser Forderung beanstanden und die Formulierung „eines theoretisch und empirisch validierten Kompetenzmodells [mit] unterschiedlichen Fähigkeitsstufen und Komplexitätsniveaus" einfordern (Manzel 2b; vgl. auch Weißeno 2a, 2b; Oberle 2a+b; Goll 2a; Richter 2a+b).

3. Demokratie und politische Bildung

Der Block zu Demokratie und politischer Bildung ist in der Neuausgabe des Interviewbuchs aufgrund der breiten und kontroversen politikdidaktischen Diskussion um die Rolle des Demokratielernens und die Demokratiepädagogik neu hinzugekommen. In den Antworten werden neben der Kontroverse auch demokratietheoretische Grundfragen angesprochen.

Für fast alle Autorinnen und Autoren steht der *Begriff Demokratie* für das demokratische politische System, knapp die Hälfte von ihnen hebt aber ausdrücklich hervor, dass er auch auf die Lebenswelt Anwendung findet und auch finden sollte. Bei der Erläuterung, was Demokratie als politisches System kennzeichnet, stehen meist die Volkssouveränität und die politische Partizipation im Zentrum. Sehr häufig werden auch das Rechtsstaatsprinzip sowie die Grund- und Menschenrechte genannt. Einige Autorinnen und Autoren thematisieren an dieser Stelle auch die Differenz zwischen den demokratischen Idealen und der Verfassungswirklichkeit.

Was ist Demokratie?

In den Erläuterungen zur Demokratie als Lebensform wird deutlich, dass die Debatte um das Demokratielernen zu einer *Begriffsklärung* beigetragen hat: In der Politikdidaktik herrscht mittlerweile breite Akzeptanz dafür, dass der Demokratiebegriff auf System und Lebenswelt anwendbar ist, auf beiden Ebenen aber jeweils unterschiedlich gefasst werden muss, wobei der zentrale Überschneidungsbereich in Werten wie Freiheit, Würde, Gleichheit und Toleranz liegt, die als Normen auf beiden Ebenen gelten.

| Demokratielernen als Aufgabe der politischen Bildung? | Was folgt nun aus den Demokratiebegriffen für das Demokratielernen als Aufgabe der politischen Bildung? |

Sehr viele Autorinnen und Autoren verstehen hier entsprechend ihres vorwiegend auf das politische System bezogenen Demokratiebegriffs auch *Demokratielernen als Politiklernen*. Gerhard Himmelmann kritisiert in seinem Interview die Politikdidaktik und fordert: „Meines Erachtens sollte die akademisch-universitäre Didaktik des sozialwissenschaftlichen Unterrichts das mehrfach aufgefächerte Demokratieanliegen stärker ins Blickfeld rücken und dabei den etatistischen Blickwinkel und die politikorientierte Engführung vermeiden" (3b). Ein etatistischer Blickwinkel ist allerdings zumindest in den Interviewantworten der anderen Autorinnen und Autoren nicht zu erkennen – das gilt sowohl für Block 3 zum Demokratiebegriff als auch für Block 4 zum Politikbegriff (vgl. unten).

Die Frage, ob – wie Gerhard Himmelmann schreibt – eine „politikorientierte Engführung" vorliegt, hat zwei Dimensionen: Ob nur die Politik oder auch Gesellschaft und Wirtschaft essenzielle Bestandteile des Unterrichtsfaches politische Bildung sein sollten, wird im Block 4 thematisiert. Welche Rolle die *Demokratie als Lebensform* für die politische Bildung spielen sollte, ist ein wichtiger Aspekt der Antworten im Block 3: Hier finden sich mehrere ausdrückliche Mahnungen, nicht das Demokratielernen im demokratiepädagogischen Sinne ins Zentrum der politischen Bildung zu stellen, weil dann die Gefahr bestehe, dass „der Bereich der Öffentlichkeit lediglich mit Kategorien des privaten Lebens bearbeitet (also assimiliert) wird" (S. Reinhardt 3a+b; vgl. ähnlich auch Detjen 3b; Weißeno 3b; Brunold 3b und 5d; Richter 3b, 4c). Auch die *Demokratiepädagogik* wird in mehreren Antworten kritisiert. Bernd Overwien beispielsweise stellt fest: „Mit Recht wird gefordert, eine unpolitische politische Bildung zu überwinden, Demokratie-Pädagogik, teils auch Service-Learning in allzu naiver Form, fördert sie eher" (3b), und Andreas Eis konstatiert: „Allerdings beschränken sich viele ,demokratiepädagogische' Projekte ebenso wie politikdidaktische Konzepte lediglich auf die Stabilisierung, Verwaltung und Reproduktion der bestehenden sozialen Verhältnisse und dringen nur selten zum Kern des Politischen, also zu deren Kritik und Infragestellung vor" (3b; vgl. auch Detjen 3b; Goll 2b; Richter 2b). Trotz vielfacher Warnungen vor einer Beschränkung der politischen Bildung auf das lebensweltliche Demokratielernen argumentiert im Interviewbuch allerdings niemand, dass dies nicht *auch* eine Aufgabe des Politikunterrichts sei.

Die *Auseinandersetzung zwischen Demokratiepädagogik und Politikdidaktik* wird auch im Block 10 zu den politikdidaktischen Kontroversen thematisiert. Diese Kontroverse spielte in der ersten Auflage des Interviewbuches eine zentrale Rolle (vgl. Pohl 2004b: 327-330), demgegenüber ist sie heute abgeebbt.[1] Dafür nennen die Autorinnen und Autoren unterschiedliche Gründe: Wolfgang Sander (10), Georg Weißeno (3) und Michael May (10) beispielsweise halten die Differenzen aufgrund empirischer Ergebnisse für entschieden; Anja Besand argumentiert, dass die Kontroverse „weniger als Sachfrage ausgerichtet war, als vielmehr als Verteilungskampf zwischen Demokratiepädagogen und der politischen Bildung ausgetragen wurde" (10; ähnlich Sander 10). Auf den Verteilungskampf geht auch Andreas Brunold ein, der noch immer durch die Konkurrenz zur „Demokratiepädagogik" „die Möglichkeiten der institutionellen Forschungsförderung für die politische Bildung gefährdet" sieht (3b).

In Block 3 wurde schließlich auch gefragt, ob das Unterrichtsfach Politische Bildung mittlerweile ein „normales" Fach neben vielen sei, oder ob es in der Demokratie eine besondere Rolle spiele. Als kleinster gemeinsamer Nenner der in den Texten genannten Argumente *für die besondere Rolle der politischen Bildung* lässt sich vielleicht formulieren, dass Demokratie eine komplizierte Staatsform ist, die die Bürgerinnen und Bürger verstehen müssen, um sie kritisch zu begleiten und weiterzuentwickeln. Darüber hinaus erwartet Tim Engartner von der politischen Bildung, dass sie in „Zeiten, in denen immer mehr Gesellschaftsbereiche dem ‚betriebswirtschaftlichen Imperialismus' (Oskar Negt) unterworfen werden", „das öffentliche Interesse als konstitutives Merkmal demokratischer Gesellschaften akzentuiert" (3c), und Dirk Lange fordert, dass sie „die gesellschaftlichen Bedingungen und die ungleichen Voraussetzungen, unter denen Bürgerinnen und Bürger im politischen Raum agieren", thematisiert (3c; vgl. auch Eis 3c).

Rund die Hälfte der Autorinnen und Autoren argumentiert aber auch, dass die politische Bildung trotz ihrer besonderen Rolle für die Demokratie auch als *normales Unterrichtsfach* betrachtet werden könne, weil sie ein Fach wie alle anderen sei: mit Noten, Abschlussprüfungen, Schulbüchern, einem festgelegten Stundenkontingent und einer institutionalisierten Lehrerausbildung. Nicht zuletzt wecke die politische Bildung seit der breiten Akzeptanz des Beutelsbacher Konsenses „keine Ängste vor einer Indoktrination der Lernenden mehr" schreibt Sibylle Reinhardt (3c; ähnlich auch Behrmann 2a).

Rolle der Politischen Bildung in der Demokratie

4. Politikbegriff und Breite des Unterrichtsfaches

Was ist Politik? Viele Autorinnen und Autoren definieren Politik mit ähnlich lautenden Formulierungen als „Regelung der Angelegenheiten eines Gemeinwesens durch allgemein verbindliche Entscheidungen" (Behrmann 4a). Mehrere erwähnen zusätzlich noch die Bedeutung von Machtfragen für die Politik, und fast alle Definitionen beziehen sich unausgesprochen auf Politik in der Demokratie.

In der politikdidaktischen Diskussion um die Unterrichtsinhalte und den genauen Zuschnitt des Faches wird vielfach zwischen einem weitem und einem engem Politikbegriff unterschieden. Diese Unterscheidung greifen mehrere Autorinnen und Autoren auf. Dabei wird die oben genannte Definition meist als *enger* Politikbegriff bezeichnet, die allerdings von einem noch engeren, etatistischen Politikbegriff abzugrenzen ist – eine Unterscheidung, die für die Folgefrage, was den Kern der politischen Bildung ausmachen sollte, wichtig ist.

Politik im weiten, oder weit*eren* Sinne schließt zusätzlich das soziale Handeln in Gruppen oder gesellschaftlichen Institutionen ein, deren primärer Zweck nicht im Treffen politischer Entscheidungen besteht (vgl. Detjen 4a), sofern es problemlösendes Handeln ist oder auf die Etablierung „allgemein verbindliche Regelungen" innerhalb dieser Gruppen zielt (Lange 4a; vgl. auch Deichmann 4a; Overwien 4a; Henkenborg 4a; Goll 4a; V. Reinhardt 4a). Viele bekennen sich zu einem solch weiten Politikbegriff (Henkenborg 4a; Lange 4a; Goll 4a; V. Reinhardt 4a; indirekt auch May 4a; Engartner 4a).

Einige Autoren und Autorinnen unterscheiden auch zwischen einem *normativen* und einem *empirischen* Politikbegriff (S. Reinhardt 4a; Detjen 4a) oder benennen konkrete normative Bezugspunkte – so „Demokratie als Diskurs" (S. Reinhardt 4a) oder „Gemeinwohl" (Detjen 4a; Richter 4a). Hier zeigt sich wieder, dass der Politikbegriff implizit ein Begriff von „Politik in der Demokratie" ist und dass man die Frage stellen kann, ob die Normen sich nicht eher aus dem Demokratiebegriff der Autorinnen und Autoren ergeben, als aus ihrem Politikbegriff. Schon im ersten Interviewbuch war ja deutlich geworden, dass in den Argumentationen der meisten Didaktiker der Demokratiebegriff normativ deutlich gehaltvoller war, als der Politikbegriff (vgl. Pohl 2004c).

Eine prinzipielle Kritik in Bezug auf die Rolle von Politik- und auch Demokratiebegriffen für die politische Bildung äußert Tilman Grammes, der fragt, inwiefern guter Politikunterricht überhaupt vom „‚richtigen' Politikbegriff oder Demokratiebegriff" abhängt, und der die Gefahr sieht, dass „alle weiteren Entscheidungen" für die politische Bildung aus diesem Politikbegriff abgeleitet werden (3a+4a; vgl. auch Lange 4b).

Einzelne Autorinnen und Autoren gehen auch auf *Arbeitsbegriffe* des Politischen wie die Trias polity, policy und politics oder den Politikzyklus ein. Diese spielen in den Antworten eine weniger große Rolle als noch vor zehn Jahren, was aber nicht zuletzt damit zusammenhängen dürfte, dass der Block zum Politikbegriff damals noch die Unterfrage enthielt, ob der Politikunterricht einen bestimmten Politikbegriff als Grundlage benötige. In der neuen Auflage ist diese Unterfrage weggefallen – trotzdem werden mehrfach die Leistungen von Arbeitsbegriffen betont. Kritisch äußert sich Dirk Lange: Zwar sei die Trias in den 1990er Jahren hilfreich gewesen, „um im Kontext von Pädagogisierungen Fachlichkeit zu gewinnen", zur „Bezeichnung der Substanz von Politik oder gar des Politischen" leiste sie aber zu wenig: „Sie definiert nicht, was Politik ist, sondern benennt Dimensionen, die der Analyse von Politik dienlich sind. Letztlich verfügt jedes soziale Handeln über eine strukturelle, eine prozedurale und eine inhaltliche Dimension" (4a).

Die Fragestellung, ob Politik den Kern der politischen Bildung darstellen sollte, knüpft an den bekannten Buchtitel „Politik als Kern der politischen Bildung" (Massing/Weißeno 1995) an. Die Autoren suchen darin, so der Untertitel, „Wege zur Überwindung unpolitischen Politikunterrichts", und es ging um die Frage, wie man politischen Inhalten im engeren Sinne neben lebensweltlichen Fragen wieder einen größeren Stellenwert einräumen kann. Heute, 20 Jahre später, hat sich die Diskussion verschoben. Wie die Ausführungen zum Demokratiebegriff und zur Kontroverse um das Demokratie-Lernen zeigen (vgl. oben Block 3), werden zwar weiterhin verschiedene Schwerpunkte gesetzt, aber es ist nicht mehr umstritten, dass es in der politischen Bildung auf jeden Fall auch um Politik im engeren Sinne gehen sollte. Nun geht es stattdessen in der politikdidaktischen Diskussion primär um die Frage, welchen *Stellenwert soziologische und ökonomische Fragen und Kenntnisse* im Rahmen der Politischen Bildung haben sollten. Entsprechend lautet die zweite Unterfrage im vierten Block nun: „Sollte die Politik den Kern des Unterrichtsfaches Politische Bildung darstellen, oder sollten andere Inhalte aus Gesellschaft, Wirtschaft und Recht *gleichberechtigt* neben der

Politik als Kern?

Politik stehen?" Dass diese Frage kontrovers diskutiert wird, wird auch in Block 10 von 13 Autorinnen und Autoren angesprochen.

Eine knappe Mehrheit der Autorinnen und Autoren befürwortet es, die *Politik zum Kern der politischen Bildung* zu machen. Sie gehen dabei meist von einem weiten, seltener von einem engen aber nie von einem etatistischen Politikverständnis aus. Ohne Ausnahme betonen sie zudem alle, dass Politik sich nicht ohne ihre gesellschaftlichen, ökonomischen und – weniger häufig genannt – historischen, rechtlichen, räumlichen und ökologischen Bezüge verstehen lässt. Sie halten aber Politik für die „leitende Perspektive" (Massing 4b) oder „inhaltliche Klammer" (Juchler 4b) der Politischen Bildung. Einige von ihnen fordern auch, dass die Politikwissenschaft die zentrale Bezugswissenschaft der Politischen Bildung sein sollte, wobei sie Politikwissenschaft in sich als „interdisziplinär denkende und interdisziplinär arbeitende Wissenschaft" verstehen (Massing 4b; entsprechend auch Overwien 4b; Pohl 4b; May 4b). Von allen Autorinnen und Autoren sehen nur Gerd Steffens (4a, 4b) und Andreas Eis (4b, vgl. ähnlich auch 2b) die *Priorität bei gesellschaftlichen Fragen*. Es überrascht nicht, dass es sich dabei um die beiden Autoren handelt, die am stärksten an die gesellschaftskritische Tradition der 1970 Jahre anknüpfen, in der ebenfalls soziologische Inhalte wie auch gesellschaftstheoretische Begründungen der politischen Bildung Priorität hatten. Alle anderen Autorinnen und Autoren heben *keine der drei Sozialwissenschaftlichen als prioritär* hervor und plädieren für eine Integration der Inhalte und Perspektiven der drei Sozialwissenschaften im Fach Politische Bildung.

Das Argument, dass politische, ökonomische, gesellschaftliche und rechtliche Inhalte sich nicht trennen lassen und integriert in einem Fach thematisiert werden sollten, führen aber auch diejenigen Autorinnen und Autoren an, die für die Politik als Kern der politischen Bildung oder für die Priorität gesellschaftlicher Fragen plädieren. Eine Differenz könnte in der unterschiedlichen Perspektive für diese Integration bestehen. Wolfgang Sander spricht hier von einer „Bildungsperspektive" (4b). Ähnlich argumentiert auch Dirk Lange: Nach ihm ist der Kern der politischen Bildung „die Mündigkeit und die Autonomie von Bürgerinnen und Bürgern" (4b, vgl. auch 4c). Auch bei den Befürworterinnen und Befürwortern von „Politik als Kern" finden sich allerdings Formulierungen wie: „Ich finde, *Bildung* sollte den Kern der politischen Bildung ausmachen" (Breier 4b). Daneben suchen sie aber nach einer integrierenden Perspektive auf der Inhaltsebene – und meistens sehen sie diese in der politischen Willensbildung und Entscheidungsfindung. Bei den Befürworterinnen und Befürwortern einer „sozialwissenschaftlichen Bildung" findet sich ein ähnliches Argument aber auch bei Sibylle Reinhardt: „Die verbindende Perspektive ist die Aufgabe demokratischer Politik, zur humanen Gestaltung der Welt beizutragen" (2b).

In Bezug auf die Integration der Sozialwissenschaften gibt es – unabhängig von der leitenden Perspektive für diese Integration – aber auch prinzipielle Einwände. So fordert Sabine Manzel: „Aus Domänensicht sind all diese Fächer eigene Domänen mit jeweils eigenen Disziplinen im universitären Hintergrund. Jede Domäne für sich hat ein eigenständiges Erkenntnisinteresse und stellt folglich auch andere Fragen, um Wirklichkeit zu erfassen und zu erklären. [...] Werden aus bildungspolitischen Gründen Fächer zusammengefasst, muss es Ziel sein, diese Differenzen in der jeweiligen Fragestellung sichtbar zu machen, aber auch integrative Ansätze zu thematisieren" (4c; ähnlich auch Grammes 4b+c; Oberle 4c). Die meisten kritischen Fragen in Bezug auf die Integration beziehen sich allerdings eher auf das Fehlen einer integrativen sozialwissenschaftlichen Lehrerausbildung bzw. auf die Überforderung von Lehramtsstudierenden, die in allen drei Sozialwissenschaften adäquat ausgebildet werden sollen (Behrmann 4b; Richter 4c; Goll 4b, c; V. Reinhardt 4c).

In ihrer Antwort zu Frage 4c stellen die meisten Autorinnen und Autoren die Situation in ihrem Bundesland dar. Das große und sehr disparate Spektrum der Fächerzuschnitte und -bezeichnungen in den verschiedenen Schulformen und Schulstufen der jeweiligen Bundesländer lässt sich hier nicht knapp zusammenfassen.

Lernfeld Gesellschaftswissenschaften

Nur einige Autorinnen und Autoren äußern sich explizit zu der Frage, ob über die Integration der sozialwissenschaftlichen Fächer hinaus auch eine *Integration der gesellschaftswissenschaftlichen Fächer* – also inklusive Geschichte und Geographie – stattfinden sollte. Sie lehnen mit Ausnahme von Bernd Overwien (4c) eine Integration von Politik mit Geschichte in einem gemeinsamen Unterrichtsfach ab (S. Reinhardt 4c; Massing 4c; Pohl 4c; May 4c; indirekt auch Detjen 4c; Sander 4c). Eine Kooperation der gesellschaftswissenschaftlichen Fächer im Sinne eines Fächerverbundes (Brunold 4c), einer fächerübergreifende Kooperation (Pohl 4c; Petrik 4c) oder einer „Kombination aus einzelfachlichen Kursen und interdisziplinären Projekten" (Sander 4c) wird dagegen mehrfach als wünschenswert beschrieben, wobei Monika Oberle drauf verweist, dass „bislang kaum empirisch gesicherte Erkenntnisse zu Lehr-Lern-Prozessen Politischer Bildung im Fächerverbund" vorliegen. Zudem scheinen ihr die notwendigen Voraussetzungen – hier spricht sie von „einer großzügigen Unterrichtszeit" sowie von „einer angemessenen Aus- und Weiterbildung der Lehrkräfte" – nicht erfüllt (4c).

5. Kompetenzen, Inhalte und Konzepte der politischen Bildung

Kompetenzorientierung

Seit den unbefriedigenden Ergebnissen deutscher Schülerinnen und Schüler bei Studien wie TIMSS und PISA wird in Bildungspolitik und Fachdidaktik eine stärkere Kompetenzorientierung des Unterrichts an deutschen Schulen gefordert. Die Autorinnen und Autoren des Interviewbuchs definieren Kompetenzen mehrheitlich sinngemäß als Fähigkeiten zur Bewältigung von Handlungsanforderungen in einer Domäne. Zumindest der aktuelle Kompetenzbegriff impliziere darüber hinaus die Möglichkeit einer Graduierung von Kompetenzstufen, durch die Kompetenzen messbar werden.

Ob die Kompetenzorientierung einen *Paradigmenwechsel* darstellt, wird unterschiedlich bewertet. Viele Didaktiker/innen sehen sie eher als Fortsetzung fachlicher Traditionen. Als entscheidendste Veränderung, die häufig als Paradigmenwechsel bezeichnet wird, wird mehrheitlich der neue bildungspolitische Kurs einer Outputsteuerung des Bildungssystems betrachtet, der eine Ausweisung von Kompetenzniveaustufen und eine wissenschaftliche Messung des Outcomes der Lernprozesse notwendig macht.

In der Kompetenzorientierung sehen alle Didaktikerinnen und Didaktiker, die hier eine Wertung vornehmen, prinzipiell auch *Chancen* – vor allem in Form einer weitergehenden Überwindung der Stofforientierung und der Orientierung an engen Zielkatalogen in der politischen Bildung. Positiv wird fast durchgehend auch hervorgehoben, dass mit der Kompetenzorientierung eine stärkere Konzentration auf die Beobachtung von Lernprozessen und -ergebnissen einhergehe, die die zentralen Maßstäbe für einen guten Unterricht darstellten.

Trotzdem gibt es an der Forderung nach einer kompetenzorientierten politischen Bildung auch viel *Kritik*: Missbilligt werden eine Aufgabe des „humanistischen Bildungsideals" (Lange 5a) und der prinzipiellen

Orientierung am Bildungsbegriff, die Vorstellung einer Messbarkeit aller politischer Kompetenzen sowie das „neoliberal-autoritative Menschenbild" (Grammes 5a), das hinter dieser Vorstellung stehe. Weiterhin sehen mehrere Autorinnen und Autoren die Gefahr einer Konzentration auf solche Fähigkeiten, die aufgrund geringer Komplexität leichter messbar sind, wie das Wissen, und eine Vernachlässigung anderer Kompetenzen. Auch wenn das an dieser Stelle kaum direkt angesprochen wird, steckt darin auch eine Skepsis gegenüber der Möglichkeit, Bildungsprozesse mit Hilfe quantitativer empirischer Methoden adäquat zu evaluieren. Eng damit zusammen hängt auch die Kritik der Vorstellung, mithilfe entsprechender Messergebnisse sei eine umfassende Steuerung des Bildungssystems möglich. Schließlich wird die gegenwärtige Unübersichtlichkeit, die in den Rahmenplänen und in der Schulpraxis in Bezug auf die politischen Kompetenzen herrscht, kritisiert.

In Block 10 wird die *Kontroverse um die Kompetenzorientierung* von 26 Autorinnen und Autoren angesprochen. Einige verweisen nur auf Block 5, andere formulieren an dieser Stelle ihre eigene Position. Teilweise wird in Block 10 auch problematisiert, wie die Kontroverse ausgetragen wird.

Fast alle Autorinnen und Autoren benennen in ihren Antworten die ihres Erachtens wichtigsten politischen Kompetenzen. Dabei sehen sie durchweg in *der politischen Urteils- und Handlungskompetenz* zwei ganz zentrale Dimensionen.[2]

Kompetenzen

Auf drei politikdidaktische *Kompetenzmodelle* wird von mehreren Autorinnen und Autoren positiv Bezug genommen: am häufigsten auf das Kompetenzmodell der GPJE (2004), daneben auf das Modell „Politikkompetenz" (Detjen u. a. 2012) sowie auf das „Kerncurriculum Sozialwissenschaften" (Behrmann u. a. 2004) – auf die beiden letzteren beziehen sich vorwiegend – aber nicht nur – die Autorinnen und Autoren der jeweiligen Modelle. Alle drei Modelle umfassen neben der Urteils- und Handlungskompetenz weitere Kompetenzdimensionen, die dementsprechend auch in den Antworten – meist im Zusammenhang mit dem jeweiligen Modell – angesprochen werden: Methodenkompetenz und konzeptuelles Deutungswissen (GPJE), Wissen und Einstellungen/Motivation (Politikkompetenz) sowie Perspektivenübernahme, Konfliktfähigkeit und sozialwissenschaftliches Analysieren (Kerncurriculum Sozialwissenschaften). Daneben benennen einzelne Autoren zusätzliche Kompetenzen wie beispielsweise, „Sozialwissenschaftliche Methodenkompetenz" (Henkenborg 5a+b), „Kritikfähigkeit" und „Kreativität" (Engartner 5b), „Kompetenz zur politischen Sinnbildung" (Lange 5b) oder „Realitätssinn" (Breier 5b).

Grundwissen   Ob es für die politische Bildung einen Kanon an Grundwissen geben kann oder sollte, wird ambivalent betrachtet: Auf der Ebene konkreten Wissens sind die Autorinnen und Autoren fast alle skeptisch, gleichwohl wird häufig anerkannt, dass für die Rahmenpläne eine Auswahl nötig ist und dass die Politikdidaktik deshalb die Aufgabe hat, hier wissenschaftlich begründete Vorschläge zu machen oder zumindest Auswahlkriterien zu benennen und Orientierungshilfe zu leisten. Oft werden zentrale *Inhaltsbereiche* benannt, am häufigsten wird dabei das politische System der BRD erwähnt, daneben vor allem die Bereiche Wirtschaft, Gesellschaft und internationale Beziehungen. Einige Autorinnen und Autoren fordern eine Vermittlung von „Prozesswissen" (bspw. S. Reinhardt 5c); viele schlagen vor, dass die Auswahl von Inhalten über eine Benennung von Basis- und Fachkonzepten erfolgen sollten, denn diese, so Ingo Juchler, „bilden die Wissensdimension des Politischen ab und ermöglichen zugleich eine Beschränkung auf die wesentlichen Inhalte" (5d).

Anja Besand hofft, dass eine empirische Erforschung „typischer Lernwege und Konzeptentwicklungen" Aussagen darüber ermögliche, „an welchen Lerngegenständen sich politische Urteils- und Handlungskompetenzen möglicherweise besser als an anderen entwickeln lassen" (5d).

Konzepte   Konzepte werden von den Autorinnen und Autoren in unterschiedlichen Worten definiert, ohne dass sich darin jedoch unvereinbare Vorstellungen darüber widerspiegeln, was ein Konzept ausmacht. Nach Weißeno sind Konzepte „als Begriffe sprachlich verbalisierbar", umfassen aber neben dem Begriff selbst – nach Saussure der „signifiant" – auch „eine Vorstellung vom Inhalt (signifié)" (5d).

Die wissenschaftliche *Kontroverse um Konzepte*, vor allem um das Modell „Konzepte der Politik" (Weißeno u. a. 2010; vgl. Autorengruppe Fachdidaktik 2011) wird von fast allen Autorinnen und Autoren angesprochen – entweder in Block 5 oder in Block 10.

Vor allem in Block 10 bildet die Auseinandersetzung um die konkrete *Auswahl der Basiskonzepte* in Abhängigkeit von der Breite des Politikbegriffs einen Schwerpunkt.[3] Es lässt sich allerdings eine weitgehende Einigkeit darüber konstatieren, dass die Auswahl zentraler Konzepte für die politische Bildung fachdidaktisch begründet ist – im Sinne einer sowohl unter fach(wissenschaft)lichen wie auch fachdidaktischen

Gesichtspunkten erfolgenden Setzung. Die konkrete Auswahl hängt damit auch vom „präferierten Fachzuschnitt" (May 5d) ab: Anhänger von „Politik als Kern" beschränken sich eher auf die auch im Modell „Konzepte der Politik" genannten Basiskonzepte „Entscheidung", „Gemeinwohl" und „Ordnung", während Verfechter einer breiteren sozialwissenschaftlichen Bildung weitere Konzepte wie „Markt", „Bedürfnisse", „System", „Recht" oder „Öffentlichkeit" als Basiskonzepte der politischen Bildung bezeichnen. Mehrere Autorinnen und Autoren betonen daher auch, dass die konkrete Auswahl von Konzepten für den Unterricht nur als bildungspolitische Setzung über Lehrpläne und Richtlinien erfolgen kann, und dass die bisher diskutierten Konkurrenzmodelle in der Fachdidaktik keineswegs ein „Ärgernis", sondern einfach übliche „Elemente des Wissenschaftsdiskurses" darstellten (Goll 5c+d, entsprechend auch Kuhn 5d). Gleichwohl hat die Politikdidaktik, wie mehrfach betont wird, die Aufgabe, hier „Orientierungshilfe zu leisten" (Oberle 5d) und Volker Reinhardt schlägt vor, sich dafür diskursiv auf einen Minimalkonsens zu einigen (5d; ähnlich auch Pohl 5d; Engartner 5d; Juchler 10). Andreas Eis wendet allerdings ein: „Die Festlegung von Fachkonzepten der politischen Bildung bedeutet eine Entpolitisierung des Politikunterrichts. Wenn eine Verständigung über grundlegende Konzepte [...] überhaupt Sinn macht, dann wäre dies nur in einer Weise möglich, die Konfliktlinien und kontroverse (vorläufige) Diskurspositionen andeutet, immer jedoch unter besonderer Berücksichtigung gegenhegemonialer Deutungsalternativen" (10).

Ein ebenfalls sehr wichtiger Streitpunkt in Bezug auf das Modell „Konzepte der Politik" ist die erkenntnistheoretische Frage nach dem *Status des Wissens* und dem daraus folgenden *Verhältnis von wissenschaftlichen Konzepten zu Schülerkonzepten*. Ausdrücklich vereinfachend zugespitzt schreibt Michael May: „Erscheint Wissen in der ersten Gruppe zumindest in Kernbereichen wissenschaftlich objektivierbar und den ontologischen Strukturen der Welt zu entsprechen, so sieht die zweite Gruppe keine prinzipiellen Unterschiede zwischen Alltagswissen und wissenschaftlichem Wissen, da Wissenschaftler über keinen privilegierten Zugang zur Wahrheit verfügen" (10). Im Interviewbuch selbst findet sich eine solche Gleichsetzung von Alltagswissen und wissenschaftlichem Wissen bei den Kritikerinnen und Kritikern des Modells „Konzepte der Politik" nicht. Auf der Seite der Befürworter spricht Joachim Detjen, einer der Autoren des Modells, in der Tat davon, dass „Konzepte objektiv erkannt werden" und daher einen „Anspruch auf Richtigkeit" erheben können (Detjen 5b; vgl. auch 10). Man kann allerdings annehmen, dass er „Richtigkeit" hier nicht im Sinne eines objektivistischen Wissensbegriffs verwendet, sondern, wie er selbst weiter schreibt, im Sinne von, „allgemein anerkannte[n] wissenschaftliche[n] Erkenntnisse[n] und weithin akzeptierte[n] Definitionen" (5b) oder – wie Carl Deichmann schreibt, im Sinne wissenschaftlicher Deutungen, die „einen intersubjektiv überprüfbaren Charakter haben, der mit Hilfe von Modellen und wissenschaftlich intersubjektiv überprüfbaren Methoden beschreibbar ist" (10).

Relativiert man auf diese Weise den von Michael May zugespitzten Konflikt, dann erscheint *konsensfähig*, was Wolfgang Sander schreibt: „Es kann [...] nicht einfach darum gehen, im Unterricht ‚falsche' Schülervorstellungen durch ‚richtiges' wissenschaftliches Wissen zu ersetzen, sondern darum, die Vorstellungen von Schülern zu Basiskonzepten mit Hilfe jeweils geeigneter Inhalte und wissenschaftlichen Wissens nach und nach zu erweitern, zu differenzieren, komplexer zu gestalten, gewiss auch von Fall zu Fall zu korrigieren. Aber in der Regel gibt es dabei in den Wissenschaften nicht nur eine mögliche ‚richtige' Vorstellung" (Sander 5d; vgl. ähnlich auch Goll 5c+d; Pohl 10).[4]

Damit relativiert sich auch ein weiterer Aspekt der Auseinandersetzung: die *Bedeutung der Schülerkonzepte im Unterricht*. Joachim Detjen sieht die Kontroverse in der Frage, „ob der Unterricht in erster Linie auf die Vermittlung von Konzepten gerichtet sein soll, oder ob das Aushandeln subjektiver Deutungen über Konzepte die eigentliche Aufgabe ist" (10). So wie in den Antworten der Kritikerinnen und Kritiker des Modells keine Gleichsetzung von Alltagswissen und wissenschaftlichem Wissen zu erkennen ist, findet sich auch nirgendwo die Behauptung, dass alle Deutungen bloß subjektiv sind. Auf der Seite der Befürworter gibt es ebenso wenig einen Hinweis darauf, dass die Bedeutung von Schülerkonzepten oder „Deutungsmuster[n]" (Henkenborg 10; Deichmann 10) für den Unterricht nicht ernst genommen wird. Vermutlich würde niemand bestreiten, dass es im Unterricht um eine „kommunikative [...] Auseinandersetzung mit den politischen Deutungsmustern von Schülerinnen und Schülern" geht (Henkenborg 10) – die echte Kontroverse beginnt also vermutlich erst bei den Lernwegen – konkret bei der Frage, wie diese Lernwege zu gestalten sind:

Volker Reinhardt spricht davon, dass in der Diskussion um die Basiskonzepte in Bezug auf die *Lernwege* ein „alter Gegensatz neu belebt" wird: „der eher test-, lernziel- und wissensorientierte versus einem erfahrungs- oder schülerorientierten Ansatz" (10; vgl. May 10). In den Interviews wird in diesem Zusammenhang in Block 10 teilweise der Ansatz „Konzepte der Politik" als „Instruktionsdidaktik" kritisiert: Andreas Eis spricht von einem „Rückschritt zum erkenntnistheoretischen Positivismus und zum instruktionalen Kognitivismus" (10) und Wolfgang Sander sieht in der Unterrichtsplanung in Weißeno et al. 2010 „einen Rückfall hinter seit langem etablierte Qualitätskriterien für Unterricht in der Politischen Bildung durch ein im Kern instruktionsorientiertes, auf Begriffslernen abzielendes Unterrichtskonzept" (10; ähnlich auch May 10). Von den Autorinnen und Autoren, die das Modell „Konzepte der Politik" entwickelt haben oder ihm nahe stehen, sprechen einige im Block 8 zu den „Lernprozessen und Schülervorstellungen" die Frage der Lernwege an. Sie betonen hier allerdings durchgehend neben der Rolle der Instruktion durch die Lehrenden auch die der Konstruktion von konzeptuellem Wissen durch die Lernenden: „Erst der Einsatz einer ausgewogenen Balance von Elementen instruktionaler und konstruktivistischer Lernkonzepte verspricht die didaktisch intendierte Wirksamkeit des Unterrichts" (Juchler 8a; ähnlich Goll 8a; Richter 8a; Oberle 7a, 8a; Manzel 8a+b; vgl. auch Henkenborg 7a).

Ein weiterer, in Block 10 angesprochener Aspekt in diesem Kontext ist die Rolle des *Begriffslernens*: Einige Autorinnen und Autoren sehen hier die Gefahr, „dass der dynamische Prozess der Politik in der Praxis der politischen Bildung auf abfragbares Begriffswissen reduziert wird" (Deichmann 10). Sibylle Reinhardt schreibt: „Ich wende mich gegen einen begriffsgesteuerten Unterricht, der ein reduziertes Politik-Lexikon zum Lerngegenstand macht und die Lernsubjekte und die Dynamik von Demokratie-Lernen ausblendet (10; ähnlich auch Henkenborg 10). Dagegen wendet Monika Oberle unter Nutzung eines Zitats von Mareike Kunter und Ulrich Trautwein ein, beim Konzeptlernen gehe es nicht um das „Auswendiglernen von Begriffen", sondern darum, „Grundideen, Regeln, Anwendungen, aber auch subjektive Erfahrungen" zu einem Konzept zu verbinden (5d; ähnlich auch Goll 5c+d).

6. Politikdidaktische Prinzipien

Didaktische Prinzipien wie Problemorientierung, Schülerorientierung oder Handlungsorientierung gelten den meisten Autorinnen und Autoren als wichtige „Instrumente" (Sander 6; Henkenborg 6) zur Planung und Reflexion von Unterricht. Sie stehen an der Schnittstelle zwischen Theorie und Praxis, da sie politikdidaktisches Erfahrungswissen und bewährte Traditionen bündeln und jeweils einen „Implikationszusammenhang" von „Anforderungssituationen, Zielen, Inhalte und Methoden" (May 6) politischer Bildung für die praktische Umsetzung aufzeigen. Sie können sich gegenseitig ergänzen, aber auch in einem Spannungsverhältnis zueinander stehen.

Didaktische Prinzipien sind allerdings zunächst sehr abstrakte Begriffe, *die vielfältige Bedeutungen* haben können – in Abhängigkeit davon, in welche politikdidaktische Konzeption sie eingebunden sind. Das zeigt sich ganz besonders in den unterschiedlichen Erläuterungen der Schüler- oder Subjektorientierung[5], der Handlungs- und der Wissenschaftsorientierung bei den verschiedenen Autorinnen und Autoren. Didaktische Prinzipien taugen daher als isolierte Prinzipien nicht als „präzise Handlungsanleitungen der Lehrkräfte" sondern vermögen, wie Dagmar Richter ausführt, lediglich eine „Orientierung" zu geben (6).

Viele der didaktischen Prinzipien sind allgemeine Prinzipien für jeden Unterricht – zu einem spezifisch politikdidaktischen Prinzip oder auch „Ansatz" (Deichmann 6) wird ein didaktisches Prinzip in den Worten von Andreas Petrik erst, „wenn es eine bestimmte sozialwissenschaftliche Inhalts-Perspektive auf das Politische (als Fall, Konflikt, Problem, Situation, Dilemma, Utopie, Gründung usw.) mit adäquaten Lernwegen verknüpft" (6).

Von den in den Antworten genannten didaktischen Prinzipien werden am häufigsten die Problemorientierung (17 Autorinnen und Autoren), Schülerorientierung (16), Handlungsorientierung (16), exemplarisches Lernen (11), Konfliktorientierung (11), Kontroversität (10) und Wissenschaftsorientierung (10) genannt.

7. Methoden und Medien der Politischen Bildung

In fast allen Antworten wird deutlich, dass Methoden wie auch Medien immer in einem „*Implikationszusammenhang* von Inhalt, Ziel, Methode und Medien" stehen (Himmelmann 7a+b, vgl. auch Massing 7a). Vielfach wird unter Zuhilfenahme von konkreten Beispielen erläutert, dass dabei die Ziele und Inhalte im Vordergrund stehen sollten und Methoden und Medien dazu passend ausgewählt werden müssen, denn „Methoden ergeben sich aus der Fragestellung, aus dem Problem, Thema oder Projekt, welches relevant geworden ist" (V. Reinhardt 7b) oder „Form follows function", wie Tilmann Grammes schreibt (7a; vgl. auch Steffens 7a; Weißeno 7a+b; Pohl 7a).

In der politischen Bildung müssen Methoden zu aller erst dem Charakter der demokratischen Politik gerecht werden – sie müssten „das Perspektivische, das Deutbare und all die Handlungsmöglichkeiten im Bereich des Politischen unterstreichen" (Breier 7a; vgl. auch Sander 7a; Pohl 7a; Besand 7a).

In den Antworten werden zahlreiche Methoden angesprochen. Dabei stehen eindeutig die *handlungsorientierten Makromethoden* wie Debatten oder Planspiele im Vordergrund, unter anderem weil sie, wie Sabine Manzel aus lernpsychologischer Sicht ausführt, „eine hohe Eigenaktivität der Schüler/-innen verlangen" (7a; vgl. auch Himmelmann 7a+b; Detjen 7a+b; Pohl 7a; Oberle 7a). Andere Autorinnen und Autoren verweisen auf die Bedeutung handlungsorientierter Methoden für die Förderung der politischen Handlungsfähigkeit sowie für die politische Urteilsbildung (Massing 7a; Deichmann 7a; Kuhn 7a; Sander 7a; Goll 7a; Pohl 7a). Die deutlichste Kritik am handlungsorientierten Unterricht formuliert Joachim Detjen, der sich für einen „denkorientierten Unterricht" als Alternative ausspricht, weil handlungsorientierte Methoden „fast immer nur punktuelle Erkenntnisse ermöglichen" und die „Systematik einer Sache oder ihre Einbettung in größere Zusammenhänge [...] selten zum Vorschein" komme (7a+b).

Neben den handlungsorientierten Methoden wird auch die *Textanalyse* mehrfach als besonders relevant für die politische Bildung hervorgehoben (Kuhn 7a; Juchler 7b; Pohl 7a; Engartner 7a): Hans Werner Kuhn argumentiert, politische Urteilsbildung setze „analytische Fähigkeiten voraus, die eher in einer hermeneutischen Textinterpretation vermittelt werden können" (7a) und Tim Engartner plädiert für Textananalysen mit dem Begründung: „Wer die Welt begreifen will, darf sich nicht blenden lassen – weder von Symbolpolitik noch von symbolischer Sprache, die im Zeitalter des *Labeling* einen geradezu einzigartigen Aufschwung erfahren hat" (7a).

Neben der Nennung konkreter Methoden wird häufig die *Methodenvielfalt* in der politischen Bildung als wichtig bezeichnet. Allerdings wird ebenso häufig betont, „dass es in erster Linie nicht auf Methoden an und für sich, sondern auf deren Gebrauch – und deren Brauchbarkeit

Methoden

im Schulalltag – ankommt" (Behrmann 7a) und dass „Methoden [...] niemals Selbstzweck sein" sollten (V. Reinhardt 7a; vgl. auch Grammes 7a). Dagmar Richter (7a) und Sabine Manzel (7a) weisen zudem darauf hin, dass Methodenempfehlungen bisher nicht auf empirische Ergebnisse gegründet werden können; Georg Weißeno erwähnt allerdings eine eigene Studie und konstatiert: „Nachweisbar kognitiv aktivierend sind z. B. kooperative Lernmethoden, aber nur bei geeigneten Lernmaterialien und professioneller Kompetenz" (7a+b).

Medien   Viele Autorinnen und Autoren unterscheiden in ihren Antworten zu den Medien zunächst zwischen *Massenmedien und Unterrichtsmedien*: „Der Stellenwert von Medien ergibt sich für die politische Bildung aus zwei Perspektiven: zum einen aus der Tatsache, dass Politik Öffentlichkeit als Forum nutzt und über Massenmedien verbreitet wird; zum zweiten können Medien als Unterrichtsmedien fachdidaktisch eingesetzt und auf ihr Lernpotenzial befragt werden" (Kuhn 7b; Pohl 7b).

In Bezug auf die Massenmedien wird mehrfach deren große Relevanz für die politische Bildung betont, denn „nahezu alles, was wir über Politik wissen, wissen wir aus Medien" (Besand 7b). Die Auseinandersetzung mit medialen Produkten aller Art ist folglich im Rahmen der politischen Bildung essenziell. In den Antworten geht es häufig darum, welche Fähigkeiten die Lernenden im Umgang mit Massenmedien benötigen. Volker Reinhardt fordert, die „Schüler/innen zu kritischen Mediennutzern zu erziehen bzw. ihnen Möglichkeiten zu bieten, sich reflexiv ihre Mediennutzung zu vergegenwärtigen und daraus Konsequenzen zu ziehen im Umgang mit (vor allem ‚Neuen') Medien" (7b) und Hans-Werner Kuhn stellt fest: „Zugleich bedeutet der Umgang mit Medien immer auch die Frage nach der Konstruktion von Wirklichkeit" (7b). Thomas Goll ist allerdings der Ansicht: „Politische Bildung ist [...] keine Medienkunde. Diese hat ‚dienende' Funktion, um das Politische eines Mediums zu erfassen" (Goll 7b).

Auch Unterrichtsmedien konstruieren Wirklichkeit. Andreas Petrik unterscheidet mit Grammes vier Ebenen medial konstruierter Wirklichkeit: die Dokumentenwirklichkeit, die Medienwirklichkeit als hergestellte Öffentlichkeit, die Reflexionswirklichkeit in sozialwissenschaftlichen Texten sowie schließlich die didaktische Wirklichkeit in Schulbüchern und Unterrichtsmaterialien. Er führt aus, dass die „didaktische Reduktion" oder „Filterwirkung" von einer Ebene zur nächsten zunimmt und warnt davor, „politisch oder pädagogisch motivierte Medien (Ebene 2 und 4) wie dokumentarische Belege zu behandeln" (7b). Auch Tilman Grammes kritisiert entsprechend im Hinblick auf die Praxis: „Die Trägerfunktion der Unterrichtsmedien ist der blinde Fleck im Planungsdenken der Lehrkräfte. Medien werden als positive Belege für eine bestimmte Erkenntnis eingesetzt, und nicht auf ihre immer schon mitgebrachte kommunikative Vorwegbestimmtheit und Gerichtetheit hin kritisch befragt" (7b+c).

Neben der Methodenvielfalt lebt ein guter Unterricht wie mehrere Autorinnen und Autoren ausführen auch von der Medienvielfalt. Peter Henkenborg fordert in diesem Zusammenhang „professionelle Ergänzungsverhältnisse […], z. B. zwischen traditionellen Medien wie Texten und Schulbüchern und moderneren Medien wie dem Internet und ästhetischen Medien (z. B. Bildern und Filmen)" (7b+c). Und wie für die Methoden gilt für die Medien ebenfalls, dass bisher nur einzelne Forschungsergebnisse zu ihrer Wirkung vorliegen (Richter 7b+c).

In den Antworten werden zahlreiche unterschiedliche klassische Unterrichtsmedien benannt, von Texten über Bilder bis zu Filmen. In der politischen Bildung weniger verbreitete Medien, die hier erwähnt werden, sind zum Beispiel „belletristische, dramatische, lyrische und biographische Texte" sowie Theaterstücke (Juchler 7b; vgl. auch Oberle 7b; Kuhn 6) oder Musik (Goll 7b; vgl. Oberle 7b; Kuhn 6, 8b). Bei einem weiten Medienbegriff kann man zudem auch argumentieren: „Der Lehrende bleibt […] letztlich in seiner Persönlichkeit das wichtigste ‚Medium', ohne den die Medien nicht zum Einsatz kommen können" (Brunold 7b).

Der Einsatz *neuer Medien* im Unterricht wird ausnahmslos für wichtig erachtet. Als Vorteile werden vor allem die rasche Verfügbarkeit und die Aktualität von Informationen sowie die Möglichkeit zu eigenständigen Recherchen der Lernenden im Internet hervorgehoben. Zudem mache es die große Rolle, die die neuen Medien „in der politischen Kommunikation wie im Alltag von Jugendlichen" spielen (Sander 7b), unabdingbar, sich damit auch in der politischen Bildung auseinander zusetzen. Es „wäre geradezu weltvergessen", schreibt Michael May, „wenn Schule und Politikunterricht nicht hieran anknüpfen würden" (7b). Carl Deichmann geht zusätzlich auf das Web 2.0 und auf social media ein, in denen er die Chance für eine „Partizipation an der politischen Kommunikation" sieht. Er warnt jedoch zugleich, diese müssten „unter dem Gesichtspunkt der direkten politischen Einflussnahme (selbst-)kritisch beurteilt werden" (7b; vgl. auch Massing 7b).

Ähnlich wie Deichmann benennen fast alle Autorinnen und Autoren, die die neuen Medien ansprechen, zugleich auch ihre Gefahren; einige von ihnen leiten daraus Bedingungen ab, die im Umgang mit den Neuen Medien im Unterricht gewährleistet sein müssen: So äußert Joachim Detjen Skepsis in Bezug auf das Internet, „weil die Veröffentlichungshürden nirgendwo so niedrig sind wie dort" (7a+b). Tilman Grammes warnt, dass ein durch die Internetrecherche entstehendes „shared knowledge" „automatisch zur gültigen Expertise" werden könnte, weil die Wissenschaft als kritische Instanz ausgeschaltet werde. Andreas Brunold benennt die Gefahr eines „leicht möglichen Informationsüberfluss" (7b) und Sibylle Reinhardt fordert deshalb, dass die Lernenden im Umgang mit dem Internet angeleitet werden müssen, zum Beispiel, indem ihnen geeignete urls genannt werden (7b). Dagmar Richter verweist mit ihrer Frage: „Wie verändert sich die (politische) Sozialisation der jungen Menschen, die heute permanent online sind?" (7b+c) auf die Notwendigkeit soziologischer und medienpädagogischer Forschung. Nach Peter Massing gelten für elektronische Medien prinzipiell die gleichen Anforderungen, wie für alle Unterrichtsmedien (7b) – aus den zahlreichen hier genannten Gefahren lässt sich aber sicher schlussfolgern, dass sie eine erweiterte Medienkompetenz der Schülerinnen und Schüler erfordern.

Schulbücher

Die Antworten zur Rolle der Schulbüchern enthalten meist sowohl empirische Aussagen zu ihrer Verwendung in der Praxis, als auch normative Aussagen dazu, wie sie eingesetzt werden sollten.

Auf der empirischen Ebene konstatiert Monika Oberle einen Mangel an entsprechenden *Studien zur Nutzung von Schulbüchern*. Sie vermutet aber, „dass Schulbücher gerade fachfremd Unterrichtenden als ‚Leitmedium' dienen und dass einige Bücher die damit einhergehenden Ansprüche nicht erfüllen" (7c). Auch die anderen Autorinnen und Autoren stützen sich hier auf politikdidaktisches Erfahrungswissen. Sabine Manzel verweist darüber hinaus auf eine eigene kleine empirische Untersuchung, die die große Bedeutung von Schulbüchern im Unterricht hervorhebt: Sie weise nach, „dass überwiegend das (oftmals veraltete) Schulbuch im Politikunterricht verwendet wird", wohingegen originalgetreue Materialien in den untersuchten Politikstunden nicht zum Einsatz kommen, sondern durchweg zumindest deren optische Gestaltung, zum Teil aber auch der Inhalt verändert wird (7c).

Ein *„Leitmedium"* (vgl. Behrmann 7c; Goll 7c) im positiven Sinne, das den Lehrkräften der Politischen Bildung im Alltag ein „Gerüst" (Goll 7c) bietet, und damit „ganz wesentlich die Vorbereitung und Durchführung des Unterrichts" erleichtert (Detjen 7c), sehen Günter Behrmann, Joachim Detjen und Thomas Goll im Schulbuch. Aufgrund des staatlichen Genehmigungsverfahrens genießen Schulbücher nach Joachim Detjen „eine hohe Legitimität" (7c). Die Bedeutung des Zulassungsverfahrens hebt auch Tim Engartner hervor, weil Schulbücher dadurch ein Gegengewicht zu den immer mehr zunehmenden Gratis-Materialien aus den „umsatzstärksten deutschen Unternehmen" bilden können (7c).

Mehrere weitere Autorinnen und Autoren betrachten Schulbücher zwar nicht als Leitmedien, halten sie aber dennoch auch zukünftig für „eminent wichtig" (Breier 7c; vgl. auch Deichmann 7c; Juchler 7c). Dabei wird aber vielfach angemerkt, dass das „traditionelle Schulbuch […] im Augenblick einem erheblichen Wandel hin zum elektronischen Schulbuch" unterliegt (Massing 7c).

In vielen Antworten wird ausgeführt, dass in der Politischen Bildung „Fachinhalte großer Veränderungsdynamik unterliegen und deswegen weniger als in anderen Fächern kanonisierbar sind" (Steffens 7c) – ein Spezifikum des Faches, dem Schulbücher kaum gerecht werden können. Viele Autorinnen und Autoren plädieren deshalb für eine gezielte Nutzung von Schulbüchern als *„Begleitmedium"*, also ergänzend zu anderen, aktuellen Materialien, etwa als „Nachschlagewerke für politisches Grundwissen" für die Lernenden (Petrik 7c; vgl. auch V. Reinhardt) oder als „Steinbruch" für die Lehrenden (May 7c; vgl. auch Pohl 7c).

Die dezidierteste Positionen gegen Schulbücher in gedruckter Form bezieht Anja Besand: „Das Schulbuch ist tot, oder es wird in naher Zukunft tot sein. Angesichts des aufwendigen Entwicklungs- und Zulassungsprozesses von Schulbüchern in einem föderal organisierten System lässt sich diese Form von Unterrichtsmaterialien – insbesondere in einem an Aktualität orientierten Bildungsbereich – weder didaktisch noch ökonomisch rechtfertigen. Abgelöst werden sie von digitalen Bildungsmaterialien, die in unterschiedlicher Form entweder kostenpflichtig oder in Form von OER (Open Educational Ressources) von unterschiedlichen Trägern bereitgestellt werden. Wenn die Schulbuchverlage sich nicht sehr schnell auf diese Situation einstellen, werden viele von ihnen nicht überleben" (7c).

8. Lernprozesse und Schülervorstellungen

In den Blöcken 8 und 9 geht es um Forschung in der Politikdidaktik – in Block 8 um Lernprozesse und Schülervorstellungen, in Block 9 um künftige Forschungsschwerpunkte in der Politikdidaktik.

In beiden Blöcken werden sehr viele unterschiedliche Aspekte benannt, so dass im Folgenden zwar einzelne Gemeinsamkeiten herausgestellt werden können, vor allem aber das breite Spektrum der Antworten aufgezeigt werden soll.

Bedeutung lerntheoretischer Erkenntnisse

Als Antwort auf die Frage, welche *Erkenntnisse zum Lernen* für die Politikdidaktik wichtig sind, nennen die Politikdidaktiker/innen eine breite Palette unterschiedlicher Theorien, Autoren und empirischer Ergebnisse aus mehreren wissenschaftlichen Disziplinen. Vor allem die Erkenntnisse der empirischen Bildungsforschung, der pädagogischen Psychologie, der Lernpsychologie sowie der anderen Fachdidaktiken haben demnach Einfluss auf die Politikdidaktik.

Bei den *Lerntheorien* werden sowohl der Kognitivismus als auch der Konstruktivismus häufig erwähnt. Bei allen Differenzen ist davon auszugehen, dass es unstrittig ist, „Lernen als aktiven Prozess der Konstruktion von Wissen und Verstehen durch die Lernenden" (Sander 8a) zu verstehen und dass politische Bildung immer „an das Vorwissen und die Vorerfahrungen von Lernenden anknüpfen sollte" (Henkenborg 8a). Auch wenn Thomas Goll vor einer „Überhöhung" des Konstruktivismus warnt (8a), scheinen zentrale Bestandteile der konstruktivistischen Lerntheorie – im Gegensatz zur konstruktivistischen Erkenntnistheorie (vgl. u. Block 10) – im Mainstream der Politikdidaktik angekommen zu sein. So nimmt unter anderem Monika Oberle eine vom radikalen Konstruktivismus abzugrenzende, „kognitiv-konstruktivistische Position" ein (10). Diese zeichne sich durch die Überzeugung aus, dass „erfolgreiches Lernen eigenaktives Konstruieren und forschendes Entdecken und erfolgreiches Lehren das Anknüpfen an Schülervorstellungen voraussetzt", sie bekenne sich jedoch „zu Lernzielen und einer an wissenschaftlichen Erkenntnissen orientierten Bewertungsgrundlage von Aussagen und Lernergebnissen" (10; vgl. auch Manzel 8a+b; Petrik 8a; Pohl 8a; Weißeno 2, 10). Ob diese Verbindung von Kognitivismus und Konstruktivismus sowie die mehrfach betonte Notwendigkeit, konstruktivistische „Lernkonzepte" durch instruktionale zu ergänzen (vgl. das Resümee zu Block 5d) bei den primär konstruktivistisch orientierten Autorinnen und Autoren Widerspruch hervorrufen, bleibt in den Interviews offen.

Bei Frage 8b äußern sich die Autorinnen und Autoren nicht nur zur empirischen Erforschung von Schüler- und Lehrervorstellungen, sondern gehen auch auf weitere Forschungen und Forschungsergebnisse aus der Politikdidaktik ein. Zwei Aussagen lassen sich als Quintessenz der Lektüre der hier versammelten Antworten formulieren:

Empirische Forschung & Schüler- und Lehrervorstellungen

Zum einen ist es selbstverständlich, dass *politikdidaktische Theoriebildung und empirische Forschung in einem unauflösbaren Zusammenhang* stehen. Das zeigt sich später noch einmal in Block 9, wo sehr viele Autorinnen und Autoren für die Zukunft fordern, konzeptionelle und empirische Fragen zusammenzudenken. Zudem scheint unstrittig, dass empirische Forschung sowohl qualitativer wie auch quantitativer Methoden bedarf.

Zum anderen gibt es deutliche *Differenzen in Bezug auf die Einschätzung der bisherigen Forschungsergebnisse*: Der Ertrag der empirischen Forschung vor der Jahrtausendwende sowie zu Beginn des neuen Jahrtausends wird von einigen Autorinnen und Autoren als großer „Erkenntnisgewinn" (Deichmann 8b) bezeichnet, andere halten diese älteren qualitativen wie quantitativen Forschungen zwar für „verdienstvoll" für ihr Zeit, messen den Ergebnissen aufgrund fehlender Berücksichtigung von Gütekriterien der empirischen Forschung jedoch keinen hohen Stellenwert bei (Weißeno 8b; vgl. auch Richter 8b). Mehrfach wird auch bemängelt, dass die empirische Forschung vor allem in der Vergangenheit aus zu vielen Einzelprojekten bestand, deren Ergebnisse unverbunden nebeneinander stehen. Skeptische Stimmen gibt es aber auch in Bezug auf neuere politikdidaktische Forschung: kritisiert werden beispielsweise geringe Fallzahlen, die Beschränkung auf „Wissensabfragen" (Sander 8b) sowie ein überzogener Objektivitätsanspruch (vgl. Breier 8b) in der quantitativen Forschung. Auch ein Missverhältnis zwischen Aufwand und „Erkenntniswert" der empirischen Forschung insgesamt wird konstatiert (Detjen 8b; vgl. auch Juchler 8b; Breier 8b).

In Bezug auf die *Schülervorstellungen* werden in den Antworten beispielsweise Forschungen zu Kompetenzen und Konzepten angesprochen. Vereinzelt werden auch hier die bisherigen Ergebnisse gewürdigt, häufig wird aber eine intensivere Auseinandersetzung mit der *Entwicklung* von Konzepten und Kompetenzen angemahnt (Massing 8b; Brunold 8b; Petrik 8b; May 8b). Vor allem wird gefordert, sich auch mit der Veränderung von Konzepten in Lernprozessen auseinanderzusetzen (Grammes 8a+b; Lange 8a; Besand 8b). Mehrere Autoren beziehen sich in ihrer Antwort zu den Schülerkonzepten auf den von Dirk Lange entwickelten „Forschungsrahmen der politikdidaktischen Rekonstruktion" oder den Begriff „Bürgerbewusstsein" (Lange 8a; vgl. auch Himmelmann 8a+b; Sander 8b; V. Reinhardt 8b; Eis 8a+b; Engartner 8b). Ähnlich wie bei den Schülervorstellungen wird auch in Bezug auf die Lehrervorstellungen eingefordert, ihre Rolle für die Lernprozesse und in diesen Prozessen zu erforschen (Besand 8b; Petrik 8b; S. Reinhardt 8b).

Auch jenseits von Schüler- und Lehrervorstellungen ist die am häufigsten genannte Aufgabe empirischer Forschung die *Erforschung der Lernprozesse* selbst: „Wie lösen Lernende bestimmte Aufgaben" (Henkenborg 8b), wie bearbeiten sie „fachspezifische Anforderungssituationen" (May 8b), „unter welchen Bedingungen, mit welchen Ansätzen und Methoden [können] der Aufbau konzeptuellen Wissens, die Entwicklung der politischen Urteils- und Handlungsfähigkeiten oder auch das politische Interesse gefördert werden" (Oberle 8b) und „Was passiert im Lernprozess? Wie ereignet sich Verstehen? Und wie entsteht daraus Selbst-Bildung, Identitätsfindung?" (Grammes 8a+b). In diesem Zusammenhang benannte Desiderate für die Forschung lauten beispielsweise: „prozess[...]orientierte Lehr- und Lernforschung" (Behrmann 8a+b) und „Bildungsgang-Studien" (Petrik 8b).

9. Politikdidaktik als Wissenschaft

Forschungsfragen für die Zukunft

Auch bei der Frage nach der zukünftigen Forschung in der Politikdidaktik werden häufig *Methodenfragen* angesprochen. Hier zeigt sich jenseits des generellen Konsenses über die prinzipielle Notwendigkeit konzeptioneller und empirischer Forschung, dass die Gewichtung unterschiedlich betrachtet wird: Während beispielsweise Sabine Manzel einen großen Nachholbedarf bei der empirischen Forschung sieht (9a), warnt Tim Engartner unter Nutzung eines Zitats von Sabine Manzel vor einem „einseitigen ‚empirischen Aufbruch einer neuen Generation von Politikdidaktiker/-innen'" (9a). Auch Wolfgang Sander spricht von einer Überbewertung vor allem der quantitativen Forschung, die auf der falschen „politischen Erwartung" beruhe, „auf diesem Weg zu Daten zu gelangen, die ‚evidenzbasierte', durch objektive Daten abgesicherte pädagogische und politische Entscheidungen ermöglichen" (9a). *Theoretisch-konzeptionelle Aufgaben*, die von den Autorinnen und Autoren angesprochen werden, sind die Weiterentwicklung einer Demokratiedidaktik (Himmelmann 9a), die normative „Legitimation von Lernzielen und Kompetenzen des Faches" (Lange 9a) oder ganz allgemein eine interdisziplinäre, an einer integrativen Politikwissenschaft sowie an Erziehungswissenschaft und Psychologie orientierte „theoretisch-konzeptionelle Grundlegung" (Massing 9a+b).

Die Autorinnen und Autoren nennen darüber hinaus zahlreiche Themen für die *zukünftige Forschung*, die die Bedeutung der Integration konzeptioneller Überlegungen und empirische Forschung aufzeigen: Am häufigsten wird auch hier wieder die Erforschung der Lernprozesse und der Entwicklung von Kompetenzen und Konzepten im Laufe dieser Prozesse angesprochen. Mehrfach fällt hier der Begriff „Wirkungsforschung", wie beispielsweise bei Andreas Brunold, der schreibt: „Wichtig wäre eine Wirkungsforschung, die über Jahr und Tag hinaus geht, was bedeutet, dass Längsschnittanalysen notwendig wären, die politisches Handeln auf Schülerseite über längere Zeiträume hinweg messbar machen könnten" (8b). Daneben werden erneut die Schüler- sowie die Lehrervorstellungen genannt, im Zusammenhang mit den Lehrervorstellungen wird zudem eine stärkere „Professionalisierungsforschung" gefordert (V. Reinhardt 9a; vgl. auch Goll 9a). Als eine wesentliche Voraussetzung der Beobachtung der Kompetenzentwicklung betrachten mehrere Autorinnen und Autoren die Entwicklung bzw. Weiterentwicklung von Kompetenzmodellen, vor allem die Graduierung der Kompetenzen (Petrik 9a; May 9a; Oberle 9a).

Dass die Politikdidaktik darauf angewiesen ist, auch die *aktuellen Entwicklungen in Gesellschaft und Politik* in den Blick zu nehmen, um Bildungsziele zu bestimmen und Inhalte adäquat auszuwählen, ist selbstverständlich und wird ebenfalls mehrfach ausdrücklich angesprochen. Für Gerd Steffens bedeutet das, dass sich „die Perspektive fachdidaktischer Reflexion immer auf einen Horizont [richtet], der nur im Licht sozialwissenschaftlicher Forschung und Theoriebildung klar und konturiert hervortreten kann" (9a). Neben dem „zeitdiagnostische[n] Anregungspotenzial"der Sozialwissenschaften (Steffens 9a), nennen andere Autorinnen und Autoren in diesem Zusammenhang beispielsweise die „politische Kulturforschung" (Deichmann 9a), die „politische

Kultur- und Bildungsforschung" (Eis 9a) oder die „Sozialphänomenologie" (Grammes 9a+b). Offen bleibt allerdings angesichts der knappen Antworten meist, inwieweit Politikdidaktiker/innen selbst fachwissenschaftlich forschen sollten – lediglich Sibylle Reinhardt lehnt das an dieser Stelle ausdrücklich ab: „Die allgemeinen theoretischen Diagnosen unserer Zeit erfolgen in den Fachwissenschaften, unsere Aufgabe ist die didaktische Reflexion" (9a). Gerade bei theoretischen Reflexionen dürfte allerdings die Grenze zwischen der Rezeption fachwissenschaftlicher Arbeiten und der Entwicklung eigenständiger Begründungen zum Zwecke der Legitimation didaktischer Entscheidungen fließend sein.

Weitere Forschungsaufgaben, die von jeweils mehreren Politikdidaktikerinnen und -didaktikern genannt werden, sind die Internationalisierung der Politikdidaktik, die stärkere Einbeziehung der außerschulischen politischen Bildung, die stärkere Berücksichtigung von Haupt- und Grundschülerinnen und -schülern, Fragen der Integration und Inklusion, Herausforderungen durch den Extremismus, Wertebildung, die Ausweitung der Bildung für nachhaltige Entwicklung sowie die bessere Integration der drei sozialwissenschaftlichen Disziplinen Politikwissenschaft, Soziologie und Ökonomie „unter dem Dach der politischen Bildung" (Engartner 9a) aber auch das fächerübergreifende Lernen über die Sozialwissenschaften hinaus.

Neben den Forschungsfragen spielen als zukünftige Aufgaben der Politikdidaktik in den Antworten auch *Anregungen* oder *konkretere Anleitungen für die Praxis* der politischen Bildung eine zentrale Rolle. Hier werden vor allem Hilfen zur Unterrichtsplanung (z. B. Planungsmodelle und Best-Practice Beispiele) sowie Materialentwicklung und -analyse angesprochen und es wird die Notwendigkeit einer „Erfahrungssicherung in und durch die Praxis" (S. Reinhardt 9a; vgl. auch Steffens 8a) betont. Schließlich wird bei der Frage nach den zukünftigen Aufgaben der Politikdidaktik auch deren bildungspolitische Funktion im Rahmen der Entwicklung von Lehrplänen angesprochen.

Eigene Forschungsschwerpunkte

Die Antworten zu Frage 9b nach den gegenwärtigen und zukünftigen Schwerpunkten der eigenen wissenschaftlichen Arbeit zeigt das breite Forschungsspektrum der heutigen Politikdidaktik auf und erstreckt sich inhaltlich über sämtliche, oben bereits angesprochenen Forschungsfragen sowie darüber hinaus auf die Geschichte der Politikdidaktik. Viele Politikdidaktikerinnen und -didaktiker nennen hier auch ganz konkrete Forschungsprojekte sowie geplante Anregungen für die praktische Unterrichtsplanung, deren Darstellung den Rahmen dieser Zusammenfassung sprengen würde.

10. Fachdidaktische Kontroversen

Block 10 fragt nach den zentralen Kontroversen in der aktuellen fachdidaktischen Diskussion. Die Autorinnen und Autoren nehmen hier zu einer oder mehreren Kontroversen Stellung, verweisen aber häufig auch auf ihre Antworten in den anderen Blöcken, wenn sich die Kontroversen auf die dort diskutierten Themen beziehen.

In diesem Resümee werden nur die Kontroversen dargestellt, die noch nicht im Zusammenhang mit den Antworten zu den anderen Blöcken analysiert wurden. So gehen zum Beispiel 13 Autorinnen und Autoren auf die Kontroverse um das *Demokratielernen* ein (vgl. Resümee Block 3) und ebenfalls 13 nennen die Kontroverse um den *Politikbegriff* und den damit zusammenhängenden inhaltlichen Zuschnitt des Unterrichtsfaches Politische Bildung (vgl. Resümee Block 4). Die am häufigsten genannte Kontroverse ist die um die Kompetenzorientierung, die die Auseinandersetzung um die Relevanz und Auswahl von Konzepten beinhaltet. Sie wird von 26 der 28 Autorinnen und Autoren im Block 10 als wichtige Kontroverse genannt (vgl. Resümee Block 5). Auch wenn die Methoden der politikdidaktischen Forschung selten als Kontroverse direkt angesprochen werden, wurde in den beiden vorangegangenen Blöcken deutlich, dass auch hier Differenzen in der Disziplin bestehen.

Die Kontroverse um die neue „kritische politische Bildung", die vor allem zwischen Vertreterinnen und Vertretern der außerschulischen und der schulischen politischen Bildung geführt wird, wird in sechs Antworten angesprochen: Ingo Juchler hält „die distinktive Selbstzuschreibung einer ‚kritischen' politischen Bildung" für „eine Redundanz", da politische Bildung, die auf politische Urteilsbildung und Handlungsfähigkeit setze, immer kritisch sei (10). Gerd Steffens Ausführungen lassen sich als Reaktion auf diesen häufig geäußerten Vorwurf verstehen. Er wendet sich dagegen, durch den Hinweis auf eine per definitionem kritische politische Bildung die „Legitimität der Frage", was kritische politische Bildung heute genau heißen könne, zu bestreiten (10). Auch Andreas Eis fordert eine kritische und „gesellschaftswissenschaftlich fundierte politische Bildung", die untersucht, „wie Macht- und Herrschaftsansprüche in den Subjekten und in den gesellschaftlichen Verhältnissen wirk-

Kritische politische Bildung

sam werden" (10; vgl. zu diesem Aspekt auch Pohl 10). Explizit gegen einen solchen Ansatz wenden sich Thomas Goll (10) und Anja Besand (10), die beide die kritische politische Bildung aufgrund „ihrer Parteilichkeit" (Goll 10) für unvereinbar mit dem Beutelsbacher Konsens halten.

Konstruktivismus Nur noch sechs Autorinnen und Autoren sprechen die Diskussion um den Konstruktivismus an, die 2004 noch als eine der drei wichtigsten Kontroversen betrachtet wurde. Anja Besand konstatiert eine Beruhigung der Debatte, weil sich „selbst heftige Gegner dieser Theorie heute selbst als konstruktivistisch orientiert beschreiben" (10; vgl. auch Massing 10; Kuhn 10 sowie das Resümee zu Block 5d). Allerdings, so Besand weiter, könne der Schein auch trügen, „denn die politikdidaktische Diskussion ist auch jenseits solcher Begriffe und Überschriften noch immer stark von unterschiedlichen Lern- und Bildungsvorstellungen geprägt", wie die Kontroverse um Kompetenzmodelle und Basiskonzepte zeige (10).

Wie schon 2004 wenden sich vor allem Joachim Detjen (10) und Georg Weißeno vehement gegen den „radikalen" Konstruktivismus, mit dem Hinweis, dass Lernen vor dem Hintergrund dieser Erkenntnistheorie, „kein verbindliches Ziel, keinen output" haben könne (Weißeno 10). Da der Konstruktivismus in den anderen Antworten primär im Zusammenhang mit den lerntheoretischen Grundlagen der politischen Bildung diskutiert wird, wurden diese Aspekte der Kontroverse bereits im Resümee zu Block 8 dargestellt.

Kategoriale Bildung Wie der Konstruktivismus war auch die Kategoriale Bildung 2004 eine der am häufigsten genannten Kontroversen – obwohl eigentlich nur Wolfgang Sander als Kritiker der kategorialen Bildung aufgetreten war. Auch heute sprechen immer noch sechs Autoren die kategoriale Bildung an. Hans-Werner Kuhn sieht, wie schon 2004, weiterhin einen Gegensatz zwischen kategorialer Bildung und Konstruktivismus (10) und Peter Massing konstatiert, dass die Bedeutung der kategorialen Bildung nach wie vor ungeklärt sei (10; vgl. auch Behrmann 10).

Peter Henkenborg und Ingo Juchler fordern eine genauere Abgrenzung von Kategorien und Konzepten. Nach Peter Henkenborg sind sowohl Kategorien wie auch Basiskonzepte „die kognitiven Wissensstrukturen, die das Verallgemeinerbare von Politik erschließen". Beide werden aus der „Systematik der Bezugswissenschaften der politischen Bildung entnommen" und dienen fachdidaktisch als „Instrumente der Ordnung und Reduktion von Komplexität" (10). Er kommt deshalb schon in Block 5 zu dem Ergebnis, Basiskonzepte seien „viel alter Wein in neuen Schläuchen" (5a+b). Den einzigen Erkenntnisgewinn der neuen Diskussion um die Konzepte sieht er darin, „dass sie den Blick für ein konstruktivistisches Verständnis von Wissen und Erkenntnis verstärken kann" (10). Ingo Juchler sieht Kategorien als „heuristische Instrumente zur Erschließung von Gegenständen des Politikunterrichts". Davon grenzt er Konzepte ab, die zwar auch auf die „Wissensbestände des Faches" bezogen sein müssten, sich jedoch nicht darauf beschränkten: „(W]ie das mentale Wissensnetz jeder Person selbst sind die fachspezifisch relevanten Konzepte nicht auf eine Domäne eingegrenzt, sondern mit Konzepten anderer Fächer vernetzt" (10).

In Block 10 äußern sich einige Autoren nicht nur zu konkreten Kontroversen in der aktuellen fachdidaktischen Diskussion, sondern darüber hinaus auch auf der Metaebene über die Bedeutung von Kontroversen für die Politikdidaktik oder die Art und Weise, wie diese Kontroversen geführt werden.

Funktion der Kontroversen

So konstatiert beispielsweise Günter Behrmann, dass in aktuellen Kontroversen häufig „fortbestehende oder wiederkehrende Grundprobleme und -positionen im Hinblick auf veränderte Gegebenheiten unter wechselnden theoretischen Perspektiven reflektiert" würden (10). Peter Massing (10) und Anja Besand begrüßen, dass in der Politikdidaktik die Kontroversen heute offen ausgetragen werden: „Die politische Bildung ist eine streitbare Disziplin. Das steht ihr gut, denn in der politischen Bildung geht es um Kontroversität" (Besand 10).

Auch Dagmar Richter betont die Notwendigkeit, Kontroversen auszutragen, zeigt jedoch auch Skepsis: „Leider finden sich in den aktuellen Kontroversen wie z. B. im Zusammenhang mit der Kompetenzorientierung eher Ideologien, eine Art Rechthaberei oder absichtsvolles Missverstehen anstelle eines Austausches von ‚besseren Argumenten'" (10). Negative Bewertungen finden sich in Bezug auf die Debatte zur Kompetenzorientierung auch bei mehreren anderen Autorinnen und Autoren (vgl. Massing 10; Weißeno 5d, 10; Goll 5c+d, 10; Henkenborg 10).

Günter Behrmann (10) und Andreas Brunold (10) äußern in ihren Antworten Zweifel am Wert vieler wissenschaftlicher Auseinandersetzungen für die Praxis. Einen pragmatischen Vorschlag, wie man Kontroversen für die Praxis fruchtbar machen kann, macht dagegen Karl-Heinz Breier: „Und der Pragmatiker in mir, der Hochschullehrer vor Ort, sucht auch eher nach dem Fruchtbaren, was eine Position eben stark macht. [...] An den Mängeln einer Theorie, die oftmals auch schnell den Studierenden auffallen, arbeiten sich ja weniger die Handlungstheoretiker als vielmehr die Begründungstheoretiker ab" (10; vgl. entsprechend auch Pohl 10).

11. Politikdidaktik und Lehramtsausbildung

Eine wichtige Herausforderung für die künftige schulische politische Bildung ist die Lehrerbildung. Dass an Politiklehrerinnen und -lehrer hohe Anforderungen gestellt werden, wurde bereits im Resümee zu den anderen Blöcken deutlich. Der Frage, wie man entsprechend umfassend qualifizierte Lehrerinnen und Lehrer ausbilden kann und welche Kompetenzen dabei im Vordergrund stehen sollten, widmet sich Block 11.[6] Da die Autorinnen und Autoren Aussagen zu Kompetenzen und Ausbildungsschwerpunkten häufig zusammengefasst haben, folgt das Resümee nicht vollständig der Gliederung der Unterfragen, sondern enthält die vier Unterpunkte „fachwissenschaftliche Kompetenzen", „fachdidaktische Kompetenzen", „Verhältnis von Theorie und Praxis" sowie „Rolle der Lehrerpersönlichkeit".

Sabine Manzel (8a+b, 9b, 11a), Georg Weißeno (10, 11) und Monika Oberle (9b, 11a) verweisen in Bezug auf die professionellen Kompetenzen von Lehrkräften auch auf das Forschungsprogramm „Professionelle Kompetenz von Politiklehrer/-innen" (PKP) und fordern – wie an anderer Stelle beispielsweise auch Hans-Werner Kuhn (11a), Volker Reinhardt (9b) und Andreas Eis (8a+b) – eine Ausweitung der empirischen Forschung zur Professionskompetenz.

Fachwissenschaftliche Kompetenzen

Vor allem dem fach(wissenschaft)lichen Wissen widmen die Autorinnen und Autoren viel Aufmerksamkeit. Weiterhin nehmen sie Stellung zur Frage, welche Rolle das fachwissenschaftliche Studium spielt und auf welche Wissenschaftsdisziplinen es sich konzentrieren sollte.

In sehr vielen Antworten werden ganz generell die große Rolle des fach(wissen)schaftlichen Wissens und die Wichtigkeit des fachwissenschaftlichen Studiums betont. So schreibt Gerd Steffens, Politiklehrkräfte müssten sich die „Analyse- und Deutungsangebote der Sozialwissenschaften" aneignen und es sei „ein – heute verbreitetes – Missverständnis, dass es im Lehramtsstudium in erster Linie auf die Vermittlung pädagogischer und didaktischer Fähigkeiten ankäme" (11a+b). Auch

Joachim Detjen, der in seinen sonstigen Antworten nur wenige Übereinstimmungen mit Gerd Steffens zeigt, bewertet die Rolle der Fachwissenschaft höher als die der anderen Studienanteile (11a). Lediglich Anja Besand (11a) und Volker Reinhardt (11a, b) relativieren die Bedeutung der fachwissenschaftlichen Kenntnisse gegenüber den Kompetenzen zur Gestaltung von Lernprozessen.

Bedeutsame Unterschiede zeigen sich in der Frage, welche fachwissenschaftlichen *Disziplinen* für wie relevant gehalten werden: Peter Massing plädiert für ein breites politikwissenschaftliches Studium künftiger Lehrkräfte und begründet das damit, dass diese dann „Experten in wenigstens einer Sozialwissenschaft [sind] und […] nicht Laien in mehreren sozialwissenschaftlichen Disziplinen" (11a). Auch Thomas Goll (11a), Carl Deichmann (11a) und Kerstin Pohl (11a) heben Kenntnisse der Lehrkräfte über Politik besonders hervor, wünschen sich aber zusätzlich Grundkenntnisse in den anderen sozialwissenschaftlichen Disziplinen. Auch wenn in Block 4 eine Mehrheit für „Politik als Kern" des Unterrichtsfaches Politische Bildung votiert hatte, überwiegen in Block 11 die Plädoyers für ein sozialwissenschaftliches Studium (vgl. S. Reinhardt 11a; Sander 11a; Behrmann 3c; Petrik 11a; Eis 11a+b; Besand 11a). Dabei findet sich mehrfach die Forderung nach einer besseren Integration der Sozialwissenschaften in der Lehramtsausbildung – so etwa bei Bernd Overwien, der schreibt: „Das Verhältnis der Bezugswissenschaften zueinander muss Teil der Ausbildung sein" (11a; vgl. Grammes 11b+d; Engartner 11d; Himmelmann 11b).[7]

Drei Autoren wünschen sich neben fachlichen Kenntnissen auch Erfahrungen der Lehramtsstudierenden in der praktischen Politik (Brunold 11a; Grammes 11b+d; Engartner 11b).

Selbstverständlich spielen die von Anja Besand und Volker Reinhardt hervorgehobenen Kompetenzen zur Gestaltung von Lernprozessen auch in den Antworten der anderen Autorinnen und Autoren eine wichtige Rolle. Folgende Inhalte der Politikdidaktik sollten demnach im Studium thematisiert werden: didaktische Prinzipien, Methodeneinsatz, die Geschichte der politischen Bildung, politikdidaktische Konzeptionen und ihre sozialwissenschaftliche Begründung, Kenntnisse über Aneignungsprozesse in Verbindung mit bestehenden Schülerkonzepten sowie die Ergebnisse der empirischen Forschung zu Lehrenden und Lernenden.

Fachdidaktische Kompetenzen

Weitgehend Konsens ist offensichtlich, dass die Politikdidaktik mit der Fachwissenschaft und den Bildungswissenschaften untrennbar verbunden ist. Viele Autorinnen und Autoren schreiben ihr eine integrierende Funktion im Hinblick auf die Studieninhalte zu (vgl. bspw. Lange 11b; S. Reinhardt 11b, d; Goll 11b).

Dass die professionelle *Handlungskompetenz* am häufigsten als übergreifendes Ziel der politikdidaktischen Ausbildung genannt wird, verweist darauf, dass letztendlich alle im Studium erworbenen Kompetenzen im Hinblick auf dieses Ziel integriert werden müssen. Allerdings besteht vermutlich – auch wenn das selten direkt angesprochen wird – auch Konsens darüber, dass es, wie Bernd Overwien formuliert, im Studium nur „um die Vorbereitung professioneller Kompetenz [geht], die dann in der zweiten Ausbildungsphase vertieft und erweitert wird" (11a; vgl. auch Pohl 11b).

Ein weiterer Aspekt, der ebenfalls von Einzelnen angesprochen wird, ist die Mitverantwortung gerade der Politiklehrerinnen und -lehrer für die Gestaltung und Entwicklung der Schule. Michael May wie auch Volker Reinhardt sehen die Vorbereitung auf diese Aufgabe ausdrücklich auch als Aufgabe des Studiums (May 2b; V. Reinhardt 2b; vgl. auch Overwien 11a; Pohl 11a; Besand 11a).

Das Verhältnis von Theorie und Praxis im Studium

In Frage 11c geht es explizit um das Verhältnis von Theorie und Praxis in der politischen Bildung. Viele Autorinnen und Autoren gehen hier, aber auch an anderen Stellen, auf die grundsätzlich unterschiedlichen Perspektiven der Politikdidaktik und der praktischen politischen Bildung auf das politische Lernen ein (vgl. Detjen 11c; Behrmann 11c; Henkenborg 11b, d). Es gilt aber auch, wie Hans-Werner Kuhn betont: „Wechselseitige Erwartungen, auch einseitige, sollten ernst genommen werden, sonst erfolgt tendenziell eine Abkoppelung von Theorie und Praxis, die beiden schädlich wäre" (11c).

Viele Autorinnen und Autoren lehnen es ab, dass die Politikdidaktik für die Praxis *Rezepte* formuliert. Michael May formuliert allerdings: „Wir können den Studierenden nicht die Rezepte, sehr wohl aber die Zutaten für professionelles Lehrerhandeln geben" (11c). Dagmar Richter (11c), Dirk Lange (11c) und Michael May (11c) widersprechen überdies der in der Frage enthaltenen These, dass die (angehenden) Politiklehrerinnen und -lehrer von der Politikdidaktik Rezepte erwarten.

Die Autorinnen und Autoren sind sich offensichtlich darin einig, dass die *Praxis der Theorie bedarf*: Welche Schwierigkeit damit verbunden ist, zeigt ein Argument von Monika Oberle: „Die meist fehlende Lehrerfahrung der Studierenden erschwert es ihnen, den Praxisbezug politikdidaktischer Theorie, ihrer Begriffe, Modelle und Diskurse nachzuvollziehen. Dieses Problem lässt sich leider nicht gänzlich auflösen" (11c). In den meisten Antworten findet sich ein Plädoyer dafür, Theorie und Praxis schon im Studium zu integrieren und schon in der ersten Ausbildungsphase „zu den konkreten Planungen und Situationen des Unterrichtshandelns" vorzudringen (May 11c). Überdies werden zahlreiche konkrete Hinweise gegeben, wie das erreicht werden kann.

Den *Schulpraktika* im Rahmen des Studiums wird meist eine große Bedeutung beigemessen. Allerdings werden sie teilweise auch problematisiert. Peter Henkenborg beispielsweise sieht die Gefahr einer kritiklosen Verdoppelung schlechter Unterrichtsroutinen (11c) und Michael May das Risiko eines Rückfalls in „Kontroll- und Instruktionspraktiken", was nur durch eine gute Begleitung und eine sinnvolle Einbettung in das Didaktik-Curriculum verhindert werden könne (11b). Günter Behrmann mahnt: „Der Primat der wissenschaftlichen Betrachtung, der eine Entlastung von unmittelbaren praktischen Anforderungen voraussetzt, sollte dabei auch deshalb gewahrt werden, weil sich Handlungsroutinen und die notwendige Handlungssicherheit nicht schon im Studium, auch nicht in Praktika und Praxissemestern[8], sondern erst in der Praxis ausbilden" (11a+b). Andreas Petrik zieht daraus die Konsequenz, dass „fachdidaktische Praktika nicht zu früh erfolgen" dürften (11c).

Als Gelingensbedingung für die Integration von Theorie und Praxis im Studium nennen Sibylle Reinhardt (11a) und Andreas Brunold ausdrücklich auch *eigene schulpraktische Erfahrungen* der Politikdidaktiker/-innen: Andreas Brunold glaubt, dass „v. a. diejenigen Didaktiker, die bereits über langjährige Unterrichtserfahrungen an Schulen verfügen, bestrebt [seien], die schulische Praxis mit ihrer Lehre und Forschung zu verbinden" (11c).

Viele Kompetenzen von Lehrkräften, die in den Antworten als wichtig bezeichnet werden, lassen sich dem Begriff „Lehrerpersönlichkeit" zuordnen. Auch wenn dieser Begriff nicht unproblematisch ist, weil er zu suggerieren scheint, dass es sich hier um Merkmale handelt, die naturgegeben und kaum veränderbar sind, soll unter diesem, in der öffentlichen Diskussion immer noch gebräuchlichen Schlagwort das zusammengefasst werden, was im Professionskompetenzmodell von Weißeno/Oberle/Weschenfelder (2013) den Kompetenzfacetten „Überzeugungen" und „motivationale Orientierungen" zugeordnet wird. Nach ersten empirische Studien ist die Bedeutung dieser Kompetenzfacetten

Lehrerpersönlichkeit

sehr groß (vgl. Helmke 2012: 113-118; Hattie 2013: 151-153). Zur Lehrerpersönlichkeit finden sich in fast allen Interviews Hinweise.

Am häufigsten wird dabei das *Interesse an Politik und am eigenen Unterrichtsfach* genannt. Dabei fallen Begriffe wie Freude (Deichmann 11a), Begeisterung (Juchler 11a; Besand 11a), Leidenschaft (Breier 11c; Pohl 11a), Stolz (Breier 2b), echtes Erkenntnisinteresse (Eis 11c) und Lehrerenthusiasmus (Weißeno 11). Ingo Juchler bringt das auf die eingängige Formel: „Wenn die Lehrkraft nicht selbst für das Politische brennt, wird auch schwerlich der Funke zu den Schülerinnen und Schülern überschlagen" (Juchler 11a). Thomas Goll relativiert allerdings den emotionalen Aspekt, wenn er schreibt: „Politiklehrerinnen und -lehrer sollen dabei jedoch sachliche Realisten sein, keine überschäumenden Idealisten und schon gar keine sarkastischen Zyniker" (Goll 11a).

Neben der Notwendigkeit des Interesses für die politische Bildung halten viele Autorinnen und Autoren auch ein prinzipielles Interesse an einem „Eintauchen in die Wissenschaft" für wichtig (Engartner 11a; vgl. auch S. Reinhardt 11a; Grammes 11b+d; Eis 11c). Wolfgang Sander erwartet mit Fischer, Herrmann und Mahrenholz einen „philosophischen Menschen": den Lehrer als „Wahrheitssucher"[9] (11a). Weitere einzelne Aspekte, die angesprochen werden, sind die Mündigkeit der Lehrkräfte (Goll 11d), die Notwendigkeit eines Berufsethos (Overwien 11a; Henkenborg 11a) oder „Experimentierfreude" beim Methodeneinsatz (Deichmann 11a).

Schwerpunkte der eigenen Lehre

Die Antworten zu Frage 11d nach den eigenen Schwerpunkten in der Lehre erstrecken sich inhaltlich über sämtliche oben bereits angesprochenen Professionskompetenzen. Für fortgeschrittene Studierende bieten die Politikdidaktikerinnen und -didaktiker häufig forschungsorientierte Seminare oder Colloquien an, die sich mit den eigenen Forschungsschwerpunkten decken. Häufig werden ganz konkrete Lehrveranstaltungsangebote beschrieben, deren Darstellung im Rahmen dieser Zusammenfassung nicht möglich ist.

12. „Gute" politische Bildung

In ihrer abschließenden Formulierung, was für sie gute politische Bildung bedeutet, benennen die Autorinnen und Autoren sowohl Ziele, die sie für wichtig halten, als auch unterschiedliche Aspekte in Bezug auf die Gestaltung des Unterrichts. Viele geben hier zusammenfassend die zentralen Schlagworte wieder, die sie in ihren vorherigen Antworten schon erläutert haben – andere greifen einzelne Aspekte heraus, die sie ganz besonders betonen möchten.

Als gute politische Bildung wird oft ein Unterricht bezeichnet, der „ertragreich" (S. Reinhardt 12) ist und bei dem die Schülerinnen und Schüler selbst den Eindruck haben, dass sie etwas gelernt haben. Guter Unterricht helfe ihnen, „die politische Welt geistig zu durchdringen" (Breior 12) oder „ein tieferes Verständnis der Gegenstände des Politischen" (Juchler 12) zu erwerben. Häufig fällt dabei der Kompetenzbegriff, vor allem die Urteils- und die Handlungsfähigkeit werden hervorgehoben. Ähnlich oft wie der Kompetenzerwerb wird aber die Entstehung von politischem Interesse genannt, häufig wird auch darüber hinaus die Partizipationsbereitschaft als Ergebnis eines guten Unterrichts bezeichnet.

<small>Ziele eines guten Unterrichts</small>

Weitere Ziele, die in einem guten politischen Unterricht nach Ansicht jeweils mehrerer Autorinnen und Autoren verwirklicht werden sollten, sind die Identifikation mit zentralen demokratischen Werten aber auch eine kritische Auseinandersetzung mit der politischen und gesellschaftlichen Wirklichkeit (vgl. Eis 12; Lange 12; Pohl 12). Nach Dirk Lange und Andreas Petrik zielt eine gute politische Bildung aber nicht nur auf die Schülerinnen und Schüler, sondern unmittelbar auch auf die Gesellschaft: „Sie übt Herrschaftskritik und steht im Kontext von Emanzipations- und Demokratisierungsprozessen" schreibt Dirk Lange (12) und Andreas Petrik konstatiert, sie „sieht ihren Auftrag darin, an sozialer Innovation im Sinne gesamtgesellschaftlicher Demokratisierung mitzuwirken" (12).

Ein Autor, der in seiner Antwort in Bezug auf die Ziele einer guten politischen Bildung einen einzelnen Aspekte ganz besonders hervorhebt, ist Tim Engartner. Er fordert, die Schärfung der Urteilsfähigkeit müsse „bei der Dekonstruktion von Sprache [beginnen]. Begriffe wie ‚Eigenverantwortung', ‚Modernisierung' und ‚Reform' eint nicht nur ihre positive Konnotation, sondern auch die Tatsache, dass sie häufig ahnungs-, bedenken- und kritiklos wiederholt werden. Politische Bildung muss für diesen ‚Orwellschen Neusprech' sensibilisieren, um deutlich zu machen, dass – anders als es das Wort ‚Reform' suggeriert – mit Bildungs-, Renten- und Steuerreformen nicht notwendigerweise Verbesserungen für die Menschen einhergehen" (12).

Bei den Bedingungen, die für das Erreichen der dieser Ziele genannt werden, wird häufig ein anspruchsvoller Unterricht gefordert, dem es

<small>Gestaltung eines guten Unterrichts</small>

gelingt, die Lernenden zum Denken herauszufordern (Detjen 12), sie kognitiv zu aktivieren (Weißeno 12), neue Impulse oder Denkanstöße zu setzen (Sander 12), eine Fragehaltung hervorzurufen (Kuhn 12) und sie durch neue Ansichten oder Konzepte produktiv zu irritieren (Lange 12; Petrik 12). Nach Dirk Lange sollte eine gute Politische Bildung das „Bürgerbewusstsein [...] aktivieren" und muss dafür „die subjektiven Vorstellungen von Politik, Wirtschaft und Gesellschaft, welche die Menschen durch den Alltag leiten", didaktisieren (12).

Ein zielorientierter und klar strukturierter Unterricht wird ausdrücklich von zwei Autoren gefordert (Detjen 12; Weißeno 12) und Dagmar Richter bekräftigt: „Wie in der Kompetenzorientierung angelegt, sind die Schüler/-innen stets über die Ziele des Unterrichts informiert und können ihren eigenen Lernweg reflektieren, sie können also ihre Lernerfolge und -misserfolge einschätzen und ggf. korrigieren" (12).

Weiterhin wird die Wichtigkeit der Umsetzung der zentralen didaktischen Prinzipien angeführt – speziell die Problemorientierung und die Exemplarität werden dabei hervorgehoben (Behrmann 12; Brunold 12; Kuhn 12).

Viele Autorinnen und Autoren nennen auch inhaltliche Schwerpunkte, die eine gute politische Bildung setzen sollte. „Politik als Kern" (Massing 12; Detjen 12), eine „Verortung der Probleme in Geschichte, politischer Theorie oder Lebenswelt" (Kuhn 12), die „Aufklärung auch über Machtverhältnisse und Abhängigkeiten" (Overwien 12) oder die „Analyse gesellschaftlicher Diskurse und Herrschaftsstrukturen" (Eis 12) werden hier angesprochen.

Neben der Orientierung an geeigneten Zielen und der Auswahl der richtigen Inhalte sprechen die Autorinnen und Autoren auch die methodische Gestaltung des Unterrichtsprozesses an. Gerhard Himmelmann fordert einen „methodisch flexible[n] Unterrichtsstil" (12), mehrere andere Autorinnen und Autoren plädieren ebenfalls für eine Methoden- und Medienvielfalt. Vor allem handlungsorientierte Methoden werden hervorgehoben (S. Reinhardt 12; Massing 12; Kuhn 12) und die Notwendigkeit einer aktiven Beteiligung der Schülerinnen und Schüler wird betont (Behrmann 12; Detjen 12; Besand 12).

Ein guter Unterricht erfordert, wie schon in Block 11 deutlich wurde, gute Lehrkräfte (vgl. Himmelmann 12). Sabine Manzel spricht von einer „professionelle[n] Politikkompetenz" (Manzel 12), Gerd Steffens führt aus, dass Lehrkräfte ihre „didaktische Aufmerksamkeit" sowohl

„auf die spezifische und konkrete Subjektivität der Weltwahrnehmung der Heranwachsenden" als auch „auf die Welt der geschehenden Geschichte und deren Lern- und Anregungspotentiale" richten sollten (Steffens 12). Damit in Zusammenhang steht das Verhältnis zwischen Lehrkräften und Schülerinnen und Schülern. Peter Henkenborg fordert hier eine „Kultur der Anerkennung" (12), mit anderen Begriffen aber ähnlichem Tenor erwarten das auch Sibylle Reinhardt (12) und Bernd Overwien (12).

Drei Autoren beziehen auch in ihrem letzten Absatz ausdrücklich die Schule als Institution mit ein: Gerhard Himmelmann fordert „ein breites Spektrum an Lern- und Gestaltungsgelegenheiten", denn „Demokratie braucht entgegenkommende Gelegenheitsstrukturen und sachdienliche Übungsfelder in den Schulen" (12; vgl. ähnlich V. Reinhardt 12). Tilman Grammes hebt einen sehr spezifischen Aspekt hervor: „Die Bedeutung der Räume für eine demokratische Bildungslandschaft". Er erläutert das an einem einprägsamen Beispiel einer Hamburger Schule, die die Lernenden durch Wandelgänge und ein Atrium mit gemütlichen Polstersesseln zu Gruppengesprächen inspiriert, eigenständiges Arbeiten durch eine mit Büchern, Tageszeitungen und Computern gut ausgestattete Bibliothek sowie zwei Fachräume erleichtert und über zahlreiche internationale Kontakte verfügt – dieses Schule stellt für Grammes die „Realutopie" eines „World Classroom" dar (12).

Fazit

Insgesamt bestätigt das Resümee zum Interviewbuch, dass die inhaltliche Diversität in der Politikdidaktik mit dem Anwachsen der Professuren für die Didaktik der Politik oder Sozialwissenschaft deutlich zugenommen hat. Die grundlegenden, schon 2004 herausgestellten Gemeinsamkeiten sind trotzdem auch heute noch erkennbar (vgl. Pohl 2004b, 335-338): Nach wie vor orientiert sich die politische Bildung in der Tradition der Aufklärung am Menschen als mündigen Subjekt und an den normativen Idealen der Demokratie. Ihr Ziel ist es vor allem, die politische Urteils- und Handlungsfähigkeit der Lernenden zu fördern. Dazu trägt die Politikdidaktik als wissenschaftliche Disziplin bei, indem sie normative Erwartungen unter Rückgriff auf demokratie- und gesellschaftstheoretische Überlegungen reflektiert und legitimiert sowie Lernprozesse empirisch erforscht und ihre Erkenntnisse vor allem im Rahmen der Lehramtsausbildung an angehende Politiklehrerinnen und -lehrer vermittelt. Neue Kontroversen betreffen vor allem die Umsetzung der Kompetenzorientierung und die Auswahl und Formulierung wichtiger Konzepte der politischen Bildung, den Zuschnitt des Faches im Hinblick auf die notwendige Integration politischer, gesellschaftlicher und ökonomischer Inhalte aber auch die Forschungsmethoden und grundlegende theoretisch-normative Fragen zu den Aufgaben der politischen Bildung in einer sich wandelnden Gesellschaft, die vor zahlreichen neuen politischen Herausforderungen steht. Um diesen Herausforderungen gerecht zu werden, sollte die Politikdidaktik die wissenschaftlichen Kontroversen sachlich(er) austragen, um das Potenzial ihrer neuen Vielfältigkeit noch besser zur Geltung zu bringen – nicht zuletzt im Hinblick auf den notwendigen Transfer ihrer Erkenntnisse in die Praxis der politischen Bildung.

Anmerkungen

1 Insgesamt 13 Autorinnen und Autoren sprechen die Kontroverse um das Demokratielernen in Block 10 an – mehrere von ihnen erwähnen sie aber nur als Stichwort oder schreiben ausdrücklich, dass die Kontroverse heute an Relevanz verloren habe.
2 Selten nutzen sie andere Begrifflichkeiten wie „Partizipations-" oder „Beurteilungskompetenz" oder nennen diese Kompetenzen an anderen Stellen des Interviews.
3 Vgl. dort Deichmann; Massing; Henkenborg; Brunold; Juchler; Goll; Pohl; sowie in Block 5 Himmelmann (5a+b+d); Overwien (5d); Brunold (5d).
4 Ein prinzipieller Einwand kommt allerdings von Andreas Eis, der feststellt: „Es gibt kein einziges politisches Basis- oder Fachkonzept, das nicht hoch komplex und wissenschaftlich ebenso wie öffentlich in seinem Bedeutungsgehalt umstritten wäre. Ein Definitionskatalog muss unweigerlich in einer Ansammlung von Halbwahrheiten, wenn nicht sogar von ‚Fehlkonzepten' oder lediglich in einer Neuauflage eines Kanons von Institutionenwissen münden" (10; ähnlich auch Lange 5d).
5 Vgl. dazu die große Rolle der „Subjektorientierung" und spezifische Fassung in den gesamten Interviews von Steffens und Eis sowie die Ausführungen bei Pohl in Block 6.
6 Eine ausführlichere Analyse der Antworten zur Lehrerbildung habe ich bereits vorab veröffentlicht (vgl. Pohl 2014). Dort werden auch 3 Aspekte analysiert, die hier aus Platzgründen ausgespart wurden bzw. nur knapp dargestellt sind: die Aussagen der Autorinnen und Autoren zur Bedeutung von forschungsorientierter Lehre in der Politikdidaktik, die bisherigen empirischen Ergebnisse zur Professionskompetenz auf der

Grundlage des Modells der Professionskompetenz (vgl. Weißeno/Weschenfelder/Oberle 2013, 189) sowie die Desiderata in Bezug auf die empirische Forschung zur Lehrerprofessionalität und -bildung.
7 Neben Politikwissenschaft, Soziologie und Ökonomie sprechen einige Autoren auch weitere fachwissenschaftliche Bezüge an, die sie für ausbildungsrelevant halten – vor allem historische und rechtliche (vgl. Steffens 11d; Goll 11a, Juchler 11b).
8 Für ein *Praxissemester* sprechen sich Carl Deichmann (11b), Thomas Goll (11b) und Peter Massing (11b+c) aus.
9 Vgl. Fischer/Herrmann/Mahrenholz 1975, 15 und 31.

Literatur

Autorengruppe Fachdidaktik (2011): Konzepte der politischen Bildung. Eine Streitschrift. Schwalbach/Ts.

Behrmann, Günther C./Grammes, Tilman/Reinhardt, Sibylle (2004): Politik: Kerncurriculum Sozialwissenschaften in der gymnasialen Oberstufe. In: Kerncurriculum Oberstufe II. Biologie, Chemie, Phasik, Geschichte, Politik. Expertisen – im Auftrag der ständigen Konferenz der Kultusminister. Hrsg. von Heinz-Elmar Tenorth. Weinheim/Basel, S. 322-406.

Detjen, Joachim/Massing, Peter/Richter, Dagmar/Weißeno, Georg (2012): Politikkompetenz – ein Modell. Wiesbaden.

Gesellschaft für politische Jungend- und Erwachsenenbildung (GPJE) (2004): Anforderungen an nationale Bildungsstandards für den Fachunterricht in der Politischen Bildung an Schulen. Ein Entwurf. Schwalbach/Ts.

Hattie, John (2013): Lernen sichtbar machen, Baltmannsweiler.

Helmke, Andreas (⁴2012): Unterrichtsqualität und Lehrerprofessionalität. Diagnose, Evaluation und Verbesserung des Unterrichts, Seelze-Velber.

Massing, Peter/Weißeno, Georg (Hrsg.) (1995): Politik als Kern der politischen Bildung. Wege zur Überwindung unpolitischen Politikunterrichts. Opladen.

Pohl, Kerstin (Hrsg.) (2004a): Positionen der politischen Bildung 1. Ein Interviewbuch zur Politikdidaktik. Schwalbach/Ts.

Pohl, Kerstin (2004b): Politikdidaktik heute – Gemeinsamkeiten und Differenzen. Ein Resümee. In: Pohl 2004a, S. 302-349.

Pohl, Kerstin (2004c): Demokratie als Versprechen. In: Politische Bildung, Heft 3/2004, S. 129-138.

Weißeno, Georg/Detjen, Joachim/Juchler, Ingo/Massing, Peter/Richter, Dagmar (2010): Konzepte der Politik – ein Kompetenzmodell. Schwalbach/Ts.

Weißeno, Georg/Weschenfelder, Eva/Oberle, Monika (2013). Empirische Ergebnisse zur professionellen Kompetenz von Politiklehrer/-innen. In: Hufer Klaus-Peter/Richter, Dagmar (Hrsg.): Politische Bildung als Profession. Bonn. S. 187-202.

Leseempfehlungen für (angehende) Politiklehrerinnen und -lehrer

Die Autorinnen und Autoren wurden geben, fünf Leseempfehlungen für (angehende) Politiklehrerinnen und -lehrer zu geben. Diese Empfehlungen sind am Anfang der jeweiligen Interviews abgedruckt. Zusätzlich soll diese Liste den Studierenden, Referendaren und Referendarinnen sowie Politiklehrerinnen und -lehrern einen Überblick über die am häufigsten empfohlene Einstiegsliteratur bieten. Sie enthält alle Bücher, die mehr als zweimal genannt wurden. Empfehlungen für ältere Auflagen wurden jeweils zu den Empfehlungen der neusten Ausgabe hinzugerechnet.

Titel der Leseempfehlung	Anzahl	Empfohlen von
Sander, Wolfgang (Hrsg.) (2014): Handbuch politische Bildung. 4., völlig überarb. Aufl., Schwalbach/Ts.	14	Sibylle Reinhardt, Peter Massing, Joachim Detjen, Wolfgang Sander, Bernd Overwien, Peter Henkenborg, Dagmar Richter, Dirk Lange, Thomas Goll, Kerstin Pohl, Volker Reinhardt, Anja Besand, Michael May, Monika Oberle
Detjen, Joachim/Massing, Peter/Richter, Dagmar/Weißeno, Georg (2012): Politikkompetenz – ein Modell. Wiesbaden.	8	Peter Massing, Joachim Detjen, Georg Weißeno, Hans-Werner Kuhn, Dagmar Richter, Thomas Goll, Sabine Manzel, Monika Oberle
Weißeno, Georg/Detjen, Joachim/Juchler, Ingo/Massing, Peter/Richter, Dagmar (2010): Konzepte der Politik – ein Kompetenzmodell. Schwalbach/Ts.	6	Peter Massing, Joachim Detjen, Georg Weißeno, Andreas Brunold, Dagmar Richter, Kerstin Pohl
May, Michael/Schattschneider, Jessica (Hrsg.) (2011): Klassiker der Politikdidaktik neu gelesen. Originale und Kommentare. Schwalbach/Ts.	5	Sibylle Reinhardt, Joachim Detjen, Wolfgang Sander, Andreas Petrik, Michael May
Detjen, Joachim (2013): Politische Bildung. Geschichte und Gegenwart in Deutschland. München (2., aktualisierte und erweiterte Auflage).	5	Günter C. Behrmann, Peter Henkenborg, Andreas Brunold, Thomas Goll, Monika Oberle

Ackermann, Paul/Breit, Gotthard/Cremer, Will/Massing, Peter/Weinbrenner, Peter (2010): Politikdidaktik kurzgefasst. 13 Planungsfragen für den Politikunterricht. Schwalbach/Ts.	4	Carl Deichmann, Andreas Brunold, Thomas Goll, Kerstin Pohl	
Autorengruppe Fachdidaktik (2011) (Besand, Anja/Grammes, Tilman/Hedtke, Reinhold/Henkenborg, Peter/Lange, Dirk/Petrik, Andreas/Reinhardt, Sibylle/Sander, Wolfgang): Konzepte der politischen Bildung. Eine Streitschrift, Schwalbach/Ts.	4	Andreas Brunold, Dirk Lange, Anja Besand, Tim Engartner	
Gagel, Wolfgang (2005): Geschichte der politischen Bildung in der Bundesrepublik Deutschland 1945-1989. Opladen (3. überarb. u. erw. Aufl.).	4	Carl Deichmann, Karl-Heinz Breier, Kerstin Pohl, Monika Oberle	
Frech, Siegfried/Kuhn, Hans-Werner/Massing, Peter (Hrsg.) (2004): Methodentraining für den Politikunterricht. Schwalbach/Ts.	3	Hans-Werner Kuhn, Kerstin Pohl, Anja Besand	
Massing, Peter (2011): Politikdidaktik als Wissenschaft. Studienbuch. Schwalbach/Ts.	3	Günter C. Behrmann, Sabine Manzel, Monika Oberle	
Oberreuter, Heinrich (2009): Standortbestimmung Politische Bildung. Tutzinger Schriften zur politischen Bildung. Schwalbach/Ts.	3	Gerhard Himmelmann, Hans-Werner Kuhn, Andreas Brunold	
Petrik, Andreas (2013): Von den Schwierigkeiten, ein politischer Mensch zu werden. Konzept und Praxis einer genetischen Politikdidaktik. Opladen, Berlin und Toronto (2., erw. und aktualis. Auflage).	3	Sibylle Reinhardt, Tilman Grammes, Andreas Petrik	
Reinhardt, Sibylle (2012): Politik-Didaktik. Praxishandbuch für die Sekundarstufe I und II. Berlin (4. neubearb. Aufl.).	3	Sibylle Reinhardt, Andreas Petrik, Michael May	
Sander, Wolfgang (2013): Politik in der Schule. Kleine Geschichte der politischen Bildung in Deutschland. Marburg (3., aktual. Aufl.).	3	Günter C. Behrmann, Wolfgang Sander, Anja Besand	

WOCHEN SCHAU VERLAG

... ein Begriff für politische Bildung

Standardwerke

Wolfgang Sander (Hrsg.)

Handbuch politische Bildung

Mehr als 50 der profiliertesten Autorinnen und Autoren erklären alles, was man über politische Bildung wissen muss, in kompakter Form. Die völlig überarbeitete und aktualisierte Auflage des Handbuchs differenziert die aktuellen Kontroversen in der Wissenschaft, erörtert didaktische Prinzipien, inhaltsbezogene Aufgabenfelder sowie Medien und Methoden.

Es ist *das* Handbuch für Studium und Weiterbildung und sollte in keinem Bücherregal fehlen.

4., völlig überarbeitete Auflage
ISBN 978-3-89974852-9, 624 S., € 49,80

Alle Handbücher im Paket für

€ 132,90

ISBN 978-3-7344-0261-6

Benno Hafeneger (Hrsg.)
ISBN 978-3-89974797-3,
528 S., € 49,80

Anja Besand,
Wolfgang Sander (Hrsg.)
ISBN 978-3-89974611-2,
640 S., € 49,80

Klaus-Peter Hufer,
Dirk Lange (Hrsg.)
ISBN 978-3-89974943-4,
368 S., € 39,80
Subskriptionspreis bis 30.06.2016:
€ 31,80

www.wochenschau-verlag.de   www.facebook.com/wochenschau.verlag   @wochenschau-ver

WOCHENSCHAU VERLAG
... ein Begriff für politische Bildung

Positionen der politischen Bildung

Das erste Interview-Buch zur politischen Bildung ist eine spannende Lektüre, die allen an Politikdidaktik Interessierten einen authentischen Einblick in die wichtigsten Positionen bietet.

Die Interviews mit 17 führenden Politikdidaktikerinnen und -didaktikern erschließen den Leserinnen und Lesern die zentralen Themen und Positionen, Gemeinsamkeiten und Kontroversen der Politikdidaktik von 2004 bis 2015. Die Interviewten nehmen Position:

- zu Unterrichtsinhalten, -zielen und -methoden
- zum Politikbegriff
- zur Auswahl und Bedeutung didaktischer Prinzipien
- zu Situation und Perspektiven des Politikunterrichts
- zum Verhältnis von Theorie und Praxis
- zu politikdidaktischen Kontroversen und Forschungsfragen

Ausführungen zur Biografie und zum wissenschaftlichen Werdegang sowie eine Übersicht der zentralen Veröffentlichungen jeder Autorin und jedes Autors runden die Interviews ab.

ISBN 978-3-7344-0266-1,
3. Auflage, 352 S., € 22,90
eBook: 978-3-7344-0132-9, € 17,99

Mit Interviews von:

Paul Ackermann, Gotthard Breit, Carl Deichmann, Joachim Detjen, Walter Gagel, Hermann Giesecke, Siegfried George, Tilman Grammes, Peter Henkenborg, Hans-Werner Kuhn, Peter Massing, Wolfgang W. Mickel, Kerstin Pohl, Dagmar Richter, Sibylle Reinhardt, Wolfgang Sander, Bernhard Sutor, Georg Weißeno

www.wochenschau-verlag.de   www.facebook.com/wochenschau.verlag   @wochenschau-ver

Kerstin Pohl (Hrsg.)

Positionen der politischen Bildung 2
Interviews zur Politikdidaktik